АНГЛО-РУССКИЙ
СЛОВАРЬ
ПЕРСОНАЛИЙ

THE ENGLISH-
RUSSIAN WHO'S WHO
IN FACT
AND FICTION

D. I. YERMOLOVICH

THE ENGLISH-RUSSIAN WHO'S WHO IN FACT AND FICTION

Approx. 5000 entries

RUSSKY YAZYK
MOSCOW
1993

Д. И. ЕРМОЛОВИЧ

АНГЛО-РУССКИЙ СЛОВАРЬ ПЕРСОНАЛИЙ

Около 5 000 слов и выражений

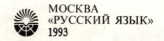

МОСКВА
«РУССКИЙ ЯЗЫК»
1993

ББК 81.2 Англ-4
Е 74

Специальный редактор: канд. филол. наук И. И. Самойленко

Рецензенты:

д-р филол. наук В. Н. Комиссаров, д-р филол. наук
А. В. Суперанская

Ермолович Д. И.

Е 74   Англо-русский словарь персоналий.— М.: Рус.
яз., 1993 – 336 с.
ISBN 5-200-00608-2

Словарь содержит около 5 тыс. единиц. В него вошли имена известных исторических лиц, политиков, писателей, деятелей науки и культуры, а также библейских, мифологических и литературных персонажей. Приводятся их произношение, передача на русский язык, производные слова и фразеологизмы, переносные значения.

Предназначен для переводчиков, специалистов в области английского языка, лиц, читающих английскую и американскую литературу в оригинале.

Е $\dfrac{4602030000-017}{015(01)-93}$ без объявления   ББК 81.2 Англ-4

ПРЕДИСЛОВИЕ

В отечественной лексикографии именам собственным всегда «не везло»: их, как правило, не включают в двуязычные словари (если не считать кратких списков географических названий и иногда личных имен). Очевидно, к этому привело распространенное мнение, будто имена собственные не нуждаются в переводе.

О том, что это не так, свидетельствуют многочисленные ошибки переводчиков, связанные с собственными именами. На страницах печати, а то и в книгах нет-нет да и встретишь таких таинственных субъектов, как **Картезий** (вместо правильного **Декарт**), **Роджет** (вместо **Роже**), сэр **Рэлидж** (вместо **Роли** или **Рэли**) и т. п. Известные переводчики и критики К. И. Чуковский, И. А. Кашкин, С. Флорин и другие в своих книгах и статьях приводят десятки примеров того, как собственные имена становились или источником грубых ошибок, или по крайней мере камнем преткновения для переводчиков, тративших немало сил и времени на выяснение, во-первых, правильной передачи их формального облика и, во-вторых, смысловой роли.

Некоторые иностранные имена по сей день существуют в русском языке в виде непохожих друг на друга дублетов, по которым зачастую нелегко догадаться, что они принадлежат одному и тому же лицу. Так, в выпущенных у нас учебниках английской литературы, литературных энциклопедиях и филологических трудах легко найти сведения о поэме С. Т. Колриджа «Кубла-хан», героем которой является реальный исторический деятель — внук Чингисхана. Под этим же названием она переведена на русский язык. Однако ни в одной отечественной энциклопедии о Кубла-хане не упоминается. Автору настоящего Словаря удалось решить эту загадку почти случайно, когда в одной из исторических работ он нашел сведения о хане Хубилае и установил, что **Хубилай** и **Кубла-хан** — это одно и то же лицо. Очевидно, второй вариант его имени внедрился в русскую традицию минуя историков, усилиями переводчиков и литературоведов. Не исключено, что они придерживались мнения, будто имена собственные переводятся как бы сами собой — ведь персоналий нет в двуязычных словарях.

Но дело не только в особенностях формального облика имен в разных языках. Тому, кто читает и переводит литературу на иностранном языке, важно не только избежать «орфографических» ошибок, но иной раз еще важнее понять, кто или что скрывается за именем, какую смысловую нагрузку оно несет. В каждом языковом сообществе выделяется широкий круг персоналий, т. е. имен лиц, получивших известность или в рамках всего сообщества (а иногда и за его пределами), или хотя бы в определенных социальных или профессиональных кругах. Такая известность лица или персонажа неотделима от какого-то минимального набора сведений о нем. Эти сведения и образуют семантическое содержание, значение персоналии, которое устойчиво с ней связывается и позволяет употреблять ее в речи без особых пояснений.

Именно отсутствие пояснений может вызвать трудности в понимании текстов, где употребляются персоналии, читателями с иным языковым опытом. Как лексическая категория, персоналии близки к реалиям, а их изучение является неотъемлемой частью лингвострановедения, без которой невозможна полноценная подготовка филолога и переводчика.

Содействовать этой задаче, а также просто помочь читающим литературу на иностранном языке, и призван данный Словарь. Читатель, очевидно, лучше представит себе, в какой мере этот Словарь будет ему полезен, если пояснить принципы его структуры и содержания.

Что есть в Словаре

Основанием к включению в Словарь тех или иных единиц служила их относительно высокая встречаемость в англоязычной художественной и публицистической литературе, а также регистрация в английских и американских словарях, справочных и энциклопедических изданиях. Среди таких персоналий можно выделить следующие группы:

1) Именования реальных деятелей, известных в истории, политике, науке и культуре стран английского языка (преимущественно Великобритании и США). Среди них: короли, президенты, премьер-министры, военные, лидеры восстаний и движений, дипломаты, религиозные деятели и богословы, филантропы и реформаторы, философы, ученые и врачи, путешественники и исследователи, инженеры и предприниматели, писатели и драматурги, ораторы, музыканты и композиторы, художники, режиссеры, актеры и т. д.

2) Именования деятелей неанглоязычных стран. Включение их в «Англо-русский словарь персоналий» необходимо. Ведь грань между собственно английскими и неанглийскими персоналиями является весьма условной. Многие имена деятелей не только соседних с Англией европейских, но и далеких восточных стран, не говоря уже о древней и новой истории, по частотности упоминания в литературе могут конкурировать с «исконными» персоналиями. Они обретают способность к морфологической деривации (присоединяют к себе суффиксы, образуя прилагательные, существительные, а то и глаголы), нередко входят в устойчивые сочетания и т. д. Все это показывает, что иноязычные имена высокой культурной значимости осваиваются английским языком и нередко органично вливаются в его лексический состав.

Работая над Словарем, автор имел в виду прежде всего практические цели. Когда читатель встречает в английском тексте незнакомое имя, ему важно выяснить принадлежность, значение, а во многих случаях также произношение и русское соответствие персоналии независимо от того, в какой стране жил и работал носитель имени. Да и по внешнему облику имени собственного не всегда возможно определить его «национальность»: **Hugo** может быть английским **Хьюго** или французским **Гюго**, **Richard** — и английским **Ричардом**, и немецким **Рихардом**. При включении неанглийских именований учитывалась не столько известность их носителей у себя на родине, сколько их освоенность англо-американской культурой. Поэтому читатель не должен удивляться, что персоналии разных стран представлены в данном Словаре неравномерно: гораздо больший удельный вес в нем имеют представители Франции, Нидерландов, Германии или бывшей английской колонии — Индии, нежели стран Восточной Европы или Южной Америки.

3) Именования из фольклорных и литературных источников (среди которых надо особо отметить Библию, остающуюся одним из самых широко цитируемых произведений), персонажи мифов, эпоса, легенд и сказок, а также некоторых кинофильмов, спектаклей и телевизионных постановок.

4) Именования с обобщенно-символическим значением деятеля или представителя (напр., **John Bull** — олицетворение Англии), если они оформляются как имя и фамилия и могут быть ошибочно восприняты как относящиеся к конкретному лицу.

Ясно, что в огромном количестве случаев при отборе единиц в Словарь трудно было руководствоваться абсолютно объективными критериями частотности или известности имени. Это доказывают и уже существующие словари, изданные в Англии и США, ни в одном из которых список собственных имен не совпадает в точности с другими изданиями, даже при одинаковом объеме. Автор должен признать, что во многих случаях отбор той или иной единицы, так же как и ее невключение, основывались и на субъективных, интуитивных оценках. При этом следует объяснить и то, каких сведений читателю заведомо не имеет смысла искать в данном Словаре.

Чего нет в Словаре

В связи с ограниченным объемом и специфическими задачами Словаря в него не вошли следующие единицы:

1) Русские и советские персоналии, за исключением тех родившихся в России деятелей, которые своим творчеством заняли место в оригинальной культуре англоязычных стран (как, например, В. В. Набоков). Автор исходил при этом из доступности отечественных справочных изданий, в которых можно найти соответствующие сведения. Русские персоналии даже в английской транскрипции сохраняют выраженное своеобразие формы и их оригинальное написание легко может быть восстановлено.

2) Имена нарицательные, образованные первоначально от собственных, но утратившие с ними смысловую связь в современном употреблении (например, **wellingtons** резиновые сапоги). Нарицательные значения персоналий отмечаются в Словаре, если они сохраняют смысловые ассоциации с носителем имени, связаны с внешними или поведенческими характеристиками человека или входят в употребительные фразеологические сочетания.

3) Названия фирм и учреждений по именам людей (например, владельцев или основателей) или в их честь, названия изделий этих фирм. При некоторых персоналиях указывается, что данное лицо являлось, например, основателем компании, учредителем фонда или конструктором самолета, которые были названы их именем. Однако охватить все такие случаи не представляется возможным, и автор сознательно не ставил такой задачи.

4) Научные термины и номенклатурные названия (например, названия растений), включающие имена собственные или идентичные им по форме. При именах ученых не приводятся открытые ими законы, формулы, теоремы и т. п., при именах врачей — описанные ими и названные этими именами болезни. Редкие исключения из этого правила делались для единиц с определенными культурно-историческими ассоциациями.

5) Жаргонные и сленговые употребления имен собственных в различных нарицательных или эвфемистических значениях (например, **Mary Jane** марихуана).

6) В ограниченных масштабах включались в Словарь имена популярных певцов, исполнителей, киноактеров, участников телевизионных программ, а также спортсменов: их известность иногда недолговечна, да и угнаться за сведениями о то и дело вспыхивающих «звездах» шоу-бизнеса и спорта способно разве только периодическое издание, но никак не словарь. Кроме того, именно для персоналий, относящихся к области современных зрелищных искусств, было сделано «территориальное» ограничение: не включались имена артистов эстрады и кино за пределами Англии и США. Поэтому читатель не найдет в Словаре даже таких знаменитостей, как Жан Марэ или София Лорен.

Содержание словарных статей

Как уже отмечено выше, имя собственное, помимо чисто назывной функции, несет еще и информацию о некоторых признаках своего носителя и может быть связано с рядом исторических и культурных ассоциаций. Поэтому информация о персоналиях не может быть полностью унифицирована. Кроме того, ее не следует смешивать с чисто энциклопедической справкой. В большинстве случаев содержательная информация о персоналии ограничивается датами жизни деятеля, указанием на страну и род деятельности. Однако во многих статьях, помимо этих данных, приводятся ассоциативные сведения, которые присутствуют в языковом сознании говорящих, а не просто отражают биографические факты. Вот почему в статье об Апеллесе изложена притча о нем и сапожнике; в статье о Дж. Вашингтоне — рассказ (скорее всего вымышленный) о срубленной им в детстве вишне, а в статье о Ф. Бэконе — не соответствующая истине теория о том, что он якобы был подлинным автором шекспировских сочинений. В то же время в Словаре могут отсутствовать какие-либо другие характеристики этих деятелей, существенные, может быть, для энциклопедической справки. В этом, по-видимому, и заключается одна из специфических сторон лингвострановедческого словаря, отличающих его от энциклопедий.

Русские соответствия

Проблема передачи на русском языке иноязычных имен собственных — одна из самых спорных. Фонологическая и орфографическая система английского языка гораздо сильнее отличается от русской, чем французская или испанская. Поэтому даже разделяемый большинством специалистов общий принцип — следование звуковому облику имени при воспроизведении его на русском языке — невозможно применять однозначно и без многочисленных исключений.

Предлагаемые лингвистами способы передачи английских антропонимов по-русски в последнее время претерпели некоторые изменения. Например, имя **Samuel** в «Словаре английских личных имен» А. И. Рыбакина предлагается передавать как **Самьюэл** или **Самьюл;** в данном Словаре используется передача **Сэмюэл** (кроме случая, когда это имя обозначает библейского **Самуила**), в соответствии со сложившейся практикой переводчиков, журналистов и страноведов. Дело в том, что в данном Словаре собраны не просто антропонимы, а закрепившиеся в культурно-языковой традиции персоналии, для многих из которых и в русском языке имеются устойчивые соответствия (в том числе и ошибочные с точки зрения фонетиста, как **Isadora**

Duncan Айседора Дункан при теоретически более правильном **Изадора Данкан**).

В тех случаях, когда усилия практиков привели к сосуществованию отличающихся друг от друга дублетов, в Словаре фиксировались все варианты, имеющие серьезную опору в литературе. Автор не считал возможным указывать, какой вариант «правильнее», в отсутствие объективных критериев такой «правильности». Вот почему в Словаре есть и такие русские соответствия, которые искажают произношение имени в оригинале: например, **Noël Coward Ноэл Кауард /Коуард/** (последний вариант не соответствует фонетическому облику английской персоналии, но прочно утвердился в советских источниках).

Автор, однако, оставил за собой право корректировать или отбрасывать некоторые традиционные варианты русской передачи, если стоящая за ними традиция прослеживается лишь по ограниченному кругу источников или если она касается малоупотребительных именований или их факультативных элементов. Так, в именовании **Cecil Blount De Mille** среднее имя в советских источниках неверно передано как **Блаунт**; автор счел возможным не фиксировать в Словаре этот вариант и дать вместо него более точный — **Блант**.

Что касается перевода названий литературных и других произведений, упоминающихся в словарных статьях, то и здесь автор опирался на традицию, особенно если такие произведения имеются в современном русском переводе. Поскольку некоторые произведения переводились несколько раз под разными названиями, или описывались под другими вариантами названия в литературоведении, читатель может обнаружить расхождения между данными настоящего Словаря и другими источниками. Так, названия поэтических сборников Р. Фроста или романа Н. Готорна «Дом о семи фронтонах» отличаются от тех вариантов, что приведены в «Литературном энциклопедическом словаре». В отдельных случаях, когда названия произведений фигурировали лишь в советских справочных изданиях или критических работах, но не в достаточно известном опубликованном переводе, автор считал возможным дать собственный перевод.

Переводы иллюстративных примеров, выполненные автором Словаря (в этих случаях фамилия переводчика не указана), используют методы достижения эквивалентности, свободной от буквализма, с применением в необходимых случаях лексических и грамматических трансформаций.

Настоящий Словарь, являясь первым лингвострановедческим изданием такого рода, видимо, не свободен от недостатков, и автор будет благодарен за пожелания и дополнения читателей, которые просит направлять по адресу: 103012, Москва, Старопанский пер., 1/5, издательство «Русский язык». Рекомендации о желательности включения в Словарь новых персоналий, вызвавших трудности при переводе или чтении англоязычной литературы, просьба сопровождать контекстуальными выписками и точными выходными данными источника. Они будут учтены при переизданиях Словаря.

Автор с благодарностью отмечает ценные дополнения и замечания к Словарю, сделанные И. И. Самойленко (по разделам литературы, драматургии и философии) и В. Д. Смирновым (по разделу музыковедения).

Словарь посвящается моим учителям — видным советским лексикографам, лингвистам, переводчикам и педагогам Якову Иосифовичу Рецкеру (1897—1984) и Вилену Наумовичу Комиссарову, стоявшим у истоков этой работы.

Д. И. Ермолович

О ПОЛЬЗОВАНИИ СЛОВАРЕМ

1. Структура персоналии

В качестве вокабулы, набираемой прописным полужирным шрифтом, выделяется главная (т. е. более или менее самостоятельная) часть именования. Как правило, это фамилия. Однако вокабулой может быть и личное имя, и комплекс личного имени и фамилии, титульного приложения и фамилии. Например:

ALICE
TOMMY (ATKINS)
DON QUIXOTE

Такие элементы именования, как топонимы (**ANNE of Cleves**) и личные имена (**DRYDEN, John**) приводятся с прописной буквы строчным полужирным шрифтом.

Прозвище может фигурировать как вокабула, если оно является единственным или главным способом именования данного лица (напр., **GREY OWL**). В остальных случаях оно выделяется полужирным курсивом.

Частью именования могут быть титульные приложения (Baron, Earl, Count и др.), набираемые светлым шрифтом. В Словарь такие титулы включены ограниченно, т. к. они в большинстве случаев факультативны. Это особенно касается титулов Sir и Lady, которые приводятся лишь в тех случаях, когда без них именование не употребляется (**GODIVA**, Lady).

2. Алфавитное место словарных статей

Словарные статьи расположены в соответствии с алфавитным порядком вокабул.

Некоторые вокабулы состоят из двух или более слов — это не влияет на их алфавитное место, т. е. они находятся там же, где стояли бы, если бы писались слитно. Например:

DU MAURIER...
DUNLOP...
DU PONT...

Во многих английских и американских словарях и энциклопедиях имена собственные, начинающиеся с **Mc** и **St.**, располагаются по алфавиту так, как если бы они писались полностью: Mac и Saint. Следует учитывать, что в данном Словаре алфавитное место для таких персоналий определено в точном соответствии с их графической формой.

Если словарные статьи начинаются с омонимичных вокабул, то их алфавитный порядок определяется теми элементами именования, которые следуют за вокабулой (в том числе отделенные запятой) и набраны полужирным шрифтом (прямым или курсивным, независимо от наличия круглых скобок, и включая предлоги и артикли). Варианты, заключенные в косые скобки, слова, набранные светлым шрифтом, а также выражения, следующие после двоеточия, не влияют на алфавитное место вокабулы. Примеры:

ALEXANDER of Tunis...
ALEXANDER III *the Great*...
ALEXANDER, William...
ANTHONY, St. ...
ANTHONY, Mark...
TOM: (every) Tom, Dick and Harry...
TOM and JERRY...
TOM *Fool* |*Noddy*|...
TOM, *Peeping*...
TOM *Thumb*...
TOM, *Uncle*...
TOMMY (ATKINS)...
TOMMY TUCKER...
TOM O'BEDLAM...
TOM TIDDLER /TITTLER/...
TOM /TOMMY/ TUCKER...

В некоторых статьях одна вокабула объединяет несколько персоналий (обычно это именования родственников). Внутри статьи они расположены, как правило, по алфавиту личных имен (прозвищ), кроме тех случаев, когда это нарушает логику дефиниции — например, имя жены президента приводится после именования самого президента, даже если это противоречит алфавитному порядку. Но при определении алфавитного места самой этой статьи учитывается только общая вокабула. Например:

ADAMS... 1. John... 2. John Quincy... 3. Samuel...
ADAMS, Fanny...
ADAMS, Henry Brooks...
ADAMS, Parson...

3. Варианты
и факультативные элементы именования

В косых скобках приводятся:

а) орфографические и иные варианты именования;

б) другие способы именования (например, по родовому титулу в отличие от имени и фамилии);

в) подлинные имена при псевдонимах (при этом в английской части их предваряет помета *наст. имя*, что может относиться как к именованию целиком, так и только к фамилии или только к личному имени). Подлинное именование при псевдониме дается светлым шрифтом.

Во всех этих случаях фамильный элемент в варианте именования набирается прописными буквами.

В круглые скобки заключаются:

а) факультативная буква или буквосочетание, если это не влияет на алфавитное место статьи, напр. **XANT(H)IPPE**;

б) в фонетической транскрипции — знаки, обозначающие факультативные звуки, напр. [′sm(p)sn];

в) редко употребляемая часть вокабулы, напр. **CID (Campeador)**;

г) редко употребляемое первое личное имя, напр. **SHAW, (George)**

Bernard. Что касается второго и т. д. личных имен, то для них редкая употребительность является правилом и поэтому не отмечается. Пользующиеся Словарем должны иметь в виду, что, например, в именовании

TOLKIEN..., **John Ronald Reuel** употребительно только первое из трех личных имен.

4. Орфография иноязычных персоналий

В орфографии иноязычных по отношению к английскому языку персоналий (особенно французских, немецких, испанских) сохраняются диакритические знаки. Немецкие гласные с умляутом (т. е. двумя точками над знаком) в английской традиции иногда передаются диграфами, что фиксируется и в данном Словаре.

5. Фонетическая транскрипция

Указания на произношение приводятся для каждой вокабулы в знаках международной фонетической транскрипции. Сам характер фонетической записи ориентирован на особенности британской артикуляции (непроизносимость **r** перед согласными и т. п.), однако в Словарь включались как британские, так и американские варианты произношения. Особыми пометами те и другие не сопровождаются, так как произносительные различия в именах собственных не ограничиваются однозначно ареалами Великобритании и США, а имеют региональный и в ряде случаев социальный характер. В некоторых иноязычных персоналиях носители английского языка (особенно наиболее образованная их часть) соблюдают оригинальное произношение, в связи с чем используются специальные фонетические знаки, список которых приводится ниже.

Знак	Произносится как	Примерное русское соответствие
ã	**an** во фр. d**an**ce	носовое **a**
ɛ̃	**in** во фр. pr**in**ce	носовое **э**
ɔ̃	**on** во фр. r**on**de	носовое **o**
y	**u** во фр. t**u**er,	звук, близкий к **ю** в
	ü в нем. f**ü**nf	словах ж**ю**ри, крем-бр**ю**ле
ç	**ch** в нем. i**ch**	мягкое **х** в слове **х**итрый
x	**ch** в нем. Na**ch**t	твердое **х** в слове **х**охот

6. Даты

Для исторических лиц указаны в круглых скобках даты их жизни. Сомнительные или неизвестные даты отмечаются знаком «?». Даты, приводимые в тексте статьи, не сопровождаются словом «год».

7. Русская передача имен

При наличии в русском языке традиции в передаче того или иного имени она соблюдалась. Если в разных одинаково авторитетных источниках встречаются разные варианты, приводятся оба. В остальных случаях, а также тогда, когда автор считал себя вправе поправить традиционную передачу (прежде всего там, где эта традиция имеет ограниченную распространенность), автор опирался на рекомендации справочника: Гиляревский Р., Старостин Б. Иностранные имена и названия в русском тексте. М., 1985. В русских персоналиях (кроме односложных, а также прозвищных и нарицательных компонентов) проставлено ударение. Два знака ударения означают допустимость различных вариантов произношения.

8. Производные

В конце статьи за двойной чертой (//) полужирным шрифтом приводятся производные от имени собственного с фонетической транскрипцией и пометой, обозначающей часть речи. При наличии в русском языке устойчивого соответствия приводится и оно, в остальных случаях производные оставлены без перевода.

9. Устойчивые сочетания

Полужирным шрифтом выделены устойчивые сочетания /идиомы/, в которых употребляется данная персоналия. Они сопровождаются переводом и необходимыми пояснениями. В некоторых случаях именование употребляется только в составе фразеологизма, и тогда этот фразеологизм приводится сразу после вокабулы за двоеточием.

10. Переводные соответствия в тексте статьи

В текстах многих словарных статей встречаются слова и названия, английский облик которых бывает трудно установить по обычному русско-английскому словарю. Сюда относятся исторические реалии, экзотизмы, географические названия древнего мира, названия племен и т. п. В помощь переводчикам и другим специалистам такие лексические единицы снабжаются их английским соответствием в фигурных скобках. Тот же принцип проведен в отношении исторических афоризмов и цитат.

При упоминании лица или персонажа, о котором в Словаре нет специальной статьи, также в фигурных скобках указано его именование по-английски.

11. Сведения о произведениях

Статьи о писателях, некоторых ученых-гуманитариях, композиторах, кинорежиссерах сопровождаются (за знаком ☉) списком основных (но далеко не всех) произведений с указанием года их создания и переводом названий на русский язык, а также краткой жанровой характеристикой (роман, трактат, опера и т. д.). Для нескольких произведений одного жанра такие характеристики указываются один раз после их перечисления. Они не приводятся, если характер и жанр произведений данного автора упомянуты в основном тексте статьи или однозначно следуют из него.

Для неанглоязычных авторов названия их произведений приводятся по-английски в принятом на английском языке варианте. В ряде случаев, однако, в англоязычной критике и литературе иностранные произведения фигурируют под оригинальными названиями (это особенно касается опер и пьес). В такой же форме эти названия приводятся и в настоящем Словаре.

Если персоналия фигурирует в названии какого-либо значительного произведения литературы, музыкального искусства или кино, это название приводится за знаком □ с переводом, указанием автора и датой создания. При полном совпадении названия с вокабулой это название и его русский перевод опускаются.

12. Литературные примеры

Для иллюстрации употребления персоналий в контексте (прежде всего в ассоциативных и метафорических значениях) ряд статей сопровождается примерами из художественной литературы и газетно-журнальных статей. Источник (журнал, газета) или фамилия автора приводятся после примера в круглых скобках курсивом. Примеры снабжены переводом, причем в цитатах из опубликованных переводов указаны переводчики. Если такое указание отсутствует, это означает, что перевод выполнен автором Словаря.

Сокращения оригинального текста в примерах обозначаются многоточием. Такие многоточия никак особо не отграничиваются от тех, что имеются в самом цитируемом материале.

В примерах курсивом выделены персоналии, а в переводах — их соответствия.

Если персоналия встречается в примерах в другой словарной статье, ссылка на нее дается за знаком →.

ИСПОЛЬЗОВАННАЯ ЛИТЕРАТУРА

(Научные, лексикографические
и справочные источники)

Anatomy of the Movies. N. Y., 1981

Brewer's Dictionary of Phrase and Fable. 7th ed. L., 1965

The Celebrity Who's Who. N. Y., 1986

Collins Dictionary of the English Language. L., Glasgow, 1984

Cruden's Complete Concordance to the Old and New Testaments. Grand Rapids, 1968

The Dictionary of Biographical Quotation of British and American Subjects. L., 1978

Earley S. C. An Introduction to American Movies. N. Y., 1979

Grote D. Common Knowledge. A Reader's Guide to Literary Allusions. N. Y., 1987

Hendrickson R. Human Words. Philadelphia, N. Y., L., 1972

Hirsch E. D., Kett J. F., Trefil J. The Dictionary of Cultural Literacy. Boston, 1988

The Holy Bible, Containing the Old and New Testaments. Oxford (undated)

The Illustrated Biographical Dictionary. N. Y., 1990

The International Who's Who 1987—1988. L., 1987

Jones D. Everyman's English Pronouncing Dictionary. L., 1982

The Koran. Transl. by N. J. Dawood. Harmondsworth, 1979

Longman Dictionary of the English Language. Harlow, 1985

Longman Illustrated Companion to World History. In 2 vol. L., N. Y., 1976

Martin M., Porter M. Video Movie Guide 1990. N. Y., 1989

Morton A. L. A People's History of England. L., 1968

The Oxford Companion to English Literature. 4th ed. Oxford, 1975

Piper D. Painting in England 1500—1880. Harmondsworth, 1965

The Random House Dictionary. N. Y., 1967; 1987

Room A. Dictionary of Translated Names and Titles. L., 1985

Webster's New Biographical Dictionary. Springfield, 1988

Webster's New Collegiate Dictionary. Springfield, 1981

Webster's Third New International Dictionary of the English Language. Springfield, 1961

Who's Who in America 1987—88. Chicago, 1989

The World Almanac and Book of Facts. N. Y., 1979; 1984; 1987; 1990

Американская художественная культура в социально-политическом контексте 70-х гг. XX в. М., 1982

Аникин Г. В., Михальская Н. П. История английской литературы. М., 1985

Ашукин Н. С., Ашукина М. Г. Крылатые слова. 4-е изд. М., 1987

Библия. Книги Священного Писания Ветхого и Нового Завета. М., 1983

Великобритания. Лингвострановедческий словарь. М., 1980

География, история и культура Англии. М., 1968

Дворецкий И. Х. Латинско-русский словарь. 2-е изд. М., 1976

Кино. Энциклопедический словарь. М., 1986

Климович Л. И. Книга о Коране, его происхождении и мифологии. М., 1986

Косидовский З. Библейские сказания. М., 1987

Косидовский З. Сказания евангелистов. М., 1979

Литературная история США. В 3-х тт. М., 1977—1979

Литературный энциклопедический словарь. М., 1987

Мельникова Е. А. Меч и лира. М., 1987

Мифы народов мира. В 2 тт. М., 1980—1982

Морозов М. М. Театр Шекспира. М., 1984

Музыкальная энциклопедия. В 6 тт. М., 1973—1982

Поулсен Ч. Английские бунтари. М., 1987

Рыбакин А. И. Словарь английских личных имен. 2-е изд. М., 1989

Рыбакин А. И. Словарь английских фамилий. М., 1986

Садуль Ж. Всеобщая история кино. Т. 4 (в 2-х частях). М., 1980—1982

Советский энциклопедический словарь. 4-е изд. М., 1989

Современные Соединенные Штаты Америки. Энциклопедический справочник. М., 1988

Ступников И. Английский театр. Конец XVII — начало XVIII века. Л., 1986

Чегодаев А. Д. Искусство США 1675—1975. М., 1976

Эстетика. Словарь. М., 1989

СПИСОК СОКРАЩЕНИЙ

австр.	австрийский	егип.	египетский
австрал.	австралийский	ж.	женщина
амер.	американский	зап.	западный
англ.	английский	инд.	индийский
англо-амер.	англо-американский	индуист.	индуистский
		иран.	иранский
англосакс.	англосаксонский	ирл.	ирландский
антич.	античный	исп.	испанский
араб.	арабский	ист.	исторический
афин.	афинский	ит.	итальянский
афр.	африканский	иудаист.	иудаистский
бельг.	бельгийский	канад.	канадский
брит.	британский	кельт.	кельтский
букв.	буквально	кит.	китайский
в.	век	кон.	конец
вв.	века	конс.	консервативная (партия)
венг.	венгерский		
Верх. суд	Верховный суд	к-рый	который
вице-през.	вице-президент	кто-л.	кто-либо
воен.	военный	кубин.	кубинский
вост.	восточный	лат.	латинский
в т. ч.	в том числе	лейбор.	лейбористский
г.	город	либер.	либеральная (партия)
гг.	годы (при указании на десятилетия, напр.: в 50-х гг.)	лит.	литературный
		мекс.	мексиканский
		мин.	министр
		мин. ин. дел	министр иностранных дел
ген. секр.	генеральный секретарь		
		мир. война	мировая война
герм.	германский	мн.	многие
гл.	главный	муз.	музыкальный
г-н	господин	мусульм.	мусульманский
голл.	голландский	напр.	например
гос.	государственный	нар.	народный
гос-во	государство	наст. имя	настоящее имя (фамилия, именование)
гос. секр.	государственный секретарь		
греч.	греческий	нац.	национальный
дат.	датский	нач.	начало
дем.	демократический	негр.	негритянский
др.	1) древний 2) другие	нем.	немецкий
		новозел.	новозеландский
европ.	европейский	норв.	норвежский

н. э.	новой эры	сев.	северный
о.	остров	сер.	середина
обществ.	общественный	сканд.	скандинавский
одноим.	одноименный	см.	смотри
ок.	около	совм.	совместно
опубл.	дата опублико- вания	соц.	социальный
осн.	основной	ср.-век.	средневековый
особ.	особенно	т. д.	так далее
пер.	перевод	т.е.	то есть
перс.	персидский	тж.	также
пол.	половина	т. к.	так как
полит.	политический	т. н.	так называемый
польск.	польский	т. п.	тому подобное
порт.	португальский	тыс.	тысяч
пост.	дата постановки	тур.	турецкий
пр-во	правительство	урожд.	урожденная
пред.	председатель	уст.	устаревшее
през.	президент	фр.	французский
премьер-мин.	премьер-министр	христ.	христианский
р.	1) год рождения 2) река	худ.	художественный
		центр.	центральный
		ч.	часть
разг.	разговорное	чеш.	чешский
реж.	режиссёр	швед.	шведский
респ.	республика(н- ский)	швейц.	швейцарский
		шотл.	шотландский
рим.	римский	шутл.	шутливое
род.	родился (роди- лась)	юж.	южный
		южно-афр.	южно-африкан- ский
рус.	русский		
сб.	сборник	яп.	японский
св.	1) святой, свя- тая 2) свыше		

a	adjective — прилагатель- ное	*sg*	singular — единственное число
etc.	et cetera — и так далее	St.	Saint — святой, святая
n	noun — существите- льное	Sts.	Saints — святые
		v	verb — глагол
pl	plural — множествен- ное число		

СИМВОЛЫ

?	примерная дата или дата неизвестна	⊙	произведения данного автора (см. п. 11
*	переносное		статьи о пользовании)
	значение	▫	произведения,
≅	примерное		названия которых совпа-
	соответствие		дают с персоналией или
//	производные		включают ее (см. п. 11
	от персоналии		статьи о пользовании)

→   ссылка на другую словарную статью, где данная персоналия встречается в литературном примере

ВИДЫ СКОБОК

(...)   факультативный элемент (см. п. 3 статьи о пользовании)

/.../   вариант или другой способ именования (см. п. 3 статьи о пользовании)

[...]   фонетическая транскрипция

{...}   английское или оригинальное написание реалии, названия, цитаты в корпусе статьи (см. п. 10 статьи о пользовании)

⟨...⟩   поясняющие слова в тексте литературных примеров

АНГЛИЙСКИЙ АЛФАВИТ

Aa	Gg	Nn	Uu
Bb	Hh	Oo	Vv
Cc	Ii	Pp	Ww
Dd	Jj	Qq	Xx
Ee	Kk	Rr	Yy
Ff	Ll	Ss	Zz
	Mm	Tt	

A

AARON [ˈeər(ə)n] Аарóн, в Ветхом Завете родоначальник священнической касты, брат и толмач Моисея // **Aaronic** [eəˈrɔnɪk] *а амер.* относящийся к низшему духовному сану в секте мормонов

Aaron's rod посох Аарона: согласно Библии, чудесным образом расцвёл за ночь, знаменуя тем самым избранность священнического сословия

☐ Aaron's Rod «Флейта Аарона», роман Д. Лоренса (1922); Moses and Aaron «Моисей и Аарон», опера А. Шёнберга (1932)

AARON, Henry /Hank/ (р. 1934) Гéнри /Хэнк/ Э́рон, амер. бейсболист-рекордсмен 50—70-х гг.

ABADDON [əˈbæd(ə)n] Аваддóн, в иудаизме существо, олицетворяющее пропасть преисподней. В христ. мифологии именуется тж. Аполлионом

ABAILARD *см.* ABÉLARD

ABBEY [ˈæbɪ], **Edwin Austin** (1852—1911) Э́двин О́стин Э́бби, амер. живописец и иллюстратор

ABDUL(-)HAMID II [ˈæbduːlhɑːˈmiːd] (1842—1918) Абдýл-Хамѝд II, тур. султан (1876—1909). Установил кровавый деспотический режим; организовал истребление 80 тыс. армян

ABEDNEGO *см.* SHADRACH

ABEL [ˈeɪbl] А́вель, в Ветхом Завете сын Адама и Евы, убитый из зависти братом Каином

ABÉLARD /ABAILARD/ [ˈæbɪlɑː(d)], **Peter /Pierre/** (1079—1142) Пьер Абеля́р, фр. философ, богослов и писатель. Его учение церковь осудила как еретическое. Будучи разлучён со своей возлюбленной Элоизой, уединился в монастыре, откуда поддерживал с ней переписку. Его отношения с Элоизой — образец возвышенной любви

⊙ Historia Calamitatum (1132—36) «История моих бедствий», автобиографическая книга

☐ Eloïsa to Abélard «Элоиза Абеляру», поэма А. Попа (1717)

ABERCROMBI [ˈæbəkrɔmbɪ, -krʌmbɪ], **(Leslie) Patrick** (1879—1957) (Лéсли) Пáтрик Áберкромби, англ. архитектор, специалист по городскому планированию

ABIGAIL [ˈæbɪgeɪl] Авигéя, в Ветхом Завете красивая и умная жена Навала {Nabal}, после его смерти взятая в жёны царём Давидом. Обращаясь к Давиду, именует себя «раба твоя» {thine handmaid} * символическое имя служанки

ABOU IBN SINA *см.* IBN SINA

ABRAHAM [ˈeɪbrəhəm] Авраáм, в Ветхом Завете патриарх, родоначальник евреев и арабов. По требованию Бога был готов принести ему в жертву сына Исаака, но ангел в последний момент остановил его руку с занесённым ножом

Abraham men *букв.* «люди Авраамовы», в 16—17 вв. нищие, притворявшиеся душевнобольными (первоначально «тихие» больные из «палаты Авраама» в Бедламе, к-рым разрешалось просить милостыню за пределами приюта)

to sham Abraham притворяться душевнобольным, симулировать

Abraham's bosom лоно Авраамово, т. е. небеса как пристанище душ праведников, рай

ABRAHAMS [ˈeɪbrəhæmz], **Peter** (р. 1919) Пи́тер А́брахамс, южноафр. писатель (живёт на Ямайке). Автор романов о борьбе за расовое равноправие, социальных конфликтах в странах «третьего мира»
⊙ Tell Freedom (1954) «Рассказ о свободе», автобиографическая повесть; The Path of Thunder (1948) «Тропою грома», The Night of Their Own (1965) «Во власти ночи», This Island Now (1966) «Остров сегодня», романы

ABSALOM [ˈæbs(ə)ləm] Авессало́м, в Ветхом Завете сын царя Давида, восставший против отца и убитый в ходе сражения с восставшими. Несмотря на коварство и неблагодарность сына, Давид оплакал его смерть
□ Absalom and Achitophel «Авессалом и Ахитофел», сатирическая поэма Дж. Драйдена (1681); Absalom, Absalom! «Авессалом, Авессалом!», роман У. Фолкнера (1936)

ABU IBN SINA *см.* IBN SINA

ABZUG [ˈæbzug], **Bella** (р. 1920) Бе́лла А́бзуг, амер. юрист, полит. и обществ. деятель. Активистка женского движения
⊙ Bella! Ms Abzug Goes to Washington (1972) «Белла! Г-жа Абзуг отправляется в Вашингтон», Bella Abzug's Guide to Political Power for American Women (1984) «К политической власти: путеводитель Беллы Абзуг для американских женщин», публицистические книги

ACADEMUS [ˌækəˈdiːməs] Акаде́м, в греч. мифологии герой, к-рый помог Кастору и Поллуксу освободить похищенную Тесеем Елену. Школа Платона, устроенная в саду, где он якобы был похоронен, получила название «Академии»

ACHATES [əˈkeɪtiːz] Аха́т, в поэме Вергилия «Энеида» друг и спутник Энея * преданный друг

ACHILLES [əˈkɪliːz] / **ACHIL(L)** [ˈækɪl]/ Ахилле́с /Ахи́лл/, в «Илиаде» Гомера храбрейший из греч. воинов, осаждавших Трою

Achilles' heel ахиллесова пята, единственное место на теле Ахилла, уязвимое для стрел, куда он и был поражён Парисом * уязвимое место

Achilles tendon ахиллово сухожилие

Achilles and the tortoise «Ахиллес и черепаха», софизм Зенона: бегун Ахиллес якобы никогда не догонит черепаху, ползущую впереди, т. к. за время, пока он преодолеет разделяющее их расстояние, черепаха продвинется вперёд.
□ The Schield of Achilles «Щит Ахилла», сб. стихов У. Х. Одена (1955)

ACHITOPHEL *см.* AHITHOPHEL

ACIS [ˈeɪsɪs] Аки́д /Аци́с/, в антич. мифологии пастух, возлюбленный нимфы Галатеи, убитый из ревности Полифемом
□ Acis and Galatea «Акид и Галатея», драматическая кантата Г. Генделя (1718)

ACKROYD [ˈækrɔɪd], **Peter** (р. 1949) Пи́тер А́кройд, англ. литературовед и писатель. Автор беллетризованных биографий
⊙ The Great Fire of London (1982) «Великий лондонский пожар», The Last Testament of Oscar Wilde (1983) «Последняя воля Оскара Уайльда», Hawksmoor (1985) «Хоксмур», романы

AÇOKA *см.* ASOKA

ACRASIA [əˈkreɪzɪə] Акра́зия, в поэме Э. Спенсера «Королева фей»

(1589—96) чародейка, олицетворяющая невоздержанность. Своих любовников она превращает в монстров.

ACTAEON [æk´ti:ən] Актео́н, в антич. мифологии охотник. Артемида /Диана/ превратила его в оленя за то, что он подглядывал за её купанием, и собственные псы Актеона растерзали его

ACTON [´æktən] /**DALBERG-ACTON**/, **John Emerich Edward** (1834— 1902) Джон Эмерих Эдуард Эктон /Да́лберг-Эктон/, англ. историк → HALLAM

ADAM [´ædəm] Ада́м, в Ветхом Завете первочеловек, созданный Богом. Вкусив вместе с Евой плод с древа познания добра и зла, нарушил запрет Бога и был изгнан из рая // **Adamic(al)** [ə´dæmɪk(l)] *a* свойственный Адаму * греховный

the old Adam *уст.* ветхий Адам, т.е. неисправимые недостатки, извечно («от Адама») присущие человеку

Adam's ale /wine/ *шутл.* вода

Adam's apple адамово яблоко, кадык

not to know somebody from Adam *разг.* не иметь о ком-л. ни малейшего представления, впервые видеть кого-л.

In a minute I had a bag of crackers and a long-handled spoon, with an open can each of apricots and pineapples and cherries ... I was feeling like *Adam* before the apple stampede ... (*O. Henry*)

Через минуту я имел мешок сухарей, ложку с длинной ручкой и по открытой банке абрикосов, ананасов, вишен ... Я чувствовал себя, как *Адам* до скандала с яблоком ... (*Пер. М. Урнова*)

My dear child, do you remember that Bassington-French knows you. *He doesn't know me from Adam.* (*A. Christie*)

Дитя моё, не забывай, что Бассингтон-Френч тебя знает. *А меня он никогда в глаза не видел.*

ADAM А́дам, шотл. архитекторы, дизайнеры интерьера и конструкторы мебели, братья: **1. James** (1730—94) Джеймс

2. Robert (1728—92) Ро́берт

ADAM [a´dã], **Adolphe Charles** (1803—56) Адо́льф Шарль Ада́н, фр. композитор романтического направления

⊙ Giselle (1841) «Жизель», The Corsair (1856) «Корсар», балеты

ADAMS [´ædəmz] А́дамс, семья амер. полит. деятелей: **1. John** (1735—1826) Джон, 2-й през. США (1797—1801). Участник войны за независимость, один из авторов Декларации независимости, дипломат

2. John Quincy (1767—1848) Джон Куи́нси, 6-й през. США (1825— 29), его сын. Столкнулся с серьёзной оппозицией Э. Джексона

3. Samuel (1722—1803) Сэ́мюэл, их родственник, один из лидеров движения за независимость. Возглавлял организацию «Сыны свободы» {Sons of Liberty}, организовал т. н. «корреспондентский комитет» {Committee of Correspondence} в Бостоне

ADAMS, Fanny: (sweet) Fanny Adams *разг.* ничегонеделание (*напр.*: we've done *sweet Fanny Adams* all day мы целый день *балбесничали /плевали в потолок/*)

ADAMS, Henry Brooks (1838—1918) Ге́нри Брукс А́дамс, амер. литератор и историк, внук 6-го и правнук 2-го през. США

⊙ The Education of Henry Adams (1907) «Образование Генри Адамса», автобиографическая повесть

ADAMS, Parson Па́рсон А́дамс, в романе Г. Филдинга «Джозеф Эндрюс» (1742) благородный, но наивный и эксцентричный сельский священник

ADDAMS [´ædəmz], **Jane** (1860—1935) Джейн А́ддамс, амер. обществ. деятель. Основала в Чикаго один из т. н. «домов-поселений» {settlement houses} для бездомных и бедных. Лауреат Нобелевской премии мира (1931)

ADDISON [ˈædɪsn], **Joseph** (1672—1719) Джо́зеф А́ддисон, англ. писатель, просветитель и журналист. Автор сатирических очерков, зарисовок нравов

ADDISON, Thomas (1793—1860) То́мас А́ддисон, англ. врач. Описал болезнь, к-рая была названа его именем

ADENAUER [ˈædənauə], **Konrad** (1876—1967) Ко́нрад Адена́уэр, канцлер ФРГ (1949—63). Эпоха Аденауэра знаменовалась экономическим возрождением Зап. Германии

ADLER [ˈædlə, ˈɑ:d-], **Larry /Lawrence Cecil/** (р. 1914) Ла́рри /Ло́ренс Сесил/ А́длер, амер. музыкант (с 1949 в Англии). Играл на губной гармонике, сделав её концертным инструментом

ADMETUS [ædˈmi:təs] Адме́т, в греч. мифологии царь Фессалии {Thessaly}. Спасён от смерти женой Алкестидой (*см.* ALCESTIS)

ADONIS [əˈdəunɪs] Адо́нис, в антич. мифологии юноша необычайной красоты, возлюбленный Афродиты /Венеры/ * юный красавец □ Venus and Adonis «Венера и Адонис», поэма У. Шекспира (опубл. 1593); опера Дж. Блоу (1684)

I'm not much of an actor, but I'm not bad ... I work hard. I'm no *Adonis* and I'm as American as the telephone poles I used·to climb to make a living. (*A. R. StJohns*)

Я не великий актёр, но и не плохой ... Работаю усердно. В *красавцы* не гожусь, но так же насквозь проникнут духом Америки, как телеграфные столбы, на которые я когда-то лазил, чтобы заработать себе на жизнь.

ADRASTUS [əˈdræstəs] Адра́ст, в греч. мифологии царь Аргоса, организатор похода семерых против Фив {Seven against Thebes}

ADRIAN [ˈeɪdrɪən] **IV** /*светское имя* Nicholas BREAKSPEAR [ˈbreɪkspɪə]/ (1100—59) Адриа́н IV /Ни́колас Бре́йкспир/, рим. папа (с 1154) — единственный англичанин, имевший этот сан. В 1155 предоставил Генриху II суверенитет над Ирландией

AEACUS [ˈi:əkəs] Э́ак, в греч. мифологии сын Зевса, слывший самым справедливым среди греков. После смерти был сделан одним из трёх судей в подземном царстве

AEDON [eɪˈi:dɒn] Аэдо́на, в греч. мифологии жена фиванского героя Зета. Завидуя многодетной Ниобе, пыталась убить её сына, но по ошибке убила собственного сына Итила. Боги превратили её в соловья, чья песня — плач по убитому сыну

AEGEUS [ˈi:dʒju:s] Эге́й, в греч. мифологии афин. царь, отец Тесея. Ожидая Тесея с Крита, принял чёрные паруса на его корабле за знак гибели сына и с горя бросился в море, названное поэтому Эгейским {Aegean Sea}

AEGIR [ˈi:dʒɪə] Эги́р, в сканд. мифологии морской великан, олицетворение океана; у него часто пируют боги

AEGISTHUS [ɪˈdʒɪsθəs] Эги́сф, в греч. мифологии соблазнитель Клитемнестры и убийца её мужа Агамемнона. Убит Орестом

AELFRIC [ˈælfrɪk] (955?—1020?) Э́лфрик /Э́льфрик/, англ. аббат и церковный писатель

AENEAS [ɪˈni:əs, ˈi:nɪæs] Эне́й, в антич. мифологии один из храбрейших защитников Трои, зять царя Трои Приама; легендарный основатель Рима. Гл. персонаж эпической поэмы Вергилия «Энеида» □ Dido and Aeneas «Дидона и Эней», опера Г. Перселла (1689)

AEOLUS [ˈiːə(u)ləs] Эо́л, в греч. мифологии бог — повелитель ветров // **Aeolian** [iːˈəuliən] *a* эолов

Aeolian harp эолова арфа, др. муз. инструмент, в к-ром струны колеблются от движения воздуха

He listened glumly to the January blasts making an *Aeolian* trombone of the empty street. (*O. Henry*)

Подавленный, он прислушивался к порывам январской вьюги, превращавшей пустынную улицу в *эолову* трубу.

AESCHYLUS [ˈiːskɪləs, ˈes-] (525—456 до н. э.) Эсхи́л, греч. поэт-драматург, «отец трагедии»

⊙ The Seven Against Thebes «Семеро против Фив», Prometheus Bound «Прикованный Прометей», трагедии

There was almost certainly someone who took on the task of assembling the talents for the festivals in which *Aeschylus* and *Sophocles* competed. (*I. Shaw*)

Почти всегда находились люди, бравшие на себя роль собирателей талантов и устраивавшие фестивали, на которых *Эсхил* соперничал с *Софоклом*. (*Пер. К. Чугунова*)

AESCULAPIUS [ˌiːskjuˈleɪpjəs] /греч. **ASCLEPIUS** [əskˈliːpjəs] / Эскула́п /Аскле́пий/, в антич. мифологии бог врачевания // **Aesculapian** [ˌiːskjuˈleɪpɪən] *a*

AESON [ˈiːsɔn] Эсо́н, в греч. мифологии царь Иолка {Iolchus}, отец Ясона

Aeson's bath омовение Эсона: волшебница Медея вернула Эсону молодость, погрузив его в ванну из волшебных трав * освежающая, омолаживающая процедура

AESOP [ˈiːsɔp] (6 в. до н. э.?) Эзо́п, полулегендарный греч. баснописец. По преданию, был рабом и имел безобразную внешность. В Дельфах {Delphi} насмешками и сарказмом вызвал гнев местных жителей, и они, обвинив его в краже кубка из храма, сбросили его со скалы в 564 до н. э. // **Aesopian** [iːˈsəupiən], **Aesopic** [iːˈsɔpɪk] *a* эзопов

Aesopian /Aesopic/ language эзопов язык, иносказательная манера выражения

AGAMEMNON [ˌægəˈmemnən] Агаме́мнон, в греч. мифологии микенский царь, возглавлявший греч. войско в Троянской войне. Отец Ифигении, к-рую он был вынужден принести в жертву Артемиде. Убит женой Клитемнестрой и её любовником Эгисфом

□ трагедия Эсхила

AGLAIA [əˈglaɪə,-eɪə] Агла́я, в греч. мифологии одна из трёх харит /граций/ — богинь молодости и радости

AGNES [ˈægnɪs], **St.** св. Агне́сса, христ. мученица, покровительница девушек. Отказалась выйти замуж за сына рим. сановника и за это была отправлена в дом разврата. Когда её насильственно раздели, волосы Агнессы тут же выросли и скрыли её наготу, а бывший жених, пытаясь овладеть ею, ослеп. По нар. англ. преданиям, в канун дня св. Агнессы (21 января) девушка могла увидеть во сне своего суженого

□ The Eve of St. Agnes «Канун святой Агнессы», поэма Дж. Китса (1819)

There was no time to dress, so she drew a jacket over her shoulders and drove him to the station. What was visible of her was properly clad, but below the jacket her nightgown was transparent... At the junction of Alewives' Lane and Hill Street she ran out of gas... Then Jack Burden < drove by >, the village rake, who, without being signaled to or appealed to in any way, seemed drawn magnetically to the car. He stopped and asked if he could help. She got into his car — what else could she do — thinking of *Lady Godiva* and *St. Agnes*. (*J. Cheever*)

Времени одеваться не было, и, накинув на плечи жакет, она отвезла мужа на вокзал. В окне машины она смотрелась вполне прилично, но под жакетом у неё была прозрачная ночная рубашка... На перекрёстке Эйлуайвс-Лейн и Хилл-Стрит у неё кончился бензин... Затем появился Джек Берден, местный развратник, которого как магнитом притянуло к её машине без всяких сигналов или призывов с её стороны. Остановившись, он спросил, не нужна ли помощь. Она пересела к нему в машину (а что ей ещё оставалось делать?). На память пришли *леди Годива* и *святая Агнесса*.

AGNI [ˈægnɪ] Áгни, в индуист. (ведической) мифологии бог огня, один из трёх главных богов

AGRAVAIN [ˈægrəveɪn] Агравéйн, в «артуровских легендах» рыцарь, брат Гавейна. Возглавил заговор против Ланселота, сообщив королю Артуру о его любви к Гвиневере

AGRICOLA [əˈgrɪkə(u)lə], **Gnaeus Julius** (37—93) Гней Юлий Агрикола, рим. полководец, наместник Рима в Британии. Распространил господство Рима на весь остров, кроме высокогорной Шотландии. Его зять Тацит написал биографию Агриколы, представив его мудрым и благородным правителем британцев

AGRIPPINA [ˌægrɪˈpaɪnə, -ˈpiːnə] Агриппина: **1.** *the Elder* (14? до н. э. — 33 н. э.) Старшая, внучка Августа, мать Калигулы и Агриппины Младшей

2. *the Younger* (15—59) Младшая, мать Нерона. Отличалась порочностью и склонностью к интригам. Убита своим сыном

AGUECHEEK [ˈeɪgjuːtʃiːk], **Andrew** Эндрю Эгьючик, в комедии У. Шекспира «Двенадцатая ночь» (1600) провинциальный простак, к-рого под предлогом сватовства к Оливии хитроумно обирает сэр Тоби Белч

AHAB [ˈeɪhæb] Ахáв, *см.* NABOTH

AHAB Ахáв, в романе Г. Мелвилла «Моби Дик» (1851) капитан судна «Пекод» {Pequod}, одержимый маниакальной идеей убить белого кита Моби Дика, вызывающего у моряков суеверный страх. На исходе трёхдневного преследования капитан погиб, а корабль затонул

AHASUERUS [əˌhæzjuˈɪərəs] /*the Wandering Jew*/ Агасфéр /Вечный жид/, персонаж ср. -век. христ. легенды. Подгонял Христа, когда тот нёс свой крест на Голгофу (по др. версиям — не позволил ему остановиться и отдохнуть). За это был обречён на тягостное бессмертие и вечные скитания. Фигурирует в одной из баллад, собранных Т. Перси, поэмах Дж. Кроли, И. В. Гёте, Э. Сю

AHITHOPHEL [əˈhɪθə(u)fel] /**ACHITOPHEL** [əˈkɪtə(u)fel]/ Ахитофéл, в Ветхом Завете советник царя Давида, составивший против него заговор вместе с сыном царя Авессаломом. Повесился, узнав, что Авессалом пренебрёг его советом

□ Absalom and Achitophel «Авессалом и Ахитофел», сатирическая поэма Дж. Драйдена (1681)

AHRIMAN [ˈɑːrɪmən] А(х)римáн, в иран. (зороастрийской) мифологии божество зла, противостоящее Ахурамазде

But my pessimism... does not involve the assumption that the world is going to the dogs, and that *Ahriman* is winning all along the line. (*Th. Hardy*)

Мои пессимистические выводы... основываются вовсе не на том

мнении, что мир катится в тартарары и что *мировое зло* по всем статьям одерживает победу.

AHURA MAZDA [ə'hu:rə'mæzdə, 'ɑ:hu:rə-] /**ORMAZD** ['ɔ:məzd, 'ɔ:mæzd], **ORMUZD**/ Ахурамáзда /Ормáзд/, в иран. (зороастрийской) мифологии верховное божество добра и света

AIDA [aɪ'i:də] Аида, в одноим. опере Дж. Верди (1870) дочь эфиопского царя, находящаяся в егип. рабстве. Она решается разделить участь возлюбленного — егип. военачальника, к-рого замуровывают в склепе

AIKEN ['eɪkn], **Conrad Potter** (1889—1973) Кóнрад Пóттер Эйкен, амер. поэт и писатель. Лауреат Пулитцеровской премии (1930)

⊙ The Pilgrimage of Festus (1923) «Паломничество Феста», Landscape West of Eden (1934) «Пейзаж к западу от рая», сб. стихов; Conversation, or Pilgrims' Progress (1940) «Беседа, или Путь паломников», роман; Costumes by Eros (1928) «Костюмы от Эрота», сб. рассказов

AJAX ['eɪdʒæks] Аякс, в греч. мифологии имя двух участников Троянской войны: **1.** *son of Oileus* /**Ajax** *the Less*/ Оилúд /Аякс Малый/. Спасшись во время кораблекрушения, похвалялся, что это произошло вопреки воле богов, и разгневанный Посейдон погубил его

2. *son of Telamon* /**Ajax** *the Greater*/ Теламонúд /Аякс Большой/, двоюродный брат Ахилла, только ему уступавший в доблести в Троянской войне. Когда его лишили права унаследовать доспехи погибшего Ахилла, в безумной ярости изрезал стадо скота, а затем покончил с собой

AKBAR ['ækbɑ:] *the Great* (1542—1605) Акбáр Великий, правитель моголов в Индии. Укрепил и расширил границы Могольской империи

AKH(E)NATEN, AKH(E)NATON см. IKHNATON

ALADDIN [ə'lædɪn] Аладдúн, в араб. сказках «Тысячи и одной ночи» владелец волшебной лампы с заключённым в ней джинном — исполнителем желаний

ALARIC ['ælərɪk] (370?—410) Áларих, король вестготов (с 395). В 410 завоевал и разрушил Рим

ALBAN ['ɔ:lbən], St. (?—304) св. Áльбан, первый брит. христ. мученик времён императора Диоклетиана. По легенде, укрыл преследуемого христ. проповедника, и тот обратил его в свою веру. Когда же в дом пришли рим. воины, облачился в его одежду и выдал себя за него. Перед казнью успел обратить в христианство своего палача, к-рого пришлось заменить на другого

ALBEE ['ɔ:lbɪ,'æl-], **Edward Franklin** (р. 1928) Эдуард Фрáнклин Óлби, амер. драматург. Автор пьес, близких к драме абсурда. Лауреат Пулитцеровской премии (1967, 1975)

⊙ The Zoo Story (1959) «Случай в зоопарке», The Death of Bessie Smith (1960) «Смерть Бесси Смит», The American Dream (1961) «Американская мечта», Who's Afraid of Virginia Woolf? (1962) «Кто боится Вирджинии Вулф?», A Delicate Balance (1966) «Неустойчивое равновесие», Seascape (1975) «Морской пейзаж», The Man Who Had Three Arms (1981) «Человек с тремя руками», пьесы

ALBERT ['ælbət] (1819—61) Альбéрт, англ. принц-консорт, муж (и двоюродный брат) королевы Виктории

ALBINUS см. ALCUIN

ALCESTIS [æl'sestɪs] Алкестúда, в греч. мифологии жена Адмета. Согласилась сойти в царство мёртвых вместо обречённого мужа, но Геракл отбил Алкестиду у смерти и возвратил её Адмету

ALCINOUS [æl'sɪnuəs] Алкинóй, в греч. мифологии царь Феакии

{Phaeacia}, отец Навсикаи. Радушно принимал Одиссея, заброшенного бурей на остров

ALCMENE [ælkˈmiːni(ː)] Алкмéна, в греч. мифологии жена Амфитриона. От Зевса, явившегося к ней в образе мужа, родила Геракла

ALCOTT [ˈɔːlkət] Óлкотт: **1. Amos Bronson** (1799—1888) Эймос Брóнсон, амер. педагог и философ

2. Louisa May (1832—88) Луúза Мей, амер. писательница, его дочь. Автор книг о детях

⊙ Little Women (1868) «Маленькие женщины», роман

ALCUIN [ˈælkwɪn] /**ALBINUS** [ˈælbɪnəs]/ (735?—804) Алкуúн /Áльбин/, англ. богослов и, по преданию, епископ Кентерберийский. В 780 после встречи с Карлом Великим в Парме остался при его дворе и возглавил созданную им академию

ALDINGTON [ˈɔldɪŋtən], **Richard** (1892—1962) Рúчард Óлдингтон, англ. писатель. Один из гл. представителей имажизма в поэзии. Участник 1-й мир. войны. Автор антивоенных романов о «потерянном поколении»

⊙ Images of War (1919) «Образы войны», сб. стихов; Death of a Hero (1929) «Смерть героя», The Colonel's Daughter (1931) «Дочь полковника», All Men are Enemies (1933) «Все люди — враги», романы

ALDRIDGE [ˈɔːldrɪdʒ], **James** (p. 1918) Джеймс Óлдридж, англ. писатель. Автор социально-политических романов

⊙ The Diplomat (1949) «Дипломат», I Wish He Would Not Die (1957) «Не хочу, чтобы он умирал», романы

ALEMBERT, d' *см.* D'ALEMBERT

ALEXANDER [ˌælɪgˈzændə, -ˈzaːndə] **of Tunis** (1891—1969) Алексáндер Тунúсский, англ. фельдмаршал, мин. обороны Великобритании (1952—54). Во 2-й мир. войне командовал армиями в Тунисе и Италии, а тж. союзными войсками в Средиземноморье

ALEXANDER III *the Great* (356—323 до н. э.) Алексáндр III Великий /Македóнский/, царь и полководец Македонии, сын Филиппа II, воспитанник Аристотеля. Завоевал Малую Азию, Персию, Египет. Олицетворяет полководческий талант и мудрость; фигурирует во мн. антич. и ср.-век. легендах

□ Alexander's Feast «Пир Александра», кантата Г. Генделя (1736)

ALEXANDER, William (1576—1640) Уúльям Алексáндер, англ. гос. деятель и поэт. Осуществлял брит. юрисдикцию над канад. провинцией, к-рой он в 1621 дал название Новая Шотландия {Nova Scotia}; мин. по делам Шотландии (с 1626)

ALEXIUS [əˈleksɪəs] **I COMNENUS** (1048—1118) Алексéй I Комнúн, византийский император (с 1081). Благодаря 1-му крестовому походу (1096—99) вернул Византии часть Малой Азии

ALFRED [ˈælfrɪd] *the Great* (849—899) Альфрéд Великий, англосакс. король. Объединил с Уэссексом ряд соседних королевств и укрепил его военную мощь строительством фортов. Покровительствовал образованию и наукам

□ опера Т. Арна (1740)

ALGER [ˈældʒə], **Horatio** (1834—99) Хорéйшо Элджер, амер. писатель. Автор книг в духе «амер. мечты»: их герои, начиная с нуля, достигают успеха благодаря энергии и предприимчивости // **Algerish** [ˈældʒərɪʃ] *a*

He believes in success and is himself the hero of the success story, one of *Horatio Alger's.* (*New York Times Sunday Review, 1980*)

Он верит в успех и сам является героем эпопеи успеха, *в духе историй Хорейшо Элджера.*

Until the moment of his death, he had remained to millions of his countrymen... the self-made man, the *Horatio Alger* hero, the democrat who could not only talk with but argue with kings. (*J. F. Wall*)

До конца своих дней он оставался для миллионов соотечественников... человеком, который сам пробил себе дорогу в жизни, героем *романов Хорейшо Элджера*, демократом из тех, что не только знаются, но ещё и спорят с королями.

ALI [ɑːˈliː], **Muhammad** /*наст. имя* Cassius Marcellus CLAY/ (р. 1942) Муха́ммед Али́ /Ка́ссиус Ма́рселлус Клей/, амер. негр. боксёр, многократный чемпион мира в 60—70-х гг. Отказался от призыва в армию во время вьетнамской войны

Hamilton did as a matter of fact, feel a little paralyzed, as if, perhaps, he'd fallen and bumped his head or been KO'd by *Muhammad Ali* sometime last week and was still recovering. (*B. Leason*)

Хэмилтон и вправду испытывал какое-то оцепенение, словно после падения и ушиба головы или как если бы он до сих пор приходил в себя от нокаута, полученного на прошлой неделе от самого *Мухаммеда Али*.

ALI BABA [ˈælɪˈbɑːbə] Али-Баба́, в араб. сказках «Тысячи и одной ночи» бедняк, открывший пещеру с сокровищами и перехитривший сорок разбойников

ALICE [ˈælɪs] Али́са, в повестях Л. Кэрролла «Приключения Алисы в Стране чудес» (1865) и «Алиса в Зазеркалье» (1872) девочка, к-рая попадает в сказочные королевства игральных карт и шахматных фигур. В этом мире, где отсутствует привычная логика, а слова обретают буквальный смысл, постоянно происходят фантасмагорические превращения

She still... looks up adoringly at whoever is speaking, and her *Alice*-in-Wonderland countenance can be quite confusing even when I think I understand her. (*S. MacLaine*)

Она по-прежнему с восторгом следит за каждым, кто берёт слово, а её выражение лица, *напоминающее Алису* в Стране чудес, может сбить с толку даже тогда, когда мне кажется, что я её понимаю.

ALLAH [ˈælə, ˈælɑː] Алла́х, в мусульм. религии имя бога-творца и вершителя судеб

ALLEN [ˈælən], **Woody** /*наст. имя* Allen KÖNIGSBERG [ˈkɜːnɪgzbeəg]/ (р. 1935) Ву́ди Аллен /Аллен Кёнигсберг/, амер. кинорежиссёр, актёр и сценарист. Автор и ведущий телешоу. Снимается в амплуа незадачливого городского интеллигента
⊙ Annie Hall (1977) «Энни Холл», Manhattan (1979) «Манхэттен». Hannah and Her Sisters (1986) «Ханна и её сёстры», постановка и исполнение ролей

ALLENBY [ˈælənbɪ], **Edmund Henry Hynman** /1st Viscount/ (1861-1936) Э́дмунд Ге́нри Хи́нман /1-й виконт/ Алленби, англ. фельдмаршал (с 1919). В 1917-18 под его командованием англ. экспедиционные войска в Египте оккупировали Палестину, отвоевав её у Османской империи

ALLENDE (GOSSENCE) [ɑːˈjenderˈgəusens], **Salvador** (1908-73) Сальвадо́р Алье́нде Го́ссенс, през. Чили (с 1970), лидер социалистической партии. Убит в ходе воен. переворота

ALLSTON [ˈɔːlstən], **Washington** (1779-1843) Уо́шингтон О́ллстон, амер. художник. Автор картин на ист. сюжеты

ALMANSOR, ALMÁNZOR *см.* MANSUR

ALMA-TADEMA [ˈælməˈtædɪmə], **Lawrence** (1836-1912) Ло́ренс А́лма-Та́дема, англ. художник (род. в Нидерландах). Автор картин на антич. сюжеты

ALPHEUS [æl'fi(:)əs] Алфе́й, в греч. мифологии бог одноим. реки, влюбившийся в нимфу Аретусу

ALTMAN ['ɔ:ltmən], **Robert** (р. 1925) Ро́берт О́лтмен, амер. кинорежиссёр, сценарист и продюсер

⊙ M.A.S.H. (1970) «Передвижной военно-хирургический госпиталь», комедия; Nashville (1975) «Нэшвилл», Buffalo Bill and the Indians, or Sitting Bull's History Lesson (1976) «Буффалло Билл и индейцы, или Урок истории Сидячего Быка»

AMALTHEA [ˌæmæl'θɪə] Амалте́я /Амалфе́я/, в греч. мифологии нимфа, вскормившая младенца Зевса молоком козы. Из рога этой козы можно было получить всё, что желал его обладатель

the horn of Amalthea рог изобилия

AMATI [ə'ma:tɪ] Ама́ти, семья ит. скрипичных мастеров (сер. 16 — нач. 18 в.) * скрипка их производства

AMBREE ['æmbrɪ], **Mary** (16 в.) Мэ́ри Э́мбри, англ. героиня. По преданию, сражалась при осаде г. Гента {Ghent}, захваченного испанцами в 1584 * мужественная, отважная женщина

AMBROSE ['æmbrəuz], St. (340?—397) св. Амвро́сий /Амбро́сий/, епископ Милана, один из «отцов-основателей» христ. церкви // **Ambrosian** [æm'brəuzjən, -ʒjən] *a* амвросианский

Ambrosian chants амвросианские хоралы, церковные песнопения, основа к-рых была разработана Амвросием (противопоставляются более поздним григорианским хоралам)

AMENHOTEP *см.* IKHNATON

AMIS ['eɪmɪs], **Kingsley** (р. 1922) Ки́нгсли Э́мис, англ. писатель. Представитель лит. течения «рассерженные молодые люди» {angry young men}. Писал тж. шпионские романы, продолжив серию Я. Флеминга о Джеймсе Бонде

⊙ Lucky Jim (1954) «Счастливчик Джим», The Anti-Death League (1966) «Лига против смерти», Jake's Thing (1978) «Вещь Джейка», романы

AM(M)ON ['æmən] Амо́н, в егип. мифологии бог солнца, творец всего сущего и вершитель судеб

AMOS ['eɪmɔs] Амо́с, в Ветхом Завете пророк, а тж. книга, названная его именем

AMPÈRE ['æmpeə, ã'peə], **André Marie** (1775—1836) Андре́ Мари́ Ампе́р, фр. физик, один из основоположников электродинамики. Его именем названа единица силы тока

AMPHION [æm'faɪən] Амфио́н, в греч. мифологии музыкант. Своей игрой на лире заставлял камни укладываться в городскую стену Фив {Thebes}

AMPHITRYON [æm'fɪtrɪən] Амфитрио́н, в греч. мифологии сын тиринфского царя, муж Алкмены. Во время его отсутствия Зевс явился к Алкмене в образе мужа, и она родила от него Геракла * гостеприимный хозяин (через трактовку образа Мольером)

☐ комедии Плавта, Мольера (1668), Дж. Драйдена (1690)

AMUNDSEN ['a:mun(d)s(ə)n], **Roald** (1872—1928) Руа́ль А́мундсен, норв. исследователь полярных районов. Первым прошёл Северо-Западным проходом (1903—06) и достиг Юж. Полюса (1911). Погиб во время поисков потерпевшей катастрофу эт. экспедиции У. Нобиле

ANACREON [ə'nækrɪən] (570?—478 до н.э.) Анакрео́н(т) греч. поэт. Прославлял чувственные наслаждения //**Anacreontic** [əˌnækrɪ'ɔntɪk] *a* анакреонтический

ANANIAS [ˌænə'naɪəs] Ана́ния, в Новом Завете член христ. общины.

Утаив от неё часть своих доходов, был поражён насмерть апостолом Петром * обманщик, лгун

ANAXAGORAS [ˌænækˈsægəræs] (500?—428 до н. э.) Анаксагóр, греч. философ. Автор учения о «семенах» вещей

ANCHISES [ænˈkaɪsɪz] Анхи́с, в антич. мифологии отец Энея, предсказавший сыну судьбу и указавший ему путь

ANDERS [ˈændəz], **William** (р. 1933) Уи́льям А́ндерс, амер. космонавт. В 1968 участвовал в 1-м полёте к Луне на «Аполлоне-8»

ANDERSEN [ˈændəsn], **Hans Christian** (1805—75) Ханс Кристиа́н /Ганс Христиа́н/ А́ндерсен, дат. поэт, драматург и писатель-сказочник

⊙ The Princess and the Pea «Принцесса на горошине», The Constant Tin Soldier «Стойкий оловянный солдатик», The Ugly Duckling «Гадкий утёнок», The Tinder Box «Огниво», The Emperor's New Clothes «Новое платье короля», The Snow Queen «Снежная королева», сказки

ANDERSON [ˈændəsn], **Carl David** (р. 1905) Карл Дéйвид А́ндерсон, амер. физик. В 30-х гг. открыл новые элементарные частицы. Лауреат Нобелевской премии (1936)

ANDERSON, Lindsay (р. 1923) Ли́ндсей А́ндерсон, англ. кинорежиссёр

⊙ O Lucky Man! (1973) «О счастливчик!»

ANDERSON, Marian (р. 1902) Мариáн А́ндерсон, амер. негр. певица. Исполнительница оперных партий и спиричуэлов. Когда в 1941 расисты не допустили её выступления в концертном зале «Конститьюшн-холл» (Вашингтон), дала при огромном стечении народа бесплатный концерт на ступенях мемориала Линкольна. Первая негритянка, выступавшая в Метрополитен-опера (с 1955)

ANDERSON, Philip Warren (р. 1923) Фи́лип Уóррен А́ндерсон, амер. физик. Лауреат Нобелевской премии (1977)

ANDERSON, Sherwood (1876—1941) Шéрвуд А́ндерсон, амер. писатель

⊙ Winesburg, Ohio (1919) «Уайнсбург, Огайо», The Triumph of the Egg (1921) «Торжество яйца», Horses and Men (1923) «Кони и люди», Death in the Woods (1933) «Смерть в лесах», сб. рассказов; Dark Laughter (1925) «Тёмный смех», роман

ANDRE [ˈændrɪ, ˈɑːndreɪ], **John** (1751—80) Джон Андрé, англ. разведчик, майор. В Войне за независимость амер. колоний повешен как шпион

ANDREA del SARTO [ɑːnˈdreɪədelˈsɑːtəu] (1486—1530) Андрéа дель Сáрто, ит. художник Возрождения

ANDREW [ˈændruː] St. св. Андрéй, в Новом Завете один из 12 апостолов. Считается покровителем Шотландии

ANDREWS [ˈændruːz], **Joseph** Джóзеф Эндрюс, в одноим. романе Г. Филдинга (1742) — пародии на «Памелу» С. Ричардсона — брат Памелы. Находясь в услужении у богатой вдовы, благочестиво сопротивляется её домогательствам

ANDROCLES [ˈændrə(u)kliːz] Андрóкл, в сочинении Геллия беглый раб, скрывавшийся в пещере. Излечил дикого льва, занозившего лапу. Позднее был схвачен и брошен на растерзание тому же льву, к-рый узнал и не тронул своего спасителя

☐ Androcles and the Lion «Андрокл и лев», пьеса Дж. Б. Шоу (1912)

ANDROMACHE [ænˈdrɒməkɪ] Андромáха, в греч. мифологии любящая и преданная жена Гектора

ANDROMEDA [ænˈdrɒmɪdə] Андромéда, в греч. мифологии дочь эфиопского царя. Была отдана в жертву чудовищу, посланному Посейдоном, но спасена Персеем

ANG

□ поэма Ч. Кингсли (1859)

ANGELICO [ən'dʒelɪkəu], **Fra** /*наст. имя* Giovanni da FIESOLE [fɪ-'eɪzəleɪ]/ (1400?—55) Фра Анджéлико /Джовáнни да Фьéзоле/, ит. художник Раннего Возрождения

ANGELL ['eɪndʒəl], **(Ralph) Norman** (1872—1967) (Ралф) Нóрман Эйнджелл, англ. литератор и обществовед. В своих работах показал несостоятельность войны. Лауреат Нобелевской премии мира (1933) ⊙ The Great Illusion (1910) «Великая иллюзия», научно-публицистический труд

ANGELO ['æn(d)ʒɪləu] Анджéло, в комедии У. Шекспира «Мера за меру» (1604) наместник герцога венского, осудивший на казнь Клавдио. Отличается лицемерием и безнравственностью

ÅNGSTRÖM ['æŋstrəm, 'əŋ-], **Anders Jonas** (1814—74) Áндерс Йóнас Ангстрéм, шв. физик и астроном. Его именем названа внесистемная единица длины

ANN, Mother *см.* LEE A.

ANNE [æn] (1665—1714) Áнна, англ. королева (с 1702), дочь Якова II, последняя из династии Стюартов

Queen Anne style «стиль королевы Анны» (в мебели и архитектуре нач. 18 в.; отличался простотой и строгостью, в архитектуре для него характерны здания из красного кирпича)

when Queen Anne was alive давным-давно, ≅ при царе Горохе

ANNE (p. 1950) Áнна, англ. принцесса, дочь Елизаветы II

ANNE of Austria (1601—66) Áнна Австрийская, жена фр. короля Людовика XIII и мать Людовика XIV

ANNE of Cleves [kliːvz] (1515—57) Áнна Клéвская, 4-я жена Генриха VIII (с янв. 1540, разведена в июле 1540)

ANOUILH ['ænuːi(ː)], **Jean** (1910—87) Жан Анýй, фр. драматург. Его пьесы широко ставились в Англии и США ⊙ Thieves' Carnival (1938) «Бал воров», Point of Departure (1942) «Эвридика», Antigone (1943) «Антигона», Ring Round the Moon (1948) «Приглашение в замок», The Lark (1953) «Жаворонок», пьесы (приведены названия англ. переводов и постановок)

ANSELM ['ænselm], **St.** (1033—1109) св. Ансéльм, ит. аббат, философ-схоласт, архиепископ Кентерберийский (с 1093). Из-за конфликтов с Вильгельмом II (к-рый назначил его на этот пост во время визита Ансельма в Англию) и Генрихом I дважды был в ссылке

ANSON ['ænsn], **George** (1697—1762) Джордж Энсон, англ. мореплаватель. В 1740 во время англо-испанской войны потерял 7 из 8 кораблей своей эскадры, кроме «Центуриона» {The Centurion}, но, напав на исп. галеон, вернулся на родину с сокровищами стоимостью 500 тыс. фунтов

ANTAEUS [æn'tiː(ː)əs] Антéй, в греч. мифологии великан, сын Посейдона и Геи. Был непобедим, пока соприкасался с землёй. Олицетворяет силу, к-рую даёт связь с родиной

ANTHONY ['ænθənɪ, 'æntə-], **St.** (250?—356) св. Антóний, христ. отшельник в Египте. Считается прародителем монашества

ANTHONY, Mark *см.* ANTONY

ANTHONY, Susan Brownell (1820—1906) Сьюзан Брáунелл Энтони, амер. суффражистка, лидер движения за избирательные права женщин

ANTICHRIST ['æntɪkraɪst] Антихрист, в христианстве антагонист Иисуса Христа, к-рый явится перед концом света и установит царство зла, но будет побеждён Христом во время второго пришествия * противник Христа, лже-Христос

ANTIGONE [æn'tɪgənɪ] Антигóна, в греч. мифологии дочь Эдипа. Вопреки запрету Креонта, нового царя Фив {Thebes}, решилась похоронить погибшего брата Полиника. За это была заточена в пещеру и там покончила с собой

□ трагедии Софокла, Еврипида, а тж. мн. европ. авторов 17—20 вв.

ANTINOUS [æn'tɪnəuəs] (?—130 н. э.) Антинóй, греч. юноша, любимец рим. императора Адриана. Обожествлён после смерти

ANTIOCHUS [æn'taɪəkəs] **III** *the Great* (242—187 до н. э.) Антиóх III Великий, царь гос-ва Селевкидов {Seleucid} в Сирии

ANTISTHENES [æn'tɪsθəni:z] (450?—360? до н. э.) Антисфéн, греч. философ, основатель школы киников /циников/. Проповедовал пренебрежение к материальным благам

ANTONINUS [ˌæntə(u)'naɪnəs] Антонúн, династическое имя рим. императоров, в т. ч.: **1. Pius** ['paɪəs] (86—161) Пий (правил с 138). Избегал войн, строил оборонительные сооружения

. **2. Marcus Aurelius** ['mɑ:kəsɔ:'ri:ljəs] (121—180) Марк Аврéлий (правил с 161). Захватил Месопотамию. Автор философских сочинений в духе стоицизма

ANTONIONI [ˌæntənɪ'əunɪ], **Michelangelo** (р. 1912) Микелáнджело Антониóни, ит. кинорежиссёр. Один из гл. представителей неореализма
⊙ Blow-Up (1967) «Фотоувеличение» /«Крупным планом»/, Zabriskie Point (1970) «Забриски-пойнт»

ANTONY /ANTHONY/ ['æntənɪ], **Mark** /*лат.* Marcus ANTONIUS/ (83?—30 до н. э.) Марк Антóний, рим. полководец, сторонник Цезаря, победитель Брута. Получив в управление вост. провинции Рима, сблизился с егип. царицей Клеопатрой. После того, как рим. сенат объявил Клеопатре войну, а егип. флот потерпел поражение, покончил с собой. Фигурирует в трагедиях У. Шекспира. Крылатой стала фраза из речи Антония в «Юлии Цезаре»: Friends, Romans, countrymen, lend me your ears «Друзья, сограждане, внемлите мне» (*пер. М. Зенкевича*)
□ Antony and Cleopatra «Антоний и Клеопатра», трагедия У. Шекспира (1607)

ANUBIS [ə'nu:bɪs] Анýбис, в егип. мифологии бог — правитель царства мёртвых. Изображался с головой шакала или собаки

APELLES [ə'peli:z] (4 в. до н. э.) Апеллéс, греч. художник. Отличался трудолюбием и имел девиз: «Ни дня без линии /штриха/» (в рус. языке утвердился вариант «Ни дня без строчки») {*лат.* Nulla dies sine linea}

. **Apelles and the cobbler** притча об Апеллесе и сапожнике: сапожник, указав Апеллесу на ошибку в изображении сапога, возгордился тем, что она была исправлена, и на следующий день стал критиковать изображение ноги. На это Апеллес сказал ему: «Сапожник, не суди выше сапога» {The cobbler should stick to his last}, т. е. не суди о том, в чём не разбираешься

APHRODITE [ˌæfrə(u)'daɪtɪ] Афродúта, в греч. мифологии богиня любви и красоты. Ей соответствует рим. Венера

APIS ['ɑ:pɪs, 'eɪ-] Áпис, в егип. мифологии бог плодородия в облике быка. Изображался с солнечным диском между рогами

APOLLINAIRE [ə'pɔlɪ'neə], **Guillaume** /*наст. имя* Wilhelm Apollinaris KOSTROWITZKY/ (1880—1918) Гийóм Аполлинéр /Вильгéльм Аполлинáрий Костровúцкий/, фр. поэт

APOLLO [ə'pɔləu] Аполлóн, в антич. мифологии бог искусств и воплощение мужской красоты // **Apollonian** [ˌæpə'ləunjən], **Apollinian** [ˌæpə'lɪnɪən] *a*

APO

☐ The Belvedere Apollo /Apollo Belvedere/ Аполлон Бельведерский, статуя Аполлона (4 в. до н. э.?), установленная в Бельведере Ватиканского дворца

An imperial added much to the beauty of his *Apollo-like* appearance. (*T.C.Platt*)

Борода-эспаньолка подчёркивала его *божественную* красоту.
→ WORDSWORTH

APOLLONIUS [ˌæpəˈləunjəs] **of Perga** (260?—170? до н. э.) Аполлоний Пергский, греч. математик и астроном, ученик Евклида

APOLLYON [əˈpɔljən] Аполлион, греч. именование Аваддона (*см.* ABADDON)

APPLESEED [ˈæplsiːd], **Johnny** /*наст. имя* John CHAPMAN [ˈtʃæpmən]/ (1774—1845) Джонни Эпплсид /Джон Чéпмен/, амер. нац. герой. Создал яблоневый питомник в Пенсильвании, многие годы путешествовал по этому штату, а тж. Огайо, Индиане и Иллинойсу, закладывая яблоневые сады и призывая к этому жителей

APPLETON [ˈæplt(ə)n], **Edward Victor** (1892—1965) Эдуард Виктор Эпплтон, англ. физик. Обнаружил слой ионосферы, отражающий радиоволны, к-рый был назван его именем. Лауреат Нобелевской премии (1947)

APULEIUS [ˌæpjuˈliːəs], **Lucius** (2 в. н. э.) (Лýций) Апулéй, рим. писатель

⊙ The Golden Ass «Золотой осёл», роман

AQUINAS, Thomas *см.* THOMAS AQUINAS

ARACHNE [əˈrækni] Арáхна, в греч. мифологии вышивальщица и ткачиха, вызвавшая на состязание богиню Афину. Афина разорвала сотканное ею полотно и превратила её в паука

ARBUCKLE [ˈɑːˌbʌkl], **Fatty** /**Roscoe Conckling**/ (1887—1933) Фáтти /Рóско Кóнклинг/ Арбэкль, амер. актёр немого кино. Снимался в амплуа комика-толстяка

ARBUTHNOT [ɑːˈbʌθnət], **John** (1667—1735) Джон Арбéтнот, шотл. врач и литератор, медик королевы Анны. Дружил со Свифтом и близко знал мн. писателей своего времени; прославился остроумием. Автор прозвища англичан — Джон Буль, высказывания: «Закон — бездонная яма» {Law is a bottomless pit} (название одного из его сатирических памфлетов)

⊙ The History of John Bull (1712) «История Джона Буля», сб. памфлетов

ARCHER [ˈɑːtʃə], **Jeffrey** (р. 1942) Джéффри Áрчер, англ. писатель и полит. деятель. В 1986 из-за обвинений в безнравственных связях покинул пост пред. конс. партии

⊙ Kane and Abel (1979) «Кейн и Эйбл», First Among Equals (1984) «Первый среди равных», романы

ARCHIMAGO [ɑːkɪˈmeigəu] Архимáго, в поэме Э. Спенсера «Королева фей» (1590—96) колдун. Олицетворяет двуличие и ложную веру

ARCHIMEDES [ˌɑːkɪˈmiːdiːz] (287?—212 до н. э.) Архимéд, греч. математик, механик и изобретатель. Открыл закон о весе тела, погружённого в воду, законы рычага. Автор изречения: «Дайте мне точку опоры, и я сдвину Землю» {Give me somewhere to stand, and I will move the earth}. Использовал изобретённые им механизмы при обороне Сиракуз {Syracuse} от римлян и в этой битве был убит // **Archimedean** [ˌɑːkɪˈmiːdjən] *a* архимедов

Archimedean screw архимедов винт, изобретённая им водоподъёмная машина

ARDEN [ˈɑ:dn], **Elizabeth** (1884—1966) Эли́забет А́рден, амер. предпринимательница (род. в Канаде). Основала крупную парфюмерно-косметическую «империю»

ARDEN, John (р. 1930) Джон А́рден, англ. драматург

⊙ Sergeant Musgrave's Dance (1961) «Пляска сержанта Масгрейва», The Workhouse Donkey (1963) «Осёл из работного дома», Armstrong's Last Goodnight (1965) «Последнее прости Армстронга», The Non-Stop Connolly Show (1977—78) «Безостановочное шоу о Коннолли», Whose Is the Kingdom? (1986) «Чьё королевство?», пьесы; Silence Among the Weapons (1982) «Когда молчит оружие», роман

ARES [ˈeərɪz] Аре́с, в греч. мифологии бог войны. Ему соответствует рим. Марс

ARETHUSA [ˌærɪˈθju:zə] Арету́са, в греч. мифологии нимфа, возлюбленная речного бога Алфея. Чтобы спасти нимфу от преследований Алфея, Артемида превратила её в источник, но Алфей соединил с ним свои воды

ARETINO [ˌærɪˈti:nəu], **Pietro** (1492—1556) Пье́тро Арети́но, ит. писатель Возрождения

ARGUS [ˈɑ:gəs] А́ргус /А́ргос/, в греч. мифологии многоглазый великан, стерегущий возлюбленную Зевса Ио * бдительный страж // **Argus-eyed** [ˈɑ:gəsˈaɪd] *a* бдительный, неусыпный

ARIADNE [ˌærɪˈædnɪ] Ариа́дна, в греч. мифологии дочь критского царя Миноса. Дав Тесею клубок ниток, помогла ему выйти из критского лабиринта

□ пьесы, оперы мн. европ. драматургов и композиторов 17—20 вв.

ARIEL [ˈeərɪəl] Ариэ́ль, в романтической драме У. Шекспира «Буря» (1612) дух воздуха, служащий магу Просперо

One might say that, in every poet, there dwells an *Ariel*, who sings, and a *Prospero*, who comprehends. (*W. H. Auden*)

Можно сказать, что в каждом поэте живут певец *Ариэль* и мудрец *Просперо*.

ARIOSTO [ˌɑ:rɪˈɔstəu, ˌæ-], **Ludovico** (1474—1533) Лудови́ко Арио́сто, ит. поэт Возрождения

⊙ Orlando Furioso (1516) «Неистовый Роланд», рыцарская поэма

ARISTARCHUS [ˌærɪsˈtɑ:kəs] **of Samos** (320—250? до н. э.)Ариста́рх Само́сский, греч. астроном. Первым пришёл к выводу, что Земля движется вокруг Солнца

ARISTIDES [ˌærɪsˈtaɪdi:z] (540?—467? до н. э.) Аристи́д, афин. полководец и полит. деятель. Противник Фемистокла

ARISTIPPUS [ˌærɪˈstɪpəs] (435?—356? до н. э.) Аристи́пп, греч. философ. Основатель киренской {Cyrenaic} школы, один из основоположников гедонизма

ARISTOPHANES [ˌærɪsˈtɔfəni:z] (448—385? до н. э.) Аристофа́н, греч. поэт-драматург, «отец комедии»

⊙ Knights «Всадники», Clouds «Облака», Lysistrata «Лисистрата», комедии

□ Aristophanes' Apology «Апология Аристофана», поэма Р. Браунинга (1875)

ARISTOTLE [ˈærɪstɔtl] (384—322 до н. э.) Аристо́тель, греч. философ и учёный-энциклопедист. Ученик Платона, воспитатель Александра Македонского. Основатель «перипатетической» школы в Афинах {the Peripatos, the Peripatetic} (от греч. слова, означающего «прохаживаюсь», т. к. он читал лекции, прогуливаясь вместе со слушателями) // **Aristotelian** [ˌærɪstɔˈti:ljən] *a*; **Aristotelianism** [ˌærɪstɔˈti:ljənɪzm] *n*

ARK

⊙ Organon «Органон», Politics «Политика», Ethics «Этика», Poetics «Поэтика», научные сочинения

The novel's mounting tension depends too much not only on rapid changes of focus from one locale to another, but also on arbitrary shifts back and forth in time. (It makes you long for the good old *Aristotelian* unities which I guess are further victims of the increased pace of modern living... and dying.) (*The International Herald Tribune, 1975*)

Возрастающее напряжение романа создаётся в слишком уж большой мере не только резкими переходами сюжета от одного места действия к другому, но и произвольными (туда-сюда) скачками во времени. (Начинаешь тосковать по старым добрым *аристотелевым* принципам единства места и времени; боюсь, они стали очередными жертвами растущих в наши дни темпов жизни... да и смерти тоже).

ARKWRIGHT [ˈɑ:kraɪt], **Richard** (1732—92) Ри́чард А́ркрайт, англ. инженер и предприниматель. Запатентовав в 1769 ватермашину {the waterframe} — прядильную машину с приводом от водяной мельницы, заложил основы современного прядильного производства

ARLISS [ˈɑ:lɪs], **George** (1868—1946) Джордж А́рлисс, англ. театральный актёр. Выступал в амплуа ист. личностей

ARMINIUS [ɑːˈmɪnɪəs] / **ARMIN** [ɑːˈmiːn], **HERMANN** [ˈhɛəmɑːn] / (18? до н. э.— 19? н. э.) Арми́ний /Ге́рманн/, вождь герм. племени херусков {Cherusci}. Возглавив сопротивление римлянам, в 9 н. э. разгромил рим. легионеров под командованием Вара

ARMOUR [ˈɑːmə], **Philip Danforth** (1832—1901) Фи́лип Да́нфорт А́рмор, амер. предприниматель. Внедрил промышленную фасовку мяса

ARMSTRONG [ˈɑːmstrɒŋ], **(Daniel) Louis** /*Satchmo* [ˈsætʃməʊ]/ (1900—71) (Да́ниел) Лу́ис /Са́чмо/ А́рмстронг, амер. негр. трубач и певец джаза

ARMSTRONG, Neil Alden (р. 1930) Нил О́лден А́рмстронг, амер. космонавт. В 1969 командовал полётом космического корабля «Аполлон-11» к Луне. Первым ступил на Луну (21 июля 1969), заявив: «Это маленький шаг одного человека и гигантский скачок всего человечества» {That's one small step for a man, one giant leap for mankind}

ARMSTRONG-JONES [ˈɑːmstrɒndʒəʊnz], **Antony Charles Robert** /**Tony**/ (р. 1930) А́нтони Чарлз Ро́берт /То́ни/ А́рмстронг-Джо́унз, англ. фотограф. Муж (1960—78) принцессы Маргарет-Роуз

ARNE [ɑːn] Арн: **1. Michael** (1740?—86) Майкл, англ. композитор и певец

2. Thomas Augustine (1710—78) То́мас Ога́стин, англ. композитор, его отец

⊙ Alfred (1740) «Альфред», Comus (1738) «Комус», Love in a Village (1761) «Любовь в деревне», оперы

ARNOLD [ˈɑːnld] А́рнольд: **1. Matthew** (1822—88) Мэ́тью, англ. поэт, критик и публицист. В просвещении видел гл. средство борьбы с мещанской психологией

2. Thomas (1795—1842) То́мас, англ. историк, его отец, директор школы в Регби (с 1828); сделал её одной из самых престижных в стране

ARNOLD, Benedict (1741—1801) Бенеди́кт А́рнольд, амер. генерал. В Войне за независимость одержал победу над англ. войсками при Саратоге, но затем перешёл на сторону англичан, попытавшись сдать им Вест-Пойнт * предатель

ARNOLD of Brescia [ˈbreʃə] (?—1155) Арно́льд Брешиа́нский, ит. монах-августинец, противник католической церкви и папы римского.

Один из лидеров и идеологов восстания, приведшего к установлению рим. республики (1143—55). Казнён Адрианом IV

ARROYO [əˈrɔɪəu], **Martina** (р. 1940) Марти́на Арро́йо, амер. оперная певица

ARTAUD [ɑːˈtɔː], **Antonin** (1856—1948) Антоне́н Арто́, фр. драматург, режиссёр, теоретик театра. Основоположник «театра жестокости»

ARTAXERXES [ˌɑːtə(g)ˈzɜːksiːz] Артаксе́ркс, имя трёх перс. царей 5—4 вв. до н. э.

ARTEGAL [ˈɑːtɪg(ə)l] Артега́л, легендарный король Британии, смещённый с престола и отправленный в ссылку за преступления. По возвращении Артегала его брат Элидюр вновь уступил ему трон

ARTEMIS [ˈɑːtɪmɪs] Артеми́да, в греч. мифологии богиня охоты. Ей соответствует рим. Диана

ARTEVELD [ˈɑːtəˌvelt] /**ARTEVELDE** [ˈɑːtəˌveldə]/ **Jacob van** (1290?—1345) Якоб ван Артевелде, фламандский купец. Возглавив в 1338 восстание ремесленников Гента {Ghent} против графа Фландрии, в течение 8 лет был фактическим правителем страны

ARTFUL DODGER [ˈɑːtʃ(u)lˈdɔdʒə] Ло́вкий Плут, в романе Ч. Диккенса «Оливер Твист» (1838) воришка-карманник, благодаря к-рому Оливер попадает в воровскую шайку

ARTHUR [ˈɑːθə], **King** король Арту́р, персонаж средневековых легенд Британии, образующих т. н. «артуровский цикл» (известный тж. в лит. обработке Т. Мэлори, Дж. Риордана и др. авторов). Олицетворяет нравственные идеалы рыцарства // **Arthurian** [ɑːˈθjuərɪən] *a* артуровский

□ King Arthur «Король Артур», опера Г. Перселла (1691); A Connecticut Yankee in King Arthur's Court «Янки из Коннектикута при дворе короля Артура», роман М. Твена (1889)

ARTHUR, Chester Alan (1830—86) Че́стер А́лан А́ртур, 21-й през. США (1881—85), от респ. партии

ASCHAM [ˈæskəm], **Roger** (1515—68) Ро́джер Э́скам, англ. педагог. Наставник принцессы (и позднее — королевы) Елизаветы, секретарь Марии Тюдор

⊙ Scholemaster (опубл. 1570) «Учитель», Toxophilus (1545) «Токсофил», дидактические сочинения

ASCLEPIUS см. AESCULAPIUS

ASHER [ˈæʃə] Аси́р /Ашéр/, в Ветхом Завете праведник, один из 12 сыновей Иакова. Родоначальник одного из 12 колен /т. е. племён/ израилевых, женщины в к-ром отличались особой красотой

ASHMOLE [ˈæʃməul], **Elias** (1617—92) Эла́йас А́шмол, англ. коллекционер. Его коллекция монет и древностей составляет основу Музея Ашмола {Ashmolean Museum} в Оксфорде

ASHTAROTH, ASHTORETH см. ASTARTE

ASHUR [ˈæʃuə] Ашшу́р, в аккадской мифологии гл. бог ассирийского пантеона

ASHURBANIPAL /ASSURBANIPAL/ [ˌæʃuəˈbɑːnɪpæl] (?—633? до н. э.) Ашшурбанипа́л, царь Ассирии с 669 до н. э. Основал библиотеку письменных памятников в Ниневии {Nineveh}. Фигурирует в Библии

ASIMOV [ˈæzɪməv], **Isaac** (р. 1920) Айзек /Иса́ак/ Ази́мов, амер. писатель-фантаст, учёный-биохимик (род. в России, в США с 1923). В его произведениях действуют одушевлённые роботы, подчиняющиеся «законам робототехники»

⊙ Foundation (1951) «Фундамент», The End of Eternity (1955) «Конец вечности», Foundation's Edge (1982) «Грань фундамента», романы; I, Robot (1950) «Я, робот», сб. рассказов

ASMOD(A)EUS [æsˈməudjəs, *в «Потерянном рае»* Дж. Мильтона ˌæsməuˈdiːəs] Асмодей, в иудаист. и христ. преданиях падший ангел, «блудный бес», особый недруг брака

ASOKA /AÇOKA/ [əˈsəukə, əˈʃəukə] (?—232 до н. э.) Ашóка, правитель Магадхи {Magadha} в Индии (с 273 до н. э.). Покровительствовал буддизму

ASPASIA [æsˈpeɪʒjə] (470?—410 до н. э.) Аспáсия /Аспáзия/, афин. гетера, жена Перикла. Отличалась красотой и образованностью, покровительствовала искусствам

ASQUITH [ˈæskwɪθ], **Herbert Henry** (1852—1928) Гéрберт Гéнри Áсквит, премьер-мин. Великобритании (1908—16), от либер. партии

ASSURBANIPAL *см.* ASHURBANIPAL

ASTAIRE [əˈsteə], **Fred** /*наст. имя* Frederik AUSTERLITZ/ (1899—1987) Фред Астэр /Áстер; Фрéдерик Áустерлиц/, амер. киноактёр, танцор, ведущий телешоу → PORTER

ASTARTE[æˈstɑːtɪ]/**ASHTAROTH, ASHTORETH**[ˈæʃtəreθ]/ Астáрта /Аштáрт/, в западно-семитской мифологии богиня любви и плодородия, богиня-воительница. В эллинистический период отождествлялась с греч. Афродитой и рим. Юноной. В ассиро-вавилонской мифологии ей соответствует Иштар

ASTON [ˈæst(ə)n], **Francis William** (1877—1945) Фрэнсис Уúльям Áстон, англ. физик. Лауреат Нобелевской премии (1922)

ASTOR [ˈæstə, ˈæstɔː] **John Jacob** (1763—1848) Джон Джéйкоб Áстор, амер. купец и банкир (род. в Германии). Занимался пушной торговлей; к концу жизни стал самым богатым человеком в Америке

ASTOR, Nancy Langhorne (1879—1964) Нэнси Лэнгхорн Áстор, англ. виконтесса, 1-я женщина — член англ. парламента (1919—45)

ASTRAEA [æˈstriːə] Астрéя, в греч. мифологии богиня справедливости, дочь Зевса и Фемиды. Жила и правила на земле в золотом веке, но, когда нравы людей испортились, вернулась на небо

ASTYANAX [æsˈtaɪənæks] Астианáкт, в греч. мифологии маленький сын Гектора и Андромахи. После взятия Трои греками был сброшен с городской стены

ATALANTA [ˌætəˈlæntə] Аталáнта, в греч. мифологии быстроногая охотница. Сватавшимся к ней предлагала состязание в беге и, обогнав, убивала. Выиграл состязание лишь Меланион (по др. версии — Гиппомен), подбрасывавший ей на бегу золотые яблоки
□ Atalanta in Calydon «Аталанта в Калидоне», драма в стихах Ч. Суинберна (1865)

ATATÜRK [ˈætətɜːk], **(Mustafa) Kemal** (1880—1938) (Мустафá) Кемáль Ататю́рк, 1-й през. Турции (с 1923). Руководил освободительной революцией 1918—23

ATE [ˈɑːtɪ, ˈeɪtɪ] Áта, в греч. мифологии богиня заблуждения и помрачения ума, дочь Зевса. Была сброшена им на землю, где причиняет бедствия людям

ATHANASIUS [ˌæθəˈneɪʃəs, -ʒəs] (295?—373) Афанáсий, греч. богослов, епископ Александрии. Сыграл решающую роль в подавлении арианства {Arianism} — еретического учения, отвергавшего догмат о единстве Бога-отца и Бога-сына // **Athanasian** [ˌæθəˈneɪʃən, -ʒn] *а*

ATHELSTAN [ˈæθ(ə)lstən] (895—940) Áтельстан, король Áнглии с 924. Его законы предписывали применение пыток для установления вины

ATHENE [əˈθiːni(ː)] /**ATHENA** [əˈθiːnə]/ Афúна, в греч. мифологии богиня мудрости и справедливой войны. Ей соответствует рим. Минерва

ATHERTON [ˈæθət(ə)n], **Gertrude Franklin** (1857—1948) Гертруд Фра́нклин А́тертон, амер. писательница. Автор рассказов о Калифорнии, историко-биографических романов

⊙ The Conqueror (1902) «Завоеватель», Julia France and Her Times (1912) «Джулия Франс и её время», Black Oxen (1923) «Чёрные быки»

ATKINS, Tommy *см.* TOMMY

ATLAS [ˈætləs] Атла́нт, в греч. мифологии титан, поддерживающий небесный свод

ATLI [ˈɑːtlɪ] А́тли, в германо-скандинавском эпосе имя короля Аттилы (*см.* ATTILA)

ATREUS [ˈeɪtrɪuːs, -ɪəs] Атре́й, в греч. мифологии микенский царь, отец Агамемнона и Менелая, враждовавший с братом Фиестом. В отместку за то, что Фиест соблазнил его жену, подал ему на пиру мясо его собственных детей. Убит Эгисфом

ATROPOS [ˈætrəpɔs] А́тропос, в антич. мифологии одна из трёх богинь судьбы /греч. мойр, рим. парок/. Обрывает жизненную нить человека

ATTENBOROUGH [ˈætnb(ə)rə], **Richard** (р. 1923) Ри́чард А́ттенборо, англ. актёр и режиссёр кино. Автор ист. фильмов и мюзиклов. Лауреат премии «Оскар» (1983)

⊙ Gandhi (1982) «Ганди», A Chorus Line (1985) «Кордебалет», постановка фильмов

ATTILA [ˈætɪlə] (406?—453) Атти́ла, предводитель гуннов с 434. При нём воинственный союз гуннских племён, совершавших походы в Восточную Римскую империю, Галлию, Италию, достиг наивысшего могущества, но после его смерти быстро распался. Фигурирует в германо-скандинавском эпосе как Атли

ATTLEE [ˈætlɪ], **Clement Richard** (1883—1967) Кле́мент Ри́чард Э́ттли, премьер-мин. Великобритании (1945—51), от лейбор. партии
→ PAGANINI

ATTUCKS [ˈætəks], **Crispus** (1723?—70) Кри́спус А́ттакс, амер. моряк-негр (по др. данным — мулат), один из пяти человек, убитых англ. войсками во время антиколониальных выступлений в Бостоне. Считается одним из первых, кто пал за освобождение страны.

AUBREY [ˈɔːbrɪ], **John** (1626—97) Джон О́бри, англ. коллекционер и биограф

⊙ Minutes of Lives /Brief Lives/ (опубл. 1813) «Краткие жизнеописания», сб. биографий

AUCHINCLOSS [ˈɔkɪnklɔs, ˈɔtʃɪn-, -klɔus], **Louis Stanton** (р. 1917) Лу́ис Стэ́нтон О́кинклосс /О́чинклосс/, амер. писатель

⊙ The Indifferent Children (1947) «Равнодушные дети», Sybil (1952) «Сибилла», The Embezzler (1966) «Растратчик», The Winthrop Covenant (1976) «Монастырь Уинтроп», The Cat and the King (1981) «Кошка и король», Diary of a Yuppie (1986) «Дневник яппи», романы

AUDEN [ˈɔːdn], **Wystan Hugh** (1907—73) Уи́стен Хью О́ден, англ. поэт (с 1939 в США). Участник гражданской войны в Испании на стороне республиканцев // **Audenesque** [ɔːd(ə)ˈnesk] *a*

⊙ New Year Letter (1941) «Новогоднее письмо», The Age of Anxiety (1947) «Век тревоги», The Shield of Achilles (1955) «Щит Ахилла», Homage to Clio (1960) «Дань Клио», About the House (1966) «О доме», сб. стихов; The Dog Beneath the Skin (1935, совм. с К. Ишервудом) «Пёс под шкурой», пьеса

AUDUBON [ˈɔːdəbɔn], **John James** (1785—1851) Джон Джеймс Одюбо́н, амер. художник-анималист (род. на Гаити). Выполнил изображения 1065 амер. птиц в среде обитания

⊙ The Birds of America (1827—38) «Птицы Америки», альбом в 4 томах

AUGEAS [ɔ:'dʒi:æs] А́вгий, в греч. мифологии царь Элиды {Elis}, чьи огромные конюшни были очищены Гераклом // **Augean** [ɔ:'dʒi:ən] *a* авгиев; тяжёлый и неприятный (о труде, проблеме)

Augean stables авгиевы конюшни, средоточие грязи, беспорядок, запущенность

AUGUSTINE [ɔ:'gʌstɪn, 'ɔ:gəs-] /**AUSTIN** ['ɔ:stɪn]/, St. (?—604) св. Августи́н, миссионер папы Григория в Англии, «апостол» англичан, 1-й архиепископ Кентерберийский. Прибыл в Англию в 597, окрестил Этельберта Кентского и 10 тыс. англичан

AUGUSTINE of Hippo, St. (**Aurelius**) (354—430) Блаже́нный (Авре́лий) Августи́н, христ. богослов и писатель, епископ г. Гиппона в Африке. Автор учения о церкви как о «Божием граде». Считается одним из отцов-основателей христ. церкви

⊙ Confessions «Исповедь», автобиографическая книга; De Civitate Dei «О Граде Божием», трактат

AUGUSTUS [ɔ:'gʌstəs], **Gaius Julius Caesar** /*до 27 до н. э.* **OCTAVIANUS**/ (63 до н. э.— 14 н. э.) Гай Ю́лий Це́зарь А́вгуст /Октавиа́н/, рим. император с 27 до н. э. Был усыновлён Цезарем по завещанию; в гражданской войне, начавшейся после смерти Цезаря, разгромил войска Марка Антония и Клеопатры. Покровительствовал литературе и искусствам // **Augustan** [ɔ:'gʌst(ə)n] *a*

Augustan Age золотой век поэзии: в правление Августа творили Вергилий, Овидий, Тибулл и др.; применительно к англ. литературе — период начала 18 в. (правление королевы Анны), расцвет творчества Дж. Аддисона и А. Попа

AURANGZEB /**AURENGZEB, AURUNGZEB** [ˌɔ:rəŋ'zeb], **AURENGZEBE** [ˌɔ:rəŋ'zi:b]/ (1618—1707) Аурангзе́б, правитель Могольской империи в Индии с 1658. В борьбе за власть уничтожил братьев, арестовал отца

☐ Aureng-Zebe «Аурангзеб», трагедия Дж. Драйдена (1676)

AURELIAN [ɔ:'ri:ljən], **Lucius Domitius** (212?—275) Лу́ций Доми́ций Аврелиа́н, рим. император с 270. Воссоединил с империей Галлию {Gaul} и Пальмиру {Palmyra}

AURELIUS *см.* ANTONINUS 2

AURENGZEB(E) *см.* AURANGZEB

AURORA [ɔ:'rɔ:rə] Авро́ра, в рим. мифологии богиня утренней зари. Соответствует греч. Эос

AURUNGZEB *см.* AURANGZEB

AUSTEN ['ɔ(:)stɪn], **Jane** (1775—1817) Джейн О́стин, англ. писательница. Автор нравоописательных романов

⊙ Sense and Sensibility (1811) «Чувство и чувствительность»; Pride and Prejudice (1813) «Гордость и предубеждение /предрассудки/»; Northanger Abbey (1803) «Нортэнгерское аббатство»

AUSTIN *см.* AUGUSTINE

AUSTIN ['ɔ(:)stɪn], **Alfred** (1835—1913) А́льфред О́стин, англ. писатель, поэт-лауреат (с 1896)

⊙ The Garden That I Love (1894) «Любимый сад», прозаическое произведение

AUSTIN, John Langshaw (1911—60) Джон Лэ́нгшоу О́стин, англ. философ, представитель лингвистической философии

AUTOLYCUS [ɔ:'tɒlɪkəs] Автоли́к, в греч. мифологии ловкий вор, сын Гермеса. Мог принимать любой облик или становиться невидимым

AVERR(H)OËS [ə´verəui:z, ´ævə͵rəui:z] /**IBN RUSHD**/ (1126—98) Аверро́эс /Ибн Рушд/, араб. врач и философ в Испании // **Averroism** [ə´verəuızm, -´rəu-] n аверроизм; **Averroist(ic)** [ə´verəuıst, ͵ævə´rəuıst, ͵ævərəu´ıstık] a аверроистический

AVICENNA см. IBN SINA

AVOGADRO [͵ævə´gɑːdrəu], **Amedeo** (1776—1856) Амеде́о Авога́дро, ит. физик и химик

AXELROD [´æksəlrɔd], **Julius** (р. 1912) Джу́лиус А́ксельрод, амер. биохимик. Лауреат Нобелевской премии (1970)

AZAZEL [ə´zeızəl, ´æzəzel] Лзазе́ль, в Ветхом Завете демон пустыни, к-рому приносили в жертву козла {scapegoat}. В апокрифических преданиях — падший ангел, совратитель человечества

AZRAEL [´æzre(ı)əl] Азраи́л /Израи́л/, в мусульм. мифологии ангел смерти, разлучающий душу и тело человека

В

BAAL [´beı(ə)l] Баа́л /Ваа́л/, в западно-семитской (финикийской) мифологии один из гл. богов — бог вод, плодородия, войны. В христ. традиции — ложный, неправедный бог

BABAR /BABER, BABUR/ [´bɑːbə], **Zahir Ud-Din Mohammed** (1483—1530) Захиредди́н Мухамме́д Бабу́р, среднеазиатский правитель, военачальник и поэт, потомок Тимура. Завоевал земли от Кабула до Бенгалии; основал империю Великих Моголов

BABBITT [´bæbıt], **George** Джордж Бэ́ббит, в одноим. романе С. Льюиса (1922) агент по продаже домов в провинциальном городке. Одержим стремлением к материальному успеху и солидному положению в обществе * духовно убогий обыватель // **Babbittry** [´bæbıtrı] n

BABER см. BABAR

BABE RUTH см. RUTH, Babe

BABINGTON [´bæbıŋtən], **Anthony** (1561—86) А́нтони Ба́бингтон, англ. католик, организатор заговора с целью убийства королевы Елизаветы и воцарения Марии Стюарт. Казнён. Раскрытие заговора ускорило решение о казни Марии

BABUR см. BABAR

BACCHUS [´bækəs] Вакх /Ба́хус/, одно из имён Диониса

BACH [bɑːx] Бах, семья нем. музыкантов и композиторов, в т. ч.:

1. Carl Philipp Emmanuel (1714—88) Карл Фили́пп Эммануэ́ль

2. Johann Christian (1735—82) Иога́нн Кристиа́н /«английский Бах»/, его брат (с 1762 в Англии)

3. Johann Sebastian (1685—1750) Иога́нн Себастья́н, композитор и органист, их отец. Автор ок. 1000 произведений, мастер полифонии ⊙ St. John's Passions (1723) «Страсти по Иоанну», St. Matthew's Passions (1729) «Страсти по Матфею», оратории; Phoebus and Pan (1731) «Феб и Пан», светская кантата; The Well-Tempered Clavier (1722, 1744) «Хорошо темперированный клавир», название двух циклов, каждый из 24 прелюдий и фуг

4. Wilhelm Friedemann (1710—84) Вильге́льм Фри́деманн, старший сын И. С. Баха, органист-импровизатор

BACON [ˈbeɪkən], **Francis** /lst Baron VERULAM [ˈveruləm] and Viscount St. ALBANS [ˈɔːlbənz]/ (1561—1626) Фрэнсис Бэкон /1-й барон Ве́рулам и виконт Сент-О́лбанс/, англ. философ, юрист, лорд-канцлер Якова I. В 1621 смещён с гос. постов за взяточничество. Его теория познания, отводившая главную роль эксперименту, оказала большое влияние на развитие науки // **Baconian** [beɪˈkəunjən] *a*
 Baconian theory теория, согласно к-рой подлинным автором шекспировских пьес являлся Ф. Бэкон (высказывалась рядом исследователей в сер. 18—нач. 20 в.; в 50-е гг. опровергнута)
 ⊙ Novum Organum (1620) «Новый органон», трактат; New Atlantis (1626) «Новая Атлантида», роман-утопия
 Some people think that physics was invented by Sir *Francis Bacon*, who was hit by an apple when he was sitting under a tree one day writing *Shakespeare*. (*E. Larrabee*)
 Некоторые полагают, что физику изобрёл сэр *Фрэнсис Бэкон*, коему в один прекрасный день упало на голову яблоко, когда он сидел под деревом и писал *шекспировские пьесы*.
 → PROMETHEUS

BACON, Francis (р. 1909) Фрэнсис Бэкон, ирл. художник-модернист
 And after all, he was now indisputably major, one had to put him with the *Bacons* and *Sutherlands*. It could even be argued that he was the most interesting of that select band, though he would probably himself say that he was simply the least bloody English. (*J. Fowles*)
 Кроме того, он был уже, без сомнения, выдающимся художником, его имя стояло в одном ряду с *Бэконами* и *Сазерлендами*. Не исключено, что он был даже самым интересным из этой когорты, хотя сам он скорее объяснил бы это тем, что в его работах меньше всего проявляется национальный английский характер, чёрт бы его побрал.

BACON, Roger (1214?—94?) Ро́джер Бэкон, англ. философ-материалист и естествоиспытатель, монах-францисканец. Рассматривал математику как основу всех наук, а опыт как главное орудие познания. Считается изобретателем пороха. Осуждён церковью и в 1277—92 был в тюрьме

BADEN-POWELL [ˈbeɪdnˈpəuəl], **Robert Stephenson Smyth** (1857—1941) Ро́берт Сти́венсон Смит Ба́ден-По́уэлл, англ. военачальник. Во время англо-бурской войны возглавлял оборону осаждённого г. Мафекинга {Mafeking} (1899—1900). Основал движение бойскаутов (1908)

BADMAN [ˈbædmən] Бэдмен, в аллегорическом романе Дж. Беньяна «Жизнь и смерть мистера Бэдмена» (1680) стяжатель и лицемер
 * порочный человек

BAEDEKER [ˈbeɪdɪkə], **Karl** (1801—59) Карл Бе́декер, нем. издатель. Выпускал серию популярных путеводителей по странам Европы, к-рые выходили под его именем вплоть до 2-й мир. войны
 Baedeker raids «налёты по путеводителю», предпринятые Германией в 1942 бомбардировки англ. городов, не имевших военного значения и описанных в путеводителях для туристов как культурные памятники

BAEKELAND [ˈbeɪklənd], **Leo Hendrik** (1863—1944) Лéо Хéндрик Бéйкланд /Ба́келанд/, амер. химик бельг. происхождения. Разработал полимер бакелит {Bakelite} (современное название — резол) и считается пионером полимерно-пластмассовой промышленности

BAEZ [ˈbɑːez, ˈbaɪ(ə)z], **Joan** (р. 1941) Джоа́н Ба́эз, амер. эстрадная певица. Её лирические, фольклорные песни, а тж. песни протеста, популярные в 60—70-х гг., отличались естественной, проникновенной манерой исполнения

> I've been blind... I thought you were so pure and so good. Some kind of *Joan Baez* without a voice. (*R. Connoly*)

Я был слепцом... Ты представлялась мне такой чистой, такой хорошей. Вроде *Джоан Баэз*, только без голоса.

BAFFIN [ˈbæfɪn], **William** (1584—1622) Уильям Баффин, англ. полярный исследователь. Его именем названы море и остров Канадского Арктического архипелага

BAGEHOT [ˈbædʒət], **Walter** (1826—77) Уолтер Баджот, англ. экономист, предприниматель и журналист. Автор трудов по экономике и политике. Пытался применить к развитию общества законы естественных наук

BAILEY [ˈbeɪlɪ], **Donald** (р. 1901) Дональд Бейли, англ. инженер

Bailey bridge мост Бейли, быстро сооружаемый временный мост из стальных решётчатых конструкций периода 2-й мир. войны

BAIRD [beəd], **John Logie** (1888—1946) Джон Лоуги Бэрд, шотл. инженер, «отец телевидения». Разработал первую систему телевещания (1926)

BAIRNSFATHER [ˈbeənzfɑːðə], **Bruce** (1888—1959) Брюс Бэрнсфадер, англ. художник-карикатурист

BAKER [ˈbeɪkə], **Russell** (р. 1925) Расселл Бейкер, амер. фельетонист, сотрудник газеты «Нью-Йорк таймс»

⊙ Growing Up (1982) «Как я рос», книга мемуаров

BALAAM [ˈbeɪlæm] Валаам, в Ветхом Завете языческий маг и пророк

Balaam's ass *или* **the ass that spoke to Balaam** валаамова ослица: когда Валаам отправился в Моав {Moab}, чтобы проклясть израильтян, невидимый ангел с мечом преградил ему путь. Валаамова ослица остановилась и тем самым спасла Валаама, а когда он стал бить её, неожиданно заговорила, упрекая хозяина * человек, нарушивший долгое молчание

BALAN *см.* BALIN and BALAN

BALDER /BALDUR/ [ˈbɔːldə] Бальдр, в сканд. мифологии бог солнца и света, сын Одина. Благодаря заклятию его матери Фригг ни одна вещь не могла нанести ему вреда. Лишь на побеге омелы {mistletoe} не было такого заклятия, и прутом из омелы его убил слепой бог Хёд {Hodur}, направляемый Локи

☐ Balder Dead «Бальдр мёртвый», поэма М. Арнольда (1853)

BALDWIN [ˈbɔːldwɪn], **James** (1924—87) Джеймс Болдуин, амер. негр. писатель

⊙ Giovanni's Room (1954) «Комната Джованни», Another Country (1962) «Чужая страна», романы; The Fire Next Time (1963) «В следующий раз — пожар», публицистическое эссе; Blues for Mr. Charlie (1964) «Блюз для мистера Чарли», пьеса

BALDWIN, Stanley (1867—1947) Стэнли Болдуин, премьер-мин. Великобритании (1923—24, 1924—29, 1935—37), от конс. партии

BALFE [bælf], **Michael William** (1808—70) Майкл Уильям Балф, ирл. композитор

⊙ The Bohemian Girl (1843) «Цыганка», опера

BALFOUR [ˈbælfə, -fɔː], **Arthur James** (1848—1930) Артур Джеймс Бальфур, премьер-мин. Великобритании (1902—05), от конс. партии

the Balfour Declaration Декларация Бальфура о создании еврейского «нац. очага» в Палестине (1917)

BALIN [ˈbeɪlɪn] (*le Sauvage* *или* *the Savage*) **and BALAN** [ˈbeɪlæn] Балин (Свирепый) и Ба́лан, в «артуровских легендах» два брата, рыцари. Убивают друг друга в поединке

☐ Balin and Balan «Балин и Балан», одна из «Королевских идиллий» А. Теннисона (1859)

BALIOL /BALLIOL/ [ˈbeɪljəl], **John de** (1249—1315) Джон Бал-(л)ио́л, король Шотландии (1292—96). Отрёкся от престола

BALKIS [ˈbælkɪs] /**BILKIS** [ˈbɪlkɪs]/, *Queen of Sheba* [ˈʃiːbə] Ба́лкис /Би́лкис/, царица Са́вская, легендарная правительница Сабейского царства /Сабы/ в юж. Аравии. Фигурирует в Библии, но по имени не называется. Согласно Корану, скрывала под длинным платьем волосатые ноги. Царь Соломон, к-рого она посетила с подарками, решил проверить этот слух, вынудив её пройти по дворику с зеркальным полом. Приняв его за бассейн, царица подняла подол и выдала свой секрет

'Well, *Queen of Sheba!*' he said, laughing. 'But why?' she asked. 'I think it suits you. You've got a new frock on.' (*D. H. Lawrence*)

«Ни дать ни взять — *царица Савская!*» — воскликнул он.— «Это почему же?» — спросила она.— «Тебе идёт. Твоё новое платье».

BALL [bɔːl], **John** (?—1381) Джон Болл, англ. проповедник. Отлучённый от церкви, в течение 20 лет бродил по стране, проповедуя социальное равенство. За участие в крестьянском восстании 1381 повешен

BALLANTYNE [ˈbæləntaɪn] Ба́ллантайн: **1. James** (1772—1833) Джеймс, шотл. издатель, компаньон В. Скотта

2. Robert Michael (1825—94) Ро́берт Майкл, писатель, его племянник. Автор детских приключенческих рассказов и повестей

BALLIOL *см.* BALIOL

BALTHAZAR [bælˈθæzə] Бальтаза́р /Валтаса́р/, в христ. преданиях один из волхвов, пришедших поклониться новорождённому Иисусу Христу

☐ «Валтасар», роман Л. Дж. Даррелла (1958)

BALTIMORE [ˈbɔːltɪmɔː], Baron /**George CALVERT** [ˈkælvə(ː)t, ˈkɔːlvət]/ (1580?—1632) барон Ба́лтимор /Джордж Кэ́лверт, Ко́лверт/ англ. поселенец в Америке, основатель Мэриленда

BALZAC [ˈbɔːlzæk, ˈbæl-], **Honoré de** (1799—1850) Оноре́ де Бальза́к, фр. писатель. Автор эпопеи из 90 романов и рассказов // **Balzacean** [bɔːlˈzækɪən, bæl-, -ˈzeɪ(ə)n] *а* бальзаковский

☉ The Human Comedy «Человеческая комедия», *в т. ч.*: La Peau de Chagrin (1830—31) «Шагреневая кожа», Eugenie Grandet (1833) «Евгения Гранде», Le Père Goriot (1834—35) «Отец Горио», романы

BANCROFT [ˈbænkrɒft] /*наст. имя* ITALIANO/, **Anne** (р. 1931) А́нна Бэ́нкрофт /Итальяно/, амер. комическая и характерная актриса театра, кино и телевидения

BANCROFT, George (1800—91) Джордж Ба́нкрофт, амер. дипломат, историк

Bancroft Prize премия имени Банкрофта (присуждается Колумбийским университетом за труды по амер. истории, дипломатии и международным отношениям)

☉ History of the United States (1834—82) «История Соединённых Штатов»

BANKHEAD [ˈbænkhed], **Tallulah Brockman** (1903—68) Таллу́ла Бро́кман Бэ́нкхед, амер. актриса театра

BANKS [bænks], **Joseph** (1743—1820) Джо́зеф Бэнкс, англ. ботаник. Участвовал в экспедиции Дж. Кука, и в связи с его открытиями место высадки Кука в Австралии получило название Ботани-бей {Botany Bay}. Исследовал флору Ньюфаундленда

BANQUO [ˈbæŋkwəu] Бáнко, в трагедии У. Шекспира «Макбет» (1606) полководец Дункана, убитый Макбетом. Его призрак впоследствии является Макбету

The writing on *Belshazzar's* wall had much the same effect on the party as did the equally unexpected arrival of *Banquo's* ghost just as the *Macbeths* and their friends were sitting down to supper. (*Guardian, 1986*)

Надпись на стене *валтасаровых* чертогов произвела на присутствующих примерно такое же впечатление, как и не менее неожиданное появление призрака *Банко* в момент, когда чета *Макбетов* как раз собиралась поужинать с друзьями.

BANTING [ˈbæntɪŋ], **Frederick Grant** (1891—1941) Фрéдерик Грант Бáнтинг, канад. физиолог. Открыл (совм. с Дж. Маклеодом) гормон инсулин и разработал способ лечения диабета. Лауреат Нобелевской премии (1923)

BARA [ˈbærə], **Theda** /*наст. имя* Theodosia GOODMAN/ (1890—1955) Тéда Бáра /Теодóсия Гýдман/, амер. киноактриса, одна из первых «звёзд». Снималась в амплуа женщины-вамп

BARABBAS [bəˈræbəs] Варáвва, в Новом Завете разбойник и грабитель, к-рого помиловали вместо Христа * матёрый разбойник или вор

And we confess in advance that this is also a story about dolls, and that *Santa Claus* comes into it, and even a thief; though as to this last, whoever he was... he was certainly not *Barabbas*, even parabolically. (*Ellery Queen*)

Признаемся сразу, что эта история — тоже о куклах, и в ней участвуют *Санта-Клаус* и даже один воришка; хотя этому последнему — кто бы он ни был...— всё же далеко до *Вараввы*, даже в переносном смысле.

BARBARA [ˈbɑːb(ə)rə], St. св. Варвáра, в христ. преданиях мученица. За свою веру была подвергнута жестоким пыткам и казнена собственным отцом

BARBAROSSA *см.* FREDERICK I

BARBER [ˈbɑːbə], **Samuel** (1910—81) Сэмюэл Бáрбер, амер. композитор. Лауреат Пулитцеровской премии (1958, 1963)
⊙Vanessa (1957) «Ванесса», Antony and Cleopatra (1966) «Антоний и Клеопатра», оперы

BARDELL [bɑːˈdel], Mrs. миссис Бардлль, в романе Ч. Диккенса «Посмертные записки Пиквикского клуба» (1837) квартирная хозяйка мистера Пиквика. Неправильно истолковав поведение своего жильца, она подаёт на него в суд за нарушение обещания жениться

BARENBOIM [ˈbærənbɔɪm], **Daniel** (р. 1942) Даниéль Баренбóйм, израильский пианист и дирижёр (род. в Аргентине, учился в Европе). Выступал с детства как исполнитель-вундеркинд

BARENTS [ˈbærənts], **Willem** /**William**/ (1550?—97) Виллем Бáренц, голл. мореплаватель, исследователь Сев. Ледовитого океана. Его именем названо Баренцево море

BARING [ˈbeərɪŋ, ˈbæ-], **Alexander** /lst Baron ASHBURTON [ˈæʃbɜːtn]/ (1774—1848) Алексáндер Бэ́ринг /1-й барон Эшбертон/, англ. финансист и дипломат, родоначальник старейшего банкирского дома в стране * очень богатый человек

BARING, Evelyn *см.* CROMER

BARKLA [ˈbɑːklə], **Charles Glover** (1877—1944) Чарлз Глóвер Бáркла, англ. физик. Исследовал рентгеновское излучение. Лауреат Нобелевской премии (1917)

BAR

BARKLEY [ˈbɑːklɪ], **Alben William** (1877—1956) О́лбен Уи́льям Ба́р-кли, амер. юрист и полит. деятель, вице-през. США (1949—53)

BARLEYCORN [ˈbɑːlɪkɔːn], **John** Джон Ячме́нное Зерно́, персони-фицированное именование пива и др. спиртных напитков

□ John Barleycorn «Джон Ячменное Зерно», автобиографическая по-весть Дж. Лондона (1913)

Her most constant companion — among others, among many others — was a *Mr. Barleycorn*. (*E. Albee*)

Из всех её спутников — а их у неё было порядочно — самым по-стоянным оказалась *бутылка джина*.

BARMECIDE [ˈbɑːmɪsaɪd] Бармаки́д, в араб. сказках «Тысячи и од-ной ночи» фамильное имя знатного рода. Один из Бармакидов ре-шил подшутить над нищим и пригласил его в свой дом, где стал делать вид, будто угощает его вином и яствами, хотя никаких блюд подано не было * тот, кто предлагает несуществующие блага // **Barmecidal** [ˌbɑːmɪˈsaɪdl] *a* иллюзорный, нереальный

Barmecide /Barmecidal/ feast изобилие на словах; обман, пыль в гла-за; *ср. рус.* кормить обещаниями

BARNARD [ˈbɑːnəd], **Christia(a)n** (р. 1922) Кристиа́н Ба́рнард, южно-афр. хирург. В 1967 первым в мире провёл операцию по пересадке сердца

Dr. Edwards was faulted for ... his 'bumptuous confidence'. An un-named source was quoted as saying 'Edwards only wants to be a *Christian Barnard*'. (*D. Rorvik*)

Доктора Эдуардса упрекали в ... «неистребимой самоуверенности». Приводилось высказывание неназванного лица: «Эдуардс всего лишь хочет сравняться с *Кристианом Барнардом*».

BARNARD, George Gray (1863—1938) Джордж Грей Ба́рнард, амер. скульптор

BARNARDO [bɑːˈnɑːdəu], **Thomas John** (1845—1905) То́мас Джон Барна́рдо, ирл. филантроп. В 1870 открыл в Лондоне дома для бед-ных детей

BARNUM [ˈbɑːnəm], **Phineas Taylor** (1810—91) Фи́неас Те́йлор Ба́р-нум, амер. предприниматель. Устроитель цирка и дешёвых балага-нов. Объединился с одним из своих конкурентов, образовав «Цирк Барнума и Бейли» (1871), одной из главных достопримечательностей к-рого был слон Джумбо {Jumbo}. Олицетворяет успех в шоу-бизнесе. Барнуму приписывается изречение: «Легковерные зеваки ро-ждаются каждую минуту» {There's a sucker born every minute}

It did not concern him in the least that in the opinion of 'serious' film-makers his works were considered as artistically significant as *Barnum and Bailey's Circus*. He feared only one thing — that an audience might be bored. (*J. Lasky*)

Его ни капли не волновало мнение «серьёзных» кинематографи-стов, считавших, что в его работах не больше художественной ценно-сти, чем в *цирковом балагане*. Он опасался только одного — как бы публике не стало скучно.

→ PROMETHEUS

BARRIE [ˈbærɪ], **James Matthew** (1860—1937) Джеймс Мэ́тью Ба́рри, англ. писатель, драматург

☉ Margaret Ogilvy (1896) «Маргарет Огилви», биографический ро-ман; The Admirable Crichton (1902) «Великолепный Крайтон», What Every Woman Knows (1908) «Что знает каждая женщина», комедии; Peter Pan (1904) «Питер Пэн», пьеса-сказка; Peter and Wendy (1911) «Питер и Венди», сказочная повесть

BARRYMORE [ˈbærɪmɔ:] /*наст. имя* BLYTHE [blaɪð]/ Ба́рримор /Блайт/, семья амер. актёров, сестра и два брата: **1. Ethel** (1879—1959) Этель

Don't tell me he thinks I'm the greatest actress to come to New York since *Ethel Barrymore*. (*I. Shaw*)

Только не вздумай мне сказать, что он считает меня величайшей актрисой, приехавшей в Нью-Йорк, со времён *Этель Барримор*.

2. John (1882—1942) Джон, исполнял в основном трагедийные роли → ICARUS

3. Lionel (1878—1954) Ла́йонел, выступал в амплуа герояглюбовника

He was thin, tall and straight as a steel rod. His hair was brushed straight back from as good a profile as *Barrymore* ever had. (*R. Chandler*)

Он был худ, высок и строен как тополь. Волосы у него были зачёсаны назад, а красоте профиля мог бы позавидовать даже актёр Барримор.

BARTH [bɑ:t, bɑ:θ], **Karl** (1886—1968) Карл Барт, швейц. теолог. Один из основоположников диалектической теологии // **Barthian** [ˈbɑ:tɪən,-θɪən] *a*; **Barthianism** [ˈbɑ:tɪənɪzm, -θɪənɪzm] *n*

BARTHOLOMEW [bɑ:ˈθɔləmju:] Варфоломе́й, в Новом Завете один из 12 апостолов. В более поздних источниках — тж. проповедник христианства, погибший мученической смертью

the massacre of St. Bartholomew Варфоломеевская ночь, массовая резня гугенотов католиками в Париже в ночь на 24 августа 1572 (день св. Варфоломея)

BARTLETT [ˈbɑ:tlɪt], **John** (1820—1905) Джон Ба́ртлетт, амер. издатель и лексикограф. Автор переиздающегося поныне словаря крылатых слов и цитат.

BARTÓCK [ˈbɑ:tɔk], **Béla** (1881—1945) Бе́ла Ба́рток, венг. композитор и пианист (с 1940 в США). Развивал как нац. традицию, так и модернистские стили, культивируя атональность и диссонанс
⊙ Bluebeard's Castle (1918) «Замок герцога Синяя Борода», опера; The Wooden Prince (1917) «Деревянный принц», The Miraculous Mandarin (1919, пост. 1926) «Чудесный мандарин», балеты

BARTON [ˈbɑ:tn], **Clara/Clarissa Harlowe/** (1821—1912) Кла́ра /Клари́сса Ха́рлоу/ Ба́ртон, амер. медсестра. В 1881 основала амер. общество Красного Креста

BARUCH [bəˈru:k, ˈbɑ:ru:k] Вару́х /Бару́х/, в Ветхом Завете пророк. Его именем названа одна из неканонических книг Библии

BARUCH [bəˈru:k], **Bernard Mannes** (1870—1965) Бе́рнард Ма́ннес Бару́х, амер. финансист и предприниматель

He bragged about his lack of formal education: 'I never finished high school, but I can read the stockmarket pages better than *Bernard Baruch*'. (*J. Susann*)

Он бравировал тем, что не имеет аттестата зрелости: «Я и среднюю школу не окончил, а в биржевых сводках разбираюсь почище *Бернарда Баруха*».

BASIE [ˈbeɪsɪ], **Count /William/** (1904—84) Ка́унт /Уи́льям/ Бейси, амер. негр. джазовый композитор и пианист

BASIL [ˈbæzl] **the Great**, St. (330?—379) св. Васи́лий Великий, христ. теолог, епископ г. Кесария {Caesarea} (в Малой Азии)

BASKERVILLE [ˈbæskəvɪl], **John** (1706—75) Джон Ба́скервилл, англ. типограф и издатель. Создал шрифт, названный его именем

BASS [bæs], **Sam** (1851—78) Сэм Басс, амер. разбойник, техасский «Робин Гуд». Возглавлял банду ковбоев-налётчиков и, по рассказам, грабил и раздавал добро. Убит рейнджерами {rangers}. Согласно легендам, оставил тайники с золотом

BATHSHEBA [ˈbæθʃɪbə] Вирса́вия /Батше́ба/, в Ветхом Завете красавица, к-рую царь Давид взял себе в жёны, отправив её мужа Урию {Uriah} на верную смерть. Мать Соломона

BATISTA y ZALDIVAR [bɑːˈtiːstɑːɪzɑːlˈdiːvɑː], **Fulgencio** (1901—73) Фульхе́нсио Бати́ста-и-Сальди́вар, воен. диктатор Кубы в 1934-44 и 1952-58. Свергнут в ходе кубин. революции и в 1959 бежал из страны

BATMAN [ˈbætmən] Бэ́тмен, Человек — Летучая Мышь, персонаж амер. комиксов и фантастического фильма Т. Бертона {Tim Burton} (1989)

BATU KHAN [ˈbɑːtuːˈkɑːn] (1208—55) Баты́й /Ба́ту/, монг. завоеватель, хан Золотой Орды, внук Чингисхана (с 1243). В 1236—43 предводитель походов в Вост. и Центр. Европу

BAUDELAIRE [bəuˈdleə], **Charles Pierre** (1821—67) Шарль Пьер Бодле́р, фр. поэт-романтик

☉ Les Fleurs du Mal (1857) «Цветы зла», сб. стихов

BAUDOUIN [bəuˈdwæŋ] **I** (р. 1930) Бодуэ́н I, король Бельгии с 1951, после отречения его отца Леопольда III

BAUM [bɔːm], **Lyman Frank** (1856—1919) Ла́йман Фрэнк Бом /Ба́ум/, амер. детский писатель и журналист. Автор серии из 14 книг о волшебной стране Оз. Вольный перевод 1-й книги этой серии был издан в СССР А. Волковым под названием «Волшебник Изумрудного города»

☉ The Wonderful Wizard of Oz (1900) «Удивительный волшебник из страны Оз», Ozma of Oz (1906) «Озма из страны Оз», The Emerald City of Oz (1910) «Изумрудный город в стране Оз», романы-сказки

BAYARD [ˈbeɪɑːd, ˈbeɪəd], **Pierre du Terrail** (1473?—1524) Пьер дю Терра́йль Байя́р, фр. рыцарь. Заслужил титул «рыцаря без страха и упрёка» {фр. sans peur et sans reproche, англ. without fear and without reproach}. Олицетворяет идеалы рыцарства

BAZILIO [bɑːˈziːljəu], Don дон Бази́лио, персонаж пьесы П. Бомарше «Севильский цирюльник» (1775) и основанной на ней оперы Дж. Россини (1816). Добивается своих целей с помощью клеветы

BEARD [bɪəd], **Charles Austin** (1874—1948) Чарлз О́стин Бирд, амер. историк, один из основателей экономического направления в истории США

BEARD, Daniel Carter (1850—1941) Дэ́ниэл Ка́ртер Бирд, амер. художник-иллюстратор. В 1910 основал амер. организацию бойскаутов

BEARDSLEY [ˈbɪədzlɪ], **Aubrey Vincent** (1872—98) О́бри Ви́нсент Би́рдсли /Бёрдслей/, англ. художник и поэт. Автор графических иллюстраций в стиле модерн {art nouveau}

BEATRICE [ˈbɪətrɪs] Беатри́че, в произведениях Данте прекрасная девушка, к-рой он восхищается издалека и к-рая вдохновляет его поэзию

BEATRICE Беатри́че, в комедии У. Шекспира «Много шума из ничего» (1598) кузина Геро, к-рая влюбляется в Бенедикта

BEATTY [ˈbiːtɪ] /наст. имя BEATY/, **Warren** (р. 1937) Уо́ррен Би́тти, амер. актёр, режиссёр и продюсер кино. Брат актрисы Ш. Мак-Лейн. Лауреат премии «Оскар» (1981)

☉ Bonnie and Clyde (1967) «Бонни и Клайд», Reds (1981) «Красные», постановка и исполнение ролей

BEAUFORT [ˈbəufət], **Francis** (1774—1857) Фрэ́нсис Бо́форт, англ.

адмирал, военный картограф и гидрограф. Предложил шкалу измерения силы ветра, названную его именем. В его честь названо море у берегов Сев. Америки

BEAUFORT Henry (1377—1447) Генри Бо́уфорт, англ. гос. деятель, лорд-канцлер, кардинал. Единокровный брат Генриха IV и дядя Генриха V. Периоды возвышения сменялись отставками и опалой

BEAUFORT, Margaret /Countess of RICHMOND [ˈrɪtʃmənd]/ (1433—1509) Ма́ргарет Бо́уфорт /графиня Ри́чмонд/, мать англ. короля Генриха VII. Одна из наиболее просвещённых женщин своего времени, покровительница наук

BEAUMARCHAIS [bəumɑːˈʃeɪ], **Pierre Augustin Caron** (1732—99) Пьер Огюсте́н Каро́н Бомарше́, фр. драматург
⊙ The Barber of Seville (1775) «Севильский цирюльник», The Marriage of Figaro (1784) «Женитьба Фигаро», комедии

BEAUMONT [ˈbəumənt, -mɔnt] **Francis** (1584—1616) Фрэ́нсис Бо́монт /Бо́умонт/, англ. драматург. Ряд пьес создал в соавторстве с Дж. Флетчером (*см.* FLETCHER J.)
⊙ The Woman-Hater (1607) «Женоненавистник», комедия

BEAUREGARD [ˈbəurəgɑːd, ˈbɔː-], **Pierre Gustave Toutant de** (1818—93) Пьер Гюста́в Тута́н де Борега́р, амер. генерал. Воевал на стороне Конфедерации юж. штатов

BEAUVOIR [ˈbəuvwɑː], **Simone de** (1908—86) Симо́на де Бовуа́р, фр. писательница, жена П. Сартра. Представительница экзистенциализма
⊙ L'Invitée (1943) «Гостья», роман

BEAVERBROOK [ˈbiːvəbruk], Baron /William Maxwell AITKEN [ˈeɪtkɪn]/ (1879—1964) барон Би́вербрук /Уи́льям Ма́ксуэлл Эйткен/, англ. гос. деятель и газетный магнат (род. в Канаде, в Англии с 1910). В 1922 основал концерн «Бивербрук пресс»

BECKE [bek], **(George) Louis** (1855—1913) (Джордж) Лу́ис Бек, австрал. писатель и мореплаватель
⊙ Pacific Tales (1897) «Тихоокеанские рассказы», The Strange Adventure of James Shervington (1902) «Странное приключение Джеймса Шервингтона», The Call of the South (1908) «Зов Юга», сб. рассказов

BECKET [ˈbekɪt], **Thomas (à)** (1118—70) То́мас Бе́ккет, англ. гос. деятель, лорд-канцлер (1155—62), архиепископ Кентерберийский (с 1162). Убит в Кентерберийском соборе по приказу Генриха II. Фигурирует в драме Т. С. Элиота «Убийство в соборе» (1935)
□ Thomas Becket «Томас Беккет», пьеса Ж. Ануя (1959)

BECKETT [ˈbekɪt], **Samuel Barclay** (1906—89) Сэ́мюэл Ба́ркли Бе́ккет, ирл. драматург (с 1938 во Франции, писал на англ. и фр. языках). Представитель литературы «потока сознания», один из основоположников драмы абсурда. Лауреат Нобелевской премии (1969)
⊙ Murphy (1938) «Мёрфи», Molloy (1951) «Моллой», Malone Dies (1951) «Малон умирает», The Unnameable (1953) «Неназываемый», Watt (1953) «Уотт», романы; Waiting for Godot (1952) «В ожидании Годо», End Game (1957) «Конец игры», Krapp's Last Tape (1959) «Последняя магнитофонная лента Креппа», пьесы

BECKFORD [ˈbekfəd], **William** (1759—1844) Уи́льям Бе́кфорд, англ. писатель
⊙ Vathek (1787) «Ватек», «готическая» повесть

BECQUEREL [beˈkrel] Беккере́ль, семья фр. физиков, в т. ч.: **(Antoine) Henri** (1852—1908) (Антуа́н) Анри́. Открыл естественную радиоактивность. Лауреат Нобелевской премии (1903)

BED

BEDE [bi:d] *the Venerable* /лат. Baeda Venerabilis/ (673?—735?) Бéда Достопочтéнный, англосакс. монах, учёный и историк
⊙ Ecclesiastical History of the English People /лат. Historia Ecclesiastica Gentis Anglorum/ (731) «Церковная история народа англов»

BEELZEBUB [bi(:)ˈelzɪbʌb] Вельзевýл, в Новом Завете глава демонов

BEERBOHM [ˈbɪəbəum], **Max** (1872—1956) Макс Бúрбом, англ. критик, пародист и карикатурист
⊙ A Christmas Garland (1912) «Рождественская гирлянда», сб. лит. пародий

BEETHOVEN [ˈbeɪt(h)əuvn], **Ludwig van** (1770—1827) Лю́двиг ван Бетхóвен, нем. композитор и музыкант (с 1792 в Вене). Создал героический стиль в музыке. Работал несмотря на глухоту, развивавшуюся с 1801 // **Beethovian** [berˈt(h)əuvɪən], **Beethovenian** [beɪtˈ(h)əuˈviːnjən] *a*

BEGIN [ˈbe(ɪ)gɪn], **Menachem** (р. 1913) Менáхем Бéгин, премьер-мин. Израиля (1977—83). Лауреат Нобелевской премии мира (1978)

BEHRING см. BERING

BEHRING [ˈbeərɪŋ], **Emil von** (1854—1917) Эмúль фон Бéринг, нем. врач. Разработал противодифтеритную сыворотку. Лауреат Нобелевской премии (1901)

BELAFONTE [ˌbeləˈfɔntɪ], **Harry** (р. 1926) Гáрри Белафóнте, амер. негр. эстрадный певец и киноактёр

BELCH [beltʃ], **Toby** Тóби Белч, в комедии У. Шекспира «Двенадцатая ночь» (1600) обедневший дворянин, дядя Оливии, любитель удовольствий, мастер обмана и розыгрышей

BELINUS [bɪˈlaɪnəs] Белúнус: **1.** в кельт. мифологии бог солнца
2. легендарный англ. король, якобы построивший башню и гавань на месте современного Лондона

BELISARIUS [ˌbelɪˈsɑːrɪəs, -ˈseə-] (504?—565) Велисáрий, византийский полководец императора Юстиниана I. Одержал победы над иранцами, вандалами, остготами
☐ Count Belisarius «Сиятельный Велисарий», роман Р. Грейвса (1938)

BELL [bel], **Alexander Graham** (1847—1922) Алексáндер Грéйам Белл, шотл. учёный (с 1870 в Канаде, затем в США). Изобрёл телефон (1876); основал ассоциацию по обучению речи глухих

BELLAMY [ˈbeləmɪ], **Edward** (1850—98) Эдуард Бéллами, амер. писатель. Автор утопического романа, рисующего амер. общество 2000 года как страну упразднённого капитализма
⊙ Looking Backward (1888) «Взгляд в прошлое» (рус. пер. «В 2000 году»)

BELLINI [bəˈliːnɪ], **Vincenzo** (1801—35) Винчéнцо Беллúни, ит. композитор романтического направления
⊙ The Sleepwalker (1831) «Сомнамбула», Norma (1831) «Норма», The Puritans (1835) «Пуритане», оперы

BELLOC [ˈbelɔk], **Hilaire** /наст. имя Joseph Hilary/ (1870—1953) Хúлэр /Джóзеф Хúлари/ Бéллок, англ. писатель (род. во Франции). Автор детских стихов, а тж. романов, путевых очерков, эссе, ист. и критических работ
⊙ The Bad Child's Book of Beasts (1896) «Книга про зверей для непослушных детей», сб. стихов

BELLOW [ˈbeləu], **Saul** (р. 1915) Сол Бéллоу, амер. писатель (род. в Канаде). Лауреат Пулитцеровской и Нобелевской премий (обе 1976)
⊙ The Adventures of Augie March (1953) «Приключения Оджи Мар-

ча», Herzog (1964) «Герзаг», Mister Sammler's Planet (1969) «Планета мистера Саммлера», Humboldt's Gift (1975) «Дар Гумбольдта», The Dean's December (1981) «Зима профессора», A Theft (1989) «Кража», романы; Him with His Foot and Other Stories (1984) «Ловкач и другие рассказы», сб. рассказов

BELLOWS ['beləuz], **George Wesley** (1882—1925) Джордж Уэсли Бéллоуз, амер. художник-реалист. Автор жанровых картин, пейзажей, портретов

BELSHAZZAR [bel'ʃæzə] (?—539 до н. э.) Валтасáр, царь Вавилона. Согласно Ветхому Завету, во время пира увидел на стене таинственные письмена, к-рые пророк Даниил истолковал как предсказание его гибели

Belshazzar's feast валтасаров пир — торжество, омрачённое предзнаменованием несчастий → BANQUO

BENBOW ['benbəu], **John** (1653—1702) Джон Бéнбоу, англ. адмирал. Прославился мужеством и отвагой. Во время морского боя у о. Санта-Марта (Вест-Индия) был тяжело ранен, но после перевязки сразу же вернулся на мостик * храбрый, мужественный моряк

BENCHLEY ['bentʃlɪ], **Peter** (р. 1940) Пúтер Бéнчли, амер. писатель. Автор приключенческих романов-триллеров
⊙ Jaws (1974) «Челюсти»

BENEDICK ['benɪdɪk] Бенедúкт, в комедии У. Шекспира «Много шума из ничего» (1598) убеждённый холостяк, к-рый женится на Беатриче * тот, кто женится вопреки первоначальному нежеланию

BENEDICT ['benɪdɪkt] Бенедúкт, имя 15 рим. пап, в т. ч.: **XV** (1854—1922), на папском престоле с 1914. Восстановил прерванные с 17 в. отношения с Англией

BENEDICT of Nursia ['nɜ:ʃə] (480?—547?) Бенедúкт Нурсúйский, ит. монах. В 529? основал первый в Европе монастырь и орден бенедиктинцев {Benedictines}

BENÉT [bɪ'neɪ] Бенé, амер. поэты, братья: **1. Stephen Vincent** (1898—1943) Стúвен Вúнсент. Лауреат Пулитцеровской премии (1929)
⊙ John Brown's Body (1928) «Тело Джона Брауна», поэма; The Devil and Daniel Webster (1943) «Чёрт и Дэниел Уэбстер», либретто оперы
2. William Rose (1886—1950) Уúльям Рóуз. Лауреат Пулитцеровской премии (1942)
⊙ The Dust Which Is God (1941) «Божественный прах», роман в стихах

BENJAMIN ['ben(d)ʒ(ə)mɪn] Вениамúн, в Ветхом Завете младший сын Иакова * младший и самый любимый ребёнок

BENN [ben], **Antony Wedgwood** (р. 1925) Áнтони Вéджвуд Бенн, англ. полит. деятель, активист левого крыла лейбор. партии // **Bennite** ['benaɪt] *a, n*

BENNETT ['benɪt], **(Enoch) Arnold** (1867—1931) (Úнок) Áрнолд Бéннетт, англ. писатель. Автор романов о жизни в провинциальных городах
⊙ Anna of the Five Towns (1902) «Анна из пяти городов», The Old Wives' Tale (1908) «Повесть о старых женщинах», Clayhanger (1908) «Клейхенгер», романы

BENNETT, Richard Bedford (1870—1947) Рúчард Бéдфорд Бéннетт, премьер-мин. Канады (1930—35)

BENNY ['benɪ], **Jack** (1894—1974) Джек Бéнни, амер. комик. Его радио- и телемонологи строились на остротах, переходящих из одной передачи в другую {running gags}

BENTHAM ['bentəm, -θəm], **Jeremy** (1748—1832) Джéреми /Иеремия/ Бе́нтам, англ. юрист, социолог и философ. Основоположник утилитаризма в философии

BENTINCK [ˈbentɪŋk], **William Cavendish** (1774—1839) Уи́льям Ка́вендиш Бе́нтинк, англ. генерал-губернатор Индии (1828—35). Провёл ряд социальных реформ, запретил «сати» — обычай самосожжения жены на могиле мужа {suttee}

BENTLEY [ˈbentlɪ], **Richard** (1662—1742) Ри́чард Бе́нтли, англ. священник и филолог. Возглавлял Тринити-колледж в Кембриджском университете

BENTON [ˈbentən], **Robert** (р. 1932) Ро́берт Бе́нтон, амер. кинорежиссёр и сценарист. Лауреат премии «Оскар» (1979, 1984)

⊙ Kramer vs. Kramer (1979) «Крамер против Крамера», Places in the Heart (1984) «Место в сердце»

BENTON, Thomas Hart (1889—1975) То́мас Харт Бе́нтон, амер. художник-авангардист. Представитель регионализма

BEOWULF [ˈbe(ɪ)ə(u)wulf] Беову́льф, в одноим. англосакс. поэме (ок. 8 в., древнейшем лит. памятнике Англии) сканд. витязь-герой. В бою он убивает Гренделя {Grendel}, терроризировавшего владения короля Хродгара {Hrothgar}. Последний и гл. из его подвигов — победа над драконом, в схватке с к-рым он и сам получает смертельную рану

BERENICE [ˌberɪˈnaɪsiː], *в опере Генделя* ˌberɪˈniːtʃɪ] **1.** (?—221 до н. э.) Верони́ка, жена егип. царя Птолемея III. Когда царь отправился в поход на Сирию, отрезала локон своих волос как залог его благополучного возвращения. По легенде, этот локон превратился в созвездие Волосы Вероники {Coma Berenices или Berenice's Hair}

☐ поэма Каллимаха; опера Г. Генделя (1737)

2. /*в Новом Завете* **BERNICE** [bɜːˈnaɪsiː]/ Верони́ка /*в Новом Завете* Верени́ка, *в трагедии Расина* Берени́ка/, дочь иудейского царя Агриппы I, жена Ирода Халкидского {Herod of Chalcis}. После смерти Ирода стала возлюбленной рим. императора Тита, к-рый привёз её в Рим, но впоследствии отверг

☐ трагедия в стихах Ж. Расина (1670); Titus and Berenice «Тит и Береника», трагедия в стихах Т. Отуэя по пьесе Расина (1677)

BERENSON [ˈberənsn], **Bernard** (1865—1959) Бе́рнард Бе́ренсон, амер. искусствовед (род. в Литве). Автор концепции об ощущении формы {tactile values} в произведениях искусства

BERG [beəg], **Alban** (1885—1935) А́льбан Берг, австр. композитор-экспрессионист

⊙ Wozzeck (1921) «Воццек», Lulu (1935) «Лулу», оперы

BERGEN [ˈbɜːgən], **Candice** (р. 1946) Кэ́ндис Бе́рген, амер. манекенщица и актриса. В 60-80-х гг. считалась одной из законодательниц моды

BERGERAC [ˌbeəʒəˈræk], **(Savinien) Syrano de** (1619—55) (Савинье́н) Сирано́ де Бержера́к, фр. поэт и драматург. Известен как дуэлянт. В одноим. пьесе Э. Ростана (1897) представлен как остроумный и отважный правдолюбец, страдающий от неразделённой любви. Его внешность уродует огромный нос

BERGMAN [ˈbɜːgmən], **Ingmar** (р. 1918) И́нгмар Бе́ргман, швед. кинорежиссёр и сценарист. Автор проблемных психологических фильмов. Лауреат премии «Оскар» (1960, 1963, 1983)

⊙ The Seventh Seal (1956) «Седьмая печать», The Autumn Sonata (1978) «Осенняя соната», Fanny and Alexander (1983) «Фанни и Александр»

BERGMAN, Ingrid (1915—82) Ѝнгрид Бéргман, швед. актриса (с 1938 в Голливуде). Лауреат премии «Оскар» (1944, 1956, 1975)

BERGSON [ˈbɜːgsn, ˈbeəg-], **Henri Louis** (1859—1941) Анрѝ Луѝ Бергсóн, фр. философ. Представитель интуитивизма и философии жизни. Лауреат Нобелевской премии по литературе (1927) // **Bergsonian** [bɜːgˈsəunɪən] *a*; **Bergsonism** [ˈbɜːgsənɪzm] *n*

⊙ Creative Evolution (1907) «Творческая эволюция», научный труд

BERING /BEHRING/ [ˈbɪərɪŋ, ˈbɜː-, ˈbeə-], **Vitus** (1681—1741) Вѝтус Бéринг, дат. мореплаватель. Служил в рус. флоте и руководил экспедициями к берегам Камчатки. Открыл море и пролив, к-рые были названы его именем

BERKELEY [ˈbɜːklɪ], **Busby** /*наст. имя* William Berkeley ENOS [ˈiːnɒs]/ (1895—1976) Бáсби Бéркли /Уѝльям Бéркли Ѝнос/, амер. хореограф и режиссёр. Постановщик театральных и киномюзиклов 30-х гг.

⊙ Forty-Second Street (1930) «42-я улица», Gold Diggers of 1933 (1933) «Золотоискательницы 1933 года», Flirtation Walk (1934) «Прогулка с флиртом»

BERKELEY [ˈbɑːklɪ, ˈbɜː-], **George** (1685—1753) Джордж Бéркли, ирл. философ-идеалист, епископ Клойна {Cloyne}

⊙ A Treatise Concerning the Principles of Human Knowledge (1710) «Трактат о началах человеческого знания»

BERKELEY, Lennox (Randal Francis) (р. 1903) Лéннокс (Рэндал Фрэнсис) Бéркли, англ. композитор

⊙ A Dinner Engagement (1957) «Званый ужин», опера

BERLIN [bɜːˈlɪn], **Irving** /*наст. имя* Israel BALINE/ (1888—1989) Ѝрвинг Берлѝн /Израѝль Бáлин/, амер. композитор (род. в России, в США с 1893). Автор эстрадных песен, мюзиклов, музыки к кинофильмам

⊙ Annie Get Your Gun (1946) «Анни, готовь пистолет», Call Me Madam (1950) «Называйте меня мадам», Mr. President (1962) «Господин президент», театральные мюзиклы; Easter Parade (1947) «Пасхальное шествие», киномюзикл; This Is the Army «Здесь армия», муз. ревю

BERLIOZ [ˈbeəlɪəuz], **(Louis) Hector** (1803—69) (Луѝ) Гектóр /Эктóр/ Берлиóз, фр. композитор романтического направления. Новатор симфонического жанра

BERNADETTE [ˌbɜːnəˈdet] **of Lourdes** /**Bernadette SOUBIROUS** [ˌsuːbɪˈruː]/, St. (1844—79) св. Бернадéтта Лýрдская /Бернадéтта Субирý/, фр. крестьянка. По преданию, в гроте в окрестностях Лурда ей явилось видение девы Марии, после чего там забил целительный источник, к-рый стал местом паломничества больных

BERNARD of Clairvaux [bɜːˈnɑːdəvkleəˈvəu], St. (1090—1153) св. Бернáр(д) Клервóский, фр. теолог и проповедник, основатель монастыря в Клерво (1115). Вдохновитель 2-го крестового похода. Выступал против учения П. Абеляра

BERNHARDT [ˈbɜːnhɑːt, *фр.* berˈnɑːr], **Sarah** /*наст. имя* Rosine BERNARD/ (1844—1923) Сáра /Розѝн/ Бернáр, фр. драматическая актриса

BERNICE *см.* BERENICE 2

BERNSTEIN [ˈbɜːnstaɪn, -stiːn], **Leonard** (1918—90) Леонáрд Бéрнстайн, амер. дирижёр, пианист и композитор

⊙ West Side Story (1957) «Вестсайдская история», мюзикл

BERRIGAN [ˈberɪgən], **Daniel** (р. 1921) Дэ́ниэл Бéрриган, амер. священник, богослов и обществ. деятель. В 60-е гг. активист движения против войны во Вьетнаме

BERRY [ˈberɪ], **Chuck /Charles Edward/** (р. 1931) Чак /Чарлз Эдуард/ Бéрри, амер. негр. эстрадный певец и гитарист, автор песен 50—60-х гг., «звезда» рок-н-ролла

BERTILLON [ˈbɜːt(ə)lɔn, ˈbɜːtɪjɔ̃], **Alphonse** (1853—1914) Альфóнс Бертильóн, фр. криминолог

Bertillon system бертильонаж, разработанная им методика идентификации личности по антропологическим измерениям, фотографиям, отпечаткам пальцев и т. п.

BERTRAM [ˈbɜːtrəm] Бертрáм, в комедии У. Шекспира «Конец — делу венец» (1603) молодой и красивый граф, к-рому король велит жениться на простолюдинке Елене. Пытается уклониться от брака, но она хитростью и настойчивостью добивается своего

BESS [bes] **of Hardwick(e)** /Elizabeth TALBOT [ˈtɔːlbət], Countess of SHREWSBURY [ˈʃruːzb(ə)rɪ, ˈʃrəuz-]/ (1518—1608) Бесс Хáрдвик /Элúзабет Тóлбот, графиня Шрýсбери/, англ. аристократка. В её доме находилась Мария Стюарт после бегства в Англию (1569); воспользовавшись этим, выдала свою дочь за младшего брата лорда Дарнли (второго мужа Марии Стюарт). Унаследовала состояние четырёх мужей

BESSEMER [ˈbesɪmə], **Henry** (1813—98) Гéнри Бéссемер, англ. инженер. В 1856 разработал конвертерный способ производства стали из чугуна, названный его именем

BETHSABE [ˈbeθsəbɪ] именование Вирсáвии в пьесе Дж. Пиля «Любовь царя Давида и Вирсавии» (1599); *см.* BATHSHEBA

BETJEMAN [ˈbetʃəmən], **John** (1906—84) Джон Бéтчеман, англ. писатель, поэт-лауреат (с 1972)

BEVAN [ˈbev(ə)n], **Aneurin** [əˈnaɪ(ə)rɪn] (1897—1960) Анáйрин Бéван, англ. полит. деятель, лейборист. Один из основателей журнала «Трибюн» {Tribune}

BEVERIDGE [ˈbevərɪdʒ], **William Henry** (1879—1963) Уúльям Гéнри Бéверидж, англ. экономист и полит. деятель. Возглавил комиссию, доклад к-рой (1942) стал основой современной системы социального страхования в стране

BEVIN [ˈbevɪn], **Ernest** (1881—1951) Эрнест Бéвин, англ. полит. деятель, лейборист, мин. труда и нац. повинности (1940—45), мин. ин. дел (1945—51)

Bevin boys военнообязанные, к-рых во время 2-й мир. войны по предложению Э. Бевина направили на работу в шахты вместо службы в армии

BEVIS of Hampton [ˈbiːvɪsəvˈhæmtən, ˈbe-] Бéвис Гéмптонский, в одноим. англ. поэме неизвестного автора (нач. 14 в.) доблестный рыцарь, среди подвигов к-рого — победа над драконом и великаном

BEWICK [ˈbju(ː)ɪk], **Thomas** (1753—1828) Тóмас Бьюик, англ. художник-график. Автор гравюр — иллюстраций к басням, книгам о животных и птицах

BIDDLE [ˈbɪdl], **John** (1615—62) Джон Биддл, англ. проповедник, основатель движения протестантов-унитариев {Unitarians}

BIERCE [bɪəs], **Ambrose Gwinett** (1842—1914?) Áмброз Гуúнетт Бирс, амер. писатель-сатирик, журналист. Участник Гражданской войны 1861—65; пропал без вести в Мексике, куда отправился в 1913. Автор «страшных» рассказов

⊙ Tales of Soldiers and Civilians (1891) «Рассказы о военных и штатских», In the Midst of Life (1892) «Средь жизни», сб. рассказов; The Devil's Dictionary (1911) «Словарь Сатаны», сб. сатирических афоризмов

BIERSTADT [ˈbɪəstæt], **Albert** (1830—1902) Áльберт Би́рстадт, амер. художник-пейзажист (род. в Германии)

BIG BROTHER [ˈbɪɡˈbrʌðə] Ста́рший Брат, в романе Дж. Оруэлла «1984» (1949) диктатор тоталитарной страны Океании, её высший авторитет. Его портреты расклеены повсюду с подписью: Big Brother is watching you «Старший брат следит за тобой» (употребляется тж. в значении: «ты под колпаком», «у стен есть уши» и т. п., часто шутл.) * правитель, начальник или высшая инстанция, от имени к-рых совершается вмешательство в личную жизнь людей

BILKIS *см.* BALKIS

BILL [bɪl], **Buffalo** /наст. имя William Frederick CODY [ˈkəʊdɪ]/ (1846—1917) Бизо́ний Билл /Бу́ффало Билл; Уи́льям Фре́дерик Ко́уди/, амер. охотник на бизонов и предприниматель. В 1883 организовал первое шоу «дикого Запада» {Wild West Show}. Прославился тж. благодаря лит. рассказам о его подвигах (чаще всего вымышленных) □ Buffalo Bill and the Indians, or Sitting Bull's History Lesson «Буффало Билл и индейцы, или Урок истории Сидячего Быка», фильм Р. Олтмена (1976) → CROMER

BILLY [ˈbɪlɪ] **the Kid** /наст. имя William BONNEY [ˈbɒnɪ]/ (1859—81) Де́тка Би́лли /Би́лли Кид, Би́лли-банди́т; Уи́льям Бо́нни/, амер. преступник. Убил св. 20 человек в штате Нью-Мексико. Фигурирует во мн. книгах и фильмах-вестернах □ фильм реж. К. Видора (1930); балет А. Копленда (1938)

BINET [bɪˈneɪ], **Alfred** (1857—1911) Альфре́д Бине́, фр. психолог. Вместе с Т. Симоном разработал систему тестов по определению интеллектуальных способностей у детей {Binet-Simon tests}

BINGHAM [ˈbɪŋəm], **George Caleb** (1811—79) Джордж Ка́леб Би́нгем, амер. художник. Автор жанровых картин об освоении амер. Запада

BIRCH [bɜːtʃ], **John** (?—1945) Джон Берч, амер. разведчик (погиб в Китае). Считается одним из первых героев «холодной войны» // **Birchism** [ˈbɜːtʃɪzm] *n* берчизм, праворадикальное антикоммунистическое движение в США; **Birchite** [ˈbɜːtʃaɪt] *n, a* берчист(ский)

the John Birch Society общество Джона Берча, праворадикальная амер. организация (основана Р. Уэлчем в 1958)

Moss and de Borchgrave first grabbed national attention over two years ago with another *Birchite* type novel, The Spike. In that book, they indulged in *McCarthyite* fantasies, including assertions that the US media have been secretly helping the Soviet Union. (*Daily World, 1983*)

Мосс и де Борчгрейв впервые привлекли к себе внимание всей страны два года назад, когда вышел другой их роман *берчистского* толка — «Шип». В этой книге они пустились в *маккартистские* фантазии, пытаясь доказать, например, что американские средства массовой информации тайно подыгрывают Советскому Союзу.

BIRRELL [ˈbɪr(ə)l], **Augustine** (1850—1933) Ога́стин Би́ррелл, англ. юрист и государственный деятель. Автор нравоописательных и биографических очерков // **Birrellism** [ˈbɪrəlɪzm] *n* лит. манера в духе Биррелла: поверхностные, но меткие наблюдения о жизни и нравах ⊙ Obiter Dicta (1888, 1887, 1924) «Сказанное мимоходом», очерки

BISHOP [ˈbɪʃəp], **Elizabeth** (1911—79) Эли́забет Би́шоп, амер. поэтесса. В её стихах преобладает тема путешествий. Лауреат Пулитцеровской премии (1956) ⊙ North and South (1946) «Север и юг», A Cold Spring (1955) «Холодная весна», Questions of Travel (1965) «Дорожные вопросы», Geography III (1976) «География III», сб. стихов

BISMARCK [ˈbɪzmɑːk], **Otto Eduard Leopold von** /the Iron Chancellor/

BIZ

(1815—98) Óтто Эдуа́рд Леопо́льд фон Би́смарк /«Железный канцлер»/, нем. полит. деятель и военачальник, 1-й рейхсканцлер Герм. империи (1871—90). Проповедовал политику укрепления государства на основе «крови и железа» // **Bismarckian** [bɪz´maːkɪən] *a*

She is the *Bismarck*: she plans the campaigns, provides the munitions of war, organizes the raw recruits, sets the squadrons in the field. (*J. Wintle, R. Kenin*)

Она — настоящий *Бисмарк*: планирует военные кампании, обеспечивает их вооружением, организует свежее пополнение и посылает солдат в бой.

→ CROMER

BIZET [biː´zeɪ], **Georges /Alexandre César Léopold/** (1838—75) Жорж /Алекса́ндр Сеза́р Леопо́льд/ Бизе́, фр. композитор

⊙ The Pearl Fishers (1863) «Искатели жемчуга», The Fair Maid of Perth (1866) «Пертская красавица», Carmen (1875) «Кармен», оперы

BLACK [blæk], **Hugo LaFayette** [ˌlaːfeɪ´et] (1886—1971) Хью́го Лафайе́тт Блэк, амер. юрист и полит. деятель, член Верх. суда. Способствовал принятию ряда либеральных решений в защиту гражданских прав, по ограничению власти монополий и др.

BLACK, James White (р. 1924) Джеймс Уа́йт Блэк, англ. фармаколог. Лауреат Нобелевской премии (1988)

BLACKBEARD [´blækbɪəd] /*наст. имя* Edward TEACH *или* THATCH/ (?—1718) Чёрная Борода́ /Эдуа́рд Тич или Тэтч/, амер. пират. Грабил суда в районе Вест-Индии у побережья Вирджинии. Отличался жестокостью. По легендам, оставил богатые клады → BORGIA C.

BLACKETT [´blækɪt], **Patrick Maynard Stuart** (1897—1974) Па́трик Ме́йнард Стю́арт Блэ́кетт, англ. физик. Лауреат Нобелевской премии (1948)

BLACK HAWK [´blæk´hɔːk] (1767—1838) Чёрный Я́стреб, индейский вождь. Отказавшись от переселения своих племён на запад от Миссисипи по соглашениям 1832, начал т. н. войну Чёрного Ястреба

BLACKMORE [´blækmɔː], **Richard Doddridge** (1825—1900) Ри́чард До́ддридж Блэ́кмор, англ. писатель

⊙ Lorna Doone (1869) «Лорна Дун», роман

BLACKSTONE [´blækstən], **William** (1723—80) Уи́льям Блэ́кстон, англ. юрист. Автор комментариев к англ. законодательству * авторитет в законах

BLACKWOOD [´blækwud], **William** (1776—1834) Уи́льям Блэ́квуд, шотл. издатель. В основанном им в 1817 журнале «Блэквудс Эдинборо мэгэзин» {Blackwood's Edinburgh Magazine} высмеивались знаменитости, велась лит. полемика с Ч. Лэмом, У. Хэзлиттом, Л. Хантом

BLAKE [bleɪk], **Robert** (1599—1657) Ро́берт Блейк, англ. адмирал. Олицетворяет мужественного, победоносного флотоводца

BLAKE, William (1757—1827) Уи́льям Блейк, англ. поэт и художник, родоначальник романтизма в англ. литературе. Его книги, к-рые он сам иллюстрировал, печатал и распространял, насыщены сложными морально-религиозными аллегориями. Был подвержен видениям, отчего многие считали его сумасшедшим // **Blakean** [´bleɪkɪən] *a*

⊙ Songs of Innocence (1789) «Песни невинности», Song of Experience (1794) «Песни опыта», Prophetic Books (1789—1804) «Пророческие книги», сб. стихов

BLIGH [blaɪ], **William** (1754—1817) Уи́льям Блай, англ. офицер флота, капитан корабля «Баунти» {Bounty}. В 1789 команда подняла бунт и высадила его вместе с др. офицерами на шлюпку в Тихом океане. Совершив путешествие в 4 тыс. миль, Блай достиг о-ва Тимор {Timor} * Captain Bligh жестокий командир или начальник

BLIMP [blɪmp] Блимп, в карикатурах Д. Лоу тучный и важный полковник предотставного возраста * махровый консерватор, солдафон // **Blimpery** [ˈblɪmp(ə)rɪ] *n* твердолобость; **Blimpish** [ˈblɪmpɪʃ] *a* твердолобый, реакционный

Oh, I knew things had changed of course. People told you all the time the way it was going — going to the dogs, as the *Blimps* are supposed to say. But it seemed very unreal to me, out there. (*J. Osborne*)

Да, я слышал, что всё изменилось. Люди говорили, что за это время всё полетело к чертям — кажется, так должен формулировать *полковник Блимп*. Но издали мне всё не верилось. (*Пер. Д. Урнова*)

BLISS [blɪs], **Arthur** (1891—1975) А́ртур Блисс, англ. композитор и дирижёр

☉ Checkmate (1937) «Шахматы», балет; The Olympians (1949) «Олимпийцы», опера

BLOCH [blɔk, blɔx], **Ernest** (1880—1959) Э́рнест Блох, швейц. композитор (в 1916—30 и с 1938 в США). Автор сочинений, основанных на еврейском мелосе

BLOCK [blɔk], **Herbert Lawrence** /*псевдоним* **HERBLOCK** [ˈhɜːblɔk]/ (р. 1909) Ге́рберт Ло́ренс Блок /Ге́рблок/, амер. полит. карикатурист

BLONDEL [ˈblʌndl, ˈblɔndl, blɔnˈdel] Блонде́ль, фр. менестрель на службе Ричарда Львиное Сердце. По легенде, вызволил своего господина из тюрьмы герцога Австрийского, где он нашёл Ричарда, напевая сочинённую обоими песню

BLONDIN [ˈblɔndɪn], **Charles** /*наст. имя* Jean François GRAVELET/ (1824—97) Чарлз Блонди́н /Шарль Блонде́н; Жан Франсуа́ Гравле́/, фр. канатоходец (жил в США, Англии). В 1859 прошёл по канату через Ниагарский водопад

BLOOMER [ˈbluːmə], **Amelia Jenks** (1818—94) Аме́лия Дженкс Блу́мер, одна из первых амер. феминисток. Носила костюм, включавший свободные брюки-шаровары, к-рый был назван её именем

☐ Bloomer Girl «Девушка в шароварах», мюзикл (по мотивам биографии А. Блумер, 1944)

BLOOMFIELD [ˈbluːmfiːld], **Leonard** (1887—1949) Ле́онард Блу́мфилд, амер. языковед

BLOW [bləʊ], **John** (1649—1708) Джон Бло́у, англ. композитор и органист

☉ Venus and Adonis (1684) «Венера и Адонис», опера

BLÜCHER [ˈbluːkə], **Gebhard Leberecht von** (1742—1819) Ге́бхард Ле́брехт фон Блю́хер, прусский генерал-фельдмаршал. Блестяще командовал прусской армией в битве при Ватерлоо (1815)

BLUE BEARD /BLUEBEARD/ [ˈbluːˌbɪəd] Си́няя Борода́, в сказке Ш. Перро герцог, женившийся семь раз. Каждая из жён погибала, когда в нарушение запрета открывала одну из комнат в его замке * многожёнец ·

☐ Bluebeard's Castle «Замок герцога Синяя Борода», опера Б. Бартока (1918)

BLY [blaɪ], **Nellie** /*наст. имя* Elizabeth SEAMAN [ˈsiːmən]/ (1867—1922) Не́лли Блай /Эли́забет Си́ман/, амер. журналистка. В 1889—90 совершила кругосветное путешествие за 72 дня и 6 часов, т.е. быстрее, чем Ф. Фогг в романе Ж. Верна «Вокруг света в 80 дней»

BLYNKEN *см.* WYNKEN, BLYNKEN and NOD

BOA

BOADICEA [ˌbəuədɪˈsɪə, bəuˌædɪˈsiːə] /**BONDUCA** [bɔnˈdjuːkə], **BOUDICCA** [bəuˈdɪkə]/ (?—62) Боадикея /Бондука/, жена вождя одного из племён вост. бриттов. Возглавила мятеж против рим. завоевателей. Потерпев поражение, покончила с собой

□ поэма А. Теннисона; баллада У. Купера (1782); Bonduca «Бондука», трагедия Дж. Флетчера (1614)

BOBADILL [ˈbɔbədɪl], Captain капитан Бобадилл, в комедии Б. Джонсона «Каждый в своём нраве» (1598) хвастливый вояка

BOCCACCIO [bəuˈkɑːtʃɪəu, bɔ-], **Giovanni** (1313—75) Джованни Боккаччо, ит. писатель Раннего Возрождения

⊙ Decameron (1353) «Декамерон», роман в новеллах

BOCK [bɔk], **Jerry** (р. 1928) Джерри Бок, амер. композитор

⊙ Fiddler on the Roof (1970) «Скрипач на крыше», мюзикл

BODLEY [ˈbɔdlɪ], **Thomas** (1545—1613) Томас Бодли, англ. учёный и дипломат. В 1598 основал библиотеку при Оксфордском университете, названную его именем // **Bodleian** [bɔdˈliː(:)ən, ˈbɔdlɪən] *a* бодлианский; *n* Бодлианская библиотека

BOETHIUS [bə(u)ˈiːθjəs], **Anicius Manlius Severinus** (480?—524?) Аниций Манлий Северин Боэций, рим. гос. деятель, христ. философ, приближённый Теодориха. Был обвинён в заговоре, в ожидании казни написал в тюрьме свой осн. труд

⊙ The Consolation of Philosophy (524) «Утешение философией», трактат

BOGARDE [ˈbɔːgɑːd], **Dirk** /*наст. имя* Derek van den BOGAERDE/ (р. 1921) Дерк Богард /Дерек ван ден Богарде/, англ. киноактёр голл. происхождения. Мастер психологического портрета

BOGART [ˈbəugət], **Humphrey** /*Bogey, Bogie* [ˈbəugɪ]/ (1899—1957) Хамфри Богарт, амер. киноактёр. Снимался в амплуа обаятельных гангстеров и преступников

I grew up on Tenth Avenue, one of the kids I played with went to the chair. I know it sounds like a *Bogart movie*, but it happened that way. (*J. Susann*)

Я вырос на 10-й авеню; один из мальчишек, с которыми я играл в детстве, впоследствии сел на электрический стул. Я знаю, это похоже на пересказ *гангстерского фильма*, но так всё и было.

New York has gone... The dollar, he thought, has sunk for ever... Every *Bogart movie* has been wiped, and that gave him a nasty knock. McDonalds, he thought. There is no longer any such thing as a McDonald's hamburger. (*D. Adams*)

Нью-Йорк уничтожен... Курс доллара, подумалось ему, опять упал, и теперь уж безвозвратно... *Кинодетективы* стёрты с лица земли — от этой мысли ему стало дурно. А рестораны «Макдональдс»! Теперь уж на свете нет такой вещи, как фирменные гамбургеры «Макдональдс»!

BOHR [bəuə, bɔ:], **Niels Henrik David** (1885—1962) Нильс Хенрик Давид Бор, дат. физик (в 1914—16 в Англии, в 1943—45 в США). Один из основоположников физики атомного ядра. Лауреат Нобелевской премии (1922)

BOIARDO [bəuˈjɑːdəu], **Matteo Maria di Scandiano** (1434—94) Маттео Мария ди Скандиано Боярдо, ит. поэт Возрождения

⊙ Orlando Innamorato (1495) «Влюблённый Роланд», рыцарская поэма

BOK [bɔk], **Edward William** (1863—1930) Эдуард Уильям Бок, амер. писатель и издатель (род. в Нидерландах, в США с 1870). Лауреат Пулитцеровской премии (1920)

⊙ The Americanization of Edward Bok (1920) «Американизация Эдуарда Бока», автобиография

BOLEYN [buˈlɪn, ˈbulɪn], **Anne** (1507—36) А́нна Боле́йн, вторая жена Генриха VIII, мать Елизаветы I. Женитьба на ней вопреки несогласию Ватикана стала для Генриха поводом к разрыву с рим. папой (1529). Казнена по обвинению в измене. Фигурирует в литературе и ист. драмах как бездумная красавица — жертва сластолюбия государя и политических интриг

BOLINGBROKE см. HENRY IV (*король Англии*)

BOLINGBROKE [ˈbɔlɪŋbruk, *амер. тж.* -brəuk], 1st Viscount **Henry St. John** [ˈsɪndʒ(ə)n] (1678—1751) 1-й виконт Ге́нри Сент-Джон Бо́лингброк, англ. гос. деятель и публицист (в 1714—23 в изгнании во Франции). Сторонник тори; проповедовал идею «патриотической монархии»

BOLIVAR [bəˈliːvɑː:, bɔ-, ˈbɔlɪvɑː:], **Simon** (1783—1830) Симо́н Боли́вар, лидер борьбы за независимость исп. колоний в Юж. Америке (род. в Венесуэле, обучался в Испании). В его честь названа Боливия

BONAPARTE [ˈbəunəpɑːt] Бонапа́рт, фамильное имя корсиканского рода, к к-рому принадлежал Наполеон I (*см.* NAPOLEON) // **Bonapartism** [ˈbəunəpɑːtɪzm] *n* бонапартизм

BONAR LAW [ˈbɔnəˈlɔː:], **Andrew** (1858—1923) Э́ндрю Бо́нар Ло /Ло́у/, англ. гос. деятель (род. в Канаде), премьер-мин. Великобритании (1922—23), лидер конс. партии

BOND [bɔnd], **Carrie Jacobs** (1862—1946) Кэ́рри Дже́йкобс Бонд, амер. композитор. Автор эстрадных песен

BOND, Edward (р. 1934) Э́дуард Бонд, англ. драматург. Представитель «театра жестокости»

⊙ Saved (1963) «Спасённые», Bingo (1974) «Бинго», пьесы

BOND, James Джеймс Бонд, в авантюрных романах Я. Флеминга и К. Эмиса и поставленных по ним амер. фильмах «агент 007», шпион-супермен

A man joining the ⟨Central Intelligence⟩ agency, the Admiral said, is more likely to become a researcher, economist, statistician, administrator or accountant than a new *James Bond.* (*New York Times, 1982*)

По словам адмирала, поступивший на работу в ЦРУ скорее окажется научным работником, администратором, экономистом, статистиком или бухгалтером, чем новым *Джеймсом Бондом.*

BONDUCA см. BOADICEA

BONE [bəun], **Muirhead** [ˈmjuəhed] (1876—1953) Мью́рхед Бо́ун, шотл. живописец и график

BONEY [ˈbəunɪ] Бо́ни, ист. прозвище Наполеона Бонапарта в Англии * некто грозный, страшный (особ. в разговоре с детьми), ≅ бука

BONIFACE [ˈbɔnɪfeɪs] Бонифа́ций, в пьесе Дж. Фаркера «Хитроумный план щёголей» (1707) трактирщик

BONIFACE Бонифа́ций, имя 9 рим. пап, в т. ч.: **VIII** /*светское имя* Benedetto CAETANI/ (1235—1303) /Бенеде́тто Каэта́ни/, на папском престоле с 1294. Претендовал на верховенство над светской властью и за это был схвачен и пленён фр. королём Филиппом IV в Авиньоне, где в дальнейшем (1309—77) вынуждены были находиться рим. папы

BONIFACE, St. /**WINFRID, WYNFRITH**/ (680?—755?) св. Бонифа́ций /Уи́нфрид, Уи́нфрит/, англ. миссионер папы Григория II. Проповедовал христианство и организовывал религиозные общины в Германии. Убит язычниками

BONNARD [bɔˈnɑː:], **Pierre** (1867—1947) Пьер Бонна́р, фр. живописец

BONNEY, William см. BILLY the Kid

BONNIE and CLYDE [ˈbɔnɪəndˈklaɪd] Бóнни и Клайд: **PARKER** [ˈpɑːkə], **Bonnie** (1909—34) и **BARROW** [ˈbærəu] **Clyde** (1910—34) Бóнни Пáркер и Клайд Бэ́рроу, амер. гангстеры. Грабежами и убийствами ок. двух лет терроризировали юго-западные штаты. Убиты из засады □ фильм А. Пенна (1967)

BOOLE [buːl], **George** (1815—64) Джордж Буль, англ. математик. Один из основоположников математической логики // **Boolean** [ˈbuːlɪən] *а* булев

BOONE [buːn], **Daniel** (1734—1820) Дэ́ниэл Бун, амер. пионер. Ок. 1779 основал одно из первых поселений в Кентукки и защищал его от индейцев. Ему приписывалось множество приключений и подвигов

He ⟨Kit Carson⟩ was not dressed in the outlandish habiliments with which our fancy, since the time of *Boone*, instinctively invests the hunter and the trapper, but in genteel American costume. (*J. Wintle, R. Kenin*)

Он ⟨Кит Карсон⟩ не носил экзотических одеяний, коими наше воображение со времён *Буна* непроизвольно наделяет охотника. На нём был цивильный американский костюм.

BOORMAN [ˈbuəmən], **John** (р. 1933) Джон Бýрмен, англо-амер. кинорежиссёр. Постановщик зрелищных фильмов

⊙ Exorcist II: the Heretic (1977) «Изгоняющий дьявола II: Еретик», Excalibur (1980) «Экскалибур»

BOORSTIN [ˈbuəstɪn], **Daniel** (р. 1914) Дэ́ниэл Бýрстин, амер. историк

BOOTH [*амер.* buːθ, *брит.* buːð] Бут, семья амер. актёров: **1. Junius Brutus** (1796—1852) Джýниус Брýтус (род. в Англии)

2. Edwin Thomas (1833—93) Эдвин Тóмас, его сын

3. John Wilkes (1838—65) Джон Уи́лкс, младший сын Дж. Бута, убийца А. Линкольна. Застрелил его в театре, прокравшись в ложу президента

BOOTH Бут: **1. William** (1829—1912) Уи́льям, англ. обществ. деятель. В 1865 основал благотворительно-миссионерскую организацию «Армию спасения» {Salvation Army}, построенную по военному образцу, и стал её 1-м «генералом»

□ General William Booth Enters into Heaven «Вступление генерала Уильяма Бута на небеса», сб. стихов В. Линдсея (1913) → MOSES

2. William Bramwell (1856—1929) Уи́льям Брáмуэлл, его сын, 2-й «генерал» в «Армии спасения»

3. Evangeline Cory (1865—1950) Эванджели́на Кóри, его дочь, 3-й «генерал»

BO-PEEP [bəuˈpiːp], *Little* малышка Бо-Пи́п, в англ. детском стихотворении пастушка, потерявшая своих овец:

Little *Bo-Peep*, she lost her sheep,
And can't tell where to find them;
Leave them alone, and they'll come home,
And bring their tails behind them.

Ищет *пастушка* овец непослушных:
Пропали в лесу под дождём.
Бо-Пип, не грусти — они на пути;
Давай их чуть-чуть подождём.

BOR /BORR/ [bɔː] Бор, в сканд. мифологии сын первочеловека и отец Одина

BORAH [ˈbəurə, ˈbɔːrə], **William Edgar** (1865—1940) Уи́льям Э́дгар Бóра, амер. полит. и гос. деятель, сенатор. Выступал за изоляционизм во внешней политике

BORDEN [ˈbɔːdn], **Lizzie** (1860—1927) Ли́ззи Бóрден, жительница г.

Фолл-Ривер {Fall River} (штат Массачусетс). В 1892 обвинялась в убийстве топором отца и мачехи. Оправдана судом, но молва считала её виновной. Фигурирует в пьесе Дж. Колтона {John Colton} «Дом 9 по улице Пайн» (1933), балете А. де Милль «Легенда Фолл-Ривера» (1948)

□ Lizzie Borden «Лиззи Борден», опера Дж. Бисона {Jack Beeson} (1965)

Lizzie Borden took an axe
And gave her father forty whacks.
And when she saw what she had done,
She gave her mother forty-one. (*Anonymous epigram*)

Лиззи Борден, примерясь,
Топором папашу — хрясь!
А увидев этот страх,
Топором мамашу — трах!

BORDEN, Robert Laird (1854—1937) Роберт Лэрд Борден, премьер-мин. Канады (1911—20)

BOREAS [ˈbɔːrɪæs] Борей, в греч. мифологии бог сев. ветра. Ему соответствует рим. Аквилон {Aquilo}

BORGES [ˈbɔːheɪs], **Jorge Louis** (1899—1986) Хорхе Луис Борхес, аргентинский писатель и поэт

BORGIA [ˈbɔːdʒɑː, -dʒ(j)ə] Борджа /Борджиа/, знатный ит. род исп. происхождения, игравший видную роль в 15—16 вв., в т. ч.: **1. Rodrigo /Alexander VI/** (1431—1503) Родриго /Александр VI/, рим. папа с 1492. Организовывал убийства в полит. и корыстных целях, насаждал семейственность, имел мн. незаконнорождённых детей

2. Cesare (1475 или 1476—1507) Чезаре, его сын, кардинал, затем командующий папскими войсками. Отличался беспринципностью и коварством. Убит в сражении в Испании

The committee in charge of selecting the two teams could have been composed of lineal descendants of *Cesare Borgia, Blackbeard the Pirate* and *Jack the Ripper.* (*J. Mitchener*)

Никто бы не удивился, окажись, что в комиссию по набору обеих команд входят прямые потомки *Чезаре Борджа, пирата Чёрная Борода* и *Джека-Потрошителя.*

3. Lucrezia (1480—1519) Лукреция, дочь Р. Борджа. Её многочисленные браки служили инструментом в полит. планах отца и брата. Покровительствовала искусству и наукам. Молва считала её коварной интриганкой

The whole world shares the fate of *Lucrezia Borgia*, who, though she seems on investigation to have been quite a suitable wife for a modern British bishop, has been invested by the popular historic imagination with all the extravagancies of a *Messalina* or a *Cenci.* (*G. B. Shaw*)

Весь мир разделяет участь *Лукреции Борджи*, которая, если разобраться, составила бы вполне подходящую партию современному английскому епископу, но которую народное историческое воображение наделило всеми экстравагантными качествами *Мессалины* или *Ченчи.*

He felt that to marry her, with the doom of murder hanging over his head, would be a betrayal like that of *Judas*, a sin worse than any the *Borgia* had ever dreamed of. (*O. Wilde*)

Ему казалось, что жениться на ней, когда над ним нависает проклятие убийства, было бы предательством хуже *иудиного*, грехом, какой и не снился семейству *Борджа.*

BOR

BORGLUM [ˈbɔːɡləm], **(John) Gutson** (1867—1941) (Джон) Га́тсон Бо́рглум, амер. скульптор. Автор огромных рельефных портретов 4 амер. президентов (Дж. Вашингтона, Т. Джефферсона, А. Линкольна, Т. Рузвельта), высеченных в скале Рашмор {Mt. Rushmore}

BORN [bɔːn], **Max** (1882—1970) Макс Борн, нем. физик (в 1933—53 в Англии). Лауреат Нобелевской премии (1954)

BORR см. BOR

BOSCH [bɔʃ], **Hieronymus** (1450?—1516) Иерони́м /Хиерони́мус/ Босх, голл. художник. Автор религиозных аллегорий, в т. ч. сцен ада с фантастическими чудовищами и картинами мучений грешников

BOSWELL [ˈbɔzw(ə)l], **James** (1740—95) Джеймс Бо́суэлл, англ. писатель, друг и биограф лексикографа С. Джонсона * восторженный биограф, преданный спутник // **Boswellian** [bɔzˈwelɪən] *a*

Conan Doyle was a favourite author and in Baker Street his beloved detective was constantly and closely attended by his medical *Boswell.* (*I. Brown*)

Конан Дойл был популярным писателем, и на Бейкер-стрит его любимый сыщик был окружён постоянным, неотступным вниманием своего *биографа*-медика. (*Имеется в виду доктор Уотсон*)

'Are you returning to your office?' 'Not if you'll have me here,' said Nigel promptly... 'All right — come back. I've come to the stage when I can do with a *Boswell.*' 'Throwing bouquets at yourself, I see,' said Nigel. (*N. Marsh*)

«Возвращаетесь в свою контору?» — «Если я вам нужен, то нет»,— нашёлся Найджел...— «Что ж, милости прошу. Я уже в той стадии, когда не помешал бы *кто-нибудь, кто напишет обо мне мемуары*».— «Занимаетесь самовосхвалением, я вижу»,— заметил Найджел. → CLEOPATRA, HOMER, VOLTAIRE

BOTHA [ˈbɔʊtɑː, -tə], **Louis** (1863—1919) Лу́ис Бо́та, бурский полит. и воен. деятель. Командовал войсками Трансвааля (1900—02) в англо-бурской войне. Премьер-мин. Трансвааля (1907—10), Южно-Афр. Союза (1910—19)

BOTHA, Pieter Willem (р. 1916) Пи́тер Уи́ллем Бо́та, премьер-мин. (1978—84), през. ЮАР (1984—89)

BOTTICELLI [ˌbɔtɪˈtʃelɪ], **Sandro** /наст. имя Alessandro FILIPEPI/ (1444?—1510) Са́ндро Боттиче́лли /Алесса́ндро Филипе́пи/, ит. художник Раннего Возрождения

BOTTOM [ˈbɔtəm] *the Weaver* ткач Осно́ва, в комедии У. Шекспира «Сон в летнюю ночь» (1596) один из ремесленников. Волшебством эльфов его голова превратилась в ослиную, но фея Титания под воздействием любовного нектара влюбилась в него * глуповатый и самонадеянный невежа

BOUCICAULT [ˈbuːsɪkəʊ] /**BURCICAULT, BOURSIQUOT** [ˈbɜːsɪkəʊ]/, **Dion /Dionycius Lardner/** (1822—90) Да́йон /Дайони́сиус Ла́рднер/ Бусико́ /Бурсико́/, ирл. драматург и актёр (после 1853 в США). Автор инсценировок романов, переделок пьес др. авторов

⊙ The Corsican Brothers (1852) «Корсиканские братья»

BOUDICCA см. BOADICEA

BOUGHTON [ˈbɔːtn, ˈbaʊtn], **Rutland** (1878—1960) Ра́тланд Бо́тон, англ. композитор. Организатор фестивального оперного центра в Гластонбери {Glastonbury} (1914—25)

⊙ The Immortal Hour (1914) «Бессмертный час», опера

BOUNTIFUL [ˈbaʊntɪf(u)l], **Lady** леди Ба́унтифул, персонаж пьесы Дж. Фаркера «Хитроумный план щёголей» (1707) * щедрая богатая дама

It made him ill at ease to think of her in the role — which he was sure she was playing — of *Lady Bountiful*: yet was too realistic to shrug off the idea that, in the foreseeable future, he might need a degree of bounty. (*P. H. Johnson*)

Ему неловко было представить её в роли *дамы-благотворительницы* (а он не сомневался, что она эту роль играет): в то же время он был реалистом и не мог отделаться от мысли, что в обозримом будущем некая благотворительность ему может понадобиться.

BOURBON [ˈbuəbən, -bɔn] Бурбо́н, королевская династия во Франции и Испании (кон. 16 — нач. 19 в.) * политический реакционер → HABSBURG

BOURSIQUOT см. BOUCICAULT

BOWDLER [ˈbaudlə], **Thomas** (1754—1825) То́мас Ба́удлер, шотл. редактор. Выпустил издание шекспировских пьес, из к-рых были изъяты «непристойные» места * цензор-моралист // **bowdlerize** [ˈbaudləraız] *v* вымарывать, подвергать цензуре; **bowdlerization** [ˌbaudləraıˈzeıʃ(ə)n] *n* цензура «непристойностей», публикация с купюрами

⊙ Family Shakespeare (1818) «Шекспир для семейного чтения»

The influx of German and Viennese directors... contributed to breaching the wall of puritanism that *bowdlerized* Hollywood production. (*L. Barsacq*)

Приток режиссёров из Германии и Вены... помог пробить брешь в стене пуританской *цензуры*, которой подвергалась продукция Голливуда.

BOWIE [ˈbəuı], **David** (р. 1947) Дэ́йвид Бо́уи, англ. рок-певец и композитор

BOWIE [ˈbəuı, ˈbuːı], **Jim** (1796—1836) Джим Бо́уи, амер. пионер, участник войны за Техас (в к-рой погиб)

Bowie knife нож «боуи» (имеет длинное лезвие и остриё искривлённой формы)

BOX and COX [ˈbɔksəndˈkɔks] Бокс и Кокс, в одноим. фарсе Дж. Мортона (1847), а тж. оперетте А. Салливана «Кокс и Бокс» (1867) два постояльца — печатник и шляпник, к-рым хитрая домохозяйка сдала одну и ту же комнату, воспользовавшись тем, что один был на работе ночью, а другой — днём

Box and Cox arrangement *шутл.* сменный график

BOYD ORR [ˌbɔıdˈɔː], **John** (1880—1971) Джон Бойд Орр, шотл. биолог и агроном. Лауреат Нобелевской премии мира (1949)

BOY GEORGE [ˌbɔıˈdʒɔːdʒ] /*наст. имя* George Alan O'DOWD [ə(u)-ˈdaud]/ (р. 1961) Бой Джордж /Джордж Алан О'Да́уд/, англ. эстрадный певец. Выступает в экстравагантных костюмах и гриме

BOYLE [bɔıl], **Robert** (1627—91) Ро́берт Бойль, англ. химик и физик

BRACKENRIDGE [ˈbrækənrıdʒ], **Hugh Henry** (1748—1816) Хью Ге́нри Бре́кенридж, амер. писатель. Участник Войны за независимость

⊙ Modern Chivalry (1792—1815) «Современное рыцарство», сатирический «плутовской» роман

BRACKNELL [ˈbræknəl], **Lady** леди Брэ́кнелл, в комедии О. Уайльда «Как важно быть серьёзным» (1895) светская дама, блюстительница «хорошего тона»

BRADAMANTE [ˈbrædəmænt] Брадама́нта, в сказаниях о Роланде дева-воительница, сестра Роланда. Своим копьём она выбивает из седла любого рыцаря

BRADBURY [ˈbrædb(ə)rı], **Ray** (р. 1920) Рэй Брэ́дбери, амер. писатель-фантаст

⊙ The Martian Chronicles (1950) «Марсианские хроники», Fahrenheit 451 (1953) «451° по Фаренгейту», Something Wicked This Way Comes (1962) «Чую, что зло грядёт», романы

BRADLEY [ˈbrædlɪ], **Francis Herbert** (1846—1924) Фрэнсис Гéрберт Брэдли, англ. философ, глава школы неогегельянцев // **Bradleian, Bradleyan** [ˈbrædlɪən, brædˈliːən] *a*

BRADLEY, Omar Nelson (1893—1981) Омáр Нéлсон Брэдли, амер. генерал. В 1944 командовал сухопутными войсками США при открытии второго фронта в Нормандии. Занимал видные посты в армии США и НАТО

BRADMAN [ˈbrædmən], **Donald George** (р. 1908) Дóналд Джордж Брэдман, австрал. игрок в крикет, рекордсмен. В 30—40-х гг. возглавлял нац. команду * человек, достигший наивысших результатов

Hardy was saying that in his lifetime there had been two men in the world, in all the fields of human achievement, science, literature, politics, anything you like, who qualified for the *Bradman* class. One was Lenin and the other *Einstein*. (*C. P. Snow*)

Харди говорил, что, какую бы область деятельности ни взять — науку, литературу, политику, всё что хотите,— среди его современников в мире было только два человека, чей уровень оказался *недосягаем для других*. Один из них — Ленин, другой — *Эйнштейн*.

BRADSHAW [ˈbrædʃɔː], **George** (1801—53) Джордж Брэдшо, англ. издатель. Под его именем в 1839—1961 выходил популярный англ. железнодорожный справочник

BRADSTREET [ˈbrædstriːt] Брэдстрит: **1. Ann** (1612?—72) Áнна, амер. поэтесса (род. в Англии, с 1630 жила в Массачусетсе). Первый литератор Новой Англии

⊙ The Tenth Muse (1650) «Десятая муза», сб. стихов

2. Simon (1603—97) Сáймон, губернатор Массачусетса, её муж

BRADY [ˈbreɪdɪ], **Mathew** (1823?—96) Мэтью Брéйди, амер. фотограф, один из пионеров фотографии. Запечатлел события Гражданской войны 1861—65

BRAGG [bræg] Брэгг, англ. физики, отец и сын, лауреаты Нобелевской премии (1915): **1. William Henry** (1862—1942) Уúльям Гéнри

2. (William) Lawrence (1890—1971) (Уúльям) Лóренс

BRAGGADOC(CH)IO [ˌbrægəˈdəʊ(t)ɪəʊ, -sɪəʊ] Браггадóчио, в поэме Э. Спенсера «Королева фей» (1590—96) хвастун и лжец * любитель пустой бравады

BRAGWAINE [ˈbrægwɪn] /**BRANGWAINE** [ˈbræŋgwɪn]/ Брагвéйна /Брангвéйна/, в «артуровских легендах» служанка прекрасной Изольды, к-рой было поручено хранить любовный напиток

BRAHE [ˈbrɑːə, -hiː, -hə], **Tycho** (1546—1601) Тúхо Брáге, дат. астроном. На основании многолетних наблюдений уточнил орбиты планет, открыл новые звёзды

BRAHMA [ˈbrɑːmə] Брáхма, в индуист. религии один из трёх высших богов (наряду с Вишну и Шивой), бог-создатель. Изображается четырёхликим, сидящим на лебеде

BRAHMS [brɑːmz], **Johannes** (1833—97) Иогáннес Брамс, нем. композитор, пианист и дирижёр (с 1863 в Вене)

BRAILLE [breɪl, braɪ], **Louis** (1809—52) Луú Брайль, фр. педагог. Изобрёл шрифт для слепых, к-рый был назван его именем

BRAINE [breɪn], **John Gerard** (1922—86) Джон Джéрард Брейн, англ. писатель. Представитель течения «рассерженных молодых людей» {angry young men}

⊙ Room at the Top (1957) «Путь наверх», роман

BRANDAN [ˈbrændən] /**BRENDAN** [ˈbrendən], **BRENNAIN** [ˈbrenən]/, St. (484—577) св. Брéндан /Брéннан/, ирл. праведник. По ср.-век. преданию, семь лет странствовал по морям в поисках земного рая и пережил удивительные приключения. Считается покровителем моряков

BRANDO [ˈbrændəu], **Marlon** (р. 1924) Мáрлон Брáндо, амер. киноактёр. Лауреат премии «Оскар» (1954, 1972)

BRANDT [braːnt, brænt], **Willy** (р. 1913) Вѝлли Брандт, канцлер ФРГ (1969—74), деятель социал-демократической партии. Лауреат Нобелевской премии мира (1971)

BRANGWAINE см. BRAGWAINE

BRAQUE [braːk, bræk], **Georges** (1882—1963) Жорж Брак, фр. художник. Один из основателей кубизма

BRAUN [braun], **Wernher von** (1912—77) Вéрнер фон Брáун, нем. и амер. конструктор ракет (в США с 1945). Разработал нем. ракету «Фау-2» {V-2}, амер. космический корабль «Аполлон» {Apollo}

BRECHT [brekt], **Bertolt** (1898—1956) Бéртольт Брехт, нем. драматург и режиссёр. Автор пьес-притч, новатор современного театра ☉ Three-Penny Opera (1928) «Трёхгрошовая опера», The Life of Galileo (1938—39) «Жизнь Галилея», The Good Woman of Setzuan (1938—40) «Добрый человек из Сезуана /Сычуани/», Mother Courage and Her Children (1941) «Мамаша Кураж и её дети», The Caucasian Chalk Circle (1948) «Кавказский меловой круг»

BRENDAN, BRENNAIN см. BRANDAN

BRETON [brəˈtɔ̃], **André** (1896—1966) Андрé Бретóн, фр. писатель. Автор первого лит. манифеста сюрреалистов (1924)

BREUGHEL см. BRUEGHEL

BRIAREUS [braɪˈeərɪəs] Бриарéй, в греч. мифологии сторукий великан, помогавший богам в борьбе с титанами // **Briarean** [braɪˈeərɪən] a Here could be found 'fashion babies' from fourteenth-century France, sacred dolls of the Orange Free State Fingo tribe ...— to specify the merest handful of Miss Ypson's Briarean collection. (Ellery Queen) Здесь [в коллекции кукол] были французские «фигурки для наряжания» 14 века, идолы племени финго в Оранжевой республике ...— мы упомянули лишь ничтожную часть сторукой коллекции мисс Ипсон.

BRIDE of Kildare см. BRIDGET

BRIDGET [ˈbrɪdʒɪt] /**BRIGIT, BRIGID** [ˈbrɪdʒɪd], **BRIGHID** [briːd], **BRIDE** [braɪd]/ **of Kildare**, St. (453—523) св. Бригѝтта Килдэ́рская, монахиня, основательница церкви в ирл. г. Килдэр {Kildare}. Считается покровительницей Ирландии

BRIN [brɪn], **David** (р. 1950) Дéйвид Брин, амер. астроном и писатель-фантаст ☉ Startide Rising (1983) «Звёздный прилив», The Practice Effect (1984) «Эффект практики», The Postman (1985) «Почтальон», Heart of the Comet (1986) «Сердце кометы», романы

BRITTEN [ˈbrɪtn], **Benjamin** (1913—76) Бéнджамин Брѝттен, англ. композитор, пианист и дирижёр. Опираясь на традиции Г. Перселла, использовал современную муз. стилистику; работал в жанре камерной оперы ☉ Peter Grimes (1945) «Питер Граймс», The Rape of Lucretia (1946) «Обесчещенная Лукреция», Albert Herring (1947) «Альберт Херринг», Let's Make an Opera! (1949) «Давайте создадим оперу!», Billy Budd (1951) «Билли Бадд», The Turn of the Screw (1954) «Поворот винта», A Midsummer Night's Dream (1960) «Сон в летнюю ночь», оперы; The Beggar's Opera (1948) «Опера нищих», новая аранжировка оперы 18 в.

BRO

BRODERICK [ˈbrɔdrɪk], **Johnny** (1894—1966) Джонни Бродрик, амер. полицейский. Служил телохранителем у Ф. Рузвельта и др. Отличался большой силой и склонностью к рукоприкладству // **broderick** *v* пускать в ход кулаки; задать кому-л. трёпку

BRODIE [ˈbrəudɪ], **Miss Jean** мисс Джин Броуди, в романе М. Спарк «Мисс Джин Броуди в расцвете лет» (1961) и поставленном по нему фильме (1968) англ. режиссёра Р. Нима {Ronald Neame} эксцентричная классная дама с «передовыми» идеями

BRODY [ˈbrəudɪ], **Jane** (р. 1941) Джейн Броуди, амер. журналистка. Автор лекций, статей и телепередач на темы здорового образа жизни и питания

BRONSON [ˈbrɔns(ə)n] /*наст. имя* BUCHINSKY [buˈtʃɪnskɪ]/, **Charles** (р. 1921) Чарлз Бронсон /Бучински/, амер. киноактёр. Снимался в ролях гангстеров и «благородных» мстителей

BRONTË [ˈbrɔntɪ] Бронте, англ. писательницы, сёстры: **1. Charlotte** (1816—55) Шарлотта
⊙ Jane Eyre (1847) «Джен Эйр», роман
2. Emily (1818—48) Эмилия
⊙ Wuthering Heights (1847) «Грозовой перевал», роман
3. Anne (1820—49) Анна
⊙ Agnes Grey (1847) «Агнес Грей», роман

BROOK [bruk], **Peter** (р. 1925) Питер Брук, англ. режиссёр театра и кино, теоретик театрального искусства

BROOKE [bruk], **Rupert** (1887—1915) Руперт Брук, англ. поэт-баталист, участник 1-й мир. войны (в к-рой погиб)
He made Allie go get his baseball mitt and then he asked him who was the best war poet, *Rupert Brooke* or *Emily Dickinson*. (*J. Salinger*)
А он заставил Алли принести эту бейсбольную рукавицу и потом спросил, кто лучше писал про войну — *Руперт Брук* или *Эмили Дикинсон*. (*Пер. Р. Райт-Ковалёвой*)

BROOKS [bruks], **Mel** /*наст. имя* Melvin KAMINSKY/ (р. 1926) Мел Брукс /Мелвин Камински/, амер. кинорежиссёр, актёр и сценарист. Автор скетчей, серийных телепередач
⊙ Young Frankenstein (1974) «Молодой Франкенштейн», сценарий и постановка фильма

BROUGHAM (and VAUX) [ˈbrumənˈvɔːks], **Henry Peter** (1778—1868) Генри Питер Брум(-энд-Вокс), англ. юрист и полит. деятель. Сконструировал карету, к-рая (а позднее тж. похожий на неё автомобиль) была названа его именем

BROWN [braun], **Father** отец /патер/ Браун, в криминальных рассказах (1911—35) Г. К. Честертона католический священник, детектив-любитель

BROWN, Capability /**Lancelot**/ (1716—83) «Потенциальный» /Ланслот/ Браун, англ. ландшафтный архитектор. Спроектировал ботанический сад Кью {Kew} в Лондоне. Получил своё прозвище из-за привычки отвечать на вопрос о перспективах паркового устройства поместья, что в нём заложены «потенциальные возможности» {capabilities}

BROWN, Charles Brockden (1771—1810) Чарлз Брокден Браун, один из первых профессиональных амер. писателей. Автор «готических» романов
⊙ Wieland (1798) «Виланд», Arthur Mervyn (1799—80) «Артур Мервин», Ormond (1799) «Ормонд», Edgar Huntly (1799) «Эдгар Хантли»

BROWN, Ford Madox (1821—93) Форд Мэдокс Браун, англ. художник. Один из предшественников прерафаэлитов

BROWN, John (1800—59) Джон Бра́ун, амер. аболиционист. Совершив налёт на арсенал в Харперс-Ферри {Harper's Ferry}, пытался поднять восстание за уничтожение рабства в Вирджинии, но был ранен и взят в плен отрядом Р. Ли, судим и казнён. Олицетворяет героя-мученика

☐ John Brown's body lies a-mould'ring in the grave «Тело Джона Брауна лежит в земле сырой», начальная строка нар. амер. маршевой песни; John Brown's Body «Тело Джона Брауна», поэма С. В. Бене (1928)

BROWN, Thomas (1663—1704) То́мас Бра́ун, писатель-юморист

⊙ I do not love you, Dr. Fell «Я не люблю Вас, доктор Фелл», эпиграмма (см, FELL J.)

BROWNE [braun], **Robert** (1550?—1633?) Ро́берт Бра́ун, англ. пуританский проповедник. Основал конгрегационализм — ветвь протестантства, отвергающую церковную иерархию и основанную на автономности общин // **Brownists** ['braunɪsts] *n pl* «браунисты», ранние конгрегационалисты

BROWNIE ['braunɪ] Бра́уни, в англ. фольклоре добрый домовой, выполняющий по ночам домашнюю работу

BROWNING ['braunɪŋ], **John** (1855—1926) Джон Бра́унинг, амер. инженер и промышленник. Разработал конструкцию пистолетов и пулемётов, к-рые названы его именем

BROWNING, Robert (1812—89) Ро́берт Бра́унинг, англ. поэт. Автор философски насыщенных поэм, близких к психологической драме

⊙ Paracelsus (1835) «Парацельс», Sordello (1840) «Сорделло», поэмы; The Ring and the Book (1869) «Кольцо и книга», роман в стихах

BRUCE [bru:s], **David** (1855—1931) Дэ́йвид Брюс, англ. бактериолог. Открыл возбудителя бруцеллёза

BRUCE, James (1730—94) Джеймс Брюс, шотл. исследователь. В 1768 обнаружил исток Голубого Нила

BRUCE, Lenny /*наст. имя* Leonard Alfred SCHNEIDER/ (1926—66) Лéнни Брюс /Лéонард А́льфред Шна́йдер/, амер. комический киноактёр. Снимался в амплуа добропорядочного господина, к-рый попадает впросак

☐ Lenny «Ленни», фильм Б. Фосса (1975)

BRUCE, Robert /*the Liberator*/ (1274—1329) Ро́берт Брюс /Освободитель/, шотл. король (с 1306). Его победа над войсками англ. короля Эдуарда II (1314) обеспечила Шотландии независимость (с 1328). По легенде, его вдохновили на победу (к-рой предшествовали поражения) наблюдения за пауком, не оставлявшим многократных попыток закрепить паутину на потолке

BRUCE, Stanley Melbourne (1883—1967) Стэ́нли Мéлбурн Брюс, премьер-мин. Австралии (1923—29)

BRUCE, William (1867—1921) Уи́льям Брюс, шотл. исследователь Антарктики

BRUCKNER ['bruknə], **Anton** (1824—96) Анто́н Бру́кнер, австр. композитор-симфонист

BRUEGHEL /BREUGHEL/ ['bru:gl, 'brɔɪ-, 'brɜ:-] Брéйгель, семья голл. художников: **1.** *the Elder*, **Pieter** (1525?—69) Старший, Пи́тер, отец. Автор жанровых картин со сценами из крестьянской жизни

2. *the Younger*, **Pieter** /*Hell* BRUEGHEL/ (1564—1637) Младший, Пи́тер /«Адский»/, его старший сын. Изображал сцены ада, демонов и ведьм

3. **Jan** /*Velvet*/ (1568—1625?) Ян /Ба́рхатный/, младший сын, пейзажист

BRUMMELL [ˈbrʌməl], *Beau* /George Bryan/ (1778—1840) Франт /Джордж Бра́йан/ Бра́мелл, англ. законодатель мод нач. 19 в., фаворит принца-регента (будущего Георга IV). После ссоры с ним в 1816 уехал во Францию, где умер в нищете в психиатрической больнице * красавчик, щёголь

□ фильмы реж. Г. Лэкмана {Harry Lachman} (1924) и К. Бернхардта {Curtis Bernhardt} (1954)

BRUNEL [bruˈnel] Брюне́ль, англ. инженеры и проектировщики фр. происхождения, отец и сын: **1. Marc Isambard** [ˈɪzəmbɑːd] (1769—1849) Марк Изамба́р(д) (род. во Франции, с 1793 в США, с 1799 в Англии)

2. Isambard Kingdom (1806—59) Изамба́р(д) Ки́нгдом. Спроектировал Клифтонский {Clifton} подвесной мост в Бристоле, Большую Зап. железную дорогу вместе с тоннелями и мостами

BRUNHILDE *см.* BRYNHILD

BRUNO [ˈbruːnəu], *Giordano* (1548—1600) Джорда́но Бру́но, ит. философ и поэт, монах-доминиканец. Обвинён в ереси и сожжён инквизицией в Риме

BRUTE [bruːt] **1.: Et tu, Brute**? *см.* BRUTUS

2. /**BRUTUS** [ˈbruːtəs]/ Брут, легендарный родоначальник британцев, правнук Энея и основатель «Новой Трои» — Лондона

BRUTUS [ˈbruːtəs] **1.** *см.* BRUTE 2

2. Marcus Junius (85—42 до н. э.) Марк Ю́ний Брут, организатор заговора против Цезаря (44 до н. э.). По преданию, выдавал себя за его друга, но первый нанёс удар ножом

You too, Brutus? /*лат.* Et tu, Brute?/ «И ты, Брут?», фраза, якобы сказанная Цезарем перед смертью * шутл. выражение упрёка в коварстве и измене

Brutus is an honorable man «Брут — честный человек», фраза из речи Марка Антония в трагедии У. Шекспира «Юлий Цезарь» (1599); выражает сарказм Антония, стремящегося настроить слушателей против Брута → CAESAR

BRYAN [ˈbraɪən], *William Jennings* (1860—1925) Уи́льям Дже́ннингс Бра́йан, амер. полит. деятель. В т. н. «речи о золотом кресте» {ʻCross of Goldʼ speech} предлагал отказаться от золотого стандарта. Выступал против преподавания теории эволюции в школах и был обвинителем на судебном процессе учителя Скоупса (1925). Троекратно баллотировался в президенты

BRYNHILD [ˈbrɪnhɪld] /**BRUNHILD(E)** [brunˈhɪld(ə)]/ Брю́нхильд /Брюнхи́льда/, в германо-скандинавской мифологии и эпосе невеста Сигурда, отличавшаяся необычайной силой. Выпив напиток забвения, Сигурд бросает её и берёт в жёны Гудрун, а на Брюнхильд женит брата Гудрун — Гуннара. Брюнхильд побуждает Гуннара убить Сигурда, а затем кончает с собой

BRYNNER [ˈbrɪnə], *Yul* (1920—85) Юл Бри́ннер, амер. киноактёр. Снимался в вестернах и ист. фильмах. Лауреат премии «Оскар» (1956)

BRZEZINSKI [bʒeˈzɪnskɪ], *Zbigniew* (р. 1928) Зби́гнев Бжези́нский, амер. полит. деятель и политолог (род. в Польше)

BUCHANAN [bjuː(ː)ˈkænən], *Daisy* Де́йзи Бьюке́нен, в романе Ф. Скотта Фицджеральда «Великий Гэтсби» и поставленных по нему фильмах (1949, 1974) жена молодого богача, ведущая праздную светскую жизнь. Её звонкий голос автор уподобляет звону монет

I used to tell people that if the tinkle in *Daisy Buchanan's* voice was money, the tinkle in Tasha's voice was sexual superiority. (*S. Davidson*)

Я часто говорила, что если в голосе *Дейзи Бьюкенен* слышался звон денег, то у Таши в голосе слышится женское превосходство.

BUCHANAN, James (1791—1868) Джеймс Бьюке́нен, 15-й през. США (1857—61), от дем. партии

BUCHANAN, James (р. 1919) Джеймс Бьюке́нен, амер. экономист. Лауреат Нобелевской премии (1986)

BUCHANAN, Patrick Joseph (р. 1938) Па́трик Джо́зеф Бьюке́нен, амер. журналист и радиокомментатор. В 60—70-е гг. работал помощником и консультантом Р. Никсона и Дж. Форда

BUCHMAN ['bukmən], **Frank Nathan Daniel** (1878—1961) Фрэнк Не́йтан Дэ́ниэл Бу́кман, амер. лютеранский священник. Основатель движения за «нравственное перевооружение» {Moral Rearmament} в США, Англии и др. странах Европы

BUCHWALD ['bukwɔːld], **Art /Arthur/** (р. 1925) Арт /А́ртур/ Бу́хвальд, амер. публицист и сатирик. Автор популярной фельетонной рубрики в газетах «Нью-Йорк таймс» и «Интернэшнл геральд трибюн»

BUCK [bʌk], **Pearl** (1892—1973) Перл Бак, амер. писательница. Автор романов о Китае. Лауреат Нобелевской премии (1938)
⊙ East Wind, West Wind (1929) «Восточный ветер, западный ветер», The Good Earth (1931) «Земля», романы

BUDD [bʌd], **Billy** Би́лли Бадд, в одноим. повести Г. Мелвилла (опубл. 1924) матрос, непреднамеренно убивший младшего офицера. Капитан судна вынужден казнить его
☐ опера Б. Бриттена (1951); фильм П. Устинова (1962)

BUDDHA ['budə] /**Siddhartha GAUTAMA** ['gautəmə]/ (563?—483? до н. э.) Бу́дда /Сиддха́ртха Га́утама/, др.-инд. философ, основатель буддизма // **Buddhism** ['budɪzm] *n* буддизм; **Buddhist** ['budɪst] *n* буддист; *a* буддийский (относящийся к буддизму); буддистский (свойственный или принадлежащий буддистам)

BUFFALO BILL *см.* BILL, Buffalo

BULL [bul], **John** (1563—1628) Джон Булл, англ. композитор (с 1617 в Антверпене). Вероятный автор гимна «Боже, храни короля /королеву/» {God Save the King /Queen/}, ставшего нац. гимном страны

BULL, John Джон Бул(л)ь, в памфлете Дж. Арбетнота «История Джона Буля» (1712) персонаж, олицетворяющий Англию * *шутл.* персонификация Англии, ироническое прозвище англичан
☐ John Bull «Джон Буль», пьеса Дж. Коулмана Младшего (1803)

BULWER-LYTTON ['bulwə'lɪtn], **Edward George Earle** (1803—73) Э́дуард Джордж Эрл Бу́лвер-Ли́ттон, англ. писатель и полит. деятель. Автор произведений о жизни светского общества и на ист. темы
⊙ Pelham (1828) «Пелэм», Eugene Aram (1832) «Юджин Арам», The Caxtons (1849) «Кэкстоны», Kenelm Chillingly (1873) «Кенелм Чиллингли», романы

I disliked noise of any sort, never indulged in it myself, was a model of taciturnity and gently melancholy, and altogether an embryonic hero for a *Bulwer-Lytton* novel. (*T. Beecham*)
Я не терпел шума, сам никогда не шумел и являл собой образец молчаливости и мягкой грусти; словом, во мне были все задатки героя *великосветского* романа.

BUMPPO ['bʌmpəu], **Natty /Leatherstocking/** На́тти Бу́мпо /Кожаный Чулок/, в пенталогии романов Д. Ф. Купера (1823—41) отважный охотник и следопыт, друг индейцев

BUNBURY ['bʌnbərɪ] Ба́нбери, в пьесе О. Уайльда «Как важно быть серьёзным» (1895) вымышленный персонаж, визитами к к-рому герой оправдывает свои исчезновения

BUN

BUNCHE [bʌntʃ], **Ralph Johnson** (1904—71) Ралф Джо́нсон Банч, амер. социолог и дипломат. Участвовал в урегулировании палестинского (1948—49), конголезского вопросов. Лауреат Нобелевской премии мира (1950)

BUNKER [ˊbʌŋkə], **Archie** А́рчи Ба́нкер, в амер. телесериале 70-х гг. «Все в семействе» {All in the Family} гл. персонаж — предмет обожания всей семьи, несмотря на его дурной характер, невежество и расистские предрассудки. Частью телезрителей был воспринят как герой

BUNTER [ˊbʌntə], **Billy** Би́лли Ба́нтер, в рассказах Ф. Ричардса {Frank Richards} (с 1908) и англ. комиксах (с 1939) хитрый, жадный и лживый мальчишка-толстяк

The Government's reply, which actually sounded like *Billy Bunter*, went something like this: 'We weren't really intervening in the dispute, but in any case we were perfectly entitled to do so.' (Here is the *Bunter* translation: 'Er, sir, it wasn't me who pinched the jam, and anyway I thought the jam was mine.') (*Sunday Mirror, 1984*)

Ответ правительства, напоминающий *оправдания провинившегося мальчишки*, был сформулирован примерно так: «Мы вообще-то не вмешивались в конфликт, но в любом случае мы имели на это полное право.» (Всё равно, как если бы *шалун* оправдывался: «Да нет, сэр, не трогал я вашего варенья, и потом, я думал — оно моё»).

BUÑUEL [ˌbunju(ː)ˊel], **Luis** (1900—83) Луи́с Бунюэ́ль /Бунью́эль, Бюнюэ́ль/, исп. кинорежиссёр (с 1924 во Франции, с 1939 в США, с 1946 в Мексике). Метр сюрреализма. Лауреат премии «Оскар» (1972, 1977)

⊙ An Andalusian Dog (1928, совм. с С. Дали) «Андалузский пёс», The Discreet Charm of the Bourgeoisie (1972) «Скромное обаяние буржуазии», This Obscure Object of Desire (1977) «Этот смутный объект желания»

BUNYAN [ˊbʌnjən], **John** (1628—88) Джон Бе́ньян, англ. писатель-пуританин. За проповедническую деятельность был в заключении 12 лет

⊙ The Pilgrim's Progress (1678—84) «Путь паломника», The Life and Death of Mr. Badman (1680) «Жизнь и смерть мистера Бэдмена», аллегорические романы

BUNYAN, Paul Поль Ба́ньян /Бе́ньян/, в амер. фольклоре великандровосек

☐ Paul Bunyan «Пол Беньян», оперетта Б. Бриттена (либретто У. Х. Одена, 1941)

BURCICAULT *см.* BOUCICAULT

BURGESS [ˊbɜːdʒɪs], **Anthony** (р. 1917) А́нтони Бёрджесс, англ. писатель, критик, переводчик и композитор. Для его разножанровых произведений характерны гротеск, свобода фантастического вымысла

⊙ A Clockwork Orange (1962) «Заводной апельсин», Nothing Like the Sun (1964) «На солнце не похож», The Eve of Saint Venus (1964) «Канун святой Венеры», романы

BURGOYNE [ˊbɜːgɔɪn, bɜːˊgɔɪn], **John** (1722—92) Джон Берго́йн, англ. генерал. Поражение, нанесённое ему Дж. Вашингтоном при Саратоге (1777), ознаменовало перелом в ходе Войны за независимость 1775—83

BURIDAN [ˊbjuərɪdæn], **Jean** (1300?—58?) Жан Бурида́н, фр. философ-схоласт

Buridan's ass «Буриданов осёл», парадокс в учении абсолютного детерминизма (приписывается Ж. Буридану): осёл, находящийся одинаково близко от двух охапок сена, должен умереть с голоду, т. к.

у него нет причин предпочесть одну из охапок другой * человек, к-рый не может сделать выбор между двумя возможностями

BURKE [bɜ:k], **Edmund** (1729—97) Эдмунд Берк, англо-ирландский гос. деятель, оратор. Выступал за примирение с Америкой (1775), прославился 9-дневной речью в пользу смещения У. Хейстингса с поста генерал-губернатора Индии (1793) // **Burkean, Burkian** [ˈbɜ:kɪən] *a*

BURNE-JONES [ˈbɜ:nˈdʒəunz], **Edward Coley** (1833—98) Эдуард Ко́ули Берн-Джо́нс, англ. художник. Автор живописных портретов, гобеленов и витражей

BURNETT [bɜ:(:)ˈnet, ˈbɜ:nɪt], **Frances Eliza Hodgson** (1849—1924) Фрэ́нсис Эли́за Хо́джсон Бе́рнетт, амер. писательница (род. в Англии). Автор сентиментально-нравоучительных книг для детей
 ⊙ Little Lord Fauntleroy (1886) «Маленький лорд Фаунтлерой /Фонтлерой/», роман

Rosemary, as dewy with belief as a child from one of *Mrs. Burnett's* vicious tracts, had a conviction of homecoming... (*F. Scott Fitzgerald*)

Для Розмэри, своей доверчивой непосредственностью столь похожей на маленькую героиню одного из опусов *миссис Бернетт*, этот вечер был как возвращение домой... (*Пер. Евг. Калашниковой*)

BURNS [bɜ:nz], **Robert** (1759—96) Ро́берт Бернс, шотл. поэт, автор близких к фольклору произведений, в т. ч. баллад и песен
 ⊙ The Jolly Beggars (1785) «Весёлые нищие», кантата

BURR [bɜ:], **Aaron** (1756—1836) Аaро́н Бэрр, вице-през. США (1801—05). Неоднократно баллотировался в президенты. Отличался честолюбием и беспринципностью, убил на дуэли мин. финансов А. Гамильтона (1804)
 ☐ роман Г. Видала (1974)

BURROUGHS [ˈbɜ:rəuz, ˈbʌ-], **Edgar Rice** (1875—1950) Э́дгар Райс Ба́рроуз /Бэ́рроуз/, амер. писатель, автор серий авантюрно-развлекательных и фантастических книг, в т. ч. о Тарзане (с 1914)

BURROUGHS, William Seward (р. 1914) Уи́льям Сью́ард Ба́рроуз, амер. писатель, очеркист. Автор произведений о жизни наркоманов
 ⊙ The Adding Machine (1986) «Счётная машина», сб. очерков

BURSTYN [ˈbɜ:stɪn], **Ellen** /*наст. имя* Edna Rae GILLOOLY [grˈlu:lɪ]/ (р. 1932) Эллен Бе́рстин /Э́дна Рей Гиллу́ли/, амер. киноактриса и манекенщица. Лауреат премии «Оскар» (1974)

BURTON [ˈbɜ:tn] /*наст. имя* JENKINS/, **Richard /Dick/** (1925—84) Ри́чард /Дик/ Бе́ртон /Ба́ртон; Дже́нкинс/, амер. киноактёр. Был мужем и партнёром Э. Тейлор

BURTON, Richard Francis (1821—90) Ри́чард Фрэ́нсис Бе́ртон, англ. исследователь Востока. Открыл (вместе с Дж. Спиком) истоки Нила, озеро Танганьика. Перевёл на англ. язык сказки «Тысячи и одной ночи» в 16 томах

BUSH [buʃ], **George** (р. 1924) Джордж Буш, 41-й през. США (с 1989), от респ. партии, вице-през. в пр-ве Р. Рейгана (1981—89)

BUSIRIS [bjuːˈsaɪərɪs] Бу́сирис /Бусири́д/, в греч. мифологии царь Египта, ежегодно приносивший в жертву Зевсу чужеземца. Убит Гераклом

BUSONI [b(j)u(:)ˈsəunɪ, -ˈzəu-], **Ferruccio Benvenuto** (1866—1924) Ферру́ччо Бенвену́то Бузо́ни, ит. пианист и композитор эклектического направления
 ⊙ Turandot (1917) «Турандот», Doctor Faust (пост. 1925) «Доктор Фауст», оперы

BUTLER [ˈbʌtlə], **Nicholas Murray** (1862—1947) Ни́колас Ма́рри Батлер, амер. деятель просвещения. В 1902—45 возглавлял Колумбийский университет. Лауреат Нобелевской премии мира (1931)

BUTLER, Samuel (1612—80) Сэ́мюэл Ба́тлер, англ. поэт
⊙ Hudibras (1663—78) «Гудибрас», сатирическая поэма

BUTLER, Samuel (1835—1902) Сэ́мюэл Ба́тлер, англ. писатель-сатирик
⊙ Erehwon (1872) «Едгин», The Way of All Flesh (опубл. 1903) «Путь всякой плоти» /рус. пер. «Жизненный путь»/, романы

BUXTEHUDE [ˌbukstəˈhuːdə], **Dietrich /Diderick/** (1637—1707) Ди́трих /Ди́дерик/ Букстеху́де, дат. композитор и органист (с 1668 в Германии)

BYRD [bɜːd], **Richard Evelyn** (1888—1957) Ри́чард И́влин Бэрд /Берд/, амер. полярный лётчик и исследователь, адмирал. Совершил перелёты через Сев. (1926) и Юж. (1929) полюсы

BYRD, William (1543—1623) Уи́льям Берд, англ. церковный композитор, органист и нотоиздатель

BYRON [ˈbaɪ(ə)r(ə)n], **George Gordon** (1788—1824) Джордж Го́рдон Ба́йрон, англ. поэт-романтик и публицист, наследственный пэр. В 1816 покинул Англию; погиб в Греции, сражаясь на стороне повстанцев. Лирический герой его стихов — гордый бунтарь-одиночка // **Byronic** [baɪˈrɔnɪk] *a* байронический; **Byronism** [ˈbaɪərənɪzm] *n* байронизм
⊙ The Giaour (1813) «Гяур», The Corsair (1814) «Корсар», Childe Harold's Pilgrimage (1812—18) «Паломничество Чайльд Гарольда», The Prisoner of Chillon (1816) «Шильонский узник», Don Juan (1818—24) «Дон-Жуан», поэмы; Manfred (1817) «Манфред», Cain (1821) «Каин», философские поэтические драмы

C

CABOT [ˈkæbət]: **1. John** /Giovanni CABOTO/ (1450?—98) Джон Ка́бот /Джова́нни Кабо́то/, ит. мореплаватель (с 1486 в Англии). Достиг берегов Сев. Америки

2. Sebastian (1475?—1557) Себастья́н Ка́бот, его сын. Участвовал в экспедициях отца. Состоял на исп. службе, исследовал Юж. Америку

CABRINI [kəˈbriːnɪ], Mother **/Frances Xavier/** (1850—1917) мать /Фрэ́нсис За́вьер/ Кабри́ни, амер. монахиня-благотворительница. Первая американка, причисленная церковью к лику святых

CACUS [ˈkeɪkəs] Как /Ка́кус/, в антич. мифологии огнедышащий великан-людоед. Убит Гераклом /Геркулесом/

CADE [keɪd], **Jack** (?—1450) Джек Кейд /Кэд/, предводитель Кентского восстания 1450 при Генрихе VI, вступивший в Лондон. Вероломно казнён

CADILLAC [ˈkædɪlæk], **Antoine de la Mothe** (1658—1730) Антуа́н де ла Мот Кадилья́к, фр. поселене́ц в Америке, основатель г. Детройта. Его именем названа марка автомобилей «кадиллак»

CADMUS [ˈkædməs] Кадм, в греч. мифологии основатель Фив {Thebes}. Победив дракона, засеял поле его зубами, из к-рых выросли воины, тут же вступившие в борьбу друг с другом

CAEDMON [ˈkædmən] (?—680) Кэ́дмон, первый англосакс. поэт. По преданию, был безграмотным пастухом; сочинять религиозные гимны начал по приказу ангела, явившегося к нему во сне

CAESAR [ˈsiːzə], **Gaius Julius** (102?—44 до н. э.) Гай Юлий Цезарь, рим. полководец, оратор и историк. С 59 до н. э. консул в триумвирате с Помпеем и Крассом, с 49 до н. э. единоличный диктатор. Убит в результате заговора республиканцев // **Caesarean, Caesarian** [si(ː)ˈzeərɪən] *a*

Caesar's wife must be above suspicion «Жена Цезаря должна быть вне подозрений», фраза, произнесённая Цезарем как повод для развода с Помпеей, хотя слухи о её неверности не были доказаны

render unto Caesar the things that are Caesar's воздать кесарю кесарево, т. е. воздать по заслугам, отдать должное

Caesarean section кесарево сечение (по преданию, Цезарь был рождён с помощью такой операции)

⊙ Commentaries on the Civil War (45 до н. э.) «Записки о гражданской войне»

☐ Julius Caesar «Юлий Цезарь», трагедия У. Шекспира (1599); опера Г. Генделя (1724); Caesar and Pompey «Цезарь и Помпей», трагедия Дж. Чепмена (опубл. 1631); Caesar and Cleopatra «Цезарь и Клеопатра», пьеса Дж. Б. Шоу (1898); Caesar is Dead «Цезарь умер», роман Дж. Линдсея {Jack Lindsay} (1934)

If not in coin you must pay in humiliation of spirit for every benefit received at the hands of philanthropy. As *Caesar* had his *Brutus*, every bed of charity must have its toll of a bath, every loaf of bread its compensation of a private and personal inquisition (*O. Henry*)

За всякое благодеяние, полученное из рук филантропов, надо платить если не деньгами, то унижением. Как у *Цезаря* был *Брут*, так и здесь каждая благотворительная койка была сопряжена с обязательной ванной, а каждый ломоть хлеба отравлен бесцеремонным залезанием в душу. (*Пер. А. Горлина*)

Listen, don't be so snotty. You should *render unto Caesar just a little now and then*. I'm the law. I could have you deported, you know that? (*W. Blatty*)

Всё-таки не очень задирай нос. Время от времени тебе следует *проявлять хоть некую толику уважения*. Я здесь — представитель закона. Тебе известно, что я могу устроить тебе депортацию?

→ HANNIBAL

CAGE [keɪdʒ], **John Milton** (р. 1912) Джон Милтон Кейдж, амер. композитор-экспериментатор. Создал «подготовленное фортепьяно» {prepared piano} (настройка к-рого отличается от обычной)

CAGLIOSTRO [kælˈjɔstrəu], **Alessandro di** /Giuseppe BALSAMO [ˈbɑːlsəməu]/ (1743—95) Алессандро Калиостро /Джузеппе Бальзамо/, ит. фокусник и авантюрист. Присвоил себе графский титул и путешествовал по Европе, выдавая себя за могущественного мага. Приговорён инквизицией к пожизненному заключению за связь с масонами

He had a dark and magnificent aspect of *Cagliostro* about him, contrasted with holy eyes. (*F. Scott Fitzgerald*)

У него была эффектная, романтическая внешность — глаза святого на смуглом лице *Калиостро*. (*Пер. Евг. Калашниковой*)

CAIAPHAS [ˈkaɪəfæs] Каиафа, в Новом Завете первосвященник Иудеи. Возглавлял суд над Христом

CAIN [keɪn] Каин, в Ветхом Завете старший сын Адама, убивший из зависти брата Авеля. На вопрос Бога об Авеле ответил: «Разве я сторож брату моему?» {Am I my brother's keeper?}

the mark of Cain «Каинова печать»: прокляв Каина, Бог сделал ему «знамение», чтобы никто не убил его * отпечаток или проявление порочности, преступности в человеке

raise Cain наделать шуму, поднять переполох

Cain-coloured рыжий (Каин изображался с рыжей бородой)

☐ Cain: A Mystery «Каин», мистерия Дж. Байрона (1821) → HAM

CALAMITY JANE см. JANE, Calamity

CALDER [ˈkɔːldə], **Alexander** (1898—1976) Алекса́ндер Ко́лдер, амер. скульптор. Автор «мобилей» {mobiles} — абстрактных декоративных подвесных конструкций с подвижными элементами

CALDERON de la BARCA [ˌkɑːldəˈrəun, deɪləˈbɑːkə, ˌkæl-, -ˈrɔn-], **Pedro** (1600—81) Пе́дро Кальдеро́н де ла Ба́рка, исп. драматург, представитель искусства барокко

⊙ La Vida es Sueno (1636) «Жизнь есть сон»

CALDWELL [ˈkɔːldwel, -dw(ə)l], **Erskine** (1903—86) Э́рскин Ко́лдуэлл, амер. писатель. Автор рассказов и повестей социальной проблематики

⊙ Tobacco Road (1932) «Табачная дорога», роман

CALHOUN [kælˈhuːn], **John Caldwell** (1782—1850) Джон Ко́лдуэлл Кэлху́н, амер. гос. деятель, вице-през. США (1825—32). Защищал рабство; в 1830-х гг. возглавил движение за право штатов на отмену федеральных законов

CALIBAN [ˈkælɪbæn] Калиба́н, в романтической драме У. Шекспира «Буря» (1612) уродливый дикарь, воплощение тёмных сил зла, к-рого подчиняет себе маг Просперо

The nineteenth-century dislike of Realism is the rage of *Caliban* seeing his own face in a glass.

The nineteenth-century dislike of Romanticism is the rage of *Caliban* not seeing his own face in a glass. (*O. Wilde*)

Неприязнь девятнадцатого века к реализму — это ярость *Калибана*, видящего в зеркале своё лицо.

Неприязнь девятнадцатого века к романтизму — это ярость *Калибана*, не видящего в зеркале своего лица. (*Пер. М. Ричардса*)

CALIFANO [ˌkælɪˈfænəu], **Joseph Jr.** (р. 1921) Джо́зеф Калифа́но Младший, амер. юрист и гос. деятель, член Верх. суда США (с 1966)

CALIGULA [kæˈlɪgjələ], **Gaius Caesar** (12—41 н. э.) (Гай) Цезарь Кали́гула, рим. император (с 37). Отличался жестокостью и дикими выходками: требовал, чтобы ему поклонялись, как богу, своего коня хотел сделать консулом. Убит стражей

☐ пьеса А. Камю (1944); фильм Т. Брасса {Tinto Brass} (1980)

CALLAGHAN [ˈkæləhən, -hæn], **(Leonard) James** (р. 1912) (Ле́онард) Джеймс Ка́ллагэн, премьер-мин. Великобритании (1976—79), от лейбор. партии

CALLAS [ˈkæləs, ˈkɑː-], **Maria Meneghini** (1923—77) Мари́я Менеги́ни Ка́ллас, амер. оперная певица греч. происхождения. Мастер бельканто

CALLICRATES [kəˈlɪkrəti:z] (5 в. до н. э.) Калликра́т, греч. архитектор Парфенона

CALLIMACHUS [kəˈlɪməkəs] (310?—240? до н. э.) Каллима́х, греч. поэт

CALLIOPE [kəˈlaɪəpɪ] Каллио́па, в греч. мифологии девятая муза, покровительница эпической поэзии

CALLISTHENES [kæˈlɪsθəniːz] (360?—328? до н. э.) Каллисфе́н, греч. философ и историк, племянник и ученик Аристотеля. Казнён по обвинению в заговоре против Александра Македонского

CALLISTO [kəˈlɪstəu] Каллисто́, в греч. мифологии нимфа, превращённая в созвездие Большой Медведицы

CALLISTRATUS [kæˈlɪstrətəs] (?—355 до н. э.) Каллистра́т, афин. оратор и полководец

CALVIN [ˈkælvɪn] /**CHAUVIN** [ʃəuˈvæŋ], **CAULVIN** [kəulˈvæŋ]/, **John** /**Jean**/ (1509—64) Жан Кальви́н, фр. теолог, деятель Реформации. Глава теократического режима в Женеве // **Calvinism** [ˈkælvɪnɪzm] *n* кальвинизм, ветвь протестантизма; **Calvinist** [ˈkælvɪnɪst] *n, a* кальвинист(ский); **Calvinistic** [ˌkælvɪˈnɪstɪk] *a* кальвинистский

CALVIN, Melvin (р. 1911) Ме́лвин Ка́лвин, амер. биохимик. Исследовал процессы фотосинтеза. Лауреат Нобелевской премии (1961)

CALYPSO [kəˈlɪpsəu] Калипсо́, в «Одиссее» Гомера нимфа, во владениях к-рой Одиссей провёл семь лет после кораблекрушения

It was poor Trilby's sad distinction that she surpassed all other models as *Calypso* surpassed her nymphs; and whether by long habit, or through some obtuseness in her nature, or lack of imagination, she was equally unconscious of self with her clothes on or without. (*G. Du Maurier*)

Бедняжка Трильби превосходила, к сожалению, всех натурщиц, как *Калипсо* превосходила своих нимф; и то ли вследствие долгой привычки, то ли в силу какого-то недомыслия или отсутствия воображения она с одинаковым безразличием относилась к тому, одета она или нет. (*Пер. Т. Лещенко-Сухомлиной*)

CAMBER [ˈkæmbə] Ка́мбер, один из сыновей легендарного короля Брута, по имени к-рого была якобы названа Камбрия {Cambria}

CAMBYSES [kæmˈbaɪsiːz] (?—522 до н. э.) Камби́з, перс. царь (с 529), сын Кира. Фигурирует в одноим. трагедии Т. Престона (1569), написанной в крайне велеречивом стиле

CAMDEN [ˈkæmdən], **William** (1551—1623) Уи́льям Ке́мден, англ. историк. Один из первых исследователей письменных и археологических источников

CAMERON [ˈkæm(ə)r(ə)n], **Richard** (1648?—1680) Ри́чард Ка́мерон, шотл. проповедник. В 1680 основал религиозную секту, не признавшую власть Карла II // **Cameronian** [ˌkæməˈrəunjən] *n* камеронец: 1) последователь Р. Камерона (в 1690 вернулись в ковенант шотл. церкви) 2) член Камеронского полка (существовал в 1688—1918)

CAMILLA [kəˈmɪlə] Ками́лла, в рим. мифологии дочь царя племени вольсков {Volscians}, к-рая могла пройти по воде, не замочив ног

CAMOËNS [kəˈməuənz, ˈkæmə(u)ənz], **Luiz de** (1524—80) Лу́иш ди Камо́энс /Камо́инш/, порт. поэт эпохи Возрождения

⊙ Lusiads (1572) «Лузиады», эпическая поэма

CAMP [kæmp], **Walter Chauncey** (1859—1925) Уо́лтер Чо́нси Кэмп, амер. футбольный тренер

CAMPANELLA [ˌkæmpəˈnelə], **Tommaso** (1568—1639) Томма́зо Кампане́лла, ит. монах, философ-утопист и поэт

CAMPBELL [ˈkæmbl], **Alexander** (1788—1866) Алекса́ндер Кэ́мпбелл, амер. религиозный деятель (род. в Ирландии). Основал секту «Ученики Христовы» {Disciples of Christ}

CAMPBELL, Patrick /*наст. имя* Beatrice Stella TANNER/ (1865—1940) Па́трик Кэ́мпбелл /Беатри́с Сте́лла Та́ннер/, англ. актриса театра. Для неё были написаны мн. роли в пьесах Дж. Б. Шоу

CAMPBELL-BANNERMAN [ˈkæmblˈbænəmən], **Henry** (1836—1908) Ге́нри Кэ́мпбелл-Ба́ннерман, премьер-мин. Великобритании (1905—08), от либер. партии

CAMPION [ˈkæmpjən], **Thomas** (1567—1620) То́мас Ка́мпион, англ. поэт и музыкант. Автор романсов и музыки к ним

CAMUS [kaˈmy], **Albert** (1913—60) Альбе́р Камю́, фр. писатель и философ-экзистенциалист

CAN

⊙ L'Étranger (1942) «Посторонний», La Peste (1947) «Чума», романы; Le Mythe de Sisyphe (1942) «Миф о Сизифе», эссе; Caligula (1944) «Калигула», пьеса

CANALETTO [ˌkænəˈletəu] /наст. имя CANALE/, **Antonio** (1697—1768) Антóнио Каналéтто /Канáле/, ит. художник (в 1746—55 работал в основном в Англии). Автор пейзажей с архитектурными ансамблями

CANDIDA [ˈkændɪdə] Кандúда, героиня одноим. пьесы Дж. Б. Шоу (1895)

CANDIDE [kænˈdiːd] Кандúд, герой одноим. повести Вольтера (1759). Стоически переносит все тяготы и приходит к выводу, что каждому «надо возделывать свой сад»
Some day, I would tell myself, when my travels are done I will come here, and, like *Candide*, cultivate my garden. (*S. Ellin*)
Когда-нибудь, говорил я себе, когда окончатся мои странствия, я вернусь сюда и, подобно *Кандиду*, буду возделывать свой сад.

CANDLER [ˈkændlə], **Asa** (1851—1929) Эйза Кэндлэр, амер. предприниматель. Основал компанию «Кока-Кола»

CANDOUR [ˈkændə], Mrs миссис Кэндэр, в комедии Р. Шеридана «Школа злословия» (1777) светская сплетница, злословящая о знакомых под маской сочувствия

CANNING [ˈkænɪŋ] Кáннинг, англ. гос. деятели, сын и отец: **1. Charles John** (1812—62) Чарлз Джон, генерал-губернатор Индии (с 1856) **2. George** (1770—1827) Джордж, премьер-мин. Великобритании (1827). Основатель журнала «Антиякобинец» {The Anti-Jacobin}, где публиковал свои сатирические пародии → WORDSWORTH

CANNING, Stratford /Viscount de REDCLIFFE [ˈredklɪf]/ (1786—1880) Стрáтфорд Кáннинг /виконт де Рéдклифф/, англ. дипломат. Будучи послом в Турции, являлся советником тур. султана в Крымской войне с Россией (1853—56)

CANTY [ˈkæntɪ], **Tom** Том Кéнти, в романе М. Твена «Принц и нищий» (1882) мальчик-попрошайка. Оказавшись двойником принца Эдуарда VI, случайно меняется с ним местами

CANUTE /CNUT, KNUT/ [kəˈnjuːt] *the Great* (994?—1035) Кнут /Кнуд/ Великий, король Англии (с 1016), Дании и Норвегии. По легенде, когда придворные назвали его повелителем природы, уличил их в лести: подойдя к берегу, приказал волне остановиться, но вода замочила ему ноги
King *Canute* would have given half his kingdom to have matched the Queen's achievement yesterday. Standing on the banks of the Thames she halted the tide — by gently pressing a maroon-coloured button. The opening — or rather the closing — of the Thames Barrier took place at Woolwich. (*Daily Mirror, 1984*)
Король *Кнут* отдал бы полцарства за возможность совершить то, что вчера сделала королева. Стоя на берегу Темзы, она остановила волну лёгким нажатием на тёмно-красную кнопку. Открытие или, точнее сказать, закрытие противоприливного шлюза на Темзе состоялось вчера в Вулидже.

CAPABLANCA [ˌkæpəˈblæŋkə], **José Raúl** (1888—1942) Хосé Раýль Капаблáнка, кубин. шахматист, чемпион мира (1921—27)

ČAPEK [ˈtʃɑːpek], **Karel** (1890—1938) Кáрел Чáпек, чеш. писатель и драматург. Юморист, сатирик, мастер фантастического гротеска

CAPET [ˈkeɪpɪt, ˈkæpɪt, kæˈpeɪ] Капéт, прозвище фр. короля Гуго (см. HUGH CAPET) и фамильное имя основанной им династии Капетингов {Capetians}

CAPONE [kə′pəunı], **Al** /**Alphonse, *Scarface*/** (1899—1947) Ал /Альфонс, Скарфейс/ Капо́не, амер. гангстер и убийца 20—30-х гг. В период сухого закона руководил нелегальной торговлей спиртным
Their hero was the cold, blank-eyed gunman ..., *Capone, Billy the Kid, young Lochinvar, El Cid, Cuchulain,* the man without human hopes or fears. (*R. Sheckley*)
Их героем был вооружённый молодчик со стеклянным взглядом ...— *мафиозо Ал Капоне, преступник Детка Билли* или *рыцарь вроде юного Лохинвара, Сида* или *Кухулина,* лишённый таких человеческих чувств, как надежда или страх.

CAPOTE [kə′pəuti:], **Truman** (1924—84) Тру́мэн Капо́те, амер. писатель
⊙ Other Voices, Other Rooms (1948) «Другие голоса, другие комнаты», In Cold Blood (1966) «Обыкновенное убийство», романы; The Grass Harp (1953) «Луговая арфа», Breakfast at Tiffany's (1958) «Завтрак у Тиффани», повести; Music for Chameleons (1980) «Музыка для хамелеонов», сб. рассказов, репортажей и интервью

CAPP [kæp], **Andy** Энди Кэпп, в одноим. серии амер. газетных комиксов работяга в кепке. Он ленив, любит выпить с друзьями, и его постоянно ругает жена

CAPRA [′kæprə], **Frank** (р. 1897) Фрэнк Ка́пра, амер. кинорежиссёр (род. в Италии, в США с 1903). Лауреат премии Оскар (1934, 1936, 1938)
⊙ Lady for a Day (1933) «Леди на день», It Happened One Night (1934) «Это случилось однажды ночью», Mr. Deeds Goes to Town (1936) «Мистер Дидс переезжает в город», You Can't Take It with You (1938) «С собой не унесёшь», комедии → CHAPLIN Ch.

CAPULET [′kæpjulet] Капуле́тти, в трагедии У. Шекспира «Ромео и Джульетта» (1595) имя знатного веронского рода, враждующего с родом Монтекки; отец Джульетты

CARACALLA [ˌkærə′kælə] (186—217) Карака́лла, рим. император с 211. Добивался своих целей казнями и репрессиями. Убит заговорщиками

CARACTACUS [kə′ræktəkəs] /**CARADOC** [kə′rædək]/ (1-я пол. 1 в. н.э.) Кара́ктак /Кара́док/, вождь бриттского племени силуров {Silures}. После длительного сопротивления рим. войскам был разгромлен в 50. По легенде, поразившись его отваге и независимости, император Клавдий отпустил его на свободу

CARAVAGGIO [ˌka:ra:′va:dʒɔ, ˌkærə′va:dʒ(ı)əu] /*наст. имя* MERISI/, **Michelangelo da** (1573?—1610?) Микела́нджело да Карава́джо /Мери́зи/, ит. художник. Основоположник европ. реалистической живописи

CARLISLE [ka:′laıl], **George William** (1802—64) Джордж Уи́льям Карле́йль /Карла́йл/, англ. гос. деятель. Первым среди вигов поддержал требование об отмене хлебных законов, к-рые вели к повышению цен на внутреннем рынке (отменены в 1846)

CARLOS [′ka:lɔs, -ləus], **Don** дон Ка́рлос: **1.** (1545—68) сын исп. короля Филиппа II. Лишён права наследования и умер в заключении **2.** (1788—1855) и **3.** (1848—1909) сын и внук Карла IV, претенденты на исп. престол. Движения в их поддержку привели к т. н. Карлистским {Carlist} войнам

CARLOVINGIANS *см.* CAROLINGIANS

CARLYLE [ka:′laıl], **Thomas** (1795—1881) То́мас Карле́йль, шотл. философ и историк. Автор концепции «культа героев» {Hero Worship} // **Carlylian** [ka:′laılıən] *a*
Man had been content to live in ease and delight upon the labours of his

fellow-man, had taken Necessity as his watchword and excuse, and in the fullness of time Necessity had come home to him. I even tried a *Carlyle*-like scorn of this wretched aristocracy in decay. (*H. G. Wells*)

Люди хотели жить в роскоши за счёт тяжкого труда своих собратьев и оправдывались необходимостью, а теперь, когда настало время, та же необходимость повернулась к ним своей обратной стороной. Я даже, подобно *Карлейлю*, пытался возбудить в себе презрение к этой жалкой, упадочной аристократии. (*Пер. К. Морозовой*)

CARMAN [ˈkɑːmən], **(William) Bliss** (1861—1929) (Уильям) Блисс Кáрман, канад. поэт

⊙ Low Tide on the Grand Pre (1893) «Отлив на Гран-Пре», Songs from Vagabondia (совм. с Р. Хоуви, 1894) «Песни из страны Скитании», Sappho (1904) «Сапфо», April Airs (1916) «Апрельский воздух», Wild Garden (1929) «Дикий сад», сб. стихов

CARMEN [ˈkɑːmen] Кáрмéн, в одноим. рассказе П. Мериме (1845) и опере Ж. Бизе (1875) красавица-цыганка

'Well,' he inquired, blinking cheerily, 'how's *Carmen* from the South?' 'Mighty fine. How's — how's *Dangerous McGrew*? Sorry, but he's the only Northener I know much about.' (*F. Scott Fitzgerald*)

«Итак? — весело сощурившись, поинтересовался он. — Как себя чувствует южная *Кармен*?» — «Превосходно. А что скажет.... *Грозный Макгрю*? К сожалению, это единственный северянин, которого я с грехом пополам знаю». (*Пер. В. Харитонова*)

CARNEGIE [kɑːˈneɡɪ, ˈkɑːnəɡɪ], **Andrew** (1835—1919) Эндрю Кáрнéги, амер. промышленник и филантроп (род. в Шотландии, в США с 1848). Нажил «с нуля» состояние в сталелитейной промышленности и основал крупные социальные, научные и культурные фонды

CARNEGIE, Dale (1888—1955) Дейл Кáрнéги, амер. психолог. Автор популярных руководств по психологии общения

⊙ How to Win Friends and Influence People (1936) «Как завоёвывать друзей и оказывать влияние на людей», How to Stop Worrying and Start Living (1948) «Как перестать беспокоиться и начать жить»

'Please correct me if I'm wrong, but it seems to me nowadays a director of importance has also to be almost a *Dale Carnegie*. Am I wrong?' 'Oh, well, Burke had a temper,' Chris sighed. (*W. Blatty*)

«Поправьте меня, если я ошибаюсь, но мне кажется, что в наши дни видный режиссёр обязан быть почти *профессиональным психологом*. Я не прав?» — «Да, — вздохнула Крис, — у Берка был тяжёлый характер».

CAROLINE [ˈkærəlaɪn] **(Amelia Elizabeth of BRUNSWICK** [ˈbrʌnzwɪk]) (1768—1821) Каролина (Амелия Элизабет Брáнсуик), супруга англ. короля Георга IV. В 1820 Георг возбудил против неё судебный процесс в палате лордов по обвинению в измене

CAROLINGIANS [ˌkærəˈlɪn(d)ʒ(ɪ)ənz] /**CARLOVINGIANS** [ˌkɑːlə(u)-ˈvɪn(d)ʒ(ɪ)ənz]/ *pl* Каролинги, королевская династия в гос-ве франков (2-я пол. 8 в. — кон. 10 в.)

CARRÉ, John le *см.* LE CARRÉ

CARREL [kəˈrel, ˈkærəl], **Alexis** (1873—1944) Алексис Каррéль, фр. хирург и физиолог (в 1904—39 в США). Лауреат Нобелевской премии (1912)

CARROLL [ˈkær(ə)l], **Lewis** /*наст. имя* Charles Lutwidge DODGSON [ˈdɔdʒsn]/ (1832—98) Льюис Кэрролл /Чарлз Лáтуидж Дóджсон/, англ. писатель, математик. Автор фантастических сказок в жанре нонсенса, основанных на игре слов и «перевёрнутой» логике, в к-рых интерпретаторы находят философский подтекст

⊙ Alice's Adventures in Wonderland (1865) «Приключения Алисы в Стране Чудес», Through the Looking-Glass and What Alice Found There (1872) «Алиса в Зазеркалье» /«Сквозь зеркало и что там увидела Алиса»/, сказочные повести; The Hunting of the Snark (1876) «Охота на Рыкулу», поэма-нонсенс; Sylvie and Bruno (1889) «Сильвия и Бруно», роман-сказка

CARSON ['kɑːsn], **Edward Henry** (1854—1935) Эдуард Генри Карсон, ирл. полит. деятель, лидер юнионистов. Способствовал сохранению брит. юрисдикции над Сев. Ирландией

CARSON, Johnny (р. 1925) Джонни Карсон, амер. тележурналист, ведущий программы встреч с интересными людьми (с 1962)

CARSON, Kit /Christopher/ (1809—68) Кит /Кристофер/ Карсон, амер. охотник, знаток Скалистых гор {Rocky Mountains}. Во время Гражданской войны 1861—65, будучи генералом войск Сев. штатов, организовал насильственное переселение индейцев навахо, повлёкшее мн. жертвы

CARTER ['kɑːtə], **Howard** (1873—1939) Хауард Картер, англ. археолог. В 1922 обнаружил гробницу Тутанхамона в Египте

CARTER, Jimmy /James Earl/ (р. 1924) Джимми /Джеймс Эрл/ Картер, 39-й през. США (1977—81), от дем. партии

CARTIER [kɑːˈtjeɪ, ˈkɑːtɪeɪ], **Jacques** (1491—1557) Жак Картье, фр. мореплаватель и исследователь Канады. Исследовал район реки св. Лаврентия {St. Lawrence River}, к-рой дал это название, и присоединил эту территорию к фр. владениям

CARTWRIGHT ['kɑːtraɪt], **Edmund** (1743—1823) Эдмунд Картрайт, англ. изобретатель, священник. Сконструировал ткацкий станок

CARUSO [kəˈruːzəu, -səu], **Enrico** (1873—1921) Энрико Карузо, ит. оперный тенор (с 1903 пел в Нью-Йорке). Мастер бельканто. Один из первых оперных певцов, записанных на фонограф

'When you come bring a phonograph.' 'Bring good opera disks.' 'Bring *Caruso*!' 'Don't bring *Caruso*. He bellows.' (*E. Hemingway*)

«Когда будете возвращаться, привезите граммофон».— «Привезите хороших оперных пластинок».— «Привезите *Карузо*».— «*Карузо* не привозите. Он воет». (*Пер. Евг. Калашниковой*)

→ GILGAMESH

CARVER ['kɑːvə], **George Washington** (1864?—1943) Джордж Уошингтон Карвер, амер. ботаник. Первый негр. учёный, добившийся нац. признания

CARVER, John (1575?—1621) Джон Карвер, англ. пуританский путешественник. Организатор плавания на корабле «Мейфлауэр» {Mayflower} в 1620, основатель первого поселения «отцов-пилигримов» {Pilgrim Fathers} в Плимуте {Plymouth} (штат Массачусетс)

CARY ['keərɪ], **(Arthur) Joyce Lunel** (1888—1957) (Артур) Джойс Люнел Кэри, англ. писатель. Участвовал в Балканской войне, колониальных кампаниях в Африке (где проходит действие его ранних романов)

⊙ Herself Surprised (1941) «Сама себе удивляюсь»; To Be a Pilgrim (1942) «Путём паломника», The Horse's Mouth (1944) «Из первых рук», трилогия романов; Prisoner of Grace (1952) «Из любви к ближнему», Except the Lord (1953) «Кроме Господа», Not Honour More (1955) «Не возлюби я честь превыше», трилогия романов

CASANOVA [ˌkæzəˈnəuvə], **Giacomo Girolamo /Giovanni Jacopo/**

(1725—98) Джако́мо Джирола́мо /Джова́нни Джако́по/ Казано́ва, ит. авантюрист и писатель. Автор мемуаров с описаниями любовных похождений * соблазнитель женщин, сердцеед

She's too young to come under the corrupting influence of a young *Casanova* like you. (*A. Hailey*)

Она слишком юна, чтобы попасть под разлагающее влияние како-го-нибудь молодого *повесы* вроде тебя.

CASEMENT ['keɪsmənt], **Roger David** (1864—1916) Ро́джер Де́йвид Ке́йсмент, ирл. полит. деятель. Обратился к Германии за помощью ирл. восстанию 1916, казнён по обвинению в гос. измене

CASEY ['keɪsɪ] Ке́йси, в стихотворении амер. поэта Э. Л. Тейера {Ernest Lawrence Thayer} «Кейси с битой» {Casey at the Bat, 1888} бейсболист, чьё зазнайство приводит к поражению команды

CASSANDRA [kə'sændrə] Касса́ндра, в греч. мифологии пророчица, дочь царя Трои Приама. По воле Аполлона, в её прорицания никто не верил * человек, предвещающий несчастья, пессимист

I'm in my *Cassandra* mood this morning. I have forebodings of doom. (*T. Willis*)

Сегодня у меня с утра *пессимистическое* настроение. Предчувствую что-то нехорошее.

CASSATT [kə'sæt], **Mary** (1845—1926) Мэ́ри Касса́тт, амер. художница (жила во Франции). Была близка к импрессионистам. Автор полотен на темы материнства

CASSIO ['kæsɪəʊ] Ка́ссио, в трагедии У. Шекспира «Отелло» (1604) лейтенант, к к-рому Отелло несправедливо ревнует Дездемону

CASSIODORUS [ˌkæsɪə'dɔːrəs, -'dəʊrəs], **Flavius Magnus Aurelius** (487?—578?) Фла́вий Магн Авре́лий Кассиодо́р, итало-римский полит. деятель и историк, приближённый остготского короля Теодориха. Выступал за сближение римлян с остготами

CASSIOPE(I)A [ˌkæsɪə(u)'piː(:)ə, -sɪ'əʊpɪə] Кассиопе́я, в греч. мифологии жена эфиопского царя Кефея {Cepheus}, мать Андромеды. Превращена Посейдоном в созвездие

CASSIUS LONGINUS ['kæsɪəslɒn'dʒaɪnəs, 'kæʃəs-], **Gaius** (?—42 до н. э.) Гай Ка́ссий Лонги́н, рим. полит. деятель, соучастник убийства Цезаря. После поражения от Октавиана и Марка Антония при Филиппах {Philippi} покончил с собой

CASSIVELAUNUS [ˌkæsɪvɪ'lɔːnəs] (1 в. до н. э.) Кассивела́вн, вождь бриттов. Оказывал безуспешное сопротивление рим. войскам во время похода Цезаря в Британию в 54 до н. э.

CASTAÑEDA [ˌkæstə'njeɪdə], **Carlos** (р. 1931) Ка́рлос Кастанье́да, амер. этнограф бразильского происхождения. Автор книг, написанных в результате 5-летней учёбы в Мексике у индейского колдуна ⊙ The Teachings of Don Juan: A Yaqui Way of Knowledge (1968) «Учения дона Хуана: путь к познанию индейцев яки», A Separate Reality (1971) «Другая действительность», Tales of Power (1975) «Рассказы о природных силах», The Fire from Within (1984) «Внутренний огонь»

CASTLEREAGH ['kɑːslreɪ], **Viscount** /Robert STEWART [stjuət]/ (1769—1822) виконт Ка́слрей /Ка́слри, Ке́стльри; Ро́берт Стю́арт/, англ. гос. деятель, военный министр (1805—06 и 1807—09), мин. ин. дел (1812—22). На Венском конгрессе 1814—15 заключил тайный договор с Австрией и Францией против России. Покончил с собой

CASTOR and POLLUX ['kɑːstərən(d)'pɒləks] /the DIOSCURI [ˌdaɪəs-'kjuəraɪ, daɪ'ɒskjuraɪ]/ Ка́стор и По́ллукс /*греч.* Полиде́вк/, в антич. мифологии близнецы по прозвищу Диоскуры, воины и мореходы.

Среди их подвигов — освобождение сестры Елены, участие в походе аргонавтов. Символизируют братскую дружбу

CASTRO (RUZ) [ˈkæstrəuˈruːs], **Fidel** (р. 1927) Фиде́ль Ка́стро (Рус), кубин. полит. и гос. деятель, глава пр-ва (с 1959), компартии (с 1965) и гос-ва (с 1976). Лидер вооружённого восстания 1959, свергнувшего режим Батисты

CATHER [ˈkæðə], **Willa Sibert** (1876—1947) Уи́лла Си́берт Кэ́сер, амер. писательница. Автор романов о пионерах фронтира {frontier} ⊙ O Pioneers (1913) «О, пионеры», The Song of the Lark (1915) «Песнь жаворонка», My Antonia (1918) «Моя Антония», A Lost Lady (1923) «Падшая женщина», The Professor's House (1925) «Дом профессора», Death Comes for the Archbishop (1927) «Смерть приходит за архиепископом», романы → HAWTHORNE

CATHERINE [ˈkæθ(ə)rɪn] **de MÉDICI(S)** [ˈmedɪtʃi(ː), ˈmeɪdɪsiːz] (1519—89) Екатери́на Ме́дичи, жена фр. короля Генриха II. В царствование своих сыновей Карла IX и Генриха III как королева-регентша играла ключевую роль во фр. политике и была одним из организаторов Варфоломеевской ночи 1572

CATHERINE of Alexandria, St. (? — 307) св. Екатери́на Александри́йская, христ. мученица. По преданию, обращала в христианство всех, с кем общалась, за что была подвергнута пыткам и обезглавлена

Catherine wheel 1) орудие колесования 2) огненное колесо (устройство для фейерверка, напоминающее это орудие)

CATHERINE of Aragon (1485—1536) Екатери́на Араго́нская, первая жена англ. короля Генриха VIII, мать Марии Тюдор. Отказ рим. папы дать Генриху развод с ней в 1533 стал поводом для разрыва с Ватиканом и Реформации в Англии. См. тж. BOLEYN

CATILINE [ˈkætɪlaɪn] /**CATILINA** [ˌkætɪˈlaɪnə, -ˈliːnə]/, **Lucius Sergius** (108? — 62 до н. э.) Лу́ций Се́ргий Катили́на, рим. гос. деятель. Организовал заговор против Цезаря, к-рый был раскрыт консулом Цицероном

☐ Catiline: His Conspiracy «Заговор Катилины», трагедия Б. Джонсона (1611)

CATLIN [ˈkætlɪn], **George** (1796—1872) Джордж Кэ́тлин, амер. художник-самоучка. Выполнил серию этнографических портретов амер. индейцев 45 племён, находившихся на грани вымирания

CATO [ˈkeɪtəu], **Marcus Porcius** Марк По́рций Като́н: **1.** *the Elder* /*the Censor*/ (234—149 до н. э.) Старший /Цензор/, рим. гос. деятель и писатель. Был резко враждебен Карфагену; автор изречения «Карфаген должен быть разрушен» {лат. Delenda est Carthago, англ. Carthage must be destroyed}

2. *the Younger* /*Uticensis*/ (95—46 до н. э.) Младший /Утический/, его правнук, философ-стоик, противник Цезаря. После разгрома Цезарем сторонников Помпея покончил с собой

CATULLUS [kəˈtʌləs], **Gaius Valerius** (84?—54? до н. э.) Гай Вале́рий Кату́лл, рим. поэт. Автор любовной лирики, сатирических и мифологических стихов

CAUDLE [ˈkɔːdl], **Mrs.** миссис Кодл, в юмористических очерках (1846) Д. Джерролда {Douglas William Jerrold} сварливая жена, к-рая читает мужу ежевечерние «лекции» перед сном

CAULFIELD [ˈkɔːlfiːld], **Holden** Хо́лден Ко́лфилд, в повести Д. Сэлинджера «Над пропастью во ржи» (1951) тонко чувствующий, искренний, легко ранимый подросток.

Huck Finn and *Holden Caulfield* turned a perceptive innocence against a world that was out to steal their childhood. (*Time, 1984*)

Гек Финн и *Холден Колфилд* противопоставили восприимчивость и искренность миру, собиравшемуся украсть у них детство.

CAULVIN см. CALVIN J.

CAVELL ['kævl, kə'vel], **Edith Louisa** (1865—1915) Эдит Луи́за Кэ́велл, англ. сестра милосердия. В 1-ю мир. войну, работая в госпитале оккупированного немцами Брюсселя, прятала раненых солдат и военнопленных и помогала им бежать. Казнена по доносу

When the latter accused him of being a slacker for having painted the execution of *Edith Cavell* without having witnessed it, Bellows replied that neither had *Leonardo da Vinci* been present at the Last Supper. (*E. Speicher*)

Когда тот обвинил Беллоуза в безответственности за то, что он изобразил казнь *Эдит Кэ́велл*, не будучи её свидетелем, художник ответил, что и *Леонардо да Винчи* не присутствовал на тайной вечере.

CAVENDISH ['kæv(ə)ndıʃ], **Henry** (1731—1810) Ге́нри Ка́вендиш, англ. химик и физик. Открыл водород, определил состав воды и воздуха и впервые синтезировал воду

CAXTON ['kækst(ə)n], **William** (1422?—91) Уи́льям Кэ́кстон, англ. первопечатник, издатель и переводчик. Основал типографию в Вестминстере (1476)

CAYLEY ['keılı], **George** (1773—1857) Джордж Ке́йли, англ. изобретатель. Сконструировал «воздушную повозку» (сочетавшую черты аэроплана и вертолёта), гусеничный трактор, протезы конечностей и др.

CEAUSESCU [tʃau'ʃesku(:)], **Nicolae** (1918—89) Никола́е Чаушеску, глава компартии (с 1969) и през. Румынии (с 1974). Свергнут и казнён в ходе нар. революции

CECIL ['sesl, 'sısl]. **William** /Baron BURLEIGH, BURGHLEY ['bɜːlı]/ (1520—98) Уи́льям Се́сил /барон Бе́рли/, англ. гос. деятель, советник королевы Елизаветы и противник Марии Стюарт

CECILIA [sı'sıljə], St. (?—230) св. Цеци́лия, христ. мученица. Считается покровительницей церковной музыки. Фигурирует в «Кентерберийских рассказах» Дж. Чосера

CECIL OF CHELWOOD ['sesləv'tʃelwud, 'sısl-], **(Edgar Algernon) Robert Gascoyne** ['gæskɔın] (1864—1958) (Эдгар Алджернон) Ро́берт Га́скойн Се́сил Че́лвуд, англ. гос. деятель. Участвовал в создании Лиги наций. Лауреат Нобелевской премии мира (1937)

CELLINI [tʃə'liːniː], **Benvenuto** (1500—71) Бенвену́то Челли́ни, ит. скульптор, ювелир и писатель. Автор мемуаров, в к-рых откровенно описывает свои приключения // **Celliniesque** [tʃe̩liːnı'esk] *a*

☐ Benvenuto Cellini «Бенвенуто Челлини», опера Г. Берлиоза (1838)

I think he missed the convivial recounting of those *Celliniesque* adventures which, in his early twenties, had played such a part in his life. (*F. Scott Fitzgerald*)

⟨Он,⟩ вероятно, скучал по дружескому застолью, где он ещё в двадцать лет *в духе Бенвенуто Челлини* повествовал о своих похождениях, так много значивших в его жизни. (*Пер. В. Хинкиса*)

CELSIUS ['selsjəs, -sıəs, -ʃəs], **Anders** (1701—44) А́ндерс Це́льсий, швед. астроном. Предложил стоградусную шкалу измерения температуры

CENCI ['tʃentʃı], **Beatrice** (1577—99) Беатри́че Че́нчи, дочь ит. графа Франческо Ченчи. В сговоре с мачехой и братом подстроила убийство тирана-отца. Когда заговор был разоблачён, всех троих казнили

☐ The Cenci «Ченчи», трагедия П. Б. Шелли (1819) → BORGIA L.

CEPHALUS [ˈsefələs] Кефа́л /Цефа́л/, в греч. мифологии охотник. Непреднамеренно убил копьём жену Прокриду {Procris}, когда она, подозревая мужа в измене, следила за ним из-за кустов

CERES [ˈsɪəriːz] Цере́ра, в рим. мифологии богиня плодородия. Соответствует греч. Деметре

CERVANTES SAAVEDRA [sɜːˈvæntɪzˌsɑːˈveɪdrə], **Miguel de** (1547—1616) Миге́ль де Серва́нтес Сааве́дра, исп. писатель Возрождения
⊙ Don Quixote (ч. I 1605, ч. II 1615) «Дон Кихот», роман

CETEWAYO [ketˈʃwaɪəu, ˌketɪˈwaɪəu, ˌsetɪˈwe(ɪ)əu] (1836?—84) Кетева́йо /Сетева́йо/, правитель зулусов. Вступил в войну с англ. войсками после аннексии Трансвааля (1877), был разбит и захвачен в плен

CÉZANNE [seɪˈzæn], **Paul** (1839—1906) Поль Сеза́нн, фр. живописец. Представитель постимпрессионизма // **Cezannesque** [seɪˌzænˈesk] *a*

CHABRIER [ʃɑːbriːˈeɪ], **(Alexis) Emmanuel** (1841—94) (Алекси́с) Эммануэ́ль Шабрие́, фр. композитор, пианист и дирижёр

CHADWICK [ˈtʃædwɪk], **George Whitefield** (1854—1931) Джордж Уа́йтфилд Че́дуик, амер. композитор. Создатель «амер. стиля» в симфонической музыке

CHADWICK, James (1891—1974) Джеймс Че́дуик /Че́двик/, англ. физик. В 1932 открыл нейтрон. Лауреат Нобелевской премии (1935)

CHAMBERLAIN [ˈtʃeɪmbəlɪn] Чембербле́н, англ. гос. деятели, отец и сын: **1. Joseph Arthur** (1836—1914) Джо́зеф А́ртур
2. Arthur Neville (1869—1940) А́ртур Не́вилл, премьер-мин. Великобритании (1937—40), от конс. партии → CROMER

CHAMBERS [ˈtʃeɪmbəz], **Robert** (1802—71) Ро́берт Че́ймберс, шотл. издатель. Основал серию энциклопедий и словарей (с 1859)

CHAMPLAIN [(ˈ)ʃæmˈpleɪn], **Samuel de** (1567?—1635) Самюэ́ль де Шамплэ́н /Шампле́йн/, фр. исследователь Сев. Америки. Основал Квебе́к {Quebec} (1608). Его именем названо озеро Шамплейн

CHAN [tʃæn], **Charlie** Ча́рли Чэн /Чжань/, в детективных романах (с 1925) амер. писателя Э. Д. Биггерса {Earl Derr Biggers} сыщик-китаец
I was looking at a thick-set man with a soft round chin... ⟨and⟩ a *Charlie Chan* moustache. (*R. Chandler*)
Передо мной стоял плотный мужчина с мягким округлым подбородком и *жидкими китайскими* усиками.

CHANDLER [ˈtʃændlə, ˈtʃɑː-] **Raymond** (1888—1955) Ре́ймонд Ча́ндлер /Че́ндлер/, амер. писатель. Автор детективных и мистических рассказов и романов
⊙ The Big Sleep (1939) «Большой сон», Farewell, My Lovely (1940) «Прощай, любимая», Lady in the Lake (1943) «Дама в озере», The Long Goodbye (1953) «Долгое прощание», романы

CHANEL [ʃəˈnel, ʃæ-], **Gabrielle** /**Coco**/ (1883—1971) Габриэ́ль /Коко́/ Шане́ль, фр. модельер, основательница парфюмерной фирмы

CHANNING [ˈtʃænɪŋ], **William Ellery** Уи́льям Э́ллери Ча́ннинг: **1.** (1780—1842) амер. унитарианский проповедник и литератор. Призывал к независимости амер. литературы от европейской; как философ был предшественником трансценденталистов
2. (*Jr*) (1818—1901) (Младший), его племянник, поэт-трансценденталист из круга Р. У. Эмерсона

CHAPLIN [ˈtʃæplɪn] Ча́плин: **1. Charlie** /**Charles Spencer**/ (1889—1977) Ча́рли /Чарлз Спе́нсер/, амер. актёр и режиссёр комического (особ. немого) кино. Создатель яркого трагикомического образа. Лауреат премии «Оскар» (1952, 1972)
⊙ The Kid (1921) «Малыш», The Gold Rush (1925) «Золотая лихорад-

ка», The Circus (1928) «Цирк», City Lights (1931) «Огни большого города», Modern Times (1936) «Новые времена», The Great Dictator (1940) «Великий диктатор», Limelight (1952) «Огни рампы», A King in New York (1957) «Король в Нью-Йорке», A Countess from Hong-Kong (1967) «Графиня из Гонконга», постановка и исполнение ролей в фильмах

Sure, every once in a while, somebody shows up with a winner. Accidents still happen... I'm talking about careers, boy, careers. No accidents. *Chaplin, Ford, Stevens, Wyler, Capra, Hawkes, Wilder*, yourself, if you want to include yourself. (*I. Shaw*)

Да, конечно, время от времени кто-то добивается успеха. Бывает... Я не об этом говорю, дружище, а о настоящем профессионализме. *Чаплин, Форд, Стивенс, Уайлер, Капра, Хоукс, Уайлдер*, ты, если угодно. (*Пер. К. Чугунова*)

2. Geraldine (р. 1944) Джералди́на, амер. киноактриса, его дочь

CHAPMAN [ˈtʃæpmən], **George** (1559?—1634?) Джордж Че́пмен, англ. писатель и переводчик Гомера

CHAPMAN, John *см.* APPLESEED

CHARLEMAGNE [ˈʃɑːləˈmeɪn, -ˈmaɪn] /**CHARLES the Great**/ (742?—814) Карл Великий, король франков (с 768), 1-й император «Священной Рим. империи» (с 800)

CHARLES [tʃɑːlz] Карл, имя ряда западно-европейских королей, в т. ч. англ. из династии Стюартов: **1. I** (1600—49), на престоле с 1625. Низложен и казнён в ходе буржуазной революции **2. II** (1630—85), на шотл. престоле с 1650, на брит. престоле с момента реставрации в 1660

CHARLES, Prince of Wales (р. 1948) Чарлз, принц Уэльсский, наследник англ. престола, сын Елизаветы II и принца Филиппа

CHARLES, Ray (р. 1930) Рей Чарлз, амер. эстрадный музыкант

CHARLES EDWARD [ˈtʃɑːlzˈedwəd] /**Bonnie Prince Charlie; the Young Pretender**/ (1720—88) Карл /Чарлз/ Эдуард /Красавец принц Ча́рли; Младший претендент/, англ. принц из династии Стюартов, сын Якова Франциска Эдуарда /Старшего Претендента/. В 1745 безуспешно пытался захватить престол, после разгрома при Каллодене {Culloden} бежал во Францию

CHARON [ˈkeər(ə)n] Харо́н, в греч. мифологии перевозчик душ умерших в царство теней через подземные реки Стикс {Styx} и Ахеронт {Acheron}

He had just one hope. 'When in due course *Charon* ferries me across the Styx and everyone is telling everyone else what a rotten writer I was, I hope at least one voice will be heard piping up, 'But he did take trouble'.' (*Times, 1981*)

У него была только одна надежда. «Когда придёт время и *Харон* повезёт меня в своей лодке через Стикс, а все вокруг станут судачить о том, каким я был никудышным писателем, — может, хоть один голосок воскликнет: но он всё-таки старался!»

CHARPENTIER [ʃɑːpɑ̃ˈtjeɪ], **Gustave** (1860—1956) Гюста́в Шарпантье́, фр. композитор

☉ Louise (1900) «Луиза», опера

CHARYBDIS [kəˈrɪbdɪs] Хари́бда, в антич. мифологии женщина, превращённая Зевсом /Юпитером/ в морской водоворот в проливе между Италией и Сицилией. *См. тж.* SCYLLA

CHATEAUBRIAND [ʃæˌtəubriːˈɑ̃], **François René** (1768—1848) Франсуа́ Рене́ Шатобриа́н, фр. писатель-романтик (в 1793—1800 и с 1822 жил в Лондоне)

⊙ Le Génie du Christianisme (1802) «Гений христианства», трактат

CHATTERTON [ˈtʃætətn], **Thomas** (1752—70) Тóмас Чáттертон, англ. поэт. Свои стихи выдавал за сочинения авторов 15 в., в т. ч. вымышленного Томаса Роули. Отравился, не достигнув 18 лет

☐ драма А. де Виньи (1835); роман П. Акройда (1988)

CHAUCER [ˈtʃɔːsə], **Geoffrey** (1340?—1400) Джéффри Чóсер, англ. поэт. Основоположник англ. лит. языка (на базе лондонского диалекта). Поэт-лауреат

⊙ The Canterbury Tales (1387—1400) «Кентерберийские рассказы»

CHAUVIN см. CALVIN J.

CHAYEFSKY [tʃaɪˈefskɪ], **Paddy** (1923—81) Пéдди Чаéвски, амер. драматург, кино- и телесценарист. Лаурсат премии «Оскар» (1955, 1976, 1971)

⊙ Marty (1955) «Марти», The Hospital (1971) «Больница», Network (1976) «Телесеть», Altered States (1979) «Другие ипостаси», сценарии фильмов

CHECKER [ˈtʃekə], **Chubby** /наст. имя Ernest EVANS [ˈevənz]/ (р. 1941) Чáбби Чéкер /Эрнест Эванс/, амер. негр. эстрадный певец. Несмотря на полноту, энергично двигался; способствовал популярности твиста в нач. 60-х гг.

CHEEVER [ˈtʃiːvə], **John** (1912—82) Джон Чúвер, амер. писатель

⊙ Bullet Park (1969) «Буллет-Парк», Falconer (1977) «Фоконер», романы

CHE GUEVARA см. GUEVARA

CHEIRON см. CHIRON

CHEMOSH [ˈkiːmɔʃ] Кéмош, в западно-семитской мифологии государства Моав {Moab} верховное божество. В Библии упоминается как языческий бог. В «Потерянном рае» Дж. Мильтона — второй после Молоха в иерархии ада

CHÉNIER [ʃeɪnˈjeɪ], **André Marie de** (1762—94) Андрé Марú де Шеньé, фр. поэт-романтик. Казнён за стихи в защиту Ш. Кордэ

CHEOPS [ˈkiːɔps] /**KHUFU** [ˈkuːfuː]/ (27 в. до н. э.) Хеóпс /Хýфу/, егип. фараон IV династии. Строитель пирамиды в Гизе, названной его именем

CHESTERFIELD [ˈtʃestəfiːld], **Earl of** /**Philip Dormer STANHOPE** [ˈstænəp]/ (1694—1773) граф Чéстерфилд /Фúлип Дóрмер Стéнхоп/, англ. гос. деятель, дипломат и публицист. Автор наставительных писем к сыну (опубл. 1774)

CHESTERTON [ˈtʃestətən], **Gilbert Keith** (1874—1936) Гúлберт Кит Чéстертон, англ. писатель. Автор детективных рассказов о патере Брауне

⊙ The Napoleon of Notting Hill (1904) «Наполеон из Ноттинг-Хилла», The Man Who Was Thursday (1908) «Человек, который был Четвергом», романы; The Innocence of Father Brown (1911) «Неведение отца Брауна», The Scandal of Father Brown (1935) «Скандальное происшествие с отцом Брауном», сб. рассказов

CHESTNUTT [ˈtʃesnʌt, -nət], **Charles Waddell** (1858—1932) Чарлз Уóдделл Чéстнатт, амер. негр. писатель. Автор коротких рассказов

CHIANG Ching см. JIANG Qing

CHIANG Kaishek /**Kai-shek**/ [dʒɪˈɑːŋˈkaɪˈʃek, tʃæŋ-] (1887—1975) Чан Кайшú, кит. полит. деятель, глава Гоминьдановского {Kuomintang} пр-ва (1927—49), през. Тайваня (с 1950)

CHIFLEY [ˈtʃɪflɪ], **Joseph Benedict** (1885—1951) Джóзеф Бéнедикт Чúфли, премьер-мин. Австралии (1945—49)

CHI

CHILD [tʃaɪld], **Francis James** (1825—96) Фрэнсис Джеймс Чайлд, амер. филолог, собиратель народных песен

Child ballads баллады, изданные в его фольклорных сб. (1883—98)

CHILDE HAROLD [ˈtʃaɪldˈhær(ə)ld] Чайльд Гáрóльд, в поэме Дж. Байрона «Паломничество Чайльд Гарольда» (1812—18) молодой человек, разочаровавшийся в своём окружении и пытающийся в странствиях по свету осмыслить свою жизнь

CHILDE ROLAND [ˈtʃaɪldˈrəʊlənd] Чайльд Рóланд, в шотл. нар. балладе и основанной на ней поэме Р. Браунинга (1855) сын короля Артура. Он спасает свою сестру, похищенную феями, из замка короля эльфов

CHIPPENDALE [ˈtʃɪp(ə)ndeɪl], **Thomas** (1718—79) Тóмас Чúппендейл, англ. мебельный мастер. Стилизовал мебель под «готическую», «китайскую» и т. д.

CHIRICO [ˈkiːrɪkəʊ], **Giorgio de** (1888—1978) Джóрджо де Кúрико, ит. художник. Основатель метафизической школы в живописи

CHIRON /CHEIRON/ [ˈkaɪərən] Хирóн, в антич. мифологии кентавр-мудрец, наставник мн. героев. Случайно раненный Гераклом /Геркулесом/, отказался от бессмертия в пользу Прометея

CHISHOLM [ˈtʃɪzəm], **Shirley** (р. 1924) Шéрли Чúзем /Чúсхолм/, амер. негр. полит. деятель. В 1968 стала первой негритянкой, избранной в Конгресс США

CHLOE [ˈkləʊɪ] Хлóя, в греч. мифологии пастушка, подруга Дафниса

CHOPIN [ˈʃəʊpæn, -pɛ̃], **Frédéric François /Fryderyk Franciszek/** (1810—49) Фредерúк Франсуá /Фридéрик Франтúшек/ Шопéн, польск. композитор и пианист-виртуоз (с1831 в Париже). Автор сочинений для фортепьяно

CHOSROES см. KHUSRAU

CHOU Enlai /En-lai/ [ˈdʒəʊenˈlaɪ] (1898—1976) Чжóу Эньлáй, кит. воен. и полит. деятель, премьер КНР (с 1949)

CHRÉTIEN de TROYES [kreɪˈtjɛ̃dəˈtrwɑː] (12 в.) Кретьéн де Труá, фр. поэт. Автор стихотворных переложений рыцарских легенд, в т. ч составивших основу «артуровского цикла»

CHRIST [kraɪst], **Jesus** Иисýс Христóс, в христианстве основатель этой религии — богочеловек, во искупление грехов человечества принявший смерть на кресте и вознёсшийся на небо // **Christian** [ˈkrɪstjən, -stʃ(ə)n] *a* христианский; *n* христианин; **Christianity** [ˌkrɪstɪˈænɪtɪ] *n* христианство

□ Jesus Christ Superstar «Иисус Христос Суперзвезда», рок-опера Э. Ллойд Уэббера (1970); киноверсия реж. Н. Джуисона (1972); The Last Temptation of Christ «Последнее искушение Христа», фильм М. Скорсезе (1988) → COOPER G., WAGNER

CHRISTIAN [ˈkrɪstjən, -tʃən] Христиáн, имя ряда сканд. королей

CHRISTIAN Христиáн, гл. герой аллегорического романа Дж. Беньяна «Путь паломника» (1678—84). Его путешествие к Небесному Граду символизирует путь верующих к спасению → DESPAIR

CHRISTIE [ˈkrɪstɪ], **Agatha Mary Clarissa** (1890—1976) Агáта Мэри Кларúсса Крúсти, англ. писательница. Автор мн. детективных рассказов, романов и пьес

⊙ The Murder of Roger Ackroyd (1926) «Убийство Роджера Экройда», Murder on the Orient Express (1934) «Убийство в Восточном экспрессе», Ten Little Niggers (1939) «Десять негритят», романы; Mousetrap (1952) «Мышеловка», пьеса; The Witness for the Prosecution

«Свидетель обвинения», рассказ, пьеса (1954) и сценарий фильма (1957)

CHRISTIE, Julie (р. 1941) Джу́ли Кри́сти, англ. актриса кино и телевидения (род. в Индии). Лауреат премии «Оскар» (1965)

CHRISTIE *(the Elder)*, James (1730—1803) Джеймс Кри́сти Старший, англ. аукционер. В 1766 основал фирму по аукционной продаже предметов искусства {Christie's}

CHRISTOPHER [ˈkrɪstəfə], St. св. Христофо́р, в христ. преданиях мученик, к-рый во искупление своих грехов переносил через реку пилигримов. Когда он нёс Иисуса Христа в образе ребёнка, то ощутил невыносимую тяжесть, и Иисус объяснил, что вместе с ним Христофор несёт и грехи всего человечества

CHRISTOPHER ROBIN [ˈkrɪstəfəˈrɔbɪn] Кри́стофер Ро́бин, сын писателя А. А. Милна, к-рый фигурирует как персонаж в его стихах и сказочных повестях о медвежонке Винни-Пухе {Winnie-the-Pooh}

CHU Hsi [ˈdʒuːˈʃiː] (1130—1200) Чжу Си, кит. философ. Один из основоположников неоконфуцианства

CHURCHILL, John см. MARLBOROUGH, Duke of

CHURCHILL [ˈtʃɜːtʃɪl], **Winston Leonard Spencer** (1874—1965) Уинстон Ле́онард Спе́нсер Че́рчилль, премьер-мин. Великобритании (1940—45, 1951—55), от конс. партии, публицист. Лауреат Нобелевской премии по литературе (1953) // **Churchillian** [tʃɜːˈtʃɪlɪən] *a* → HANNIBAL, PAGANINI

CHUZZLEWIT [ˈtʃʌzlwɪt], **Martin** Ма́ртин Че́злвит, в одноим. романе Ч. Диккенса (1844) имя богатого старика и его внука. Скупой и подозрительный старик, убедившись в честности молодого Мартина, делает его своим наследником

CIBBER [ˈsɪbə], **Colley** (1671—1757) Ко́лли Си́ббер, англ. драматург и актёр, поэт-лауреат (с 1730)

CICERO [ˈsɪsərəu], **Marcus Tullius** (106—43 до н. э.) Марк Ту́ллий Цицеро́н, рим. гос. деятель, оратор и писатель. Убит по приказу Марка Антония * человек, наделённый красноречием // **Ciceronian** [ˌsɪsəˈrəunjən] *a*

CID [sɪd] **(Campeador), El** /the **CID**; *наст. имя* Rodrigo DÍAZ de VIVAR/ (1040?—1099) Сид (Кампеадо́р) /Родри́го Ди́ас де Бива́р/, исп. рыцарь. Прославился ратными подвигами в отвоевании исп. земель у мавров

□ The Poem of the Cid «Песнь о моём Сиде», исп. эпическая поэма (12 в.); The Cid «Сид», драма П. Корнеля (1637); El Cid «Сид», фильм А. Манна (1961) → CAPONE

CIMABUE [ˌtʃɪmɑːˈbuː(ː)(e)ɪ], **Giovanni** /*наст. имя* Cenni de PEPO/ (1240?—1302?) Джова́нни Чимабу́э /Че́нни ди Пе́по/, ит. художник. Основатель флорентийской школы живописи

CINDERELLA [ˌsɪndəˈrelə] Зо́лушка, в одноим. сказке Ш. Перро падчерица злой мачехи. Благодаря волшебству феи попадает на королевский бал и теряет там хрустальную туфельку, по к-рой влюблённый принц потом находит её

CIRCE [ˈsɜːsɪ] Цирце́я /Ки́рка/, в антич. мифологии волшебница с о. Эя {Aeaea}. Превратила спутников Одиссея в свиней, а его самого год удерживала на своём острове

CLARENDON [ˈklær(ə)ndən], Earl of /**Edward HYDE**/ (1609—74) граф Кла́рендон /Эдуард Хайд/, англ. гос. деятель (с 1667 во Франции). Лорд-канцлер при Карле II в эпоху Реставрации. Автор истории англ. буржуазной революции

CLARISSA см. HARLOWE

CLA

CLARK [klɑ:k], **Joe /Charles Joseph/** (p. 1939) Джо /Чарлз Джо́зеф/ Кларк, премьер-мин. Канады (1979—80), от прогрессивно-консервативной партии

CLARK, Mark Wayne (1896—1984) Марк Уэ́йн Кларк, амер. генерал. Во 2-й мир. войне командовал войсками в Сев. Африке и Италии

CLARK, William (1770—1838) Уи́льям Кларк, амер. путешественник и естествоиспытатель. Возглавил (вместе с М. Льюисом) экспедицию, к-рая впервые пересекла североамериканский континент (1803—07)

CLARKE [klɑ:k], **Arthur Charles** (p. 1917) А́ртур Чарлз Кларк, англ. писатель-фантаст (живёт в Шри-Ланке)

⊙ Childhood's End (1953) «Конец детства», роман; 2001: A Space Odyssey (1968) «2001 : Космическая одиссея», сценарий фильма (совм. с С. Кубриком) и роман

CLAUDIO [ˈklɔ:dɪəu] Кла́вдио: **1.** в комедии У. Шекспира «Много шума из ничего» (1598) жених Геро

2. в комедии У. Шекспира «Мера за меру» (1604) жених Юлии

CLAUDIUS [ˈklɔ:djəs] Кла́вдий, в трагедии У. Шекспира «Гамлет» (1601) король Дании. Узурпировал власть, убив отца Гамлета

CLAUDIUS (10 до н. э.— 54 н. э.) Кла́вдий, рим. император (с 41, после убийства Калигулы). Заложил основы имперской бюрократии, улучшил финансовое положение гос-ва. Отравлен своей женой Агриппиной Младшей

□ I, Claudius «Я, Клавдий», Claudius The God «Божественный Клавдий», романы Р. Грейвса (оба — 1934)

CLAUS, Santa *см.* SANTA CLAUS

CLAUSEWITZ [ˈklauzə‚vɪts], **Karl von** (1780—1831) Карл фон Кла́узевиц, прусский генерал, нем. военный теоретик. Автор изречения о войне как о «продолжении политики другими средствами» {War is the continuation of politics by other means}

'Education in this city, why, it's just a continuation of war by other means.' Strand laughed. '*Clausewitz* couldn't have said it better.' (*I. Shaw*) «Просвещение в этом городе? Да это просто продолжение войны другими средствами».— Стрэнд засмеялся: «Сказано не хуже *Клаузевица*».

CLAY, Cassius *см.* ALI, Muhammad

CLAY [kleɪ], **Henry** (1777—1852) Ге́нри Клей, амер. оратор и полит. деятель, конгрессмен от Кентукки. Стремился предотвратить раскол страны из-за рабовладения на Юге с помощью ряда компромиссных законов, за что получил прозвище «Великий умиротворитель» {the Great Pacificator}. Дважды безуспешно баллотировался в президенты; ему принадлежит изречение: «Пусть я не буду президентом, но буду прав» {I'd rather be right than president}

CLAYTON [ˈkleɪtn], **Jack** (p. 1921) Джек Кле́йтон, англ. кинорежиссёр

⊙ Room at the Top (1958) «Путь наверх», The Great Gatsby (1974) «Великий Гэтсби»

CLELAND [ˈkli:lənd], **John** (1709—89) Джон Кли́ланд, англ. писатель и журналист. Его роман о публичной женщине находился под официальным запретом до 1963

⊙ Fanny Hill (1748—49) «Фанни Хилл», роман

CLEMENÇEAU [‚klemənˈsəu], **Georges** (1841—1929) Жорж Клеmансо́, премьер-мин. Франции (1906—09 и 1917—20)

CLEMENT [ˈklemənt] Климе́нтий, имя 14 рим. пап

CLEMENT of Alexandria /Titus Flavius CLEMENS/ (150?—220?)

Климе́нтий Александри́йский /Тит Фла́вий Климе́нт/, греч. христ. теолог

CLEOPATRA [ˌklɪə'pætrə] (69—30 до н. э.) Клеопа́тра, последняя ца́рица Египта. Славилась красотой и умом. Была любовницей Цезаря, впоследствии Марка Антония. После поражения в войне с войсками Октавиана покончила с собой, по преданию, дав змее укусить себя **Cleopatra's Needles** «Иглы Клеопатры», два егип. обелиска (1500? до н. э.), установленные в 1878 на набережной Темзы в Лондоне и в 1880 в Центр. парке Нью-Йорка

☐ фильмы амер. реж. С. Де Милля (1934), Дж. Манкевича (1963); Antony and Cleopatra «Антоний и Клеопатра», трагедия У. Шекспира (1607); опера С. Барбера (1966); Caesar and Cleopatra «Цезарь и Клеопатра», пьеса Дж. Б. Шоу (1898)

He wants something different from us...— a kind of cross between a mother and a Greek courtesan, a henchwoman, a mixture of *Cleopatra* and *Boswell*. (*J. Osborne*)

Ему нужно совсем другое... Что-то среднее между матерью и куртизанкой. Оруженосица. Гибрид *Клеопатры* и *Босуэлла*. (*Пер. Д. Ур-нова*)

CLERK-MAXWELL, James см. MAXWELL J. C.

CLEVELAND ['kliːvlənd], **(Stephen) Grover** (1837—1908) (Сти́вен) Гро́вер Кли́вленд, 22-й и 24-й през. США (1885—89, 1893—97), от дем. партии

CLIBURN ['klaɪbzːn], **Van /Harvey Lavan/** (р. 1934) Ван /Ха́рви Лава́н/ Кла́йберн /Кли́берн/, амер. пианист

CLINTON ['klɪntən], **Henry** (1738?—95) Ге́нри Кли́нтон, главнокомандующий англ. войсками в Войне за независимость северо-американских колоний 1775—83.

CLIO ['klaɪəu] Кли́о, в греч. мифологии муза истории

☐ Homage to Clio «Дань Клио», сб. стихов У. Х. Одена (1960)

CLIVE [klaɪv], **Robert /Baron CLIVE of Plassey/** (1725—74) Ро́берт Клайв /барон Клайв Плесси́йский/, англ. колониальный деятель. В ходе захвата инд. территорий одержал победу в битве при Плесси (1757). Губернатор Бенгалии {Bengal} в 1757—60 и 1765—67. По возвращении в Англию был обвинён во взяточничестве. Покончил с собой

CLOOTIE ['kluːtɪ] Клу́ти, в шотл. фольклоре нечистый, лукавый (т. е. чёрт)

CLOTHO ['kləuθəu] Кло́то, в антич. мифологии одна из богинь судьбы /греч. мойр, рим. парок/. Прядёт жизненную нить человека

CLOVIS ['kləuvis] **the Great** (466?—511) Хло́двиг Великий, король франков (с 481). Завоевал Галлию {Gaul} и положил начало франкскому гос-ву со столицей в Париже

☐ The Chronicles of Clovis «Хроники Хлодвига», сб. рассказов Г. Манро (1911)

CLYTEMNESTRA [ˌklaɪtɪm'nestrə] Клитемне́стра, в антич. мифологии жена Агамемнона, подстроившая его убийство. Убита Орестом

CNUT см. CANUTE

COBBE [kɔb], **Frances Power** (1822—1904) Фрэ́нсис Па́уэр Кобб, англ. писательница, обществ. деятель и филантроп

COBBETT ['kɔbɪt], **William** (1763—1835) Уи́льям Ко́ббетт, англ. журналист, публицист и историк. Первым стал публиковать неофициальные репортажи о парламентских дебатах. Автор путевых очерков о Южной Англии

⊙ Rural Rides (1820—30) «Сельские поездки»

But he has a reputation for wisdom and for a respectable parsimony in the village, and his knowledge of the roads of the South of England would beat *Cobbett*. (*H. G. Wells*)

В местечке он слывёт умным человеком, его бережливость внушает всем почтение, а о дорогах Южной Англии он сообщит вам больше сведений, чем *любой путеводитель*. (*Пер. Д. Вейса*)

COCKER ['kɔkə], **Edward** (1631—75) Эдуард Ко́ккер, англ. каллиграф и педагог. Под его именем многократно издавался учебник арифметики

according to Cocker согласно авторитетам, в соответствии с правилами

COCKROFT ['kɔkrɔft, 'kəuk-] **John Douglas** (1897—1967) Джон Ду́глас Ко́крофт, англ. физик. Лауреат Нобелевской премии (1951)

COCTEAU [kɔk'təu], **Jean** (1889—1963) Жан Кокто́, фр. писатель-модернист

CODY, William Frederick *см.* BILL, Buffalo

COEUR de LION *см.* RICHARD I

COGGAN ['kɔgən], **Frederick Donald** (р. 1909) Фре́дерик До́налд Ко́гган, архиепископ Кентерберийский (1974—80)

COHAN ['kəuhæn], **George Michael** (1878—1942) Джордж Майкл Ко́хан, амер. актёр, драматург и продюсер. Автор популярных эстрадных песен

⊙ Give My Regards to Broadway «Привет Бродвею», Yankee Doodle Dandy «Янки Дудль молодец», You're a Grand Old Flag «Наш великий старинный флаг», песни

COKE [kəuk] **of Norfolk, Thomas William** (1752—1842) То́мас Уи́льям Ко́ук Но́рфолкский, англ. полит. деятель и реформатор сельского хозяйства. Резко повысил плодородность угодий в своём поместье с помощью удобрений, севооборота и др. мер

COLBERT [kɔl'bɛə], **Jean Baptiste** (1619—83) Жан Бати́ст Кольбе́р, фр. гос. деятель, главный министр Людовика XIV

COLE [kəul], **Old King** старый король Коль, персонаж англ. детского стихотворения:

Old King Cole was a merry old soul,
And a merry old soul was he;
He called for his pipe and called for his bowl,
And he called for his fiddlers three, *etc.*

Старый дедушка Коль был весёлый король.
Громко крикнул он свите своей:
— Эй, налейте нам кубки, да набейте нам трубки,
Да зовите моих скрипачей, трубачей,
Да зовите моих скрипачей! *и т. д.* (*Пер. С. Маршака*)

COLE, Thomas (1801—48) То́мас Ко́ул, амер. художник (род. в Англии). Основоположник «идеального» направления в амер. пейзажной живописи

COLERIDGE ['kəulrɪdʒ], **Samuel Taylor** (1772—1834) Сэ́мюэл Те́йлор Ко́лридж /Ко́льридж/, англ. поэт-романтик «озёрной школы». Автор поэм и баллад мистического и аллегорического характера. Во время путешествия на Мальту и в Италию пристрастился к опиуму

⊙ The Rime of the Ancient Mariner (1798) «Сказание о Старом Мореходе», Christabel (1798—1800) «Кристабель», Kubla Khan (опубл. 1816) «Кубла-хан»

To tell the story of *Coleridge* without the opium is to tell the story of *Hamlet* without mentioning the ghost. (*L. Stephen*)

Рассказать историю *Колриджа*, не упомянув об опиуме,— всё равно что поведать историю *Гамлета*, не сказав ничего про тень его отца.

→ WORDSWORTH

COLET ['kɔlɪt], **John** (1467?—1519) Джон Ко́лет, англ. священник. Основатель кружка Оксфордских гуманистов

COLLINS ['kɔlɪnz], **William Wilkie** (1824—89) Уи́льям Уи́лки Ко́ллинз, англ. писатель. Один из зачинателей детективно-приключенческого жанра

⊙ The Woman in White (1860) «Женщина в белом», The Moonstone (1868) «Лунный камень», романы

COLMAN ['kəulmən], **George** Джордж Ко́улман, имя двух англ. драматургов, отца и сына: **1. the Elder** (1732—94) Старший

⊙ The Jealous Wife (1761) «Ревнивая жена», The Clandestine Marriage (совм. с Д. Гарриком, 1766) «Тайный брак», комедии

2. the Younger (1762—1836) Младший

⊙ Incle and Yarico (1787) «Инкл и Ярико», The Heir-at-Law (1797) «Законный наследник», John Bull (1803) «Джон Буль», комедии

COLUMBA [kə'lʌmbə] /*ирл.* COLUM(CILLE) ['kʌləm(kɪl)]/, St. (521—597) св. Колу́мба /Ко́лум(килл)/, ирл. миссионер. Способствовал принятию христианства шотл. племенами. Основал монастырь на о. Иона {Iona}

COLUMBINE ['kɔləmbaɪn] Коломби́на, персонаж-маска ит. и позднее англ. нар. комедии, дочь Панталоне и возлюбленная Арлекина

COLUMBUS [kə'lʌmbəs], **Christopher** (1451—1506) Христофо́р Колу́мб, ит. мореплаватель (род. в Генуе). В 1492 экспедиция, снаряжённая им на деньги исп. короля с целью поиска кратчайшего морского пути в Индию, достигла Америки

I remember after we looked at all the Indian stuff, usually we went to see some movie in this big auditorium. *Columbus.* They were always showing *Columbus* discovering America, having one helluva time getting old *Ferdinand* and *Isabella* to lend him the dough to buy ships with, and then the sailors mutinying on him and all. (*J. Salinger*)

Помню, как после осмотра этих индейских изделий нам показывали какой-нибудь фильм в большой аудитории. Про *Колумба*. Всегда почти нам показывали, как *Колумб* открыл Америку и как он мучился, пока не выцыганил у *Фердинанда* с *Изабеллой* деньги на корабли, а потом матросы ему устроили бунт. (*Пер. Р. Райт-Ковалёвой*)

Well, isn't this a nice surprise for me? I assure you I haven't been so surprised since *Christopher Columbus* discovered America — truly I haven't! (*P. Travers*)

Вот это действительно приятный сюрприз! Я вас уверяю — у меня не было такого сюрприза с тех пор, как *Христофор Колумб* открыл Америку! Клянусь! (*Пер. Б. Заходера*)

Crane finds in America a principle of unity and absolute faith, through the integration of such symbols as *Columbus, Pocahontas, Rip Van Winkle, Poe, Whitman,* the subway, and above all, Brooklyn Bridge. (*J. Hart*)

Крейн находит в Америке начало единства и непоколебимой веры, собирая воедино такие символы, как *Колумб, Покахонтас, Рип Ван Винкль, По, Уитмен,* подземка и, прежде всего, Бруклинский мост.

COMBE [ku:m], **William** (1741—1823) Уи́льям Кум, англ. поэт-сатирик

⊙ The Diaboliad (1776) «Дьяволиада», The Adventures of Dr. Syntax (1809) «Приключения доктора Синтаксиса», поэмы

COMENIUS [kə'mi:nɪəs] /*чеш.* KOMENSKÝ ['kɔmənski:]/, **John Amos**

COM

(1592—1670) Ян Амо́с Коме́нский, чеш. гуманист и педагог. Основоположник дидактики

COMNENUS [kɔmˊniːnəs] Комни́н, династическое имя византийских императоров сер. 11 — кон. 12 вв.

COMPTON [ˊkɔm(p)tən], **Arthur Holly** (1892—1962) А́ртур Хо́лли Ко́мптон, амер. физик. Лауреат Нобелевской премии (1927)

COMUS [ˊkəuməs] Ко́мус, в одноим. драме Дж. Ми́льтона (1634) языческое божество, сын Вакха и Цирцеи. Он опаивает путников вином, от к-рого их лица превращаются в звериные морды

□ опера Т. Арна (1738); балет К. Ламберта (аранжировка музыки Г. Перселла, 1942)

His ⟨the criminal's⟩ name, by the way, was not *Satan*, it was *Comus*, and this is paradox now, since the original *Comus*, as everyone knows, was the god of festive joy and mirth, emotions not commonly associated with the Underworld. (*E. Queen*)

А звали его, между прочим, не *Сатаной*, а *Комусом* — и в этом был парадокс, потому что настоящий *Комус*, как всем известно, был богом застольного веселья и удовольствий, а эти понятия мало у кого ассоциируются с преступным миром.

CONAN DOYLE, Arthur см. DOYLE

CONCHOBAR [ˊkɔŋkəuwə, ˊkɔnuə] Конхоба́р, в ирл. мифологии король Ольстера

CONDÉ [kɔŋˊdeɪ], **Prince** /**Louis II de BOURBON** [ˊbuəbən, -bɔŋ]/ (1621—86) принц Конде́ /Луи́ II Бурбо́н/, фр. полководец

CONFUCIUS [kənˊfjuːʃjəs] /*кит.* K'UNG Futzu, KUNG Futse/ (551?—479 до н. э.) Конфу́ций /Кун-цзы/, кит. философ. Его этико-политическая система была принята в качестве официальной идеологии Китая вплоть до нач. 20 в. // **Confucian** [kənˊfjuːʃjən] *a* конфуцианский; **Confucianism** [kənˊfjuːʃjənɪzm] *n* конфуцианство

CONGREVE [ˊkɔŋgriːv], **William** (1670—1729) Уи́льям Ко́нгрив, англ. драматург

⊙ The Old Bachelor (1693) «Старый холостяк», The Double Dealer (1693) «Двойная игра», Love for Love (1695) «Любовь за любовь», The Way of the World (1700) «Так поступают в свете», комедии

CONRAD [ˊkɔnræd], **Joseph** /*наст. имя* Józef Teodor Konrad KORZENIOWSKI/ (1857—1924) Джо́зеф Ко́нрад /Ю́зеф Теодо́р Ко́нрад Кожене́вский/, англ. писатель-маринист польск. происхождения

⊙ Lord Jim (1900) «Лорд Джим», Nostromo (1904) «Ностромо», The Secret Agent (1907) «Тайный агент», Under Western Eyes (1911) «Глазами Запада», романы

CONSTABLE [ˊkʌnstəbl, ˊkɔn-], **John** (1776—1837) Джон Ко́нстебл, англ. живописец-пейзажист

CONSTANTINE [ˊkɔnst(ə)ntiːn, -taɪn] *the Great* (280?—337) Константи́н Великий, рим. император (с 306). Первым признал христианство; основал Константинополь {Constantinople}

COOK [kuk], **James** (1728—79) Джеймс Кук, англ. мореплаватель. Открыл вост. побережье Австралии, земли в Тихом океане. Во время 3-го тихоокеанского плавания был убит аборигенами на Гавайях

COOK, Thomas (1808—92) То́мас Кук, англ. бизнесмен, «отец» современного туризма. Основал первое туристическое агентство, предлагавшее комплексные услуги

When a British tourist descended from the train, a *Cook* representative stood by to lead him to a hotel ... Breakfast on a terrace with a view, a morning stroll round the town, a boat trip at midday, and in the evening a careful selection of indiscretions: this was the typical *well-Cooked way*. (*International Herald Tribune, 1975*)

Когда английский турист сходил с поезда, его встречал представитель *агентства Кука* и сопровождал в гостиницу... Завтрак на террасе с видом на город, утренняя экскурсия по достопримечательностям, прогулка на яхте днём и тщательно подготовленный набор развлечений вечером — такова была типичная программа «*конторы Кука, где изгнана скука*».

COOKE [kuk], **(Alfred) Alistair** (р. 1908) (Áлфред) Áлистер Кук, амер. журналист (род. в Англии). Автор иронических радиоочерков-монологов

COOLIDGE [′ku:lɪdʒ], **(John) Calvin** (1872—1933) (Джон) Кáлвин Кýлидж, 30-й през. США (1923—29), от респ. партии. Отличался немногословностью в публичных выступлениях, за что получил прозвище «Молчаливый Кэл» {Silent Cal}

COONING [′kəunɪŋ], **Willem de** (р. 1904) Вúллем де Кóонинг, амер. художник-абстракционист (род. в Голландии)

COOPER [′ku:pə], **Alice** /*наст. имя* Vince FURNIER/ (р. 1948) Элис Кýпер /Винс Фéрньер/, амер. эстрадный певец

COOPER, Gary /*наст. имя* Frank James/ (1901—61) Гáри /Фрэнк Джеймс/ Кýпер, амер. киноактёр. Снимался в амплуа героя-любовника

More people can be found with a knowledge of the likes and dislikes of Mr. *Gary Cooper* than with the simplest idea of the main precepts of, say, *Jesus Christ*. (*O. Ferguson*)

Чаще можно встретить людей, осведомлённых о том, что любит и чего не любит г-н *Гари Купер*, чем лиц, имеющих элементарное понятие, скажем, о заветах *Иисуса Христа*.

COOPER, James Fenimore (1789—1851) Джеймс Фéнимор Кýпер, амер. писатель. Автор героико-романтических романов об индейцах и завоевании фронтира {frontier}

⊙ The Spy (1821) «Шпион», ист. роман; The Pioneers (1823) «Пионеры», The Last of the Mohicans (1826) «Последний из могикан», The Prairie (1827) «Прерия», The Pathfinder (1840) «Следопыт», The Deerslayer (1841) «Зверобой», пенталогия романов

COOPER, Leon (р. 1930) Леóн Кýпер, амер. физик. Лауреат Нобелевской премии (1972)

COOPER, Samuel (1609—72) Сэмюэл Кýпер, англ. художник. Автор портретных миниатюр

COPERNICUS [kə(u)′pɜ:nɪkəs] /*польск.* **KOPERNIK/, Nicolaus** (1473—1543) Николáй Копéрник, польск. астроном. Первым объяснил движение небесных светил вращением Земли вокруг Солнца

⟨Charles Darwin was a⟩ man who by his proof of the fact of evolution was the *Copernicus*, and by his establishment of the principle of natural selection was the *Newton* of the realm of living things. (*G. de Beer*)

Чарлз Дарвин, доказав факт эволюции, стал *Коперником*, а утвердив принцип естественного отбора,— *Ньютоном* для науки о живом.

COPHETUA [kə(u)′fetjuə] Кофéтуа, в англ. фольклоре африканский царь. Был женоненавистником, но однажды влюбился в нищенку и женился на ней. Фигурирует или упоминается в произведениях У. Шекспира, Б. Джонсона, А. Теннисона

COPLAND [′kɔplənd, ′kəup-], **Aaron** (р. 1900) Аарóн Кóпленд, амер. композитор, пианист и пропагандист музыки. Один из создателей нац. амер. стиля, вобравшего элементы фольклора и джаза

⊙ Billy the Kid (1938) «Детка Билли /Билли Кид/», Rodeo (1942) «Родео», Appalachian Spring (1944) «Весна в Аппалачах», балеты; A Lincoln Portrait (1942) «Портрет Линкольна», симфоническая поэма для чтеца с оркестром

COPLEY [ˈkɔplɪ], **John Singleton** (1738—1815) Джон Сѝнглтон Кòпли, амер. живописец (после 1774 в Англии). Мастер реалистического портрета

COPPERFIELD [ˈkɔpəfi:ld], **David** Дѐвид /Давѝд/ Кòпперфилд, в одноим. романе Ч. Диккенса (1850) гл. герой. В романе повествуется о его детстве и юности; несмотря на людскую жестокость, Дэвид сохраняет доброту и отзывчивость

If you really want to hear about it, the first thing you'll probably want to know is where I was born, and what my lousy childhood was like, and how my parents were occupied and all before they had me, and all that *David Copperfield* kind of crap, but I don't feel like going into it, if you want to know the truth. (*J. Salinger*)

Если вам на самом деле хочется услышать эту историю, вы, наверно, прежде всего захотите узнать, где я родился, как провёл своё дурацкое детство, что делали мои родители до моего рождения,— словом, всю эту *давид-копперфилдовскую* муть. Но, по правде говоря, мне неохота в этом копаться. (*Пер. Р. Райт-Ковалевой*)

COPPOLA [ˈkɔpələ], **Francis Ford** (р. 1939) Фрэнсис Форд Кòппола, амер. кинорежиссёр. Лауреат премии «Оскар» (1970, 1972, 1974)

⊙ The Godfather (1972) «Крёстный отец», The Godfather II (1974) «Крёстный отец II», The Conversation (1974) «Разговор», The Apocalypse Now (1979) «Апокалипсис сегодня», Cotton Club (1984) «Клуб Коттон», Peggy Sue Got Married (1986) «Пегги Сью вышла замуж»

CORBUSIER *см.* LE CORBUSIER

CORDAY (d'ARMONT) [kɔːˈdeɪdɑːˈmɔ̃], **Charlotte** (1768—93) Шарлòтта Кордѐ (д'Армòн), фр. дворянка. Заколола кинжалом Ж. П. Марата в ванне. Казнена на гильотине

CORDELIA [kɔːˈdi:ljə] Кордѐлия, в трагедии У. Шекспира «Король Лир» (1605) младшая дочь Лира. Несмотря на преданность отцу, не пожелала публично льстить ему и была им отвергнута

CORINEUS [ˌkɔrɪˈni:əs] Коринѐй, в англ. фольклоре соратник короля Брута. Победив в рукопашном бою Гогмагога, получил в награду Корнуолл

CORIOLANUS [ˌkɔrɪə(u)ˈleɪnəs] **Gaius Marcius** (5 в.? до н. э.) Гай Мàрций Кориолàн, легендарный рим. полководец, перебежавший на сторону племени вольсков {Volscians} — врагов Рима

☐ трагедия У. Шекспира (1607)

CORMORAN [ˈkɔːməræn] Корморàн, в англ. фольклоре корнуоллский великан. Убит Джеком Победителем Великанов

CORNEILLE [kɔːˈneɪ], **Pierre** (1606—84) Пьер Корнѐль, фр. драматург-классицист

⊙ The Cid (1637) «Сид», Horace (1641) «Гораций», трагедии

CORNELL [kɔːˈnel], **Ezra** (1807—74) Эзра Корнѐлл, амер. финансист и филантроп. Его именем назван Корнеллский университет

CORNFORTH [ˈkɔːnfɔ:θ], **John Warcup** (р. 1917) Джон Уòркап Кòрнфорт, англ. химик (род. в Австралии). Лауреат Нобелевской премии (1975)

CORNWALLIS [kɔːnˈwɔlɪs], **Charles** (1738—1805) Чарлз Корнуòллис, англ. генерал. Его поражение от Дж. Вашингтона при Йорктауне (1781) предрешило исход Войны за независимость североамериканских колоний. Участвовал в подавлении ирл. восстания 1798

CORONADO [ˌkɔrəˈnɑːdəu], **Francisco Vásquez de** (1500?—54) Франсиско Вáскес де Коронáдо, исп. конкистадор. Исследовал отдалённые юго-западные районы США

COROT [kəˈrəu], **Jean Baptiste Camille** (1796—1875) Жан Батúст Камúль Корó, фр. живописец-пейзажист

CORREGGIO [kəˈredʒ(ɪ)əu] /*наст. имя* ALLEGRI/, **Antonio da** (1494—1534) Антóнио да Коррéджо /Аллéгри/, ит. живописец Возрождения

CORTÉS /CORTEZ/ [ˈkɔːtes, -z], **Hernán(do)** (1485—1547) Эрнáн Кортéс, исп. конкистадор. Завоевал гос-во ацтеков

COSBY [ˈkɔsbɪ], **Bill** (р. 1937) Билл Кóсби, амер. комик, артист эстрады, кино и телевидения

COSGRAVE [ˈkɔzgreɪv], **Liam** (р. 1920) Лáйам Кóсгрейв, премьер мин. Ирлáндии (1973—77)

COSGRAVE, William Thomas (1880—1965) Уúльям Тóмас Кóсгрейв, ирл. полит. деятель, лидер партии шинфейнеров {Sinn Fein party}. Возглавил первое пр-во после провозглашения независимости (1922—32)

COSTELLO [kɔsˈteləu, ˈkɔstələu], **John Aloysius** (1891—1976) Джон Алойсиус Костéлло, премьер-мин. Ирландии (1948—51 и 1954—57)

COTMAN [ˈkɔtmən], **John Sell** (1782—1842) Джон Селл Кóтман, англ. живописец. Автор акварельных пейзажей

COULOMB [ˈkuːlɔm, kuːˈlɔ̃], **Charles Augustin de** (1736—1806) Шарль Огюстéн де Кулóн, фр. физик. Его именем названа единица электрического заряда

COURBET [kuəˈbeɪ], **(Jean Désiré) Gustave** (1819—77) (Жан Дезирé) Гюстáв Курбé, фр. живописец

COUSTEAU [kuːˈstəu], **Jacques Yves** (р. 1910) Жак Ив Кустó, фр. океанограф. Изобретатель акваланга, автор научно-популярных книг и фильмов о жизни моря

COVERDALE [ˈkʌvədeɪl], **Miles** (1488—1568) Майлс Кáвердейл, англ. богослов, первый переводчик Библии на англ. язык (1535)

COWARD [ˈkauəd], **Noël Pierce** (1899—1973) Нóэл Пирс Кáуард /Кóуард/, англ. актёр, драматург, композитор и продюсер. Автор оперетт, ревю и кинофильмов, сочетающих элементы комедии и мелодрамы

⊙ Private Lives (1930, фильм 1931) «Частные жизни», Cavalcade (1931, фильм 1933) «Кавалькада», пьесы и сценарии; Bitter Sweet (1929, фильм 1933) «Горько-сладкий», оперетта; Brief Encounter (1945) «Короткая встреча», Pretty Polly (1967) «Прелестная Полли», сценарии кинофильмов

But... his distinctly shorthand manner of narration was more reminiscent of a *Noël Coward* farce than a noble medieval tale of crossed love. (*J. Fowles*)

Но в его стенографическом изложении это произведение скорее напоминало фарс *в духе Ноэла Кауарда*, чем прекрасную легенду об обманутой любви. (*Пер. К. Чугунова*)

COWLEY [ˈkaulɪ], **Abraham** (1618—67) Авраáм /Áбрахам/ Кáули, англ. поэт. Автор стихотворных драм, од, любовной лирики, прозаических эссе

COWPER [ˈkuːpə], **William** (1731—1800) Уúльям Кýпер, англ. поэт-сентименталист

⊙ Boadicea (1782) «Боадикея», баллада; The Diverting History of John Gilpin (1782) «Забавная история Джона Гилпина», The Task (1785) «Задача», поэмы

COWPERWOOD [ˈkaupəwud], **Frank** Фрэнк Кáупервуд, в «Трилогии желания» Т. Драйзера (романы «Финансист», «Титан» и «Стоик») магнат бизнеса, одержимый жаждой власти

COX and BOX *см.* BOX and COX

COXEY [ˈkɔksɪ], **Jacob Sechler** (1854—1951) Джейкоб Секлер Кокси, амер. обществ. деятель. Выступал за выделение гос. средств на строительные работы для создания рабочих мест и возглавил походы безработных на Вашингтон {Coxey's army}

CRABBE [kræb], **George** (1754—1832) Джордж Крэбб, англ. поэт. Автор описательных и сюжетных поэм

⊙ The Village (1783) «Деревня» → WORDSWORTH

CRAIG [kreɪg], **(Henry Edward) Gordon** (1872—1966) (Генри Эдуард) Гордон Крэг /Крейг/, англ. режиссёр и актёр. Новатор и теоретик театра

CRAIGAVON [kreɪgˈævən], **James Craig** /1st Viscount/ (1871—1940) Джеймс Крейг /1-й виконт/ Крейгавон, англо-ирландский полит. деятель, 1-й премьер-мин. Сев. Ирландии (с 1921)

CRANACH /KRANACH/ [ˈkrɑːnɑːx] **the Elder, Lucas** (1472—1553) Лукас Кранах Старший, нем. живописец и график

CRANE [kreɪn], **(Harold) Hart** (1899—1932) (Гарольд) Харт Крейн, амер. поэт. Близок футуризму. По возвращении из путешествия в Мексику покончил с собой

⊙ White Buildings (1926) «Белые здания», The Bridge (1930) «Мост», сб. стихов

CRANE, Stephen (1871—1900) Стивен Крейн, амер. писатель и журналист. Представитель натуралистической школы в прозе; автор поэтических произведений, написанных свободным стихом

⊙ The Red Badge of Courage (1895) «Алый знак доблести», роман

CRANMER [ˈkrænmə], **Thomas** (1489—1556) Томас Кранмер, англ. священник и богослов, архиепископ Кентерберийский (1533—56). Поддержал разрыв Генриха VIII с Ватиканом и освятил его многочисленные разводы. Способствовал Реформации в Англии; после воцарения Марии Тюдор был сожжён на костре как еретик

CRASSUS [ˈkræsəs], **Marcus Licinius** (115?—53 до н. э) Марк Лициний Красс, рим. полководец и полит. деятель. В 71 подавил восстание Спартака, в 60 входил в триумвират вместе с Цезарем и Помпеем

CRAWFORD [ˈkrɔːfəd], **Joan** /наст. имя Lucille LE SUEUR/ (1904—77) Джоан Кроуфорд /Люсиль Ле Сюэр/, амер. киноактриса. Лауреат премии «Оскар» (1945)

CRAY [kreɪ], **Seymour** (р. 1926) Сеймур Крей, ведущий амер. специалист по компьютерной технике. Ок. 1970 основал компанию «Крей рисерч» {Cray Research}, в 1989 — «Крей компьютер» {Cray Computer}

CRAZY HORSE [ˈkreɪzɪˈhɔːs] (1849?—77) Бешеный Конь, вождь индейского племени сиу {Sioux}. Участник битвы при Литтл-Биг-Хорне (1876)

CREELEY [ˈkriːlɪ], **Robert** (р. 1926) Роберт Крили, амер. поэт авангардистского направления. Участник 2-й мир. войны

CREON [ˈkriːɔn] Креонт, в греч. мифологии брат Иокасты, ставший царём Фив {Thebes} (см. ANTIGONE, JOCASTA)

CRESSID(A) [ˈkresɪd(ə)] **/CRISEYDE** [krɪˈseɪdə]/ Крессида /Хризейда/, в греч. мифологии возлюбленная Троила. Несмотря на клятвы в вечной любви, изменила ему ради Диомеда

□ The Testament of Cressid «Завещание Крессиды», поэма Р. Хенрисона (1593); Troilus and Criseyde «Троил и Крессида /Хризеида/», поэма Дж. Чосера (между 1372 и 1386); драмы У. Шекспира (1602), Дж. Драйдена (1679); опера У. Уолтона (1954)

CREUSA *см.* GLAUCE

CRÈVECOEUR [krev'kз:, kri:v-, -'kuə], **Michel Guillaume St. Jean /Hector St. John/** (1735—1813) Мишéль Гийóм Сен-Жан /Гéктор Сент-Джон/ Кревкёр /Кревекёр/, амер. писатель-публицист фр. происхождения (вернулся во Францию в 1790). Автор очерков об обществ. устройстве США

CRICHTON ['kraɪtn], *the Admirable* Великолепный Крáйтон: **1.** **/James/** (1560—82) /Джеймс/, шотл. аристократ. Обладал совершенной памятью и разносторонними способностями: к фехтованию, верховой езде, танцам, языкам, науке и поэзии. Убит в Италии в уличной драке на шпагах

□ The Life and Death of the Admirable Crichton «Жизнь и смерть Великолепного Крайтона», биография Т. Эркарта (1658)

2. в одноим. комедии Дж. Барри (1902) талантливый и находчивый лакей

CRICK [krɪk], **Francis Harry Compton** (р. 1916) Фрэнсис Хáрри Кóмптон Крик, англ. биофизик и генетик. Лауреат Нобелевской премии (1962)

CRIPPEN ['krɪpɪn], **Hawley Harvey** (1862—1910) Хóли Хáрви Крúппин, амер. врач в Англии, убивший свою жену. Первый преступник, задержанный при помощи радио (о его присутствии на борту судна, к-рым он пытался бежать, сообщил в Скотланд-Ярд капитан)

CRISEYDE *см.* CRESSID(A)

CRISPIN and CRISPINIAN ['krɪspɪn ənd krɪ'spɪnjən], Sts. св. Крúспин и Криспиниáн, в христ. легендах братья-проповедники. Зарабатывали на жизнь сапожным ремеслом и считаются покровителями сапожников

CROCKETT ['krɔkɪt], **David** (1786—1836) Дéйвид Крóкетт, амер. исследователь «дикого Запада» и полит. деятель. Убит в войне за отделение Техаса от Мексики. Традиционно ассоциируется с образом лесного охотника в меховой шапке

At the park's previews, visitors gushed and oohed. Sporting beanies with mouse ears, they floated through Americana on a *Mark Twain* river boat and *Davy Crockett* explorer canoes and railroaded through the Wild West on a train pulled by a steam locomotive. (*Time, 1983*)

При входе в парк посетители издавали восторженные восклицания. Надев спортивные шапочки с ушами Микки-Мауса, они стправлялись в плавание по реке Американа на пароходе в *стиле времён Марка Твена* и каноэ *первопроходцев* или путешествовали в поезде с паровозом «на дикий Запад».

CROESUS ['kri:səs] (595—546 до н. э.) Крёз, последний царь Лидии (560—546 до н. э.). Считался богатейшим человеком древнего мира * богач, крёз

Billy owned a lovely *Georgian* home in Illium. He was rich as *Croesus*, something he had never expected to be. (*K. Vonnegut*)

У Билли был прекрасный дом в Иллиуме, *в георгианском стиле*. Он был богат как *крёз* — а ведь раньше он об этом и не мечтал.

What desperate transaction lay hidden here? What moral expedient of a bizarre *Croesus*? What terrible and golden mystery? (*F. Scott Fitzgerald*)

Какое безрассудство там скрывалось? Какая благовидная уловка чудака-*крёза*? Какая страшная золотая тайна? (*Пер. Р. Рахмановой*)

CROMER ['krəumə], 1st Earl of /**Evelyn BARING** ['beərɪŋ]/ (1841—1917) граф Крóмер /Ивлин Бэ́ринг/, англ. дипломат

CRO

A smack of Lord *Cromer, Jeff Davis* a touch of him;
A little of *Lincoln,* but not very much of him;
Kitchener, Bismarck and Germany's *Will,*
Jupiter, Chamberlain, Buffalo Bill. (Anonymous epigram on Th. Roosevelt)

На *Кромера* и *Дэвиса* он смахивает больно;
И что-то (правда, мало) есть в нём от *Линкольна.*
В нём *Китченера, Бисмарка* и *кайзера* сложили;
Он *Чемберлен, Юпитер* и наш *Бизоний Билли.*

CROMPTON [ˈkrʌm(p)tən, ˈkrɔm-], **Samuel** (1753—1827) Сэ́мюэл Кро́мптон, англ. инженер, изобретатель. Сконструировал прядильный станок, к-рый назвал мюль-машиной {mule}

CROMWELL [ˈkrɔmw(ə)l], **Oliver** (1599—1658) О́ливер Кро́мвель, англ. полит. и воен. деятель буржуазной революции 17 в. В гражданской войне выступал на стороне парламента против Карла I (к-рый был свергнут в 1649). С 1653, распустив «долгий парламент», установил режим единоличной власти в качестве лорда-протектора

CROMWELL, Thomas /Earl of **ESSEX**/ (1485?—1540) То́мас Кро́мвель /граф Уэ́ссекс/, англ. гос. деятель, в 1529—40 ближайший советник Генриха VIII. Обеспечил узаконение парламентом разрыва с Римом; в 1536—39 распустил монастыри. Способствовал женитьбе Генриха на Анне Клевской, но из-за недовольства короля этим браком был обвинён в измене и казнён

CRONIN [ˈkrəʊnɪn], **Archibald Joseph** (1896—1981) А́рчибальд Джо́зеф Кро́нин, англ. писатель
⊙ The Stars Look Down (1935) «Звёзды смотрят вниз», The Citadel (1937) «Цитадель», романы; Shannon's Way (1948) «Путь Шеннона», повесть

CRONKITE [ˈkrɒŋkaɪt], **Walter** (р. 1916) Уо́лтер Кро́нкайт, амер. радио- и тележурналист. В 1962—81 комментатор ежевечерней телепрограммы новостей компании «Си-Би-Эс» {CBS}

CRONOS /CRONUS, KRONOS/ [ˈkrəʊnəs, ˈkrɔ-] Кро́нос /Крон; Хро́нос/, в греч. мифологии титан, сын Урана и Геи, лишивший власти своего отца и ставший верховным богом. Чтобы избежать предсказанного ему низвержения сыном, проглатывал своих детей, однако спрятанный от него Зевс уцелел и сверг Кроноса. Олицетворяет тж. время (Хронос). В рим. мифологии ему соответствует Сатурн

CROOKES [kruks], **William** (1832—1919) Уи́льям Крукс, англ. физик и химик. В 1861 открыл таллий

CROSBY [ˈkrɔsbɪ], **Bing** /наст. имя Harry Lillis/ (1904—77) Бинг /Ха́рри Ли́ллис/ Кро́сби, амер. эстрадный певец и киноактёр. Лауреат премии «Оскар» (1944)

CROW [krəʊ], **Jim** Джим Кро́у, в амер. муз. представлениях 1840-х гг. негр-весельчак (эту роль играли загримированные белые артисты) * 1) презрительное прозвище негра 2) расовая сегрегация // **Jim Crowism** [ˌdʒɪmˈkrəʊɪzm] *n* дискриминация негров

Jim Crow car вагон (с отделениями) «для чёрных» (в штатах, где практиковалась расовая сегрегация)

Jim Crow laws законы о расовой сегрегации (существовали в некоторых штатах до 1940-х гг.)

CRUDEN [ˈkruːdn], **Alexander** (1701—70) Алекса́ндер Кру́ден, англ. корректор. Составитель «Симфонии» {Concordance}, т. е. алфавитного указателя, к Библии (1737)

CRUIKSHANK [ˈkrukʃæŋk], **George** (1792—1878) Джордж Кру́кшенк, англ. иллюстратор и карикатурист. Иллюстрировал произведения Ч. Диккенса, У. Теккерея и др.

CRUSOE [ˈkruːsəu], **Robinson** Робинзо́н Кру́зо, в одноим. романе Д. Дефо (1719—21) англичанин, оказавшийся на необитаемом острове после кораблекрушения. Упорным трудом создаёт достойные человека условия существования. По следам на песке узнаёт, что остров посещают дикари. Одного из них (Пятницу) спасает от смерти, и тот становится его верным помощником

The last I saw of the chase was a little group of a dozen people perhaps, studying with infinite perplexity a slowly drying footprint that has resulted from a puddle in Travistock Square—a footprint as isolated and incomprehensible to them as *Crusoe's* solitary discovery. (*H. G. Wells*)

Последнее, что я видел из погони, были человек десять, сбившиеся кучкой и с безграничным недоумением разглядывавшие отпечаток ноги, угодившей в лужу на Трэвисток-сквер,— единственный отпечаток, столь же необъяснимый, как тот, на который наткнулся *Робинзон Крузо*. (*Пер. Д. Вейса*)

I think of *Cummings* as *Robinson Crusoe* at the moment when he first saw the print of a naked human foot in the sand. That ... implied a new language—and a readjustment of conscience. (*R. H. Pearce*)

Размышляя о *Каммингсе*, я вижу в нём *Робинзона Крузо*, когда тот впервые увидел на песке след человеческой ноги. Речь идёт о ... новом языке, о новой ориентации сознания.

CUCHULAIN [kuˈhuːlɪn, ˈkuːkulɪn] Ку́хулин, в ольстерском цикле ирл. эпоса герой времён Конхобара, воин и силач. Ещё ребёнком убил страшного пса, принадлежащего купцу Куланну {Culan}, и вызвался сторожить дом вместо собаки. Позднее в одиночку защищал Ольстер от войск четырёх провинций → CAPONE

CUKOR [ˈkjuːkə] **George** (1899—1983) Джордж Кью́кор, амер. кинорежиссёр. Лауреат премии «Оскар» (1964)

⊙ Gaslight (1944) «Газовый свет»; My Fair Lady (1964) «Моя прекрасная леди», мюзикл

CUMMINGS [ˈkʌmɪŋz], **Edward Estlin /e. e. cummings/** (1894—1962) Э́дуард Э́стлин Ка́ммингс, амер. поэт. Экспериментировал с синтаксисом и графикой своих стихов. Отказался от заглавных букв в своём имени, знаков препинания и т. п.

⊙ Tulips and Chimneys (1923) «Тюльпаны и каминные трубы», сб. стихов → CRUSOE

CUNHA [ˈkuːnə], **Tristan /Tristão/ da** (1460?—1540?) Триста́н да Ку́нья, порт. мореплаватель. Его именем назван остров в юж. Атлантике

CUNNINGHAM [ˈkʌnɪŋ(h)əm], **Allan** (1784—1842) А́ллан Ка́ннингем, шотл. поэт и собиратель фольклора. Автор стихов, близких к народным балладам

CUPID [ˈkjuːpɪd] Купидо́н, в рим. мифологии бог любви, изображаемый как крылатый ребёнок с луком и стрелами. Соответствует греч. Эросу /Эроту/

Cupid's bow лук Купидона

□ Cupid's Revenge «Месть Купидона», трагедия Ф. Бомонта и Дж. Флетчера (опубл. 1615)

CURIE [kjuːˈriː, ˈkjuərɪ]: **1. Pierre** (1859—1906) Пьер Кюри́, фр. физик **2. Marie** /*урожд.* SKLODOWSKA/ (1867—1934) Мария Склодо́вская-Кюри́, польск. физик, его жена. П. и М. Кюри совм. исследовали радиоактивность и открыли полоний и радий. Лауреаты Нобелевской премии (1903, М. Кюри тж. 1911)

3. Irène (1897—1956) Ирéн Кюри́, химик, их дочь, жена Ф. Жолио-Кюри. Лауреат Нобелевской премии (1935)

CURRIER [ˈkʌrɪə], **Nathaniel** (1813—88) Натаниэл Кáрриер, амер. предприниматель. Совм. с художником Дж. Айвзом в сер. 19 в. организовал выпуск эстампов

CURTIN [ˈkɜːt(ɪ)n], **John** (1885—1945) Джон Кéртин, премьер-мин. Австралии (с 1941)

CURTIS [ˈkɜːtɪs], **Tony** /наст. имя Bernard SCHWARTZ/ (р. 1925) Тóни Кéртис /Бéрнард Шварц/, амер. киноактёр

CURTIZ [ˈkɜːtɪz], **Michael** /наст. имя Mihaly KERTESZ/ (1888—1962) Майкл Кéртиз /Кéртиц; Ми́хай Кéртес/, амер. кинорежиссёр (род. в Будапеште, в Голливуде с 1926). Постановщик зрелищных ист. и приключенческих фильмов. Лауреат премии «Оскар» (1943) ⊙ Noah's Ark (1929) «Ноев ковчег», Casablanca (1943) «Касабланка», Mildred Pierce (1945) «Милдред Пирс», Francis of Assisi (1961) «Франциск Ассизский»

CURZON [ˈkɜːzn], **George Nathaniel** (1859—1925) Джордж Натаниéл Кéрзóн, англ. полит. деятель, мин. ин. дел (1919—24), вице-король Индии (1899—1905)

CUSTER [ˈkʌstə], **George Armstrong** (1839—76) Джордж Áрмстронг Кáстер, амер. генерал кавалерии. В гражданской войне 1861—65 сражался на стороне Сев. штатов

Custer's last stand последний бой Кастера, битва при Литтл-Биг-Хорне {Little Big Horn}, в к-рой Кастер потерял войска и погиб

CYMBELINE [ˈsɪmbɪliːn] Цимбели́н, в одноим. пьесе У. Шекспира (1610) король Британии, отец Имогены

CYN(E)WULF /KYNEWULF/ [ˈkɪnɪwulf] (8 — нач. 9 в.) Кю́невульф, англосакс. монах, автор религиозных поэм

CYRANO de BERGERAC см. BERGERAC

CYRIL [ˈsɪr(ə)l], St. (827?—869) св. Кири́лл, болгарский христ. богослов и просветитель. Вместе с Мефодием создал славянскую азбуку — кириллицу

CYRUS [ˈsaɪərəs] Кир, имя двух перс. царей: **1. I the Great /the Elder/** (?—530 до н. э.) I Великий /Старший/, основатель перс. империи и династии Ахеменидов {Achaemenids}

2. II the Younger (?—401 до н. э.) II Младший. Погиб в битве с армией Артаксеркса II

CZERNY [ˈtʃeənɪ, ˈtʃɜːnɪ, ˈzɜː-], **Carl** (1791—1857) Карл Чéрни, австр. пианист и композитор. Автор фортепьянных этюдов, широко используемых в муз. педагогике

D

DAEDALUS [ˈdiːdələs] Дедáл, в греч. мифологии искусный ремесленник, скульптор и строитель. По заказу царя Миноса построил на о. Крит лабиринт для Минотавра. Прогневав Миноса, бежал, сделав крылья себе и сыну Икару

DAGUERRE [dəˈgeə], **Louis Jacques Mandé** (1789—1851) Луи́ Жак Мандé Дагéрр, фр. художник. Изобрёл дагерротипию {daguerreotype} — первый практический метод фотографии

DAIMLER [ˈdaɪmlə], **Gottlieb** (1834—1900) Гóттлиб Дáймлер, нем.

предприниматель. Одним из первых организовал в сер. 1880-х гг. промышленное производство автомобилей

DALADIER [dəˈlɑːdɪeɪ], **Édouard** (1884—1970) Эдуа́рд Даладье́, фр. гос. деятель, премьер-мин. в 1933-34 и 1938—40. Подписал Мюнхенское соглашение 1938

DALBERG-ACTON *см.* ACTON

D'ALBERT [ˈdælbət], **Eugen Francis Charles** (1864—1932) Эже́н д'Альбе́р /Юджин Фрэ́нсис Чарльз д'Э́лберт/, нем. композитор англо-французского происхождения (род. в Шотландии, жил в Германии, умер в Латвии). Ученик Ф. Листа

⊙ Lowland (1903) «Долина», опера

DALE [deɪl], **Henry Hallett** (1875—1968) Ге́нри Ха́ллетт Дейл, англ. физиолог. Лауреат Нобелевской премии (1936)

D'ALEMBERT [ˌdæləmˈbeə], **Jean Le Rond** (1717?—83) Жан Леро́н д'Аламбе́р, фр. математик, философ и просветитель. В 1751—57 вместе с Д. Дидро редактировал «Энциклопедию»

DALEY [ˈdeɪlɪ], **Richard** (1902—76) Ри́чард Де́йли, амер. полит. деятель, мэр Чикаго (1955—76). Известен как последний «хозяин большого города» {big-city boss}

DALI [ˈdɑːlɪ, dɑːˈliː], **Salvador** (1904—89) Сальвадо́р Дали́, исп. художник. Один из основоположников сюрреализма в живописи и кино // **Daliesque** [dɑːlɪˈesk] *a* фантасмагорический, в духе Дали

DALTON [ˈdɔːlt(ə)n], **John** (1766—1844) Джон Да́льтон, англ. физик и химик // **daltonic** [dɔːlˈtɒnɪk] *a* дальтонический; **Daltonism** [ˈdɔːltənɪzm] *n* дальтонизм (дефект зрения, к-рым страдал Дальтон и к-рый он впервые описал)

DAMOCLES [ˈdæməkliːz] Дамо́кл, в греч. легенде приближённый сиракузского правителя Дионисия Старшего, публично позавидовавший хозяину. Дионисий на один день предложил ему занять своё место, и на пиру Дамокл обнаружил над головой подвешенный на волосе меч — символ призрачности благополучия // **Damoclean** [ˌdæməˈkliːən] *a*

the /a/ sword of Damocles дамоклов меч, т. е. нависшая опасность, источник возможных неприятностей

DAMON [ˈdeɪmən] Дамо́н, в антич. легенде преданный друг Финтия (в пьесе Р. Эдуардса — Пифия)

Damon and Pythias неразлучные, преданные друзья

☐ Damon and Pythias «Дамон и Пифий», пьеса в стихах Р. Эдуардса (опубл. 1571)

DAMPIER [ˈdæmpɪə], **William** (1652—1715) Уи́льям Да́мпир, англ. мореплаватель и пират, составитель морских карт. Открыл группу островов, названных его именем. Опубликовал описания своих кругосветных путешествий

DANAE [ˈdæneɪ(ɪ)iː] Дана́я, в греч. мифологии дочь Акрисия {Acrisius}, царя Аргоса. Зевс проник к Данае в заточение золотым дождём, и она родила от него Персея

DANAUS [ˈdænɪəs] Дана́й, в греч. мифологии царь Египта и затем Аргоса. Вынужденный дать согласие на брак 50 своих дочерей — данаид {Danaides} с 50 сыновьями своего брата Эгипта {Aegyptus}, приказал дочерям убить мужей в брачную ночь. Приказа ослушалась Гипермнестра, и её муж Линкей {Lynceus} убил Даная

DANIEL [ˈdænjəl] Дании́л, в Ветхом Завете праведник, мудрец и пророк, именем к-рого названа одна из книг Библии. Попал на воспитание в Вавилон ко двору Навуходоносора, к-рому пророчествовал и толковал сны. Вышел невредимым из рва со львами. На пиру

Валтасара прочёл и истолковал таинственную надпись на стене → TWIST

DANTE (ALIGHIERI) [ˈdɑːnteɪˌælɪɡˈjeərɪ, ˈdænti:-] (1265—1321) Да́нте (Алигье́ри), ит. поэт. Провозвестник литературы Возрождения, основоположник ит. лит. языка // **Dantean** [ˈdæntɪən, dænˈtiːən], **Dantesque** [dænˈtesk] *a* дантов

⊙ The Divine Comedy (1307—21) «Божественная комедия», поэма в 3 частях

I wrote a poem while I was at the market yesterday... It should appeal to you, in particular. It's soaked in the theology of *Dante*, with a good slosh of *Eliot* as well. (*J. Osborne*)

Вчера, пока я торговал, я сочинил стихи... У вас мои стихи должны вызвать особый отклик. Это, извольте видеть, смесь богословия *Данте* с пустословием *Элиота*. (*Пер. Д. Урнова*)

DANTON [ˈdæntən, dɑ̃ˈtɔ̃], **Georges Jacques** (1759—94) Жорж Жак Данто́н, деятель Великой фр. революции 1789—94, один из вождей якобинцев. Из-за разногласий с Робеспьером был арестован и казнён

DANU [ˈdɑːnuː] /**DON** [dɔn] / Да́ну / Дон /, в кельт. мифологии прародительница богов

DAPHNIS [ˈdæfnɪs] Да́фнис, в антич. мифологии сын Гермеса /Меркурия/, влюблённый в пастушку Хлою. Легендарный создатель буколической поэзии

☐ Daphnis and Chloe «Дафнис и Хлоя», роман Лонга (англ. пер. Дж. Мура, 1924); балет М. Равеля (1912)

DARBY and JOAN [ˈdɑːbɪənˈdʒəʊn] Да́рби и Джо́ан, в стихотворении 18 в. преданные друг другу пожилые супруги * неразлучная (супружеская) пара

When you talk to Katherine about her union..., she makes the whole unlikely, unbelievable situation sound as normal as *Darby and Joan.* (*Sunday Mirror, 1984*)

Когда в разговоре с Кэтрин речь заходит о её союзе..., она старается представить всю эту невероятную, невообразимую ситуацию чуть ли не *семейной идиллией*.

DARE [deə], **Virginia** (1587—?) Вирджи́ния Дэр, первый ребёнок, родившийся у англичан-иммигрантов на амер. земле.

DARIUS [dəˈraɪəs] **I** *the Great* (558?—486 до н. э.) Да́рий I Великий, перс. царь (с 521 до н. э.) Расширил империю и начал войну с греками

DARNLEY [ˈdɑːnlɪ], **Lord** /**Henry STUART**/ (1545—67) лорд Да́рнли /Ге́нри Стю́арт/, шотл. дворянин, второй муж Марии Стюарт и отец Якова I. Был болен сифилисом; убит в результате заговора

DARROW [ˈdærəʊ], **Clarence Seward** (1857—1938) Кла́ренс Сью́ард Дэ́рроу, амер. адвокат. Известен блестящими судебными речами. Брался за "трудные" дела, в т. ч. был защитником Дж. Скоупса на процессе 1925

When I was a kid I dreamed of being *Clarence Darrow*. But then I fell in love with your mother and settled for corporate law. (*J. Susann*)

Когда я был маленьким, я мечтал стать *судебным адвокатом вроде Кларенса Дэрроу*. Но потом я влюбился в твою маму и сделался специалистом по корпоративному праву.

D'ARTAGNAN [dɑːtænˈjɑ̃] д'Артанья́н, гл. герой романа А. Дюма «Три мушкетёра» (1844). Отважен и выходит победителем из всех переделок → GLADSTONE

DARWIN [ˈdɑːwɪn]: **1. Charles Robert** (1809—82) Чарлз Ро́берт Да́рвин, англ. естествоиспытатель. Разработал теорию эволюции живых организмов // **Darwinism** [ˈdɑːwɪnɪzm] *n* дарвинизм; **Darwinian** [dɑːˈwɪnɪən] *a* дарвиновский

⊙ On the Origin of Species by Means of Natural Selection (1859) «О происхождении видов путём естественного отбора»; научный труд → GALILEI

2. Erasmus (1731-1802) Эра́зм Да́рвин, его дед, англ. врач, натуралист и поэт

DAUDET [ˈdəudeɪ, dəuˈdeɪ], **Alphonse** (1840—97) Альфо́нс Доде́, фр. писатель

⊙ Tartarin de Tarascon (1872—90) «Тартарен из Тараскона», трилогия юмористических романов

DAUMIER [ˈdəumɪeɪ], **Honoré** (1808—79) Оноре́ Домье́, фр. график-сатирик и иллюстратор

DAVENANT /D'AVENANT/ [ˈdæv(ɪ)nənt], **William** (1606—68) Уи́льям Да́венант, англ. поэт и драматург, поэт-лауреат (с 1638)

⊙ The Wits (1636) «Хитрецы», комедия; Gondibert (1651) «Гондиберт», романтическая поэма; The Siege of Rhodes (1656) «Осада Родоса», либретто оперы

DAVID [ˈdeɪvɪd] (кон. 11 в.— 950? до н. э.) Дави́д, царь Израильско-Иудейского гос-ва, отец Соломона. Согласно Ветхому Завету, юношей победил великана Голиафа. Олицетворяет эпического героя, царя-воителя, а тж. поэта и музыканта (ему приписывается составление псалмов). В христианстве к нему возводится генеалогия Иисуса Христа

David and Jonathan Давид и Ионафан: согласно Библии, Давид дружил с Ионафаном, старшим сыном царя Саула * неразлучные и преданные друзья

the star of David звезда Давида, шестиконечная звезда как эмблема иудаизма

☐ Psalms of David /the Book of Psalms/ Псалтырь /Псалтирь/, в Ветхом Завете Книга псалмов; Song to David «Песнь Давиду», поэма К. Смарта (1763); The Love of King David and Bethsabe «Любовь царя Давида к Вирсавии», пьеса Дж. Пиля (1599)

DAVID [dɑːˈviːd], **Jacques Louis** (1748—1825) Жак Луи́ Дави́д, фр. живописец

DAVIDSON [ˈdeɪvɪdsn], **Jo** (1883—1952) Джо Дэ́видсон, амер. скульптор-портретист

DAVIES [ˈdeɪvɪz], **Arthur Bowen** (1862—1928) А́ртур Бо́уэн Дейвис, амер. художник. Примыкал к «школе мусорного ведра» {the Ash Can School}

DAVIES [ˈdeɪvɪs], **Peter Maxwell** (р. 1934) Пи́тер Ма́ксвелл Дейвис, англ. композитор (учился и преподавал в США)

⊙ Eight Songs for a Mad King (1963) «Восемь песен для сумасшедшего короля», вокально-инструментальная пьеса; Taverner (1972) «Тавнер», опера

DA VINCI, Leonardo см. LEONARDO da VINCI

DAVIS [ˈdeɪvɪs], **Angela** (р. 1944) А́нджела Дэ́вис /Дейвис/, деятель амер. коммунистического, негр. и антивоенного движения 70-х гг.

DAVIS, Bette /Ruth Elizabeth/ (1908—89) Бетт /Рут Эли́забет/ Дейвис /Дэ́вис/, амер. драматическая и комедийная киноактриса, звезда 30—40-х гг.

DAVIS, Dwight Filley (1879—1945) Дуа́йт Фи́лли Дэ́вис, англ. теннисист. Основатель ежегодных соревнований «Кубок Дэвиса» {Davis Cup} (с 1900)

DAVIS, Elmer Holmes (1890—1958) Элмер Холмс Дéйвис, амер. радиокомментатор и обозреватель

DAVIS, Jefferson (1808—89) Джéфферсон Дэ́вис, амер. полит. деятель, през. Конфедерации юж. штатов (1861—65). По окончании гражданской войны был заключён в тюрьму по обвинению в измене, но освобождён в 1867 → CROMER

DAVISON [ˈdeɪvɪsn], **Frank Dalby** (1893—1970) Фрэнк Дóлби /Дэ́лби/ Дéйвисон, австрал. писатель

⊙ Forever Morning (1931) «Вечное утро», роман; The Wells of Beersheba (1933) «Колодцы Биршеба», повесть; The Woman at the Mill (1940) «Женщина на мельнице», сб. рассказов

DAVISSON [ˈdeɪvɪsn], **Clinton Joseph** (1881—1958) Клúнтон Джóзеф Дэ́виссон /Дéйвиссон/, амер. физик. Лауреат Нобелевской премии (1937)

DAVY [ˈdeɪvɪ], **Humphrey** (1778—1829) Гéмфри /Хáмфри/ Дэ́ви, англ. химик и физик

Davy lamp лампа Дэви, безопасная рудничная лампа (изобретена им в 1815)

DAVYS [ˈdeɪvɪs], **John** (1550?—1605) Джон Дéйвис, англ. мореплаватель. Исследовал Северо-Западную Арктику. Его именем названы море и пролив в Сев. Ледовитом океане

DAWES [dɔːz], **Charles Gates** (1865—1951) Чарлз Гейтс Дáуэс /Доз/, амер. банкир, вице-през. США (1925—29)

the Dawes Plan план Дауэса, репарационный план для Германии после 1-й мир. войны (разработан в 1924, в 1929-30 заменён планом Юнга)

DAY [deɪ] /наст. имя KAPPELHOFF/, **Doris** (р. 1924) Дóрис Дей /Кáппельхофф/, амер. певица и киноактриса мюзикла

DAY-LEWIS [ˈdeɪl(j)uːɪs], **Cecil** (1904—72) Сéсил Дей-Льюис, англ. писатель, поэт-лауреат (с 1968). Автор детективов

DEBS [debz], **Eugene Victor** (1855—1926) Юджин Вúктор Дебс, амер. социал-демократ. Подвергался тюремному заключению за участие в забастовке 1894 и критические выступления во время 1-й мир. войны

DEBUSSY [dəˈb(j)u(ː)sɪ(ː)], **Claude Achille** (1862—1918) Клод Ашúль Дебюссú, фр. композитор. Основоположник импрессионизма в музыке

⊙ Prelude to the Afternoon of a Faun (1894) прелюдия к «Послеполуденному отдыху фавна», оркестровая пьеса; Pelleas and Melisande (1902) «Пеллеас и Мелизанда», опера

DECKER см. DEKKER

DE COONING см. COONING

DEE [diː], **John** (1527—1608) Джон Ди, англ. математик, алхимик и астролог. Автор работ по оккультным наукам

DEFOE [dɪˈfəu, də-], **Daniel** (1660?—1731) Даниéль Дефó, англ. писатель и просветитель. В 1703 за памфлет в защиту религиозных диссидентов {dissenters} подвергся тюремному заключению и был выставлен у позорного столба

⊙ Robinson Crusoe (1719—21) «Робинзон Крузо», Moll Flanders (1722) «Молль Флендерс», Roxana (1724) «Роксана», романы

DEGAS [dəˈɡɑː], **(Hilaire Germain) Edgar** (1834—1917) (Илэ́р Жермéн) Эдгáр Дегá, фр. живописец-импрессионист. Автор этюдов с изображениями танцовщиц

DE GAULLE [dəˈɡəul,-ˈɡɔːl], **Charles André Joseph Marie** (1890—1970) Шарль Андрé Жозéф Марú де Голль, фр. генерал и полит. деятель, през. Франции (1958—69) // **Gaullism** [ˈɡɔːlɪzm] *n* голлизм; **Gaullist** [ˈɡɔːlɪst] *n* голлист; *a* голлистский → HANNIBAL

DEKKER /DECKER/ [ˈdekə], **Thomas** (1570?—1632?) То́мас Де́ккер, англ. драматург

⊙ The Shoemaker's Holiday (1599) «Праздник башмачника», The Honest Whore (ч. I 1604, ч. II 1630) «Добродетельная шлюха», комедии

DE KLERK [dəˈklɜːk], **Frederik** (р. 1936) Фре́дерик Де Клерк, през. ЮАР (с 1989)

DELACROIX [ˌdeləˈkrwɑː], **(Ferdinand Victor) Eugène** (1798—1863) (Фердина́н Викто́р) Эже́н Делакруа́, фр. художник-романтик

DE LA MARE [ˌdeləˈmeə], **Walter John** (1873—1956) Уо́лтер Джон Де Ла Мар, англ. писатель, поэт

⊙ Henry Brocken (1904) «Генри Бро́кен», The Return (1910) «Возвращение», Memoirs of a Midget (1921) «Мемуары лилипута», романы

DE LA WARR /DELAWARE/ [ˈdeləweə], **Lord /Thomas WEST/** (1577—1618) лорд Де́лавэр /То́мас Уэ́ст/, англ. колониальный деятель в Сев. Америке

DELIBES [dəˈliːb], **(Clément Philibert) Léo** (1836—91) (Клема́н Филибе́р) Лео́ Дели́б, фр. композитор

⊙ Coppélia (1870) «Коппелия», Sylvia (1876) «Сильвия», балеты

DELILAH [dɪˈlaɪlə] Дали́ла, в Ветхом Завете возлюбленная богатыря Самсона. Узнав, что его сила заключается в длинных волосах, отрезала спящему Самсону волосы и выдала его филистимлянам * неверная, коварная женщина

□ Samson and Delilah «Самсон и Далила», фильм С. Б. Де Милля (1949)

Ambition — what is the good of pride of place when you cannot appear there? What is the good of the love of woman when her name must needs be *Delilah*? *(H. G. Wells)*

Честолюбие? Но что в высоком звании, если обладатель его принуждён скрываться? Какой толк в любви женщины, если она должна быть *Далилой? (Пер. Д. Вейса)*

DELIUS [ˈdiːljəs, -lɪəs], **Frederick /Fritz Albert Theodor/** (1862—1934) Фре́дерик /Фриц А́льберт Теодо́р/ Де́лиус, англ. композитор нем. происхождения (с 1889 во Франции). Близок к импрессионизму. К концу жизни ослеп и был парализован

⊙ Koanga (1904) «Коанга», A Village Romeo and Juliet (1907) «Деревенские Ромео и Джульетта» → PAN

DELLO JOIO [ˈdeləuˈdʒɔɪəu], **Norman** (р. 1913) Но́рман Де́лло Джо́йо, амер. композитор, пианист и органист

⊙ The Trial at Rouen (1955) «Суд в Руане», опера; The Tall Kentuckian (1950) «Высокий человек из Кентукки», мюзикл

DEL MONACO [delˈmɔnəkəu], **Mario** (1915—82) Ма́рио Дель Мо́нако, ит. оперный тенор (с 1950 выступал в Метрополитен-опера)

DEL SARTO, Andrea см. ANDREA del SARTO

DEMETER [dɪˈmiːtə] Деме́тра, в греч. мифологии богиня плодородия и земледелия, мать Персефоны. Ей соответствует рим. Церера

□ поэма Р. Бриджеса (1905); Demeter and Persephone «Деметра и Персефона», поэма А. Теннисона (1889)

DE MILLE [dəˈmɪl], **Agnes George** (р. 1905) А́гнес Джордж Де Милль, амер. балерина и хореограф

DE MILLE, Cecil Blount (1881—1959) Сесил Блант Де Милль, амер. кинорежиссёр и продюсер. Постановщик зрелищных фильмов на ист. и мифологические сюжеты, вестернов и боевиков. Лауреат премии «Оскар» (1949, 1952)

DEM

⊙ The Ten Commandments (1923, 1956) «Десять заповедей», King of Kings (1927) «Царь Царей», The Sign of the Cross (1931) «Крестное знамение», Cleopatra (1934) «Клеопатра», The Crusades (1935) «Крестовые походы», Samson and Delilah (1949) «Самсон и Далила»

DEMOCRITUS [dɪˊmɔkrɪtəs] (460?—370? до н. э.) Демокри́т, греч. философ-материалист. Создал учение атомизма

DEMOSTHENES [dɪˊmɔsθəni:z] (348?—322 до н. э.) Демосфе́н, афин. оратор. Призывал к борьбе с царём Македонии Филиппом II; его обличительные речи получили название филиппик {philippics} * красноречивый оратор // **Demosthenic** [ˌdi:mɔsˊθenɪk] *a* → HOMER

DE NIRO [dəˊni:rəu], **Robert** (р. 1943) Ро́берт Де Ни́ро, амер. киноактёр. Снимается в амплуа мужественного, деятельного героя. Лауреат премии «Оскар» (1974, 1980)

DE QUINCEY [dəˊkwɪnsɪ], **Thomas** (1785—1859) То́мас Де Куи́нси, англ. писатель, публицист и критик.

⊙ Confessions of an English Opium Eater (1822) «Признания англичанина-опиомана», автобиографическая книга

DERAIN [dəˊræŋ], **André** (1880—1954) Андре́ Дере́н, фр. живописец. Работал в стилистике фовизма и кубизма

DESCARTES [deɪˊkɑ:t] /*лат.* CARTESIUS/, **René** (1596—1650) Рене́ Дека́рт, фр. философ-рационалист, математик и физик. Автор изречения: «Я мыслю, следовательно существую» {I think, therefore I am} // **Cartesian** [kɑ:ˊti:zjən] *a* декартов; *n* картезианец; **Cartesianism** [kɑ:ˊti:zjənɪzm] *n* картезианство

DESDEMONA [ˌdezdɪˊməunə] Дездемо́на, в трагедии У. Шекспира «Отелло» (1604) молодая жена Отелло. Убита им в приступе ревности

DESPAIR [dɪsˊpeə] Отча́яние, в романе Дж. Беньяна «Путь паломника» (1678—84) великан, заключивший в темницу своего замка Христиана и Верного

Every day he ⟨the miser Old Noll⟩ would gloat on them ⟨his apprentices⟩ as they came clattering down to their water-gruel just as Giant Despair gloated on *Faithful* and *Christian* in the dungeon. (*W. De La Mare*)

Каждый день он наблюдал со злорадством, как они с шумом сбегают вниз, чтобы получить свою миску жидкой похлёбки,— точно так, как злорадствовал великан *Отчаяние* над брошенными в темницу *Христианом* и *Верным*.

DEUCALION [dju(:)ˊkeɪljən] Девкалио́н, в греч. мифологии единственный праведник, к-рому Зевс позволил спастись вместе с женой Пиррой во время потопа и вновь возродить род людской

DE VALERA [devəˊleərə, ˊdev-], **Eamon** (1882—1975) И́мон /Э́ймон/ Де Вале́ра, премьер-мин. (1932—48, 1951—54, 1957—59), през. (1959—73) Ирландии. Один из лидеров восстания 1916, глава революционного правительства в 1919—22

DEVI [ˊdeɪvɪ:, ˊdi:vɪ] Де́ви, в индуист. мифологии жена Шивы. Часто изображается сидящей на луне. Её постоянный эпитет — легконогая

DEWAR [ˊd(j)u(:)ə], **James** (1842—1925) Джеймс Дьюа́р, шотл. физик и химик

Dewar's flask /vessel/ сосуд Дьюа́ра (прообраз термоса)

DE WET [dəˊvet]; **Christiaan Rudolf** (1854—1922) Кри́стиан Ру́долф де Вет, бурский полит. и воен. деятель. Один из руководителей буров в англо-бурской войне 1899—1902, главнокомандующий армией Оранжевого свободного государства (1900—02)

DEWEY [ˊd(j)u(:)ɪ], **George** (1837—1917) Джордж Дьюи, амер. генерал. В 1898 разгромил исп. флот в Манильском заливе

DEWEY, John (1859—1952) Джон Дьюи, амер. педагог и философ-прагматик // **Deweyan** [ˈd(j)u(:)ɪən] *a*

DEWEY, Melvil (1851—1931) Мéлвил Дьюи, амер. библиотекарь
Dewey decimal system десятичная классификация Дьюи, распространённая в США система библиотечной классификации книг

DIANA [daɪˈænə] Диáна, в рим. мифологии богиня Луны, покровительница охоты. Соответствует греч. Артемиде

DIARMAIT [ˈdaɪəmeɪt] Диармáйд /Диармаúт/, в ирл. эпосе воин, возлюбленный Грáйне /Граинны/, с к-рым она убегает от сватающегося к ней Финна
□ Persuit of Diarmait and Grainne «Преследование Диармайда и Грайне», ирл. сага

DIAS /DIAZ/ [ˈdiːəs, ˈdiːɑːʃ], **Bartholomeu** (1450?—1500) Бартоломéу Дúаш, порт. мореплаватель. В 1488, огибая Африку с юга, открыл мыс Добрый Надежды

DICKENS [ˈdɪkɪnz], **Charles** (1812—70) Чарлз Дúккенс, англ. писатель. Один из создателей англ. социального романа // **Dickensian** [dɪˈkenzɪən] *a* диккенсовский
⊙ Sketches by Boz (1836) «Очерки Боза», The Posthumous Papers of the Pickwick Club (1837) «Посмертные записки Пиквикского клуба», The Adventures of Oliver Twist (1837—38) «Приключения Оливера Твиста», The Life and Adventures of Nicholas Nickleby (1838—39) «Жизнь и приключения Николаса Никльби», Martin Chuzzlewit (1844) «Мартин Чезлвит», Dombey and Son (1848) «Домби и сын», David Copperfield (1850) «Дэвид Копперфилд», Bleak House (1853) «Холодный дом», Little Dorritt (1857) «Крошка Доррит», Great Expectations (1861) «Большие надежды», романы → SHAKESPEARE

DICKINSON [ˈdɪkɪnsn], **Emily Elizabeth** (1830—86) Эмили Элúзабет Дúкинсон, амер. поэтесса → BROOKE

DIDDLEY [ˈdɪdlɪ], **Bo** /*наст. имя* Ellas McDANIEL/ (р. 1928) Бо Дúддли /Эллас Макдэниэл/, амер. негр. эстрадный певец, гитарист, автор песен

DIDEROT [diːˈdrəu, ˈdiːdrəu], **Denis** (1713—84) Денú Дидрó, фр. философ-материалист, писатель и просветитель. Редактор 35-томной «Энциклопедии» (1751—80)
⊙ La Religieuse (1760) «Монахиня», Jacques le Fataliste (1773) «Жак-фаталист», романы

DIDO [ˈdaɪdəu] /**ELISSA** [ɪˈlɪsə]/ Дидóна /Элúсса/, в рим. мифологии царица, основательница Карфагена. По Вергилию, стала возлюбленной Энея, а после его отплытия покончила с собой
□ The Tragedy of Dido «Трагедия Дидоны», пьеса К. Марло и Т. Нэша (1594); Dido and Aeneas «Дидона и Эней», опера Г. Перселла (1689)

DIEFENBAKER [ˈdiːfənbeɪkə], **John George** (1895—1979) Джон Джордж Дúфенбейкер, премьер-мин. Канады (1957—63), от прогрессивно-консервативной партии

DIESEL [ˈdiːz(ə)l] **Rudolf** (1858—1913) Рýдольф Дúзель, нем. инженер. Изобрёл усовершенствованный двигатель внутреннего сгорания, названный его именем

DIETRICH [ˈdiːtrɪk], **Marlene** (р. 1901) Марлéн Дúтрих, нем. и амер. киноактриса (с 1930 в Голливуде). В 30-х гг. снималась в ролях романтических «роковых» красавиц

DIETRICH of Bern Дúтрих Бéрнский, в герм. фольклоре и эпосе о Нибелунгах именование Теодориха

DIL

DILLINGER [ˈdɪlɪndʒə], **John** (1902—34) Джон Ди́ллинджер, амер. грабитель банка. Дважды бежал из тюрьмы; убит агентами ФБР □ фильм Дж. Миллиуса (1972)

D'INDY [ˈdændɪ, dænˈdi:], **(Paul Marie Théodore) Vincent** (1851—1931) (Поль Мари Теодо́р) Венса́н д'Энди́, фр. композитор

DIOCLETIAN [ˌdaɪəˈkli:ʃn] /**Gaius Aurelius Valerius DIOCLETIANUS**/ (245—313) (Гай Авре́лий Вале́рий) Диоклетиа́н, рим. император (284—305). Организатор гонений на христиан

DIODORUS [ˌdaɪəˈdɔ:rəs] **Siculus** (90?—21 до н. э.) Диодо́р Сицили́йский, греч. историк

DIOGENES [daɪˈɔdʒɪni:z] (412?—323 до н. э.) Диоге́н, греч. философ-циник. Практиковал крайний аскетизм и, по преданию, жил в бочке

DIOMEDES [ˌdaɪəˈmi:di:z] /**DIOMED(E)**/ Диоме́д, в греч. мифологии: **1.** царь Аргоса, один из греч. вождей при осаде Трои

2. царь фракийского племени, кормивший лошадей человеческим мясом. Убит Гераклом.

DIONYSIUS [ˌdaɪəˈnɪsɪəs, -sjəs] Диони́сий, имя двух правителей Сиракуз {Syracuse}, отца и сына: **1.** *the Elder* (430?—367 до н. э.) Старший, правил с 405 до н. э. По преданию, соорудил подземную пещеру, в к-рой подслушивал разговоры своих узников

2. *the Younger* (?—?) Младший, правил в 367—356 и 347—344 до н. э.

DIONYSIUS *the Areopagite* [ˌærɪˈɔpədʒaɪt, -gaɪt] (1 в.) Диони́сий Ареопаги́т, христ. проповедник. Согласно Новому Завету, ученик апостола Павла. В 5 в. ему было приписано философское сочинение «Ареопагитики» {Areopagitics}, к-рое оказало влияние на философию Возрождения

DIONYSUS [ˌdaɪəˈnaɪsəs] Диони́с, в греч. мифологии бог виноградарства и виноделия, покровитель театра

DIOR [ˈdɪɔ:, dɪˈɔ:], **Christiane** (1905—57) Кристиа́н Дио́р, фр. модельер. Одежда от его фирмы отличается изысканностью и высокой стоимостью.

I imagine myself entering the sale rack and finding a displaced *Dior*, for two dollars. I make a stunning entrance into McDonald's (*W. Kotzwinkle*)

Ей, например, очень часто мерещится, будто она входит в магазин самообслуживания и видит в отделе двухдолларовых вещей попавшее туда по ошибке *платье от Диора*. И потом в кафе-автомате ослепляет всех своим видом. (*Пер. Р. Рыбкина*)

Are you going to let yourself be taken in by this saint in *Dior's* clothing? I will tell you the simple truth about her. (Articulating with care.) She is a cow. (*J. Osborne*)

И ты позволяешь, чтобы эта праведница в платье *от Диора* распоряжалась тобой? Я в двух словах открою тебе истину. (Отчеканивая каждое слово). Она — корова. (*Пер. Д. Урнова*)

DIOSCURI, the см. CASTOR

DIRAC [dɪˈræk], **Paul Adrien Maurice** (1902—84) Поль Адрие́н Мори́с Дира́к, англ. физик. Один из создателей квантовой механики. Лауреат Нобелевской премии (1933)

DISNEY [ˈdɪznɪ], **Walt /Walter Elias/** (1901—66) Уо́лт /Уо́лтер Эла́йас/ Ди́сней, амер. кинорежиссёр-мультипликатор. Автор рисованных персонажей (Микки-Маус {Mickey Mouse}, утёнок Дональд {Donald Duck}, Гуфи {Goofy} и др.), создатель парка аттракционов «Диснейленд» // **Disneyesque** [ˌdɪznɪˈesk] *a* диснеевский

Auden often writes *like Disney*. Like *Disney*, he knows the shape of beasts ..., unlike *Lawrence*, he doesn't know what shapes and motivates those beasts. (*D. Thomas*)

Оден часто пишет *в диснеевском духе*. Как и *Дисней*, он знает, как обрисовать животное ..., в отличие от *Лоренса* он не знает, почему у этого животного такой вид и что им движет.

DISRAELI [dɪsˊreɪlɪ], **Benjamin** /1st Earl of BEACONSFIELD [ˊbiːk-(ə)nzfiːld]/ (1804—81) Бе́нджамин Дизраэ́ли /1-й граф Би́консфилд/, англ. гос. деятель, оратор и писатель. Премьер-мин. Великобритании (1868, 1874—80)
⊙ Sybil (1845) «Сибилла», Tancred (1847) «Танкред», Lothair (1870) «Лотэр», Endymion (1880) «Эндимион», романы

DIX [dɪks], **Dorothea Lynde** (1802—87) Дороте́я Ли́нда Дикс, амер. обществ. де́ятельница. Выступала за гуманное обращение с заключёнными и душевнобольными

DIX, Dorothy /*наст. имя* Elizabeth GILMER/ (1870—1951) До́роти Дикс /Эли́забет Ги́лмер/, амер. журналистка

DIZZY [ˊdɪzɪ] Ди́ззи, прозвище Б. Дизраэли (*см.* DISRAELI)

DOCTOROW [ˊdɔktərəu], **Edgar Lawrence** (р. 1931) Э́дгар Ло́ренс До́ктороу, амер. писатель
⊙ The Book of Daniel (1971) «Книга Даниэла», Ragtime (1975) «Рэгтайм», World's Fair (1985) «Всемирная ярмарка», романы; Lives of the Poets (1984) «Жизнь поэтов», повесть и сб. рассказов

DODSON and FOGG [ˊdɔdsnəndˊfɔg] До́дсон и Фогг, в романе Ч. Диккенса «Посмертные записки Пиквикского клуба» (1837) поверенные миссис Бардль. Их стараниями Пиквик отправлен в долговую тюрьму

DOGBERRY [ˊdɔgberɪ, -bərɪ] Кизи́л /До́гберри/, в комедии У. Шекспира «Много шума из ничего» (1598) пристав, начальник стражи * изображающий бурную деятельность и подчёркивающий свою важность, но невежественный и бездарный чиновник // **Dogberryism** [ˊdɔgˌberɪzm] *n*

DOISY [ˊdɔɪzɪ], **Edward Adelbert** (1893—1986) Э́дуард А́делберт До́йзи, амер. биохимик. Лауреат Нобелевской премии (1943)

DOLITTLE [ˊduː(ː)lɪtl], Doctor доктор Ду́литтл, в сказках Х. Лофтинга (с 1920) врач, к-рый лечит животных и понимает их язык. В рус. переработке К. Чуковского — доктор Айболит

DOMBEY [ˊdɔmbɪ] До́мби, в романе Ч. Диккенса «Домби и сын» (1848) глава фирмы, бездушный, эгоистичный делец

DOMINGO [də(u)ˊmɪŋgəu], **Placido** (р. 1941) Пла́сидо Доми́нго, мекс. оперный певец (род. в Испании)

DOMINIC [ˊdɔmɪnɪk], St. /Domingo de GUZMAN/ (1170—1221) св. Домини́к /Доми́нго де Гу́сман/, исп. монах. Основал орден доминиканцев (1215)

DOMINO [ˊdɔmɪnəu], **Fats** /**Antoine**/ (р. 1928) Толстя́к /Антуа́н/ До́мино, амер. негр. эстрадный певец и музыкант

DOMITIAN [də(u)ˊmɪʃɪən] /**Titus Flavius DOMITIANUS**/ (51—96) (Тит Фла́вий) Домициа́н, рим. император (с 81)

DON *см.* DANU

DONATELLO [ˌdɔnəˊteləu] /*наст. имя* Donato di Niccolò di BETTO BARDI/ (1386?—1466) Донате́лло /Дона́то ди Никколо́ ди Бе́тто Ба́рди/, ит. скульптор Раннего Возрождения

DON CARLOS *см.* CARLOS, Don

DON GIOVANNI *см.* DON JUAN

DONIZETTI [ˌdɔnɪˊ(d)zetɪ], **Gaetano** (1797—1848) Гаэта́но Доницётти ит. композитор романтического направления. В конце жизни страдал душевным заболеванием и был парализован

⊙ The Love Potion (1832) «Любовный напиток», Lucia di Lammermoor (1835) «Лючия ди Ламмермур», Daughter of the Regiment (1840) «Дочь полка», Don Pasquale (1843) «Дон Паскуале», оперы

DON JUAN [dɔnˈdʒu(:)ən] /**DON GIOVANNI** [ˌdɔndʒ(ɪ)əuˈvɑ:nɪ]/ Дон-Жуáн, в старинной исп. легенде рыцарь — соблазнитель женщин. Статуя командора Севильи, убитого им на дуэли, является на пир и забирает Дон-Жуана в ад. Фигурирует в произведениях Тирсо де Молина, Мольера, В. А. Моцарта, Т. Шедвелла, Р. Браунинга, Дж. Б. Шоу и мн. др. авторов * дон-жуан, мужчина, одерживающий лёгкие победы над женщинами

□ сатирико-эпическая поэма Дж. Г. Байрона (1818—24)

And since he's been home they say he's a regular *Don Giovanni*, by Jove! (*W. Thackeray*)

А уж с тех пор, как полк вернулся домой, он, говорят, стал сущим *Дон-Жуаном*, ей-богу! (*Пер. М. Дьяконова*)

When a man is called *Don Juan* the image projected is a vastly attractive lady-killer who enters girls' lives and sweeps them off their humdrum course. (*Cosmopolitan, 1974*)

Когда мужчину называют *дон-жуаном*, в уме возникает образ чертовски привлекательного сердцееда, который, врываясь в жизнь молодых девиц, разрушает её заунывное течение.

DONNE [dʌn, dɔn], **John** (1572—1631) Джон Донн, англ. поэт и проповедник, родоначальник «метафизической» поэзии // **Donnean, Donnian** [ˈdʌnɪən, ˈdɔnɪən] *a*

⊙ Satires (1593—1608) Сатиры; Progress of the Soul (1601) «Странствия души», поэма

DONOVAN [ˈdɔnəvən] /**Donovan LEITCH**/ (р. 1946) Дóнован (Литч), англ. эстрадный певец 60-х гг.

DONOVAN, William Joseph /**Wild Bill**/ (1883—1959) Уúльям Джóзеф Дóнован /Дикий Билл/, амер. воен. и гос. деятель, организатор разведывательных служб при президенте Ф. Рузвельте

DON QUIXOTE [dɔnˈkwɪksət, -kɪˈhəuti:] Дон(-)Кихóт, герой одноим. романа М. Сервантеса (1605—15). Вообразив себя рыцарем, стремится к героическим подвигам, но его идеалы вступают в противоречие с действительностью * великодушный, но непрактичный человек

Gable's ruthless realism made him the first great antihero of American movies, a *Don Quixote* in reverse, who saw the windmill in every giant and the whore in every lady. (*R. Jordan*)

Беспощадный реализм *Гейбла* сделал его первым крупным антигероем американского кино. Это был *Дон Кихот* наоборот: в каждом гиганте он видел ветряную мельницу, а в каждой женщине — шлюху.

DOOLITTLE [ˈdu:lɪtl], **Eliza** Элúза Дýлиттл, в комедии Б. Шоу «Пигмалион» (1912) малограмотная цветочница. Уроки фонетики и хорошего тона у профессора Хиггинса преображают её в светскую леди

DOOLITTLE, Hilda (1886—1961) Хúлда Дýлиттл, амер. поэтесса-имажистка. Жена Р. Олдингтона

DOPPLER [ˈdɔplə], **Christian Johann** (1803—53) Крúстиан Иогáнн Дóпплер /Дóплер/, австр. физик и математик

DORATI [dəˈrɑ:tɪ], **Antal** (1906—88) Áнтал Дорáти, амер. дирижёр и композитор (род. в Венгрии). В 70-х гг. руководил Нац. симфоническим оркестром в Вашингтоне

DORCAS [ˈdɔːkəs] /**TABITHA** [ˈtæbɪθə]/ Доркáда /Тавúфа/, в Новом Завете женщина, воскрешённая апостолом Петром

Dorcas societies общества Доркады, благотворительные кружки в Англии 19 — нач. 20 вв., где шили одежду для бедных (Доркада занималась шитьём для вдов)

DORÉ [dɔːˈreɪ], **Paul Gustave** (1832?—83) Поль Гюстáв Дорé, фр. художник-график. Иллюстратор классических произведений, в т. ч. Библии

DOROTHY [ˈdɔrəθɪ] Дóроти, в сказке Ф. Бома «Удивительный волшебник из страны Оз» (1900), поставленном по ней муз. фильме В. Флеминга (1939) девочка, пережившая множество приключений в волшебной стране в компании Страшилы {Scarecrow}, Железного Дровосека {the Tin Woodman} и Льва. В рус. пересказе сказки А. Волковым («Волшебник Изумрудного города», 1939) ей соответствует Элли

Under Belinda's direction they ⟨people in the beauty parlor⟩ attacked Sara like the beauticians of Oz had attacked *Dorothy*. (*C. Baehr*)

Под руководством Белинды парикмахеры и косметологи атаковали Сару, как цирюльники страны Оз — *Дороти*.

DOS PASSOS [dəˈspæsəs, dɔsˈpæsəs], **John Roderigo** (1896—1970) Джон Родерúго Дос Пáссос, амер. писатель. Один из представителей «потерянного поколения» {the lost generation}. Автор романов, создающих широкую панораму жизни страны

⊙ Three Soldiers (1921) «Три солдата», Manhattan Transfer (1925) «Манхэттен», Midcentury (1961) «В середине века», романы; U. S. A. «США», трилогия романов: The 42nd Parallel (1930) «42-я параллель», «1919» (1932), The Big Money (1936) «Большие деньги»

DOUGLAS [ˈdʌɡləs], **Alfred** (1870—1945) Áлфред Дáглас /Дýглас/, англ. светский авантюрист. Его связь с О. Уайльдом была использована в целях шантажа писателя и стала поводом для скандального процесса (1895)

DOUGLAS, James /*the Black*/ (1286?—1330) Джеймс /Чёрный/ Дýглас, рыцарь шотл. короля Брюса. Совершал разорительные набеги на Англию. Фигурирует в романе В. Скотта «Опасный замок» (1831)

DOUGLAS, John Sholto см. QUEENSBERRY, Marquis of

DOUGLAS, Kirk /*наст. имя* Issur DEMSKY/ (р. 1918) Керк /Кирк/ Дýглас /Иссýр Дéмски/, амер. киноактёр. Снимался в амплуа мужественных героев

DOUGLAS /*наст. имя* HESSELBERG/, **Melvyn** (1901—81) Мéлвин Дýглас /Хéсселберг/, амер. киноактёр. Снимался в вестернах

DOUGLAS, Stephen Arnold (1813—61) Стúвен Áрнольд Дáглас /Дýглас/, амер. полит. деятель. В избирательной кампании 1860 проиграл А. Линкольну в борьбе за президентский пост

DOUGLAS, William Orville (1898—1980) Уúльям Óрвилл Дáглас, амер. юрист, член Верх. суда в течение самого длительного срока (1939—75). Способствовал принятию решений в защиту гражданских прав

DOUGLAS, William Sholto (1893—1969) Уúльям Шóлто Дýглас, англ. маршал ВВС. Комендант брит. оккупационной зоны в Германии (1946—47)

DOUGLAS-HOME [ˈdʌɡləsˈhjuːm], **Alec** (р. 1903) Áлек Дýглас-Хьюм, премьер-мин. Великобритании (1963—64), от конс. партии

DOUGLASS [ˈdʌɡləs], **Frederick** /*наст. имя* Frederick Augustus Washington BAILEY/ (1817—95) Фрéдерик Дáгласс /Дýглас; Фрéдерик Огáстес Уóшингтон Бéйли/, амер. аболиционист. Один из создателей

«подземной железной дороги» (системы переправки негров с рабовладельческого Юга на Север США)

DOW [dau], **Herbert** (1866—1930) Ге́рберт До́у, амер. предприниматель (род. в Канаде). В 1897 основал химический концерн

DOYLE [dɔɪl], **Arthur Conan** (1859—1930) Арту́р Ко́нан Дойл
/Дойль/, англ. писатель. Автор детективных рассказов и повестей
о сыщике Шерлоке Холмсе, а тж. фантастических и ист. романов
⊙ The Adventures of Sherlock Holmes (1891) «Приключения Шерлока
Холмса», сб. рассказов; The Hound of the Baskervilles (1902) «Собака
Баскервилей», повесть; The Lost World (1912) «Затерянный мир», фан-
тастический роман

DRACO [ˈdreɪkəu] (7 в. до н. э.) Драко́нт /Драко́н/, греч. (афин.) законодатель. Составил свод жесточайших законов // **Draconian** [dreɪˈkəu-
nɪən, drə-], **Draconic** [dreɪˈkɔnɪk, drə-] *a* драконовский (о законе)

DRACULA [ˈdrækjulə], **Count** граф Дра́ку́ла, в одноим. повести
(1897) англ. писателя Б. Стокера {Bram Stoker} и поставленных по её
мотивам амер. фильмах ужасов (с 1931) человек-вампир из Трансиль-
вании, испытывающий к своим жертвам кровожадную влюблён-
ность. Характерным для него в фильме был необычный акцент
We also showed the photo ⟨of Goebbels⟩ at separate times to three
youngsters aged ten to fourteen who didn't know of him. One said ..., 'A
bloodsucker — he'd be a terrible *Dracula*!' (*L. Bellak, S. Baker*)
Мы также в разное время показывали это фото ⟨Геббельса⟩
трём подросткам от десяти до четырнадцати лет, которые о нём ничего не знали. Один из них сказал: «Кровопийца! Из него бы вышел
настоящий *Дракула*!»

DRAKE [dreɪk], **Francis** (1540?—96) Фрэ́нсис Дрейк, англ. мореплаватель, вице-адмирал. Первым среди англичан совершил кругосветное путешествие. Нападал на исп. суда в Атлантике; в 1588 фактически командовал англ. флотом при разгроме исп. армады. Фигурирует
в фольклоре и легендах

DRAPER [ˈdreɪpə], **Ruth** (1884—1956) Рут Дре́йпер, амер. сатирик.
Выступала на эстраде и по радио с пародийными монологами

DREISER [ˈdraɪsə, -zə], **Theodore Herman Albert** (1871—1945) Теодо́р
Ге́рман А́льберт Дра́йзер, амер. писатель и публицист (из семьи нем.
иммигрантов). В 1945 вступил в компартию США. Автор социально-
критических романов
⊙ Sister Carrie (1900) «Сестра Керри», Jenny Gerhardt (1911) «Дженни
Герхардт», The Financier (1912) «Финансист», The Genius (1915) «Гений», The Titan (1914) «Титан», The American Tragedy (1925) «Американская трагедия», The Stoic (опубл. 1947) «Стоик», романы

DREYFUS [ˈdraɪfəs, ˈdreɪ-], **Alfred** (1859—1935) Альфре́д Дре́йфус, фр.
офицер (по национальности еврей). В 1893 был обвинён в шпионаже
в пользу Германии; суд (1894) сопровождался антисемитской кампа-
нией. В движение за пересмотр дела включился Э. Золя с письмом «Я
обвиняю» {J'accuse} (1898). В 1906 реабилитирован

DRUMMOND [ˈdrʌmənd], **William Henry** (1854—1907) Уи́льям Ге́-
нри Дра́ммонд, канад. поэт (род. в Ирландии, в Канаде с 1865)

DRUMMOND of HAWTHORNDEN [ˈdrʌməndəvˈhɔːθɔːndən], **William** (1585—1649) Уи́льям Дра́ммонд Го́торнден, шотл. поэт. Автор
сонетов, песен, элегий

DRYDEN [ˈdraɪdn], **John** (1631—1700) Джон Дра́йден, англ. поэт,
драматург-классицист, критик и переводчик. Поэт-лауреат (1668, лишён этого звания после переворота 1688) // **Drydenian** [ˈdraɪdnɪən] *a*
⊙ Heroic Stanzas on the Death of Cromwell (1659) «Героическая ода на

смерть Кромвеля»; Annus Mirabilis (1666) «Чудесный год», поэма; The Indian Emperor (1665) «Индейский император», Marriage à la Mode (1673) «Модный брак», All for Love (1678) «Всё за любовь», Don Sebastian (1690) «Дон Себастьян», Love Triumphant (1694) «Торжествующая любовь», пьесы

DRYSDALE [ˈdraɪzdeɪl], **Learmont** (1866—1909) Ли́рмонт Дра́йсдейл, шотл. композитор

DU BARRY /DUBARRY/ [djuˈbærɪ], **Marie Jeanne Bécu** (1743?—93) Мари́ Жа́нна Бекю́ Дюбарри́, фр. авантюристка, жена графа Дюбарри. Любовница Людовика XV. Во время Великой фр. революции казнена на гильотине

☐ Dubarry Was a Lady «Дюбарри бы́ла леди», мюзикл К. Портера (1939)

DU BOIS [duːˈbɔɪs], **William Edward Burghardt** (1868—1963) Уи́льям Э́дуард Бе́ргхардт Дубо́йс /Дюбуа́/, амер. негр. писатель и педагог. Основал Нац. ассоциацию содействия прогрессу цветного населения {National Association for the Advancement of Colored People, NAACP}

DUCHAMP [d(j)uːˈʃã], **Marcel** (1887—1968) Марсе́ль Дюша́н, амер. художник и скульптор (род. во Франции). Один из гл. представителей дадаизма

DUFY [d(j)uːˈfiː], **Raoul** (1877—1953) Рау́ль Дюфи́, фр. живописец. Автор ярких, праздничных по колориту пейзажей, эскизов

For this morning, at least, Cannes remembered that it was supposed to look like *a Dufy*. (*I. Shaw*)

Пусть хоть сегодня Канн помнит, что он должен быть похож на *одно из полотен Дюфи*. (*Пер. К. Чугунова*)

DUKE [djuːk], **James Buchanan** (1856—1925) Джеймс Бьюке́нен Дьюк, амер. предприниматель. Основал компанию «Америкэн тобакко», университет, названный его именем

DULCINEA [ˌdʌlsɪˈniː(ː)ə] **del Toboso** Дульсине́я /Дульцине́я/ Тобо́сская, в романе М. Сервантеса «Дон Кихот» (1605—15) имя, данное Дон Кихотом даме своего сердца * возлюбленная

DULLES [ˈdʌlɪs, -əs], **John Foster** (1888—1959) Джон Фо́стер Да́ллес, гос. секретарь США (1953—59)

DUMAS [ˈd(j)uːmɑː], **Alexandre** Алекса́ндр Дюма́: **1.** *père* [pɛə] (1802—70) отец, фр. писатель. Автор приключенческих романов
⊙ The Three Musketeers (1844) «Три мушкетёра», The Count of Monte Cristo (1845) «Граф Монте-Кристо», романы
2. *fils* [fiːs] (1824—95) сын, фр. писатель. Автор социальных и морализаторских романов и драм
⊙ La Dame aux Camélias (1848) «Дама с камелиями», роман и пьеса, Le Demi-Monde (1855) «Полусвет», пьеса

DU MAURIER [d(j)uːˈmɔːrɪ, eɪ] Дюморье́, англ. писатели, дед и внучка: **1. George** (1834—96) Джордж (род. и учился во Франции)
⊙ Trilby (1894) «Трил(ь)би», роман
2. Daphne (1907—89) Да́фна
⊙ Rebecca (1938) «Ребекка», My Cousin Rachel (1951) «Кузина Рейчел», романы

DUNCAN [ˈdʌŋkən] **I** (?—1040) Дунка́н I, король Шотландии (с 1034). Убит Макбетом. Фигурирует в трагедии У. Шекспира «Макбет» (1606)

DUNCAN, Isadora (1878—1927) Айседо́ра (Изадо́ра) Дунка́н, амер. танцовщица. Новатор балетного искусства, одна из основоположниц школы танца «модерн»

DUNLOP [ˈdʌnlɔp, dʌnˈlɔp], **John Boyd** (1840—1921) Джон Бойд Да́нлоп, шотл. изобретатель. В 1887 создал надувную автошину; его именем была названа компания по производству резиновых изделий (основана в 1890)

DUNS SCOTUS [ˈdʌnzˈskəutəs], **John** (1265?—1308) Иоа́нн Дунс Скот, шотл. богослов и философ-схоласт. Его учение о примате воли противопоставлялось теории Фомы Аквинского // **Scotism** [ˈskəutɪzm] *n* скотизм; **Scotist** [ˈskəutɪst] *n* скотист (член религиозной секты, проповедовавшей теологию Скота)

DUNSTAN [ˈdʌnstən], St. (925?—988) св. Дунста́н, архиепископ Кентерберийский (с 961)

DU PONT [ˈdjuːpɔnt], **Eleuthère Irénée** (1771—1834) Элете́р Ирене́ Дюпо́н, родоначальник семейства амер. промышленников и финансистов фр. происхождения

DU PRÉ [d(j)uːˈpreɪ], **Jacqueline** (р. 1945) Жакли́н Дюпре́, англ. виолончелистка. С 1973 из-за болезни не выступала

DURAND [d(j)u(ə)ˈrænd], **Asher Brown** (1796—1886) А́шер Бра́ун Дьюра́нд, амер. пейзажист. Представитель «школы реки Гудзон» {the Hudson River School}

DURANT [d(j)uˈrænt, -rɑːnt], **William** (1861—1947) Уи́льям Дюра́нт, амер. предприниматель. В 1916 основал компанию «Дженерал моторс»

DÜRER [ˈdjuərə], **Albrecht** (1471—1528) А́льбрехт Дю́рер, нем. живописец и график Возрождения. Мастер портрета, гравюр на аллегорические сюжеты // **Dureresque** [ˌdjuərərˈesk] *a*

DURGA [ˈdɜːgə] Ду́рга, в индуист. мифологии имя супруги Шивы в её грозной, воинственной ипостаси

DURHAM [ˈdʌr(ə)m], lst Earl of /John George LAMBTON/ (1792—1840) 1-й граф Да́рхем /Джон Джордж Лэ́мтон/, англ. гос. деятель, генерал-губернатор Канады (с 1838). Автор концепции самоуправления брит. владений

DURKHEIM [ˈdɜːkhaɪm], **Émile** (1858—1917) Эми́ль Дюркге́йм, фр. социолог-позитивист

DURRELL [ˈdʌr(ə)l] Да́ррелл: **1. Gerald Malcolm** (р. 1925) Дже́ралд Ма́лколм, англ. зоолог и писатель. Основал зоопарк редких животных на о. Джерси

⊙ Three Singles to Adventure (1964) «Три билета до Эдвенчер», Two in the Bush (1966) «Двое в кустах» (в рус. пер. «Путь кенгурёнка»), книги о животных

2. Lawrence George (р. 1912) Ло́ренс Джордж, англ. писатель-модернист, теоретик литературы. Жил на Ближнем Востоке, где и происходит действие мн. его романов

⊙ The Alexandria Quartet (1957—60) «Александрийский квартет», тетралогия романов

DÜRRENMATT [ˈdyːrənmɑːt], **Friedrich** (1921—90) Фри́дрих Дюрренматт, швейц. писатель и драматург. Представитель «интеллектуального» театра

DUVALIER [djuːˈvæljeɪ] Дювалье́, «пожизненные президенты» Гаити, отец и сын: **1. François /Papa Doc/** (1907—71) Франсуа́ /папа Док/, правил с 1957

2. Jean-Claude /Baby Doc/ (р. 1951) Жан-Клод /бэби Док/, правил в 1971—86. В 1986 в обстановке волнений бежал из страны

DVOŘÁK [ˈdvɔːʒɑːk, -ʒæk], **Antonín** (1841—1904) Антони́н Дво́ржак, чеш. композитор, музыкант и дирижёр. Один из основоположников чеш. нац. музыки

DYCK, Van *см.* VANDYCK

DYLAN [ˈdɪlən], **Bob** /*наст. имя* Robert ZIMMERMAN/ (р. 1941) Боб Ди́лан /Ро́берт Зи́ммерман/, амер. эстрадный певец и композитор. Автор песен, близких к амер. фольклору, стилю «кантри»

Е

EADMER [ˈiːdmə] **of Canterbury** (1060—1124) Э́дмер Кентербери́й-ский, англ. монах и летописец
⊙ Historia Novorum in Anglia (1122) «Новейшая история Англии»
EADMUND *см.* EDMUND
EADWIN *см.* EDWIN
EAKINS [ˈeɪknz, ˈiː-], **Thomas** (1844—1916) То́мас Э́йкинс /И́кинс/, амер. живописец. Мастер психологического портрета
EARHART [ˈeəhɑːt], **Amelia** (1897—1937) Аме́лия Э́рхарт, амер. авиатор. Первая женщина-пилот, перелетевшая Атлантический океан (1928). Погибла при перелёте через Тихий океан
EARP [ɜːp], **Wyatt** (1848—1929) Уа́йетт Эрп, амер. шериф. Фигурирует в амер. фильмах-вестернах
EASTMAN [ˈiːstmən], **George** (1854—1932) Джордж И́стмен, амер. изобретатель, предприниматель и филантроп. В 1884 запатентовал катушечную фотоплёнку, в 1888 — фотоаппарат «Кодак» {Kodak}
EATON [ˈiːtn], **Theophilus** (1590—1658) Тео́филус И́тон, англ. колониальный администратор в Америке, губернатор поселения Нью-Хэйвен {New Haven} (с 1638)
EBLIS *см.* IBLIS
ECCLES [ˈeklz], **John Carew** (р. 1903) Джон Кэ́рью Эклс, австрал. физиолог. Лауреат Нобелевской премии (1963)
ECHIDNA [eˈkɪdnə] Ехи́дна /Эхи́дна/, в антич. мифологии полудева-полузмея, мать чудовищ: Сфинкса, Сциллы, Цербера {Cerberus} и др.
ECHO [ˈekəʊ] Эхо, в антич. мифологии нимфа, к-рая могла лишь повторять чужие слова. От безнадёжной любви к Нарциссу зачахла, и от неё остался лишь голос
ECKHART /**ECKAR(D)T**/ [ˈek(h)ɑːt], **Johannes** /**Meister**/ (1260?—1327?) Иога́нн /Ма́йстер/ Э́кхарт, нем. монах, философ-мистик. После смерти его учение было объявлено еретическим
ECO [ˈekəʊ], **Umberto** (р. 1932) Умбе́рто Э́ко, ит. историк, специалист по семиотике и писатель. Новатор жанра историко-приключенческого романа
⊙ The Name of the Rose (1981) «Имя розы», Foucault's Pendulum (1988) «Маятник Фуко», романы
EDDINGTON [ˈedɪŋtən], **Arthur Stanley** (1882—1944) А́ртур Стэ́нли Э́ддингтон, англ. астрофизик
EDDY [ˈedɪ], **Mary Baker Glover** (1821—1910) Мэ́ри Бе́йкер Гло́вер Э́дди, амер. теолог. Основала «христианскую науку» исцеления от болезней {Christian science}, газету «Крисчен сайенс монитор» (1908) // **Eddyism** [ˈedɪzm] *n*
EDELMAN [ˈedlmən], **Gerald Maurice** (р. 1929) Дже́ралд Мо́рис Э́дельман, амер. биохимик. Лауреат Нобелевской премии (1972)
EDEN [ˈiːdn], **Anthony** (1897—1977) А́нтони Йден, англ. гос. деятель, мин. ин. дел (1935—38, 1940—45, 1951—55), премьер-мин. Великобритании (1955—57) * чёрная фетровая шляпа (фасона, предпочитаемого А. Иденом в 30-е гг.)

EDE

EDEN, Martin Мáртин Ѝден, в одноим. романе Дж. Лондона (1909) гл. герой. Восхождение из низов к славе и богатству сопряжено для него с духовным кризисом

EDGEWORTH [ˈedʒwɜ:θ], **Maria** (1767—1849) Марѝя Эджуорт, англо-ирландская писательница. Автор нравоописательных романов, детских рассказов

EDISON [ˈedɪsn], **Thomas Alva** (1847—1931) Тóмас Áлва Эдисон, амер. изобретатель. Изобрёл фонограф, усовершенствовал лампу накаливания

EDMUND /EADMUND/ [ˈedmənd] Эдмунд, имя англ. королей: **1. I** (?—870), разгромлен и казнён датчанами. Канонизирован как святой

2. II *Ironside* (980?—1016) Железнобокий, сын Этельреда Неготового. Провозглашён королём в 1016, но был вынужден делить королевство с Кнутом

EDWARD [ˈedwəd] Эдуáрд, имя 8 англ. королей: **1. I** (1239—1307), правил с 1272. Завоевав Уэльс, сделал наследника престола (будущего Эдуарда II) принцем Уэльсским. В 1295 созвал «образцовый» парламент {the Model Parliament}

2. II of Caernarvon [kɑ:ˈnɑ:vən] (1284—1327) II Карнарвóнский, сын Эдуарда I и первый принц Уэльсский, на престоле с 1307. Отдал бразды правления фаворитам. В результате заговора низложен и убит

'...I often think,' he continued, 'that we can trace almost all the disasters of English history to the influence of Wales. Think of *Edward of Caernarvon*, the first Prince of Wales, a perverse life, Pennyfeather, and an unseemly death, then the *Tudors* and the dissolution of the Church, then *Lloyd George*, the temperance movement, non-conformity and lust stalking hand in hand through the country, wasting and ravaging. But perhaps you think I exaggerate? I have a certain rhetorical tendency, I admit.' (*E. Waugh*)

...Мне часто приходит в голову мысль о том, что все беды в английской истории так или иначе связаны с Уэльсом. Взять хотя бы *Эдуарда Карнарвонского*, первого из принцев Уэльсских — порочная жизнь, Пеннифедер, и жалкая смерть; или *Тюдоров*, при которых произошёл разрыв с папой римским; потом *Ллойд Джорджа*, движение трезвенников, нон-конформизм, который рука об руку с развратом поразил и расшатал всю страну... Я, может быть, преувеличиваю, с вашей точки зрения? Должен признать, я иногда впадаю в риторику.

3. III (1312—77), сын Эдуарда II, правил с 1327. В 1337 начал Столетнюю войну с Францией

4. IV (1442—83), правил с 1461—70 и с 1471

5. V (1470—83?), сын Эдуарда IV, провозглашён королём в 1483. Отстранён своим опекуном герцогом Глостером (будущим королём Ричардом III) и вместе с братом заключён в Тауэр, где оба были убиты

6. VI (1537—53), сын Генриха VIII и Джейн Сеймур, правил с 1547

7. VII (1841—1910), сын Виктории и принца Альберта, правил с 1901 // **Edwardian** [edˈwɑ:djən, -ˈwɔ:d-, -ɪən] *a* эдуардианский, относящийся к эпохе правления Эдуарда VII — периода отхода от строгостей викторианской поры и относительного процветания в преддверии 1-й мир. войны

He's like Daddy — still casting well-fed glances to the *Edwardian twilight* from his comfortable, disenfranchised wilderness. (*J. Osborne*)

Он похож на её папашу, который из своей комфортабельной пустыни, не ведающей избирательных прав, вперял такой же умиротворённый взор во *времена былого благоденствия. (Пер. Д. Урнова)*

This was a fairly pretty girl, except that she had legs like an *Edwardian* grand piano. (*K. Vonnegut*)

Девушка была симпатичная, вот только ножки у неё были как у рояля *начала века.*

8. VIII (1894—1972), сын Георга V, правил в январе-декабре 1936. Его намерение жениться на американке Симпсон вызвало скандал в обществе, и он отрёкся от престола в пользу брата Георга VI

EDWARD the Black Prince (1330—76) Чёрный принц Эдуа́рд, старший сын Эдуарда III, принц Уэльсский. Одержал победы над французами при Креси {Crecy} (1346) и Пуатье {Poitiers} (1356). По преданию, носил чёрные латы

EDWARD the Confessor (1002?—66) Эдуа́рд Исповедник, сын Этельреда Неготового, англ. король (с 1042). Объединил англосакс. земли, построил первое аббатство в Вестминстере. Канонизирован как святой

EDWARDS ['edwədz], **Jonathan** (1703—58) Джо́натан Э́дуардс, амер. теолог и проповедник. Способствовал подъёму религиозности в 1730—40-х гг. в период так наз. «великого пробуждения» {the Great Awakening}. В одной из наиболее известных речей сравнил грешников с пауками, подвешенными над пламенем // **Edwardean** [ed'wɑ:dɪən, -'wɔ:d-] *a*

EDWIN /EADWINE/ ['edwɪn] (585?—633) Э́двин, король Нортумбрии (с 617)

EGBERT ['egbɜ:t] (775?—839) Э́гберт, западно-саксонский (с 802) и 1-й англ. король (с 829)

EIFFEL ['aɪf(ə)l, e'fel], **Alexandre Gustave** (1832—1923) Алекса́ндр Гюста́в Эйфе́ль, фр. инженер. В 1889 сконструировал в Париже башню, названную его именем

EINSTEIN ['aɪnstaɪn], **Albert** (1879—1955) Альбе́рт Эйнште́йн, физик-теоретик (род. в Германии, с 1933 в США). Автор теории относительности. Лауреат Нобелевской премии (1921) * **выдающийся учёный, человек недюжинного ума**

And I don't suppose you have to be an *Einstein*, not even in that business. (*P. H. Johnson*)

Однако мне кажется, что даже в таком деле не нужно быть *семи пядей во лбу.*

→ BRADMAN

EISENHOWER ['aɪz(ə)n͵hauə] Эйзенха́уэр: **1. Dwight David /Ike/** (1890—1969) Дуа́йт Де́йвид /Айк/, 34-й през. США (1953—61), от респ. партии. В 40-х и нач 50-х гг. находился на высших воен. постах США и НАТО

Eisenhower jacket короткая (до пояса) куртка по образцу амер. воен. формы 2-й мир. войны

2. Mamie (1896—1979) Ме́йми, его жена.

ELAGABALUS см. HELIOGABALUS

ELEANOR ['elɪnə,-nɔ:] Элеано́ра: **1. of Aquitaine** [͵ækwɪ'teɪn] (1122?—1204) Аквита́нская, жена фр. короля Людовика VII, а после развода с ним в 1152 — англ. короля Генриха II. Мать Ричарда Львиное Сердце

2. of Castile [kæs'ti:l] (?—1290) Касти́льская, жена англ. короля Эдуарда I. Вместе с ним участвовала в крестовом походе

3. of Provence [prɔ'vɑ̃:(n)s] (?—1291) Прованса́льская, жена англ. короля Генриха III

ELECTRA [ɪˈlektrə] Эле́ктра, в греч. мифологии дочь Агамемнона и Клитемнестры. Помогла брату Оресту в убийстве матери и Эгисфа, отомстив им за смерть отца

the Electra complex комплекс Электры, в психоанализе привязанность девочек к отцу в сочетании с враждебностью к матери

☐ трагедии Еврипида, Софокла; Mourning Becomes Electra «Траур — участь Электры», трагедия Ю. О'Нила (1931)

ELGAR [ˈelgə, -gɑː], **Edward William** (1857—1934) Э́дуард Уи́льям Э́лгар, англ. композитор и дирижёр. Создатель нац. стиля в оркестровой музыке

ELGIN [ˈelgɪn], **Earl of /Thomas BRUCE/** (1766—1841) граф Э́лгин /То́мас Брюс/, англ. дипломат и коллекционер произведений искусства

Elgin marbles мраморные барельефы Элгина (детали фриза Парфенона работы Фидия, вывезенные Элгином из Греции в 1803 и проданные Брит. музею)

EL GRECO [elˈgrekəu, -ˈgreɪ, -ˈgriː-] /Domenikos THEOTOCOPOULOS/ (1541—1614) Эль Гре́ко /Доме́никос Теотоко́пулос/, исп. живописец греч. происхождения (род. на Крите) → ERIKSON

ELIDURE [ˈelɪdjuə] Элиди́ор, легендарный король Британии, брат Артегала

ELIJAH [ɪˈlaɪdʒə] Илия́, в Ветхом Завете пророк и чудотворец времён царя Ахава, борющийся с культом Ваала. В конце жизни Бог возносит его на небо

ELION [ˈeljən, -iən], **Gertrude Bell** (р. 1918) Гертру́да Белл Эла́йон /Э́лион/, амер. биохимик и фармаколог. Лауреат Нобелевской премии (1988)

ELIOT [ˈeljət], **George** /наст. имя Mary Ann EVANS/ (1819—80) Джордж Э́лиот /Мэ́ри Энн Э́ванс/, англ. писательница. Автор социально-психологических романов о провинциальной жизни

☉ Adam Bede (1859) «А́дам Бид»; The Mill on the Floss (1860) «Мельница на Флоссе»; Silas Marner (1861) «Сайлес Марнер»; Middlemarch (1872) «Миддлмарч»

ELIOT, Thomas Sternes (1888—1965) То́мас Стернз Э́лиот, англ. поэт-модернист, драматург и теоретик литературы (род. в США, в Англии с 1915). Лауреат Нобелевской премии (1948) // **Eliotic** [ˌelɪˈɔtɪk] *a*

☉ The Waste Land (1922) «Бесплодная земля», The Hollow Men (1925) «Полые люди», Four Quartets (1943) «Четыре квартета», поэмы; Murder in the Cathedral (1935) «Убийство в соборе», The Cocktail Party (1950) «Вечеринка с коктейлями», драмы в стихах→DANTE

ELISHA [ɪˈlaɪʃə] Елисе́й, в Ветхом Завете пророк, ученик и преемник Илии

ELISSA см. DIDO

ELIZABETH [ɪˈlɪzəbəθ] Елизаве́та: **1. I** (1533—1603), англ. королева с 1558, дочь Генриха VIII и Анны Болейн // **Elizabethan** [ɪˌlɪzəˈbiːθ(ə)n] *a* елизаветинский; *n* елизаветинец (деятель, особ. писатель эпохи Елизаветы I)

Elizabethan literature елизаветинская литература, творчество писателей 2-й пол. 16 в. (У. Шекспира, Э. Спенсера, К. Марло, Т. Нэша и др.)

I share *Elizabethan* standards and values: a broad outlook, incentive, and hard work. But I myself could not be an *Elizabethan*, because I am not a man of action. (*Times, 1981*)

Мне близки принципы и ценности *елизаветинской эпохи*: широта мировоззрения, вдохновенность, упорный труд. Но сам я не мог бы быть одним из *елизаветинцев* — меня нельзя назвать человеком действия.

2. II /Elizabeth Alexandra Mary/ (р. 1926) /Елизаве́та Алекса́ндра Мари́я/, королева Великобритании с 1952, дочь Георга VI → SHAKE-SPEARE

3. /Elizabeth Angela Marguerite BOWES-LYON [ˈbəuzˈlaɪən]; **Queen Mother/** (р. 1900) /Елизаве́та Анджела Маргери́та Бо́уз-Ла́йон; королева-мать/, жена Георга VI и мать Елизаветы II

ELLINGTON [ˈelɪŋtən], *Duke* **/Edward Kennedy/** (1899—1974) Дюк /Эдуард Ке́ннеди/ Эллингтон, амер. негр. пианист, композитор и дирижёр джаз-оркестра

ELLIS [ˈelɪs], **(Henry) Havelock** (1859—1939) (Ге́нри) Хэ́влок Э́ллис, англ. психолог. Автор трудов по психологии секса

ELLISON [ˈelɪsn], **Ralph Waldo** (р. 1914) Ралф Уо́лдо Э́ллисон, амер. негр. писатель

⊙ Invisible Man (1952) «Невидимка», роман

ELMO [ˈelməu], St. (?—303) св. Эльм, ит. епископ. Считается покровителем моряков

St. Elmo's fire /light/ огни св. Эльма, искры от электрических разрядов, видимые в грозовую погоду на мачтах кораблей и деревьев

ELOÏSA [ˌeləuˈiːzə] **/HÉLOÏSE** [eləuˈiːz] /** Элои́за, ученица и возлюбленная П. Абеляра. После его ухода в монастырь постриглась в монахини и находилась с ним в переписке

□ Eloïsa to Abélard «Элоиза Абеляру», поэма А. Попа (1717)

EMERSON [ˈeməsn], **Ralph Waldo** (1803—82) Ралф Уо́лдо Э́мерсон, амер. философ, эссеист и поэт. В 1832 сложил с себя духовный сан. Создатель теории трансцендентализма // **Emersonian** [ˌeməˈsəunɪən] *a* ⊙ Nature (1836) «Природа», Essays (1841, 1844) «Очерки», English Traits (1856) «Черты английской жизни», книги-эссе; Representative Men (1850) «Представители человечества», биографические очерки

As I thumbed idly through it, noticing the quotations from *Emerson* and *Macauley* and *Benjamin Franklin* and *Shakespeare* copied out in a ragged, boyish hand, he said with that same note of amiable contempt, 'Gee, back in those days I figured those fellows who wrote books knew all there was.' (*R. P. Warren*)

Пока я рассеянно листал страницы с цитатами из *Эмерсона, Маколея, Бенджамина Франклина* и *Шекспира*, исписанные корявым детским почерком, ⟨он⟩ продолжал всё с тем же добродушным презрением: «Хм, тогда я думал, что ребята, которые писали эти книжки, знают всё на свете». (*Пер. В. Голышева*)

EMPEDOCLES [emˈpedə(u)kliːz] (490?—430? в. до н. э.) Эмпедо́кл, греч. философ и полит. деятель

ENDERS [ˈendəz], **John Franklin** (1897—1985) Джон Фра́нклин Э́ндерс, амер. бактериолог. Один из создателей вакцины против кори. Лауреат Нобелевской премии (1954)

ENDYMION [enˈdɪmɪən] Эндимио́н: **1.** в антич. мифологии прекрасный юноша. Богиня Селена /Диана/ уговорила Зевса даровать ему вечную молодость и погрузить в вечный сон

□ поэма Дж. Китса (1818)

2. в одноим. романе Б. Дизраэли (1880) сын разорившегося политика, делающий карьеру благодаря преуспевающей сестре и её мужу

ENGELS [ˈeŋgəlz,-s], **Friedrich** (1820—95) Фри́дрих Э́нгельс, нем. социалист, один из основоположников марксизма

ENOCH [ˈiːnɔk] Éнох, в Ветхом Завете и др. иудаист. и христ. источниках: **1.** старший сын Каина

2. потомок Адама в седьмом колене, к-рого Бог взял на небо. Его именем названо несколько апокрифических книг Библии

EOS [ˈiːɔs] Эос, в греч. мифологии богиня утренней зари. Ей соответствует рим. Аврора

EPAMINONDAS [eˌpæmɪˈnɔndæs, ɪ-, -dəs] (418?—362 до н. э) Эпаминóнд, фиванский полководец и гос. деятель

EPICTETUS [ˌepɪkˈtiːtəs] (50?—140?) Эпиктéт, греч. философ-стоик // **Epictetian** [ˌepɪkˈtiːʃn] a

EPICURUS [ˌepɪˈkjuərəs] (341?—270 до н. э.) Эпикýр, греч. философ-материалист. Считал целью жизни наслаждение безмятежностью духа. Позднее его учение вульгарно трактовалось как призыв к чувственным удовольствиям // **Epicurean** [ˌepɪˈkju(ə)rɪən, -kjuˈriːən] a эпикурейский; n эпикуреец

'They're golden sunshine,' says he, 'honey-browned by the ambrosial fires of *Epicurus*. I'd give two years of my life to get the recipe for making them pancakes.' (*O. Henry*)

«Это же золотые созвездия,— говорит он,— подрумяненные на амброзийном огне *Эпикура*. Я бы отдал два года жизни за рецепт приготовления этих блинчиков». (*Пер. М. Урнова*)

EPIMETHEUS [ˌepɪˈmiːθjuːs] Эпиметéй, в греч. мифологии муж Пандоры. Взял её в жёны вопреки совету своего брата Прометея

EPSTEIN[ˈepstaɪn], **Jacob** (1880—1959) Джéйкоб Эпстайн, амер. скульптор (с 1905 в Англии). Автор скульптурных портретов из бронзы, религиозно-аллегорических композиций

ERASMUS [ɪˈræzməs] **of Rotterdam, Desiderius** (1466—1536) Эрáзм Роттердáмский /Дезидéрий/, голл. гуманист Возрождения. Способствовал идейной подготовке Реформации

⊙ Praise of Folly (1509) «Похвала глупости», сатирический памфлет

ERECHTHEUS [ɪˈrekθjuːs] Эрехфéй /Эрехтéй/, в греч. мифологии афин. царь. Ради победы в войне принёс в жертву Посейдону свою дочь; однако навлёк на себя гнев Посейдона и был убит молнией

☐ драма А. Суинберна (1876)

ERIC [ˈerɪk] *the Red* (940?—1010?) Эйрик Рáуди /Эйрик Рыжий/, сканд. мореплаватель. Исследовал берега Гренландии и в 982 основал там поселения

ERIC(S)SON [ˈerɪksn], **Leif** (кон. 10 — нач. 11 в.) Лейф Эйрикссон, сканд. мореплаватель, сын Эйрика Рауди/Рыжего/. Ок. 1000 достиг северо-восточного побережья Америки и основал там поселение

ERIKSON [ˈerɪksn], **Erik Homburger** (1902—89) Эрик Хóмбургер Эриксон, амер. врач, психолог и писатель (род. в Германии, с 1933 в США). Лауреат Пулитцеровской премии (1970)

There was something to discover around every corner. The History of Ideas! El Greco! Erik Erikson! (*S. Davidson*)

Открытия поджидали за каждым углом. «История идей»! Эль-Греко! Эрик Эриксон!

ERLANGER [ˈɜːlæŋə], **Joseph** (1874—1965) Джóзеф Эрлангер, амер. физиолог. Лауреат Нобелевской премии (1944)

EROS [ˈerɔs, ˈɪərɔs] Эрос /Эрóт/, в греч. мифологии бог любви. Изображался крылатым ребёнком или юношей с луком и стрелами. Ему соответствуют рим. Амур и Купидон

ESAU[ˈiːsɔː] Исáв, в Ветхом Завете сын Исаака и Ревекки, старший брат Иакова. Продал Иакову право первородства за чечевичную похлёбку {pottage of lentiles}

ESDRAS см. EZRA

ESTHER [ˈestə, ˈesθə] Есфи́рь /Эсфи́рь/, героиня одноим. книги Ветхого Завета. Став женой Ксеркса, спасла от истребления иудейский народ

ETEOCLES [ɪˈteɔkliːz, ɪˈtiːə-] Этео́кл, в греч. мифологии сын Эдипа и Иокасты. После смерти отца он и его брат Полиник должны были править Фивами {Thebes} поочерёдно. Но в назначенный срок Этеокл отказался уступить трон. Полиник организовал поход «семерых против Фив», и в поединке братья убили друг друга

ETHELBERT [ˈeθ(ə)lbɜːt] (552?—616) Этельбе́рт, король Кента (с 560)

ETHELRED [ˈeθ(ə)lred] **II** *the Unready* (968?—1016) Этельре́д Него́товый /Нереши́тельный/, англ. король с 978. Был назван так за неспособность устранить угрозу набегов датчан. Ввёл налог для выплаты им дани

ETZEL [ˈetsəl] Э́тцель, в герм. эпосе имя короля Аттилы

EUCLID [ˈjuːklɪd] (3 в. до н. э.) Евкли́д /Эвкли́д/, греч. математик, создатель традиционной /евклидовой/ геометрии // **Euclidean, Euclidian** [juːˈklɪdɪən] *a* евклидов

EULENSPIEGEL [ˈɔɪlənˌspiːgəl], **Till** (14 в.?) Тиль Уленшпи́гель /Эйленшпи́гель/, в нем. и фламандском фольклоре бродяга, озорник и насмешник

□ The Legend of Eulenspiegel «Легенда об Уленшпигеле», роман Ш. де Костера {Charles de Coster} (1867)

EULER [ˈɔɪlə], **Leonhard** (1707—83) Леона́рд Э́йлер, швейц. математик и физик

EUMAEUS [juːˈmiːəs] Эвме́й /Евме́й/, в греч. мифологии свинопас, слуга Одиссея, сохранивший ему верность после долгого отсутствия хозяина. Помог Одиссею расправиться с женихами Пенелопы

EUPHUES [ˈjuːfju(ː)iːz] Эвфуэс, в романах Дж. Лили «Эвфуэс, или Анатомия ума» (1578) и «Эвфуэс и его Англия» (1580) молодой афинянин, совершающий путешествия в Италию и Англию // **euphuism** [ˈjuːfjuɪzm] *n* эвфуизм, стиль романа «Эвфуэс»; стиль с претензией на изысканность; **euphuist** [ˈjuːfjuɪst] *n* эвфуист; **euphuistic** [ˌjuːfjuˈɪstɪk] *a* эвфуистический

EURIPIDES [juə(ə)ˈrɪpɪdiːz] (480?—406? до н. э.) Еврипи́д, греч. поэт-драматург, один из трёх великих афин. трагиков (наряду с Эсхилом и Софоклом) // **Euripidean** [juˌrɪpɪˈdiːən] *a*

⊙ Medea (431 до н. э.) «Медея», Electra (413?) «Электра», Iphigenia among the Tauri (411?) «Ифигения в Тавриде», Iphigenia at Aulis (405?) «Ифигения в Авлиде», Bacchae (405?) «Вакханки», трагедии

EUROPA [juə(ə)ˈrəupə] Евро́па, в антич. мифологии дочь финикийского царя Агенора {Agenor}, похищенная Зевсом /Юпитером/ в образе быка

EURYDICE [juə(ə)ˈrɪdɪsi(ː)] Эвриди́ка, в греч. мифологии жена Орфея (*см.* ORPHEUS)

EURYSTHEUS [juəˈrɪsθjuːs] Эврисфе́й, в антич. мифологии царь Тиринфа и Микен {Tiryns, Mycenae}. По его приказу Геракл /Геркулес/ совершил свои 12 подвигов

EVANS [ˈev(ə)nz], **Arthur John** (1851—1941) А́ртур Джон Э́ванс, англ. археолог. Открыл памятники минойской {Minoan} культуры на о. Крит

EVE [iːv] Е́ва, в Ветхом Завете первая женщина и праматерь рода человеческого, созданная Богом из ребра Адама. Поддавшись искушению змея, вкусила вместе с Адамом запретный плод, что привело их к грехопадению и изгнанию из рая

EVERETT [ˈev(ə)rɪt], **Edward** (1794—1865) Эдуард Эверетт, амер. полит. деятель и оратор, сторонник А. Линкольна

EYCK, van *см.* VAN EYCK

EYRE [eə], **Jane** Джен /Джейн/ Эйр, в одноим. романе Ш. Бронте (1847) девушка-сирота. Умная и независимая, она утверждает своё право на достоинство и любовь

EZEKIEL [ɪˈziːkjəl] Иезекии́ль, в Ветхом Завете пророк. В одноим. книге Библии описывается его видение с таинственной символикой богоявления

EZRA [ˈezrə] /**ESDRAS** [ˈezdræs] / Е́здра, в Ветхом Завете священник и книжник. Его именем названа одна из книг Библии (православная церковь включает в Ветхий Завет ещё две неканонические книги Ездры)

F

FABIUS [ˈfeɪbɪəs] **Maximus Cunctator** [kʌŋ(k)ˈteɪtə] (275—203 до н. э.) Фа́бий Ма́ксим Кункта́тор /*букв.* медлитель/, рим. полководец. Во время Пунической войны применил в 217 тактику истощения войск Ганнибала, избегая решительного сражения //**Fabian** [ˈfeɪbɪən] *a*

Fabian tactics /policy/ тактика /политика/ выжидания

Fabian society «Фабианское общество», в 1884—1900 организация англ. интеллигенции, провозгласившая путь постепенных перемен

FAGIN [ˈfeɪgɪn] Фейгин /Фёджин/, в романе Ч. Диккенса «Оливер Твист» (1837—38) старик, руководящий шайкой юных воришек * тот, кто приобщает малолетних к преступному промыслу

FAHRENHEIT [ˈfær(ə)nhaɪt, ˈfɑː-], **Gabriel Daniel** (1686—1736) Габриеель Даниеель Фаренгеейт, нем. физик. Предложил шкалу измерения температур, названную его именем

□ Fahrenheit 451 «451° по Фаренгейту», роман Р. Брэдбери (1953); фильм Ф. Трюффо {François Truffaut} (1966)

FAIRBANKS [ˈfeəbæŋks], **Douglas** Ду́глас Фэ́рбенкс /Фе́рбенкс/: **1.** *Senior* (1883—1939) Старший, амер. киноактёр, муж М. Пикфорд. Снимался в амплуа отважных романтических героев

2. *Junior* (р. 1909) Младший, амер. киноактёр, его сын

FAITHFUL [ˈfeɪθf(u)l] Верный, в романе Дж. Беньяна «Путь паломника» (1678—84) спутник Христиана → DESPAIR

FALSTAFF [ˈfɔːlstɑːf], **John** Джон Фальста́ф, в пьесах У. Шекспира «Генрих IV» (1597—98) и «Виндзорские насмешницы» (1598) толстый, пристрастный к удовольствиям и деньгам рыцарь. Он хвастлив и трусоват, но весел и сообразителен // **Falstaffian** [fɔːlˈstɑːfɪən] *a* фальстафовский

□ опера Дж. Верди (1892)

FALWELL [ˈfɔːlwel, ˈfæl-], **Jerry** (р. 1933) Джерри Фо́луэлл, амер. протестантский проповедник, глава консервативной организации «Моральное большинство» {the Moral Majority}. Регулярно выступает по телевидению за запрещение абортов и порнографии

FARADAY [ˈfærəd(e)ɪ], **Michael** (1791—1867) Майкл Фараде́й, англ. физик и химик. Исследовал электрические и магнитные явления

I cannot suppress the remark that the pair *Faraday-Maxwell* has a most remarkable inner similarity with the pair *Galileo-Newton* — the former of each pair grasping the relations intuitively, and the second one formulating those relations exactly and applying them quantitatively. (*A. Einstein*)

Не могу удержаться от замечания, что в паре *Фарадей-Максвелл* есть серьёзное внутреннее сходство с парой *Галилей-Ньютон*: первый в каждой из этих пар постигал закономерности интуитивно, а второй давал им точные формулировки и воплощал в количественные соотношения.

FARMER [ˈfɑ:mə], **Fannie Merritt** (1857—1915) Фа́нни Ме́рритт Фа́рмер, амер. специалистка по кулинарии. Автор поваренной книги, переиздаваемой по сей день

FARQUHAR [ˈfɑ:kə], **George** (1678—1707) Джордж Фа́ркер, англ. драматург (род. в Ирландии)

⊙ Love and a Bottle (1698) «Любовь и бутылка», The Constant Couple (1699) «Верная чета», The Twin Rivals (1702) «Близнецы-соперники», The Recruiting Officer (1706) «Офицер-вербовщик», The Beaux' Stratagem (1707) «Хитроумный план щёголей», комедии

FARRAGUT [ˈfærəgət, ˈfeə-], **David Glasgow** (1801—70) Де́йвид Гла́зго Фэ́ррагут, адмирал флота Сев. штатов в Гражданской войне 1861—65. Получив предупреждение о морских минах (тогда именовавшихся «торпедами»), произнёс фразу: «Плевать на торпеды!» {Damn the torpedoes!}, к-рая стала крылатой

FAULKNER [ˈfɔ:knə], **William Cuthbert** (1897—1962) Уи́льям Ка́тберт Фо́лкнер, амер. писатель. Автор масштабных психологических романов. Лауреат Пулитцеровской (1955) и Нобелевской (1949) премий

⊙ Sartoris (1929) «Сарторис», The Sound and the Fury (1929) «Шум и ярость», As I Lay Dying (1930) «На смертном одре», Sanctuary (1931) «Святилище», Light in August (1932) «Свет в августе», Absalom, Absalom! (1936) «Авессалом, Авессалом!», Intruder in the Dust (1948) «Осквернитель праха», Requiem For a Nun (1951) «Реквием по монахине», A Fable (1954) «Притча», романы → FINN H.

FAUNTLEROY [ˈfɔ:ntlərɔɪ], **Little Lord** / **Cedric ERROL** [ˈer(ə)l]/ маленький лорд Фо́нтлерой /Фа́унтлерой; Се́дрик Э́ррол/, в одноим. романе Ф. Бернетт (1886) безупречно воспитанный 7-летний мальчик, внук и наследник англ. графа

Lord Fauntleroy suit (детский) бархатный костюм с кружевным воротничком

FAUNUS [ˈfɔ:nəs] Фавн, в рим. мифологии бог лесов, пастбищ, животных. Соответствует греч. Пану

FAURÉ [ˈfɔ:reɪ], **Gabriel Urbain** (1845—1924) Габриэ́ль Юрбэ́н Форе́, фр. композитор

FAUST [faust] /**FAUSTUS** [ˈfɔ:stəs]/ Фа́уст, в нем. народных легендах и драмах К. Марло (1589?) и И. В. Гёте (1808-32) учёный, разочаровавшийся в науке. Чтобы познать смысл жизни, идёт на сделку с дьяволом (Мефистофелем) // **Faustian** [ˈfaustiən, ˈfɔ:-] *a* 1) духовно неудовлетворённый, склонный к сомнению в своих познаниях 2) эгоистический, эгоистичный

□ фильм нем. реж. Ф. Мурнау {F. Murnau} (1926)

FAWCETT [ˈfɔ(:)sɪt], **Millicent Garrett** (1847—1929) Ми́ллисент Га́рретт Фо́сетт, англ. активистка движения в защиту прав женщин

FAWKES [fɔ:ks], **Guy** (1570—1606) Гай Фокс, участник «порохового заговора» {Gunpowder Plot} 1605. Должен был взорвать здание англ. парламента, но за день до заседания порох был обнаружен, а Гай Фокс арестован и впоследствии казнён

FEK

Guy Fawkes Day день Гая Фокса (5 ноября); отмечается фейерверками и сожжением чучела, изображающего Гая Фокса {guy}

You see, I remember everything—even what *Guy Fawkes* had for dinner every second Sunday. (*P. Travers*)

Я, видите ли, помню всё—даже то, что было у *Гая Фокса* на обед каждое второе воскресенье. (*Пер. Б. Заходера*)

FEKE [fiːk], **Robert** (1705?—52?) Ро́берт Фик, амер. живописец-портретист

FELL [fel], **John** (1625—86) Джон Фелл, декан оксфордского колледжа Крайстчерч {Christchurch}. Фигурирует в эпиграмме, начинающейся со слов: «Я не люблю вас, доктор Фелл» {I do not love you, Dr. Fell} * человек, внушающий неприязнь

I'm in a wild mood tonight. I haven't shot a man in a week. Speak out, *Dr. Fell.* Who put me in here, why and how? (*R. Chandler*)

У меня нынче зверское настроение. Вот уже неделя, как я ещё никого не застрелил. Ну, выкладывайте, *господин хороший.* Кто меня сюда засадил, как и зачем?

FELLINI [feˈliːnɪ], **Federico** (р. 1920) Федери́ко Фелли́ни, ит. кинорежиссёр. Один из гл. представителей неореализма. Лауреат премии «Оскар» (1956, 1957, 1963, 1974)

⊙ La Strada (1954) «Дорога», Cabiria's Nights (1957) «Ночи Кабирии», La Dolce Vita (1960) «Сладкая жизнь», Eight and a Half (1963) «Восемь с половиной», Amarcord (1974) «Амаркорд», Fellini's Casanova (1976) «Казанова Феллини»

FERDINAND [ˈfɜːd(ɪ)nænd] Фердина́нд, имя ряда западноевропейских монархов, в т. ч.: **V** *the Catholic* (1452—1516) Католик, король Кастильский (1474—1504), Арагонский и Сицилийский (под именем Фердинанда II, с 1479) и Неаполитанский (под именем Фердинанда III, с 1504). Муж Изабеллы Кастильской, под влиянием к-рой оказал помощь Колумбу в снаряжении его экспедиции → COLUMBUS

FERMAT [feəˈmɑː,fɜːˈmæt], **Pierre de** (1601—65) Пьер де Ферма́, фр. математик. Автор теоремы, названной его именем. В заметке на полях книги указал, что обнаружил доказательство теоремы, но не может его записать за недостатком места. Теорема не доказана до сих пор

FERMI [ˈfeəmiː,ˈfɜːmɪ], **Enrico** (1901—54) Энри́ко Фе́рми, ит. физик (с 1938 в США). Лауреат Нобелевской премии (1938)

FEUCHTWANGER [ˈfɔɪktvæŋə], **Lion** (1884—1958) Лио́н Фейхтва́нгер, нем. писатель и драматург (с 1933 в эмиграции, с 1940 в США)

⊙ The Ugly Duchess (1923) «Безобразная герцогиня», роман

FEUERBACH [ˈfɔɪəbɑːx], **Ludwig** (1804—72) Лю́двиг Фейерба́х, нем. философ-материалист и атеист

FEUILLADE [fɜːˈjad], **Louis** (1873—1925) Луи́ Фёйа́д, фр. кинорежиссёр. Автор авантюрных и фантастических фильмов. Внёс вклад в развитие киноязыка

The spinners *Spielberg* and *Lucas*... toss teenage Indy... into a nest of cake robbers, a lion's den and a snake pit, thereby explaining, with an economy that *Feuillade* and *Freud* might admire, the origins of their hero's hat, his favorite weapon and his fear of serpents. (*Time, 1989*)

Разворачивая сюжет, *Спилберг* и *Лукас* бросают юного Инди то в разбойничью пещеру, то в логово льва, то в змеиную яму и тем самым с лаконизмом, которому могли бы позавидовать *Фёйад* и *Фрейд*, объясняют, откуда у героя взялись его шляпа, любимое оружие и страх перед змеями.

FEYNMAN [ˈfaɪnmən], **Richard Phillips** (1918—88) Ри́чард Фи́ллипс Фе́йнман, амер. физик. Разработал новые направления в квантовой механике. Лауреат Нобелевской премии (1965)

FICHTE [ˈfɪktə], **Johann Gottlieb** (1762—1814) Иога́нн Го́тлиб Фи́хте, нем. философ-идеалист // **Fichtean** [ˈfɪktɪən] *a* фихтеанский; *n* фихтеанец; **Fichteanism** [ˈfɪktɪənɪzm] *n* фихтеанство

FIELD [fiːld], **Eugene** (1850—95) Ю́джин Филд, амер. журналист и поэт

FIELD, John (1782—1837) Джон Филд /Фильд/, ирл. композитор и пианист (с 1802 в России). Создатель жанра ноктюрна

FIELD, Marshall (1834—1906) Ма́ршалл Филд, амер. предприниматель. Создатель крупнейшего универсального магазина в Чика́го

FIELDING [ˈfiːldɪŋ], **Henry** (1707—54) Ге́нри Фи́лдинг, англ. писатель, драматург и публицист. Автор сатирических комедий, памфлетов, семейных, эпических, плутовских романов

⊙ Joseph Andrews (1742) «Джозеф Эндрюс», The History of Tom Jones, a Foundling (1749) «История Тома Джонса, найдёныша», романы

FIELDING, Temple Hornaday (р. 1914) Темпл Хо́рнадей Фи́лдинг, амер. автор туристских путеводителей

FIELDS [fiːldz], **William Claude** (1879—1946) Уи́льям Клод Филдс, амер. комический киноактёр. Снимался в амплуа мошенников

FIGARO [ˈfɪɡərəu] Фига́ро, в комедиях П. Бомарше «Севильский цирюльник» (1775) и «Женитьба Фигаро» (1784), а тж. поставленных по ним операх В. А. Моцарта и Дж. Россини изобретательный и хитрый слуга

FILLMORE [ˈfɪlmɔː], **Millard** (1800—74) Ми́ллард Фи́ллмор, 13-й през. США (1850—53), от партии вигов

FINGAL [ˈfɪŋɡ(ə)l] Финга́л, в «Сочинениях Оссиана» (1765) Дж. Макферсона герой, отец Оссиана. Соответствует ирл. эпическому герою Финну

FINN /FIONN/ [fɪn] Финн /Фьонн/, в кельт. (ирл.) эпосе полумифический герой, отец Оссиана /Ойсина/. Возглавлял фиан {Fianna}, т. е. отряд воинов-охотников — фениев {Fenians}. В «Сочинениях Оссиана» Дж. Макферсона ему соответствует Фингал

FINN, Huckleberry /Huck/ Ге́кльберри /Гек/ Финн, в романах М. Твена «Приключения Тома Сойера» (1876) и «Приключения Гекльберри Фина» (1884) бездомный подросток, друг Тома Сойера

If you imagine *Huckleberry Finn* living in the House of *Usher* and telling uproarious stories while the walls crumble about him, that will give you the double quality of *Faulkner's* work at its best. (*O. Wheeler*)

Вообразив, что *Гекльберри Финн* живёт в доме *Эшеров* и рассказывает непристойные анекдоты среди рушащихся стен, вы получите представление о двойственности *фолкнеровского* стиля в наиболее ярком его проявлении.

→ CAULFIELD

FINNEGAN [ˈfɪnɪɡən], **Tim** Тим Фи́ннеган, в романе Дж. Джойса «Поминки по Финнегану» (1939) каменщик. Ключевая тема этого романа, где описывается «пьяное падение» героя,— циклическая смена подъёмов и падений, умирания и возрождения → GILGAMESH

FINNEY [ˈfɪnɪ], **Albert** (р. 1936) А́лберт Фи́нни, англ. актёр театра и кино

FIONN *см.* FINN

FIRDUSI [fəˈdjuːsɪ, fɪə-] /**FIRDAUSI** [fəˈdausɪ, fɪə-]/, **Abul Qasim** (940?—1020?) Абулькаси́м Фирдоуси́, перс. поэт

⊙ Shahnameh (1010) «Шахнаме», поэма

FISCHER [ˈfiʃə], **Robert /Bobby/** (р. 1943) Ро́берт /Бо́бби/ Фи́шер, амер. шахматист, чемпион мира в 1972—75

FISHER [ˈfiʃə], **Geoffrey Francis** (1887—1972) Джéффри Фрэ́нсис Фи́шер, архиепископ Кентерберийский (1945—61)

FISHER, John (1459?—1535) Джон Фи́шер, англ. епископ. В 1527 выступил против развода Генриха VIII с Екатериной Арагонской, а в 1534 — против разрыва с Ватиканом. Казнён

FITZGERALD [fitsˈdʒer(ə)ld], **Ella** (р. 1918) Э́лла Фицджéралд, амер. негр. джазовая певица. Отличается широким вокальным диапазоном

FITZGERALD, Francis Scott Key (1896—1940) Фрэ́нсис Скотт Ки Фицджéральд, амер. писатель. Один из представителей «потерянного поколения» {the lost generation}
⊙ This Side of Paradise (1920) «По эту сторону рая», The Beautiful and the Damned (1922) «Прекрасные, но обречённые», The Great Gatsby (1925) «Великий Гэтсби», Tender is the Night (1934) «Ночь нежна», The Last Tycoon (опубл. 1941) «Последний магнат», романы

FLAGG [flæg], **James Montgomery** (1877—1960) Джеймс Монтго́мери Флэгг, амер. иллюстратор. Автор плаката с изображением дяди Сэма, призывающего добровольцев на фронт, во время 1-й мир. войны

FLANDERS [ˈflɑːndəz], **Moll** Молль Флéндерс, в одноим. романе Д. Дефо (1722) женщина из низов общества, вынужденная встать на путь порока и воровства. Разбогатев к концу жизни, умирает в раскаянии

FLANNAGAN [ˈflænəgən], **John Bernard** (1895—1942) Джон Бéрнард Фла́ннаган, амер. скульптор-анималист

FLAUBERT [fləuˈbeə], **Gustave** (1821—80) Гюста́в Флобéр, фр. писатель
⊙ Madame Bovary (1857) «Госпожа Бовари», роман

FLAXMAN [ˈflæksmən], **John** (1755—1826) Джон Флэ́ксман, англ. скульптор

FLEMING [ˈflemɪŋ], **Alexander** (1881—1955) Алекса́ндер Флéминг, англ. микробиолог. В 1928 выделил пенициллин. Лауреат Нобелевской премии (1945, совм. с Х. Флори)

FLEMING, Ian Lancaster (1908—64) Ян /Йэн/ Ланка́стер Флéминг, англ. писатель. Автор романов о Джеймсе Бонде

FLETCHER [ˈfletʃə], **John** (1579—1625) Джон Флéтчер, англ. драматург. Ряд пьес создал в соавторстве с др. драматургами
⊙ The Faithful Shepherdess (1609) «Верная пастушка», пастораль; Wit without Money (1614) «Ум без денег», трагикомедия; в соавторстве с Ф. Бомонтом — Philaster (1611) «Филастер», драма; Cupid's Revenge (опубл. 1615) «Месть Купидона», Bonduca (1614) «Бондука»; в соавторстве с У. Шекспиром (?) — Henry VIII (1623) «Генрих VIII», Two Noble Kinsmen (1634) «Два знатных родича», трагедии

FLORA [ˈfloːrə] Флóра, в рим. мифологии богиня цветов и весны

FLOREY [ˈfloːrɪ], **Howard Walter** (1898—1968) Ха́уард Уо́лтер Флóри, англ. патолог (род. в Австралии). Лауреат Нобелевской премии (1945)

FLORIZEL [ˈflɔrɪzel] Флоризéль, в пьесе У. Шекспира «Зимняя сказка» (1611) принц Богемии, возлюбленный Утраты

FLORY [ˈfloːrɪ], **Paul John** (1910—85) Пол Джон Флóри, амер. химик. Лауреат Нобелевской премии (1974)

FLUTE см. QUINCE

FLYNN [flɪn], **Errol** (1909—59) Э́ррол Флинн, амер. киноактёр 30—50-х гг. (род. в Австралии). Снимался в амплуа «неотразимых» героев в «костюмных» ист. фильмах. Его популярность была основана тж. на скандальной частной жизни

FOCH [fɔʃ], **Ferdinand** (1851—1929) Фердина́нд Фош, фр. военачальник. С 1918 командовал союзными войсками в 1-й мир. войне

FOGG [fɔg], **Phileas** Фи́леас Фогг, герой романа Ж. Верна «Вокруг света в 80 дней» (1872). Олицетворяет англ. пунктуальность. На пари совершил кругосветное путешествие в 80 дней

FOLEY [ˈfəulɪ], **John Henry** (1818—74) Джон Ге́нри Фо́ули, ирл. скульптор

FONDA [ˈfɔndə] Фо́нда, семья амер. киноактёров: **1. Henry** (1905—82) Ге́нри, отец. Лауреат премии «Оскар» (1981)

2. Jane (р. 1937) Джейн, его дочь. Известна тж. как популяризатор аэробики. Лауреат премии «Оскар» (1971, 1978)

3. Peter (р. 1939) Пи́тер, его сын, брат Дж. Фонда

FONTANNE [fɔnˈtæn, ˈfɔntæn], **Lynn** (1897—1983) Линн Фонта́нн, амер. актриса театра и кино (род. в Англии). Жена А. Ланта

FONTEYN [fɔnˈteɪn, ˈfɔnteɪn] /наст. имя HOOKHAM/, **Margot** (1919—91) Марго́ Фонте́йн /Ху́кам/, англ. танцовщица

FORD [fɔːd], **Gerald Rudolf** (р. 1913) Дже́ралд Ру́долф Форд, 38-й през. США (1974—77), от респ. партии

FORD, Harrison (р. 1942) Га́ррисон Форд, амер. киноактёр. Снимается в амплуа мужественного искателя приключений

FORD, Henry (1863—1947) Ге́нри Форд, амер. промышленник. В 1903 основал автомобильную компанию, начавшую массовое производство дешёвых автомобилей

FORD, John /наст. имя Sean O'Feeney/ (1895—1973) Джон Форд /Шон О'Фини/, амер. кинорежиссёр. Постановщик вестернов, комедий, детективов, психологических драм. Классик амер. экрана. Лауреат премии «Оскар» (1935, 1940, 1941, 1942, 1943, 1952) ⊙ The Informer (1935) «Осведомитель», The Grapes of Wrath (1940) «Гроздья гнева», How Green Was My Valley (1941) «Как зелена была моя долина», My Darling Clementine (1946) «Моя дорогая Клементина», The Quiet Man (1952) «Тихий человек» → CHAPLIN Ch.

FORMAN [ˈfɔːmən], **Milos** (р. 1932) Ми́лош Фо́рман, амер. кинорежиссёр (род. в Чехословакии). Лауреат премии «Оскар» (1975, 1984) ⊙ One Flew Over the Cuckoo's Nest (1975) «Полёт над гнездом кукушки /Кто-то пролетел над кукушкиным гнездом/», Hair (1979) «Волосы», Ragtime (1981) «Рэгтайм», Amadeus (1984) «Амадей»

FORREST [ˈfɔrɪst], **Nathan Bedford** (1821—77) Нейтан Бе́дфорд Фо́ррест, амер. генерал. Воевал на стороне Конфедерации юж. штатов в Гражданской войне 1861—65

Then the Boss spied a fellow ... wearing jean pants and a brace of moustache hanging off the kind of face you see in photographs of *General Forrest's* cavalrymen ... (*R. P. Warren*)

Потом он заметил ... малярика ... в джинсах и с вислыми усами, какие встречаешь порой на снимках кавалеристов *генерала Форреста*. (*Пер. В. Голышева*)

FORRESTAL [ˈfɔrəstəl, -stɔːl], **James Vincent** (1892—199) Джеймс Ви́нсент Фо́ррестол, амер. банкир, мин. обороны США (1947—49)

FORSTER [ˈfɔːstə], **Edward Morgan** (1879—1970) Э́дуард Мо́рган Фо́рстер, англ. писатель и критик // **Forsterian** [fɔːˈstiːrɪən] *a* ⊙ Howard's End (1910) «Хауардс-Энд», A Passage to India (1924) «Поездка в Индию», романы

FORSYTE [ˈfɔːsaɪt] Форса́йт, в цикле романов Дж. Голсуорси «Сага о Форсайтах» (1906—28) семья собственников, переживающая постепенный распад // **Forsyteian** [ˌfɔːˈsaɪtɪən] *a*; **Forsyteism** [ˈfɔːsaɪtɪzm] *n*

The film depicts a reassuring *Forsyteian* red-plush world of polished tables, with ponderous officials mulling over the company's welfare. (*A. Sampson*)

В фильме изображён солидный *форсайтовский* мир степенных промышленников, пекущихся о благополучии фирмы среди полированных столов и красных плюшевых драпировок.

FOSSE [fɔs], **Bob /Robert/** (р. 1927) Боб /Ро́берт/ Фосс, амер. хореограф и кинорежиссёр. Постановщик мюзиклов. Лауреат премии «Оскар» (1972, 1979)

⊙ Cabaret (1972) «Кабаре», All That Jazz (1979) «Весь этот джаз»

FOSTER [ˈfɔstə], **Stephen Collins** (1826—64) Сти́вен Ко́ллинз Фо́стер, амер. бард, композитор-самоучка. Автор музыки и слов так наз. песен «плантаций» {plantation songs} и «гостиных» {drawing-room songs}

FOUCAULT [fu(:)ˈkəu], **Jean Bernard Léon** (1819—68) Жан Берна́р Лео́н Фуко́, фр. физик. Измерил скорость света; осуществил опыт с маятником, названный по его имени

□ Foucault's Pendulum «Маятник Фуко», роман У. Эко (1988)

FOURDRINIER [ˌfɔːdrɪˈnɪə, -ˈdrɪ-, ˌfəuə-], **Henry** (1766—1854) Ге́нри Фурдрини́р, англ. предприниматель и изобретатель. В 1806 запатентовал способ производства бумаги в рулонах, позволивший усовершенствовать типографский процесс

FOURIER [ˈfurɪeɪ], **François Marie Charles** (1772—1837) Франсуа́ Мари́ Шарль Фурье́, фр. социалист-утопист

FOWLER [ˈfaulə], **Henry Watson** (1858—1933) Ге́нри Уо́тсон Фа́улер, англ. лексикограф

according to Fowler согласно авторитетам, как утверждают словари

⊙ The Concise Oxford Dictionary «Сжатый Оксфордский словарь» (1911); A Dictionary of Modern English Usage (1926) «Словарь современного английского употребления»

FOWLER, William Alfred (р. 1911) Уи́льям А́лфред Фа́улер, амер. физик. Лауреат Нобелевской премии (1983)

FOWLES [faulz], **John** (р. 1926) Джон Фа́улс, англ. писатель

⊙ The French Leutenant's Woman (1969) «Женщина французского лейтенанта», Daniel Martin (1977) «Дэниел Мартин», романы; The Ebony Tower (1974) «Башня из чёрного дерева», повесть

FOX [fɔks], **Charles James** (1749—1806) Чарлз Джеймс Фокс, англ. полит. деятель партии вигов. Выступал против войны с северо-американскими колониями, в поддержку фр. революции 1789

FOX, George (1624—91) Джордж Фокс, англ. проповедник. Основал т. н. «Общество друзей» {Society of Friends}, к-рое позднее стало называться обществом квакеров {Quakers}

FOX, Paula (р. 1923) По́ла Фокс, амер. писательница. Автор книг для детей и юношества

⊙ Poor George (1967) «Бедный Джордж», The Slave Dancer (1974) «Танцующий раб», The Little Swineherd and Other Tales (1978) «Маленький свинопас и другие истории», One-Eyed Cat (1984) «Одноглазая кошка»

FOX, William (1879—1952) Уи́льям Фокс, амер. кинопродюсер. Основатель компании, ныне вошедшей в состав корпорации «XX век — Фокс»

FOXE [fɔks], **John** (1516—87) Джон Фокс, англ. священник. Автор жизнеописаний мучеников-святых

⊙ The Book of Martyrs (1563) «Мартиролог»

FRAGONARD [ˌfrægəˈnɑː], **Jean Honoré** (1732—1806) Жан Оноре Фрагона́р, фр. живописец и график

FRANCE [frɑːns], **Anatole** /*наст. имя* Anatole François THIBAULT/ (1844—1924) Анато́ль Франс /Франсуа́ Тибо́/, фр. писатель. Автор новелл, ист. и сатирических романов. Лауреат Нобелевской премии (1921)

⊙ Le Crime de Sylvestre Bonnard (1881) «Преступление Сильвестра Боннара», Penguin Island (1908) «Остров пингвинов», Les Dieux ont Soif (1912) «Боги жаждут», романы

FRANCESCA [fræn'tʃeskə], **Piero della** (1420?—92) Пье́ро де́лла Франче́ска, ит. живописец Раннего Возрождения

FRANCESCA da Rimini [fræn'tʃeskədə'rɪmɪnɪ] (?—1285?) Франче́ска да Ри́мини, дочь ит. графа, выданная им замуж помимо её желания. За связь с братом своего мужа оба были казнены. Фигурирует в «Божественной комедии» Данте

□ The Story of Rimini «История Римини», поэма Л. Ханта (1816)

FRANCIS ['frɑːnsɪs]: **1.** Франци́ск, имя двух фр. королей

2. Франц, имя двух императоров «Священной Рим. империи», в т. ч. **II** (1768—1835), на престоле в 1792—1806, он же император Австрии (под именем Франциска I) с 1804

FRANCIS of Assisi [ə'siːzɪ] /Giovanni Francesco BERNARDONE/ (1182?—1226) Франци́ск Ассизский /Джова́нни Франче́ско Бернардо́не/, ит. проповедник. Основал орден францисканцев. Канонизирован как святой

□ фильм М. Кертиза (1961)

FRANCIS FERDINAND ['frɑːnsɪs'fɜːd(ɪ)nænd] (1863—1914) Франц Фердина́нд, эрцгерцог {archduke} Австрии, племянник Франца Иосифа и наследник престола. Его убийство в г. Сараево {Sarajevo} послужило поводом к 1-й мир. войне

FRANCIS JOSEPH ['frɑːnsɪs'dʒəuzɪf] **I** (1830—1916) Франц Ио́сиф I, император Австрии и король Венгрии с 1848. В 1867 создал государство Австро-Венгрию

FRANCK [frɑːŋk], **César Auguste** (1822—90) Сеза́р Огю́ст Франк, фр. композитор романтического направления (род. в Бельгии, во Франции с 1844)

FRANCO ['frɑːŋkəu, 'fræŋ-], **Francisco** (1892—75) Франси́ско Фра́нко, исп. генерал и диктатор. Лидер фашистской партии фалангистов {Falangists}. Пришёл к власти в результате военного путча 1936, что привело к гражданской войне

FRANKENSTEIN ['fræŋkənstaɪn, -stiːn] Франкенште́йн, в одноим. повести М. В. Шелли (1818) и основанных на ней фильмах (особ. режиссёра Дж. Уэйла, 1931, 1935) создатель человекоподобного монстра. Чудовище выходит из-под власти учёного, убивает его и совершает множество злодеяний

Frankenstein's monster (*разг. тж.* **Frankenstein**) монстр Франкенштейна * деяние, выходящее из-под контроля человека и вызывающее губительные последствия

□ Young Frankenstein «Молодой Франкенштейн», фильм М. Брукса (1974)

Cloning was, to put it mildly, a touchy subject in the scientific community not too far removed from *Frankenstein's* monster, at least in some people's minds. (*D. Rorvik*)

В научных кругах идея клонирования считалась, мягко выражаясь, щекотливым предметом. По крайней мере, у некоторых она ассоциировалась с чудовищем *Франкенштейна*.

He... stared at the parade of Earth children who walked along the street: princesses, cats, clowns, hoboes, pirates, devils, gorillas, vampires, and *Frankensteins*. (*W. Kotzwinkle*)

Он... не сводил глаз с уличной процессии земных детей, разряженных кто во что: тут были принцессы и пираты, коты и обезьяны, шуты и бродяги, черти, вампиры и *монстры*.

FRANKLIN ['fræŋklɪn], **Benjamin** (1706—90) Бе́нджамин /Вениами́н/ Фра́нклин, амер. просветитель, учёный, гос. деятель, дипломат. Один из авторов Декларации независимости и Конституции США. Основал первую амер. публичную библиотеку (1731), Пенсильванский университет (1743). Изобрёл молниеотвод

Franklin stove «печь Франклина», сконструированный им металлический обогреватель для помещений → EMERSON

FRANKLIN, John (1786—1847) Джон Фра́нклин, англ. адмирал, исследователь Арктики. Погиб во время экспедиции к Бе́рингову проливу в поисках Северо-западного прохода

FRASER ['freɪzə], **(John) Malcolm** (р. 1930) (Джон) Ма́лколм Фре́йзер, премьер-мин. Австралии (1975—83), от либер. партии

FRASER, Peter (1884—1950) Пи́тер Фре́йзер, премьер-мин. Новой Зеландии (1940—49); один из основателей лейбор. партии (1916)

FRAZER ['freɪzə], **James George** (1854—1941) Джеймс Джордж Фре́зер, англ. антрополог, этнограф, исследователь мифологии и религии

⊙ The Golden Bough (1890—1915) «Золотая ветвь», научный труд

FREDERICK ['fredrɪk] /*нем.* FRIEDRICH/: **1. I Barbarossa** (1123?—90) Фри́дрих I Барбаро́сса, император «Священной Рим. империи» с 1155. Погиб во время 3-го крестового похода

2. II STAUFEN (1194—1250) Фри́дрих II Шта́уфен, император «Священной Рим. империи» с 1220, король Сицилии с 1198

3. Фри́дрих, имя королей Пруссии, в т. ч.: **II the Great** (1712—86) II Великий, на престоле с 1740. Расширил территорию страны, укрепил гос-во

4. Фредери́к, имя королей Норвегии и Дании

FREDERICK WILLIAM ['fredrɪk'wɪljəm] Фри́дрих Вильге́льм: **1.** (1620—88), курфюрст {elector} Бранденбургский с 1640. Заложил основы абсолютизма в Пруссии

2. имя 4 прусских королей

FRENCH [fren(t)ʃ], **Daniel Chester** (1850—1931) Дэ́ниэл Че́стер Френч, амер. скульптор. Автор статуи Линкольна в его мемориальном центре

FRENEAU [frɪ'nəu], **Philip Morin** (1752—1832) Фили́п Море́н Френо́, амер. поэт, сатирик и публицист. Участник Войны за независимость

FREUD [frɔɪd], **Sigmund** (1856—1939) Зи́гмунд Фрейд, австр. врач. Разработал психоанализ — метод исследования подсознательных процессов, оказавший огромное влияние на науку // **Freudian** ['frɔɪdjən] *a* фрейдистский

She is putting on weight she says because she eats compulsively because our happy home has been broken up. *Freud, Freud* in the ice-cream parlor. (*I. Shaw*)

А полнеет она будто бы оттого, что вынуждена много есть, поскольку разбит наш счастливый семейный очаг. И здесь — *Фрейд*, он проник даже в кафе-мороженое. (*Пер. К. Чугунова*)

→ FEUILLADE, NIGHTINGALE

FREY(J)A ['freɪə] Фре́йя, в сканд. мифологии богиня плодородия, любви и красоты, сестра Фрейра. Часто отождествляется с Фригг

FREY(R) [freɪ] Фрейр, в сканд. мифологии бог плодородия и богатства, покровитель браков

FRIDAY [ˈfraɪdɪ], *Man* Пятница, в романе Д. Дефо «Робинзон Крузо» (1719—21) дикарь, спасённый Робинзоном от смерти и ставший его преданным помощником

FRIEDKIN [ˈfriːdkɪn], **William** (р. 1939) Уильям Фридкин, амер. кинорежиссёр. Постановщик фильмов-триллеров. Лауреат премии «Оскар» (1971)
⊙ The French Connection (1971) «Французский связной», The Exorcist (1973) «Изгоняющий дьявола», The Sorcerer (1977) «Колдун»

FRIEDRICH см. FREDERICK

FRIGG(A) [ˈfrɪg(ə)] Фригг /Фрейя/, в германо-скандинавской мифологии богиня — покровительница брака и семейного очага, жена Одина

FRISCH [frɪʃ], **Max** (1911—91) Макс Фриш, швейц. писатель и драматург
⊙ Homo Faber (1957) «Гомо Фабер», Bluebeard (1982) «Синяя борода», романы

FROMM [frɔm], **Erich** (1900—80) Эрих Фромм, амер. психолог и социолог-неофрейдист (род. в Германии, с 1933 в США)

FROST [frɔst], **Robert Lee** (1874—1963) Роберт Ли Фрост, амер. поэт. Его стихи посвящены в основном природе Новой Англии // **Frostian** [ˈfrɔstjən] *a*
⊙ A Boy's Will (1913) «Прощание с юностью», Mountain Interval (1916) «Между горами», West-Running Brook (1928) «Западная река», A Further Range (1936) «Неоглядная даль», A Witness Tree (1942) «Дерево-свидетель», Steeple Bush (1947) «Таволга», In the Clearing (1962) «На вырубке», сб. стихов

FRY [fraɪ], **Christopher** (р. 1907) Кристофер Фрай, англ. поэт-драматург
⊙ The Lady's Not for Burning (1948) «Леди сжечь нельзя», Venus Observed (1950) «Наблюдение Венеры», Sleep of Prisoners (1951) «Сон пленников», драмы в стихах

FRY, Elizabeth (1780—1845) Элизабет Фрай, англ. обществ. деятель. Выступала за улучшение условий содержания заключённых в тюрьмах

FULBRIGHT [ˈfulbraɪt], **James William** (р. 1905) Джеймс Уильям Фулбрайт, амер. полит. деятель, сенатор

FULLER [ˈfulə], **Roy** (р. 1912) Рой Фуллер, англ. поэт. Автор стихов о 2-й мир. войне

FULLER, (Sarah) Margaret (1810—50) (Сара) Маргарет Фуллер, амер. публицистка. Выступала в защиту прав женщин

FURTWÄNGLER [ˈfuət͵veŋlə], **Wilhelm Gustav Heinrich Ernst Martin** (1886—1954) Вильгельм Густав Генрих Эрнст Мартин Фуртвенглер, нем. дирижёр и композитор

G

GABLE [ˈgeɪbl], **Clark** (1901—60) Кларк Гейбл, амер. киноактёр. Снимался в 30—40-х гг. в амплуа «неотразимых», уверенных в себе героев → DON QUIXOTE; GARLAND J.; NEWMAN P.

GABOR [ˈgɑːbɔː, gəˈbɔː], **Dennis** (1900—79) Деннис /Денеш/ Габор, англ. физик (род. в Венгрии, с 1934 в Англии, с 1967 в США). Создатель голографии. Лауреат Нобелевской премии (1971)

GABRIEL [ˈɡeɪbrɪəl] Гаврии́л, в христ. религии архангел, вестник и толкователь божественной воли

GAEA [ˈdʒiːə] /**GAIA** [ˈɡeɪə]/ Ге́я, в греч. мифологии богиня земли, жена Урана и мать титанов

GAINES [ɡeɪnz], **Ernest** (р. 1933) Э́рнест Гейнс, амер. негр. писатель ⊙ Of Love and Dust (1967) «Любовь и прах», Bloodline (1968) «Кровное родство», The Autobiography of Miss Jane Pittman (1971) «Автобиография мисс Джейн Питтман», A Gathering of Old Men (1983) «И сошлись старики», романы

GAINSBOROUGH [ˈɡeɪnzb(ə)rə], **Thomas** (1727—88) То́мас Ге́йнсборо, англ. живописец, портретист и пейзажист

GAIUS [ˈɡeɪəs, ˈɡaɪəs] (2 в.) Гай, рим. юрист. Автор классического изложения основ рим. права

GAJDUSEK [ˈɡaɪdəʃek], **Daniel Carleton** (р. 1923) Да́ниел Ка́рлтон Га́йдузек /Га́йдушек/, амер. вирусолог. Лауреат Нобелевской премии (1976)

GALAHAD [ˈɡæləhæd] Галаха́д /Галаа́д/, в «артуровских легендах» рыцарь, сын Ланселота. Единственный, кому явился Священный Грааль {the Holy Grail}. Воплощение отваги и благородства

To say that Mast hated him would be such an understatement as to lose all conveyance of meaning. Mast hated him viciously, murderously, with the white purity of *Galahad* and every fiber of his existence. (*J. Jones*)

Просто сказать, что Маст его ненавидел — значит не сказать ничего. Маст ненавидел его неистово, смертельно, с беззаветностью *средневекового рыцаря*, каждым фибром своего существа.

'You could have sworn, for Christ's sake, that you were with me every minute...' 'I told them what I knew. No more and no less.' 'So go to the head of the Honor Roll, *Sir Galahad*,' Hagen said. (*I. Shaw*)

«Тебе что, так трудно было заверить их, что ты не отходил от меня ни на минуту?...» — «Я сказал им то, что знал, ни больше и ни меньше».— «Ну что ж, воссядьте во главе Круглого стола, о *доблестный и честный рыцарь!*»

GALATEA [ˌɡæləˈtɪə] Галате́я, в антич. мифологии: **1.** ожившая статуя, созданная Пигмалионом
2. нереида, в к-рую был влюблён циклоп Полифем

GALBRAITH [ˈɡælbreɪθ], **John Kenneth** (р. 1908) Джон Ке́ннет Гэ́лбрейт, амер. экономист и дипломат (род. в Канаде). Автор теории «нового индустриального общества»

GALEN [ˈɡeɪlɪn] /*лат.* GALENUS/ (130?—200?) Гале́н, рим. врач. Автор первого анатомо-физиологического описания человека. Ввёл в практику вивисекционные опыты на животных // **Galenic(al)** [ɡeɪˈlenɪk(l), ɡə-] *a* галенический; **Galenism** [ˈɡeɪlɪnɪzm] *n* галенизм, учение Галена и его последователей

GALERIUS [ɡəˈlɪərɪəs] (242—311) Гале́рий, рим. император (с 305). Организатор гонений на христиан

GALILEI [ˌɡælɪˈleɪiː], **Galileo** [ˌɡælɪˈliːəu, -ˈleɪəu] (1564—1642) Галиле́о Галиле́й, ит. физик и астроном. Предполагаемый изобретатель телескопа. Разделял учение Коперника о вращении Земли вокруг Солнца, но под давлением инквизиции отрёкся от него. После отречения якобы сказал: «А всё-таки она вертится» {But it does move}

What *Galileo* and *Newton* were to the seventeenth century, *Darwin* was to the nineteenth. (*B. Russell*)

Дарвин был для девятнадцатого века тем же, чем были для семнадцатого века *Галилей* и *Ньютон.*

→ FARADAY

GALLI-CURCI [ˌgælɪˈkuətʃɪ, -ˈkɜ:-], **Amelita** (1889—1963) Амели́та Га́лли-Ку́рчи, ит. оперная певица (с 1916 в США)

GALLIENUS [ˌgælɪˈi:nəs, -eməs] (218—268) Галлие́н, рим. император (с 253). Убит во время мятежа военной знати

GALLUP [ˈgæləp], **George Horace** (1901—84) Джордж Хо́рэс Гэ́ллап, амер. статистик. В 1935 основал институт по изуче ию обществ. мнения

Gallup poll опрос (службы) Гэллапа

GALSWORTHY [ˈgɔ:lzwɜ:ðɪ, ˈgæl-], **John** (1867-1933) Джон Голсуо́рси, англ. писатель. В эпопее о нескольких поколениях одной буржуазной семьи дал панораму жизни англ. общества. Лауреат Нобелевской премии (1932)

⊙ The Forsyte Saga (1906—28) «Сага о Фо́рсайтах», цикл романов
Will you come with me one day to Denver and see the place before the civilization grows in on it like the jungle? I don't want to go all *Galsworthy* about it. (*D. Sayers*)
Может, как-нибудь съездите со мной в Денвер и посмотрите, как там живут, пока это место ещё не заросло, словно джунглями, новой цивилизацией? Я вовсе не собираюсь писать об этом *саги, как Голсуорси.*

GALTON [ˈgɔ:lt(ə)n], **Francis** (1822—1911) Фрэнсис Га́льтон, англ. психолог и антрополог. Основатель евгеники // **Galtonian** [gælˈtəu-nɪən] *a*

GALVANI [gælˈvɑːnɪ], **Luigi /Aloisio/** (1737—98) Луи́джи Гальва́ни, ит. врач, основоположник электрофизиологии

GAMA [ˈgæmə, ˈgɑːmə], **Vasco da** (1469?—1524) Ва́ско да Га́ма, порт. мореплаватель. Возглавил первую европ. экспедицию в Индию по вновь открытому пути в обход Африки

GAMBRINUS [gæmˈbraɪnəs] Гамбри́нус, легендарный фламандский король, изобретатель пива

GAMELYN [ˈgæmɪlɪn] Га́мелин, герой одноим. поэмы 14 в., сходной по сюжету с легендами о Робин Гуде

GANDHI [ˈgɑːndɪ, ˈgæn-] Га́нди: **1. Indira** (1917—84) Инди́ра, дочь Дж. Неру, премьер-мин. Индии (1966—77 и с 1980). Убита сикхским {Sikh} националистом
2. Rajiv (1944—91) Раджи́в, её сын, премьер-мин. Индии (1984—89)

GANDHI, Mahatma /Mohandas Karamchand/ (1869—1948) Маха́тма /Моха́ндас Кара́мчанд/ Га́нди, инд. полит. деятель, лидер движения за независимость, основатель партии Инд. нац. конгресс. Идеолог ненасилия и религиозной терпимости. Убит индуист. фанатиком // **Gandhian** [ˈgɑːndɪən, ˈgæn-] *a*; **Gandhism** [ˈgɑːndɪzm, ˈgæn-] *n* гандизм
□ фильм Р. Аттенборо (1982)

GANESH(A) [gɑːˈneʃ(ə)] Гане́ша, в индуист. мифологии божество мудрости и благоразумия, дающее благословение на важные дела. Изображается со слоновьей головой и четырьмя руками

GANTRY [ˈgæntrɪ], **Elmer** Элмер Гэ́нтри, в одноим. романе С. Льюиса (1927) проповедник, преуспевающий благодаря деляческому расчёту

GANYMEDE(S) [ˈgænɪmiːd(ɪz)] Ганиме́д, в греч. мифологии троянский юноша необычайной красоты, к-рого Зевс похитил и вознёс на Олимп, сделав виночерпием богов * невозмужавший юноша

And before the match these beautiful young men, some of them still *Ganymedes*, swagger round the ring ... walking a marvellous artificial syncopated step. (*M. Green*)

А до начала матча эти молодые красавцы, некоторые ещё *юноши*, двигаются по кругу в синкопированном ритме изумительного замысловатого танца.

GARBO [ˈgɑːbəu] /*наст. имя* GUSTAFSSON/, **Greta** (1905—90) Гре́та Га́рбо /Гу́стафссон/, амер. киноактриса (род. в Швеции). В 20—30-х гг. снималась в амплуа мелодраматических героинь

Garbo hat женская шляпа с широкими мягкими полями

She was not a bad actress, but if you looked like that it was unfair if you weren't *Garbo*. (*I. Shaw*)

Неплохая актриса, но для женщины с её внешностью этого мало. Она должна быть *второй Гарбо*. (*Пер. К. Чугунова*)

GARCÍA LORCA [ˌgɑːˈsiːəˈlɔːkə], **Federico** (1899—1936) Федери́ко Гарси́я Ло́рка, исп. поэт и драматург

GARCÍA MÁRQUEZ [ˌgɑːˈsiːəˈmɑːkes], **Gabriel** (р. 1928) Габриэ́ль Гарси́я Ма́ркес, колумбийский писатель. Автор философских романов, повестей и рассказов, в к-рых использует фантастику, притчу, гротеск

⊙ One Hundred Years of Solitude (1967) «Сто лет одиночества», роман

GARDINER [ˈgɑːdɪnə], **Stephen** (1483?—1555) Сти́вен Га́рдинер, англ. церковный и гос. деятель, лорд-канцлер (с 1553). В 1528 пытался добиться согласия папы на развод Генриха VIII с Екатериной Арагонской

GARDNER [ˈgɑːdnə], **Ava** /*наст. имя* Lucy JOHNSON/ (1922—90) А́ва Га́рднер /Лю́си Джо́нсон/, амер. киноактриса. В 40—50-х гг. снималась в амплуа героинь-красавиц

GARDNER, Erle Stanley (1889—1970) Эрл Стэ́нли Га́рднер, амер. писатель. Автор детективных романов о Перри Мейсоне (с 1933)

GARDNER, John (1933—82) Джон Га́рднер, амер. писатель-реалист

⊙ October Light (1976) «Осенний свет», роман

GARETH (***Beaumains***) [ˈgæreθˈbəumeɪnz] Га́рет /Бомёйн /Прекра́сные ру́ки/), в романе Т. Мэлори «Смерть Артура» (1485) рыцарь, брат Гавейна. Освободил леди Лионессу из осаждённого замка и добился её руки

□ Gareth and Lynette «Гарет и Линетта», одна из «Королевских идиллий» А. Теннисона (1872)

GARFIELD [ˈgɑːfiːld], **James Abram** (1831—81) Джеймс А́брам Га́рфилд, 20-й през. США (1881), от респ. партии. Смертельно ранен при покушении

GARFIELD, John (1913—52) Джон Га́рфилд, амер. актёр театра и кино

GARFUNKEL [gɑːˈfʌŋkl], **Art** (р. 1941) Арт Гарфу́нкель /Гарфа́нкел/, амер. эстрадный певец и киноактёр. В 60—нач. 70-х гг. записал ряд грампластинок совм. с П. Саймоном

GARGANTUA [gɑːˈgæntjuə] Гаргантюа́, во фр. фольклоре добрый великан. Фигурирует в романе Ф. Рабле «Гаргантюа и Пантагрюэль» (1532—34) как отец Пантагрюэля. Наряду с умом и чувством справедливости отличается неумеренностью в еде и питье

A large Negro in a white uniform stood beside his bed ... John... expected to be lifted like a child by this black *Gargantua* who was tending him, but nothing of the sort happened. (*F. Scott Fitzgerald*)

Возле постели стоял рослый негр в униформе... Он ожидал, что этот заботливый чёрный *Гаргантюа* понесёт его на руках, как ребёнка, но ничего подобного не случилось. (*Пер. Н. Рахмановой*)

GARIBALDI [ˌgærɪˈbɔːldɪ], **Giuseppe** (1807—82) Джузе́ппе Гариба́льди, ит. нар. герой. Один из вождей Рисорджименто {Risorgimento} — движения против иностранного господства, за объединение Италии. Во главе тысячи добровольцев-«краснорубашечников» {red shirts} освободил Сицилию и Неаполь, сделав их частью объединённого ит. королевства // **Garibaldean** [ˌgærɪˈbɔːldɪən] *a* гарибальдийский

GARLAND [ˈgɑːlənd], **(Hannibal) Hamlin** (1860—1940) (Ха́ннибал) Ха́млин Га́рленд, амер. писатель. Автор романов о Среднем Западе. Проповедовал теорию «веритизма», т. е. правдоподобия изображаемого

⊙ Main-Travelled Roads (1891) «Столбовые дороги», сб. рассказов; A Son of the Middle Border (1917) «Сын Среднего Запада», A Daughter of the Middle Border (1921) «Дочь Среднего Запада», романы

GARLAND, Judy /*наст. имя* Francis GUMM/ (1922—69) Джу́ди Га́рленд /Га́рланд; Фрэ́нсис Гамм/, амер. певица и актриса, мать Л. Миннелли. В 40—50-х гг. снималась в мюзиклах

I have toyed with the idea that my final moments should be passed as *Judy Garland*, pointing at *Clark Gable's* photograph and singing, 'You Made Me Love You.' (*M. Green*)

Потом мне подумалось, а что если провести свои последние мгновения так же, как *Джуди Гарланд*, которая пела, показывая на фотографию *Кларка Гейбла*: «Тебя невозможно не любить».

GARRICK [ˈgærɪk], **David** (1717-79) Дэ́йвид Га́ррик, англ. актёр. Играл в пьесах У. Шекспира. Создал особый стиль исполнения, именуемый «театром Гаррика»

GARRISON [ˈgærɪsn], **William Lloyd** (1805—79) Уи́льям Ллойд Га́ррисон, амер. квакер, лидер движения за отмену рабства

GASKELL [ˈgæsk(ə)l], **Elizabeth Cleghorn** (1810—65) Элизабет Клéгхорн Га́скелл, англ. писательница. Автор социальных и семейно-бытовых романов о провинциальной жизни. Биограф Ш. Бронте

⊙ Mary Barton (1848) «Мери Бартон», Cranford (1853) «Кренфорд», романы

GASSENDI [gasɑ̃ˈdiː], **Pierre** (1592—1655) Пьер Гассенди́, фр. философ-материалист, математик и астроном

GASSER [ˈgæsə], **Herbert Spencer** (1888—1963) Ге́рберт Спе́нсер Га́ссер, амер. физиолог. Лауреат Нобелевской премии (1944)

GATES [geɪts], **Horatio** (1728?—1806) Хоре́йшо Гейтс, амер. генерал, участник Войны за независимость 1775—83

GATSBY [ˈgætsbɪ], **Jay** Джей Гэ́тсби, в романе Ф. С. Фицджеральда «Великий Гэтсби» (1925) и поставленных по нему фильмов (1949, 1974) молодой богач, склонный к демонстративной роскоши // **Gatsbyesque** [ˌgætsbɪˈesk] *a* вычурный (особ. в стиле 20-х гг.)

D. B. got sore when I said that, and said I was too young and all to appreciate it, but I don't think so. I told him I liked *Ring Lardner* and The Great *Gatsby* and all. I did, too. I was crazy about The Great *Gatsby*. Old *Gatsby*. Old sport. That killed me. (*J. Salinger*)

Он на меня обиделся. Д. Б., когда я ему это сказал, заявил, что я еще слишком мал, чтобы оценить «Прощай, оружие!», но, по-моему, это неверно. Я ему говорю—нравится же мне *Ринг Ларднер* и «Великий *Гэтсби*». Особенно «Великий *Гэтсби*». Да, *Гэтсби*. Вот это человек. Сила! (*Пер. Р. Райт-Ковалёвой*)

She also presides over their country home, Headington Hall, a *gatsby-esque* mansion in Oxford that serves as the headquarters for Pergamon Press. (*Time, 1988*)

В её ведении и их загородный дом — Хеддингтон-холл, *претенциозная* оксфордская усадьба, которая служит штабом для издательства «Пергамон пресс».

GAUDI [ˈgaudɪ], **Antonio** (1852—1926) Антóнио Гáуди, исп. архитектор, один из гл. представителей стиля «модерн»

The way the story is written, the bishop's character too seems to lack a keystone. One thinks of *Gaudi*, who designed what was intended to be the largest cathedral in the world, then deliberately put the pews so close together that the congregation would be prevented from crossing their legs. (*International Herald Tribune, 1975*)

Композиция рассказа такова, что епископ тоже представляется персонажем, лишённым, так сказать, краеугольного камня. Невольно вспоминается архитектор *Гауди*: замыслив построить грандиознейший в мире собор, он намеренно расположил ряды сидений в нём так тесно, чтобы никто из прихожан не смог положить ногу на ногу.

GAUGUIN [gəuˈgæŋ], **(Eugène Henri) Paul** (1848—1903) (Эжéн Анрú) Поль Гогéн, фр. живописец. Представитель постимпрессионизма. В 90-х гг. жил на Таити, где писал яркие полотна, изображающие природу и туземцев Океании

We know what sort of picture *D. H. Lawrence* would paint if he took to the brush instead of the pen. For he did so, luckily and even held exhibitions. As one might have expected, it turned out to be incompetent *Gauguin*. (*P. W. Lewis*)

Известно, какие картины писал бы *Д. Г. Лоренс*, если бы взялся за кисть, а не за перо. Ведь он этим занимался и даже устраивал выставки. Как и следовало ожидать, его работы — это неумелое *подражание Гогену*.

GAULLE *см.* DE GAULLE

GAUSS [gaus], **Karl Friedrich** (1777—1855) Карл Фрúдрих Гáусс, нем. математик и астроном

GAUTAMA *см.* BUDDHA

GAUTIER [gəuˈtjeɪ], **Théophile** (1811—72) Теофúль Готьé, фр. поэт-романтик, критик

GAWAIN [ˈgɑ:wɪn, -weɪn, ˈgæw-] Гáвейн, в «артуровских легендах» отважный рыцарь, племянник короля Артура. Его сила возрастала до полудня и уменьшалась к вечеру. Главный подвиг Гавейна — победа над Зелёным Рыцарем. В романе Т. Мэлори «Смерть Артура» (1485) — заклятый враг Ланселота

GAY [geɪ], **John** (1685—1732) Джон Гей, англ. поэт, баснописец и драматург, автор оперных либретто
⊙ The Beggar's Opera (1728) «Опера нищего»

GAY-LUSSAC [ˌgeɪləˈsæk], **Joseph Louis** (1778—1850) Жозéф Луú Гей-Люссáк, фр. физик и химик

GEDDES [ˈgedɪz], **Patrick** (1854—1932) Пáтрик Гéддес, шотл. биолог и социолог. Разработал научные принципы городского планирования

GEDEON *см.* GIDEON

GEIKIE [ˈgi:kɪ], **Archibald** (1835—1924) Áрчибалд Гúки, шотл. геолог. Автор учебников по геологии

GELL-MANN [ˈgelmɑ:n], **Murray** (р. 1929) Мáрри Гелл-Манн, амер. физик. Автор новаторских работ по теории поля и элементарным частицам. Лауреат Нобелевской премии (1969)

GENET [ʒəˈneɪ], **Jean** (1910—89) Жан Женé, фр. писатель и драматург. В его пьесах сочетаются элементы драмы абсурда и «театра жестокости»
⊙ Les Bonnes (1947) «Служанки», пьеса

GENGHIS KHAN [ˈdʒeŋgɪsˈkɑːn, ˈgeŋ-] (1162?—1227) Чингисхáн, великий хан Монгольской империи (с 1206). Установил монголо-татарское господство на огромной территории в Азии и Вост. Европе

Pessimists, on the other hand, thanked their lucky stars cloning had not been available to *Genghis Khan* or *Hitler* and, in their writings and prognostications, they populated the future with ruthless armies of carbon-copied, single-minded doppelgangers under the direction of their despotic donors. (*D. Rorvik*)

Пессимисты же благословляли судьбу за то, что клеточная инженерия была недоступна *Чингисхану* или *Гитлеру*; в своих статьях и прогнозах они населяли будущее армиями одинаковых, бесчувственных, узколобых головорезов, взращённых из клеток деспота.

GEOFFREY of Monmouth [ˈdʒefrɪəvˈmʌnməθ] /*лат.* GAUFRIDUS Monemutensis/ (1100?—54) Гáльфрид Мóнмутский, англ. монах, историк и писатель. Первым обработал легенды о королях Артуре и Лире
⊙ Historia Regum Britanniae «История британских королей»

GEORGE [dʒɔːdʒ] Геóрг, имя 6 королей Великобритании: **1. I** (1660—1727), на престоле с 1714

2. II (1683—1760), на престоле с 1727, сын Георга I

3. III (1738—1820), на престоле с 1760 (последние годы — при регентстве своего сына в связи с душевной болезнью), внук Георга II

4. IV (1762—1830), регент в 1788 и с 1811, на престоле с 1820

5. V (1865—1936), на престоле с 1910, сын Эдуарда VI

6. VI (1895—1952), на престоле с 1936, сын Георга V // **Georgian** [ˈdʒɔːdʒ(j)ən] *a* георгианский

Georgian style георгианский стиль (в архитектуре и мебели эпохи первых четырёх Георгов): выражался в классицистической строгости, экономности линий и форм

Georgian literature георгианская литература (эпохи последних Георгов, особ. с 1910 до нач. 20-х гг., когда выходила антология «Георгианская поэзия» {Georgian Poetry})

П р и м е ч а н и е. Georgian в этих контекстах не путать с омонимами: 1) относящийся к штату Джорджия 2) грузинский

GEORGE, St. св. Геóргий, в христ. преданиях воин-мученик времён императора Диоклетиана. Легенда о его победе над драконом нашла широкое отражение в живописи и геральдике. Считается покровителем Англии, военных и бойскаутов

St. George's Day день св. Георгия (23 апреля, нац. праздник)

George Cross, George Medal Георгиевский крест, Георгиевская медаль — англ. гражданские награды, присуждаемые за личное мужество

Nothing pretty-pretty about that memorial — no angels' wings there! No *Georges* and no dragons, nor horses on the prance; no panoply, and no panache! (*J. Galsworthy*)

Ни признака красивости в этом памятнике, никаких ангелов с крыльями, ни *Георгиев-победоносцев*, ни драконов, ни вздыбленных коней, ни султанов. (*Пер. М. Лорие*)
→ CROESUS

GEORGE, Boy см. BOY GEORGE
GEORGE, David Lloyd см. LLOYD GEORGE
GERALD [ˈdʒerəld] **of Wales** (1146—1223) Гéральд Уэльсский, церковный историк и писатель
⊙ Description of Wales «Описание Уэльса»; Itinerary of Wales «Путешествие по Уэльсу»

GÉRICAULT [ˌʒeɪrɪˈkəu], **(Jean Louis André) Théodore** (1791—1824)

(Жан Луи́ Андре́) Теодо́р Жерико́, фр. живописец романтического направления

GERMAN [ˈdʒɜːmən], **Edward** /*наст. имя* Edward German JONES/ (1862—1936) Эдуард Джéрман /Эдуард Джéрман Джо́унз/, англ. композитор, скрипач и дирижёр. Автор оперетт, музыки к театральным постановкам

⊙ Merrie England (1902) «Весёлая Англия», Tom Jones (1907) «Том Джонс», оперетты

GERSHWIN [ˈgɜːʃwɪn], **George** (1898—1937) Джордж Гéршвин, амер. композитор и пианист. Автор популярной и симфонической музыки, в к-рой широко использовал темы джаза и негр. фольклора

⊙ Rhapsody in Blue (1924) «Рапсодия в стиле блюз»; An American in Paris (1928) «Американец в Париже», оркестровая пьеса; Porgy and Bess (1935) «Порги и Бесс», опера

GERYON [ˈɡerɪən] Герио́н, в антич. мифологии великан с тремя головами и тремя туловищами. Геракл /Геркулес/ убил стражей герионовых стад и самого Гериона, что было его десятым подвигом

GETTY [ˈɡetɪ], **(Jean) Paul** (1892—1976) (Джин) Поль Гéтти, амер. нефтепромышленник. Считался богатейшим в своё время человеком в мире

He spotted the wrinkled ancient face of the richest man in the world... If *Paul Getty* was present, there was going to be big money involved. (*R. Douglas*)

Он заметил сморщенное старостью лицо самого богатого человека в мире... Ну, если сам *Поль Гетти* здесь, речь идёт о солидном куше.

GHAZ(Z)ALI /al-GHAZ(Z)ALI/ [(ˌæl)ɡəˈzɑːliː], **Mohammed** (1058?—1111) Муха́ммед (аль-)Газа́ли, араб. философ и теолог (род. в Иране)

GHIRLANDAIO /**GHIRLANDAJO**/ [ˌɡɪələnˈdɑːjəu], **Domenico** (1449—94) Домени́ко Гирланда́йо, ит. живописец Раннего Возрождения

GIAEVER [ˈjeɪvə], **Ivar** (р. 1929) Ѝвар Йéвер, норв. физик (живёт в США). Лауреат Нобелевской премии (1973)

GIBBON [ˈɡɪbən], **Edward** (1737—94) Эдуард Ги́ббон, англ. историк античности

⊙ The Decline and Fall of the Roman Empire (1776—88) «Упадок и разрушение Римской империи», ист. труд → VOLTAIRE

GIBSON [ˈɡɪbsn], **Alexander** (р. 1926) Алекса́ндер Ги́бсон, шотл. дирижёр. Руководитель Шотл. оперы со времени её основания (1962)

GIBSON, Charles Dana (1867—1944) Чарлз Да́на Ги́бсон, амер. художник-иллюстратор

Gibson girl «журнальная красавица», изящная и энергичная американка в духе рисунков Гибсона (начиная с 1890-х гг.)

GIBSON, William (р. 1914) Уи́льям Ги́бсон, амер. драматург

⊙ The Miracle Worker (1959) «Сотворившая чудо», пьеса

GIDE [ʒiːd], **André** (1869—1851) Андре́ Жид, фр. писатель. Консервативная критика рассматривала его произведения как проповедь аморализма. Лауреат Нобелевской премии (1947)

I've just about had enough of this 'expense of spirit' lark, as far as women are concerned. Honestly, it's enough to make you become a scoutsmaster or something, isn't it? Sometimes I almost envy old *Gide* and the Greek chorus boys. (*J. Osborne*)

Я, что называется, обрёл «спокойствие души», по крайней мере в отношении женщин. Откровенно говоря, этого достаточно, чтобы сделаться предводителем бойскаутов или чем-нибудь в этом роде.

Иногда я почти завидую *Андре Жиду* или мальчикам из греческих хоров (*Пер. Д. Урнова*)

GIDEON ['gɪdɪən] /**GEDEON** ['giːdjən]/ Гедео́н /Гидео́н/, в Ветхом Завете эпический герой-воитель * член Гедеонского общества

Gideon Bible библия Гедеонского общества

Gideon Society Гедеонское общество, амер. внецерковная организация, занимающаяся распространением библий через гостиничные номера и больничные палаты

GIDGET ['gɪdʒɪt] Ги́джет, в книгах Ф. Конера {Frederick Kohner} (с 1957) и поставленных по ним фильмах (с 1959) спортивная девушка-подросток — первый в серии типажей энергичных и сообразительных «девочек из Калифорнии»

GIELGUD ['giːlgud], **(Arthur) John** (р. 1904) (А́ртур) Джон Ги́лгуд, англ. актер и режиссёр театра, телевидения и кино. Прославился в пьесах У. Шекспира. Лауреат премии «Оскар» (1981)

GILBERT ['gɪlbət], **Humphrey** (1539?.—83) Ха́мфри Ги́лберт, англ. мореплаватель. Основал поселение в Ньюфаундленде; погиб на обратном пути в Англию

GILBERT, Walter (р. 1932) Уо́лтер Ги́лберт, амер. биофизик. Лауреат Нобелевской премии (1980)

GILBERT, William Schwenck (1836—1911) Уи́льям Швенк Ги́лберт, англ. драматург. Автор либретто к опереттам (наз. тж. комическими операми), созданным в содружестве с композитором А. Салливаном (в период 1871—96)

⊙ Trial by Jury (1875) «Суд присяжных», The Sorcerer (1877) «Чародей», H. M. S. Pinafore (1878) «Крейсер «Пинафор», The Pirates of Penzance (1879) «Пираты Пензанса», Patience (1881) «Пейшенс», Princess Ida (1884) «Принцесса Ида», The Mikado (1885) «Микадо», Ruddigore (1887) «Раддигор», The Yeomen of the Guard (1888) «Дворцовая стража», The Gondoliers (1889) «Гондольеры», Utopia, Limited (1893) «Утопия лимитед», оперетты

In the end, alas, they ⟨J. Lennon and P. McCartney⟩ finished like so many show business partnerships have ended — in pathos. *Gilbert* and *Sullivan*, Britain's other great song writing partnership, finally descended to rows and sulks. (*H. Davies*)

В конце концов, увы, их партнёрство пришло к плачевному итогу, как это не раз бывало в шоу-бизнесе. *Гилберт* и *Салливан* — другой выдающийся дуэт, создавший популярные песни, — тоже докатились до скандалов и обид.

When the door had closed, Claire touched his hand briefly. 'Not to be sad, sweetie,' she said, 'so momping-mum.' She knew her *Gilbert* and *Sullivan*. (*P. H. Johnson*)

Когда дверь затворилась, Клэр легонько тронула его за руку: «Ты что такой грустный, котик? Ну, не будь букой».— Она знала, *каким голосом петь*.

GILDEROY ['gɪldərɔɪ] /*наст. имя* Patrick MACGREGOR/ (?—1638) Ги́лдерой /Па́трик Макгре́гор/, шотл. разбойник. Казнён в Эдинбурге. Фигурирует в фольклоре, поэмах Т. Перси, Т. Кэмпбелла

higher than Gilderoy's kite *разг.* очень высокий /высоко/, на заоблачной высоте

GILGAMESH ['gɪlgəmeʃ] (28 в. до н. э.) Гильгаме́ш, в шумеро-аккадском эпосе полулегендарный правитель г. Урука в Шумере. Странствовал в поисках тайны бессмертия

'The Life and Times of Leon Fuertes' is a series of tall tales about a modern *Gilgamesh* or *Finnegan* — or more precisely an *Audie Murphy, Huey*

Long, Enrico Caruso and *Frank Harris* all hammered together into one. (*International Herald Tribune, 1975*)

«Жизнь и время Леона Фуэртеса» — это серия россказней об этаком современном *Гильгамеше* или *Финнегане*; а ещё точнее — о слепленных вместе *Оди Мерфи, Хьюи Лонге, Энрико Карузо* и *Фрэнке Харрисе.*

GILLES de RETZ см. RETZ, Gilles de

GILLETTE [dʒɪˈlet], **King Camp** (1855—1932) Кинг Кэмп Джиллетт /Жиллет/, амер. изобретатель и предприниматель. Основатель фирмы, к-рая носит его имя

GILLETTE, William (1855—1937) Уильям Джиллетт, амер. актёр и драматург. Соавтор и исполнитель постановок о Ш. Холмсе

GILLIGAN [ˈgɪlɪgən] Гиллиган, в амер. комическом телесериале «Остров Гиллигана» {Gilligan's Island} (1964—67) матрос, высаженный на необитаемом острове. Олицетворяет крайнюю глупость

GILPIN [ˈgɪlpɪn], **Charles Sidney** (1878—1930) Чарлз Сидни Гилпин, амер. актёр

GILROY [ˈgɪlrɔɪ], **Frank** (р. 1925) Фрэнк Гилрой, амер. драматург
⊙ The Subject Was Roses (1965) «Мы говорили о розах», пьеса

GIOCONDA [dʒəuˈkɔndə] /**MONA LISA**/ Джоконда /Мона Лиза/, женщина на портрете Леонардо да Винчи. На её лице читается лёгкая улыбка

Miss Spence was smiling too: her *Gioconda* smile, he had once called it in a moment of half-ironical flattery. Miss Spence had taken the compliment seriously, and always tried to live up to the *Leonardo* standard. She smiled on in silence while Mr. Hutton shook hands; that was part of the *Gioconda* business. (*A. Huxley*)

Мисс Спенс тоже улыбалась — своей улыбкой *Джоконды*, как он однажды полунасмешливо польстил ей. Спенс приняла комплимент за чистую монету и с тех пор старалась держаться на высоте *леонардовского* образца. Отвечая на рукопожатие мистера Хаттона, она продолжала улыбаться молча — это тоже входило в роль *Джоконды.* (*Пер. Н. Волжиной*)

GIORGIONE [dʒɔːˈdʒəunɪ] (**da Castelfranco**), Il /*наст.* имя Giorgio BARBARELLI/ (1478?—1511) Джорджоне (да Кастельфранко) /Джорджо Барбарелли/, ит. живописец Возрождения

GIOTTO [ˈdʒɔtəu] (**di Bondone**) (1266?—1337) Джотто (ди Бондоне), ит. художник, архитектор и скульптор

GIOVANNI [dʒɑ(u)ˈvɑːnɪ], **Don** см. DON JUAN

GIRTIN [ˈgɜːtɪn], **Thomas** (1775—1802) Томас Гёртин, англ. пейзажист. Основоположник современной англ. школы акварельной живописи

GISCARD d'ESTAING [ʒɪsˈkɑːdesˈtæŋ], **Valéry** (р. 1926) Валери Жискар д'Эстэн, през. Франции (1974—81)

GISELLE [ʒɪˈzel] Жизель, в одноим. балете А. Ш. Адана (1841) деревенская девушка, умершая от неразделённой любви

GISH [gɪʃ], **Lilian** (р. 1896) Лилиан Гиш, амер. актриса немого кино

GISSING [ˈgɪsɪŋ], **George Robert** (1857—1903) Джордж Роберт Гиссинг, англ. писатель натуралистической школы. Автор романов о жизни социальных низов, монографии о Ч. Диккенсе
⊙ The Unclassed (1884) «Деклассированные», Demos (1886) «Демос», The Nether World (1889) «Преисподняя», New Grub Street (1891) «Новая Граб-Стрит», романы

GLADSTONE [ˈglædstən], **William Ewart** (1809—98) Уильям Юарт Гладстон, англ. полит. деятель и оратор, премьер-мин. Великобрита нии (1868—74, 1880—85, 1886, 1892—94), от либер. партии // **Gladstonian** [glæd'stəunjən] *a*

He outmanoeuvred *Gladstone*, outwitted *D'Artagnan* and the Three Musketeers, and outspent the rest of the *Rothschild* brothers. (*W. Manchester*) Он был изворотливее *Гладстона*, хитрее *д'Артаньяна* с тремя мушкетёрами и сорил деньгами щедрее, чем все прочие братья *Ротшильды*.

GLASER ['gleɪzə], **Donald Arthur** (p. 1926) Дональд Артур Глазер /Глейзер/, амер. физик. Лауреат Нобелевской премии (1960)

GLAUCE ['glɔ:sɪ] /**CREUSA** [krɪ'(j)u:sə] / Главка /Креуса/, в греч. мифологии дочь Креонта, невеста Ясона. Ревнивая Медея подарила ей пропитанное ядом одеяние, и Главка сгорела вместе с Креонтом, пытавшимся её спасти

GLAUCUS ['glɔ:kəs] Главк, в греч. мифологии: **1.** морское божество ☐ Glaucus, or the Wonders of the Shore «Главк, или Берег чудес», научный труд Ч. Кингсли (1855)

2. сын Сизифа, к-рого во время скачек на колесницах растерзали собственные кони

GLENDOWER [glen'dauə], **Owen** (1359?—1416) Оуэн Глендауэр, уэльсский вождь. С воцарением англ. короля Генриха IV провозгласил независимость Уэльса, себя — принцем Уэльсским и до конца жизни вёл войну с Англией

GLENN [glen], **John Herschel** (p. 1921) Джон Гершел Гленн, амер. космонавт. В 1962 первым в Америке совершил орбитальный полёт

GLICK [glɪk], **Sammy** Сэмми Глик, в романе Б. Шульберга {Budd Schulberg} «Куда бежит Сэмми?» {What Makes Sammy Run?} (1941) беспринципный приспособленец, к-рый делает карьеру в кинобизнесе

GLOUCESTER, Duke of *см.* HUMPHREY

GLOUCESTER ['glɔstə], Earl of граф Глостер, в трагедии У. Шекспира «Король Лир» (1605) один из немногих сторонников Лира в беде. Его ослепляют, обвинив в пособничестве французам

GLOVER ['glʌvə], **John** (1732—97) Джон Гловер, амер. генерал, участник Войны за независимость 1775—83

GLOVER, Sarah Ann (1785—1867) Сара Энн Гловер, англ. преподавательница музыки. Разработала современную систему нотного письма

GLUCK [glʌk, glu:k], **Christoph Willibald von** (1714—87) Кристоф Виллибальд фон Глюк, нем. композитор (работал в Париже, Вене). Реформатор оперы, стремившийся подчинить музыку драматическому сюжету

GOBSECK [gɔb'sek] Гобсек, в романах О. Бальзака «Гобсек» (1830) и «Отец Горио» (1834—35) богатый ростовщик. Он настолько скуп, что живёт как нищий * скупец, ≅ плюшкин

GODARD [gɔ'dɑ:], **Jean-Luc** (p. 1930) Жан-Люк Годар, фр. кинорежиссёр

GODDARD ['gɔdəd, -dɑ:d], **Robert Hutchings** (1882—1945) Роберт Хатчингс Годдард, амер. физик. В 1926 сконструировал первую ракету на жидком топливе

GODFREY ['gɔdfrɪ], **Arthur** (1903—83) Артур Годфри, амер. ведущий развлекательных программ на радио и телевидении

GODFREY of Bouillon [bu:'jɔ̃] (1061?—1100) Готфрид Бульонский, фр. крестоносец. Один из гл. участников первого крестового похода

GODIVA [gə(u)'daɪvə], Lady (11 в.) леди Годива, жена графа Мерсийского при Эдуарде Исповеднике. По легенде, в 1040 граф ввёл налог на жителей г. Ковентри, к-рому она покровительствовала. В ответ на просьбу жены об отмене налога он поставил условием, чтобы она проехала через город верхом обнажённая. Годива сделала это, приказав горожанам закрыть окна и оставаться в домах. Любопытный Том, подглядывавший в щёлку, был поражён слепотой. Фигурирует в поэмах А. Теннисона, Л. Ханта и др. авторов

Lyn Brierly, 42, rode as stark naked as *Lady Godiva* through Cockington, England, to protest plans to turn the village's old stables and farm buildings into luxury housing. (*International Herald Tribune, 1989*)

42-летняя Лин Брайерли, как *легендарная леди Годива*, проехала обнажённая через Кокингтон (Англия) в знак протеста против планов постройки на месте старых деревенских конюшен и ферм роскошных особняков.

→ AGNES; TOM, Peeping

GODWIN ['gɔdwɪn] (?—1053) Го́двин, западно-саксонский граф. Способствовал воцарению Эдуарда Исповедника и пользовался при нём огромной властью. После ссоры с королём в 1051 был отправлен в ссылку

GODWIN, William (1756—1836) Уи́льям Го́двин, англ. писатель, мыслитель и публицист // **Godwinian** [gɔd'wɪnɪən] *a*

⊙ The Adventures of Caleb Williams (1794) «Приключения Калеба Уильямса», роман

GOEBBELS ['gɜ:bəlz, -s], **Joseph Paul** (1897—1945) Йо́зеф Па́уль Ге́ббельс, нем. нацистский лидер, мин. пропаганды гитлеровского режима (с 1933). Покончил самоубийством при вступлении в Берлин советских войск

GOERING /GÖRING/ ['gɜ:rɪŋ], **Hermann Wilhelm** (1893—1946) Ге́рман Вильге́льм Ге́ринг, нем. нацистский лидер. На нюрнбергском процессе приговорен к казни; покончил с собой в тюрьме. Отличался грузностью

GOETHE ['gɜ:tə, -tɪ], **Johann Wolfgang von** (1749—1832) Иога́нн Во́льфганг фон Гёте, нем. поэт, прозаик и драматург

⊙ The Sorrows of Young Werther (1774) «Страдания юного Вертера», роман; Faust (ч. I 1808, ч. II 1832) «Фауст», поэтическая драма

GOG and MAGOG ['gɔgənd'meɪgɔg] Гог и Маго́г, в иудаист. и христ. мифологии предводители воинств (и цари одноим. народов и стран), нашествие к-рых ожидается перед концом света. Фигурируют тж. в легендах об Александре Македонском как союзники его противника, царя Пора {Porus}

GOGH, van *см.* VAN GOGH

GOGMAGOG ['gɔgməgɔg] Гогмаго́г, в англ. фольклоре великан, сражённый Брутом

GOLDBERG ['gəuldbɜ:g], **Rube /Reuben Lucius/** (1883—1970) Руб /Ру́бен Лу́сиус/ Го́лдберг, амер. карикатурист и скульптор

GOLDILOCKS ['gəuldɪlɔks] Златовла́ска, в англ. варианте сказки «Три медведя» девочка, заблудившаяся в лесу и попавшая в хижину медвежьего семейства

GOLDING ['gəuldɪŋ], **William Gerald** (р. 1911) Уи́льям Дже́ральд Го́лдинг, англ. писатель. Автор философских романов-притч. Лауреат Нобелевской премии (1983)

⊙ Lord of the Flies (1954) «Повелитель мух», The Inheritors (1955) «Наследники», The Spire (1964) «Шпиль», Rights of Passage (1980) «Верительная грамота», романы

GOLDMAN ['gəuldmən], **Emma** (1869—1940) Э́мма Го́льдман, амер. анархистка и активистка женского движения (род. в Литве, в США с 1885, в 1919 депортирована в Россию, с 1921 в странах Европы, ум.

в Канаде). Пропагандировала эмансипацию женщин, в т. ч. свободу любви. Дважды подвергалась тюремному заключению за агитацию среди безработных и призывников

The ingredients of his ⟨George Bellows'⟩ art can be suggested by the story told of his small daughter Anne, who, at the age of four, was serving tea with a set of child's china to three invisible guests. Asked who they were, she replied solemnly, 'God, *Rembrandt* and *Emma Goldman*.' (*C. Morgan*)

Представить, из чего складывалось искусство Беллоуза, можно по рассказу о том, как его четырёхлетняя дочка Энн расставляла игрушечную посуду для трёх невидимых гостей. Когда её спросили, кому она разливает чай, она заявила с серьёзным видом: «Богу, *Рембрандту и Эмме Гольдман*».

GOLDONI [gɔlˈdəunɪ], **Carlo** (1707—93) Ка́рло Гольдо́ни, ит. драматург

GOLDSMITH [ˈgəuldsmɪθ], **Oliver** (1728—74) О́ливер Го́лдсмит, англ. писатель-сентименталист и драматург

⊙ The Traveller (1764) «Путешественник», The Deserted Village (1770) «Покинутая деревня», поэмы; The Vicar of Wakefield (1766) «Векфильдский священник», роман; The Mistakes of a Night (1773) «Ночь ошибок», комедия

GOLDWATER [ˈgəuldˌwɔːtə], **Barry Morris** (р. 1909) Ба́рри Мо́ррис Голдуо́тер, амер. полит. деятель

GOLDWYN [ˈgəuldwɪn] /*наст. имя* GOLDFISH/, **Samuel** (1882—1974) Сэ́мюэл Го́лдвин /Го́лдфиш/, амер. кинопродюсер (род. в Польше). Основал компанию, вошедшую в объединение «Метро-Голдвин-Мейер» → ТОМ

GOLIATH [gə(u)ˈlaɪəθ] Голиа́ф, в Ветхом Завете великан, сражённый юным Давидом, когда тот был пастухом * рослый человек, верзила

GONCOURT [gɔ̃ˈkuə], **de** де Гонку́р, фр. писатели, братья: **1. Edmond** (1822—96) Эдмо́н. По его завещанию основана Гонкуровская академия, присуждающая лит. премии его имени

2. Jules (1830—70) Жюль

GONERIL [ˈgɔnərɪl] Гонери́лья, в трагедии У. Шекспира «Король Лир» (1605) старшая дочь Лира. Вместе с Реганой выгнала его из дома. Отравив Регану, покончила с собой

GOODMAN [ˈgudmæn], **Benny** /**Benjamin David**/ (1909—86) Бе́нни /Бе́нджамин Дейвид/ Гу́дмен, амер. джазовый кларнетист и руководитель джаз-оркестра. Получил прозвище «Короля суинга» {King of Swing}

GOOGLE [ˈguːgl], **Barney** Ба́рни Гугл, в серии амер. комиксов (с 1919) карикатурный персонаж с огромным носом, любитель конных скачек

GOOSE [guːs], *Mother* матушка Гусы́ня, вымышленный автор англ. детских стихов и песенок {nursery rhymes}

GORDIUS [ˈgɔːdɪəs] Го́рдий, в антич. легенде крестьянин, сделавшийся царём. Во Фригии {Phrygia} оракул посоветовал жителям назначить царём первого, кто подъедет на повозке к храму Зевса. Таким человеком оказался Гордий // **Gordian** [ˈgɔːdjən] *a:* the **Gordian knot** гордиев узел: оракул предсказал, что тот, кто развяжет узел на упряжке телеги Гордия, овладеет миром. Эту задачу якобы решил Александр Македонский в 334 до н. э., разрубив узел мечом * сложная проблема

GORDON [ˈgɔːdn], **Charles George** /**Chinese**/ (1833—85) Чарлз Джордж /Китайский/ Го́рдон, англ. колониальный деятель, генерал.

Руководил подавлением восстаний в Китае, Судане. Убит восставшими в г. Хартуме {Khartoum}

GORDON, George (1751—93) Джордж Гóрдон, лидер англ. протестантской ассоциации. В 1780 возглавил антикатолические бунты с погромами. На суде оправдан как душевнобольной

GÖRING см. GOERING

GORKY [ˈgɔ:kɪ], **Arshile** (1904—48) Áршил Гóрки, амер. художник-сюрреалист армянского происхождения

GORTON [ˈgɔ:tn], **John Grey** (р. 1911) Джон Грей Гóртон, премьер-мин. Австралии (1968—71)

GOULD [gu:ld], **Glen Herbert** (р. 1932) Глен Гéрберт Гулд, канад. пианист, органист и композитор

GOULD, Jay /Jason/ (1836—92) Джéй(сон) Гульд, амер. финансист, владелец железных дорог

GOUNOD [ˈgu:nəu], **Charles François** (1818—93) Шарль Франсуá Гунó, фр. композитор

☉ Faust (1859) «Фауст», Romeo and Juliet (1867) «Ромео и Джульетта», оперы

GOWER [ˈgauə], **John** (1330?—1408) Джон Гáуэр, англ. поэт

☉ Vox Clamantis (1382) «Глас вопиющего», Confessio Amantis (1390?) «Исповедь влюблённого», поэмы

GOYA (y LUCIENTES) [ˈgɔɪəˌlu:sɪˈentəs], **Francisco José de** (1746—1828) Франсúско Хосé де Гóйя(-и-Лусьéнтес), исп. живописец // **Goyaesque** [ˌgɔɪəˈesk] *a*

GRACCHI [ˈgrækaɪ] *pl* (*sg* **GRACCHUS** [ˈgrækəs]) Грáкхи, рим. нар. трибуны, братья. Добивались земельных реформ; погибли в борьбе с рим. знатью: **1. Gaius** (153—121 до н. э.) Гай

2. Tiberius (163—133 до н. э.) Тибéрий

GRAHAM [ˈgre(ɪ)əm, græm], **Billy /William Franklin/** (р. 1918) Бúлли /Уúльям Фрáнклин/ Грэм, амер. проповедник. Выступает с религиозными беседами по радио

GRAHAM, Martha (р. 1894) Мáрта Грэхем, амер. танцовщица и хореограф. Создала новый ритмопластический стиль танца, основала школу современного танца в Нью-Йорке

GRAHAM, Sheilah (1904—88) Шúла Грэм, амер. журналистка. Любовница Ф. С. Фицджеральда. Автор воспоминаний о нём

GRAHAME [ˈgre(ɪ)əm, græm], **Kenneth** (1859—1932) Кéннет Грэм /Грэхем/, шотл. писатель. Автор книг о детях и для детей

☉ The Golden Age (1895) «Золотой возраст», Dream Days (1898) «Дни мечты», повести; Wind in the Willows (1908) «Ветер в ивах», роман-сказка

GRAINGER [ˈgreɪn(d)ʒə], **Percy Aldridge** (1882—1961) Пéрси Óлдридж Грéйнджер, англо-амер. композитор (род. в Австралии, в 1900—15 в Англии, с 1915 в США). Собирал и обрабатывал англ. фольклор. Автор хоровых сочинений, лёгких пьес для оркестра

GRAINNE [ˈgreɪnɪ] Грáйне /Грайнна/, в ирл. эпосе дочь короля Кормака {Cormac}. От Финна, к-рый сватается к ней, она бежит вместе с Диармайдом /Диармаитом/

GRANDISON [ˈgrændɪsn], **Charles** Чарлз Грáндисон, в романе С. Ричардсона «История сэра Чарлза Грандисона» (1754) добродетельный аристократ

GRANT [grɑ:nt], **Cary** /*наст. имя* Archibald LEACH/ (р. 1904) Кэри Грант /Áрчибалд Лич/, амер. киноактёр (род. в Англии). Снимался в комедийных и детективных фильмах 30—40-х гг.

You should see the commotion he caused at the Diplomat — you'd think he was *Cary Grant*. (*J. Susann*)

Видела бы ты, какой фурор он произвёл в отеле «Дипломат» — *кинозвезда*, да и только!

GRANT, Heber Jedediah (1856—1945) Хибер Джедидайя Грант, амер. религиозный деятель, глава церкви мормонов (с 1918)

GRANT, Ulysses Simpson /Hiram/ (1822—85) Улисс Симпсон /Хайрем/ Грант, 18-й през. США (1869—77), от респ. партии. В Гражданской войне 1861—65 главнокомандующий армией Севера. В амер. фольклоре подчёркиваются его талант полководца и пристрастие к алкоголю

GRATIAN [ˈɡreɪʃjən, -ɪən] (359—383) Грациан, рим. император (с 375). Ревностный защитник христианства; воевал с готами и алеманнами

GRATTAN [ˈɡrætn], **Henry** (1746—1820) Генри Граттен, ирл. полит. деятель и оратор. Выступал за ослабление зависимости Ирландии, нац. и религиозную терпимость

GRAVES [ɡreɪvz], **Robert Ranke** (1895—1985) Роберт Рэнк Грейвс, англ. писатель, переводчик и теоретик литературы. Участник 1-й мир. войны

☉ I, Claudius (1934) «Я, Клавдий», Claudius the God (1934) «Божественный Клавдий», ист. романы

GRAY [ɡreɪ], **Dorian** Дориан Грей, в романе О. Уайльда «Портрет Дориана Грея» (1891) юноша, ценящий красоту и молодость превыше всего. Он обнаруживает, что не стареет, а приметы возраста и порока отражаются на его портрете

GRAY, Thomas (1716—71) Томас Грей, англ. поэт-сентименталист

☉ An Elegy Written in a Country Churchyard (1751) «Элегия, написанная на сельском кладбище»

GREELEY [ˈɡriːlɪ], **Horace** (1811—72) Хорас Грили, амер. полит. деятель и журналист. В издаваемой им газете «Трибюн» (с 1841, ныне «Нью-Йорк геральд трибюн») призывал молодёжь ехать на запад страны {Go west}

Working by day and studying at night, my father got his education and saved up enough money to go west. *Horace Greeley* had been preaching that to the young men of the east, but the old New York Tribune was read in the west also, and many a western boy grew up, as my father did, determined to go west. (*L. Steffens*)

Мой отец работал днём, а вечером учился. Так он получил образование и скопил нужную сумму для поездки на запад. Правда, *нью-йоркская «Трибюн»* призывала к этому молодёжь восточных штатов, но её читали и на западе, так что немало ребят из западных районов страны выросли, как и мой отец, с твёрдым намерением ехать на запад.

GREEN [ɡriːn], **Thomas Hill** (1836—82) Томас Хилл Грин, англ. философ-идеалист, представитель неогегельянства

GREENAWAY [ˈɡriːnəweɪ], **Kate /Catherine/** (1846-1901) Кейт /Кэтрин/ Гринауэй, англ. художница, иллюстратор детских книг. Для её рисунков характерны персонажи в костюмах нач. 19 в.

She was less exotically dressed that evening — a black *Kate Greenaway* dress sprigged with little pink and green flowers. (*J. Fowles*)

В тот вечер она была одета менее экзотично — на ней было *длинное закрытое* чёрное платье, усеянное розовыми и зелёными цветочками.

GRE

GREENE [gri:n], **(Henry) Graham** (1904—91) (Ге́нри) Грэм Грин, англ. писатель. Автор романов на злободневные соц. и полит. темы
⊙ The Heart of the Matter (1948) «Суть дела», The Quiet American (1955) «Тихий американец», The Comedians (1966) «Комедианты», The Human Factor (1978) «Человеческий фактор», Doctor Fisher of Geneva (1980) «Доктор Фишер из Женевы», романы

GREENE, Nathaniel (1742—86) Натаниэ́л Грин, амер. генерал. Участник Войны за независимость 1775—83

GREENE, Robert (1558—92) Ро́берт Грин, англ. писатель, автор пасторальных и «плутовских» повестей, комедий, памфлетов
⊙ Pandosto (1588) «Пандосто», Menaphon (1589) «Менафон», A Groatsworth of Wit Bought with a Million of Repentance (1592) «На грош мудрости, приобретённой миллионом раскаяний», повести

GREENOUGH [ˈgriːnəu], **Horatio** (1805—52) Хоре́йшо Гри́ноу, амер. скульптор. Автор памятника Дж. Вашингтону в неоклассическом стиле

GREGORY [ˈgregərɪ] Григо́рий, имя 16 рим. пап, в т. ч.: **1. I the Great** (540?—604) Великий, на папском престоле с 590
2. VII Hildebrand (1020?—85) Гильдебра́нд, на престоле с 1073. В 1077 вынудил герм. короля Генриха IV, отлучённого от церкви, вымаливать у него прощение в замке Каносса {Canossa}
3. XIII (1502—85), на престоле с 1572 // **Gregorian** [grɪˈgɔːrɪən] *a* григорианский

Gregorian calendar григорианский календарь (введён папой Григорием XIII вместо юлианского в 1582)

Gregorian chant григорианский хорал, основа католических песнопений, разработанная Григорием I

GREGORY of Nyssa (335?—394?) Григо́рий Ни́сский, христ. философ, писатель и богослов, епископ г. Ниса (Малая Азия)

GRENDEL [ˈgrendl] Гре́ндель, в англосакс. поэме «Беовульф» (8 в.?) чудовище, в течение 12 лет убивавшее подданных короля Хротгара {Hrothgar}. Герой Беовульф победил его в рукопашной схватке

GRENVILLE /GREYNVILLE/ [ˈgre(ɪ)nvɪl], **Richard** (1541?—91) Ри́чард Гре́нвиль, капитан англ. корабля «Ревендж» {Revenge}. Выходил из окружения исп. флота в течение 14 часов. Скончался от ран. Фигурирует в поэме А. Теннисона «Ревендж»

GRESHAM [ˈgreʃəm], **Thomas** (1519?—79) То́мас Гре́шем, англ. предприниматель и финансист. Основал колледж, к-рый был назван его именем. Сформулировал закон, согласно к-рому несоответствие монет золотому стандарту приводит к вымыванию полновесных денег из внутреннего обращения во внешнюю торговлю

GREY [greɪ], **Charles** (1764—1845) Чарлз Грей, премьер-мин. Великобритании (1830—34)

GREY, Lady Jane (1537?—54) леди Джейн Грей, дочь герцога Саффолкского, правнучка Генриха VII. После смерти Эдуарда VI провозглашена королевой. Через 9 дней «царствования» захвачена сторонниками Марии Тюдор, обвинена в гос. измене и казнена вместе с отцом и мужем

GREY of Fallodon [ˈfælə(u)d(ə)n], **Edward** (1862—1933) Э́дуард Грей (Фа́ллодон), мин. ин. дел Великобритании (1905—16)

GREYNVILLE *см.* GRENVILLE

GREY OWL [ˈgreɪˈaul] /*наст. имя* George BELANEY/ (1888—1938) Се́рая Сова́ /Джордж Бе́лани/, канад. писатель. Автор книг об индейцах, канад. природе

GRIEG [griːg], **Edvard Hagerup** (1843—1907) Э́двард Ха́геруп Григ, норв. композитор и пианист. Выразитель нац. стиля

GRIERSON [ˈgriəsn], **Herbert John Clifford** (1866—1960) Ге́рберт Джон Кли́ффорд Гри́рсон, англ. литературовед и историк

GRIFFIN [ˈgrɪfɪn] Гри́ффин, в фантастическом романе Г. Уэллса «Человек-невидимка» (1897) учёный, раскрывший секрет невидимости. Попытка добиться власти над людьми с помощью этого открытия приводит его к гибели

GRIFFITH [ˈgrɪfɪθ], **Arthur** (1872—1922) А́ртур Гри́ффит, ирл. журналист и полит. деятель. Активно способствовал достижению независимости Ирландией

GRIFFITH, David Wark (1875—1948) Де́йвид Ѵо́рк Гри́ффит, амер. режиссёр немого кино. Нова́тор киноязыка. Лауреат премии «Оскар» (1935)
⊙ The Birth of a Nation (1915) «Рождение нации», Intolerance (1916) «Нетерпимость», Broken Blossoms (1919) «Сломанная лилия», Way Down East (1920) «Путь на восток»

GRIMM [grɪm] Гримм, нем. филологи и собиратели фольклора (в т. ч. сказок), братья: **1. Jacob** (1785—1863) Я́коб
2. Wilhelm (1786—1859) Вильге́льм

GRINCH [grɪntʃ], the Гринч, в сказке д-ра Сюсса «Как Гринч украл рождество» мрачный брюзга, укравший рождественские подарки у жителей своей деревеньки * жадный или злобный человек, к-рый портит другим настроение

GROPIUS [ˈgrəupɪəs], **Walter** (1883—1969) Ва́льтер Гро́пиус, нем. архитектор и дизайнер (с 1937 в США). В 1919 основал школу искусств и дизайна «Баухауз» {Bauhaus}

GROPPER [ˈgrɔpə], **William** (1897—1977) Уи́льям Гро́ппер, амер. художник. Мастер полит. карикатуры, использовавший стилистику этого жанра и в живописи

GROTE [grəut], **George** (1794—1871) Джордж Гро́ут, англ. банкир и историк

GROTIUS [ˈgrəuʃəs], **Hugo** /голл. Huig de GROOT/ (1583—1645) Гро́ций /Гу́го де Гро́от/, голл. юрист и гос. деятель (с 1620 во Франции). В своих трудах заложил основы международного права
⊙ De Jure Belli et Pacis (1625) «О праве войны и мира», юридический трактат

GROVE [grəuv], **George** (1820—1900) Джордж Гро́ув, англ. музыковед и издатель. Основатель и первый редактор муз. энциклопедического словаря (издавался с 1879)

GRUNDY [ˈgrʌndɪ], **Mrs.** миссис Гра́нди, в пьесе Т. Мортона «Пусть быстрее идёт плуг» (1798) лицо, к-рое не является персонажем, но возможное мнение к-рого постоянно беспокоит одну из героинь. Олицетворяют обывательские приличия и обществ. мнение

GRÜNEWALD [ˈgruːnəwɔːld] /наст. имя NITHARDT/, **Matthias** (между 1470 и 1475—1528) Ма́ти(а)с Грю́невальд /Ни́тхардт/, нем. художник Возрождения

GUARNERI [gwɑːˈnɪərɪ, -ˈneərɪ] /лат. GUARNERIUS/ Гварне́ри, семья ит. скрипичных мастеров 17—18 вв.

GUDRUN [ˈguːdruːn] Гу́друн, в германо-скандинавском эпосе: **1.** жена Сигурда, а после его убийства — жена Атли. Когда Атли расправился с её братьями, сожгла его в королевских палатах. В нем. эпосе ей соответствует Кримхильда {Kriemhild}
2. дочь Короля Хетеля {Hetel}, невеста Хервига {Herwig} Зеландского, к-рую похищает Хартмут {Hartmut} Нормандский

GUE

3. исландская красавица, из-за к-рой рыцари Бодли {Bodli} и Киартан {Kiartan} убивают друг друга

GUENEVERE *см.* GUINEVERE(E)

GUESCLIN [ges′klæn], **Bertrand du** (1320—80) Бертра́н дю Гескле́н, фр. рыцарь и военачальник, коннетабль {Constable} Франции (с 1370). Прославился в битвах с англичанами и испанцами и стал нар. героем, несмотря на уродливую, по преданию, внешность

GUEVARA [geı′va:rə], **Ernesto /Che/** (1928—67) Эрне́сто /Че/ Гева́ра, латиноамериканский революционер (род. в Аргентине). Участвовал в Кубинской революции, партизанском движении в Боливии, где был убит

'You know you are so beautiful—like a thin, shaven *Che Guevara*.' She indicated the poster of the South American revolutionary which decorated the wall of her room. (*R. Douglas*)

«У вас, между прочим, красивая внешность. Вы похожи на *Че Гевару*, только бритого и похудее».— Она показала на украшавший стену комнаты плакат с изображением латиноамериканского революционера.

GUIDO d'AREZZO [gwi:dəudə′retsəu] /ARETINO [ˌærı′ti:nəu]/ (995?—1050?) Гви́до д'Аре́ццо /Гви́до Арети́нский/, ит. монах-бенедиктинец, реформатор нотного письма. Создал основу современной муз. нотации

GUILDENSTERN *см.* ROSENCRANTZ

GUILLEMIN [gi:(jə)′mɛ̃], **Roger Charles Louis** (р. 1924) Роже́ Шарль Луи́ Гийме́н, фр. физиолог (с 1953 в США). Лауреат Нобелевской премии (1977)

GUINEVER(E) /GUENEVERE/ [′gwınıvıə] Гвиневе́ра /Гине́вра/, в «артуровских легендах» жена короля Артура и возлюбленная Ланселота. Её измена становится причиной кровавой междоусобицы
* неверная, но раскаявшаяся жена
☐ одна из «Королевских идиллий» А. Теннисона (1859); Defence of Guinevere «Защита Гвиневеры», поэма У. Морриса (1858)

GUINNESS [′gınıs], **Alec** (р. 1914) А́лек Ги́ннесс, англ. актёр театра и кино. Снимался в комедийных, ист., фантастических фильмах. Мастер перевоплощения. Лауреат премии «Оскар» (1957, 1980)

GULLIVER [′gʌlıvə], **Lemuel** Лемюэ́ль Гулливе́р, в романе Дж. Свифта «Путешествия Лемюэля Гулливера» (1726) путешественник, попадающий в экзотические страны. Жителям страны Лилипутии предстаёт великаном * рослый человек, гигант

GUNGA DIN [ˌguŋgə′dın] Гу́нга Дин, в одноим. стихотворении Р. Киплинга индиец-водонос в англ. колониальном полку. Стихотворение заканчивается похвалой: «Ты лучше меня, Гунга Дин!» {You're a better man than I am, Gunga Din!}
☐ фильм Дж. Стивенса (1939)

GUNNAR [′guna:] Гу́ннар, в германо-скандинавском эпосе бургундский король, брат Гудрун, один из владельцев клада нибелунгов. Ему соответствует нем. Гунтер

GUNTHER [′guntə] Гу́нтер, в нем. эпосе брат Кримхильды. Соответствует сканд. Гуннару

GUSTAVUS [gə′steıvəs, -′sta:vəs] Гу́став, имя 6 швед. королей

GUTENBERG [′gu:tnbɜ:g], **Johann** /*наст. имя* Johannes GENSFLEISCH/ (1400?—68) Иога́нн Гу́тенберг /Ге́нсфляйш/, нем. первопечатник. В 1448 создал первый в Европе печатный станок и отпечатал на нём Библию

GUTHRIE [′gʌθrı], **Woody /Woodrow Wilson/** (1912—67) Ву́ди /Ву́дро

Ви́льсон/ Га́три /Гэ́три/, амер. эстрадный певец. Исполнял нар. песни в традициях амер. первопоселенцев

GUY [gaɪ], **Thomas** (1645?—1724) То́мас Гай, англ. книготорговец и филантроп. Основатель больницы, носящей его имя

GWYN(NE) [gwɪn], **Nell /Eleanor/** (1650—87) Нелл /Э́линор/ Гвин, англ. актриса, фаворитка Карла II

GYNT [gɪnt], **Peer** Пер Гюнт, в одноим. драме Г. Ибсена (1867) повеса и обманщик, искатель приключений

H

HABAKKUK [ˈhæbəkək, həˈbæ-] Авваку́м, в Ветхом Завете пророк, автор одноим. книги

HABSBURG /HAPSBURG/ [ˈhæbsbɜːg, hæp-] Га́бсбург, австр. монархическая династия. Её представители правили тж. в «Священной Рим. империи» (15—18 вв.), Испании (16—17 вв.). Посредством браков между царствующими домами укрепляли своё влияние во всей Европе. Однако в их роду было немало физически и умственно ущербных людей. Фамильной чертой Габсбургов был массивный подбородок

Kathy was already fired with an enthusiasm for what she saw as some new kind of sport. 'We'll be like the *Habsburgs* looking for a perfect match for you', she said. '...We need looks, intelligence, wit, education, background. But no inbred failings. No *Habsburg* jaws: no mad *Bourbons...*' '...and no unlucky *Kennedys*,' chipped in Ille. (*R. Connolly*)

Кейти уже загорелась этой идеей, которую рассматривала как новый вид спорта. «Мы будем наподобие *Габсбургов* подбирать тебе идеальную партию,— заявила она.— ... Чтобы и приятной наружности, и умницу, и с образованием, и из хорошей семьи. Но без всяких врождённых дефектов! Отметаем *Габсбургов* с их подбородками, *Бурбонов* с их сумасшествиями...»—«И *Кеннеди* с их напастями»,— вставила Илле.

HADES [ˈheɪdiːz] Аи́д /Гаде́с/, в греч. мифологии бог — владыка царства мёртвых, похититель и муж Персефоны. Ему соответствует рим. Плутон

HADRIAN [ˈheɪdrɪən] (76—138) Адриа́н, рим. император (со 117). На границах империи создал систему оборонительных сооружений

Hadrian's Wall Адрианова стена: построена Адрианом в Британии в 120—123 для защиты рим. владений от кельт. племён (проходит от р. Тайн {Tyne} до р. Солуэй {Solway} и имеет протяжённость 73 мили)

Indeed, in many parts of the world freedom of speech is so restricted that graffiti are the only remaining means of expressing political opposition. I bet that *Hadrian's Wall* hadn't been up for long before it had Romans Go Home written all over it. (*Guardian, 1986*)

Ведь во многих уголках света свобода слова настолько ограничена, что настенные надписи остаются единственным средством выражения политической оппозиции. Ручаюсь, что и *Адрианова стена* недолго простояла, прежде чем её испещрили надписи: «Римляне, убирайтесь домой!»

HAGAR [ˈheɪɡɑː] Ага́рь, в Ветхом Завете наложница Авраама, мать Измаила

HAG

HAGGAI [ˈhæge(ɪ)aɪ, hæˈgeɪaɪ] Аггéй, в Ветхом Завете пророк. Его именем названа одна из книг Библии

HAGGARD [ˈhægəd], **(Henry) Rider** (1856—1925) (Гéнри) Рáйдер Хáггард, англ. писатель. Автор приключенческих романов, действие к-рых происходит в экзотических странах
⊙ King Solomon's Mines (1885) «Копи царя Соломона», She (1886) «Она», Allan Quatermain (1887) «Аллан Квотермейн», Montezuma's Daughter (1893) «Дочь Монтесумы»

HAHNEMANN [ˈhɑːnəmən], **(Christian Friedrich) Samuel** (1755—1843) (Кристиáн Фрúдрих) Самуэ́ль Гáнеман /Хáнеман/, нем. врач. Основал гомеопатию

HAIDAR /HYDER/ ALI [ˈhaɪdərɑːˈliː, -ˈɑːlɪ] (1722—82) Хайдáр Алú, мусульм. правитель княжества Майсур {Mysore} в Индии. Оказал серьёзное сопротивление англ. колонизаторам

HAIG [heɪg], **Alexander** (р. 1924) Алексáндр Хейг, амер. воен. и полит. деятель, госсекретарь США (1980—82)

HAIG, Douglas (1861—1928) Дýглас Хейг, англ. фельдмаршал. Во время 1-й мир. войны командовал экспедиционными войсками во Франции

HAILEY [ˈheɪlɪ], **Arthur** (р. 1920) Áртур Хéйли, амер. писатель (род. в Англии, с 1947 в Канаде, с 1965 в США). Автор остросюжетных романов, действие к-рых происходит на современных предприятиях — в больнице, гостинице, на автозаводе и т. д.
⊙ The Final Diagnosis (1959) «Окончательный диагноз», Hotel (1965) «Отель», Airport (1968) «Аэропорт», Wheels (1971) «Колёса», The Moneychangers (1975) «Менялы», Strong Medicine (1984) «Сильнодействующее средство»

HAKLUYT [ˈhækluːt], **Richard** (1552?—1616) Рúчард Хáклут, англ. географ, священник. Автор описаний путешествий англ. мореплавателей
⊙ The Principal Navigations, Voyages and Discoveries of the English Nation (1589) «Основные плавания, путешествия и открытия английского народа»

HALDANE [ˈhɔːldeɪn, -d(ə)n] Хóлдейн, англ. учёные, отец и сын:
1. John Scott (1860—1936) Джон Скотт, физиолог
2. John Burdon Sanderson (1892—1964) Джон Бёрдон Сáндерсон, биолог

HALE [heɪl], **Nathan** (1755—76) Нéйтан Хейл, амер. разведчик в Войне за независимость. Казнён англ. войсками; перед казнью якобы сказал: «Мне жаль только, что у меня лишь одна жизнь, которую можно отдать за свою страну» {I only regret that I have but one life to lose for my country}

HALEY [ˈheɪlɪ], **Bill** (р. 1927) Билл Хéйли, амер. эстрадный певец и гитарист. Первоначально выступал в стиле «кантри»; один из первых исполнителей песен в ритме рок-н-ролла, в т. ч. «Рок круглые сутки» {Rock Around the Clock}

HALIFAX [ˈhælɪfæks], Earl of /**Edward Frederick Lindley WOOD**/ (1881—1959) граф Гáлифакс /Эдуард Фрéдерик Лúндли Вуд/, англ. гос. деятель. Вице-король Индии (1926—31), мин. ин. дел (1938—40)

HALIFAX, Marquess of /**George SAVILE** [ˈsævɪl]/ (1633—95) маркиз Гáлифакс /Джордж Сэ́вил/, англ. гос. деятель, гл. советник Карла II (1681—65)

HALL [hɔːl], **Gus** (р. 1910) Гэс Холл, ген. секр. компартии США (с 1959)

HALLAM [ˈhæləm], **Henry** (1777—1859) Гéнри Хэ́ллам, англ. историк

Somebody said of *Hallam* that he was the magistrate of history. In a far deeper sense it was true of *Acton*. (*J. Morley*)

Кто-то назвал *Хэллама* судьёй истории. В ещё большей степени это относится к *Эктону*.

HALLÉ [ˈhæleɪ], **Charles** (1819—95) Чарлз /Карл/ Ха́лле, англ. пианист и дирижёр (род. в Германии, с 1848 в Англии). В 1857 основал оркестр, к-рый носит его имя

HALLEY [ˈhælɪ], **Edmund** (1656—1742) Э́дмунд Галле́й, англ. астроном. В 1682 открыл комету, к-рая была названа его именем

HALS [hɑːlz, -ls], **Frans** (1580?—1666) Франс Халс /Хальс/, голл. живописец, мастер портрета

HALSEY [ˈhɔːlzɪ, -sɪ], **William Frederick** (1882—1959) Уи́льям Фре́дерик Хо́лзи /Хо́лси/, амер. адмирал. Командовал тихоокеанскими флотами США

HAM [hæm] Хам, в Ветхом Завете один из трёх сыновей Ноя, от к-рых «населилась вся земля» после всемирного потопа, прародитель «хамитов», т. е. африканцев. Был проклят (вместе с потомками) за то, что насмеялся над наготой отца

In the same way that we, for white people, were the descendants of *Ham*, and were cursed forever, white people were, for us, the descendants of *Cain*. (*J. Baldwin*)

Точно так же, как мы для белых являемся потомками *Хама* и прокляты на веки вечные, так и белые для нас — потомки *Каина*. (*Пер. А. Файнигер*)

HAMILCAR BARCA [hæˈmɪlkɑːˈbɑːkə] (270?—228 до н. э.) Гамилька́р Ба́рка, карфагенский полководец, отец Ганнибала. Одержал ряд побед над римлянами в Сицилии, завоевал часть Испании

HAMILTON [ˈhæm(ɪ)lt(ə)n], **Alexander** (1757—1804) Алекса́ндер Га́мильтон, амер. гос. деятель, участник Войны за независимость 1775—83, мин. финансов США (1789—95). Как лидер федералистов вёл кампанию против избрания президентом А. Бэрра и был убит им на дуэли

HAMILTON, Emma (1765—1815) Э́мма Га́мильтон, жена англ. посла в Неаполе и любовница адмирала Нельсона. Её претензии на полит. заслуги были отвергнуты брит. пр-вом; умерла в бедности
□ That Hamilton Woman «Леди Гамильтон», фильм англ. реж. А. Корды {Alexander Korda} (1941)

HAMLET [ˈhæmlɪt] Га́млет, в одноим. трагедии У. Шекспира (1601) дат. принц. Он должен отомстить за убийство отца, но переживает мучительные колебания, ищет смысл в происходящем * человек, полный внутренних сомнений, склонный к философствованию
□ опера Х. Серла (1968); The Hamlet of A. MacLeish «Гамлет Мак-Лиша», сб. стихов А. Мак-Лиша (1928)

The Tramp ⟨of Chaplin⟩ is as certainly representative of humanity, as many-sided and as mysterious as *Hamlet*, and it seems unlikely that any dancer or actor can ever have excelled him in eloquence, variety or poignancy of motion. (*Th. Huff*)

Чаплинский бродяга так же глубоко человечен, многообразен и загадочен, как *Гамлет*, и вряд ли кто из актёров и танцоров мог превзойти его в красноречии, разнообразии и отточенности движения.

'We may never have the kind of evidence that can stand up in an American court of law', he said. 'But we cannot allow ourselves to be the *Hamlet* of nations, worrying endlessly over whether and how to respond.' (*Newsweek, 1984*)

«У нас, может быть, никогда и не будет юридически точных доказательств,— заявил он.— Но мы не можем позволить нашей стране впадать в бесконечные *гамлетовские* сомнения о том, как реагировать на события и стоит ли это делать вообще».

→ COLERIDGE

HAMMARSKJÖLD [ˈhæməʃəld, -ʃːld], **Dag Hjalmar** (1905—61) Даг Яльмар Хáммаршельд, швед. полит. деятель, ген. секр. ООН (с 1953). Погиб в авиакатастрофе во время миссии в Конго. Лауреат Нобелевской премии мира (1961)

HAMMERSTEIN [ˈhæməstaɪn, -stiːn], **Oscar** Óскар Хáммерстайн: **1.** (1847?—1919) амер. театральный импресарио (род. в Германии) **2. II** (1895—1960) Второй, амер. драматург, его внук. Автор либретто мюзиклов, текстов песен

⊙ Oklahoma! (1955) «Оклахома!», Carousel (1956) «Карусель», The Sound of Music (1959) «Звуки музыки», мюзиклы

HAMMETT [ˈhæmɪt], **Dashiell** (1894—1961) Дэшилл Хэмметт, англ. писатель. Автор детективов

⊙ Red Harvest (1929) «Красная жатва», Dain Curse (1929) «Проклятие Дэйна», The Maltese Falcon (1930) «Мальтийский сокол», романы

HAMMURABI [ˌhæmuˈrɑːbɪ] (18 в. до н. э.) Хаммурáпи, царь Вавилонии (1792—50 до н. э.). Ввёл кодекс законов рабовладельческого права

HAMPDEN [ˈhæm(p)dən], **John** (1594—1643) Джон Хэмпден, англ. гос. деятель, член парламента. Выступил против введённого Карлом I налога на содержание флота {Ship Money} и добился признания его незаконным в 1641 * принципиальный, независимый человек

HAMSUN [ˈhæmsən] / *наст. имя* PEDERSEN/, **Knut** (1859—1952) Кнут Гáмсун /Пéдерсен/, норв. писатель, драматург. Лауреат Нобелевской премии (1920). Осуждён за сотрудничество с нацистами

⊙ Hunger (1890) «Голод», The Growth of the Soil (1917) «Соки земли», романы

HAN [hæn] Хань, династия кит. императоров во 2 в. до н. э.— нач. 3 в. н. э.

HANANIAH [ˌhænəˈnaɪə] Анáния, иудейское имя Седраха (*см.* SHADRACH)

HANCOCK [ˈhæŋkɔk], **John** (1737—93) Джон Хэнкок, амер. полит. деятель, один из лидеров борьбы за независимость. Его подпись под Декларацией независимости — самая крупная

to put one's John Hancock /John Henry/ *разг. шутл.* расписаться, поставить подпись

HANDEL [ˈhændl], **George Frideric /Frederick**; *нем.* Georg Friederich HÄNDEL, HAENDEL/ (1685—1759) Геóрг Фрúдрих Гéндель, англонемецкий композитор и органист (род. в Германии, с 1710 в Англии, подданным к-рой стал в 1727). Автор ораторий и опер на библейские, ист. и мифологические сюжеты. К 1753 ослеп // **Handelian** [hænˈdiːljən] *a*

⊙ Acis and Galatea (1718) «Акид и Галатея», драматическая кантата; Rinaldo (1711) «Ринальдо», Julius Caesar (1724) «Юлий Цезарь», Xerxes (1738) «Ксеркс», оперы; Saul (1739) «Саул», Messiah (1741) «Мессия», Samson (1743) «Самсон», Judas Maccabaeus (1747) «Иуда Маккавей», оратории

HANNIBAL [ˈhænɪbl] (247—183 до н. э.) Ганнибáл, карфагенский полководец, сын Гамилькара Барки. Проведя войска через Альпы, вторгся в Италию и в 217—216 до н. э. одержал там крупные победы, но не решился наступать на Рим. В 202 был разгромлен Сципионом Африканским при Заме {Zama}

They were discussing the military strategy of one of history's principal leaders, and from the reverence in which they held him I judged that it must be either *Hannibal* or *Julius Caesar*, for his command of tactics was outstanding. But then someone spoke of him as if he had been living within the past decades when his statesmanship was supreme, and I knew then that they were talking of either *De Gaulle* or *Churchill*. (*J. Michener*) Они обсуждали военную стратегию одного из крупнейших за всю историю лидеров, и, судя по их благоговейному тону, я решил, что речь идет о *Ганнибале* либо *Цезаре*, ибо это был, как они сказали, выдающийся тактик. Но тут его упомянули так, как если бы он жил и был в зените государственной деятельности несколько десятилетий назад, и я подумал: или *де Голль*, или *Черчилль*.

HANOVER [ˈhænəuvə] Ганно́вер, нем. герцогский род и королевская династия в Англии (1714—1901) // **Hanoverian** [ˌhænəˈvɪərɪən] *a*

HANSARD [ˈhænsɑːd], **Luke** (1752—1828) Люк Хэ́нсард, англ. издатель. С 1774 начал печатание отчётов о заседаниях палаты общин * название официального стенографического отчёта брит. парламента

HANSBERRY [ˈhænzbərɪ], **Lorraine** (1930—65) Ло́ррейн Хэ́нсберри, амер. негр. драматург (*ж.*)
⊙ A Raisin in the Sun (1954) «Изюминка на солнце», пьеса

HÄNSEL and GRETEL [ˈhæns(ə)ləndˈgretl] Гéнзель и Грéтель, в сказке братьев Гримм брат и сестра. Брошенные родителями в лесу, они попадают в избушку к кровожадной ведьме; столкнув её в печь, избавляются от неё и возвращаются домой

HAPSBURG см. HABSBURG

HARDECANUTE [ˌhɑːdɪkəˈn(j)uːt] /**HARTHACANUTE** [ˈhɑːθəkəˌnjuːt]/ (1019?—42) Хардакну́т /Хардакну́д/, король Дании (с 1035) и Англии (с 1040), сын Кнута Великого

HARDEN [ˈhɑːdn], **Arthur** (1865—1940) А́ртур Ха́рден, англ. химик. Лауреат Нобелевской премии (1929)

HARDIE [ˈhɑːdɪ], **(James) Keir** (1856—1915) (Джеймс) Кейр /Кир/ Ха́рди, шотл. полит. деятель. В 1900 основал Независимую лейбор. партию

HARDING [ˈhɑːdɪŋ], **Warren Gamaliel** (1865—1923) Уо́ррен Гамéйлиэл Га́рдинг /Ха́рдинг/, 29-й през. США (с 1921), от респ. партии. Возглавлял один из самых коррумпированных кабинетов в истории США

Harding scandals скандалы в пр-ве Гардинга: разоблачения взяточничества и махинаций членов его администрации

HARDY [ˈhɑːdɪ], **Andy** Энди Ха́рди, в ряде амер. фильмов 30—40-х гг. энергичный и немного наивный подросток из добропорядочной семьи * *шутл.* «идеальный» амер. юноша, славный паренёк

HARDY, Oliver (1892—1957) О́ливер Ха́рди, амер. комический киноактёр, партнёр С. Лорела. Снимался в амплуа самоуверенного толстяка

HARDY, Thomas (1840—1928) То́мас Ха́рди /Га́рди/, англ. писатель. В его романах преобладают трагические мотивы и характеры
⊙ The Mayor of Casterbridge (1886) «Мэр Кестербриджа», Tess of the d'Urbervilles (1891) «Тэсс из рода д'Эрбервиллей», Jude the Obscure (1895) «Джуд Незаметный», романы; The Dynasts (1904—08) «Династы», эпическая драма

HARDY, Thomas Masterman (1769—1839) То́мас Ма́стерман Ха́рди, англ. адмирал. Друг и соратник Г. Нельсона

HARGREAVES [ˈhɑːgriːvz], **James** (1745?—78) Джеймс Ха́ргривс, англ. ткач. В 1764 изобрёл хлопкопрядильный станок с ручным приводом

HARI [ˈhɑːrɪ], **Mata** /*наст. имя* Gertrud Margarete ZELLE/ (1876—1917) Ма́та Ха́ри /Ге́ртруд Маргаре́те Зе́лле/, голл. танцовщица. В 1-ю мир. войну агент нем. разведки во Франции, где была арестована и казнена * шпионка-соблазнительница

HARLEQUIN [ˈhɑːlɪk(w)ɪn] Арлеки́н, в ит. комедии масок, позднее во фр. театре и англ. пантомиме — счастливый соперник Пьеро; одет в пёстрое трико и носит деревянную шпагу

HARLEY [ˈhɑːlɪ], **Robert** /1st Earl of OXFORD/ (1661—1724) Ро́берт Ха́рли /1-й граф О́ксфорд/, юрист и гос. деятель // **Harleian** [hɑːˈliːən, ˈhɑːlɪən] *a*: **Harleian MSS /manuscripts/** собрание книг и рукописей Харли (собрано им и его сыном Эдуардом; хранится в Брит. музее)

HARLOWE [ˈhɑːləu], **Clarissa** Клари́сса Ха́рлоу, в одноим. романе С. Ричардсона (1748) возлюбленная Ловласа, к-рая бежит с ним из родительского дома

HARMONIA [hɑːˈməunjə] Гармо́ния, в греч. мифологии дочь Ареса и Афродиты, жена Кадма. Ожерелье, подаренное ей к свадьбе богами, несло несчастья всем, кто им потом владел

HAROLD [ˈhær(ə)ld] **1.** Ха́ральд, имя королей /конунгов/ Норвегии, в т. ч.: **III** *Hardrade /Hardrada/* [ˈhɔːˌrɔːdə] (1016—66) Жесто́кий Прави́тель, правил с 1047, погиб при вторжении в Англию

2. Га́рольд, имя англ. королей, в т. ч.: **I** *Harefoot* (?—1040) За́ячья Нога́, правил с 1035, сын Кнута Великого; **II** (1022?—66), правил в 1066, фактически с 1053. Отразил нападение норв. короля Харальда III, погиб в битве с Вильгельмом Завоевателем при Гастингсе {Hastings}

□ «Гарольд», роман Э. Булвера-Литтона (1848); ист. драма А. Теннисона (1876)

HAROLD, Childe *см.* CHILDE HAROLD

HAROUN /HARUN/ al-RASCHID [həruːnˌælrəˈʃiːd] (763?—809) Хару́н ар-Раши́д /Гару́н аль-Раши́д/, араб. халиф с 786. Фигурирует в сказках «Тысячи и одной ночи» {The Arabian Nights}, где его образ идеализирован: переодевшись нищим, он бродит по Багдаду, чтобы узнать, что говорят о нём подданные, и нередко осуществляет их желания

New York is as full of cheap *Haroun al Raschids* as Bagdad is of fleas. I've been held up for my story with a loaded meal pointed at my head twenty times. (*O. Henry*)

Нью-Йорк кишит прижимистыми *Гарун аль-Рашидами*, как Багдад блохами. Меня раз двадцать заставляли рассказывать мою историю под дулом филантропии. (*Пер. Т. Озерской*)

HARRIMAN [ˈhærɪmən], **(William) Averell** (1891—1986) (Уи́льям) А́верелл Га́рриман, амер. дипломат и финансист. В 1943—46 посол в СССР

HARRIS [ˈhærɪs], **Frank** (1854—1931) Фрэнк Ха́ррис, амер. издатель и писатель (род. в Ирландии) → GILGAMESH

HARRIS, Joel Chandler (1848—1908) Джо́эл Чэ́ндлер Ха́ррис, амер. писатель. Автор сказок по мотивам негр. фольклора о приключениях животных — братца Кролика, братца Лиса и др.

⊙ Uncle Remus, His Songs and Sayings (1880) «Дядюшка Римус, его песни и прибаутки», Mr. Rabbit at Home (1895) «Господин Кролик у себя дома», The Tar-Baby (1904) «Чёрный малыш», Told by Uncle Remus (1905) «Рассказы дядюшки Римуса», сб. рассказов

HARRIS, Roy /Leroy Ellsworth/ (1898—1979) Рой /Лерой Эллсуорт/ Харрис, амер. композитор модернистского направления

HARRISON ['hærɪsn] Гáррисон: **1. Benjamin** (1833—1901) Бéнджамин, 23-й през. США (1889—93), от респ. партии

2. William Henry (1773—1841) Уильям Гéнри, 9-й през. США (март—апрель 1841), от партии вигов, его дед. Один из командующих амер. армией в войне с Англией 1812—14

HARRISON, George (р. 1943) Джордж Хáррисон, англ. эстрадный певец и музыкант. В 60-х гг. участник ансамбля «Битлз» {The Beatles}

HARRISON, John (1693—1776) Джон Хáррисон, англ. часовщик. Сконструировал корабельный часовой механизм, позволяющий определять географическую долготу

HARRY ['hærɪ], *Dirty* Грязный Гáрри, в одноим. фильме реж. Д. Сигела {Don Siegel} (1972) полицейский инспектор, к-рый безжалостно расстреливает своих врагов

Bronson, who has been responsible for more killing than *Dirty Harry* and the Dirty Dozen rolled into one, dismissed criticism that his films encourage street violence. (*Sunday Mirror, 1984*)

Бронсон, в картинах которого больше убийств, чем их совершили даже *Грязный Гарри* и «Грязная Дюжина» вместе взятые, отверг критические замечания о том, что его картины поощряют уличное насилие.

HART [hɑːt], **Lorenz** (1895—1943) Лóренц Харт, амер. литератор, автор стихов песен и либретто мюзиклов

HART, William Surrey (1872—1946) Уильям Сáрри Харт, амер. киноактёр и режиссёр вестернов эпохи немого кино

HARTE [hɑːt], **Francis Bret** /*наст. имя* BRETT/ (1836—1902) Фрэнсис Брет /Бретт/ Гарт, амер. писатель, журналист и дипломат (с 1880 в Англии). Мастер рассказа «с местным колоритом», юмористических стихов и пародий

⊙ The Luck of Roaring Camp (1868) «Счастье Ревущего Стана», Tennessee's Partner (1870) «Компаньон Теннесси», The Outcasts of Poker Flat (1870) «Изгнанники Покер-Флэта», рассказы; Gabriel Conroy (1876) «Гэбриэл Конрой», роман

HARTHACANUTE *см.* HARDECANUTE

HARTLINE ['hɑːtlaɪn], **Haldan Keffer** (1903—83) Хóлден Кéффер Хáртлайн, амер. нейрофизиолог. Лауреат Нобелевской премии (1967)

HARUN al-RASCHID *см.* HAROUN al-RASCHID

HARUT and MARUT [hɑːˈruːtəndmɑːˈruːt] Харýт и Марýт, в Коране ангелы, искушавшие с дозволения Аллаха людей и учившие их колдовству. По др. преданиям, не устояли перед женской красотой и были заключены в вавилонскую темницу — сюжет поэмы Т. Мура «Любовь ангелов» (1823)

HARVARD ['hɑːvəd], **John** (1607—38) Джон Гáрвард, англ. священник, поселенец в Америке. В 1636 основал колледж, к-рый впоследствии стал Гарвардским университетом

HARVEY ['hɑːvɪ], **William** (1578—1657) Уильям Гáрвей /Хáрви/, англ. врач, основатель современной физиологии. Впервые изучил и описал систему кровообращения

HASDRUBAL ['hæzdrub(ə)l, -bæl] (?—207 до н. э.) Гасдрубáл, карфагенский полководец, брат Ганнибала

HASSAM ['hæsəm], **Childe** (1859—1935) Чайлд Хэссем /Хэссам/, амер. живописец. Автор импрессионистических пейзажей

HASTINGS ['heɪstɪŋz], **Warren** (1732—1818) Уóррен Хéйстингс, англ.

колониальный деятель, генерал-губернатор Индии (1774—85). Был судим по обвинению в жестокости и коррупции, но в 1795 оправдан

HATHAWAY [ˈhæθəweɪ], **Anne** (1557?—1623) Энн Хэтауэй, жена У. Шекспира (с 1582)

HATSHEPSUT [hætˈʃepsuːt] (нач. 15 в. до н. э.) Хатшепсут, егип. царица-фараон, дочь Тутмоса I и соправительница своего сына Тутмоса III

HATTER [ˈhætə], **the** Шляпник /Болванщик, Шляпа/, в повести-сказке Л. Кэрролла «Приключения Алисы в Стране Чудес» (1865) один из трёх безумцев, наряду с Мартовским Зайцем {March Hare} и Соней {Dormouse}, чьё «безумное чаепитие» посещает Алиса

HATTO [ˈhætəu] Гатто, в нем. легенде епископ, к-рый во время голода 970 сжёг сарай с бедняками, чтобы для богатых осталось больше еды, после чего его сожрали крысы (сюжет стихотворения Р. Саути)

HATTON [ˈhætn], **Christopher** (1540—91) Кристофер Хэттон, англ. гос. деятель, фаворит Елизаветы I

HATTON, John Liptrot (1809—86) Джон Липтрот Хэттон, англ. певец, музыкант, дирижёр и композитор. Автор свыше 300 вокальных произведений

HAUGHEY [ˈhɔːxɪ], **Charles James** (р. 1925) Чарлз Джеймс Хохи, премьер-мин. Ирландии (1979—82 и с 1989)

HAVELOCK [ˈhævlɔk], **Henry** (1795—1857) Генри Хэвлок, англ. генерал. С 1823 в Индии, где участвовал в подавлении восстания

HAWKE [hɔːk], **Bob /Robert James Lee/** (р. 1929) Боб /Роберт Джеймс Ли/ Хоук, премьер-мин. Австралии (с 1983), от лейбор. партии

HAWKE, Edward (1705—81) Эдуард Хоук, англ. адмирал. В 1759 одержал победу над фр. флотом в Киберонском заливе {Quiberon Bay}, предотвратив вторжение французов в Англию

HAWKE, Robert James Lee см. HAWKE, Bob

HAWKES [hɔːks], **Howard** (1896—1977) Хоуард Хоукс /Хокс/, амер. кинорежиссёр, сценарист и продюсер. Постановщик комедий, гангстерских фильмов, вестернов, фильмов на воен. тему. Лауреат премии «Оскар» (1974)

⊙ A Girl in Every Port (1928) «Девушка в каждом порту», Scarface (1932) «Скарфейс», The Big Sleep (1946) «Большой сон» → CHAPLIN Ch.

HAWKESMORE см. HAWKSMOOR

HAWKINS [ˈhɔːkɪnz], **John** (1532—95) Джон Гаукинс /Хокинс/, англ. адмирал и работорговец. В 1588 участвовал в сражении с исп. «Непобедимой армадой»

HAWKSMOOR [ˈhɔːksmuə] /**HAWKESMORE** [ˈhɔːksmɔː]/, **Nicholas** (1661—1736) Николас Хоксмур, англ. архитектор. Ученик К. Рена и Дж. Ванбру, один из строителей Вестминстерского аббатства

□ беллетризованная биография П. Акройда (1985)

HAWORTH [ˈhauəθ], **(Walter) Norman** (1883—1950) (Уолтер) Норман Хауорт, англ. химик. Лауреат Нобелевской премии (1937)

HAWTHORNE [ˈhɔːθɔːn], **Nathaniel** (1804—64) Натаниел Хоторн /Готорн/, амер. писатель. Автор религиозно-моралистических произведений

⊙ The Scarlet Letter (1850) «Алая буква», The House of the Seven Gables (1851) «Дом о семи фронтонах», The Marble Faun (1860) «Мраморный фавн», романы

As history shows, however, only those persons possessed of the insight...

are really capable of comprehending the institutions within society. Thus a moral code is understood only by a *Nathaniel Hawthorne*, a social milieu only by a *Henry James*, and a cultural entity by a *Willa Cather*. (*T. E. Berry*)

Однако история показывает, что лишь наделённые особым чутьём способны осмыслить устройство общества. Так, понять моральные устои дано лишь очередному *Натаниелу Хоторну*, социальную среду — лишь новому *Генри Джеймсу*, культурное явление — лишь второй *Уилле Кэсер*.

HAYDN [ˈhaɪdn, ˈheɪ-], **(Franz) Joseph** (1732—1809) (Франц) Йо́зеф Гайдн, австр. композитор. Основоположник классических форм симфонии, квартета и сонаты. Автор ораторий, месс, опер

HAYES [heɪz], **Rutherford Blrchard** (1822—93) Ра́терфорд /Ре́зерфорд/ Бёрчард Хейс, 19-й през. США (1877—81), от респ. партии

HAYS [heɪz], **Will Harrison** (1879—1954) Уилл Ха́ррисон Хейс, амер. полит. деятель и организатор кинопромышленности. В 30-е гг. возглавлял цензурный комитет, регламентирующий характер и длительность интимных сцен в фильмах

The women had good legs and displayed their inside curves more than *Will Hays* would have liked. (*R. Chandler*)

У женщин были красивые ноги, и они демонстрировали свои округлости смелее, чем позволил бы *комитет по киноцензуре*.

HAYWORTH [ˈheɪwɜːθ], **Rita** /наст. имя Margarita Carmen CANSINO/ (1918—87) Ри́та Хе́йуорт /Хе́йворт; Маргари́та Ка́рмен Канси́но/, амер. танцовщица и актриса (род. в Мексике, в Голливуде с 1935). В 40-е гг. снималась в амплуа мелодраматических героинь

HAZLITT [ˈhæzlɪt], **William** (1778—1830) Уи́льям Хэ́злитт, англ. критик и искусствовед

HEALEY [ˈhiːlɪ], **Denis Winston** (р. 1917) Де́нис Уи́нстон Хи́ли, англ. полит. и гос. деятель лейбор. партии, мин. обороны (1964—70)

HEARST [hɜːst], **William Randolph** (1863—1951) Уи́льям Рэ́ндолф Херст, амер. газетный издатель. Стоял у истоков так наз. «жёлтой прессы». В 1890-х гг. газеты Херста способствовали началу испано-американской войны

HEATH [hiːθ], **Edward Richard George** (р. 1916) Э́дуард Ри́чард Джордж Хит, премьер-мин. Англии (1970—74), от конс. партии

HEATHCLIFF [ˈhiːθklɪf] Хи́тклиф, в романе Э. Бронте «Грозовой перевал» (1847) найдёныш, воспитанный в дворянской семье. Разбогатев, мстит детям своего воспитателя, к-рые в прошлом унижали его → SCROOGE

HEBE [ˈhiːbiː(ː)] Ге́ба /Гебе́я/, в греч. мифологии богиня юности

HECATE /HEKATE/ [ˈhekəti(ː)] Гека́та, в антич. мифологии богиня охоты, дорог и колдовства. Изображалась в трёх образах, символизирующих её господство на луне, земле и в подземном царстве. Иногда отождествлялась с Артемидой /Дианой/, Селеной и Персефоной /Прозерпиной/

As author, lawyer and politician, he is triformis, like *Hecate*: and in every one of his three forms he is bifrons like *Janus*. (*Th. Peacock*)

Как писатель, юрист и политик он имеет три ипостаси, подобно *Гекате*; а в каждой из этих ипостасей он двулик, как *Янус*.

HECTOR [ˈhektə] Ге́ктор, в греч. мифологии сын Приама и Гекубы, герой троянцев, олицетворение благородства. В «Илиаде» Гомера особое место занимает его сцена прощания с женой Андромахой. Убит Ахиллом /Ахиллесом/

HECUBA [ˈhekjubə] Геку́ба, в греч. мифологии жена Приама, мать

Гектора, Париса, Кассандры, Полидора и др. По одному из мифов, была превращена в собаку и бросилась в пролив Геллеспонт {Hellespontus} (ныне Дарданеллы)
□ трагедия Еврипида

HEEP [hi:p], **Uriah** Ýрия Гип /Хип/, в романе Ч. Диккенса «Дэвид Копперфилд» (1850) клерк адвоката Уикфилда {Wickfield}. Обманом и подлогом добивается власти над своим хозяином * низкий, отталкивающий человек

HEGEL [ˈheɪɡl], **Georg Wilhelm Friedrich** (1770—1831) Геóрг Вильгéльм Фрúдрих Гéгель, нем. философ, создатель объективно-идеалистической диалектики // **Hegelian** [herˈgiːljən] *a* гегелевский

HEIDEGGER [ˈhaɪdəɡə], **Martin** (1889—1976) Мáртин Хáйдеггер, нем. философ-экзистенциалист

HEIMDAL(L) [ˈheɪmdæl] Хéймдалль, в сканд. мифологии бог-страж, сын Одина и «девяти матерей». В битве перед концом света убивает Локи и погибает сам

HEINE [ˈhaɪnə], **Heinrich** (1797—1856) Гéнрих Гéйне, нем. поэт и критик
⊙ Book of Songs (1827) «Книга песен», сб. стихов

HEKATE *см.* HECATE

HELEN [ˈhelɪn] **of Troy** (Прекрасная) Елéна, в греч. мифологии жена Менелая, олицетворение женской красоты. Её похищение Парисом послужило поводом к Троянской войне

HÉLENA [ˈhelɪnə] Елéна: **1.** в комедии У. Шекспира «Сон в летнюю ночь» (1596) подруга Гермии, влюблённая в Деметрия {Demetrius}
2. в комедии У. Шекспира «Конец — делу венец» (1603) девушка из простонародья. В награду за излечение короля потребовала себе в мужья аристократа Бертрама

HELENUS [ˈhelɪnəs] Гелéн, в греч. мифологии троянский прорицатель, сын Приама и Гекубы. От него Одиссей узнал, что Троя не может быть взята греками, пока они не похитят статую Афины из троянского храма

HELIOGABALUS [ˌhiːlɪə(u)ˈɡæbələs] /**ELAGABALUS** [ˌeləˈɡæbələs]/ (204—222) Гелиогабáл, рим. император с 218. Отличался любовью к роскоши и драгоценностям

HELIOS [ˈhiːlɪɒs] Гéлиос, в греч. мифологии бог солнца

HELLER [ˈhelə], **Joseph** (р. 1923) Джóзеф Хéллер, амер. писатель. Автор романов в жанре соц. сатиры
⊙ Catch 22 (1961) «Поправка 22», Something Happened (1974) «Что-то случилось», романы

HELLMAN [ˈhelmən], **Lillian** (1905—84) Лúллиан Хéллман /Хéлман/, амер. писательница-драматург. Мастер социально-психологической драмы
⊙ Children's Hour (1934) «Детский час», Days to Come (1936) «Настанет день», The Little Foxes (1939) «Лисички», Watch on the Rhine (1941) «Стража на Рейне», Another Part of the Forest (1947) «За лесами» /на рус. сцене «Леди и джентльмены»/, Toys in the Attic (1960) «Игрушки на чердаке», пьесы

HELMHOLTZ [ˈhelmhɔults], **Hermann Ludwig Ferdinand von** (1821—94) Гéрман Лю́двиг Фердинáнд фон Гельмгóльц, нем. физик, анатом и физиолог. Разработал теорию цветного зрения; в 1851 изобрёл офтальмоскоп

HÉLOÏSE *см.* ELOÏSA

HELVÉTIUS [helˈviːʃɪəs, -ˈveɪ-, -jəs], **Claude Adrien** (1715—71) Клод Адриáн Гельвéций, фр. философ-материалист

HEMINGWAY [ˈhemɪŋweɪ], **Ernest Miller** (1899—1961) Эрнест Ми́ллер Хемингуэ́й, амер. писатель и журналист. Во 2-й мир. войне воен. корреспондент. Лауреат Нобелевской премии (1954)

⊙ The Sun Also Rises /Fiesta/ (1926) «И восходит солнце» /«Фиеста»/, A Farewell to Arms (1929), «Прощай, оружие!», To Have and Have Not (1937) «Иметь и не иметь», For Whom the Bell Tolls (1940) «По ком звонит колокол», Across the River and into the Trees (1950) «За рекой в тени деревьев», Islands in the Ocean (опубл. 1970) «Острова в океане», романы; Men Without Women (1927) «Мужчины без женщин», Winner Takes Nothing (1933) «Победитель не получает ничего», сб. рассказов; The Old Man and the Sea (1952) «Старик и море», повесть

HENCH [hen(t)ʃ], **Philip Showalter** (1896—1965) Фи́лип Шо́уолтер Хенч, амер. врач. Лауреат Нобелевской премии (1950)

HENDERSON [ˈhendəsn], **Arthur** (1863—1935) А́ртур Хе́ндерсон, англ. полит. и гос. деятель лейбор. партии, мин. ин. дел (1929—31). Лауреат Нобелевской премии мира (1934)

HENDRIX [ˈhendrɪks], **Jimi /James Marshall/** (1942—70) Джи́ми /Джеймс Ма́ршалл/ Хе́ндрикс, амер. негр. эстрадный певец (с 1966 в Англии)

HENRI [ˈhenrɪ], **Robert** /наст. имя Robert Henry COZAD/ (1865—1929) Ро́берт Хе́нри /Ге́нри/ (Ко́зад), амер. живописец. Лидер «школы мусорного ведра» {the Ash Can School}

HENRIETTA MARIA [ˌhenrɪˈetəməˈraɪə] (1609—66) Генрие́тта Мари́я, жена англ. короля Карла I, дочь фр. короля Генриха IV. Её именем назван амер. штат Мериленд {Maryland}

HENRY [ˈhenrɪ] Ге́нрих: **1.** имя 7 герм. королей, в т.ч.: **IV** (1050—1106), на престоле с 1056. В 1074 был вынужден вымаливать прощение у папы Григория VII в Каноссе {Canossa} (см. GREGORY)

2. имя 4 фр. королей

3. имя 8 англ. королей, в т.ч.: **IV /BOLINGBROKE/** (1367—1413) /Бо́лингбро́к/, на престоле с 1399. Двоюродный брат Ричарда II, к-рого сверг и приказал умертвить

□ King Henry IV «Король Генрих /Генри/ IV», ист. хроника У. Шекспира (2 ч., 1597—98)

V (1387—1422), на престоле с 1413, его сын. С 1415 вёл войны с Францией, завладев рядом её областей

□ King Henry V «Король Генрих /Генри/ V», ист. хроника У. Шекспира (1598)

VIII (1491—1547), на престоле с 1509. Был женат 6 раз. Не добившись согласия папы на развод с Екатериной Арагонской с целью женитьбы на Анне Болейн, порвал с Римом и в 1534 сам сделался главой англиканской церкви. Этот акт вместе с роспуском монастырей ознаменовал Реформацию в Англии. В 1536, обвинив Анну Болейн в измене и казнив её, женился на Джейн Сеймур, а после её смерти на Анне Клевской. За разводом с ней последовала женитьба на Екатерине Хауард {Catherine Howard} (казнена за «супружескую неверность») и Екатерине Парр {Catherine Parr}

HENRY, O. /наст. имя William Sydney PORTER/ (1862—1910) О. Ге́нри /Уи́льям Си́дни По́ртер/, амер. писатель. Мастер юмористической новеллы

⊙ Cabbages and Kings (1904) «Короли и капуста», роман в новеллах; The Four Million (1906) «Четыре миллиона», The Trimmed Lamp (1907) «Горящий светильник», The Gentle Grafter (1908) «Благородный жулик», сб. рассказов

HEP

HEPBURN [ˈhe(p)bɜ:n], **Audrey** (р. 1929) Óдри Хéпберн, амер. киноактриса. В 50—60-х гг. снималась в мюзиклах и комедиях. Лауреат премии «Оскар» (1953)

HEPBURN, Katharine (р. 1909) Кэтрин Хéпберн, амер. комедийная и драматическая киноактриса. Партнёрша С. Треси. Лауреат премии «Оскар» (1933, 1967, 1968, 1981)

HEPHAESTUS [hɪˈfi:stəs] Гефéст, в греч. мифологии бог огня, покровитель кузнечного ремесла. Ему соответствует рим. Вулкан

HEPPLEWHITE [ˈheplwaɪt], **George** (?—1786) Джордж Хéпплуайт, англ. мебельный мастер. Создал стиль мебели с овальными и щитообразными спинками кресел, изогнутыми ножками и подлокотниками

HERA [ˈhi:rə] Гéра, в греч. мифологии властная и ревнивая жена (а тж. сестра) Зевса, покровительница брака. Ей соответствует рим. Юнона

HERACLES см. HERCULES

HERACLITUS of Ephesus [ˌherəˈklaɪtəsəvˈefɪsəs] (кон. 6 в.— нач 5 в. до н. э.) Гераклúт Эфéсский, греч. философ-диалектик // **Heraclitian** [ˌherəˈklaɪtɪən] *a*

HERBERT [ˈhɜ:bət], **(Alfred Francis) Xavier** (1901—84) (Áлфред Фрэнсис) Зéйвир /Зэвьер/ Хéрберт, австрал. писатель

⊙ Capricornia (1938) «Каприкорния», роман; Larger Than Life (1963) «Больше натуральной величины», сб. рассказов

HERBERT, Victor (1859—1924) Вúктор Хéрберт, ирл. композитор (с 1886 в США). Автор оперетт

HERBLOCK см. BLOCK

HERCULES [ˈhɜ:kjuli:z] */греч.* HERACLES [ˈherəkli:z]/ Геркулéс /Герáкл/, в антич. мифологии сын Зевса и Алкмены, силач, совершивший 12 подвигов. Ещё ребёнком задушил двух змей, насланных на него Герой * богатырь, геркулес // **Herculean** [ˌhɜ:kjuˈli:(:)ən] *a* богатырский; тяжёлый, неподъёмный (о проблеме, задаче)

labours of Hercules подвиги Геракла * тяжёлая, «каторжная» работа

Pillars of Hercules Геркулесовы Столбы, два скалистых мыса по обе стороны Гибралтарского пролива, а тж. др. название самого пролива * граница, предел, окраина

HERDER [ˈheədə], **Johann Gottfried von** (1744—1803) Иогáнн Гóттфрид фон Гéрдер, нем. философ и писатель-просветитель

HERMANN см. ARMINIUS

HERMAPHRODITUS [hɜ:ˌmæfrəˈdaɪtəs] Гермафродúт, в греч. мифологии сын Гермеса и Афродиты. Влюблённая в него нимфа Салмакида {Salmacis} упросила богов слить её с ним в одно двуполое существо

HERMES [ˈhɜ:mi:z] Гермéс, в греч. мифологии вестник богов, покровитель путников, купцов и воров. Ему соответствует рим. Меркурий

HERMES TRISMEGISTUS [ˈhɜ:mi:zˌtrɪzməˈdʒɪstəs] Гермéс Трисмегúст (*букв.* Гермес трижды величайший) в позднеантичной мифологии и неоплатонистической философии легендарный создатель оккультных наук. Отождествлялся как с Гермесом, так и с егип. богом Тотом // **Hermetic** [hɜ:ˈmetɪk] *a* герметический; мистический; оккультный

Hermetic philosophy алхимия

HERMIONE [hɜ:ˈmaɪənɪ] Гермиóна, в пьесе У. Шекспира «Зимняя сказка» (1611) жена короля Леонта. Несправедливо осуждённая им, скрывается от него в течение 16 лет

HERMOD(R) [ˈhɜːmɔd] Хе́рмод, в сканд. мифологии сын Одина. Чтобы воскресить убитого брата Бальдра, отправился за ним в царство мёртвых — Хель {Hell}

HERO [ˈhɪərəu] Ге́ро: **1.** в греч. мифологии жрица, возлюбленная Леандра. Каждую ночь Леандр переплывал пролив Геллеспонт {Hellespontus} на свет зажигаемого ею маяка. Когда Леандр утонул, Геро в отчаянии бросилась в море
□ Hero and Leander «Геро и Леандр», поэма К. Марло (переложение поэмы Мусея, закончено Дж. Чепменом, 1598)
2. в комедии У. Шекспира «Много шума из ничего» (1598) невеста Клавдио. Оклеветанная, она просит сообщить ему, что умерла. Узнав о раскаянии Клавдио, выходит за него замуж

HEROD [ˈherəd] *the Great* (74?—4 до н. э.) Ѝрод Великий, рим. царь Иудеи с 37 до н. э. Отличался мнительностью и жестокостью. Согласно Новому Завету, отдал приказ об избиении (т. е. уничтожении) младенцев {the slaughter /massacre/ of innocents} при известии о рождении Христа * злодей, ирод

HEROD AGRIPPA [ˈherədəˈgrɪpə] Ѝрод Агри́ппа, имя двух правителей Палестины, в т. ч.: **I** (10 до н. э. — 44 н. э.), внук Ирода Великого. Согласно Новому Завету, заключил в тюрьму апостола Петра

HEROD ANTIPAS [ˈherədˈæntɪpæs, -pəs] (1 в. н. э.) Ѝрод Анти́па, тетрарх /правитель/ Галилеи, сын Ирода Великого. Согласно Новому Завету, отнял у своего брата Ирода Филиппа {Herod Philip} жену Иродиаду и женился на ней. Заточил и впоследствии казнил Иоанна Крестителя

HERODIAS [heˈrəudɪəs] (1 в. н. э.) Иродиа́да, племянница и жена Ирода Антипы, внучка Ирода Великого. Согласно Новому Завету, добилась с помощью Саломеи казни Иоанна Крестителя

HERODOTUS [heˈrɔdətəs] (484?—425? до н. э.) Геродо́т, греч. историк, «отец истории» // **Herodotian** [hɪˌrɔdəˈtiːən] *a*

HEROSTRATUS [hɪˈrɔstrətəs] (4 в. до н. э.) Геростра́т, грек из Эфеса. В 356 до н. э. сжёг храм Артемиды, чтобы так обессмертить своё имя * тот, чья известность основана на дурных делах

HERSCHEL [ˈhɜːʃ(ə)l] Ге́ршель, англ. астрономы, отец и сын: **1. Frederick William** (1738—1822) Фре́дерик Уи́льям. В 1781 открыл планету Уран, в 1800 — инфракрасные лучи солнечного спектра
2. John Frederick William (1792—1871) Джон Фре́дерик Уи́льям

HERSHEY [ˈhɜːʃɪ], **Alfred Day** (р. 1908) Алфред Дей Хе́рши, амер. генетик и вирусолог. Лауреат Нобелевской премии (1969)

HERTZ [hɜːts, heəts] Герц, нем. физики: **1. Gustav Ludwig** (1887—1975) Гу́став Лю́двиг. Лауреат Нобелевской премии (1925)
2. Heinrich Rudolf (1857—94) Ге́нрих Ру́дольф, его дядя. Исследовал электромагнитные колебания. В его честь названа единица частоты // **Hertzian** [ˈhɜːtsɪən] *a*

HERTZOG [ˈhɜːtsɔg], **James Barry Munnik** (1866—1942) Джеймс Ба́рри Му́нник Ге́рцог /Хе́рцог/, премьер-мин. Южно-Афр. Союза (1924—39)

HERZBERG [ˈhɜːtsbɜːg], **Gerhard** (р. 1904) Ге́рхард Хе́рцберг, канад. физик и химик (род. в Германии, с 1935 в Канаде). Лауреат Нобелевской премии (1971)

HESIOD [ˈhiːsɪɔd] (8—7 в. до н. э.) Гесио́д, греч. поэт, древнейший из известных по имени
⊙ Works and Days «Труды и дни», Theogony «Теогония», поэмы

HESIONE [heˈsaɪəni(ː)] Гесио́на, в греч. мифологии дочь троянского царя Лаомедонта {Laomedon}. Была предназначена в жертву чудовищу, но освобождена Гераклом

11-74

HES

HESPERUS [ˈhesp(ə)rəs] Géспер, в греч. мифологии божество «вечерней звезды» (т. е. планеты Венера)

HESS [hes], **Myra** (1890—1965) Майра Гесс, англ. пианистка. Во время 2-й мир. войны организатор концертов Нац. галереи в Лондоне {National Gallery Concerts}

HESS, (Walter Richard) Rudolf (1894—1989) (Вальтер Рихард) Рудольф Гесс, нем. нацистский деятель. В 1941 вылетел в Англию с предложениями мира, где был пленён. В 1946 на Нюрнбергском процессе приговорён к пожизненному заключению

HESSE [ˈhesə], **Hermann** (1877—1962) Герман Хéссе /Гéссе/, швейц. писатель и поэт, представитель «интеллектуальных жанров». Лауреат Нобелевской премии (1946)
⊙ Der Steppenwolf (1927) «Степной волк», Das Glasperlenspiel (1943) «Игра в бисер», романы

HESTIA [ˈhestɪə] Гестия, в греч. мифологии богиня домашнего очага. Ей соответствует рим. Веста

HEWISH [ˈhjuːɪʃ], **Antony** (р. 1924) Энтони Хьюиш, англ. радиоастроном. Один из первооткрывателей пульсаров. Лауреат Нобелевской премии (1974)

HEYERDAHL [ˈheɪəˈdɑːl], **Thor** (р. 1914) Тур Хéйердал, норв. путешественник, этнограф и археолог
⊙ The Kon-Tiki Expedition (1949) «Экспедиция «Кон-Тики», книга о путешествии

HEYWOOD [ˈheɪwud], **Thomas** (1575?—1641) Томас Хéйвуд, англ. драматург
⊙ The Four Prentices of London (1600?) «Четыре лондонских подмастерья», The Fair Maid of the West (опубл. 1631) «Красотка с Запада», комедии; A Woman Killed with Kindness (1603) «Женщина, убитая добротой», трагедия

HIAWATHA [haɪəˈwɔθə] Гайавата, герой одноим. поэмы Г. Лонгфелло (1855). Его прототип — вождь племени могавков {Mohawk}, проводивший политику примирения индейских племён

HICKOK [ˈhɪkɔk], **James Butler /Wild Bill/** (1837—76) Джеймс Бáтлер Хикок /Дикий Билл/, амер. поселенец фронтира {frontier}, разведчик и борец с преступниками, позднее маршал

HICKS [hɪks], **Edward** (1780—1849) Эдуард Хикс, амер. живописец. Автор примитивистских картин ист. и дидактического содержания

HIGGINS [ˈhɪɡɪnz], **Professor** профессор Хиггинс, в комедии Б. Шоу «Пигмалион» (1912) и основанном на ней мюзикле Ф. Лоу «Моя прекрасная леди» (1956) специалист по фонетике. Его уроки преображают безграмотную цветочницу Элизу Дулиттл в светскую даму
I've taken a reading course at the New School... And when I tried to discuss them ⟨the writers⟩ with Robin, he laughed and said he had no desire to be *Professor Higgins*. (*J. Susann*)
Я стала изучать литературу в Нью-скул... Но когда я попробовала поговорить с Робином о писателях, он рассмеялся и сказал, что у него нет желания становиться *профессором Хиггинсом*.

HILDEBRAND *см.* GREGORY VII

HILL [hɪl], **Alfred** (1870—1960) Áлфред Хилл, австрал. композитор, скрипач и дирижёр. В вокальных произведениях использовал фольклор маори

HILL, Archibald Vivian (1886—1977) Áрчибалд Вивиен Хилл, англ. физиолог. Лауреат Нобелевской премии (1922)

HILL, Benny (р. 1925) Бéнни Хилл, англ. актёр-комик, участник комического шоу на англ. телевидении {Benny Hill Show}

HILL, Fanny Фа́нни Хилл, в одноим. романе Дж. Клиланда (1748—49) женщина из публичного дома

And ever since she found out I take the Pill she treats me as though I'm *Fanny Hill* or a character out of the *Marquis de Sade* and the evenings will be long on the banks of Lac Leman if I visit her. (*I. Shaw*)

С тех пор как она узнала, что я употребляю пилюли, она относится ко мне так, словно я — *Фанни Хилл* или одна из героинь *маркиза де Сада*, и если я выберусь к ней, то вечера на берегах Женевского озера будут для меня очень тягостными. (*Пер. К. Чугунова*)

HILL, Rowland (1795—1879) Ро́уланд Хилл, англ. реформатор почтовой службы. Добился введения в 1840 «пенсовой почты» {penny postage}

HILLARY [ˈhɪlərɪ], **Edmund Percival** (р. 1919) Э́дмунд Пе́рсиваль Хи́ллари, новозел. путешественник и альпинист. В 1953 совершил восхождение на Эверест

HILLER [ˈhɪlə], **Lejaren** (р. 1924) Ле́джарен Хи́ллер, амер. композитор, химик по профессии. В конце 50-х гг. одним из первых применил компьютеры в сочинении музыки

HILTON [ˈhɪlt(ə)n], **Conrad Nicholson** (1887—1979) Ко́нрад Ни́колсон Хи́лтон, амер. предприниматель, основатель гостиничной корпорации

HIMMLER [ˈhɪmlə], **Heinrich** (1900—45) Ге́нрих Ги́ммлер, нем. нацистский деятель. С 1929 — руководитель СС, с 1936 — гестапо. Покончил с собой

HINDEMITH [ˈhɪndəmɪt, -mɪθ], **Paul** (1895—1963) Па́уль Хи́ндемит, нем. композитор, альтист и теоретик музыки (с 1933 в Турции, с 1939 в США). Представитель неоклассицизма

HINSHELWOOD [ˈhɪnʃəlwud], **Cyril Norman** (1897—1967) Си́рил Но́рман Хи́ншелвуд, англ. химик. Лауреат Нобелевской премии (1956)

HIPPOCRATES [hɪˈpɒkrətiːz] (460?—370? до н. э.) Гиппокра́т, греч. врач, реформатор антич. медицины // **Hippocratic** [ˌhɪpəˈkrætɪk] *a*
the Hippocrates /Hippocratic/ oath «клятва Гиппократа», формулировка моральных норм врачевания, принимаемая выпускниками ряда медицинских факультетов университетов

HIPPOLYTA [hɪˈpɒlɪtə] /**HIPPOLYTE** [hɪˈpɒlɪtiː]/ Ипполи́та, в греч. мифологии царица амазонок

HIPPOLYTUS [hɪˈpɒlɪtəs] Ипполи́т, в греч. мифологии сын Тесея. Отверг влюбившуюся в него мачеху Федру. Погиб под копытами собственных лошадей

HIROHITO [ˌhɪrəʊˈhiːtəu] (1901—89) Хирохи́то, император Японии (с 1926)

HISS [hɪs], **Alger** (р. 1904) Э́лджер Хисс, амер. чиновник госдепартамента. В 1948 обвинён в шпионаже в пользу СССР и заключён в тюрьму. В следствии принимал участие Р. Никсон

HITCHCOCK [ˈhɪtʃkɒk], **Alfred** (1899—1980) А́лфред Хи́чкок, англо-амер. кинорежиссёр и продюсер (род. в Англии, в США с 1940). Метр жанра детективного, «страшного» и мистического фильма. Лауреат премии «Оскар» (1940)
⊙ The Man Who Knew Too Much (1934) «Человек, который слишком много знал», Rebecca (1940) «Ребекка», Suspicion (1941) «Подозрение», Spellbound (1945) «Заворожённый», Psycho (1960) «Психоз», Vertigo (1958) «Головокружение», The Birds (1963) «Птицы»

HITCHINGS [ˈhɪtʃɪŋz], **George Herbert** (р. 1905) Джордж Ге́рберт Хи́тчингс, амер. биохимик. Лауреат Нобелевской премии (1988)

HIT

HITLER [ˈhɪtlə] /*наст. имя* SHIKLGRUBER/, **Adolf** (1889—1945) Адо́льф Ги́тлер /Ши́кльгрубер/, нем. нацистский диктатор (с 1933). Проповедовал идеи мирового господства Германии, расовой ненависти; развязал 2-ю мир. войну, организовал лагеря массового уничтожения людей. Перед падением Берлина покончил с собой в бункере

A similar paradox was seen in the straight white hair, brushed across the forehead in a style that Breasley must have retained since his youth — and which *Hitler* had long put out of fashion with younger men. (*J. Fowles*)

Столь же нелепо выглядела его зачёсанная набок седая чёлка, к которой Бресли, должно быть, привык с юности и которая давно уже по милости *Гитлера* не пользуется популярностью у более молодых людей. (*Пер. К. Чугунова*)

→ GENGHIS KHAN

HOBBES [hɔbz], **Thomas** (1588—1679) То́мас Гоббс, англ. философ-материалист. Изложил теорию гос-ва, к-рое должно стать результатом договора между людьми

⊙ Leviathan (1651) «Левиафан», трактат

HOBSON [ˈhɔbsn], **Thomas** (1544—1631) То́мас Хо́бсон, англ. конюх, к-рый выводил лошадь из ближайшего к двери стойла, какую бы лошадь ни попросил наездник

Hobson's choice отсутствие выбора, ≅ бери, что дают

□ Hobson's Choice «Выбор Хобсона», фильм Д. Лина (1954)

HO CHI MINH [ˈhəʊˈ(t)ʃiːˈmɪn] (1890—1969) Хо Ши Мин, вьетнамский полит. и гос. деятель, лидер коммунистического и национально-освободительного движения, през. Сев. Вьетнама (с 1946)

HODGKIN [ˈhɔdʒkɪn], **Alan Lloyd** (р. 1914) А́лан Ллойд Хо́джкин, англ. физиолог. Лауреат Нобелевской премии (1963)

HODGKIN, Dorothy Crowfoot (р. 1910) До́роти Кро́уфут Хо́джкин, англ. биохимик. Лауреат Нобелевской премии (1964)

HOD(U)R [ˈhɔdə] Хёд, в сканд. мифологии слепой бог, к-рый убил Бальдра

HOFFMAN [ˈhɔfmən], **Dustin** (р. 1937) Да́стин Хо́фман, амер. киноактёр. Лауреат премии «Оскар» (1979, 1982, 1989)

HOFFMANN [ˈhɔfmən], **Ernst Theodor Amadeus** (1776—1822) Эрнст Теодо́р Амаде́й Го́фман, нем. писатель и композитор-романтик

HOFMANN [ˈhɔfmən], **Josef Casimir** /Kazimierz/ (1876—1957) Ио́сиф /Ю́зеф/ Казими́р Го́фман, польск. пианист и композитор (с 1899 в США)

HOFSTADTER [ˈhəʊfstætə], **Robert** (р. 1915) Ро́берт Хофсте́дтер, амер. физик. Лауреат Нобелевской премии (1961)

HOGARTH [ˈhəʊgɑːθ], **William** (1697—1764) Уи́льям Хо́гарт, англ. художник. Мастер живописного портрета, графической карикатуры, теоретик искусства

HOHENSTAUFEN [ˌhəʊənˈstauf(ə)n] Гогеншта́уфен, династическое имя герм. королей и императоров «Священной Рим. империи» в 12—13 вв.

HOHENZOLLERN [ˌhəʊənˈzɔlən] Гогенцо́ллерн, династическое имя прусских королей (с 18 в.) и герм. императоров (1871—1918)

HOKUSAI [ˈhəʊkuːsaɪ], **Katsushika** (1760—1849) Кацуси́ка Хокуса́й, яп. художник. Мастер цветной ксилографии

HOLBEIN [ˈhəʊlbaɪn, ˈhɔl-], **Hans** Ганс Го́льбейн /Ханс Хо́льбейн/, нем. художники, отец и сын: **1. the Elder** (1465?—1524) Старший, представитель позднеготического искусства

2. the Younger (1497—1543) Младший, живописец Возрождения (в 1526—28 и с 1531 в Англии, где умер во время эпидемии чумы)

HOLINSHED [ˈhɔlɪnʃed] /**HOLLINGSHEAD** [ˈhɔlɪŋzhed]/, **Raphael** (?—1580?) Рафаэ́ль Хо́линшед, англ. историк
⊙ The Chronicles of England, Scotland and Ireland (1577) «Хроники Англии, Шотландии и Ирландии»

HOLLAND [ˈhɔlənd], **Sidney George** (1893—1961) Си́дни Джордж Хо́лланд, премьер-мин. Новой Зеландии (1949—57), от нац. партии

HOLLEY [ˈhɔlɪ], **Robert William** (р. 1922) Ро́берт Уи́льям Хо́лли, амер. биохимик. Лауреат Нобелевской премии (1968)

HOLLINGSHEAD см. HOLINSHED

HOLLY [ˈhɔlɪ], **Buddy** (1936—59) Ба́дди Хо́лли, амер. эстрадный певец, руководитель ансамбля «Крикетс» {the Crickets}. Погиб в авиакатастрофе

HOLMES [həumz], **Oliver Wendell** (1841—1935) О́ливер Уэ́нделл Холмс, амер. юрист, член Верх. суда США (1902—32). Трактовал закон как соц. инструмент; свободу слова считал допустимой лишь в определённых рамках

HOLMES, Sherlock Ше́рлок Холмс, в детективных рассказах и повестях А. Конан Дойла частный сыщик. Его «дедуктивный метод» основан на безупречной логике и учёте мельчайших деталей дела
* проницательный, эрудированный следователь
His eyes were going over my face line by line..., like *Sherlock Holmes* with his magnifying glass or *Thorndyke* with his pocket lens. (*R. Chandler*)
Он рассматривал каждую деталь у меня на лице ..., словно *Шерлок Холмс* с его увеличительным стеклом или *Торндайк* с его карманной лупой.
Is there a link between dying lakes and distant factories? Scientists seek proof in a wilderness. *Sherlock Holmes* was never more inventive than the sleuths now tracking the mystery killer of the Adirondack lakes — acid rain. (*US News and World Report, 1985*)
Есть ли связь между гибелью озёр и работой заводов, находящихся на значительном удалении? Учёные ищут ответ на этот вопрос, как иголку в стоге сена. *Шерлок Холмс* и тот не был столь изобретателен, как исследователи, пытающиеся напасть на след загадочного убийцы озёр в горах Адирондак — кислотного дождя.
'The thing is — what to do next', she said. 'It seems to me we've got three angles of attack'. 'Go on, *Sherlock*.' (*A. Christie*)
«Вопрос в том, как быть дальше, — сказала она. — Мне кажется, можно подойти к делу с трёх сторон». — «Продолжайте, *Шерлок*».

HOLOFERNES [ˌhɔləˈfɜːniːz] Олофе́рн, в Ветхом Завете ассирийский полководец, обезглавленный Юдифью

HOLST [həulst], **Gustav (Theodore)** (1874—1934) Гу́став Теодо́р Холст, англ. композитор, музыкант и дирижёр
⊙ Savitri (1916) «Савитри», The Perfect Fool (1923) «Круглый простак», оперы

HOLT [həult], **Harold Edward** (1908—67) Га́рольд Э́дуард Холт, премьер-мин. Австралии (с 1966), от либер. партии

HOLYOAKE [ˈhɔljəuk, ˈhəu-, -ɪəuk], **Keith** (р. 1904) Кит Хо́лиок, премьер-мин. Новой Зеландии (1957, 1960—72), от нац. партии

HOME, Alec Douglás см. DOUGLAS-HOME

HOMER [ˈhəumə] (9 в. до н. э.?) Гоме́р, легендарный греч. поэт. По преданию, был слепым странствующим певцом
⊙ The Iliad «Илиада», The Odyssey «Одиссея», эпические поэмы
Homer is not more decidedly the first of Heroic poets, *Shakespeare* is not more decidedly the first of dramatists, *Demosthenes* is not more de-

cidedly the first of orators, than *Boswell* is the first of biographers. He has no second. (*T. Macaulay*)

Босуэлл в такой же мере заслуживает звания первого среди биографов, в какой *Гомер* — первого среди эпических поэтов, *Демосфен* — первого среди ораторов, а *Шекспир* — первого среди драматургов. Второго такого нет.

HOMER, Winslow (1836—1910) Уи́нслоу Хо́мер, амер. художник-реалист дем. направления. Автор жанровых картин, морских пейзажей

HONEGGER [ɔ:neɪˊgeə, ˊ(h)ɔnɪgə], **Arthur** (1892—1955) Арту́р Онеггёр, фр. композитор швейц. происхождения. Автор опер и ораторий на ист. и мифологические сюжеты

HONORIUS [hə(u)ˊnɔ:rɪəs] (384—423) Гоно́рий, император Зап. Рим. империи (с 395)

HOOD [hud], **Robin** Ро́бин Гуд, в англ. нар. балладах благородный лесной разбойник, меткий стрелок из лука. Заступник обиженных и бедных. Фигурирует в романе В. Скотта «Айвенго» (1820)

HOOD, Thomas (1799—1845) То́мас Гуд, англ. писатель-юморист, поэт и журналист

HOOK [huk], **Captain** капитан Крюк, в пьесе-сказке Дж. Барри «Питер Пэн» (1904) и основанной на ней повести «Питер и Венди» (1911) пират, к-рому Питер Пэн отрубил правую руку. Его преследует крокодил, к-рому эта рука была брошена на съедение → SILVER, Long John

HOOK, Sidney (1902—89) Си́дни Хук, амер. философ. Автор учения о решающей роли личности в истории общества

HOOKER [ˊhukə], **Thomas** (1586?—1647) То́мас Ху́кер, англ. пуританский священник, один из основателей поселения Коннектикут в Америке

HOOVER [ˊhu:və], **Herbert Clark** (1874—1964) Ге́рберт Кларк Гу́вер, 31-й през. США (1929—33), от респ. партии

HOOVER, John Edgar (1895—1972) Джон Э́дгар Гу́вер, директор Федерального бюро расследований США (с 1924)

HOPE [həup], **Bob** (р. 1903) Боб Хо́уп, амер. комик. Снимался в серии фильмов с однотипными названиями, начинающимися со слов «Дорога в ...» {The Road to..} (1940—53). Часто выступал в амер. войсках за рубежом

HOPE, Victor Alexander John (1887—1951) Ви́ктор Алекса́ндер Джон Хо́уп, англ. воен. и гос. деятель, вице-король {Vice-Roy} Индии (1936—43)

HOPKINS [ˊhɔpkɪnz], **Frederick Gowland** (1861—1947) Фре́дерик Га́уленд Хо́пкинс, англ. биохимик. Лауреат Нобелевской премии (1929)

HOPPER [ˊhɔpə], **Edward** (1882—1967) Э́дуард Хо́ппер, амер. живописец и график. Автор городских пейзажей

HORACE [ˊhɔrəs] /Quintus Horatius FLACCUS/ (65—8 до н. э.) (Квинт) Гора́ций (Флакк), рим. поэт // **Horatian** [həˊreɪʃn] *a*
⊙ Satires «Сатиры», Odes «Оды», Epistles «Послания», книги стихов; The Art of Poetry «Наука поэзии», трактат

HORATIO [həˊreɪʃɪəu] Гора́цио, в трагедии У. Шекспира «Гамлет» (1601) друг Гамлета

HORNER [ˊhɔ:nə], *Little* **Jack** малыш Джек Хо́рнер, персонаж англ. детского стихотворения:
Little Jack Horner sat in the corner,
Eating a Christmas pie:
He put in his thumb, and pulled out a plum,

And said, 'What a good boy am I!'
Джеки-дружок сел в уголок,
Сунул в пирог свой пальчик.
Изюминку съел и громко пропел:
«Какой я хороший мальчик!» (*Пер. Г. Кружкова*)

HOROWITZ ['hɔrəwɪts], **Vladimir** (1904—89) Влади́мир Го́ровиц, амер. пианист (род. в России, в США с 1928)

HORUS ['hɔ:rəs] Гор /Хор/, в егип. мифологии бог света, сын Исиды и Осириса. Изображался с головой сокола или в виде крылатого солнца

HOSEA [hə(u)ʹzeɪə, -ʹzi:ə] Оси́я, в Ветхом Завете пророк и автор одноим. книги

HOUDINI [huʹdi:nɪ], **Harry** /*наст. имя* Ehrich WEISS/ (1874—1926) Га́рри Гуди́ни /Э́рих Вайс/, амер. иллюзионист. Показывал трюки с высвобождением из оков и т. п. * человек редких физических способностей, граничащих с мастерством фокусника
I wish I knew how you managed to throw that boot through the skylight. It seems almost incredible. A touch of *Houdini* about you, my friend. (*A. Christie*)
И как это вы умудрились выбросить этот сапог через слуховое окно! В это просто трудно поверить. Вы почти *волшебник*, мой друг.
→ THURSTON

HOUDON ['hu:dɔn], **Jean Antoine** (1741—1828) Жан Антуа́н Гудо́н, фр. скульптор

HOUSTON ['hju:stən], **Sam** /**Samuel**/ (1793—1863) Сэм /Сэ́мюэл/ Хьюстон, амер. генерал. Возглавил борьбу за отторжение Техаса от Мексики, его през. до вхождения в США (1836—38, 1841—44)

HOWARD ['hauəd], **John** (1726—90) Джон Ха́уард, англ. филантроп. Боролся за проведение тюремной реформы, чтобы облегчить положение заключённых
⊙ The State of the Prisons (1777) «Положение тюрем», трактат

HOWARD, Sidney (1891—1939) Си́дни Ха́уард /Хо́уард/, амер. драматург
⊙ They Knew What They Wanted (1924) «Они знали, чего хотят», комедия

HOWELLS ['hauəlz], **William Dean** (1837—1920) Уи́льям Дин Хо́уэллс /Ха́уэллс/, амер. писатель, журналист и критик. Автор моралистических произведений // **Howellsian** [hauʹelzɪən] *a*
⊙ Their Wedding Journey (1872) «Их свадебное путешествие», A Chance Acquaintance (1873) «Случайная встреча», A Foregone Conclusion (1875) «Предрешённый вывод», A Modern Instance (1882) «Современная история», The Rise of Silas Lapham (1885) «Возвышение Сайласа Лафэма», A Hazard of New Fortunes (1893) «В мире случайности», романы

HOYLE [hɔɪl], **Edmund** (1672—1769) Э́дмунд Хойл, англ. автор свода правил игры в вист * сборник правил
according to Hoyle согласно правилам

HRDLIČKA ['hɜ:dlɪtʃka:], **Aleš** (1869—1943) А́леш Хрдли́чка, амер. антрополог (род. в Чехии). Выдвинул теорию азиатского происхождения амер. индейцев

HUBBARD ['hʌbəd], *(Old) Mother* матушка Ха́ббард, персонаж англ. детского стихотворения:
Old Mother Hubbard went to the cupboard,
To fetch her poor dog a bone;
But when she got there the cupboard was bare,

And so the poor dog had none.
Матушка Хаббард полезла в буфет,
Пёсику косточку дать.
Глядь — а в буфете-то косточки нет —
Нечего псу поглодать.
* широкое и длинное женское платье
The women ⟨in our islands⟩ have all taken to the *Mother Hubbard* and the men wear trousers and singlets. (*S. Maugham*)
Все женщины ⟨на островах⟩ носят *длинные балахоны*, а мужчины штаны и рубашки. (*Пер. И. Гуровой*)

HUDIBRAS [ˈhjuːdɪbræs] Гудибра́с: **1.** в поэме Э. Спенсера «Королева фей» (1590—96) возлюбленный Элиссы
2. в одноим. сатирической поэме С. Батлера (1663—78) гл. персонаж, гротескно пародирующий Дон-Кихота // **Hudibrastic** [ˌhjuːdɪˈbræstɪk] *а* написанный в размере (восьмисложные двустишия) или в стиле (псевдогероический бурлеск) поэмы «Гудибрас»

HUDSON [ˈhʌdsn], **Henry** (1550?—1611) Ге́нри Гудзо́н /Ха́дсон/, англ. мореплаватель. В 1607—08 в поисках Северо-Восточного прохода к Китаю исследовал вост. побережье Америки. В 1610 в результате бунта на корабле «Дискавери» {Discovery} был высажен в лодку и погиб. Его именем названы залив, река и пролив

HUGGINS [ˈhʌgɪnz], **Charles Brenton** (р. 1901) Чарлз Бре́нтон Ха́ггинс, амер. врач (род. в Канаде). Внёс вклад в методику лечения рака. Лауреат Нобелевской премии (1966)

HUGH CAPET [ˈhjuːˈkeɪpət, -ˈkæpət] /*фр.* HUGHUES CAPET/ (940?—96) Гу́го Капе́т, фр. король (с 987). Основатель династии Капетингов {Capetians}

HUGHES [hjuːz], **Howard Robard** (1905—76) Ха́уард /Го́вард/ Ро́барт Хьюз, амер. предприниматель, финансист, кинопродюсер. В 70-е гг. считался богатейшим человеком в мире. В старости вёл жизнь затворника, не брился и не стригся
Meanwhile a change had come over the diet of *Nebuchadnezzar*, who had taken to eating grass. Furthermore, his hair had become like eagle's feathers and his nails like birds' claws. He sounds a bit like *Howard Hughes* in his later years. (*Guardian, 1986*)
Тем временем диета *Навуходоносора* изменилась: он стал есть траву. Более того, волосы у него выросли как у льва, а ногти — как у птицы. Он стал чем-то напоминать *Хауарда Хьюза* в его последние годы. П р и м е ч а н и е. Расхождения между оригиналом и переводом во втором предложении объясняются различиями в английском и русском текстах Ветхого Завета, цитатой из которого оно является
Since her husband's death at the hand of an assassin the Queen has lived a *Howard Hughes* type of existence while real power within the kingdom has shifted to the Archduchess and Chief of Police. (*Morning Star, 1981*)
После того, как её муж погиб от руки убийцы, королева стала вести *затворнический* образ жизни, тогда как реальная власть в королевстве перешла к эрцгерцогине и начальнику полиции.

HUGHES, Langston (1902—67) Ле́нгстон Хьюз, амер. негр. писатель, поэт и публицист. Активист движения за права негров

HUGO [ˈ(h)juːgəu], **Victor Marie** (1802—85) Викто́р Мари́ Гюго́, фр. писатель // **Hugoesque** [ˌ(h)juːgəuˈesk] *а*
⊙ The Hunchback of Notre Dame (1831) «Собор Парижской богоматери», Les Misérables (1862) «Отверженные»

HUITZILOPOCHTLI [(h)wɪtˌziːləuˈpɒtʃlɪ] Уицилопо́чтли, в мифологии ацтеков верховный бог, к-рому приносили человеческие жертвы. В европ. традиции — кровожадное языческое божество

HUMBERT [ˈhʌmbə(:)t], **Humbert** Гу́мберт Гу́мберт, гл. персонаж романа В. Набокова «Лолита» (1955), от лица к-рого ведётся повествование

HUMBOLDT [ˈhʌmbəult, ˈhum-] Гу́мбольдт: **1. (Friedrich Heinrich) Alexander** (1769—1859) (Фри́дрих Ге́нрих) Алекса́ндр, нем. естествоиспытатель, географ и путешественник
2. Wilhelm (1767—1835) Вильге́льм, нем. лингвист, философ-гуманист и гос. деятель, его брат

HUME [(h)juːm], **David** (1711—76) Дэ́вид Юм, шотл. философ-агностик, историк и экономист // **Humean, Humian** [ˈ(h)juːmɪən] *а*
⊙ A Treatise on Human Nature (1748) «Трактат о человеческой природе»

HUMPERDINCK [ˈhumpədɪŋk, ˈhʌm-], **Engelbert** (1854—1921) Э́нгельберт Ху́мпердинк, нем. композитор. Дружил и сотрудничал с Р. Вагнером. Автор опер

HUMPERDINCK [ˈhʌmpədɪŋk], **Engelbert** (р. 1936) Э́нгельберт Ха́мпердинк, англ. эстрадный певец

HUMPHREY [ˈhʌmfrɪ] /*the Good* Duke of **GLOUCESTER** [ˈglɔstə]/ (1391—1447) Ге́мфри /Ха́мфри; добрый герцог Гло́стер/, младший сын англ. короля Генриха IV. Покровитель и меценат науки и литературы; передал коллекцию книг Оксфордской библиотеке

HUMPHREY, Hubert (1911—78) Гу́берт Хэ́мфри, амер. полит. деятель, вице-през. США (1965—69), от дем. партии

HUMPTY-DUMPTY [ˈhʌm(p)tɪ ˈdʌm(p)tɪ] Шалта́й-Болта́й, персонаж англ. детского стихотворения:

Humpty-Dumpty sat on a wall,
Humpty-Dumpty had a great fall.
All the king's horses and all the king's men
Couldn't put *Humpty-Dumpty* together again.

Шалтай-Болтай сидел на стене,
Шалтай-Болтай свалился во сне.

Вся королевская конница, вся королевская рать
Не может *Шалтая*, не может *Болтая*,
Шалтая-Болтая,
Болтая-Шалтая,
Шалтая-Болтая собрать! (*Пер. С. Маршака*)

Он похож на яйцо и имеет большой рот. Фигурирует тж. в повести-сказке Л. Кэрролла «Алиса в Зазеркалье» (1872), где он отвечает на вопросы Алисы и разъясняет непонятные ей слова

HUNT [hʌnt], **(William) Holman** (1827—1910) (Уи́льям) Хо́лман Хант, англ. художник. Один из основателей «братства прерафаэлитов» {the Pre-Raphaelite Brotherhood}

HUNTER [ˈhʌntə], **John** (1728—93) Джон Ха́нтер, англ. анатом и хирург. Основатель нац. медицинской школы

HURD [hɜːd], **Douglas** (р. 1930) Да́глас Хэрд, англ. полит. деятель конс. партии, мин. по делам Сев. Ирландии (1983—84), внутренних дел (1985—89), ин. дел (с 1989)

HUSS [hʌs, huːs], **John /Jan HUS/** (1371?—1415) Ян Гус, чешский религиозный реформатор. Осуждён как еретик церковным собором в Констанце {Council of Constance}, где был сожжён на костре. В Чехии сторонники Реформации вели «гуситские войны» // **Hussites** [ˈhʌsaɪts, ˈhuː-] *n pl* гуситы, последователи Яна Гуса

HUSTON [ˈhjuːstən], **John** (1906—87) Джон Хьюстон, амер. кинорежиссёр и сценарист. Постановщик фильмов в жанре «чёрного кино», экранизаций. Лауреат премии «Оскар» (1948)

⊙ The Maltese Falcon (1941) «Мальтийский сокол», The Treasure of Sierra Madre (1947) «Сокровище Сьерра-Мадре», Key Largo (1948) «Кей Ларго», The Red Badge of Courage (1951) «Алый знак доблести», Moby Dick (1956) «Моби Дик», The Night of the Iguana (1964) «Ночь игуаны»

HUXLEY [ˈhʌkslɪ]: **1. Aldous Leonard** (1894—1963) Олдос Леонард Хаксли, англ. писатель-модернист, внук биолога Т. Гексли /Хаксли/ // **Huxleian, Huxleyan** [hʌkˈsliːən, ˈhʌkslɪən] *a*

⊙ Crome Yellow (1921) «Жёлтый Кром», Brave New World (1932) «Прекрасный новый мир», Island (1962) «Остров», романы

2. Andrew Fielding (р. 1917) Эндрю Филдинг Хаксли, англ. физиолог, внук биолога Т. Гексли /Хаксли/. Лауреат Нобелевской премии (1963)

3. Thomas Henry (1825—95) Томас Генри Гексли /Хаксли/ англ. биолог. Соратник Ч. Дарвина и пропагандист его учения

HUYGENS [ˈhaɪɡənz, ˈhɔɪ-], **Christian** (1629—95) Христиан Гюйгенс, голл. физик, математик и астроном (в 1666—81 в Париже). Изобрёл маятниковые часы, определил природу колец Сатурна

HYACINTHUS [ˌhaɪəˈsɪnθəs] Гиакинф /Гиацинт/, в греч. мифологии юноша, любимец Аполлона, к-рого тот нечаянно убил. Из земли, политой его кровью, выросли цветы гиацинты

HYDE [haɪd] *см.* JEKYLL

HYDE, Douglas (1860—1949) Дуглас Хайд, през. Ирландии (1938—45), писатель

HYDER ALI *см.* HAIDAR ALI

HYGEIA [haɪˈdʒiːə] Гигиея, в антич. мифологии богиня здоровья, дочь Асклепия /Эскулапа/

HYLAS [ˈhaɪlæs] Гилас /Гил/, в антич. мифологии красивый юноша, любимец Геракла /Геркулеса/, взятый им в поход аргонавтов

HYMEN [ˈhaɪmen, -ən] Гименей, в антич. мифологии бог брака. Изображался с факелом и венком в руках

HYPERION [haɪˈpɪərɪən] Гиперион, в греч. мифологии титан, отец Гелиоса (иногда отождествлялся с ним)

□ поэма Дж. Китса (1819); роман Г. Лонгфелло (1839)

HYPERMNESTRA [ˌhaɪpəmˈnestrə] Гипермнестра, в греч. мифологии единственная из дочерей Даная, ослушавшаяся отца и не убившая мужа

I

IACOCCA [jəˈkɔkə], **Lee** (р. 1924) Ли Якокка, амер. бизнесмен, през. компании «Форд» (1970—78), гл. управляющий компании «Крайслер» (1978—89). Воплощает «амер. мечту», т. к. начал карьеру с должности мелкого служащего

IAGO [ɪˈɑːɡəu] Яго, в трагедии У. Шекспира «Отелло» (1604) поручик {ancient} Отелло. Оклеветал Кассио и заставил Отелло ревновать к нему Дездемону

IBLIS [ˈɪblɪs] /**EBLIS** [ˈeblɪs]/ Иблис, в мусульм. мифологии дьявол, «враг Аллаха»

He was the djinn out of the bottle of *Iblis* himself. (*M. Green*)
Он был как джинн, выпущенный из бутылки самого *дьявола*.

IBN RUSHD *см.* AVERR(H)OËS

IBN SAUD [ˈɪbənsɑːˈuːd, -ˈsaud], **Abdul Aziz** (1880—1953) Абду́л Ази́з ибн Сау́д, основатель и король Саудовской Аравии (с 1932)

IBN SINA [ˈɪb(ə)nˈsiːnə], **Ali Ab(o)u** /**AVICENNA** [ˌævɪˈsenə]/ (980—1037) Али́ Абу́ ибн Си́на /Авице́нна/, перс. врач и философ

IBSEN [ˈɪbsn, ˈɪpsn], **Henrik** (1828—1906) Ге́нрик /Хе́нрик/ И́бсен, норв. поэт и драматург // **Ibsenian** [ɪbˈsiːnɪən, -ˈsen-] *a* ибсеновский ⊙ Peer Gynt (1867) «Пер Гюнт», Pillars of Society (1877) «Столпы общества», A Doll's House (1879) «Кукольный дом», Hedda Gabler (1890) «Гедда Габлер», пьесы

ICARUS [ˈaɪkərəs, ˈɪk-] Ика́р, в греч. мифологии сын Дедала. Улетел вместе с ним с о. Крит на самодельных крыльях из перьев, слепленных воском, но поднялся слишком высоко к солнцу. Воск растаял, и Икар упал в море

John Barrymore was *Icarus* who flew so close to the sun that the wax in his wings melted and he plunged back to earth — from the peak of classical acting to the banalities of show business. (*B. Atkinson*)

Джон Барримор был *Икаром*, так близко подлетевшим к солнцу, что воск на его крыльях расплавился, и он пал с высоты классического актёрского мастерства до банальности индустрии развлечений.

ICHABOD [ˈɪkəbɒd] Ихаво́д (*букв.* «бесславный»), в Ветхом Завете имя, данное женой Финееса {Phinehas} новорождённому сыну при известии о череде несчастий * восклицание, выражающее огорчение, досаду и т. п.

IDOMENEUS [aɪˈdɒmɪnjuːs] Идомене́й, в греч. мифологии царь Крита. Попав в бурю во время возвращения с Троянской войны, пообещал Посейдону принести в жертву первого, кого он встретит на острове. Такой жертвой стал его сын

IDUN(A) [ˈiːdun(ə)] Йдунн, в сканд. мифологии богиня — хранительница «молодильных» яблок

IGNATIUS [ɪgˈneɪʃəs] **of Antioch** (50?—110?) Игна́тий Антио́хский, христ. мученик. Автор писем, в к-рых описывается жизнь ранних христиан

IGNATIUS (OF) LOYOLA [ɪgˈneɪʃəs(əv)lɔɪˈəulə] (1491—1556) Игна́тий Лойо́ла, исп. основатель ордена Иезуитов {Jesuits} в Париже (1534). Канонизирован как святой // **Ignatian** [ɪgˈneɪʃɪən] *a*

IGOR [ˈiːgɔː] Игорь, в фильме Дж. Уэйла {James Whale} «Франкенштейн» (1931) горбун, слуга доктора Франкенштейна. Типичный персонаж фильмов ужасов

IKHNATON [ɪkˈnɑːtən] /**AKH(E)NATEN, AKH(E)NATON** [ˌɑːk(ə)-ˈnɑːtən, ˌæk-]; **AMENHOTEP IV** [ˌɑːmənˈhəutep]/ (14 в. до н. э.) Эхнато́н /Аменхоте́п/, егип. фараон. Ввёл монотеистическую религию бога Атона и основал в его честь новую столицу Ахетатон {Akhetaten}

IMOGEN [ˈɪmə(u)dʒən] Имоге́на, в пьесе У. Шекспира «Цимбелин» (1610) дочь короля Цимбелина и жена опального Белария {Belarius}. Скрывается от мужа, подозревающего её в неверности

INCE [ɪns], **Thomas Harper** (1882—1924) То́мас Ха́рпер Инс, амер. режиссёр и продюсер. Один из основоположников амер. кинематографии

INDRA [ˈɪndrə] И́ндра, в древнеиндийской мифологии глава богов, воин — победитель демонов и врагов, бог грома, дождя и плодородия. В позднеиндийской мифологии занял подчинённое положение по отношению к Брахме, Вишну и Шиве

INDRAJIT [ˈɪndrədʒɪt] Индраджи́т, в древнеиндийском эпосе колдун, обладавший способностью становиться невидимым. В войне с богами победил Индру

IND

INDY см. d'INDY

INGE [ɪŋ], **William Ralph** (1860—1954) Уи́льям Ралф Инг, англ. священник и писатель, настоятель собора св. Павла в Лондоне (1911—34)

INGRES [ˈɛ̃:gr(ə)], **Jean Auguste Dominique** (1780—1867) Жан Огю́ст Домини́к Энгр, фр. художник академического стиля

the violin of **Ingres** скрипка Энгра, т. е. хобби, побочное увлечение (Энгр играл на скрипке)

INNESS [ˈɪnɪs, -əs], **George** Джордж И́ннесс, амер. художники: **1.** (1825—94), отец

2. (1854—1926), его сын

INNOCENT [ˈɪnəsnt] Инноке́нтий, имя 13 рим. пап

IO [ˈaɪəu] Ио, в греч. мифологии возлюбленная Зевса, превращённая в корову. Спасаясь от насланного Герой овода, бежала в Египет, где приняла прежний облик

IONESCO [i:əˈneskəu], **Eugène** (р. 1912) Эжéн Ионéско, фр. драматург (род. в Румынии). Один из основоположников «драмы абсурда»

IPHIGENIA [ɪˌfɪdʒɪˈnaɪə] Ифигéния, в греч. мифологии дочь Агамемнона, предназначенная в жертву Артемиде. Богиня спасла её и сделала жрицей. Фигурирует в трагедиях Эсхила, Софокла, Еврипида, пьесах Ж. Расина, И. Гёте, Г. Гауптмана, операх В. Глюка, Дж. Пуччини

IRETON [ˈaɪətn], **Henry** (1611—51) Гéнри А́йртон, англ. воен. и гос. деятель. Соратник О. Кромвеля и один из судей Карла I, подписавших ему смертный приговор

IRIS [ˈaɪərɪs] Ири́да, в греч. мифологии посланница и вестница богов, спускавшаяся на землю по радуге

IRVING [ˈɜ:vɪŋ], **Edward** (1792—1834) Э́дуард И́рвинг, шотл. священник. Был обвинён в ереси и отлучён от пресвитерианской церкви в 1833 // **Irvingites** [ˈɜ:vɪŋgaɪts] *n pl* ирвингиты, последователи учения Ирвинга, объединившиеся в «католическую апостольскую церковь» {Catholic Apostolic Church}

IRVING, Henry /*наст. имя* John Henry BRODRIBB/ (1838—1905) Гéнри И́рвинг /Джон Гéнри Бро́дрибб/, англ. актёр и режиссёр, исполнитель шекспировских ролей. В 1878—1902 руководил театром «Лицеум» {Lyceum} в Лондоне

IRVING, Washington (1783—1859) Вашингто́н И́рвинг, амер. писатель. В 1815—32 жил в Европе. Автор сатирических и сказочных новелл, путевых заметок, книг-биографий

⊙ History of New York to the End of the Dutch Dynasty (1809) «История Нью-Йорка до конца голландской династии», хроника-бурлеск; The Sketch-Book (1819—20) «Книга эскизов», Alhambra (1832) «Альгамбра», сб. рассказов и легенд

IRWING [ˈɜ:vɪŋ], **John** (р. 1942) Джон И́рвинг, амер. писатель

⊙ The Water-Method Man (1975) «Веривший воде», повесть; The World According to Garp (1976) «Мир глазами Гарпа», Hotel New Hampshire (1981) «Отель «Нью-Гэмпшир», The Ciderhouse Rules (1985) «Инструкции для сидроварильни», романы

ISAAC [ˈaɪzɪk, -ək] Исаа́к, в Ветхом Завете сын Авраама и Сарры, рождённый им по воле Бога в глубокой старости. Испытывая Авраама, Бог повелел ему принести Исаака в жертву, но в последний момент ангел остановил жертвоприношение

ISAACS [ˈaɪzəks], **Isaac Alfred** (1855—1948) А́йзек А́лфред А́йзекс, австрал. юрист и гос. деятель, генерал-губернатор Австралии (1931—36)

ISABELLA [ˌɪzə'belə] (1451—1504) Изабе́лла, королева Кастилии с 1474, супруга исп. короля Фердинанда. Оказала помощь Колумбу → COLUMBUS

ISABELLA Изабе́лла, в комедии У. Шекспира «Мера за меру» (1604) сестра Клавдио. Олицетворяет нравственную стойкость и чистоту

ISAIAH [aɪ'zaɪə] Иса́ия, в Ветхом Завете пророк, именем к-рого названа одна из книг Библии, содержащая нравоучительные воззвания

Arnold is a dandy *Isaiah*, a poet without passion, whose verse... is for freshmen and for gentle maidens. (*G. Meredith*)

Арнольд — это франтоватый *пророк Исаия*, поэт без страсти, чьи стихи... предназначены для неискушённых да для изнеженных девиц.

ISEULT [i:'zu:lt] /**ISOLDE, ISOLT, ISOUD**/ Изо́льда, в европ. ср.-век. преданиях и «артуровских легендах» возлюбленная Тристана. *См.* TRISTRAM

ISHMAEL ['ɪʃmeɪ(ə)l] Измаи́л, в Ветхом Завете сын Авраама и Агари, изгнанный вместе с матерью в пустыню после рождения Исаака * изгой, отверженный

ISHTAR ['ɪʃtɑ:] Йшта́р, в ассиро-вавилонской мифологии богиня плодородия и любви, богиня-воительница. В западно-семитской мифологии ей соответствует Астарта

ISIS ['aɪsɪs] Иси́да /Изи́да/, в егип. мифологии богиня плодородия, воды и ветра, сестра и жена Осириса, мать Гора. Олицетворяет женственность и супружескую верность

ISKENDER BEY *см.* SCANDERBEG

ISMENE [ɪs'mi:ni:, ɪz-] Исме́на, в греч. мифологии сестра Антигоны. Разделила участь Антигоны, к-рую заживо захоронили в склепе

ISOCRATES [aɪ'sɔkrəti:z] (436—338 до н. э.) Изокра́т, афин. оратор. Противник демократии

ISOLDE, ISOLT, ISOUD *см.* ISEULT

ISRAFEL ['ɪzrəfel] /**ISRAFIL** ['ɪzrəfi:l]/ Исрафи́л /Израфи́л/, в мусульм. мифологии ангел, к-рый возвестит трубным гласом о дне страшного суда

□ поэма Э. По (1831—45)

ITYLUS ['ɪtɪləs] Ити́л, в греч. мифологии сын Аэдоны, убитый ею по ошибке (*см.* AEDON)

□ поэма А. Суинберна (1866)

IVANHOE ['aɪv(ə)nhəu] /**Wilfred of Ivanhoe**/ (Уи́лфред) Айве́нго, в одноим. романе В. Скотта (1820) рыцарь, соратник Ричарда Львиное Сердце

□ опера А. Салливана (1891)

IVES [aɪvz], **Charles Edward** (1874—1954) Чарлз Эдуард Айвс, амер. композитор, органист и хормейстер. В сочинениях, написанных до 1920, предвосхитил позднейшие муз. приёмы // **Ivesian** ['aɪvzɪən] *a*

IVES, James Merritt (1824—95) Джеймс Ме́рритт Айвз, амер. художник-литограф. *См.* CURRIER

IXION [ɪk'saɪən] Иксио́н, в греч. мифологии жестокий и неблагодарный царь одного из племён Фессалии {Thessaly}. Приглашённый Зевсом на Олимп, стал домогаться Геры. Зевс подменил Геру облаком, а самого Иксиона осудил вечно вращаться в аду на огненном колесе

□ поэма Р. Браунинга (1883); Ixion in Heaven «Иксион на небесах», повесть-бурлеск Б. Дизраэли (1833)

J

JACK [dʒæk] Джек, герой англ. нар. сказки «Джек и бобовый стебель». По гигантскому бобовому стеблю взобрался на небо и там украл у злого великана курицу, нёсшую золотые яйца

JACK and JILL /GILL/ [ˈdʒækənˈdʒɪl] Джек и Джилл, мальчик и девочка в англ. детском стихотворении:

Jack and Jill went up the hill,
To fetch a pail of water;
Jack fell down, and broke his crown,
And *Jill* came tumbling after.

Идут на горку *Джек и Джилл,*
Несут в руках ведёрки.
Свалился *Джек* и лоб разбил,
А *Джилл* слетела с горки. (*Пер. С. Маршака*)

JACK *the Giant-killer* Джек Победитель Великанов, в англ. нар. сказке крестьянский сын, истребивший всех великанов в Корнуолле. Обладал плащом-невидимкой, сапогами-скороходами и волшебным мечом

While he walks like *Jack the Giant-killer* in a coat of darkness, he may do much mischief with little strength. (*S. Johnson*)

Пока он разгуливает, скрываясь в темноте, словно *Джек Победитель Великанов*, он способен с лёгкостью натворить много бед.

JACK the Ripper Джек-Потрошитель, англ. преступник. В 1888 совершил ряд убийств в лондонском Ист-Энде {East End} → BORGIA C.

JACKIE [ˈdʒækɪ] *см.* ONASSIS J.

JACKSON [ˈdʒæksn], **Andrew** (1767—1845) Эндрю Джéксон /Джэ́ксон/, 7-й през. США (1829—37), генерал. Один из основателей дем. партии // **Jacksonian** [dʒækˈsəunɪən] *a*

Jackson Day день Джексона, праздник 8 января в штате Луизиана — годовщина обороны Нового Орлеана Э. Джексоном в 1815

Jacksonian democracy «джексоновская демократия», движение за расширение дем. прав малоимущих слоёв населения в 1830-х гг.— более радикальное, чем «джефферсоновская демократия» (*см.* JEFFERSON)

Still, one wonders a little why a Harvard man with sufficient independence to become a *Jacksonian* democrat, should not have realized that a 'style' suitable for telling the story of the Trojan war or the Fall of *Lucifer* is not the best for relating the history of the United States. (*H. Wish*)

Всё же вызывает некоторое недоумение, как питомец Гарварда, достаточно независимый, чтобы проповедовать *джексоновскую* демократию, не понимает, что стиль, уместный для описания троянской войны или для «Падения *Люцифера*», не слишком уместен для повествования истории Соединённых Штатов.

JACKSON, Jesse (р. 1941) Джéсси Джéксон, амер. негр. проповедник и полит. деятель дем. партии. Один из лидеров движения за гражданские права негров. В 1984 и 1988 добивался выдвижения своей кандидатуры в президенты

JACKSON, Mahalia (1911—72) Мехéйлия Джéксон, амер. негр. джазовая певица. Исполнительница спиричуэлов

JACKSON, Michael (р. 1958) Майкл Джéксон, амер. эстрадный певец 80-х гг.

JACKSON, *Stonewall* /Thomas Jonathan/ (1824—63) Твердокáменный /То́мас Джо́натан/ Дже́ксон, генерал армии Конфедерации в Гражданской войне 1861—65. Своё прозвище получил после первой битвы при Булране {Bull Run} в 1861 за то, что его бригада «стояла как каменная стена». После победы при Чанселлорсвилле был по ошибке убит своими войсками. Крылатыми стали его предсмертные слова: «Переправимся через реку и отдохнём в тени» {Let us cross the river and rest in the shade}

JACOB [ʹdʒeɪkəb] Иа́ков, в Ветхом Завете младший из сыновей Исаака и Ревекки. Старший брат Исав продал ему право первородства за чечевичную похлёбку; обманом Иаков получил у отца благословение. Чтобы жениться на красавице Рахили, был вынужден семь лет находиться в услужении у её отца * тот, кто хитростью или силой присваивает чужие права, выживает или вытесняет кого-л.

Jacob's ladder лестница Иакова, его вещий сон: с лестницы, уходящей в небо, Бог предрёк Иакову многочисленное потомство и владение обширными землями

□ сб. стихов Д. Левертов (1961)

... her half-closed eyes saw John's face turned round to her from the station door. Fulfilment! She, like *Jacob*, had served seven years — for the fulfilment of her love — seven long, long years! (*J. Galsworthy*)

... полузакрытые глаза видели лицо Джона, обернувшееся к ней с порога вокзала. Свершение! Она, как *Иаков*, семь лет выслуживала свою любовь — семь долгих, долгих лет! (*Пер. М. Лорие*)

JAGANNATH *см.* JUGGERNAUT

JAGGER [ʹdʒægə], **Mick** (р. 1943) Мик Дже́ггер /Джа́ггер/, амер. эстрадный певец (род. в Англии). Солист ансамбля «Роллинг стоунз» {The Rolling Stones}

JAHWEH *см.* JEHOVAH

JAMES [dʒeɪmz] Яков /Иа́ков/, имя 6 шотл. и 2 англ. королей: **1. I** (1566—1625), правил с 1603, он же Яков VI Шотландский в 1567—1603 // **Jacobean** [ˌdʒækəʹbɪən] *а* относящийся к англ. архитектуре и прикладному искусству нач. 17 в., когда в мебели появились фигурные элементы и обивка, в интерьере — лепнина

King James Bible /*тж.* The Authorized Version/ «Библия короля Иакова» /«Официальная версия»/, англ. перевод Библии, предпринятый при поддержке Якова I в 1604 (опубл. 1611). Остаётся одним из наиболее авторитетных текстов Библии в Англии и Америке

2. II (1633—1701), сын Карла I, правил в 1685—88. Низложен в ходе «Славной революции» {the Glorious Revolution}; бежал во Францию, а затем в Ирландию

JAMES 1. Henry (*senior*) (1811—82) Ге́нри Джеймс (Старший), амер. философ и теолог, последователь Э. Сведенборга

2. Henry (*junior*) (1843—1916) Ге́нри Джеймс (Младший), писатель, его сын (с 1870-х годов жил в Англии). Автор психологических произведений, в к-рых используются приёмы «потока сознания»

⊙ The American (1877) «Американец», Portrait of a Lady (1881) «Женский портрет» The Tragic Muse (1890) «Трагическая муза», What Maisie Knew (1897) «Что знала Мейзи», The Awkward Age (1899) «Неудобный возраст», The Wings of the Dove (1902) «Крылья голубки», The Ambassadors (1903) «Послы», The Golden Bowl (1904) «Золотая чаша», романы → HAWTHORNE

3. William (1842—1910) Уи́льям Джемс /Джеймс/, философ и психолог, старший брат писателя Г. Джеймса. Один из основателей прагматизма в философии; в психологии развил концепцию «потока сознания»

JAMES Иа́ков, в Новом Завете имя двух апостолов Иисуса Христа: **1.** *the son of Alphaeus* [æl′fi(:)əs] Алфе́ев
2. *the son of Zebedee* [′zebɪdi:] Зеведе́ев

JAMES, Jesse Woodson (1847—82) Дже́сси Ву́дсон Джеймс, амер. гангстер. В 1870-х гг. организовал ряд ограблений банков и поездов. Убит одним из членов банды. Фигурирует во мн. легендах и песнях

JAMES FRANCIS EDWARD STUART */the Old Pretender/* (1688—1766) Яков Франци́ск Эдуа́рд Стю́арт /Старший Претендент/, англ. принц, сын Якова II. В детстве был отправлен во Францию и номинально считался вступившим на англ. престол как Яков III в 1701. Возглавил шотл. восстание 1715, к-рое окончилось неудачей. Молва считала его самозванцем

JAMESON [′dʒeɪms(ə)n, ′dʒemɪsn], **Leander Starr** (1853—1917) Леа́ндер Старр Дже́ймсон, шотл. врач, полит. деятель в Юж. Африке. В 1895 возглавил неудавшееся нападение на англ. поселенцев в Трансваале, с 1900 на ведущих постах в Капской провинции

JANÁČEK [′jɑːnətʃek], **Leoš** (1854—1928) Ле́ош Я́начек, чеш. композитор. Автор опер по лит. произведениям

JANE [dʒeɪn], *Calamity* /*наст. имя* Martha Jane BURKE/ (1852?—1903) Бедовая Джейн /Ма́рта Джейн Берк/, амер. охотница и воительница. Якобы застрелила 11 своих мужей * женщина, с к-рой шутки плохи

JANSEN [′dʒænsn], **Cornelius** (1585—1638) Корне́лий Янсе́ний, голл. богослов // **Jansenism** [′dʒænsənɪzm] *n* янсенизм (течение в католицизме); **Jansenist** [′dʒænsənɪst] *n* янсенист

JANUS [′dʒeɪnəs] Я́нус, в рим. мифологии двуликое божество дверей * двуличный человек → HECATE

JAPHET [′dʒeɪfet] /**JAPHETH** [′dʒeɪfəθ]/ Иафе́т, в Ветхом Завете один из трёх сыновей Ноя, от к-рых «населилась вся земля» после всемирного потопа // **Japhetic** [dʒeɪ′fetɪk] *a* яфетические (языки) (термин, применяемый в некоторых лингвистических теориях к индоевропейским языкам)

JASON [′dʒeɪsn] Ясо́н /Язо́н/, в греч. мифологии предводитель аргонавтов (искателей золотого руна)

JAY [dʒeɪ], **John** (1745—1829) Джон Джей, амер. полит. деятель, дипломат, первый Верховный судья США (1789—95)

JEANS [dʒiːnz], **James Hopwood** (1877—1946) Джеймс Хо́пвуд Джинс, англ. астрофизик и популяризатор науки
⊙ The Mysterious Universe (1930) «Таинственная Вселенная», научно-популярная книга

JEEVES [dʒiːvz] Дживс, в юмористических романах и рассказах П. Вудхауса (с 1919) хитрый и находчивый слуга в англ. аристократическом доме

JEFFERS [′dʒefəz], **(John) Robinson** (1887—1962) (Джон) Ро́бинсон Дже́фферс, амер. поэт и драматург
⊙ Tamar (1924) «Тамар», Dear Judas (1929) «Дорогой Иуда», Cawdor (1928) «Кавдор», сб. стихов; Medea (1946) «Медея», драма в стихах

JEFFERSON [′dʒefəsn], **Thomas** (1743—1826) То́мас Дже́фферсон, 3-й през. США (1801—09). Составитель Декларации независимости // **Jeffersonian** [,dʒefə′səʊnɪən] *a* джефферсоновский
Jeffersonian democracy джефферсоновская демократия, дем. движе-

ние 1810-х гг. (более умеренное, чем джексоновская демократия, *см.* JACKSON A.)

JEFFREYS [ˈdʒefrɪz], **George** (1648?—89) Джордж Джéффрис, англ. судья. С особой жестокостью выносил приговоры участникам восстания 1685, осудив на смерть свыше 300 человек

JEHOSHAPHAT [dʒɪˈhɔʃəfæt, dʒe-] Иосафáт, в Ветхом Завете иудейский царь, к-рому Елисей предсказал победу в войне с Моавом {Moab}

JEHOVAH [dʒɪˈhəuvə, dʒə-] /**JAHWEH, YAHWEH** [ˈjɑːveɪ, -weɪ]/Иегóва /Яхве/, в иудаизме и христианстве имя Бога-творца // **Jehovists** [dʒɪˈhəuvɪsts] *n* иеговисты, авторы тех глав Шестикнижия (т. е. первых шести книг Ветхого Завета), где Бог упоминается под именем Иеговы или Яхве, в отличие от именования Элохим

Jehovah's Witnesses «Свидетели Иеговы», христ. секта, основанная в США Ч. Расселлом в 1872; проповедуют близость конца света и тысячелетнего царства Христа; выступают против включения религии в гос. структуру

I looked at the body and it had no more significance than a dead dog. This, I thought, was the bit of rubbish I had once compared in my mind with *Jehovah* and *Satan*. (*G. Greene*)

Я посмотрел на мёртвое тело — в нём теперь было не больше величия, чем в дохлой собаке. И этот хлам я когда-то мысленно сравнивал с *Иеговой и Сатаной*... (*Пер. Е. Голышевой и Б. Изаковой*)

JEHU [ˈdʒiːh(j)uː] Ииуй, в Ветхом Завете военачальник и царь Израиля, избранный Богом для мщения царю Ахаву и Иезавели. По тексту Библии, ходил «стремительно» * *шутл.* возница или водитель-лихач

JEKYLL [ˈdʒekɪl, ˈdʒiː-]: **(Dr.) Jekyll and (Mr.) Hyde** доктор Джéкилл /Джéкиль/ и мистер Хайд, в фантастической повести Р. Л. Стивенсона «Странная история доктора Джекиля и мистера Хайда» (1886) и поставленных по ней амер. фильмах (1932, 1941) добрая и порочная ипостаси гл. персонажа. Особый порошок преображает доктора Джекилла в личность, воплощающую его худшие, низменные качества,— мистера Хайда * хорошее и плохое в одном и том же человеке или событии; раздвоенность личности

Simply by splitting the face into right and left, a dramatic *Jekyll/Hyde* duality is revealed. (*L. Bellak, S. Baker*)

Просто разделив портрет на левую и правую половины, можно обнаружить потрясающую *двойственность*.

I got two girls back home, one's blonde and one's dark — it's the *Jekyll and Hyde* in me. (*T. Wesker*)

А дома у меня две дочки, одна светленькая, другая тёмненькая. Свидетельство моей *раздвоенной личности*.

I was *Jekyll and Hyde*! *Jekyll* in being successful in my work at the Admiralty — but *Hyde* as a failure in Society! (*J. Fisher*)

Моя карьера оказалась *палкой о двух концах*! *С одной стороны*, я добился успеха по службе в адмиралтействе, а *с другой* — потерпел неудачу в обществе.

JELLICOE [ˈdʒelɪkəu], **Earl** /John RUSHWORTH/ (1859—1935) граф Джéллико /Джон Рáшуорт/, англ. адмирал, генерал-губернатор Новой Зеландии (1920—24)

JELLYBY [ˈdʒelɪbɪ], **Mrs.** миссис Джéллибай /Джéллиби/, в романе Ч. Диккенса «Холодный дом» (1853) женщина, занимающаяся обществ. деятельностью в ущерб семье

JEMIMA [dʒɪˈmaɪmə, dʒe-] Джемáйма, символическое имя довольной жизнью, тучной негритянки (употр. тж. презрительно в отношении негров, довольных своим положением в обществе)

JENGHIZ KHAN *см.* GENGHIZ KHAN

JENKINS [ˈdʒeŋkınz], **Robert** (18 в.) Ро́берт Дже́нкинс, англ. капитан торгового судна. В 1738 представил в палату общин своё ухо, якобы отрезанное исп. офицером при досмотре судна в Гаване. Это послужило поводом к войне с Испанией 1739—41 за господство на морских торговых путях — так наз. «войне за ухо Дженкинса» {War of Jenkins's Ear}

JENNER [ˈdʒenə], **Edward** (1749—1823) Э́дуард Дже́ннер, англ. врач. В 1796 первым применил оспопрививание // **Jennerian** [ˌdʒeˈnıərıən] *a*

JEPHTHAH [ˈdʒefθə] Иеффа́й, в Ветхом Завете израильский военачальник и судья. После победы над аммонитянами {Ammonites} принёс в жертву Богу свою дочь, т. к. дал обет сделать это с первым, кого встретит по возвращении домой. Дочь Иеффая фигурирует в произведениях А. Теннисона, Ч. Перси, Л. Фейхтвангера
□ оратория Г. Генделя (1752)

JEREMIAH [ˌdʒerıˈmaıə] Иереми́я, в Ветхом Завете пророк и автор одной из книг, а тж. «Плача Иеремии» {Lamentations of Jeremiah} * горестный обличитель // **Jeremiad** [ˌdʒerıˈmaıəd, -æd] *n* иеремиада, горестная жалоба, сетование

JEROBOAM [ˌdʒerəˈbəuəm] Иеровоа́м, в Ветхом Завете царь Израиля, прогневавший бога своей греховностью * огромная винная бутыль или фляга

JEROME [dʒəˈrəum], St. (342?—420) св. Иерони́м, христ. богослов, создатель перевода Библии на лат. язык — Вульгаты {Vulgate}. Вёл жизнь отшельника; по преданию, приручил льва (с к-рым часто изображается на картинах)

JEROME, Jerome Klapka (1859—1927) Джеро́м Кла́пка Джеро́м, англ. писатель-юморист
⊙ Three Men in a Boat, to Say Nothing of the Dog (1889) «Трое в лодке, не считая собаки», роман; The Passing of the Third Floor Back (1907) «Жилец с четвёртого этажа», пьеса

JESPERSEN [ˈjespəsn], **(Jens) Otto Harry** (1860—1943) (Йенс) О́тто Ха́рри Е́сперсен, дат. лингвист. Автор трудов по англ. языку

JESSE [ˈdʒesı] Иессе́й, в Ветхом Завете отец Давида. К нему возводится генеалогия Христа

JEWISON [ˈdʒuːısn], **Norman** (р. 1926) Но́рман Джу́исон, амер. кинорежиссёр (род. в Канаде). Постановщик комедий, мюзиклов, фантастических фильмов. Лауреат премии «Оскар» (1967)
⊙ The Russians are Coming, the Russians are Coming (1966) «Русские идут, русские идут», In the Heat of the Night (1967) «Душной южной ночью», Fiddler on the Roof (1970) «Скрипач на крыше», Jesus Christ Superstar (1972) «Иисус Христос Суперзвезда», Rollerball (1974) «Роллербол», A Soldier's Story (1984) «Солдатская история», Moonstruck (1987) «Дети луны»

JEZEBEL [ˈdʒezəbl] Иезаве́ль, в Ветхом Завете жена царя Ахава, покровительница «пророков Вааловых», преследовавшая пророка Илию. Пользовалась румянами и гримом * бесстыдная, падшая или грубо накрашенная женщина

JIANG Qing /CHIANG Ching/ [ˈdʒɡ(ı)æŋˈkıŋ] (1914—91) Цзян Цин, жена Мао Цзэдуна. После его смерти была обвинена в полит. преступлениях как член «банды четырёх» {Gang of Four} и осуждена к заключению

JIGGS [dʒıgz] Джиггс, в амер. комиксах (с 1913) рыжеволосый американец ирл. происхождения, выигравший миллион по лотерее. Находится под каблуком у жены Мэгги {Maggie}

JIM [dʒɪm] Джим: **1.** в романе М. Твена «Приключения Гекльберри Финна» (1884) беглый негр, с к-рым Гек Финн отправляется в плавание на плоту по Миссисипи

2. в романе Дж. Конрада «Лорд Джим» (1900) моряк, к-рый попадает в малайские джунгли и становится там «лордом» местного племени

3. в романе К. Эмиса «Счастливчик Джим» (1954) университетский преподаватель, один из наиболее ярких образов «рассерженных молодых людей» {angry young men}

JIM CROW см. CROW, Jim

JINGLE [ˈdʒɪŋgl] Джингль, в романе Ч. Диккенса «Посмертные записки Пиквикского клуба» (1837—38) проходимец и обманщик, вошедший в доверие к Пиквику

JINNAH [ˈdʒɪnɑː, -nə], **Mohammed Ali** (1876—1948) Мухаммéд Алú Джúнна, мусульм. полит. деятель, 1-й генерал-губернатор Пакистана (с 1947)

JOAN [dʒəun], Pope папесса Иоáнна, в ср.-век. предании женщина, скрывавшаяся в мужской монашеской одежде и ставшая якобы рим. папой под именем Иоанна VIII в 9 в.

JOAN of Arc /*the Maid of Orléans*/ (1412?—31) Жáнна д'Арк /Орлеанская дева/, нар. героиня Франции. В 1429, в ходе Столетней войны, возглавив вооружённую борьбу, освободила от осады Орлеан. Попав в плен, была судима инквизицией и сожжена на костре. Канонизирована. Фигурирует в сатирической поэме Вольтера «Орлеанская девственница» (1735)

☐ Saint Joan «Святая Иоанна», пьеса Дж. Б. Шоу (1923)

JOB [dʒəub] Иóв, в одноим. книге Ветхого Завета праведник, безропотно сносивший все лишения, к-рым Бог подверг его, чтобы испытать его веру (гибель детей, скота, болезнь и т. п.)

Job's comforters утешители Иова: друзья внушали Иову, что он страдает за свои грехи, хотя он оставался благочестивым * люди, к-рые своим сочувствием растравляют душу; горе-утешители

☐ балет Р. Воэна-Уильямса (1931); драма в стихах А. Мак-Лиша (1958)

JOCASTA [dʒə(u)ˈkæstə] Иокáста, в греч. мифологии царица Фив {Thebes}, на к-рой женится Эдип, не подозревая, что она его мать

JOE [dʒəu], *Injun* Индеец Джо, в романе М. Твена «Приключения Тома Сойера» (1876) убийца, свидетелем преступления к-рого оказывается Том Сойер. Позднее, заблудившись в пещерном лабиринте, Том находит его останки и клад

JOE DOAKES [ˈdʒəuˈdəuks] Джо Дóукс, символическое имя рядового американца

If I've achieved any success as a warbler it's because I've managed to keep the kind of naturalness in my style, my phrasing, and my mannerisms which any *Joe Doakes* possesses. (*B. Crosby*)

Если я и достиг успеха, напевая песенки, то потому, что мне удалось сохранить ту естественность стиля, выражения и поведения, какая характерна для самого *обыкновенного американца*.

JOEL [ˈdʒəuel] Иоúль, в Ветхом Завете пророк и автор одноим. книги

JOHN [dʒɔn] Иоáнн (Богослов), в Новом Завете апостол Христа, автор 4-го из канонических евангелий, Апокалипсиса {Apocalypse} /«Откровений» {Revelations}/ и трёх посланий {Epistles}

JOHN Иоа́нн, имя 21 рим. папы

JOHN: a 'Dear John' letter *шутл.* письмо жены или девушки военнослужащему, в к-ром она сообщает, что нашла себе другого (употреблялось особ. в период 2-й мир. войны)

JOHN, King *см.* JOHN Lackland

JOHN, Augustus Edwin (1878—1961) Ога́стес Э́двин Джон, англ. живописец, портретист

JOHN, Elton /*наст. имя* Reginald DWIGHT/ (р. 1947) Э́лтон Джон /Ре́джиналд Дуа́йт/, англ. эстрадный певец

JOHN *Lackland* (1167?—1216) Иоа́нн Безземе́льный, англ. король с 1199. В 1202—04 потерял часть англ. владений во Франции. В 1215 подписал Великую хартию вольностей {the Great Charter of Liberties, Magna Carta}. Фигурирует в легендах о Робин Гуде и в романе В. Скотта «Айвенго» (1820)
☐ King John «Король Иоанн /Джон/», ист. хроника У. Шекспира (1596)

JOHN, *Little* Маленький Джон, в англ. фольклоре рослый и сильный помощник Робин Гуда

JOHN of Gaunt [gɔːnt, gɑːnt] /Duke of **LANCASTER**/ (1340—99) Джон Гант /Ге́нтский; герцог Ланка́стерский/, англ. принц, 4-й сын Эдуарда III, дядя Ричарда II и отец Генриха IV (род. в Генте {Ghent}). Во время царствования малолетнего Ричарда играл видную роль во внутренней политике

JOHN *the Baptist* Иоа́нн Креститель, в Новом Завете пророк, окрестивший Христа в реке Иордан и предсказавший его миссию. Жил в пустыне и питался «акридами и диким мёдом» {locusts and honey}; изображается обычно в одежде из шкур. *См. тж.* SALOME

JOHN BARLEYCORN *см.* BARLEYCORN, John

JOHN DOE ['dʒɔn'dəu] Джон До́у, в англ. юридическом делопроизводстве сторона, имя к-рой неизвестно * рядовой англичанин

JOHNNY REB ['dʒɔnɪ'reb] Джо́нни Реб, символическое именование солдата армии Конфедерации во время Гражданской войны в США 1861—65

JOHN PAUL ['dʒɔn'pɔːl] **II** /*светское имя* Karol WOJTYLA/ (р. 1920) Иоа́нн Па́вел II /Ка́рол Войты́ла/, рим. папа с 1978 (по национальности поляк; первый неитальянец, занявший папский престол)

JOHNSON ['dʒɔnsn] Джо́нсон: **1. Lyndon Baines** (1908—73) Ли́ндон Бейнс, 36-й през. США (1963—69), от дем. партии. Вступил на этот пост после убийства Дж. Кеннеди как вице-през. // **Johnsonian** [dʒɔn'səunɪən, -njən] *a*
2. *Ladybird* (р. 1912) Ле́диберд /Божья Коровка/, его жена

JOHNSON, Amy (1903—41) Э́йми Джо́нсон, англ. лётчица. В 1930 совершила одиночный перелёт из Англии в Австралию

JOHNSON, Andrew (1808—75) Э́ндрю Джо́нсон, 17-й през. США (1865—69), от дем. партии. Выдвинул программу Реконструкции Юга

JOHNSON, (Jonathan) Eastman (1824—1906) (Джо́натан) И́стмен Джо́нсон, амер. художник. Автор жанровых картин, портретов

JOHNSON, Samuel (1709—84) Сэ́мюэл Джо́нсон, англ. писатель и лексикограф, автор «Словаря англ. языка» (1755). Благодаря биографии Дж. Босуэлла прослыл автором множества афоризмов и изречений // **Johnsonian** [dʒɔn'səunɪən] *a* → VOLTAIRE

JOLIOT-CURIE ['ʒɔlɪəukjuː'riː] Жолио́-Кюри́, фр. физики, супруги, лауреаты Нобелевской премии (1935): **1. Frédéric** (1900—58) Фредери́к
2. Irène (1897—1956) Ире́н, дочь П. Кюри и М. Склодовской-Кюри

JONAH [ˈdʒəunə] /**JONAS** [ˈdʒəunəs]/ Иóна, в одноим. книге Ветхого Завета пророк, ослушавшийся веления Бога отправиться для проповеди в Ниневию {Nineveh} и тем самым навлёкший бурю на корабль, к-рым он плыл. Корабельщики выбросили его за борт, а в море его проглотил кит, во чреве к-рого Иона провел три дня * неудачник; человек, приносящий несчастье

The President of the United States may be an ass, but he at least doesn't believe that the earth is square, and that witches should be put to death, and that *Jonah* swallowed the whale. (*J. Garraty*)

Президент США, может быть, и глупец, но он, по крайней мере, не считает, что земля квадратная, что ведьм надо казнить и что *Иона* проглотил кита.

JONATHAN [ˈdʒɔnəθ(ə)n] Ионафáн, в Ветхом Завете сын Саула и друг Давида (*см. тж.* DAVID)

Brother Jonathan *шутл.* «брат Джонатан», символическое обозначение Америки англичанами; американец, особ. выходец из Новой Англии

JONES [dʒəunz], **Casey /John Luther/** (1864—1900) Кéйси /Джон Лýтер/ Джонс /Джóунз/, амер. машинист. Предвидя неминуемое столкновение поезда, велел спрыгнуть помощнику, а сам, включив тормоза, ценой своей жизни спас пассажиров

□ Casey Jones «Кейси Джонс», нар. амер. баллада (нач. 20 в.); пьеса Р. Ардри {Robert Ardrey} (1938)

JONES, Daniel (1881—1967) Дэ́ниэл Джóунз, англ. фонетист. Автор словаря англ. произношения, к-рый издаётся под его именем по сей день

JONES, Indiana /Indy/ Индиáна /И́нди/ Джонс, герой серии приключенческих фильмов Дж. Лукаса и С. Спилберга 80-х гг. Наделённый отвагой и ловкостью, он выходит из положения даже при смертельной опасности

JONES, Inigo (1573—1652) И́ниго Джонс, англ. архитектор. Ввёл в англ. архитектуру палладианский стиль

JONES, James (1921—77) Джеймс Джонс, амер. писатель. Участник 2-й мир. войны. Автор романов воен. тематики

⊙ From Here to Eternity (1951) «Отныне и вовек», роман

JONES, John Paul (1747—92) Джон Пол Джонс, амер. морской капитан, . шотландец. В Войне за независимость 1775—83 совершал дерзкие налёты на англ. суда. Во время одного из боёв в ответ на предложение сдаться ответил: «Я ещё не начал сражаться» {I have not yet begun to fight}

JONES, Sidney (1861—1946) Си́дни Джóунз, англ. композитор и дирижёр

⊙ The Geisha (1896) «Гейша», оперетта

JONES, Tom Том Джонс, в романе Г. Филдинга «История Тома Джонса, найдёныша» (1749) подкидыш, изгнанный из дома воспитателя. По пути в Лондон переживает многочисленные злоключения

□ Tom Jones «Том Джонс», оперетта Э. Джермана (1907); опера С. Оливера (1976)

JONSON [ˈdʒɔns(ə)n], **Ben(jamin)** (1573?—1637) Бéн(джамин) Джóнсон, англ. драматург. Персонажи в его пьесах действуют в соответствии с отличительным для каждого из них «нравом», или «гумором» {humour} // **Jonsonian** [dʒɔnˈsəunɪən] *a*

⊙ Every Man in His Humour (1598) «Каждый в своём нраве», Every Man out of His Humour (1599) «Каждый не в своём нраве», Volpone (1606) «Вольпоне», The Bartholomew Fair (1614) «Варфоломеевская ярмарка», комедии; Sejanus: His Fall (1603) «Падение Сеяна», Catiline: His Conspiracy (1611) «Заговор Катилины», трагедии

JOPLIN [ˈdʒɔplɪn], **Janis** (1943—70) Джéнис Джóплин, амер. эстрадная певица, рок-звезда кон. 60-х гг. Умерла от злоупотребления наркотиками

JOPLIN, Scott (1868—1917) Скотт Джóплин, амер. композитор и пианист. Автор сочинений в стиле «рэгтайм»

JOSAPHAT [ˈdʒɔsəfæt] Иоасáф, в ср.-век. христ. предании инд. царевич, обращённый в христианство странствующим проповедником Варлаамом {Barlaam}

JOSEPH [ˈdʒəuzɪf] Иóсиф: **1.** «Прекрасный» или «Целомудренный», в Ветхом Завете младший и самый любимый из 12 сыновей Иакова и Рахили, провидец и толкователь снов. Братья, ненавидевшие Иосифа, бросили его в ров, а затем продали в рабство. После долгих злоключений Иосиф стал правителем Египта и, добившись раскаяния от братьев, простил их
□ Joseph and His Brethren «Иосиф и его братья», драма Ч. Уэллса (1823); роман Т. Манна (1933—43)
2. в Новом Завете муж Марии, матери Христа

JOSEPH of Arimathea [ˌærɪməˈθɪə] Иóсиф Аримафéйский, в Новом Завете человек, похоронивший тело Христа после распятия. По ср.-век. европ. легенде, привёз в Англию Священный Грааль (чашу Христа на тайной вечере) — предмет поисков рыцарей «Круглого стола»

JOSEPHINE [ˈ(d)ʒəuzəfiːn, -zɪf-] /Vicomtesse de BEAUHARNAIS [bəuɑːˈneɪ]/ (1763—1814) Жозефúна /виконтесса Боарнэ́ (по 1-му мужу)/, в 1796—1809 жена Наполеона Бонапарта, с к-рой он развёлся. Фигурирует в литературе как жертва несчастной любви

JOSEPHSON [ˈdʒəuzɪfsn], **Brian David** (р. 1940) Брáйан Дéйвид Джóзефсон, англ. физик. Лауреат Нобелевской премии (1973)

JOSEPHUS FLAVIUS [dʒə(u)ˈsiːfəsˈfleɪvjəs] (37? — после 100) Иóсиф Флáвий, древнееврейский историк. Во время Иудейской войны против Рима перешёл на сторону римлян

JOSHUA [ˈdʒɔʃwə] Иисýс Навúн, в одноим. книге Ветхого Завета сподвижник и преемник Моисея. Руководил завоеванием Ханаана {Canaan}
□ Joshua Fit the Battle of Jericho «Иисус Навин вёл битву за Иерихон», амер. спиричуэл

JOULE [dʒuːl, dʒau(ə)l, dʒəul], **James Prescott** (1818—89) Джеймс Прéскотт Джóуль, англ. физик. Его именем названа единица работы и энергии в физике

JOVE [dʒəuv] Юпúтер (*см.* JUPITER) // **Jovian** [ˈdʒəuvɪən] *a*
by Jove! ей-богу!, честное слово!

JOYCE [dʒɔɪs], **James Augustine Aloysius** (1882—1941) Джеймс Огáстин Алóйзиус Джойс, англ. писатель-модернист, ирландец (с 1902 за рубежом). Создатель романа «потока сознания» // **Joycean** [ˈdʒɔɪsɪən] *a*
☉ Dubliners (опубл. 1914) «Дублинцы», сб. рассказов; Ulysses (1922) «Улисс», Finnegans Wake (1939) «Поминки по Финнегану», романы

JUBAL [ˈdʒuːb(ə)l] Иувáл, в Ветхом Завете потомок Каина, прародитель музыкантов
□ The Legend of Jubal «Легенда об Иувале», поэма Дж. Элиот (1870)

JUDAH [ˈdʒuːdə] Иýда, в Ветхом Завете один из сыновей Иакова, родоначальник иудеев

JUDAS (ISCARIOT) [ˈdʒuːdəs(ɪsˈkærɪət)] Иýда Искариóт, в Новом Завете ученик Христа, предавший его за 30 сребренников, указав на Христа своим поцелуем * предатель под личиной друга, иуда

□ Dear Judas «Дорогой Иуда», сб. стихов Р. Джефферса (1929)

Every great man nowadays has his disciples, and it is usually *Judas* who writes the biography. (*O. Wilde*)

В наши дни у каждого великого человека есть ученики, причём биографию его обычно пишет *Иуда*.

→ BORGIA

JUDAS LEBBAEUS [ˈdʒuːdəsleˈbiːəs] /**THADDAEUS** [θæˈdi(ː)əs]/ Иуда Леввей /Фаддей/, в Новом Завете один из апостолов Христа, брат Иакова Алфеева

JUDAS MACCABEUS [ˈdʒuːdəsˌmækəˈbi(ː)əs] (?—161 до н. э.) Иуда Маккавей, вождь восстания в Иудее. В 164 захватил Иерусалим

□ оратория Г. Генделя (1747)

JUDE [dʒuːd] Иуда, в Новом Завете автор «Соборного послания» {General Epistle}. Отождествляется с одним из апостолов Христа (*см.* JUDAS LEBBAEUS)

JUDITH [ˈdʒuːdɪθ] Юдифь /в рус. тексте Библии — Иудифь/, в одноим. книге Ветхого Завета вдова, спасшая свой город в Иудее от нашествия ассирийцев. Обольстив их военачальника Олоферна, обезглавила его во сне

□ оратория Т. Арна (1761)

JUGGERNAUT [ˈdʒʌɡənɔːt] /**JAGANNATH** [ˌdʒæɡəˈnɑːt]/ Джаггернаут, англизированный вариант имени Джаганнатха — в индуист. мифологии ипостась бога Вишну. В г. Пури (Индия, штат Орисса) во время ритуальных празднеств его изваяние вывозится на огромной колеснице, под к-рую в прошлом кидались фанатики * нечто неумолимое, всесокрушающее или требующее жертв

Juggernaut car а) колесница Джаггернаута б) (*тж.* Juggernaut) тяжёлый грузовик; передвижная платформа

If you do go there, twenty people ask you to lay your pure white body in front of the *Juggernaut* for twenty different reasons. (*I. Shaw*)

А когда пойдёшь туда, к тебе пристанут человек двадцать и начнут доказывать, что ты должна бросить своё чистое белое тело под *колесницу Джаггернаута*.

JULIA [ˈdʒuːljə] Джулия, героиня комедии У. Шекспира «Два веронца» (1594). Переодевшись мужчиной, нанимается пажом к своему возлюбленному Протею

JULIAN *the Apostate* [ˈjuːljənðɪəˈpɒst(e)ɪt] (331—63) Юлиан Отступник, рим. император с 361. Пытался возродить языческий культ

□ Julian «Юлиан Отступник», роман Г. Видала (1964)

JULIET [ˈdʒuːljət] Джульетта, в трагедии У. Шекспира «Ромео и Джульетта» (1595) возлюбленная Ромео. Очнувшись от сна и увидев мёртвого Ромео, покончила с собой

□ Romeo and Juliet «Ромео и Джульетта», опера Ш. Гуно (1867) → MERCUTIO

JUNG [jʊŋ], **Carl Gustave** (1875—1961) Карл Густав Юнг, швейц. психолог и философ. Разработал учение о коллективном бессознательном и его архетипах

JUNKERS [ˈjʊŋkəz], **Hugo** (1859—1935) Уго Юнкерс, нем. авиаконструктор

JUNO [ˈdʒuːnəu] Юнона, в рим. мифологии властная и ревнивая жена (а тж. сестра) Юпитера. Соответствует греч. Гере // **Junoesque** [ˌdʒuːnəuˈesk] *а* высокая, царственно-красивая (о женщине)

□ Juno and the Paycock «Юнона и павлин», трагедия Ш. О'Кейси (1925)

He was taller by two and a half inches than she, but somehow she always seemed to engulf him. *Junoesque*, that was the word for Claire. (*P. Johnson*)

Хотя Тоби был выше ее сантиметров на семь, он буквально тонул в её объятиях. Да, она настоящая *Юнона*. (*Пер. С. Митиной*)

→ VENUS

JUPITER ['dʒu:pɪtə] /JOVE/ Юпи́тер, в рим. мифологии верховный бог-громовержец. Соответствует греч. Зевсу

This curious and versatile creature... after acting *Jupiter* one day in the House of Lords, is ready to act *Scapin* anywhere else the next. (*C. Greville*)

Это странное, многоликое существо, выступив сегодня в роли *громовержца* в палате лордов, готово назавтра же где-то в другом месте изобразить *плутоватого лакея*.

→ CROMER

JUSTINIAN [dʒʌˈstɪnɪən] **I** *the Great* (483—565) Юстиниа́н I Великий, византийский император (с 527). Кодифицировал право; построил Софийский собор в Константинополе

JUVENAL ['dʒu:vɪnl] /*лат.* Decimus Junius JUVENALIS/ (60?—140?) Де́цим Юний Ювена́л, рим. поэт-сатирик // **Juvenalian** [ˌdʒu:vɪˈneɪljən] *a*

К

KAFKA ['ka:fkə, 'kæf-], **Franz** (1883—1924) Франц Ка́фка, австр. писатель. Один из основоположников модернизма // **Kafkaesque** [ˌka:fkə-ˈesk, ˌkæf-] *a* кафкианский

⊙ America (1914) «Америка», The Trial (1915) «Процесс», The Castle (1922) «Замок», романы

KAISER ['kaɪzə], **Henry John** (1882—1967) Ге́нри Джон Ка́йзер, амер. предприниматель, магнат металлургической промышленности

KALI ['ka:lɪ] Ка́ли, в индуист. мифологии одна из ипостасей Деви /Дурги/, олицетворение её разрушительной энергии. Изображается чёрной, с ожерельем из человеческих черепов и с окрашенным кровью языком

KALIDASA [ˌka:lɪˈda:sə] (5 в.) Калида́са, инд. поэт и драматург

⊙ Sakuntala «Шакунтала», драма

KÁLMÁN ['kælmən], **Imre** /*нем.* Emmerich/ (1882—1953) И́мре Ка́льман, венг. композитор (с 1940 в США, с 1948 во Франции)

⊙ The Gypsy Princess (1915) «Сильва» /«Королева чардаша»/, оперетта

KAMA ['ka:mə] Ка́ма, в древнеиндийской мифологии бог любви. Изображался юношей, сидящим на попугае (или воробье) с луком и стрелами

KANDER ['kændə], **John** (р. 1927) Джон Ка́ндер, амер. композитор

⊙ Cabaret (1972) «Кабаре», Funny Lady (1974) «Смешная леди», мюзиклы

KANE [keɪn] Кейн, в фильме О. Уэллса «Гражданин Кейн» (1941) газетный магнат. Обретя богатство и власть, становится затворником в огромном замке

KANT [ka:nt, kænt], **Immanuel** (1724—1804) Иммануи́л Кант, нем. философ. Автор учения о непознаваемой «вещи в себе» // **Kantian** ['kæntɪən] *a* кантианский; *n* кантианец; **Kantianism** ['kæntɪənɪzm] *n* кантианство

⊙ The Critique of Pure Reason (1781) «Критика чистого разума», The

Critique of Practical Reason (1788) «Критика практического разума», The Critique of Judgment (1790) «Критика способности суждения», трактаты

KARAJAN [ˈkɑːrəjɑːn], **Herbert von** (1908—89) Гéрберт фон Карая́н, австр. дирижёр

KARLOFF [ˈkɑːlɔf], **Boris** /наст. имя William Henry PRATT/ (1887—1969) Бóрис Кáрлофф /Уи́льям Гéнри Пратт/, англ. киноактёр в Голливуде. Снимался в роли монстра Франкенштейна (с 1931)

KATHARINA [ˌkæθəˈriːnə] Катари́на, в комедии У. Шекспира «Укрощение строптивой» (1593) своенравная и капризная жена Петруччо, от к-рой он добивается смирения и кротости

KATZ [kæts], **Bernard** (р. 1911) Бéрнард Кац, англ. физиолог. Лауреат Нобелевской премии (1970)

KAY [keɪ], **John** (1704—64?) Джон Кей, англ. изобретатель. Усовершенствовал ткацкий станок, создав «самолётный» челнок {flying-shuttle}

KAY *the Seneschal* [ˈkeɪðəˈseniʃ(ə)l] Кей-Сенеша́ль, в романе Т. Мэлори «Смерть Артура» (1485) рыцарь, управитель королевского двора

KAYE [keɪ], **Danny** /наст. имя Daniel KOMINSKI/ (р. 1913) Дэ́нни Кей /Даниэ́ль Коми́нский/, амер. актёр кино и телевидения

KEAN [kiːn], **Edmund** (1787—1833) Э́дмунд Кин, англ. актёр-трагик. Играл в пьесах У. Шекспира

KEATON [ˈkiːtn], **Buster** /**Joseph Francis**/ (1896—1966) Бéстер /Джо́зеф Фрэ́нсис/ Ки́тон, амер. комик немого кино

KEATS [kiːts], **John** (1795—1821) Джон Китс, англ. поэт-романтик. Автор од, сонетов, баллад, поэм. Умер от туберкулёза // **Keatsian** [ˈkiːtsɪən] *a*

⊙ Otho the Great (1819) «Оттон Великий», ист. трагедия; Endymion (1818) «Эндимион», Hyperion (1819) «Гиперион», поэмы

KEBLE [ˈkiːbl], **John** (1792—1866) Джон Кибл, англ. проповедник и поэт. Автор религиозных стихов и гимнов. Один из основателей Оксфордского движения. Его именем назван колледж в Оксфорде

KEDAR [ˈkiːdɑː] Кеда́р, в Ветхом Завете один из 12 сыновей Измаила, князь племени араб. кочевников

KEITEL [ˈkaɪtl], **Wilhelm** (1882—1946) Вильгéльм Кéйтель, нем. нацистский фельдмаршал. Подписал акт о капитуляции Германии во 2-й мир. войне. Казнён по приговору международного трибунала

KELLER [ˈkelə], **Helen Adams** (1880—1968) Хéлен А́дамс Кéллер, амер. слепоглухая. Овладела звуковой речью, стала педагогом и литератором. Олицетворяет мужество и упорство в преодолении трудностей. Героиня пьесы У. Гибсона «Сотворившая чудо» (1959)

KELLOGG [ˈkelɔg], **Frank Billings** (1856—1937) Фрэнк Би́ллингс Кéллог, гос. секретарь США (1925—29)

the Kellogg-Briand Pact пакт Келлога-Бриана, договор 15 государств об отказе от войны (подписан 27 августа 1928 по инициативе Ф. Келлога и премьер-мин. Франции А. Бриана {Aristide Briand}; утратил своё значение в связи с политикой нацистской Германии в 30-е гг.)

KELLY [ˈkelɪ], **Gene** /наст. имя Eugene CURRAN/ (р. 1912) Джин Кéлли /Ю́джин Ка́рран/, амер. киноактёр, певец, танцор, режиссёр и хореограф. Лауреат премии «Оскар» (1948, 1951)

⊙ On the Town (1949) «Увольнение в город», Singin' in the Rain (1952) «Пение под дождём» (оба совм. с С. Доненом {Stanley Donen}), Hello, Dolly! (1968) «Хелло, Долли», That's Entertainment II (1976) «Вот это развлечение II», постановка мюзиклов

KEL

KELLY, Grace (1929—82) Грейс Ке́лли, амер. киноактриса. Закончив карьеру в кино, вышла замуж за принца Монако

KELLY, Ned (1855—80) Нед Ке́лли, австрал. разбойник. В фольклоре фигурирует как романтический герой

KELPIE /KELPY/ [ˈkelpɪ] Ке́лпи, в шотл. мифологии и фольклоре водяной или оборотень, чаще всего в облике коня, заводящий путников в трясину

KELVIN [ˈkelvɪn], Baron **/William THOMSON/** (1824—1907) барон Ке́львин /Уи́льям То́мсон/, англ. физик. Предложил абсолютную шкалу температур, к-рая была названа его именем

KEMAL ATATÜRK см. ATATÜRK

KEMBLE [ˈkembl] Кембл: **1. Charles** (1775—1854) Чарлз, англ. комический актёр, брат С. Сиддонс и Дж. Ф. Кембла

2. Frances Anne /Fanny/ (1809—93) Фрэ́нсис Энн /Фа́нни/, англ. актриса и поэтесса, его дочь

3. John Mitchell (1807—57) Джон Ми́тчелл, англ. историк и филолог, сын Ч. Кембла

4. John Philip (1757—1823) Джон Фи́лип, англ. трагический актёр, брат С. Сиддонс и Ч. Кембла

KENDALL [ˈkendl], **Edward Calvin** (1886—1972) Э́дуард Кэ́лвин Ке́ндалл, амер. биохимик. Лауреат Нобелевской премии (1950)

KENDREW [ˈkendru:], **John Cowdery** (р. 1917) Джон Ка́удери Ке́ндрю, англ. биохимик. Лауреат Нобелевской премии (1962)

KENNEDY [ˈkenɪdɪ, -nədɪ] Ке́ннеди, амер. полит. деятели, братья: **1. John Fitzgerald** (1917—63) Джон Фицдже́ралд, 35-й през. США (1961—63), от дем. партии. Убит в Далласе

2. Robert Francis /Bobby/ (1925—68) Ро́берт Фрэ́нсис /Бо́бби/, мин. юстиции США (1961—64). Убит в ходе президентской избирательной кампании

3. Edward (р. 1932) Э́двард, сенатор → HABSBURG

KENNEDY, William (р. 1928) Уи́льям Ке́ннеди, амер. писатель. Лауреат Пулитцеровской премии (1984)

⊙ Ironweed (1983) «Вернония», роман

KENT [kent] Кент, в трагедии У. Шекспира «Король Лир» (1605) преданный Лиру граф

KENT, Rockwell (1882—1971) Ро́куэлл Кент, амер. художник-реалист. Автор пейзажей Севера, иллюстраций к книгам амер. авторов

KEPLER [ˈkeplə], **Johann(es)** (1571—1630) Иога́нн Ке́плер, нем. астроном. Открыл законы движения планет

KERN [kɜ:n], **Jerome David** (1885—1945) Джеро́м Де́йвид Керн, амер. композитор. Автор мюзиклов, оперетт, песен

KEROUAC [ˈkerəwæk, -u:ək], **Jack** (1922—69) Джек Керуа́к, амер. писатель, лидер «поколения битников» {the beat generation}

⊙ Big Sur (1962) «Биг Сур», роман

KETCH [ketʃ], **Jack** (?—1686) Джек Кетч, англ. палач. Отличался особой жестокостью

KETT [ket], **Robert** (1500?—49) Ро́берт Кетт, англ. бунтовщик, противник огораживания {enclosure of common lands}. В 1549 вместе с восставшими завладел Нориджем {Norwich}, но был схвачен и казнён

KEY [ki:], **Francis Scott** (1779—1843) Фрэ́нсис Скотт Ки, амер. юрист, автор слов гимна «Звёздное знамя» {The Star-Spangled Banner}, ставшего с 1931 нац. гимном США

KEYNES [keɪnz], **John Maynard** (1883—1946) Джон Ме́йнард Кейнс, англ. экономист. Автор теории гос. регулирования экономики, в т. ч. в области повышения уровня занятости // **Keynesian** [ˈkeɪnzɪən] *a* кейнсианский; *n* кейнсианец; **Keynesianism** [ˈkeɪnzɪənɪzm] *n* кейнсианство

⊙ The General Theory of Employment, Interest and Money (1936) «Общая теория занятости, процента и денег»

KHAYYAM *см.* OMAR KHAYYÁM

KHOMEINI [ˈxɔmeɪˈni:], Ayatollah **Ruhollah Musawi** (1900?—89) аятолла Рухоллá Мусавú Хомейнú, руководитель Ирана после свержения шахского режима (с 1979)

KHUFU *см.* CHEOPS

KHUSRAU [ˈkusrɔ:] /**CHOSROES/ I (ANUSHIRVAN)** (?—579) Хосрóв I (Ануширвáн), перс. парь. Расширил свои владения от Инда до Красного моря, покровительствовал наукам и литературе. В его правление родился пророк Мухаммед

KHWARIZMI, al- [ælˈkwɑ:rɪzmi:] (787?—85?) аль-Хорезмú, среднеазиатский учёный, автор трактатов по арифметике и математике

KID, Thomas *см.* KYD

KIDD [kɪd], **Captain William** (1645?—1701) капитан Уúльям Кидд, шотл. пират. Из Бостона выходил грабить англ. суда. Схвачен и казнён в Лондоне

All he lacked was age to make a name for himself equal to *Captain Kidd* or *George Washington*. (*M. Twain*)

Только возраст мешал ему сделать себе имя не менее громкое, чем *капитан Кидд* или *Джордж Вашингтон*.

KIERKEGAARD [ˈkɪəkəˌgɑːd], **Sören Aabye** (1813—55) Сёрен Óбюэ Кьéркегор, дат. философ-экзистенциалист, теолог // **Kierkegaardian** [ˈkɪəkəˌgɑːdɪən] *a*

⊙ Ether/Or (1843) «Или—или», философский труд

KILROY [ˈkɪlrɔɪ]: **Kilroy was here** «Здесь был Килрой», образчик типичной надписи туриста на ист. памятнике

KIM IL SUNG [ˈkɪmɪlˈsuŋ] (p. 1912) Ким Ир Сен, полит. деятель КНДР, глава партии (с 1949) и государства (с 1972)

KING [kɪŋ], **Martin Luther** (1929—68) Мáртин Лютер Кинг, амер. негр. священник, вдохновитель и лидер движения за гражданские права негров. Лауреат Нобелевской премии мира (1964). Автор знаменитой проповеди «У меня есть мечта» {I Have a Dream}. Убит расистами. На его надгробии высечена строка из негр. спиричуэла: «Свободен наконец» {Free at Last}

KING, Stephen (p. 1947) Стúвен Кинг, амер. писатель. Автор приключенческих романов о мистических и экстрасенсорных явлениях

⊙ Carrie (1974) «Кэрри», The Shining (1977) «Светящийся», The Dead Zone (1979) «Мёртвая зона», Firestarter (1980) «Несущая огонь», Pet Sematary (1989) «Кладбище для животных», романы

KING, William Lyon Mackenzie (1874—1950) Уúльям Лáйон Маккéнзи Кинг, премьер-мин. Канады (1921—26, 1926—30, 1935—48)

KINNOCK [ˈkɪnɔk], **Neil Gordon** (p. 1942) Нил Гóрдон Кúннок, англ. полит. деятель, лидер лейбор. партии (с 1983)

KIPLING [ˈkɪplɪŋ], **(Joseph) Rudyard** (1865—1936) (Джóзеф) Рéдьярд Кúплинг, англ. писатель (род. и в 1882—89 работал журналистом в Индии). Лауреат Нобелевской премии (1907). Место действия его книг—колониальные страны // **Kiplingesque** [ˌkɪplɪŋˈesk] *a*

⊙ The Jungle Book (1894) «Книга джунглей» /в рус. пер. «Маугли»/, сказочная повесть; Just So Stories (1902) «Сказки просто так»; The Light that Failed (1890) «Свет погас», Kim (1901) «Ким», романы

KIRK [kɜ:k], **Norman** (1923—74) Но́рман Кирк, премьер-мин. Новой Зеландии (с 1972), от лейбор. партии

KISSINGER [ˈkɪsɪndʒə], **Henry Alfred** (р. 1923) Ге́нри А́лфред Ки́ссинджер, амер. полит. деятель (род. в Германии), гос. секретарь США (1973—77). Лауреат Нобелевской премии мира (1973)

KITCHENER [ˈkɪtʃɪnə], **Horatio Herbert** (1850—1916) Гора́цио Ге́рберт Ки́тченер, англ. фельдмаршал, мин. обороны (1912—14). Командовал подавлением восстания в Судане (1895—98), операциями в англо-бурской войне (1900—02) → CROMER

KLEE [kleɪ], **Paul** (1879—1940) Па́уль Кле́е, швейц. живописец. Один из лидеров абстрактного экспрессионизма

KNELLER [ˈnelə], **Godfrey** /наст. имя Gottfried KNILLER/ (1646—1723) Го́дфри Не́ллер /Го́тфрид Кни́ллер/, англ. художник (род. в Германии, в Англии с 1674). Автор парадных портретов

KNICKERBOCKER [ˈnɪkəbɔkə], **Diedrich** Ди́дрих Кни́ккербоккер /Ни́кербокер/, в сатирической хронике В. Ирвинга «История Нью-Йорка до конца голландской династии» (1809) персонаж, от лица к-рого написана эта книга * шутл. житель Нью-Йорка, особ. потомок голл. поселенцев

KNOX [nɔks], **John** (1505?—72) Джон Нокс, шотл. священник, основатель пресвитерианской церкви. Противник Марии Стюарт

KNUDSEN [ˈ(kə)nu:dsən], **William Signius** (1879—1948) Уи́льям Си́гниус Кну́дсен, амер. организатор производства, деятель автомобильной промышленности (род. в Дании)

KNUT см. CANUTE

KOCH [kɔtʃ], **Edward** (р. 1924) Э́дуард Коч, амер. полит. и обществ. деятель, мэр Нью-Йорка (1978—90). Активист движения гомосексуалистов

KOCH [kɔ:k], **Robert** (1843—1910) Ро́берт Кох, нем. микробиолог. Выделил возбудителей туберкулёза и др. инфекционных болезней. Лауреат Нобелевской премии (1905)

KOESTLER [ˈkes(t)lə], **Arthur** (1905—83) А́ртур Кёстлер, англ. писатель и философ (род. в Венгрии). Участник войны в Испании
⊙ Darkness at Noon (1940) «Слепящая тьма», роман

KOHL [kɔ:l], **Helmut** (р. 1930) Ге́льмут /Хе́льмут/ Коль, федеральный канцлер ФРГ (1982—90) и объединённой Германии (с 1990)

KOPERNIK см. COPERNICUS

KORNBERG [ˈkɔ:nbɜ:g], **Arthur** (р. 1918) А́ртур Ко́рнберг, амер. биохимик. Лауреат Нобелевской премии (1959)

KOSCIUSZKO [ˌkɔsɪˈʌskəu, kɔˈtʃu:ʃkəu], **Thaddeus** /**Tadeusz**/ (1746—1817) Таде́уш Костю́шко, польск. революционер. Участник Войны за независимость северо-американских колоний 1775—83, руководитель восстания 1794 в Польше

KRAEPELIN [ˈkrɪpəlɪn], **Emil** (1856—1926) Эми́ль Кре́пелин, нем. врач. Один из основателей клинической психиатрии

KRAMER [ˈkreɪmə], **Stanley** (р. 1913) Стэ́нли Кра́мер, амер. кинорежиссёр и продюсер. Автор фильмов на соц. и полит. темы
⊙ Defiant Ones (1958) «Не склонившие головы» /«Скованные одной цепью»/, It's a Mad, Mad, Mad, Mad World (1963) «Это безумный, безумный, безумный, безумный мир», Bless the Beasts and the Children (1971) «Благослови детей и зверей», The Domino Principle (1977) «Принцип домино»

KRANACH см. CRANACH

KREBS [krebz], **Hans Adolf** (1900—81) Ханс Адо́льф Кребс, англ.

биохимик (род. в Германии, в Англии с 1933). Лауреат Нобелевской премии по медицине (1953)

KRENEK [ˈkreɪnek], **Ernst** (р. 1900) Эрнст Кре́нек, амер. композитор (род. в Австрии, в США с 1938). Использовал джазовые и амер. фольклорные мотивы

⊙ Johnny Strikes Up (1927) «Джонни ударяет по струнам», опера

KREUTZER [ˈkrɔɪtsə], **Rodolphe** (1766—1831) Родо́льф Кре́йцер, фр. скрипач и композитор. Друг Л. Бетховена

☐ Kreutzer Sonata «Крейцерова соната», посвящённая ему соната Бетховена (1803)

KRIEMHILD(E) [ˈkriːmhɪld(ə)] Кримхи́льда, в нем. эпосе жена Зигфрида. Соответствует сканд. Гудрун

KRINGLE [ˈkrɪŋgl], **Kris(s)** Крис(с) Крингл, именование Санта Клауса

And now this became an anxious function, for night had fallen and it would soon be necessary to light the candles on the tree, and Cherokee was apt to make an irruption at any time in his *Kriss Kringle* garb. *(O. Henry)*

Тревога росла, ибо надвигалась ночь и пора было уже зажигать ёлку, да и Чероки в любую минуту мог, не спросясь, появиться на пороге в полном облачении *рождественского деда. (Пер. Т. Озёрской)*

KRISHNA [ˈkrɪʃnə] Кри́шна, в индуист. мифологии воин-герой и бог-громовержец, одно из воплощений Вишну. Его любовь к пастушке — один из наиболее популярных сюжетов. Земная жизнь Кришны заканчивается, когда в него попадает стрела охотника

KRONOS *см.* CRONOS

KRUGER [ˈkruːgə], **Stephanus Johannes Paulus** (1825—1904) Сте́фанус Йоха́ннес Па́улус Крю́гер, президент бурской респ. Трансвааль (1883—1902), лидер буров в англо-бурской войне 1899—1902

KRUPP [krup] Крупп, семья нем. промышленников. Владельцы крупного металлургического и машиностроительного концерна (основан в 1811)

KUBLAI KHAN [ˈkublaɪˈkɑːn] (1216?—94) Хубила́й /Ку́бла Хан/, монг. завоеватель Китая, внук Чингисхана

☐ «Кубла Хан», поэма С. Колриджа (опубл. 1816)

Last year I visited the $7 million palestra in which the team plays and found it an athletic paradise, something that *Kublai Khan* might have devised. *(J. Michener)*

В прошлом году я побывал в «палестре», где играет команда. Строительство этого спортивного рая обошлось в семь миллионов долларов; такие хоромы мог позволить себе разве что *монгольский хан.*

KUBRIK [ˈk(j)uːbrɪk], **Stanley** (р. 1928) Сте́нли Ку́брик, амер. кинорежиссёр (с 1971 в Великобритании). Лауреат премии «Оскар» (1968)

⊙ Lolita (1962) «Лолита», Dr. Strangelove or How I Learned to Stop Worrying and Love the Bomb (1963) «Доктор Стрейнджлав, или Как я научился не волноваться и полюбил бомбу», 2001: A Space Odyssey (1968) «2001 год: космическая одиссея», A Clockwork Orange (1971) «Заводной апельсин», Full Metal Jacket (1987) «Металлическая рубашка»

KYD /KID/ [kɪd], **Thomas** (1558—94) То́мас Кид, англ. драматург. Считается автором пьесы, послужившей основой для «Гамлета»

⊙ The Spanish Tragedy (1586) «Испанская трагедия»

KYNEWULF *см.* CYN(E)WULF

L

LACHESIS ['lækɪsɪs] Лахéсис /Лахéса/, в антич. мифологии одна из богинь судьбы — греч. мойр {Moirae}, рим. парок {Parcae}. Она назначает жизненный жребий человека

LAERTES [le(ɪ)'з:ti:z] Лаэ́рт, в трагедии У. Шекспира «Гамлет» (1601) брат Офелии. Убивает Гамлета и гибнет сам на дуэли

LA FAYETTE /LAFAYETTE/ [‚lɑ:fɪ'et], **Marie Joseph de** (1757—1834) Мари́ Жозе́ф де Лафайе́т, фр. полит. деятель, участник Войны за независимость североамериканских колоний 1775—83

LAFIT(T)E [lə'fi:t, lɑ:-], **Jean** (1780?—1825?) Жан Лафи́т, фр. пират. Добровольно сражался на стороне Э. Джексона против англичан в войне 1812—15. Фигурирует в фольклоре

LA FOLLETTE [lə'fɔlɪt], **Robert Marion** (1855—1925) Ро́берт Ма́рион Лафо́ллет, амер. полит. деятель. Один из лидеров прогрессистского {progressive} движения; выступал за ограничение власти монополий → LODGE

LA FONTAINE [ləfɔn'tem, lə'fɔn-], **Jean de** (1621—95) Жан де Лафонте́н, фр. баснописец

LAGERLÖF['lɑ:gə‚lз:v], **Selma** (1858—1940) Се́льма Ла́герлёф, швед. писательница. Автор книг для детей. Лауреат Нобелевской премии (1909)

⊙ The Wonderful Adventures of Nils (1907) «Чудесное путешествие Нильса», роман-сказка

LAGRANGE [lə'grɑ:n(d)ʒ], **Joseph Louis** (1736—1813) Жозе́ф Луи́ Лагра́нж, фр. математик и астроном

LA GUARDIA [lə'gwɑ:dɪə], **Fiorello Henry** (1882—1947) Фьоре́лло Ге́нри Лагуа́рдиа, амер. полит. деятель, мэр Нью-Йорка (1934—45)

LAKSHMI ['lʌkʃmɪ] / **SRI** [ʃri:]/ Ла́кшми /Шри/, в индуист. мифологии богиня счастья и процветания, жена Вишну. Родилась из морской пены (по др. версии выплыла из первозданных вод на цветке лотоса)

LAMARCK [lə'mɑ:k], **Jean Baptiste** (1744—1829) Жан Бати́ст Лама́рк, фр. натуралист. Его теория эволюции господствовала в науке до Ч. Дарвина

LAMARR [lə'mɑ:], **Hedy** /наст. имя Hedwig KIESLER/ (р. 1913) Хе́ди Лама́рр /Хе́двиг Ки́слер/, австр. киноактриса (с 30-х гг. в Голливуде). Снималась в амплуа роскошных красавиц

LAMB [læm] Лэм: **1. Charles** (1775—1834) Чарлз, англ. поэт и эссеист. Автор популярных обработок шекспировских пьес и др. классических произведений в форме рассказов для детей

⊙ Tales from Shakespeare (совм. с М. Лэм, 1807) «Рассказы по Шекспиру»; Essays of Elia (1823) «Очерки Элии», книга эссе

2. Mary (1764—1847) Мэ́ри, его сестра и соавтор

LAMB, Willis Eugene (р. 1913) Уи́ллис Ю́джин Лэмб, амер. физик. Лауреат Нобелевской премии (1955)

LAMBERT ['læmbə(:)t], **Constant** (1905—51) Ко́нстант Лэ́мберт, англ. дирижёр, композитор и аранжировщик

⊙ Comus (1942) «Комус», балет (аранжировка музыки Г. Перселла)

LAMIA ['leɪmɪə, 'lɑ:-] Ла́мия: **1.** в греч. мифологии кровожадное чудовище; в легендах европ. народов полудева-полузмея или ведьма-вампир

2. в одноим. поэме Дж. Китса (1819) ведьма, принявшая облик юной красавицы

LAMPMAN ['læmpmən], **Archibald** (1861—99) Áрчибальд Лáмпмен /Лэ́мпмен/, канад. поэт. Автор стихов о природе
⊙ Lyrics of Earth (1896) «Лирика земли», сб. стихов

LANCASTER ['læŋkəstə, læŋ'kæstə] **1.** Ланкáстер, фамильное имя англ. королевской династии (1399—1461). Ланкастеры уступили власть Йоркам в войне Алой и Белой Розы
2. Duke of см. JOHN of Gaunt

LANCASTER, Burt(on) (р. 1913) Бéрт(он) Ланкáстер, амер. киноактёр. В 40—50-х гг. снимался в амплуа волевых, мужественных героев

LANCELOT см. LAUNCELOT

LANDSEER ['læn(d)sɪə], **Edwin Henry** (1802—73) Э́двин Гéнри Лэндсир, англ. художник-анималист

LANDSTEINER ['lændstaɪnə], **Karl** (1868—1943) Карл Ландштéйнер, австр. биолог (с 1922 в США), один из основателей иммунологии. Лауреат Нобелевской премии (1930)

LANG [læŋ], **Cosmo Gordon** (1864—1945) Кóзмо Гóрдон Лэнг, архиепископ Кентерберийский (1928—42)

LANGE ['lɔŋgɪ], **David** (р. 1942) Дéйвид Лóнги, премьер-мин. Новой Зеландии (1984—89)

LANGLAND ['læŋlənd] /**LANGLEY**/, **William** (1330?—1400?) Уи́льям Лéнгленд, англ. поэт
⊙ The Vision Concerning Piers the Ploughman (1362?) «Видение о Петре Пахаре», аллегорическая поэма

LANGLEY ['læŋlɪ] **1.** см. LANGLAND
2. Samuel (1834—1906) Сэ́мюэл Лéнгли, амер. астрофизик, один из пионеров астронавтики

LANGMUIR ['læŋmjuə], **Irving** (1881—1957) И́рвинг Лéнгмюр, амер. физик и химик. Лауреат Нобелевской премии (1932)

LAOCOON [le(ɪ)'ɔkəuɒn] Лаокоóн(т), в греч. мифологии троянский жрец, убеждавший троянцев не принимать от греков деревянного коня. За это Афина наслала на него змей, к-рые погубили его вместе с сыновьями (сюжет греч. скульптурной группы)

LAODAMIA [ˌle(ɪ)ə(u)də'maɪə] Лаодáмия, в греч. мифологии жена Протесилая {Protesilaus}, погибшего на троянской войне вскоре после свадьбы. Боги разрешили Протесилаю на один день вернуться к Лаодамии, и по истечении этого дня она покончила с собой

LAO-TSE/-TZE, -TZU/ ['lau'tzeɪ, -tsu:] /*наст. имя* LI EHR/ (604?—531? до н.э.) Лáо-Цзы /Ли Эр/, кит. философ, основатель даосизма {Taoism} — одной из основных религий Китая
⊙ Tao-te-king /Tao-te-ching/ «Дао дэ цзин», трактат

LARDNER ['lɑːdnə], **Ring /Ringgold Wilmer/** (1885—1933) Ринг /Ри́нгголд Уи́лмер/ Лáрднер, амер. писатель, журналист. Автор юмористических рассказов → GATSBY

LARKIN ['lɑːkɪn], **Philip Arthur** (р. 1922) Фи́лип Áртур Лáркин, англ. поэт и новеллист

LA ROCHEFOUCAULT [lɑːˌrɔʃfuːˈkəu], **François de** (1613—80) Франсуá де Ларошфукó, фр. писатель-моралист

LAROUSSE [ləˈruːs], **Pierre Athanase** (1817—75) Пьер Атанáс Ларýсс, фр. лексикограф. Его именем названа популярная серия словарей фр. языка

LA SALLE [ləˈsæl, lɑːˈsɑːl], **Sieur de /René Robert Cavelier/** (1643—87)

месье /Рене́ Робе́р Кавелье́/ де Ла Салль, фр. исследователь Америки. Основал Луизиану {Louisiana}, назвав её так в честь Людовика XIV и объявив французской

LASKI ['læskɪ], **Harold Joseph** (1893—1950) Га́рольд Джо́зеф Ла́ски, англ. политолог

LASSALLE [lə'sæl, -sɑ:l], **Ferdinand** (1825—64) Фердина́нд Ласса́ль, нем. социалист. Идеолог и организатор рабочего движения

LATIMER ['lætmə], **Hugh** (1485?—1555) Хью Ла́тимер, англ. епископ, деятель Реформации. После восстановления католицизма при Марии Тюдор сожжён как еретик

His muse and teaching was common sense, joyful, aggressive, irresistible. Not *Latimer*, nor *Luther* struck more telling blows against false theology that did this brave singer. (*R. W. Emerson*)

Его музой и учением был здравый смысл — радостный, настойчивый, неотразимый. Ни *Латимер*, ни *Лютер* не нанесли более ощутимого удара по богословской фальши, чем этот смелый певец.

'We shall this day light such a candle, by God's grace, in England, as I trust shall never be put out,' said Beatty. Stoneman glanced over at the Captain, as did Montag, startled. Beatty rubbed his chin. 'A man named *Latimer* said that to a man named *Nicholas Ridley*, as they were being burnt alive at Oxford, for heresy, on October 16, 1555.' (*R. Bradbury*)

«Божьей милостью мы зажжём сегодня в Англии такую свечу, которую, я верю, им не погасить никогда», — промолвил Битти. Стоунмен и Монтэг изумлённо взглянули на брандмейстера. Битти задумчиво потер подбородок.— «Человек по имени *Лотимер* сказал это человеку, которого звали *Николас Ридли*, когда их сжигали заживо на костре за ересь в Оксфорде 16 октября 1555 года». (*Пер. Т. Шинкарь*)

LATINUS [lə'tainəs] Лати́н, в греч. мифологии царь Латия /Лациума/ {Latium} — области, центром к-рой был Рим. Скрепил союз между латинами и троянцами, отдав в жёны Энею свою дочь Лавинию

LATONA см. LETO

LAUD [lɔ:d], **William** (1573—1645) Уи́льям Лод, архиепископ Кентерберийский (с 1633), советник Карла I. Преследовал пуритан, стремился к подчинению пресвитерианской церкви. Арестован по решению Долгого парламента в 1640, судим и казнён

LAUGHTON ['lɔ:tn], **Charles** (1899—1962) Чарлз Ло́утон /Ло́тон/, амер. актёр (род. в Англии, в Голливуде с 30-х гг.). Снимался в ист. и драматических ролях. Лауреат премии «Оскар» (1933)

LAUNCE [lɑ:ns, lɔ:ns] Ланс, в комедии У. Шекспира «Два веронца» (1594) слуга-шут Протея

LAUNCELOT ['lɑ:nslət, 'lɔ:n-] / **LANCELOT** ['lɑ:nslət] / *of the Lake* Лансело́т /Ланцело́т/ Озёрный, в «артуровских легендах» один из самых доблестных рыцарей Круглого стола, влюблённый в королеву Гвиневеру

LAURA ['lɔ:rə] Ла́ура, женщина, к к-рой обращена любовная лирика Петрарки

LAUREL ['lɔ:r(ə)l], **Stan(ley)** /*наст. имя* Arthur JEFFERSON/ (1890—1965) Стэн(ли) Ло́рел /Ла́урел; Артур Джёфферсон/, амер. комический киноактёр, партнер О. Харди. Снимался в амплуа худощавого англичанина-простака

LAURENCE ['lɔ:r(ə)ns] Лоре́нцо, в трагедии У. Шекспира «Ромео и Джульетта» (1595) монах, друг Ромео и Джульетты. Предлагает Джульетте снотворное, чтобы объявить о её смерти

LAURENCE /**LAWRENCE**/, St. (?—258) св. Лавре́нтий, христ. мученик. По легенде, был изжарен заживо

LEA

LAUTREC *см.* TOULOUSE-LAUTREC

LAVINIA [lə'vɪnɪə] Лави́ния, в греч. мифологии дочь Латина. Несмотря на помолвку с Турном, отец решил отдать ее в жёны Энею, что привело к войне между Энеем и Турном

LAVOISIER [lə'vwɑːzɪeɪ], **Antoine Laurent** (1743—94) Антуа́н Лора́н Лавуазье́, фр. химик

LAW, Andrew Bonar *см.* BONAR LAW

LAWRENCE, St. *см.* LAURENCE, St.

LAWRENCE ['lɔr(ə)ns], **David Herbert** (1885—1930) Де́йвид Ге́рберт Ло́ренс /Ло́уренс/, англ. писатель. Его последний роман был подвергнут цензуре как «непристойный»// **Lawrencian** [lɔ:'ren(t)ʃən] *a*
⊙ The White Peacock (1911) «Белый павлин», Sons and Lovers (1913) «Сыновья и любовники», The Plumed Serpent (1926) «Пернатый змей», Lady Chatterley's Lover (1929, Париж; в Англии полностью впервые— 1960) «Любовник леди Чаттерлей», романы → DISNEY; GAUGUIN

LAWRENCE, Ernest Orlando (1901—58) Э́рнест Орла́ндо Ло́уренс /Ло́ренс/, амер. физик. Создатель первого циклотрона. Лауреат Нобелевской премии (1939)

LAWRENCE of Arabia, Thomas Edward (1888—1935) То́мас Э́дуард Ло́уренс Арави́йский, англ. разведчик. Способствовал успеху антитурецкого восстания арабов во время 1-й мир. войны
□ фильм Д. Лина (1962)

LAWRENCE, Thomas (1769—1830) То́мас Ло́уренс, англ. портретист, с 1792 придворный художник

LAWSON ['lɔ:sn], **Henry Archibald** (1867—1922) Ге́нри А́рчибалд Ло́усон, австрал. писатель
⊙ While the Billy Boils (1896) «Пока кипит котелок», When the Hat Went Round (1907) «Шапка по кругу», сб. рассказов; Joe Wilson and His Mates (1901) «Джо Уилсон и его товарищи», роман

LAZARUS ['læz(ə)rəs] Ла́зарь, в Новом Завете: **1.** человек, воскрешённый Христом
□ Lazarus Laughed «Лазарь смеялся», пьеса Ю. О'Нила (1927)
Much of the evil resulted from doubt; from an honest confusion among men of good will. Would a reasonable God refuse to end it? Not reveal himself? The raising of *Lazarus* was dim in the distant past. (*W. Blatty*)
Зло во многом порождалось сомнением, искренним замешательством благонамеренных людей. Разве разумный Бог отказался бы с этим покончить? Не открылся бы? Ведь воскрешение *Лазаря* осталось бы тьме веков.
2. нищий в притче о богатом и бедном, к-рый попал в рай в утешение за свои страдания

LEACOCK ['li:kɔk], **Stephen Butler** (1869—1944) Сти́вен Ба́тлер Ли́кок, канад. писатель (род. в Англии, с 1876 в Канаде). Автор юмористических рассказов, пародий, теоретических работ о юморе в литературе
⊙ Literary Lapses (1910) «Литературные кляксы», Nonsense Novels (1911) «Глупые новеллы», Further Foolishness (1916) «Ещё глупости», The Garden of Folly (1924) «Сад причуд», Model Memoirs (1939) «Образцовые мемуары», сб. рассказов

LEAKEY ['li:kɪ] Ли́ки: **1. Louis Seymour Bazette** (1903—72) Лу́ис Се́ймур Ба́зетт Ли́ки, англ. палеонтолог и антрополог
2. Richard (р. 1944) Ри́чард, англ. антрополог, его сын

LEAN [li:n], **David** (1908—91) Де́йвид Лин, англ. кинорежиссёр. Лауреат премии «Оскар» (1957, 1962)

193

13–74

LEA

⊙ Bridge on the River Kwai (1957) «Мост через реку Квай», Lawrence of Arabia (1962) «Лоуренс Аравийский», Passage to India (1984) «Поездка в Индию»

LEANDER [li(:)'ændə] Леа́ндр, в греч. мифологии возлюбленный Геро (*см.* HERO)

☐ Hero and Leander «Геро и Леандр», поэма К. Марло (1598)

LEAR [lɪə] Лир, легендарный король Британии, гл. герой одноим. трагедии У. Шекспира (1605). Отвергнув любящую его дочь Корделию, становится жертвой коварства двух других дочерей. Униженный и лишённый пристанища, Лир теряет рассудок

Exiled kings on annual pilgrimage, unwitting *Lears* permitted small bands of faithful retainers, living in pomp without circumstance, they ... passed checks for thousands of dollars back and forth. (*I. Shaw*)

Короли без королевства, ссыльные пилигримы, теряющие рассудок *Лиры*, коим разрешено оставить себе горстку преданных слуг, они, живя с неуместной помпой, раздавали направо и налево чеки на тысячи долларов.

LEAR, Edward (1812—88) Э́дуард Лир, англ. поэт и художник. Мастер поэзии нонсенса

⊙ The Book of Nonsense (1846) «Книга чепухи», Nonsense Songs, Stories, Botany and Alphabets (1871) «Чепуха: песни, рассказы, ботаника и азбука», Laughable Lyrics (1877) «Смешные стихи», сб. стихов

LEATHERSTOCKING *см.* BUMPPO

LE CARRÉ [lə'kæreɪ], **John** /*наст. имя* David John CORNWELL/ (р. 1931) Джон Ле Карре́ /Дейвид Джон Ко́рнуэлл/ , англ. писатель. Автор детективно-политических романов

⊙ A Murder of Quality (1962) «Убийство по-джентльменски», The Spy Who Came in From the Cold (1963) «Шпион, который вернулся с холода», A Perfect Spy (1986) «Безупречный разведчик», Russia House (1988) «Русский дом», романы

LE CORBUSIER [ləkɔː'bjuːzɪeɪ] /*наст. имя* Charles Édouard JEANNERET-GRIS/ (1887—1965) Ле Корбюзье́ /Шарль Эдуа́р Жаннере́-Гри/, фр. архитектор и дизайнер швейц. происхождения. Основоположник современной архитектуры и дизайна жилища и мебели

LEDA ['liːdə] Лёда, в греч. мифологии жена спартанского царя Тиндарея {Tyndareus}. От союза с Зевсом, явившимся к ней в облике лебедя, родила яйцо, из к-рого появилась Прекрасная Елена

LEDERMAN ['leɪdəmən], **Leon Max** (р. 1922) Лео́н Макс Ле́дерман, амер. физик. Открыл ряд элементарных частиц. Лауреат Нобелевской премии (1988)

LEE [liː], **Ann** (1736—84) Энн Ли, англ. основательница амер. религиозной секты шейкеров {Shakers}, отколовшейся от общества квакеров {Quakers} (с 1744 в Америке). Проповедовала безбрачие

LEE, Bruce /*наст. имя* LEE Yuen Kam/ (1940—73) Брюс Ли /Ли Юэнь Кам/, амер. мастер восточных единоборств и киноактёр, китаец. Снимался в амплуа непобедимого бойца

LEE, Harper (р. 1926) Ха́рпер Ли, амер. писательница. Лауреат Пулитцеровской премии (1961)

⊙ To Kill a Mocking-Bird (1961) «Убить пересмешника», роман

LEE, Robert Edward (1807—70) Ро́берт Эдуа́рд Ли, амер. генерал. В Гражданской войне 1861—65 командовал армией южан. Потерпел поражение при Геттисберге {Gettysburg} (1863) и капитулировал при Аппома́токсе {Appomattox} (1865)

LEEUWENHOEK /LEUWENHOEK/ ['leɪvənhuːk], **Anton van** (1632—1723) А́нтони ван Левенгу́к, голл. биолог. Изготовил микроскоп, в к-рый первым наблюдал микроорганизмы

LÉGER [leɪˈʒeɪ], **Fernand** (1881—1955) Фернáн Леже́, фр. художник (член компартии Франции с 1945)

LEGREE [ləˈgriː], **Simon** Сáймон Легри́, в романе Г. Э. Бичер-Стоу «Хижина дяди Тома» (1852) рабовладелец, забивший плетьми негра Тома * деспот; начальник или надсмотрщик, изнуряющий людей непосильной работой

LEHÁR [ˈleɪhɑː], **Ferencz** /нем. **Franz**/ (1870—1948) Фéренц /Франц/ Легáр, венг. композитор

⊙ The Merry Widow (1905) «Весёлая вдова», The Count of Luxembourg (1909) «Граф Люксембург», оперетты

LEIBNI(T)Z [ˈlaɪbnɪts], **Gottfried Wilhelm** (1646—1716) Гóттфрид Вильгéльм Лéйбниц, нем. философ, математик и физик. Один из создателей дифференциального и интегрального исчислений

LEICESTER [ˈlestə], **Earl of** /Robert DUDLEY [ˈdʌdlɪ]/ (1532—88) граф Лéстер /Рóберт Дáдли/, англ. придворный и военачальник. Фаворит Елизаветы I

LEIGH [liː], **Mitch** (р. 1928) Митч Ли, англ. композитор

⊙ The Man of La Mancha (1972) «Человек из Ламанчи», мюзикл

LEIGH, Vivien /наст. имя Vivian HARTLEY [ˈhɑːtlɪ]/ (1913—67) Вивьéн Ли /Ви́виан Хáртли/, англ. киноактриса. Прославилась в ролях трагических героинь. Лауреат премии «Оскар» (1939, 1951)

LEIGHTON [ˈleɪtn], **Frederick** (1830—96) Фрéдерик Лéйтон, англ. живописец неоклассического направления

LELY [ˈliːlɪ], **Peter** /наст. имя Pieter van der FAES/ (1618—80) Пи́тер Ли́ли /ван дер Фас/, англ. живописец-портретист голл. происхождения (в Англии с 1643)

LEMASS [ˈleməs], **Seán** [ʃɔːn] **Francis** (1899—1971) Шон Фрэ́нсис Лéмасс, премьер-мин. Ирландии (1959—66)

LENNON [ˈlenən], **John** (1940—80) Джон Лéннон, англ. певец и композитор, один из основателей ансамбля «Битлз» {Beatles} (с 1973 в США). Убит душевнобольным

LEO [ˈliː(ː)əu] Лев, имя 13 рим. пап

LEO *the Isaurian* [ɪˈzɔːrɪən] /*the Iconoclast* [aɪˈkɒnəklæst]/ (675?—741) Лев Исаври́йский /Иконоборец/, византийский император (с 717). Запретил поклонение иконам

LEONARDO da VINCI [ˌlɪə(u)ˈnɑːdəudaːˈvɪntʃi(ː)] (1452—1519) Леонáрдо да Ви́нчи, ит. художник, архитектор и учёный Возрождения → CAVELL, GIOCONDA

LEONCAVALLO [leɪɒŋkəˈvaːləu], **Ruggiero** (1858—1919) Руджéро Леонкавáлло, ит. композитор

⊙ Pagliacci /The Clowns/ (1892) «Паяцы», опера

LEONIDAS [liː(ː)ˈɒnɪdəs] (508?—480 до н. э.) Леони́д, царь Спарты (с 490?). Погиб в сражении при Фермопилах {Thermopylae}, защищая с небольшим отрядом этот горный перевал от персов

LEONTES [liː(ː)ˈɒntiːz] Леóнт, в пьесе У. Шекспира «Зимняя сказка» (1611) король Сицилии, ревнивый муж Гермионы

LEOPOLD [ˈlɪə(u)pəuld, ˈleɪə-] Леопóльд, имя ряда европ. монархов, в т. ч.: II (1835—1909), король Бельгии с 1865. Организовал жестокую эксплуатацию африканцев в Конго, что вызвало широкий протест в Англии и США

□ King Leopold's Soliloquy «Монолог короля Леопольда», сатирический памфлет М. Твена (1905)

LER [lɜː] Лер, в ирл. мифологии морской бог, отец Мананнана. Ему соответствует валлийский Ллир

195

LESCAUT [les′kəu], **Manon** Манóн Лескó, героиня одноим. романа Прево д′Экзиля (1731), возлюбленная кавалера Де Гриё {Des Grieux} □ Manon «Манóн», опера Ж. Массне (1884); Manon Lescaut «Манóн Леско», опера Дж. Пуччини (1893)

LESSEPS [ler′seps, ′lesəps], **Ferdinand Marie** (1805—94) Фердинáнд Мари́ Лессéпс, фр. инженер и дипломат. Под его руководством был построен Суэцкий канал (1869). Возглавляемое им акционерное общество по сооружению Панамского канала погрязло в афёрах и в 1888 со скандалом обанкротилось

LETO [′li:təu] /**LATONA** [lə′təunə]/ Лéто /Латóна/, в антич. мифологии богиня, гонимая Герой /Юноной/, мать Аполлона и Артемиды /Дианы/

LEUWENHOEK *см.* LEEUWENHOEK

LEVESQUE [ler′vesk], **René** (p. 1922) René Левéск, канад. полит. деятель, лидер Квебекской партии. Сторонник отделения Квебека

LEWIS [′l(j)u:ɪs], **Clive Staples** (1898—1963) Клайв Стейплз Лью́ис, англ. писатель и литературовед (род. в Ирландии)
⊙ Out of the Silent Planet (1938) «С молчаливой планеты», Perelandra (1943) «Переландра», That Hideous Strength (1945) «Эта жуткая сила», трилогия романов; The Chronicles of Narnia (1950—55) «Хроника Нарнии», цикл из 7 романов-сказок

LEWIS, (Harry) Sinclair (1885—1951) (Гáрри) Си́нклер Лью́ис, амер. писатель. Автор книг о представителях среднего класса маленьких городов. Лауреат Нобелевской премии (1930)
⊙ Main Street (1920) «Главная улица», Babbitt (1922) «Бэббит», Arrowsmith (1925) «Эрроусмит», Dodsworth (1929) «Додсворт», It Can't Happen Here (1935) «У нас это невозможно», романы

LEWIS, John Llewellyn (1880—1969) Джон Ллуэ́ллин Лью́ис, амер. профсоюзный деятель. В 1935 основал Конгресс производственных профсоюзов {Congress of Industrial Organisations}

LEWIS, Matthew Gregory (1775—1818) Мэтью Грéгори Лью́ис, англ. писатель. Автор «готических» повестей
⊙ The Monk (1796) «Монах»

LEWIS, Merriwether (1774—1809) Мерриуэ́зер Лью́ис, амер. путешественник и исследователь северо-западных территорий (вместе с У. Кларком)

LEWIS, (Percy) Wyndham (1884—1957) (Пéрси) Уи́ндем Лью́ис, англ. художник и писатель. Основатель вортицизма (ответвления кубизма) {Vorticism}. Вместе с Э. Паундом редактировал журнал «Бласт» {Blast} (1914—15)

LEWIS, (William) Arthur (p. 1915) (Уи́льям) Áртур Лью́ис, англ. экономист. Лауреат Нобелевской премии (1979)

LIE [li:], **Trygve** (1896—1968) Трю́гве Ли, норв. полит. деятель, ген. секр. ООН (1946—53)

LILBURNE [′lɪlbɜ:n], **John** (1614?—57) Джон Ли́льберн, лидер партии левеллеров во время Англ. буржуазной революции 17 в.

LILITH [′lɪlɪθ] Лили́т, в Ветхом Завете злой демон женского пола. В апокрифических легендах — первая жена Адама, превратившаяся в демона * демоническая соблазнительница

LILLO [′lɪləu], **George** (1693—1793) Джордж Ли́лло, англ. драматург. Автор «мещанских драм»
⊙ The London Merchant, or The History of George Barnwell (1731) «Лондонский купец, или История Джорджа Барнвелла»; Fatal Curiosity (1736) «Роковое любопытство»

LINCOLN [′lɪŋkən], **Abraham** (1809—65) Авраáм /Эйбрахам/ Ли́нкóльн, 16-й през. США (с 1861), один из основателей респ. партии. Его пр-во ликвидировало рабство в результате Гражданской войны с рабовладельческим Югом. Убит Дж. У. Бутом. Олицетворяет честность и целостность личности, а тж. гражданские идеалы амер. народа

But old Stradlater kept snowing her in this *Abraham Lincoln*, sincere voice, and finally there'd be this terrific silence in the back of the car. (*J. Salinger*)

Но Стрэдлейтер всё уговаривал её, голос у него был, *как у президента Линкольна*, ужасно честный, искренний, и вдруг наступила жуткая тишина. (*Пер. Р. Райт-Ковалёвой*)

When are you going to tell the boys back home it's no go, that they are wasting dough? That Willie couldn't steal a vote from *Abe Lincoln* in the Cradle of Confederacy? (*R. P. Warren*)

Когда ты скажешь своим ребятам, что дело не пойдёт, что они выбрасывают деньги на ветер? Вилли даже у *Линкольна* в столице конфедератов не отнял бы ни единого голоса!
→ CROMER, WAGNER

LINDBERGH ['lɪn(d)bɜ:g], **Charles Augustus** (1902—74) Чарлз Огáстес Лѝндберг, амер. лётчик. В 1927 совершил первый беспосадочный перелёт через Атлантику на самолёте «Дух Сент-Луиса» {The Spirit of St. Louis}. В 1932 у него был похищен (и впоследствии убит) ребёнок. Лауреат Пулитцеровской премии (1954)

LINDSAY ['lɪn(d)zɪ], **John Vliet** (р. 1921) Джон Влит Лѝндсей, амер. полит. деятель, мэр Нью-Йорка (1965—73)

Look at that pot-hole! That damn *Lindsay*! Hah? No, I don't know who this *Lindsay* is either. The other drivers, they all say that when they see a hole in the street. (*Newsweek, 1988*)

Смотрите, какая выбоина! Чёртов *Линдсей*! А? Да нет, я не знаю, кто такой этот *Линдсей*. Просто другие водители всегда так говорят, когда видят яму на дороге.

LINDSAY, (Nicholas) Vachel (1879—1931) (Нѝколас) Вéйчел /Вэ́чел/ Лѝндсей /Лѝндзи/, амер. поэт. В молодости бродяжничал, проповедуя «Евангелие красоты». В состоянии душевного расстройства покончил с собой

☉ General William Booth Enters into Heaven (1913) «Вступление генерала Уильяма Бута на небеса», The Congo (1914) «Конго», The Chinese Nightingale (1917) «Китайский соловей», сб. стихов

LINNAEUS [lɪ'ni(:)əs], **Carolus** /Carl LINNÉ [lɪ'neɪ]/ (1707—78) Карл Линнéй, швед. биолог. Автор искусственной классификации видов // **Linnaean** [lɪ'ni:ən] *a* линнеевс, *a* линнеевский

LIPMANN ['lɪpmən], **Fritz Albert** (1899—1986) Фриц А́льберт Лѝпман, амер. биохимик (род. в Германии, в США с 1939). Лауреат Нобелевской премии (1953)

LIPPMANN ['lɪpmən], **Walter** (1889—1974) Уóлтер Лѝппманн, амер. журналист-обозреватель

LIPTON ['lɪptən], **Thomas Johnstone** (1850—1931) Тóмас Джóнстон Лѝптон, англ. предприниматель. Его имя носит торговая компания и популярная марка чая

LISTER ['lɪstə], **Joseph** (1827—1912) Джóзеф Лѝстер, англ. хирург, основоположник антисептики

LISZT [lɪst], **Ferencz** /*нем.* Franz/ (1811—86) Фéренц Лист, венг. композитор и пианист-виртуоз. Работал в Веймаре. Автор симфоний, фортепьянных пьес, венг. рапсодий//**Lisztian** ['lɪstɪən] *a*

LITTLE RED RIDING-HOOD [ˈlɪtlˈredˈraɪdɪŋhud] Кра́сная Ша́почка, персонаж одноим. сказки Ш. Перро

LIVINGSTONE [ˈlɪvɪŋstən], **David** (1813—73) Дави́д Ли́вингсто́н, шотл. исследователь и миссионер в Африке. В экспедиции 1855—56 открыл водопад Виктория {Victoria Falls}

LIVY [ˈlɪvɪ] /**Titus LIVIUS**/ (59 до н. э. — 17 н. э.) Тит Ли́вий, рим. историк. Автор многотомной истории Рима

LLEU [ˈ(h)leju:] Лле́у, валлийский вариант имени бога Луга (см. LUG(H)

LLEWELLYN [lu(:)ˈelɪn] Ллеве́ллин /Ллуэ́ллин/, имя ряда уэльских вождей 12—13 вв.

LLOYD [lɔɪd], **Edward** (1688—1726) Э́дуард Ллойд, владелец кофейни на Ломбард-стрит в Лондоне, где собирались судовладельцы, фрахтовщики, отправители грузов. Его именем названы страховая компания (1688) и банк (1865)

Lloyd's Register «Реестр Ллойда», справочник морских судов

A-1 at Lloyd's принадлежащий к классу А-1 по «Реестру Ллойда» * первоклассный, первосортный, отменный

LLOYD, Harold (1893—1971) Га́рольд Ллойд, амер. комический актёр немого кино

LLOYD GEORGE [ˈlɔɪdˈdʒɔːdʒ], **David** (1863—1945) Дэ́вид Ллойд Джордж, премьер-мин. Великобритании (1916—22), лидер либер. партии → EDWARD

LLOYD WEBBER [ˈlɔɪdˈwebə], **Andrew** (р. 1948) Э́ндрю Ллойд Уэ́ббер, англ. композитор. Автор мюзиклов

⊙ Jesus Christ Superstar (1970) «Иисус Христос Суперзвезда», Evita (1976) «Эвита», Cats (1981) «Кошки», Starlight Express (1984) «Звёздный экспресс»

LLUD [(h)ly:ð,(h)li:ð] Ллуд, в валлийской мифологии король Британии, иногда причислялся к богам

LLYR [(h)ly:r, (h)lɪə] Ллир, в валлийской мифологии морской бог. Соответствует ирл. Леру

LOCHINVAR [ˌlɔkɪnˈvɑː] Лохинва́р, в поэме В. Скотта «Мармион» (1808) герой вставной баллады. Похищает возлюбленную со свадебного пира → CAPONE

LOCK(E) [lɔk], **Matthew** (1630?—77) Мэ́тью Локк, англ. композитор. Автор первой англ. оперы

⊙ The Siege of Rhodes (1656) «Осада Родоса»

LOCKE [lɔk], **John** (1632—1704) Джон Локк, англ. философ// **Lockian** [ˈlɔkɪən] *a*

⊙ Essay Concerning Human Understanding (1690) «Опыт о человеческом разуме», трактат

LOCKHART [ˈlɔkət, ˈlɔkhɑːt], **John Gibson** (1794—1854) Джон Ги́бсон Ло́ккарт, шотл. писатель, поэт и лит. биограф

LODGE [lɔdʒ], **Henry Cabot** (1850—1924) Ге́нри Кэ́бот Лодж, амер. писатель и конс. полит. деятель

He was a war-party leader with a peace-party's instincts: a *Lodge* turned pacifist, and a *La Follette* for the war. (*J. Vinson*)

Это был лидер партии войны с задатками лидера партии мира: *Лодж*, превратившийся в пацифиста, или *Лафоллет*, подстрекающий к войне.

LOEWE [ˈləu(ɪ)], **Frederick** (1904—88) Фре́дерик Ло́у, амер. композитор (род. в Австрии)

⊙ Brigadoon (1947) «Бригадун», My Fair Lady (1956) «Моя прекрасная леди», Camelot (1960) «Камелот», мюзиклы

LOHENGRIN [ˈləuɪŋgrɪn, ˈləuəŋ-] Лоэнгри́н, в герм. эпосе и одноим. опере Р. Вагнера (1848) рыцарь Священного Грааля, сын Парсифаля /Парцифаля/

LOKI [ˈləukɪ] Ло́ки, в сканд. мифологии один из богов-асов {Aesir}, хитрый, злокозненный и склонный к плутовству. Подстроил убийство Бальдра. В конце света Локи должен сразиться с богом Хеймдаллем, убить его и погибнуть сам

LOLITA [ləˈliːtə] Лоли́та, в одноим. романе В. Набокова (1955) девочка-«нимфетка» — предмет обожания Гумберта Гумберта * девочка-подросток как объект сексуального влечения

LOMBARD [ˈlɔmbəd], **Carole** /наст. имя Jane PETERS/ (1908—42) Кэ́рол Ло́мбард /Джейн Пи́терс/, амер. киноактриса

LONDON [ˈlʌndən], **Jack** /наст. имя John GRIFFITH/ (1876—1916) Джек Ло́ндон /Джон Гри́ффит/, амер. писатель
⊙ The Son of the Wolf (1900) «Сын волка», сб. рассказов; The Call of the Wild (1903) «Зов предков», White Fang (1906) «Белый Клык», повести; The Sea-Wolf (1904) «Морской волк», The Iron Heel (1908) «Железная пята», Martin Eden (1909) «Мартин Иден», South Sea Tales (1911) «Рассказы южных морей», The Valley of the Moon (1913) «Лунная долина», романы

LONELYHEARTS [ˈləunlɪhɑːts], Miss мисс Ло́нлихартс /Одинокие Сердца/, в одноим. романе Н. Уэста (1933) мужчина-журналист, ведущий под этим псевдонимом в газете переписку с читателями по личным проблемам * автор подобной газетной рубрики

LONE RANGER [ˈləunˈreɪndʒə], the Одино́кий Ковбо́й, в одноим. амер. радио- (с 1933) и телесериалах (1949—65) наездник, стрелок и борец за справедливость

LONG [lɔŋ], **Huey Pierce** (1893—1935) Хью́и Пирс Лонг, амер. юрист и полит. деятель, губернатор Луизианы (с 1928), сенатор (с 1932). В демагогических выступлениях обещал каждой семье доход, достаточный для оплаты дома, машины, высшего образования и т. п. Убит политическими противниками → GILGAMESH

LONGFELLOW [ˈlɔŋˌfeləu], **Henry Wadsworth** (1807—82) Ге́нри Уо́дсуорт Лонгфе́лло, амер. поэт-романтик. Переводчик Данте
⊙ Poems of Slavery (1842) «Стихи о рабстве», сб. стихов; Evangeline (1847) «Эванджелина», The Song of Hiawatha (1855) «Песнь о Гайавате», The Courtship of Miles Standish (1858) «Сватовство Майлса Стэндиша», поэмы; Tales of a Wayside Inn (1863) «Рассказы придорожной гостиницы», сб. новелл в стихах

LONGINUS [lɔnˈdʒaɪnəs] /**LONGIUS** [ˈlɔndʒɪəs]/ Лонги́н /Ло́нгий/, в христ. преданиях и ср.-век. рыцарском эпосе рим. солдат, к-рый при распятии Христа воскликнул: «Воистину это сын Божий!» {Truly this is the Son of God} и пронзил копьём тело Христа, чтобы прекратить его страдания

LONGINUS, Dionysius Cassius (?—273) Диони́сий Ка́ссий Лонги́н, греч. философ

LONGIUS см. LONGINUS

LONGLEY [ˈlɔŋlɪ], **Charles Thomas** (1794—1868) Чарлз То́мас Ло́нгли, архиепископ Кентерберийский (с 1862)

LONGUS [ˈlɔŋgəs] (3в.?) Лонг, греч. писатель
⊙ Daphnis and Chloe «Дафнис и Хлоя», роман

LORCA, Federico García см. GARCÍA LORCA

LORENTZ [ˈləurents], **Hendrik Antoon** (1853—1928) Хе́ндрик А́нтон Ло́ренц, нидерландский физик-теоретик. Лауреат Нобелевской премии (1902)

LOT

LOT [lɔt] Лот, в Ветхом Завете племянник Авраама, бежавший из обречённого Содома {Sodom}. Вопреки запрету Бога его жена оглянулась при бегстве и превратилась в соляной столп {a pillar of salt}

LOTHAIR [lə(u)ˈteə,-θeə] Лотарь, имя двух герм. королей, императоров «Священной Рим. империи»

LOTHARIO [lə(u)ˈθɑːrɪəu] Лотарио, в пьесе Н. Роу «Кающаяся красавица» (1703) бездушный соблазнитель женщин

LOUIS [ˈluːiː(s)] Людовик, имя 18 фр. и ряда баварских королей

LOUIS NAPOLEON BONAPARTE *см.* NAPOLEON III

LOUIS-PHILIPPE [ˈluːiːfrˈliːp] (1773—1850) Луи Филипп, фр. король (1830—48)

LOVELACE [ˈlʌvleɪs], **Richard** (1618—58) Ричард Лавлейс, англ. поэт

LOVELACE, Robert Роберт Ловлас /Ловелас, Лавлейс/, в романе С. Ричардсона «Кларисса Харлоу» (1748) обольститель Клариссы

LOW [ləu], **David Alexander Cecil** (1891—1963) Дейвид Александер Сесил Лоу, англ. карикатурист. Создал образ полковника Блимпа

LOWELL [ˈləuəl] Лоуэлл: **1. Amy** (1874—1925) Эми, амер. поэтесса и критик, внучатая племянница Д. Р. Лоуэлла. Представитель имажизма. Писала свободным стихом

⊙ Men, Women and Ghosts (1916) «Мужчины, женщины и призраки», сб. стихов

2. James Russell (1819—91) Джеймс Расселл, амер. поэт, публицист и критик, противник рабства

⊙ Biglow Papers (1848, 1867) «Записки Биглоу», сб. памфлетов и фельетонов в стихах

3. Robert (1917—77) Роберт, амер. поэт, его правнук

⊙ Land of Unlikeness (1944) «Земля несоответствий», Life Studies (1959) «Этюды о жизни», сборники

LOWRY [ˈlau(ə)rɪ], **(Clarence) Malcolm** (1909—57) (Кларенс) Малькольм Лаури, канад. писатель (род. и умер в Англии, в Канаде с кон. 30-х гг. по 1954)

⊙ Ultramarine (1933) «Ультрамарин», Under the Volcano (1947) «У подножия вулкана», романы; Hear Us O Lord (опубл. 1962) «Услышь нас, Господи», сб. рассказов

LOYOLA, Ignatius (of) *см.* IGNATIUS (of) Loyola

LUCAS [ˈluːkəs], **George** (p. 1944) Джордж Лукас, амер. кинорежиссёр, сценарист и продюсер

⊙ American Graffiti (1973) «Американские граффити», Star Wars (1977) «Звёздные войны», Indiana Jones and the Temple of Doom (1984) «Индиана Джонс и храм Судьбы», Indiana Jones and the Last Crusade (1989) «Индиана Джонс и последний крестовый поход» → FEUILLADE

LUCIAN [ˈluːsjən, -ʃ(ɪ)ən] (120—190?) Лукиан, греч. писатель-сатирик

⊙ Dialogues of the Gods «Разговоры богов», Dialogues of the Dead «Разговоры в царстве мёртвых», философские сатиры

LUCIFER [ˈluːsɪfə] Люцифер, в христ. мифологии одно из именований Сатаны → JACKSON A.

LUCIUS [ˈluːsjəs, -ɪəs] Луций: **1.** в мифологии др. британцев король, первым принявший христианство

2. в «артуровских легендах» рим. император, против к-рого вёл войну король Артур

LUCRETIA [luːˈkriːʃ(j)ə] /**LUCRECE** [luˈkriːs]/ (6 в. до н. э.) Лукреция, жена знатного римлянина. Подвергнувшись насилию со стороны Секста {Sextus}, сына царя Тарквиния, покончила с собой. Это стало поводом к восстанию против Тарквиния и установлению республики

□ The Rape of Lucrece «Обесчещенная Лукреция» (в рус. пер. «Лукреция»), поэма У. Шекспира (1594)

LUCRETIUS [luːˈkriːʃ(j)əs] /Titus Lucretius CARUS/ (98—55 до н. э.) (Тит) Лукре́ций (Кар), рим. поэт и философ // **Lucretian** [luːˈkriːʃ(j)ən] *a* ⊙ De Rerum Natura «О природе вещей», поэма

LUCULLUS [luːˈkʌləs] (117?—56 до н. э.) Луку́лл, рим. полководец. Оставляя военную службу в 65, устроил многодневные пиры, неслыханные по изобилию // **Lucullan** [luːˈkʌlən], **Lucullean, Lucullian** [luːˈkʌljən] *a*: **Lucullan feast** лукуллов пир

LUD [lʌd] Луд, в мифологии др. британцев король, к-рый обнёс стенами город, основанный Брутом, впоследствии Лондон

LUDENDORFF [ˈluːdndɔːf], **Erich** (1865—1937) Э́рих Лю́дендорф, нем. военачальник. Командовал вооружёнными силами Германии в 1-й мир. войне

LUG(H) [luːg] Луг, в ке́льт. (ирл.) мифологии бог све́та, покровитель искусств и ремесел. Соответствует валлийскому Ллеу

LUKE [luːk] Лука́, в Новом Завете автор третьего по счёту евангелия и «Деяний апостолов» {The Acts of the Apostles} // **Lucan** [ˈluːkən] *a*

LUNT [lʌnt], **Alfred** (1893—1977) А́лфред Лант, амер. драматический актёр. Выступал вместе со своей женой Л. Фонтанн

I didn't much want to see it, but I knew old Sally, the queen of the phonies, would start drooling all over the place when I told her I had tickets for that because the *Lunts* were in it and all (*J. Salinger*)

Мне особенно не хотелось смотреть эту пьесу, но я знал, что Салли жить не может без кривлянья — обязательно распустит слюни, когда я ей скажу, что в пьесе участвуют *Ланты*. (*Пер. Р. Райт-Ковалёвой*)

LUTHER [ˈluːθə], **Martin** (1483—1546) Ма́ртин Лю́тер, деятель Реформации в Германии. В 1517 провозгласил в Виттенберге {Wittenberg} новые принципы вероучения. В 1520 публично сжёг осуждающую его папскую буллу // **Lutheran** [ˈluːθərən] *a* лютеранский; *n* лютеранин; **Lutheranism** [ˈluːθərənɪzm] *n* лютеранство → LATIMER

LYCAON [laɪˈkeɪən] Ликао́н, в греч. мифологии аркадский царь. Когда к нему явился Зевс, решил убедиться в его божественности, поставив перед ним блюдо с человеческим мясом. За это Зевс превратил Ликаона в волка

LYCURGUS [laɪˈkɜːgəs] (9 в. до н. э.) Лику́рг, спартанский законодатель. Считается основателем спартанского общества и его институтов

LYLY [ˈlɪlɪ], **John** (1554?—1606) Джон Ли́ли, англ. писатель и драматург. Создал стиль прозы, названный позднее «эвфуистическим» ⊙ Euphues, or the Anatomy of Wit (1578) «Эвфуэс, или Анатомия ума», Euphues and His England (1580) «Эвфуэс и его Англия», романы

LYNCH [lɪntʃ], **Charles** (1736—96) Чарлз Линч, амер. мировой судья. В 1782 был осуждён законодательной ассамблеей штата Вирджиния за незаконные приговоры // **lynch** [lɪntʃ] *v* линчевать

Lynch law суд Линча, самосуд, незаконная расправа или казнь

LYNCH, John Mary (р. 1917) Джон Мэ́ри Линч, премьер-мин. Ирландии (1966—73, 1977—79) лидер партии Фианна файл

LYONES(SE) [ˌlaɪəˈnes] Лионе́сса, в романе Т. Мэлори «Смерть Артура» (1485) дама, замок к-рой освобождает от осады рыцарь Гарет

LYONS [ˈlaɪənz], **Joseph Aloysius** (1879—1939) Джо́зеф Ало́йзиус Ла́йонс, премьер-мин. Австралии (с 1932)

LYSANDER [laɪˈsændə] Лиза́ндр, в комедии У. Шекспира «Сон в летнюю ночь» (1596) возлюбленный Гермии и соперник её жениха Деметрия

LYSANDER (?—395 до н. э.) Лиса́ндр, спартанский полководец. Одержал победы над афинским флотом, в 404 взял Афины

LYSIAS ['lɪsɪæs] (450?—380? до н. э.) Ли́сий, афинский оратор

LYSIMACHUS [laɪ'sɪməkəs] (361—281 до н. э.) Лисима́х, полководец Александра Македонского, правитель Фракии {Thrace} с 323

LYSIPPUS [laɪ'sɪpəs] (4 в. до н. э.) Лиси́пп, греч. скульптор. Придворный художник Александра Македонского

LYTTON см. BULWER-LYTTON

M

MAB [mæb], Queen королева Маб, в англ. фольклоре сказочная фея
□ Queen Mab «Королева Маб», поэма П. Б. Шелли (1813)

MacARTHUR [məˈkɑːθə], **Douglas** (1880—1964) Ду́глас Мака́ртур, амер. генерал. Во 2-й мир. войне командовал союзными войсками на Дальнем Востоке и в Тихом океане

MACAULAY [məˈkɔːlɪ], **Thomas Babington** (1800—59) То́мас Ба́бингтон Мако́лей, англ. историк, публицист и гос. деятель → EMERSON; VENUS

MACBETH [məkˈbeθ] **1.** (?—1057) Макбе́т, шотл. король (с 1040); герой одноим. трагедии У. Шекспира (1606). Пришёл к власти, убив короля Дункана
□ оперы Дж. Верди (1847), Э. Блоха (1910)

2. Lady леди Макбе́т, его жена. По Шекспиру, подтолкнула его к убийству Дункана и др. злодеяниям. Ходила и разговаривала во сне, пытаясь оттереть с рук несуществующие пятна крови

Like *Lady Macbeth*, Exxon has learned to its sorrow that some stains cannot be easily scrubbed away. Exxon said last week that it will have to spend $1.28 billion... to clean up the 11 million gallons of crude oil that the supertanker Exxon Valdez spewed... last March. (*Time, 1989*)

Подобно *леди Макбет*, компания «Экссон», к своему сожалению, поняла, что от некоторых пятен не так просто избавиться. На прошлой неделе компания заявила, что ей придется израсходовать 1, 28 миллиарда долларов на извлечение 11 миллионов галлонов нефти-сырца, извергнутых в море её супертанкером «Экссон Валдес» в марте этого года.

→ BANQUO

MACCABAEUS см. JUDAS MACCABAEUS

MacDIARMID [məkˈdɜːmɪd], **Hugh** /наст. имя Christopher Murray GRIEVE/ (1892—1978) Хью Макде́рмид /Кри́стофер Ма́рри Грив/, шотл. поэт и обществ. деятель, коммунист. Один из основателей Шотл. националистической партии

MACDONALD [məkˈdɒn(ə)ld], **Flora** (1722—90) Фло́ра Макдо́нальд, шотл. нац. героиня, дочь фермера. В 1746 помогла претенденту на англ. престол принцу Карлу Эдуарду в бегстве после разгрома при Каллодене {Culloden}, переодев его в служанку

MacDONALD, James Ramsey (1866—1937) Джеймс Ра́мсей Макдо́нальд, премьер-мин. Великобритании (1924, 1929—31, 1931—35). Один из основателей и лидер лейбор. партии

MACDONALD, John Alexander (1815—91) Джон Алекса́ндер Макдо́нальд, премьер-мин. Канады (1867—73, 1878—91). Один из основателей конс. партии

MacDOWELL [mək′dauəl], **Edward Alexander** (1861—1908) Эдуард Александер Макдоуэлл /Макдауэлл/, амер. композитор и пианист. Основоположник амер. композиторской школы. Его именем назван посёлок для музыкантов и творческих работников в Нью-Гэмпшире {the MacDowell Colony}

MACDUFF [mək′dʌf] Макдуф, в трагедии У. Шекспира «Макбет» (1606) шотл. тан {Thane}. Убивает Макбета и возводит на престол законного наследника — сына Дункана

MACGREGOR /**McGREGOR**/ [mə′gregə] Макгрегор, в сказке Б. Поттер «История кролика Питера» (1902) фермер, главный враг кролика

MACH [mɑːk], **Ernst** (1838—1916) Эрнст Мах, австр. физик и философ, основатель эмпириокритицизма

Mach number число Маха (в физике и авиации)

MACHEATH [mək′hiːθ] Макхит, в «Опере нищего» Дж. Гея (1728) обаятельный разбойник. В основанной на том же сюжете «Трёхгрошовой опере» Б. Брехта (1928) ему соответствует Мэкки-Нож

MACHIAVELLI [ˌmækɪə′veli], **Niccolò** (1469—1527) Никколо Макиавелли, ит. мыслитель. Ради упрочения государства считал допустимыми любые средства // **Machiavellian** [ˌmækɪə′veljən,-iən] *a*; **Machiavelli(an)ism** [ˌmækɪə′vel(jən)ɪzm] *n* макиавеллизм, политика, пренебрегающая моралью; принцип, согласно к-рому цель оправдывает средства

He was a mixture of *Machiavelli* and a child, which must have been extraordinarily baffling to politicians and men of the world. (*E. Meunell*)

Это был и *Макиавелли*, и ребёнок одновременно, что, должно быть, ставило в совершенный тупик политиков и свет.

MACK *the Knife* [′mækðə′naif] Мэкки-Нож, в пьесе Б. Брехта «Трёхгрошовая опера» (1928) разбойник и убийца

MACKENZIE [mə′kenzi], **Alexander** (1764?—1820) Александер Маккензи, шотл. купец и исследователь Канады. Открыл реку и горы, к-рые были названы его именем

MACKENZIE, Alexander (1822—92) Александер Маккензи, премьер-мин. Канады (1873—78)

MACKENZIE, Alexander Campbell (1847—1935) Александер Кэмпбелл Маккензи, англ. композитор и дирижёр

MACKENZIE, William Lyon (1795—1861) Уильям Лайон Маккензи, один из лидеров антиколониального восстания в Канаде (род. в Шотландии)

MACKENZIE KING см. KING W. L. M.

MacLAINE [mə′klein] /*наст. имя* BEATY/, **Shirley** (р. 1934) Шёрли Мак-Лейн /Бити/, амер. киноактриса мюзикла, сестра У. Битти. Лауреат премии «Оскар» (1984)

MacLEISH [mə′kliːʃ], **Archibald** (1892—1982) Арчибалд Мак-Лиш, амер. поэт, публицист и драматург. Участник 1-й мир. войны. Лауреат Пулитцеровской премии (1959)

⊙ Frescoes for Mr. Rockefeller's City (1933) «Фрески для Рокфеллер-Сити», сб. стихов; Panic (1935) «Паника», Job (1958) «Иов», драмы в стихах; The Fall of the City (1937) «Падение города», радиопьеса

MACLEOD [mə′klaud], **John James Rickard** (1876—1935) Джон Джеймс Рикард Маклеод, шотл. физиолог (с 1918 в Канаде). В 1922 открыл инсулин. Лауреат Нобелевской премии (1923)

MACMILLAN [mək′milən], **Harold** (1894—1986) Гарольд Макмиллан, премьер-мин. Великобритании (1957—63), лидер конс. партии. Владелец издательской фирмы «Макмиллан» (основана в 1844)

MACPHERSON [mək′fɜːsn], **James** (1736—96) Джеймс Макферсон, англ. писатель. Собственные сочинения на темы кельт. эпоса выдал за перевод поэмы Оссиана

⊙ Fingal (1762) «Фингал», Temora (1763) «Темора», эпические поэмы

MADISON [ˈmædɪsn] Мэдисон: **1. James** (1751—1836) Джеймс, 4-й през. США (1809—17). Один из авторов проекта конституции США 1787 // **Madisonian** [ˌmædɪˈsəunɪən] *a*

2. Doll(e)y (1768—1849) Дóлли, его жена. Прославилась умением принимать гостей. Во время англо-амер. войны 1812—15 спасла мн. гос. документы и портрет Дж. Вашингтона из сожжённого англичанами Белого дома

MADONNA [məˈdɔnə] /Madonna Louise CICCONE/ (р. 1958) Мадóнна /Луúза Чиккóне/, амер. эстрадная певица и киноактриса

MAELDUNE /MAILDUN/ [ˈmeɪldu:n] Майл Дун, в кельт. (ирл.) мифологии герой-мститель, разыскивающий убийц своего отца. После долгих странствий он находит их, но прощает

☐ The Voyage of Maeldune «Путешествие Майл Дуна», баллада А. Теннисона (1880)

MAETERLINCK [ˈmeɪtəlɪŋk], **Maurice** (1862—1949) Морúс Метерлúнк, бельг. драматург

⊙ The Bluebird (1908) «Синяя птица», пьеса-сказка

MAE WEST *см.* WEST M.

MAGDALENE *см.* MARY MAGDALEN(E)

MAGELLAN [məˈgelən, -ˈdʒe-], **Ferdinand** /*порт.* Fernão/ (1480?—1521) Фернáн /Фердинáнд/ Магеллáн, порт. мореплаватель. Совершил первое кругосветное плавание. Его именем назван пролив, соединяющий Атлантику с Тихим океаном // **Magellanic** [ˌmæɡəˈlænɪk, -dʒə-]: **Magellanic Clouds** Магеллановы Облака (название двух галактик)

MAGINOT [ˈmæ(d)ʒɪnəu, ˌmæ(d)ʒɪˈnəu], **André** (1877—1932) Андрé Мажинó, фр. генерал, мин. обороны

Maginot line линия Мажино, система укреплений на границе Франции с Германией (строилась в 1929—40). Своё назначение не оправдала

Maginot-minded занимающий оборонительную, выжидательную позицию вместо решительных действий

MAGOG *см.* GOG and MAGOG

MAGRITTE [məˈgrɪt], **René** (1898—1967) Ренé Магрúтт, бельг. живописец-сюрреалист

MAHDI [ˈmɑ:di(:)] Мáхди, в мусульм. вероучении мессия, к-рый за несколько лет до страшного суда установит на земле «золотой век» справедливости и изобилия. Эту роль присваивали себе мн. ист. деятели исламских стран

MAHLER [ˈmɑ:lə], **Gustav** (1860—1911) Гýстав Мáлер, австр. композитор и дирижёр. Автор симфоний и кантат. Предшественник экспрессионистов в музыке

MAHOMET *см.* MUHAMMAD

MAHOUND [məˈhu:nd, -ˈhaund] Махýнд: **1.** *уст.* именование Мухаммеда

2. *шотл.* Сатана, дьявол

MAIGRET [meˈgreɪ] Мегрó, в детективных романах Ж. Сименона (с 1931) проницательный, следователь, комиссар фр. полиции

MAILDUN *см.* MAELDUNE

MAILER [ˈmeɪlə], **Norman** (р. 1923) Нóрман Мéйлер, амер. писатель и публицист. Лауреат Пулитцеровской премии (1980)

⊙ The Naked and the Dead (1948) «Нагие и мёртвые», The American

Dream (1965) «Американская мечта», The Executioner's Song (1979) «Песнь палача», романы

MAILLOL [mɑ:ˈjɔ:l, -ˈjəul], **Aristide** (1861—1944) Аристи́д Майо́ль, фр. скульптор

MAINE [mein], **Henry James Sumner** (1822—88) Ге́нри Джеймс Са́мнер Мейн, англ. правовед и политолог

MALACHI [ˈmæləkai] /**MALACHIAS** [ˌmælə'kaiəs]/ Мала́хия, в Ветхом Завете пророк и автор одной из книг

MALAMUD [ˈmæləməd, -ˌmʌd], **Bernard** (1914—86) Бе́рнард Ма́ламуд, амер. писатель. Лауреат Пулитцеровской премии (1967)
⊙ The Magic Barrel (1958) «Волшебный бочонок», сб. рассказов; The Fixer (1966) «Мастеровой», роман

MALAN [məˈlæn, -ˈlɑ:n], **Daniel François** (1874—1959) Дание́ль Франсуа́ Мала́н, южно-афр. полит. деятель, премьер-мин. (1948—54). С 1950 ввёл в ЮАР систему апартеида

MALAPROP [ˈmæləprɔp], **Mrs.** миссис Малапро́п, в комедии Р. Шеридана «Соперники» (1775) дама, употребляющая не к месту «умные» слова и при этом перевирающая их

MALCOLM X [ˈmælkəmˈeks] /наст. имя Malcolm LITTLE/ (1925—65) Ма́лколм Экс /Литтл/, амер. негр. обществ. деятель. В 1963 основал Организацию афро-американского единства {Organization of Afro-American Unity}. Убит

MALORY [ˈmæləri], **Thomas** (1417?—71) То́мас Мэ́лори, англ. писатель. Автор лит. обработок «артуровских легенд»
⊙ Le Morte d'Arthur (1469, опубл. 1485) «Смерть Артура», роман

MALTHUS [ˈmælθəs], **Thomas Robert** (1766—1834) То́мас Ро́берт Ма́льтус, англ. экономист. Считал рост населения причиной ухудшения условий жизни людей, а войны, голод и эпидемии — регуляторами их численности// **Malthusian** [mælˈθju:zjən, -ʒn] a мальтузианский; n мальтузианец; **Malthusianism** [mælˈθju:zjənizm] n мальтузианство

MALVOLIO [mælˈvəuljəu] Мальво́лио, в комедии У. Шекспира «Двенадцатая ночь» (1600) дворецкий Оливии. Его разыгрывают, заставляя поверить, что хозяйка влюблена в него

MAMMON [ˈmæmən] **1.** Маммо́на, в христ. традиции олицетворение богатства, демон жадности и накопительства
2. Маммо́н, в поэме Э. Спенсера «Королева фей» (1590—96) бог накопительства, живущий в пещере с сокровищами

MANANNAN [ˌmɑ:nəˈnɑ:n, ˌmænəˈnæn] Мананна́н, в кельт. (ирл.) мифологии сын Лера, покровитель моряков, владыка о. Мэн {Isle of Man}. Изображается как трёхногий великан или всадник, скачущий по морю. Ему соответствует валлийский Манавидан, сын Ллира

MANASSEH [məˈnæsɪ] Мана́ссия, в Ветхом Завете первородный сын Иосифа, прародитель одного из израильских племён

MANAWYD(D)AN [ˌmænəˈwɪdən] Манави́дан, в кельт. (ирл.) мифологии сын Ллира, владыка потустороннего мира. Соответствует ирл. Мананнану

MANDELA [mænˈdeilə], **Nelson** (р. 1918) Не́льсон Манде́ла, южно-афр. лидер нац. негр. движения. В 1962—90 находился в заключении

MANET [mæˈnei, mɑ:-], **Édouard** (1832—83) Эдуа́р Мане́, фр. живописец. Основоположник импрессионизма

MANFRED [ˈmænfred] Ма́нфред: **1.** в романе Х. Уолпола «Замок Отранто» (1764) принц, к-рому сверхъестественные силы мстят за злодеяния его предков
2. герой одноим. поэмы Дж. Байрона (1817), мучимый раскаянием

MAN

MAN FRIDAY [ˈmænˈfraɪdɪ] Пятница, в романе Д. Дефо «Робинзон Крузо» (1719—21) дикарь, спасённый Робинзоном и ставший его помощником * преданный спутник или помощник

MANKIEWICZ [ˈmæŋkəwɪts], **Joseph Leo** (р. 1909) Джо́зеф Ле́о Манке́вич /Манкие́вич/ амер. кинорежиссёр и продюсер. Постановщик комедий, экранизаций, зрелищных фильмов. Лауреат премии «Оскар» (1949, 1950)

⊙ A Letter to Three Wives (1949) «Письмо к трём жёнам», All About Eve (1950) «Всё о Еве», Cleopatra (1963) «Клеопатра»

MANN [mɑːn, mæn] Манн, нем. писатели, братья (с 1933 в эмиграции): **1. Heinrich** (1871—1950) Ге́нрих

2. Thomas (1875—1955) То́мас, лауреат Нобелевской премии (1929)

⊙ Buddenbrooks (1901) «Будденброки», The Magic Mountain (1924) «Волшебная гора», романы; Death in Venice (1913) «Смерть в Венеции», новелла

MANN [mæn] /*наст. имя* BUNDSMANN/, **Anthony** (1906—67) А́нтони Манн /Бу́ндсманн/, амер. кинорежиссёр. Постановщик зрелищных фильмов

⊙ El Cid (1961) «Сид», The Fall of the Roman Empire (1964) «Падение Римской империи»

MANN, Horace (1796—1859) Хо́рас Мэнн, амер. полит. и обществ. деятель, основатель амер. системы нар. образования. Открыл первый педагогический колледж

MANON *см.* LESCAUT

MANSFIELD [ˈmænsfiːld], **Katherine** /*наст. имя* Kathleen Mansfield BEAUCHAMP [ˈbiːtʃəm]/ (1888—1923) Кэтрин Мэ́нсфилд /Кэтлин Мэ́нсфилд Би́чем/, англ. писательница (род. в Нов. Зеландии, в Англии с 1903)

⊙ In a German Pension (1911) «В немецком пансионе», Bliss and Other Stories (1920) «Счастье и другие рассказы», The Garden Party (1922) «Праздник в саду», Something Childish (опубл. 1924) «Нечто детское», сб. рассказов

MANSUR, al- [ˌælmænˈsuə] /ALMANSOR, ALMANZOR [ælˈmænzɔː, -zə]/ Мансу́р /аль-Мансо́р, Альманзо́р/ **1.** (712?—775) араб. халиф (с 754), основатель Багдада

2. (?—1002) араб. правитель Кордовы. Значительно расширил власть арабов в Испании и Африке

MANU [ˈmɑːnuː] Ма́ну, в индуист. мифологии прародитель людей **laws of Manu** «законы Ману», кодекс норм индуизма

MAO ZEDONG /TSE-TUNG/ [ˌmau(d)zəˈdɒŋ, -tsə-, -ˈduŋ,-ˈtuŋ] (1893—1976) Ма́о Цзэду́н, глава компартии (с 1943) и высшего руководства Китая (с 1949) // **Maoist** [ˈmauɪst] *a* маоистский; *n* маоист; **Maoism** [ˈmauɪzm] *n* маоизм

MAP [mæp] /MAPES [ˈmeɪpiːz]/, **Walter** (1140?—1209?) Ва́льтер Мап, капеллан при дворе англ. короля Генриха II, писатель

⊙ De Nugis Curialium «О забавных разговорах придворных», сб. развлекательных и сатирических историй

MARAT [məˈrɑː], **Jean Paul** (1743—93) Жан Поль Мара́т, один из вождей якобинцев {Jacobins} во время Великой фр. революции 1789. Вдохновитель политического террора 1792. Убит Ш. Корде в ванне

MARBURY [ˈmɑːbərɪ]: **Marbury versus Madison** дело «Марбери против Медисона» (1803): привело к отмене одного из федеральных законов и закрепило за Верх. судом функцию конституционного надзора

MARCHBANKS [ˈmɑːtʃbæŋks] Ма́рчбэнкс, в пьесе Б. Шоу «Кандида» (1895) молодой поэт, влюблённый в Кандиду

MARCONI [mɑːˈkəʊnɪ], **Marchese Guglielmo** (1874—1937) Маркéзе Гульéльмо Маркóни, ит. радиотехник и предприниматель. В 1897 запатентовал изобретение радио. Лауреат Нобелевской премии (1909)

MARCO POLO см. POLO

MARCOS [ˈmɑːkəs, -kəʊs], **Ferdinand Edralin** (1917—89) Фердинáнд Эдралúн Мáркос, през. Филиппин (1965—86). После победы оппозиции бежал в США

MARCUS AURELIUS (ANTONINUS) [ˈmɑːkəsɔːˈriːljəs(ˌæntə(u)ˈnaɪnəs)] (121—180) Марк Аврéлий (Антонúн), рим. император (с 161), философ-стоик

⊙ Meditations «Размышления», философский трактат

MARCUSE [mɑːˈkuːzə], **Herbert** (1898—1979) Гéрберт Маркýзе, амер. философ и социолог (род. в Германии, с 1934 в США)

MARGARET [ˈmɑːg(ə)rɪt] Маргарúта, в трагедии И. В. Гёте «Фауст» (ч. I, 1808) возлюбленная Фауста

MARGARET of Navarre (1492—1549) Маргарúта Навáррская, королева Наварры (с 1543), писательница

⊙ Heptameron (опубл. 1558) «Гептамерон», сб. новелл

MARGARET ROSE [ˈmɑːg(ə)rɪtˈrəʊz] (р. 1930) Мáргарет-Рóуз, принцесса Великобритании, сестра Елизаветы II

MARIAN, Maid [ˈmeɪdˈmeərɪən] девица Мариáнна, в англ. фольклоре подруга Робин Гуда

MARIE [məˈriː, ˈmɑːrɪ] **de France** (кон. 12 в.) Марúя Французская, фр. писательница в Англии. Обрабатывала кельт. фольклор, европ. рыцарский эпос

MARIE-ANTOINETTE [məˈriːˌænt(w)əˈnet] (1755—93) Марúя Антуанéтта, фр. королева, жена Людовика XVI. Отличалась склонностью к интригам и заговорам. Когда ей сообщили, что люди волнуются из-за того, что у них нет хлеба, заявила: «Пусть едят пирожные» {Let them eat cake}. Казнена во время Великой фр. революции

MARIN [ˈmærɪn], **John Cheri** (1870—1953) Джон Чéри Мáрин, амер. живописец. Автор работ, близких к примитивизму

MARK [mɑːk] Марк: **1.** в Новом Завете автор второго по счёту евангелия

2. в романе Т. Мэлори «Смерть Артура» (1469) король Корнуолла, дядя Тристана, к-рому он поручает сосватать для него Изольду

MARK ANTONY см. ANTONY M.

MARKOVA [mɑːˈkəʊvə], **Alicia /Alice MARKS/** (р. 1910) Алúсия Мáркова /Áлис Маркс/, англ. балерина

MARLBOROUGH [ˈmɔːlb(ə)rə, ˈmɑːl-], Duke of /**John CHURCHILL**/ (1650—1722) герцог Мáльборо /уст. Мальбрýк; Джон Чéрчилл/, англ. полководец. В 1704—09 в войне за исп. наследство одержал ряд блестящих побед над французами

MARLOWE [ˈmɑːləʊ], **Christopher** (1564—93) Крúстофер Мáрло, англ. драматург, создатель философско-психологической трагедии // **Marlovian** [mɑːˈləʊvjən] a

⊙ Tamburlaine the Great (1587—88) «Тамерлан Великий»; The Tragical History of Dr. Faustus (1589?) «Трагическая история доктора Фауста»; The Jew of Malta (1590) «Мальтийский еврей»; Edward II (1592) «Эдуард II» → SHAKESPEARE

MARLOWE, Julia (1866—1950) Джýлия Мáрло, амер. актриса театра (род. в Англии). Играла в пьесах Шекспира

MARNER [ˈmɑːnə], **Silas** Сáйлес Мáрнер, в одноим. романе Дж. Элиот (1861) ткач, у к-рого крадут золото. Отличается скупостью, но духовно преображается с удочерением девочки-сироты

MARPLE [ˈmɑːpl], Miss мисс Марпл, в ряде романов А. Кристи (с 1928) пожилая провинциальная дама, детектив-любитель

MARQUAND [mɑːˈkwɑːnd, ˈmɑːkwənd], **John Phillips** (1893—1960) Джон Филлипс Маркуа́нд, амер. писатель

MARS [mɑːz] Марс, в рим. мифологии бог войны. Соответствует греч. Аресу

MARSH [mɑːʃ], **Ngaio** [ˈnaɪəu] **Edith** (1899—1982) Нга́йо Э́дит Марш, новозел. писательница. Автор детективов об инспекторе Аллейне {Alleyn}
⊙ A Man Lay Dead (1934) «Там лежал мёртвый», Died in the Wool (1945) «Отъявленный», Spinsters in Jeopardy (1954) «Старые девы в опасности», повести

MARSHALL [ˈmɑːʃ(ə)l], **Alan** (1902—84) А́лан Ма́ршалл, австрал. писатель и журналист. Инвалид с детства
⊙ People of the Dream Time (1952) «Люди незапамятных времён», сб. обработанных легенд аборигенов; I Can Jump Puddles (1955) «Я умею прыгать через лужи», This is the Grass (1962) «Это трава», In My Own Heart (1963) «В сердце моём», автобиографическая трилогия

MARSHALL, George Catlett (1880—1959) Джордж Кэ́тлетт Ма́ршалл, амер. воен. и гос. деятель
Marshall plan план Маршалла, амер. план экономической помощи Зап. Европе после 2-й мир. войны (действовал в 1948—50)

MARSHALL, John (1755—1835) Джон Ма́ршалл, амер. юрист, пред. Верх. суда США (с 1801). Способствовал укреплению полномочий Верх. суда и федерального пр-ва (см. MARBURY)

MARSYAS [ˈmɑːsjəs] Ма́рсий, в греч. мифологии сатир, вызвавший Аполлона на состязание в музыке. Аполлон, к-рому музы присудили победу, содрал с Марсия кожу

MARTHA [ˈmɑːθə] Ма́рфа, в Новом Завете сестра Лазаря. С почётом приняла Христа, и тот воскресил недавно умершего брата

MARTIAL [ˈmɑːʃ(ə)l] /лат. MARTIALIS/ (40?—104?) Марциа́л, рим. поэт-эпиграмматист

MARTIN [ˈmɑːtɪn], **Archer John Porter** (р. 1910) А́рчер Джон По́ртер Ма́ртин, англ. биохимик. Лауреат Нобелевской премии (1952)

MARTIN, Homer Dodge (1836—97) Хо́умер Додж Ма́ртин, амер. художник-пейзажист

MARX [mɑːks] Маркс, амер. комики немого кино, братья: **1.** *Chico* /Leonard/ (1887—1961) Чи́ко /Леона́рд/
2. *Groucho* /Julius Henry/ (1890—1977) Гра́учо /Джу́лиус Ге́нри/. В 50—60-е гг. выступал по радио и телевидению. Лауреат премии «Оскар» (1973)
She raised her eyebrows, *Groucho Marx* style, a little wriggle. (*J. Fowles*) Она подняла брови, слегка поморщившись в духе *комика Граучо Маркса.*
3. *Harpo* /Arthur/ (1888—1964) Ха́рпо /А́ртур/

MARX, Karl (1818—83) Карл Маркс, нем. философ-социалист, теоретик и лидер коммунистического движения // **Marxist** [ˈmɑːksɪst] *a* марксистский; *n* марксист; **Marxism** [ˈmɑːksɪzm] *n* марксизм

MARY [ˈmeərɪ] **1.** Мари́я, в христ. вероучении мать Иисуса Христа /Богородица/, зачавшая его непорочно. В искусстве ср. веков и Возрождения олицетворяет материнство и доброту
2. Мэ́ри, персонаж англ. детских стихотворений. Наиболее часто цитируются следующие два:
Mary had a little lamb,
Its fleece was white as snow,

And everywhere that *Mary* went,
The lamb was sure to go, *etc.*
У *Мэри* был барашек.
Он снега был белей.
Куда бы *Мэри* ни пошла,
Барашек шёл за ней, *и т. д.*
Mary, Mary, quite contrary,
How does your garden grow?
With silver bells, and cockleshells,
And pretty maids all in a row.
Мэри, Мэри, озорница,
Как живёт твой чудный сад,
Колокольчик, перловица
И красавиц-кукол ряд?

MARY Мари́я: **1. I TUDOR** /*Bloody* **Mary**/ (1516—58) I Тю́дор /Кровавая Мари́я/, англ. королева (с 1553). Восстановив католицизм, жестоко преследовала сторонников Реформации

2. II (1662—94), англ. королева (с 1689, правила совм. с Вильгельмом III)

3. (1867—1953) супруга англ. короля Георга V

MARY, Queen of Scots *см.* MARY STUART

MARY MAGDALEN(E) [ˈmeərɪˌmægdəˈliːnɪ, -ˈmægdəliːn] Мари́я Магдали́на, в Новом Завете раскаявшаяся грешница, верная последовательница Христа

MARY STUART [ˈmeərɪˈst(j)uət] /Queen of Scots/ (1542—87) Мари́я Стю́арт, шотл. королева (1542—67). В результате восстания шотл. знати отреклась от престола и бежала в Англию, но по приказу Елизаветы I была заключена в тюрьму и впоследствии казнена. В литературе идеализирована. Фигурирует в романе В. Скотта «Аббат», драматической трилогии А. Суинберна и др.

□ трагедия И. Шиллера (1800)

MASEFIELD [ˈmeɪsfiːld], **John** (1878—1967) Джон Мейсфилд, англ. писатель, поэт-лауреат (с 1930)

⊙ Salt-Water Ballads (1920) «Баллады солёной воды», сб. стихов

MASOCH [*нем.* ˈmɑːzɔx], **Leopold von Sacher** (1836—95) Леопо́льд фон За́хер-Ма́зох, австр. писатель. Описал извращение, получившее название мазохизма // **masochism** [ˈmæsə(u)kɪzm] *n* мазохизм; **masochist** [ˈmæsə(u)kɪst] *n* мазохист; **masochistic** [ˌmæsəuˈkɪstɪk] *a* мазохистский

MASON [ˈmeɪsn], **Charles** (1730—87) Чарлз Мейсон, англ. астроном и геодезист

Mason—Dixon line линия Мейсона—Диксона, граница между Пенсильванией и Мэрилендом, проведённая им и Дж. Диксоном в 1760-х гг. и разделявшая «свободные» и рабовладельческие штаты

MASSÉNA [ˌmæserˈnɑː, məˈseɪnə], **André** (1758—1817) Андре́ Массена́, фр. маршал при Наполеоне

MASSENET [mæs(ə)ˈneɪ, ˈmæs(ə)neɪ], **Jules Émile Frédéric** (1842—1912) Жюль Эми́ль Фредери́к Массне́, фр. композитор. Автор лирических опер

⊙ Manon (1884) «Манон», Thais (1894) «Таис», Sappho (1897) «Сафо»

MASSINGER [ˈmæsɪn(d)ʒə], **Philip** (1583—1640) Филип Мэ́ссинджер, англ. драматург

⊙ The Virgin Martyr (1622, совм. с Т. Деккером) «Дева-мученица», The Duke of Milan (1623) «Герцог Миланский», The Roman Actor (1626) «Римский актёр», драмы; A New Way to Pay Old Debts (1625?) «Новый способ платить старые долги», комедия

MAS

MASTERS ['mɑ:stəz], **Edgar Lee** (1869—1950) Э́дгар Ли Ма́стерс, амер. поэт

⊙ The Spoon River Anthology (1915) «Антология Спун-Ривер», сб. иронических эпитафий

MATA HARI *см.* HARI

MATHER ['mæðə], **Cotton** (1663—1728) Ко́ттон Мэ́дер, амер. пуританский священник. Призывал к охоте на ведьм, особ. в ходе процесса над «Салемскими колдуньями» (1692)

MATISSE [mæ'ti:s, mə-], **Henri** (1869—1954) Анри́ Мати́сс. Один из лидеров фовизма, автор ярких, насыщенных цветом полотен

MATTHEW ['mæθju:] Матфе́й, в Новом Завете один из апостолов Христа и автор первого по счёту евангелия // **Matth(a)ean** [mæ'θi:ən] *a*

MATURIN ['mætjurɪn], **Charles Robert** (1782—1824) Чарлз Ро́берт Мэ́тьюрин, англ. писатель и драматург. Автор «готических» романов

⊙ Melmoth the Wanderer (1820) «Мельмот-скиталец»

MAUD [mɔ:d] Мод, в одноим. поэме А. Теннисона (1855) красавица, дочь помещика, в к-рую влюблён бедняк. Крылатой стала строка из поэмы: «Выйди в сад, Мод» {Come into the garden, Maud}

I've taken to walking in the garden. Like *Maud*. Before I go to sleep. (*J. Fowles*)

У меня привычка гулять по саду. Как у *Мод*. Перед сном. (*Пер. К. Чугунова*)

'Come into the garden,' she said. '*Maud*,' he added. (*P. H. Johnson*)

«Выйди в сад»,— сказала она.— «*Мод*»,— добавил он, намекая на известные стихи.

MAUGHAM [mɔ:m], **William Somerset** (1874—1965) Уи́льям Со́мерсет Мо́эм, англ. драматург, романист, новеллист и критик

⊙ Liza of Lambeth (1897) «Лиза из Лэмбета», Of Human Bondage (1915) «Бремя страстей человеческих», The Moon and Sixpence (1919) «Луна и грош», The Painted Veil (1925) «Раскрашенная вуаль», Cakes and Ale (1930) «Пироги и пиво», Theatre (1937) «Театр», романы; Lady Frederick (1907) «Леди Фредерик», The Circle (1921) «Круг», Sheppey (1933) «Шеппи», пьесы; The Summing Up (1938) «Подводя итоги», мемуары

MAUPASSANT [ˌməupə'sɑ̃], **Guy de** (1850—93) Ги де Мопасса́н, фр. писатель натуралистической школы, мастер новеллы

⊙ A Life (1883) «Жизнь», Bel Ami (1885) «Милый друг», романы

MAURIAC [ˌmɔ:rɪ'ɑ:k], **François** (1885—1970) Франсуа́ Мориа́к, фр. писатель и драматург

MAURICE ['mɔrɪs, mɔ:'ri:s] **of Nassau** /Prince of Orange/ (1567—1625) Мо́риц Насса́уский /Ора́нский/, нидерландский полководец и гос. деятель

MAUROIS [mɔ:'rwɑ:], **André** /*наст. имя* Émile HERZOG/ (1885—1967) Андре́ Моруа́ /Эми́ль Эрзо́г/, фр. писатель. Автор беллетризованных биографий

MAUSER ['mauzə], **Peter Paul** (1838—1914) и **Wilhelm** (1834—82) Пе́тер Па́уль и Вильге́льм Ма́узер, нем. конструкторы и производители оружия, братья. Создали магазинную винтовку, автоматический пистолет, к-рый был назван их именем

MAWSON ['mɔ:sn], **Douglas** (1882—1958) Ду́глас Мо́усон, австрал. геолог, исследователь Антарктики. Его именем названы море, часть побережья Антарктиды

MAXIM ['mæksɪm], **Hiram Stevens** (1840—1916) Ха́йрем Сти́венс Ма́ксим, англ. конструктор и промышленник (род. в США). Создал станковый пулемёт, к-рый был назван его именем

MAXIMILIAN [ˌmæksɪˈmɪlɪən, -jən] (1832—67) Максимилиáн, император Мексики (с 1864), брат австр. императора Франца Иосифа. Занял престол под давлением Наполеона III во время гражданской войны. Был пленён и казнён республиканцами

MAXIMILIAN I (1459—1519) Максимилиáн I, герм. король (с 1486), император «Священной Рим. империи» (с 1493), из династии Габсбургов

MAXWELL [ˈmæksw(ə)l], **James Clerk** (1831—79) Джеймс Кларк Мáксвелл, шотл. физик, основоположник электродинамики → FARADAY

MAXWELL, Robert /наст. имя Ludvik HOCH/ (р. 1923) Рóберт Мáксвелл /Лю́двик Гох/, англ. и амер. газетно-издательский магнат (род. в Чехословакии). Основатель издáтельства «Пергамон пресс», владелец газеты «Дейли миррор», амер. корпорации «Макмиллан» (с 1988)

MAZARIN [ˌmæzəˈrɛ̃], **Jules** (1602—61) Джу́лио Мазари́ни, фр. гос. деятель ит. происхождения, кардинал, первый мин. Франции (с 1643). Вёл борьбу с Фрондой

McCARTHY [məˈkɑːθɪ], **Eugene Joseph** (р. 1916) Ю́джин Джóзеф Маккáрти, амер. полит. деятель, сенатор

McCARTHY, Joseph Raymond (1908—57) Джóзеф Рéймонд Маккáр-ти, амер. сенатор. В 50-е гг. во главе комиссии палаты представителей по расследованию антиамериканской деятельности {the House Un-American Activities Committee} преследовал деятелей, подозреваемых в коммунистических убеждениях // **McCarthyism** [məˈkɑːθˌɪzm] *n* маккартизм; **McCarthyist** [məˈkɑːθɪst], **McCarthyite** [məˈkɑːθɪaɪt] *n, a* маккартист(ский) → BIRCH

McCARTNEY [məˈkɑːtnɪ], **Paul** (р. 1942) Пол Маккáртни, англ. эстрадный певец и композитор, участник ансамбля «Битлз» {The Beatles}

McCORMACK [məˈkɔːmək, -mɪk], **John** (1884—1945) Джон Маккóрмак, амер. оперный певец, тенор (род. в Ирландии)

McCOY [məˈkɔɪ]: **the real McCoy** нечто подлинное, настоящее

McCULLERS [məˈkʌləz], **Carson** (1917—67) Кáрсон Мак-Кáллерс /Маккáллерс/, амер. писательница юж. школы
⊙ The Heart Is a Lonely Hunter (1940) «Сердце — одинокий охотник», The Member of the Wedding (1946) «Гость на свадьбе», Clock without Hands (1961) «Часы без стрелок», романы

McGEE [məˈgiː], **Fibber** Фи́ббер Макги́, комический персонаж амер. радиосериала «Фиббер Макги и Молли» (1936—52)

McGREGOR см. MACGREGOR

McGREW [məˈgruː], **Dangerous Dan** Грозный Дэн Макгрю́, герой баллады Р. Сервиса «Смерть Дэна Макгрю» (1907) → CARMEN

McGUFFEY [məˈgʌfɪ], **William Holmes** (1800—73) Уи́льям Холмс Макгáффи, амер. педагог. С 1830-х гг. издавал серию книг для школьного чтения {McGuffey's readers}

McKIM [məˈkɪm], **Charles Follen** (1847—1909) Чарлз Фóллен Макки́м, амер. архитектор. Проектировал здания, имитирующие стили более ранних эпох

McKINLEY [məˈkɪnlɪ], **William** (1843—1901) Уи́льям Мак-Ки́нли, 25-й през. США (1897—1901), от респ. партии. Убит анархистом

McLUHAN [məˈkluːən], **(Herbert) Marshall** (1911—80) (Хéрберт) Мáршалл Мак-Лю́эн, канад. социолог и педагог. Разрабатывал теорию массовой культуры // **McLuhanism** [məˈkluːənɪzm] *n*

Partly under the impact of *McLuhanism*, plays are judged ... in terms of their impact rather than their merit. (*International Herald Tribune, 1975*)
Отчасти под влиянием *идей Мак-Люэна* о пьесах судят ... не столько с точки зрения их достоинств, сколько в плане воздействия на публику.

McMAHON [mək′mɑ:(ə)n], **William** (р. 1908) Уи́льям Мак-Ма́гон, премьер-мин. Австралии (1971—72)

McMILLAN [mək′mılən], **Edwin Mattison** (р. 1907) Э́двин Ма́ттисон Макми́ллан, амер. физик. Лауреат Нобелевской премии по химии (1951)

McNAMARA [‚mæknə′mɑ:rə], **Robert Strange** (р. 1916) Ро́берт Стрейндж Макнама́ра, мин. обороны США (1961—68)

MEAD [mi:d], **Margaret** (1901—78) Ма́ргарет Мид, амер. антрополог и этнограф (*ж.*)
⊙ Coming of Age in Samoa (1928) «Совершеннолетие в Самоа», монография

MEANY [′mi:ni(:)], **George** (1894—1980) Джордж Ми́ни, амер. профсоюзный деятель, председатель АФТ-КПП {AFL-CIO} (1955—79)

MEDAWAR [′medəwə], **Peter Brian** (1915—87) Пи́тер Бра́йан Ме́давар, англ. биолог и анатом. Лауреат Нобелевской премии (1960)

MEDEA [mı′di:ə] Меде́я, в греч. мифологии жестокая и мстительная волшебница, возлюбленная Ясона, к-рому она помогла добыть золотое руно
□ трагедии Еврипида, Сенеки

MEDICI [′meıdıt[ı] Ме́дичи, ит. род, правители Флоренции в 15 — нач. 18 в., в т. ч.: **1. Cosimo** (1389—1464) Кози́мо

2. Lorenzo the Magnificent (1449—92) Лоре́нцо Великолепный, поэт и меценат искусств

3. Catherine *см.* CATHERINE de MÉDICI(S)

4. Marie (1573 –1642) Мари́я, жена фр. короля Генриха IV и королева-регентша при Людовике XIII (1610—17)

MEDUSA [mı′dju:zə, -sə] Меду́за, в греч. мифологии самая страшная из трёх горгон. На голове у неё росли змеи, а прямой взгляд на неё обращал человека в камень. Обезглавлена Персеем

MEHTA [′meıtɑ:], **Zubin** (р. 1936) Зу́бин Ме́та /Ме́хта/, инд. дирижёр и музыкант. С 60-х гг. руководитель крупнейших филармонических оркестров США

MEIGHEN [′mi:ən], **Arthur** (1874—1960) А́ртур Ми́эн, премьер-мин. Канады (1920—21, 1926)

MELAMPUS [mı′læmpəs] Мела́мп, в греч. мифологии прорицатель и целитель, основатель культа Диониса

MELANCHTHON [me′læŋkθən, -ən], **Philipp** (1497—1560) Фили́пп Меланхто́н, нем. богослов, сподвижник Лютера. Автор «Аугсбургского исповедания» {the Augsburg Confession} (1530) — изложения основ лютеранства

MELBA [′melbə], **Nellie** /*наст. имя* Helen Porter MITCHELL/ (1861—1931) Нелли Ме́льба /Хе́лен По́ртер Ми́тчелл/, австрал. оперная певица. Её имя вошло в состав названий некоторых блюд (напр., тостов, мороженого)

MELCHIZEDEK [mel′kızədek] Мелхиседе́к, в Ветхом Завете царь Салима {Salem} и священник, благословивший Авраама. Прототип мессии «без родословия, не имеющий ни начала дней, ни конца жизни». Фигурирует в романе К. С. Льюиса «Эта жуткая сила» (1945)

MELEAGER [‚meli′eıgə] Мелеа́гр, в греч. мифологии сын Алфеи. Его смерть должна была наступить с сожжением полена, находившегося в очаге при его рождении. Спустя годы Алфея прокляла сына и бросила полено в огонь

MELIÈS [meɪˈljes], **Georges** (1861—1938) Жорж Мельéс, фр. кинорежиссёр

MELLON [ˈmelən], **Andrew William** (1855—1937) Эндрю Уúльям Мéллон, амер. финансист и промышленник. Его коллекция произведений искусства стала основой Нац. художественной галереи в Вашингтоне (открылась в 1941)

MELMOTH [ˈmelməθ] Мéльмот, гл. персонаж романа Ч. Мэтьюрина «Мельмот-скиталец» (1820). Продав душу дьяволу в обмен на продление жизни, пытается освободиться от этой сделки

MELPOMENE [melˈpɔmɪniː(:)] Мельпомéна, в греч. мифологии муза трагедии

MELVILLE [ˈmelvɪl], **Herman** (1819—91) Гéрман Мéлвилл, амер. писатель

⊙ Typee (1846) «Тайпи», Omoo (1847) «Ому», повести; Moby Dick (1851) «Моби Дик», роман

MENANDER [mɪˈnændə] (343?—291? до н. э.) Менáндр, греч. поэт-комедиограф

MENCIUS [ˈmentʃɪəs] (372?—289 до н. э.) Мэн-Цзы́, кит. философ-конфуцианец

MENCKEN [ˈmeŋkən], **Henry Louis** (1880—1956) Гéнри Лýис Мéнкен, амер. журналист и писатель. Автор сатирических эссе // **Menckenian** [meŋˈkiːnjən] *a*

⊙ Prejudices (1919—27) «Предрассудки», цикл очерков; The American Language (1919) «Американский язык», научная работа

MENDEL [ˈmend(ə)l], **Gregor Johann** (1822—84) Грéгор Иогáнн Мéндель, австр. аббат и естествоиспытатель. Установил законы наследственности // **Mendelian** [menˈdiːlɪən, -jən] *a*; **Mendelism** [ˈmendəlɪsm] *n* менделизм, учение о законах наследственности

MENDELSSOHN [ˈmend(ə)lsən], **Moses** (1729—86) Мóзес Мéндельсон, нем. философ-идеалист

MENDELSSOHN (BARTHOLDY) [ˈmend(ə)lsənbɑːˈtɔldɪ], **Jacob Ludwig Felix** (1809—47) Якоб Людвиг Фéликс Мендельсóн-Бартóльди нем. композитор, дирижёр, пианист и органист. Внук М. Мендельсона. Автор симфоний, ораторий, концертов, камерных пьес

MENELAUS [ˌmenɪˈleɪ(ɪ)əs] Менелáй, в греч. мифологии царь Спарты, брат Агамемнона. Предпринял поход на Трою, чтобы вернуть похищенную Елену

MENOTTI [məˈnɔtɪ], **Gian-Carlo** (р. 1911) Джан-Кáрло Менóтти, амер. композитор (род. в Италии, в США с 1928). Автор опер на собственные либретто в духе «веризма»

⊙ Amelia Goes to the Ball (1937) «Амелия отправляется на бал», The Medium (1946) «Медиум», The Consul (1950) «Консул», Amahl and the Night Visitors (1951) «Амаль и ночные посетители», оперы

MENTOR [ˈmentɔː] Мéнтор, в греч. мифологии друг Одиссея и воспитатель Телемаха * советчик, наставник, воспитатель

MENUHIN [ˈmenjuɪn], **Yehudi** [jəˈhuːdɪ] (р. 1916) Иегýди Менýхин, амер. скрипач, педагог, организатор музыкальных фестивалей (живёт в Лондоне)

MENZIES [ˈmenzɪz], **Robert Gordon** (1894—1978) Рóберт Гóрдон Мéнзис, премьер-мин. Австралии (1939—41, 1949—66), от либер. партии

MEPHISTOPHELES [ˌmefɪsˈtɔfɪliːz] Мефистóфель, в сказаниях о докторе Фаусте имя дьявола, искушающего Фауста властью, знанием и земными благами // **Mephistophelian, Mephistophelean** [ˌmefɪstə-ˈfiːljən] *a* мефистофельский, демонический

Judges are apt to be naif, simple-minded men, and they need something of *Mephistopheles*. *(O. Holmes)*

Судьи хотят казаться наивными и простодушными, а им подобает иметь нечто от *Мефистофеля*.

→ PROMETHEUS

MERCATOR [məˈkeɪtə, -ɔː], **Gerhardus** /Gerhard KREMER/ (1512—94) Герард Меркатор /Кремер/, фламандский картограф. Предложил проекцию, к-рая была названа его именем

MERCURY [ˈmɜːkjurɪ] Меркурий, в рим. мифологии вестник богов, покровитель торговли. Соответствует греч. Гермесу

children of Mercury дети Меркурия (студенты, путешественники и торговцы)

MERCUTIO [mɜːˈkjuːʃjəu] Меркуцио, в трагедии У. Шекспира «Ромео и Джульетта» (1595) друг Ромео, жизнерадостный и остроумный юноша. Погибает от руки Тибальта

'Well, I'm not too crazy about *Romeo and Juliet*,' I said... 'I mean I felt much sorrier when old *Mercutio* got killed than when *Romeo and Juliet* did.' *(J. Salinger)*

Знаете, я не в восторге от самих *Ромео и Джульетты*... Я хочу сказать, что мне было гораздо жальче, когда убили *Меркуцио*, чем когда умерли *Ромео и Джульетта*. *(Пер. Р. Райт-Ковалёвой)*

MEREDITH [ˈmerɪdɪθ], **George** (1828—1909) Джордж Мередит, англ. писатель и журналист

⊙ The Ordeal of Richard Feverel (1859) «Испытание Ричарда Феверела», Beauchamp's Career (1875) «Карьера Бьючемпа», The Egoist (1879) «Эгоист», романы

MERGENTHALER [ˈmɜːgənθɑːlə, -ˈtɑː-], **Ottmar** (1854—99) Óттмар Мéргенталер, амер. изобретатель (род. в Германии). В 1884 изобрёл типографский линотип

MÉRIMÉE [ˌmerɪˈmeɪ], **Prosper** (1803—70) Проспéр Меримé, фр. писатель, мастер новеллы

⊙ Carmen (1845) «Кармен», рассказ

MERLIN [ˈmɜːlɪn] Мéрлин, в «артуровских легендах» мудрец и волшебник, советник Артура

☐ поэма Э. Робинсона (1917); Merlin and Vivien «Мерлин и Вивиана», одна из «Королевских идиллий» А. Теннисона (1859)

MEROPE [ˈmerəpɪ(ː)] Merópa, в греч. мифологии: **1.** жена Сизифа, одна из Плеяд {Pleiades}

2. жена Кресфонта {Cresphontes}. Мстит Полифонту {Polyphontes} — убийце своего мужа, насильно взявшему ее в жёны

☐ трагедия M. Арнольда (1858)

MEROVINGIANS [ˌmerə(u)ˈvɪn(d)ʒɪənz] *pl* Меровѝнги, первая королевская династия Франкского гос-ва (начиная с Хлодвига; правили в кон. 5 — сер. 6 вв.)

MERRICK [ˈmerɪk], **David** (р. 1912) Дéйвид Мéррик, амер. режиссёр театра и кинопродюсер

MESMER [ˈmezmə, ˈmes-], **Friedrich Anton /Franz/** (1733—1815) Фрѝдрих Антóн /Франц/ Мéсмер, австр. врач // **Mesmeric** [mezˈmerɪk] *a* месмерический; **Mesmerism** [ˈmezmərɪzm] *n* месмеризм, разработанное Месмером учение о «животном магнетизме», к-рым можно излечивать болезни; *уст. тж.* гипнотизм; **mesmerize** [ˈmezm(ə)raɪz] *v* гипнотизировать; завораживать

MESSALINA [ˌmesəˈlaɪnə, -ˈliːnə], **Valeria** (?—48 н. э.) Валéрия Мессалúна, 3-я жена рим. императора Клавдия, известная своей порочностью. Казнена * порочная, развратная женщина → BORGIA L.

MESSERSCHMITT [ˈmesəʃmɪt], **Willy** (1898—1978) Вúлли Мéссершмитт, нем. авиаконструктор и промышленник. Создатель истребителей герм. авиации во 2-й мир. войне

METHUSELAH [mɪˈθjuːz(ə)lə] Мафусаúл, в Ветхом Завете дед Ноя, проживший 969 лет * 1) мафусаил, долгожитель 2) шестилитровая бутыль

☐ Back to Methuselah «Назад к Мафусаилу», пьеса Дж. Б. Шоу (1921)

Another wave went through Elliott and he knew that the creature was older than *Methuselah*, older than old. (*W. Kotzwinkle*)

Снова сквозь Эллиота прокатилась волна, и теперь Эллиот знал, что существо это древнее *Мафусаила*, древнее самой старости. (*Пер. Р. Рыбкина*)

METTERNICH [ˈmetənɪk], **Klemens Wenzel Nepomuk Lothar von** (1773—1859) Клéменс Вéнцель Нéпомук Лóтар фон Мéттерних, австр. гос. деятель и дипломат, мин. ин. дел (1809—21) и канцлер (1821—48). Играл видную роль в европ. политике

MICAH [ˈmaɪkə] Михéй, в Ветхом Завете пророк. Его именем названа одна из книг Библии

MICAWBER [mɪˈkɔːbə] Микóбер, в романе Ч. Диккенса «Дэвид Копперфилд» (1850) неудачливый и бедный, но не унывающий, добродушный и несколько эксцентричный знакомый Дэвида

MICHAEL [ˈmaɪkl] Михаúл, в христ., иудаист. и мусульм. вероучениях архангел, предводитель небесного воинства // **Michaelmas** [ˈmɪklməs] *n* день св. Михаила (29 сентября), традиционная дата совершения долгосрочных сделок, найма слуг и т. п.

MICHELANGELO BUONAROTI [ˌm(a)ɪkəˈlændʒələʊˌbwɒnəˈrɒti] (1475—1564) Микелáнджело Буонарóти, ит. скульптор, живописец и архитектор Возрождения. Автор монументальных, исполненных драматизма работ // **Michelangelesque** [m(a)ɪkəˌlændʒəˈlesk] *a*

He was past sixty and had a *Michelangelo's Moses* beard curling down from the head of a satyr along the body of an imp. (*O. Henry*)

Ему было уже за шестьдесят, и борода, вся в завитках, как у *«Моисея» Микеланджело*, спускалась у него с головы сатира на тело гнома. (*Пер. Н. Дарузес*)

They ⟨his powerful hands⟩ were large and yet sensitive: veined *Michelangelos*. (*W. Blatty*)

У него были нежные и в то же время крупные руки, жилистые, как у скульптур *Микеланджело*.

MICHELSON [ˈmaɪklsən], **Albert Abraham** (1852—1931) Áльберт Áбрахам Мáйкельсон, амер. физик (род. в Германии). Лауреат Нобелевской премии (1907)

MICHENER [ˈmɪtʃ(ə)nə], **James Albert** (р. 1907) Джеймс Áлберт Мúченер, амер. писатель. Лауреат Пулитцеровской премии (1948)

⊙ Tales of the South Pacific (1946) «Сказки Тихоокеанского юга», The Covenant (1980) «Завет», Space (1982) «Космос», романы

MICKIEWICZ [mɪtsˈkjeɪvɪtʃ], **Adam** (1798—1855) Адáм Мицкéвич, польск. поэт-романтик

MIDAS [ˈmaɪdəs, -æs] Мидáс, в греч. мифологии царь Фригии {Phrygia}. Прикосновением руки обращал любой предмет в золото * богач

the Midas touch прикосновение Мидаса * способность «делать деньги», извлекать выгоду

the ass's ears of Midas ослиные уши Мидаса: Аполлон наделил Мидаса ослиными ушами за то, что он счёл Пана более способным к музыке, чем Аполлона. Царский цирюльник нашептал эту тайну в ямку на берегу реки, и в шуме речного тростника её услышали все * то, что выдаёт глупца или то, что невозможно скрыть

□ пьеса Дж. Лили (1592)

MIDDLETON ['mɪdltən], **Thomas** (1570?—1627) Тóмас Мúдлтон, англ. драматург

⊙ Michaelmas Term (1605?) «Осенняя судебная сессия», A Chaste Maid in Cheapside (1611—13) «Невинная девушка из Чипсайда», комедии; Women Beware Women (1621) «Женщины, берегитесь женщин», The Changeling (1623, совм. с У. Роули) «Оборотень», трагедии

MIES van der ROHE [ˌmiːsˌvɑːndəˈrəu(ə)], **Ludwig** (1886—1969) Лю́двиг Мис ван дер Рóэ, амер. архитектор (род. в Германии). Проектировал рациональные прямоугольные здания из стекла, бетона и стали

MILHAUD [mɪˈ(j)əu], **Darius** (1892—1974) Дариúс Мийó, фр. композитор. Широко использовал политональность, а тж. мотивы джазовой и латиноамериканской музыки

MILL [mɪl] Милль: **1. James** (1773—1836) Джеймс, шотл. философ, историк и экономист. Один из основоположников (наряду с Дж. Бентамом) философии утилитаризма

2. John Stuart (1806—73) Джон Стю́арт, англ. экономист, философ и логик, его сын

⊙ System of Logic (1843) «Система логики», Principles of Political Economy (1848) «Принципы политической экономии», научные труды; On Liberty (1859) «О свободе», эссе

MILLAIS ['mɪleɪ], **John Everett** (1829—96) Джон Э́веретт Милле́, англ. живописец, портретист. Один из основателей братства прерафаэлитов {Pre-Raphaelite Brotherhood}

MILLAY [mɪˈleɪ], **Edna St. Vincent** (1892—1950) Э́дна Сент-Вúнсент Милле́й, амер. поэтесса. Автор лирических стихов, романтических пьес

MILLER ['mɪlə], **Arthur** (р. 1915) А́ртур Мúллер, амер. драматург. Лауреат Пулитцеровской премии (1949)

⊙ All My Sons (1947) «Все мои сыновья», The Death of a Salesman (1949) «Смерть коммивояжёра», The Crucible (1953) «Тяжкое испытание» /«Салемские колдуньи»/, After the Fall (1961) «После грехопадения», The Price (1968) «Цена», The American Clock (1980) «Американский хронограф», пьесы

MILLER, Glenn (1904—44) Глен Мúллер, амер. тромбонист, руководитель джаз-оркестра

MILLER, Henry (1891—1980) Гéнри Мúллер, амер. писатель (в 20—30-е гг. жил во Франции). Автор любовных романов

MILLER, Joaquin /наст. имя Cincinnatus Heine/ (1841?—1913) Хоакúн /Синсиннáтус Хáйне/ Мúллер, амер. поэт. Автор книг об амер. Западе, жизни индейцев

⊙ Songs of the Sierras (1871) «Песни Сьерры»

MILLER, Joe /Joseph/ (1684—1738) Джо /Джóзеф/ Мúллер, англ. актёр и юморист. Сб. его анекдотов был издан в 1739 * Joe Miller анекдот «с бородой», плоская острота

MILLET [mɪˈjeɪ, mɪˈleɪ], **Jean François** (1814—75) Жан Франсуá Милле́, фр. живописец

MILLIKAN ['mɪlɪkən], **Robert Andrews** (1868—1953) Рóберт Э́ндрус Мúлликен, амер. физик. Лауреат Нобелевской премии (1923)

MILNE [mɪln], **Alan Alexander** (1882—1956) А́лан Алексáндер Милн, англ. писатель. Автор детских стихов и сказочных повестей

⊙ When We Were Very Young (1924) «Когда мы были маленькими», Now We Are Six (1927) «Теперь нам уже шесть», сб. стихов; Winnie-the-Pooh (1926) «Винни-Пух», The House at Pooh Corner (1928) «Домик на Пуховом перекрёстке», повести

MILQUETOAST [ˈmɪlktəust], **Caspar** Ка́спар Ми́лктост, в амер. серии комиксов (с 1924) робкий, нерешительный мужчина * мямля

MILTON [ˈmɪlt(ə)n], **John** (1608—74) Джон Ми́льтон, англ. поэт и публицист, противник монархии. В 1650-е гг. ослеп

⊙ Areopagitica (1644) «Ареопагитика», памфлет; Paradise Lost (1667) «Потерянный рай», Paradise Regained (1671) «Возвращённый рай», поэмы; Samson Agonistes (1671) «Самсон-борец», трагедия

MIMIR [ˈmiːmɪə] Ми́мир, в сканд. мифологии страж источника мудрости у подножия мирового дерева. Дав Одину напиться из источника, взял у него один глаз

MINERVA [mɪˈnɜːvə] Мине́рва, в рим. мифологии богиня мудрости, покровительница ремёсел и искусств. Соответствует греч. Афине → VENUS

MING [mɪŋ] Мин, кит. императорская династия (правили в 1368—1644). Искусство эпохи Мин отличается изяществом и утончённостью

MINNEHAHA [ˌmɪnɪˈhɑːhɑː] Миннега́га, в поэме Г. Лонгфелло «Песнь о Гайавате» (1855) прекрасная индианка из Дакоты, на к-рой женится Гайавата

MINNELLI [mɪˈnelɪ], **Liza** (р. 1946) Ла́йза Минне́лли, амер. киноактриса мюзикла, дочь Дж. Гарленд

MINOT [ˈmaɪnət], **George Richards** (1885—1950) Джордж Ри́чардс Ма́йнот, амер. врач. Лауреат Нобелевской премии (1934)

MINOTAUR [ˈm(a)ɪnətɔː] Минота́вр, в греч. мифологии кровожадный человекобык, обитавший в критском лабиринте. Убит Тесеем

MIRÓ [miːˈrəu], **Joan** (1893—1983) Джоа́н /Хуа́н/ Миро́, исп. живописец. Автор работ в духе абстракционизма и сюрреализма

MITCHELL [ˈmɪtʃ(ə)l], **Joni** /наст. имя Roberta Joan ANDERSON/ (р. 1943) Джо́ни Ми́тчелл /Робе́рта Джо́ан А́ндерсон/, канад. эстрадная певица, композитор и поэт

MITCHELL, Margaret (1900—49) Ма́ргарет Ми́тчелл, амер. писательница «юж. школы». Автор ист. романа о Гражданской войне 1861—65

⊙ Gone with the Wind (1936) «Унесённые ветром»

MITHRAS [ˈmɪθræs] Ми́тра /Ми́фра/, в др. иран. мифологии бог солнца. Культ Митры существовал и в Рим. империи // **Mithraism** [ˈmɪθrəɪzm, -reɪzm] n митраизм; **Mithraist** [ˈmɪθreɪst] n митраист

MITHRIDATES [ˌmɪθrɪˈdeɪtiːz] Митрида́т, имя ряда монархов греч. гос-в, в т. ч.: **VI EUPATOR** (132—63 до н. э.) Евпа́тор, царь и военачальник Понта {Pontus} (со 120 до н. э.). По преданию, выработал невосприимчивость к ядам, употребляя их малыми дозами

MITTY [ˈmɪtɪ], **Walter** Уо́лтер Ми́тти, в рассказе Дж. Тербера «Тайная жизнь Уолтера Митти» (1939) и основанном на нём кинофильме (1947) задавленный семейным бытом мечтатель, часто представляющий себя героем событий в духе голливудских кинолент

They had gone along with the 'romance' because it represented the *Walter Mitty* dream of every average Joe. A plain guy winding up with the most beautiful girl in the world. (*J. Susann*)

Они продолжали рекламировать эту романтическую легенду, ибо она воплощала собой *голубую* мечту каждого обывателя. Простой парень добивается руки самой красивой девушки в мире.

MNE

MNEMOSYNE [nɪ'mɔzɪnɪ] Мнемози́на /Мнемоси́на/, в греч. мифологии богиня памяти, мать муз

MÖBIUS /MOEBIUS/ ['mɜ:bɪəs], **August Ferdinand** (1790—1868) А́вгуст Фердина́нд Мёбиус, нем. математик

Möbius strip лента /лист/ Мёбиуса, односторонняя поверхность (в математике)

MODIGLIANI [mɔ:d(ɪ)lɪ'jɑ:ni:], **Amedeo** (1884—1920) Амеде́о Модилья́ни, ит. живописец (жил и работал во Франции)

MODRED *см.* MORDRED

MOEBIUS *см.* MÖBIUS

MOHAMMED *см.* MUHAMMAD

MOLECH *см.* MOLOCH

MOLIÈRE ['mɔuljeə, 'mɔlɪeə] /*наст. имя* Jean-Baptiste POQUELIN/ (1622—73) Молье́р /Жан-Бати́ст Покле́н/, фр. драматург

⊙ Tartuffe (1664) «Тартю́ф», The Misanthrope (1666) «Мизантроп», The Miser (1668) «Скупой», Le Bourgeois Gentilhomme (1670) «Мещанин во дворянстве», комедии

MOLOCH ['mɔulɔk] /**MOLECH** ['mɔlək]/ Мо́лох, в Ветхом Завете языческое божество, к-рому приносили в жертву детей; в «Потерянном рае» Дж. Мильтона (1667) предводитель падших ангелов * 1) жестокая, ненасытная сила 2) власть денег

Like most great film makers, he began as an artist, and was gradually overwhelmed by the need to prove himself as a businessman. He was not only harassed by the need to marry God and *Moloch* in his work; he was harassed by the need to marry them in himself. (*Ch. Higham*)

Подобно большинству великих кинематографистов, он начинал как художник, но постепенно поддался необходимости утвердиться как бизнесмен. Вынужденное поклонение и Богу, и *Молоху* разъедало не только его искусство, но и душу.

MOMUS ['mɔuməs] Мом, в греч. мифологии бог злословия, изгнанный Зевсом с Олимпа * придира, критикан, брюзга

MONA LISA *см.* GIOCONDA

MONCK /MONK/ [mʌŋk], George (1608—70) Джордж Монк, англ. воен. и полит. деятель. В гражданской войне 1642 участвовал сначала на стороне Карла I, затем парламента. В 1660 способствовал реставрации монархии, созвав новый парламент и призвав на царствование Карла II

MONET [mɔu'neɪ], **Claude** (1840—1926) Клод Моне́, фр. живописец-импрессионист

MONK *см.* MONCK

MONROE [mən'rəu], **James** (1758—1831) Джеймс Монро́, 5-й през. США (1817—25)

the Monroe doctrine доктрина Монро (выдвинута им в 1823): провозглашала взаимное невмешательство стран Европы и Америки в дела друг друга

MONROE, Marilyn /*наст. имя* Norma BAKER/ (1926—62) Мэ́рилин Монро́ /Но́рма Бе́йкер/, амер. киноактриса. Снималась в амплуа «роскошной женщины»

MONTAGU ['mɔntəgju:], **Mary Wortley** (1689—1762) Мэ́ри Уо́ртли Мо́нтегю, англ. знатная дама. Известна письмами, опубликованными посмертно (1763). Ввела в Англии прививки против оспы (1718)

MONTAGUE ['mɔntəgju:] Монте́кки, в трагедии У. Шекспира «Ромео и Джульетта» (1595) имя знатного веронского рода, враждующего с Капулетти; отец Ромео

MONTAIGNE [mɔnˈteɪn], **Michel de** (1533—92) Мишéль де Монтéнь, фр. философ-гуманист
⊙ Essais (1580—88) «Опыты», книга эссе

MONTE-CRISTO [ˈmɔntəˈkrɪstəu], Count of граф Мóнте-Крúсто, в одноим. романе А. Дюма-отца (1845) титул, присвоенный себе несправедливо осуждённым Эдмоном Дантесом {Edmond Dantès}, к-рый бежал из заключения и разбогател

MONTESPAN [ˈmɔntəspæn, ˌmɔntesˈpɑn], Marquise de /Françoise Athénais de ROCHECHOUART/ (1641—1707) маркиза де Монтеспáн /Франсуáза Атенаúс Рошшуáр/, любовница фр. короля Людовика XIV. В 1660-е и 70-е гг. оказывала влияние на гос. дела

MONTESQUIEU [ˌmɔntəsˈkjuː], **Charles de** (1689—1755) Шарль де Монтескьé, фр. просветитель, правовед и философ

MONTESSORI [ˌmɔntəˈsɔːrɪ, -te-, -tɪ-], **Maria** (1870—1952) Марúя Монтессóри, ит. педагог. Разработала и внедрила в своей школе систему свободного воспитания, нацеленную на развитие индивидуальности ребёнка

MONTEVERDI [mɔntəˈveədɪ, -ˈvɜːdɪ], **Claudio** (1567—1643) Клáудио Монтевéрди, ит. композитор. Заложил основы современной оперы

MONTEZUMA [ˌmɔntɪˈzuːmə] **II** (1466—1520) Монтесýма II, правитель ацтеков (с 1503). Был пленён Кортесом; за призывы покориться испанцам убит индейцами
☐ Montezuma's Daughter «Дочь Монтесумы», роман Г. Хаггарда (1893)

MONTGOLFIER [mɔntˈgɔlfɪə, -fɪeɪ] Монгольфьé, фр. изобретатели воздушного шара, братья, совершившие на нём первый полёт в 1783:
1. Joseph Michel (1740—1810) Жозéф Мишéль
2. Jacques Etienne (1745—99) Жак Этьéн

MONTGOMERY [mənˈ(t)ˈgʌm(ə)rɪ] **of Alamein, Bernard Law** (1887—1976) Бéрнард Лóу Монтгóмери Аламéйнский, англ. фельдмаршал. Во 2-й мир. войне командовал войсками в Сев. Африке, где одержал победу при Эль-Аламейне

MOORE [muə], **Edward** (1712—57) Эдвард Мур, англ. драматург
⊙ Gil Blas (1751) «Жиль Блаз», The Gamester (1753) «Беверлей», пьесы

MOORE, Henry Spenser (1898—1986) Гéнри Спéнсер Мур, англ. скульптор. Автор монументальных символических изваяний

MOORE, Marianne (1887—1972) Мэ́рианн Мур, амер. поэтесса. Лауреат Пулитцеровской премии (1951)

MOORE, Stanford (1913—82) Стáнфорд Мур, амер. биохимик. Лауреат Нобелевской премии (1972)

MOORE, Thomas (1779—1852) Тóмас Мур, ирл. поэт-романтик
⊙ Irish Melodies (1808—34) «Ирландские мелодии», сб. стихов; Lalla Rookh (1817) «Лалла Рук», поэма → WORDSWORTH

MORAVIA [məuˈrɑːvɪə, -ˈreɪ-, -vjə] /наст. имя PINCHERLE/, **Alberto** (1907—90) Альбéрто Морáвиа /Пинкéрле/, ит. писатель
⊙ A Woman of Rome (1947) «Римлянка», роман

MORAY см. MURRAY

MORDECAI [ˌmɔːdɪˈk(eɪ)aɪ] Мардохéй, в Ветхом Завете воспитатель Есфири. Сидя у царских ворот, узнал о заговоре евнухов против царя и донёс на них. Олицетворяет бдительность (особ. в выражении: «Мардохей у ворот царских» {Mordecai at the gate}, цитата из книги Есфири)

MORDRED [ˈmɔːdred] /**MODRED** [ˈməudrɪd]/ Мó(р)дред, в «артуровских легендах» сын короля Артура, к-рый в его отсутствие пытался захватить престол. Убит Артуром

MORE [mɔ:], **Thomas** (1478—1535) Тóмас Мор, англ. писатель и мыслитель, лорд-канцлер (1529—32). Казнён за отказ признать Генриха VIII главой церкви

⊙ Utopia (1516) «Утопия», эссе-диалог

MORGAN [ˈmɔ:g(ə)n], **John Pierpont** [ˈpɪəpɔnt] (1837—1913) Джон Пúрпонт Мóрган, амер. финансист. Родоначальник банкирского дома

MORGAN, Henry (1635—88) Гéнри Мóрган, англ. пират

MORGAN le Fay [ˈmɔ:g(ə)nləˈfeɪ] фея Моргáна, в «артуровских легендах» волшебница, противница Мерлина и Артура

MORGAN, Thomas Hunt (1866—1945) Тóмас Хант Мóрган, амер. биолог. Обосновал хромосомную теорию наследственности. Лауреат Нобелевской премии (1933)

MORGENTHAU [ˈmɔ:gənθɔ:], **Henry** (1891—1967) Гéнри Мóргентау, амер. финансист, мин. финансов США (1934—45)

MORPHEUS [ˈmɔ:fju:s] Морфéй, в греч. мифологии бог сновидений

MORRIS [ˈmɔrɪs], **William** (1834—96) Уúльям Мóррис, англ. художник и писатель, социалист

⊙ News from Nowhere (1891) «Вести ниоткуда», роман-утопия

MORRISON [ˈmɔrɪsn], **Jim** (1944—71) Джим Мóррисон, амер. эстрадный певец. Кумир подростков 60-х гг. Умер от злоупотребления наркотиками

MORRISON, Toni (р. 1931) Тóни Мóррисон, амер. негр. писательница. Тема её романов — отношения между чёрными и белыми американцами. Лауреат Пулитцеровской премии (1988)

⊙ Song of Solomon (1977) «Песнь Соломона», Tar Baby (1981) «Смоляное чучелко», Beloved (1988) «Любимая», романы

MORSE [mɔ:s], **Samuel Finley Breese** (1791—1872) Сэмюэл Фúнли Бриз Мóрзе /Морс/, амер. художник и изобретатель. Создал электромагнитный телеграфный аппарат

Morse code азбука Морзе

MORTON [ˈmɔ:tn], **Thomas** (1764?—1838) Тóмас Мóртон, англ. комедиограф

⊙ Speed the Plough (1798) «Пусть быстрее идёт плуг», комедия

MORTON, William Thomas Green (1819—68) Уúльям Тóмас Грин Мóртон, амер. стоматолог. Один из основоположников анестезиологии

MOSES [ˈməuzɪz] Моисéй, в Ветхом Завете пророк, призванный Богом вывести израильтян из фараоновского рабства через расступившиеся воды Красного моря. На горе Синай Бог дал Моисею скрижали с десятью заповедями // **Mosaic** [məuˈzeɪk] а моисеев

☐ Moses and Aaron «Моисей и Аарон», опера А. Шёнберга (1932)

I don't want you to follow me or anything else. If you are looking for a *Moses* to lead you out of the wilderness, you will stay right where you are. (*E. Debs*)

Мне не нужно, чтобы вы следовали за мной. Вы не найдёте во мне *пророка*, который выведет вас из пустыни.

It was *William Booth* who explained the authoritarian framework of his Salvation Army by remarking that if *Moses* had operated through committees, the Israelites never would have got across the Red Sea. (*New York Telegraph and Sun, 1965*)

Объясняя единоначалие в «Армии спасения», *Уильям Бут* заметил, что если бы *Моисей* действовал через комитеты, то израильтяне никогда бы не перебрались через Красное море.

→ MICHELANGELO BUONAROTI

MOSES, *Grandma* /Anne/ (1860—1961) Бабушка /Энн/ Мо́зес, амер. художница-примитивистка. Занялась живописью в старости

MOTHERWELL [ˈmʌðəwel, -wəl], **Robert** (р. 1915) Ро́берт Ма́деруэлл /Ма́зеруэлл/, амер. живописец-абстракционист

MOTT [mɔt], **Lucretia** (1793—1880) Лукре́ция Мотт, амер. обществ. деятельница, активистка движений в защиту прав женщин и за отмену рабства

MOTT, Nevill Francis (р. 1905) Не́вилл Фрэ́нсис Мотт, англ. физик. Лауреат Нобелевской премии (1977)

MOUNTBATTEN [mauntˈbæt(ə)n], **Louis** (1900 79) Лу́ис Маунтбе́ттен, англ. адмирал и гос. деятель. Последний вице-король {Vice-Roy} и 1-й генерал-губернатор Индии (1947—48). Автор плана предоставления независимости Индии, по к-рому были образованы Индия и Пакистан

MOWGLI [ˈmauglɪ] Ма́угли, в «Книге джунглей» Р. Киплинга (1894) мальчик, воспитанный в джунглях зверями

MOZART [ˈməutsɑːt], **Wolfgang Amadeus** (1756—91) Во́льфганг Амаде́й Мо́царт, австр. композитор и музыкант. Обогатил все муз. жанры. Умер предположительно от воспаления мозга. Согласно популярной легенде, был якобы отравлен А. Сальери из зависти к его таланту // **Mozartean, Mozartian** [məutˈsɑːtɪən] *a*

⊙ Idomeneus (1781) «Идоменей», The Abduction from the Seraglio (1782) «Похищение из сераля», The Marriage of Figaro (1786) «Свадьба Фигаро», Don Giovanni (1787) «Дон-Жуан», Cosi Fan Tutte /So Do All Women/ (1790) «Так поступают все женщины», The Magic Flute (1791) «Волшебная флейта», оперы; Requiem (1791) «Реквием»

□ Amadeus «Амадей», фильм М. Формана (1984)

MUFFET [ˈmʌfɪt], ***Little*** Miss малютка мисс Ма́ффет, персонаж англ. детского стихотворения:

Little Miss Muffet sat on a tuffet,
Eating some curds and whey.
Along came a spider, and sat down beside her,
And frightened *Miss Muffet* away.

Мисс Маффет села с плошкой сметану кушать ложкой,
Однако с краю стула
Подсел к ней вдруг большой паук,
И мисс как ветром сдуло.

MUHAMMAD /MOHAMMED/ [m(ə)uˈhæməd, -med], *тж.* **MAHO-MET** [məˈhɔmət, -mɪt] (570—632) Мухамме́д /Магоме́т/, араб. проповедник, основатель ислама /мусульманства или магометанства/. Мусульманами почитается как пророк

If the hill will not come to Mahomet, Mahomet will go to the hill *поговорка* если гора не идёт к Магомету, Магомет идёт к горе (по легенде, Мухаммед призвал к себе гору, дабы продемонстрировать могущество своей веры, но убедившись, что гора не движется, произнёс это изречение)

MULDOON [məlˈduːn], **Robert David** (р. 1921) Ро́берт Де́йвид Малду́н, премьер-мин. Нов. Зеландии (1975—84), от нац. партии

MULLER [ˈmʌlə], **Hermann Joseph** (1890—1967) Ге́рман Джо́зеф Ме́ллер /Ма́ллер/, амер. генетик. Лауреат Нобелевской премии (1946)

MULLIKEN [ˈmʌlɪkən], **Robert Sanderson** (1896—1986) Ро́берт Са́н-

MUL

дерсон Ма́лликен, амер. химик и физик. Лауреат Нобелевской премии (1966)

MULRONEY [məlˊrəʊnɪ], **Brian** (р. 1939) Бра́йн Малру́ни, премьер-мин. Канады (с 1984), от Прогрессивно-консервативной партии

MUMBO JUMBO [ˊmʌmbəuˊdʒʌmbəu] Му́мбо-Ю́мбо, в англ. фольклорной традиции идол, к-рому якобы поклонялись некие африканские племена * 1) объект бессмысленного поклонения 2) абракадабра, несуразица

MUN [mʌn], **Thomas** (1571—1641) То́мас Мен /Ман/, англ. экономист. Один из основоположников количественной теории денег

MUNCH [muŋk], **Edvard** (1863—1944) Э́двард Мунк, норв. живописец и график-экспрессионист

MUNCHHAUSEN [mʌnˊtʃɔ:zn, ˊmynçˌhauzən], **Karl Friedrich Hieronymus** (1720—97) Карл Фри́дрих Иерони́м Мюнхга́узен /Мюнха́узен/, нем. барон. Явился прототипом лит. героя, рассказывающего о своих невероятных подвигах и приключениях * хвастун и враль

□ Narrative of the Marvellous Travels of Baron von Munchhausen «Повествование о чудесных путешествиях барона Мюнхгаузена», роман Р. Распе (1786)

MUNI [ˊmju:nɪ], **Paul** (1895—1967) Пол Му́ни, амер. актёр. Снимался в гангстерских фильмах

MUNRO [mʌnˊrəu, ˊmʌnrəu], **Hector Hugh** (1870—1916) Ге́ктор Хью Ма́нро /Му́нро/, англ. журналист и писатель (род. в Бирме). Погиб в 1-й мир. войне

⊙ The Unbearable Bassington (1912) «Невыносимый Бассингтон», роман; Reginald (1904) «Реджинальд», The Chronicles of Clovis (1911) «Хроники Хлодвига», Beasts and Superbeasts (1914) «Звери и сверхзвери», The Square Egg (опубл. 1924) «Квадратное яйцо», сб. рассказов

MURAT [mju:ˊreɪ], **Joachim** (1767—1815) Иоахи́м Мюра́т, фр. маршал, зять и сподвижник Наполеона, король Неаполитанский (с 1808)

MURDOCH [ˊmɜ:dɔk], **(Jean) Iris** (р. 1919) (Джин) А́йрис Ме́рдок, англ. писательница

⊙ Under the Net (1954) «Под сетью», The Sandcastle (1957) «Замок на песке», The Red and the Green (1965) «Алое и зелёное», The Black Prince (1972) «Чёрный принц», The Philosopher's Pupils (1983) «Ученики философа», романы

MURDOCH, (Keith) Rupert (р. 1931) (Кит) Ру́перт Ме́рдок, амер. издательский магнат (род. в Австралии, в США с 1974), миллиардер. Глава мировой информационно-издательской монополии «Ньюс корпорейшн» (с 1974), кинокомпании «XX век — Фокс» и телесети «Фокс телевижн» (с 1985)

MURDSTONE [ˊmɜ:dstən], **Edward** и **Jane** Э́двард и Джейн Ма́рдстон, в романе Ч. Диккенса «Дэвид Копперфилд» (1850) отчим Дэвида и его сестра. Приверженцы палочного воспитания

MURILLO [mjuəˊrɪləu], **Bartolomé Esteban** (1618—82) Бартоломе́ Эстеба́н Мури́льо, исп. живописец

MURPHY [ˊmɜ:fɪ], **Audie** (1924—71) О́ди Ме́рфи, амер. киноактёр, герой 2-й мир. войны → GILGAMESH

MURPHY, Eddie (р. 1961) Э́дди Ме́рфи, амер. негр. киноактёр. Снимается в комедийных и характерных ролях

MURPHY, William Parry (р. 1892) Уи́льям Па́рри Ме́рфи, амер. врач. Лауреат Нобелевской премии (1934)

MURRAY /MORAY/ [ˊmʌrɪ], **Earl of /James STUART/** (1531?—70) граф Ма́рри /Джеймс Стю́арт/, побочный сын Якова V и единокровный брат Марии Стюарт. Поддерживал Реформацию и Дж. Нокса, в связи с чем впал в немилость у королевы. После её отречения от престола в 1567 стал регентом при малолетнем Якове VI

MURRAY, Bill (р. 1950) Билл Ма́рри, амер. комедийный актёр кино и телевидения

MURROW [ˈmʌrəu], **Edward Roscoe** (1908—65) Э́дуард Ро́ско Ма́рроу, амер. радио- и тележурналист и комментатор

MUSAEUS [mjuˈsiːəs] Мусе́й, в греч. мифологии поэт-прорицатель, ученик Орфея

MUSSET [mjuːˈseɪ], **(Louis Charles) Alfred de** (1810—57) (Луи́ Шарль) Альфре́д де Мюссе́, фр. поэт-романтик

MUSSOLINI [ˌmusəˈliːniː], **Benito** (1883—1945) Бени́то Муссоли́ни, фашистский диктатор Италии (1922—43)

MYRON [ˈmaɪrən] (5 в. до н. э.) Миро́н, греч. скульптор. Автор скульптуры «Дискобол»

N

NABOKOV [nəˈbɔkɔf, ˈnæbəˌkɔf], **Vladimir Vladimirovich** (1899—1977) Влади́мир Влади́мирович Набо́ков, рус. и амер. писатель (в США с 1940, умер в Швейцарии). Писал на рус. и англ. языках

⊙ Lolita (1955) «Лолита», Pnin (1957) «Пнин», Ada (1969) «Ада», романы

NABOTH [ˈneɪbɔθ] Навуфе́й, в Ветхом Завете владелец виноградника, казнённый по навету Иезавели, жены царя Ахава, после чего Ахав присвоил виноградник себе

Naboth's vineyard виноградник Навуфея * предмет незаконных притязаний

NADER [ˈneɪdə], **Ralph** (р. 1934) Ралф Не́йдер, амер. юрист, публицист и обществ. деятель. Один из основателей современного амер. движения потребителей

NAHUM [ˈneɪ(h)əm] Нау́м, в Ветхом Завете пророк. Его именем названа одна из книг Библии

NANSEN [ˈnɑːns(ə)n, ˈnæn-], **Fridtjof** (1861—1930) Фри́тьоф На́нсен, норв. исследователь Арктики

NAPIER [ˈneɪpɪə], **John** (1550—1617) Джон Не́пер /Не́йпир/, шотл. математик. Ввёл понятие логарифма // **Napierian** [nəˈpɪərɪən, neɪ-] *a*: **Napierian logarithm** неперов /натуральный/ логарифм

NAPOLEON [nəˈpəuljən, -ɪən] Наполео́н: **1. I BONAPARTE** [ˈbəunəpɑːt] (1769—1821) I Бонапа́рт, фр. император (1804—14 и «сто дней» в марте-июне 1815). У власти после переворота 1799. Вёл захватнические войны, получившие название «наполеоновских». В 1814 со вступлением войск антифранцузской коалиции в Париж отрёкся от престола. В 1815 бежал из ссылки с о. Эльба и вновь вступил на престол, но вторично отрёкся после поражения при Ватерлоо * человек с преувеличенным самомнением // **Napoleonic** [nəˌpəulɪˈɔnɪk] *a* наполеоновский; преувеличенно честолюбивый

□ The Napoleon of Notting Hill «Наполеон из Ноттинг-Хилла», роман Г. К. Честертона (1904)

She insists she's the devil himself, and that's the same thing as saying you're *Napoleon Bonaparte*! You see? (*W. Blatty*)

Она упорно объявляет себя самим дьяволом, а это ведь всё равно что назвать себя *Наполеоном Бонапартом*! Понимаете?

2. II (1811—32), его сын, никогда не правил

3. III /Louis Napoleon BONAPARTE/ (1808—73) /Луи́ Наполео́н Бонапа́рт/, фр. император (1852—70), племянник Наполеона I

NARCISSUS [nɑːˈsɪsəs] Нарци́сс, в греч. мифологии прекрасный юноша. Отвергнув любовь нимфы Эхо, умер от безнадёжной любви к собственному отражению и превратился в цветок // **narci(ssi)sm** [ˈnɑːsɪ(sɪ)zm] *n* нарциссизм; самовлюблённость; **narci(ssi)st** [ˈnɑːsɪ(sɪ)st] *n* нарциссист; *a* нарциссистский; **narcissistic** [ˌnɑːsɪˈsɪstɪk] *a* нарциссистский, эгоистический

NASH [næʃ], **Ogden** (1902—71) О́гден Нэш, амер. поэт. Автор юмористических стихов, книг для детей, мастер афоризма и эпиграммы
⊙ Hard Lives (1931) «Трудная жизнь», The Face Is Familiar (1940) «Знакомое лицо», Boy Is a Boy (1960) «Мальчишка есть мальчишка», книги для детей

NASH /NASHE [næʃ]/, **Thomas** (1567—1601) То́мас Нэш, англ. писатель-сатирик и критик, зачинатель англ. «плутовского» романа
⊙ The Unfortunate Traveller, or The Life of Jacke Wilton (1594) «Злосчастный путешественник, или Жизнь Джека Уилтона»

NASH, Walter (1882—1968) Уо́лтер Нэш, премьер-мин. Новой Зеландии (1957—60), лидер и теоретик лейбор. партии

NASHE *см.* NASH T.

NASMYTH [ˈneɪzmɪθ, ˈnæz-, ˈnæs-], **James** (1808—90) Джеймс Не́смит, англ. инженер-металлург. В 1839 изобрёл паровой молот

NASSER [ˈnɑːsə], **Gamal Abdel** (1918—70) Гама́ль Абде́ль На́сер, араб. гос. деятель, през. Египта (с 1956)

NAST [nɑːst, *амер.* næst], **Thomas** (1840—1902) То́мас Наст, амер. полит. карикатурист. Создал образы Осла и Слона как эмблемы дем. и респ. партий

NATION [ˈneɪʃn], **Carry Amelia** (1846—1911) Кэ́рри Аме́лия Нейшн, амер. пропагандистка трезвости. Громила питейные заведения, врываясь туда с топором
⊙ The Use and Need of the Life of Carry Nation (1904) «Польза и необходимость жизни Кэрри Нейшн», автобиография

NAUSICAA [nɔːˈsɪkɪə] Навсика́я /Навзика́я/, в греч. мифологии дочь царя Алкиноя. Помогла Одиссею после кораблекрушения

NEBUCHADNEZZAR [ˌnebjukədˈnezə] II (?—562 до н. э.) Навуходоно́сор II, царь Вавилонии (с 605 до н. э.). Разрушил Иерусалим и Иудейское царство. В Ветхом Завете фигурирует как жестокий деспот, наказанный Богом тем, что оказался в пустыне на грани одичания
'I'm going to wash and dress, and then I'll come down and explain things... Save me some of that mutton. I'm starving for a bit of meat.' ... 'Does our friend eke out his modest income with a crossing? or has he his *Nebuchadnezzar's* phases?' he inquired. (*H. G. Wells*)
«Я пойду приму ванну и переоденусь, а затем вернусь и всё вам расскажу... оставьте мне только кусочек баранины. Я смертельно хочу мяса...».— «Не пополняет ли наш общий друг свои скромные доходы нищенством?.. Или с ним случилось то же самое, что с *Навуходоносором*?» (*Пер. К. Морозовой*)
→ HUGHES H.

NEFERTITI *см.* NOFRETETE

NEHEMIAH [ˌniː(h)əˈmaɪə] Нееми́я, в Ветхом Завете праведник, строитель стены разрушенного Иерусалима и автор одноим. книги

NEHRU [ˈneəruː, ˈneɪ-], **Jawaharlal** (1889—1964) Джавахарла́л Не́ру, премьер-мин. Индии (с 1947), один из лидеров борьбы за освобождение страны

NELSON [ˈnels(ə)n], **Horatio** (1758—1805) Горáцио Нéльсон, англ. вице-адмирал, нац. герой. Одержал победу над флотами Франции и Испании в бою при мысе Трафальгар {Trafalgar}, в к-ром был смертельно ранен

NEMESIS [ˈnemɪsɪs] Немесúда /Немезúда/, в греч. мифологии богиня возмездия. Изображалась с крыльями и мечом

NEMO [ˈniːməu] Нéмо, в романе Ж. Верна «20 тысяч лье под водой» (1869) капитан подводного судна

NEPTUNE [ˈneptjuːn] Нептýн, в рим. мифологии бог морей. Соответствует греч. Посейдону

NERO [ˈnɪərəu] (37—68) Нерóн, рим. император (с 54). Отличался жестокостью, развращённостью и деспотизмом; в 64 якобы приказал поджечь Рим. Покончил с собой при восстании против его тирании // **Neronian** [nɪˈrəunɪən], **Neronic** [nɪˈrɔnɪk] *a*

NERUDA [ne(ɪ)ˈruːdə], **Pablo** (1904—73) Пáбло Нерýда, чилийский поэт и обществ. деятель, коммунист

NESBIT [ˈnezbɪt], **Edith** (1858—1924) Эдит Нéсбит, англ. дет. писательница

⊙ The Treasure Seekers (1899) «Искатели сокровищ», The Enchanted Castle (1907) «Заколдованный замок», The Magic City (1910) «Волшебный город», повести

NESSUS [ˈnesəs] Несс, в антич. мифологии кентавр, убитый Гераклом /Геркулесом/. Надев одежду, пропитанную его кровью, Геракл погиб

NESTOR [ˈnestə] Нéстор, в греч. мифологии царь Пилоса {Pylos}. Несмотря на старость, проявил храбрость, энергию и мудрость в Троянской войне * старейший и опытнейший деятель, патриарх какого-л. дела

NEUMANN [ˈnjuːmən], **John von** (1903—57) Джон фон Нéйман, амер. математик (род. в Будапеште, с 1930 в США). Разрабатывал первые ЭВМ

NEVIN [ˈnevɪn], **Ethelbert Woodbridge** (1862—1901) Этельберт Вýдбридж Нéвин, амер. композитор. Автор песен

NEVINS [ˈnevɪnz], **Allan** (1890—1971) Áллан Нéвинс, амер. историк, автор полит. биографий. Лауреат Пулитцеровской премии (1933, 1937)

NEWMAN [ˈnjuːmən], **Barnett** (1905—70) Бáрнетт Ньюмен, амер. художник. Представитель абстрактного экспрессионизма

NEWMAN, John Henry (1801—90) Джон Гéнри Ньюмен, англ. теолог и публицист, католический кардинал. Один из руководителей «Оксфордского движения» (с 1833)

NEWMAN, Paul (р. 1925) Пол Ньюмен /Ньюман/, амер. киноактёр и режиссёр. С 50-х гг. снимался в амплуа мужественных героев

'Do people ever tell you you look like *Paul Newman*?' 'Always. And believe me, inside this body, *Mr. Newman* is struggling to get out. Too crowded. Inside,' he said, 'is also *Clark Gable*.' (*W. Blatty*)

«Вам говорили, что вы похожи на *Пола Ньюмена*?» — «Постоянно твердят. И поверьте, *г-н Ньюмен* хочет вырваться из этой бренной оболочки. Ему тесно — ведь во мне сидит ещё *Кларк Гейбл*».

NEWTON [ˈnjuːt(ə)n], **Isaac** (1643—1727) Исаáк Ньютон, англ. математик и физик, основатель классической механики и физики. Открыл закон всемирного тяготения (по легенде, наблюдая падающее яблоко)

I'm not smart. I try to observe. Millions saw the apple fall but *Newton* was the one who asked why. (*B. Baruch*)

Я не так уж хитёр. Я просто наблюдателен. Миллионы людей видели, как падает яблоко, но лишь *Ньютон* задался вопросом, почему это происходит.

→ COPERNICUS, FARADAY, GALILEI

NIBELUNG /NIBLUNG, NIEBELUNG/ [ˈniːbəluŋ] Нибелу́нг, в германо-скандинавской мифологии король страны нибелунгов — хранителей клада, к-рый нёс гибель каждому, кто им владел

☐ Nibelungenlied «Песнь о нибелунгах», эпос 13 в.; The Nibelung's Ring «Кольцо Нибелунга», оперная тетралогия Р. Вагнера (1854—74)

NICE см. NIKE

NICHOLAS [ˈnɪkələs], St. (4 в.) св. Никола́й, христ. епископ. С его именем связаны мн. легенды; считается покровителем детей и путешественников. *См. тж.* SANTA CLAUS

NICHOLAS of Cusa (1401—64) Никола́й Куза́нский, ватиканский философ и церковно-политический деятель

NICHOLSON [ˈnɪklsn], **Jack** (р. 1937) Джек Ни́колсон, амер. киноактёр, сценарист и режиссёр. Лауреат премии «Оскар» (1975, 1983)

NICIAS [ˈnɪsɪəs, -ʃɪəs] (469?—413 до н. э.) Ни́кий, афин. стратег и полит. деятель. Пленён и казнён в Сиракузах {Syracuse}

NICK [nɪk], *Old* Сатана́, нечистый

NICKLEBY [ˈnɪklbɪ], **Nicholas** Ни́колас Ни́кльби, в одноим. романе Ч. Диккенса (1838—39) паренёк из бедной семьи. Его отличает обострённое чувство справедливости

NIEBELUNG см. NIBELUNG

NIEBUHR [ˈniːbuə], **Reinhold** (1892—1971) Ре́йнхольд Ни́бур, амер. теолог, критик либерального протестантизма // **Niebuhrian** [nɪˈbuərɪən] *a*

NIELSEN, [ˈniːlsn], **Carl August** (1865—1931) Карл А́вгуст Ни́льсен, дат. композитор и дирижёр

NIELSEN, Arthur Charles (1897—1980) А́ртур Чарлз Ни́льсен, амер. бизнесмен. В 1923 основал компанию по изучению спроса

Nielsen numbers /rating/ котировочный коэффициент /рейтинг/ Ни́льсена, данные о популярности радио- и телепередач

NIETZSCHE [ˈniːtʃə], **Friedrich Wilhelm** (1844—1900) Фри́дрих Вильге́льм Ни́цше, нем. философ, один из основателей «философии жизни». Проповедовал культ сильной личности

⊙ The Birth of Tragedy (1872) «Рождение трагедии», Thus Spake Zarathustra (1883—92) «Так говорил Заратустра», Beyond Good and Evil (1886) «По ту сторону добра и зла», трактаты

NIGHTINGALE [ˈnaɪtɪŋɡeɪl], **Florence** (1820—1910) Фло́ренс На́йтингейл, англ. сестра милосердия. Заложила основы подготовки медсестёр в Англии и реформ в воен. госпиталях. Олицетворяет лучшие черты своей профессии

From now on you'll be *Florence Nightingale, Sigmund Freud* and the best friend he ever had. (*J. Susann*)

Отныне вы будете для него *заботливой сестрой милосердия, внимательным психологом* и самым близким другом.

NIKE [ˈnaɪkiː] /**NICE** [ˈnaɪsiː]/ Ни́ке /Ни́ка/, в греч. мифологии богиня победы. Ей соответствует рим. Виктория

NIMIANE см. NIMUE

NIMITZ [ˈnɪmɪts], **Chester William** (1885—1966) Че́стер Уи́льям Ни́миц, амер. адмирал. Во 2-й мир. войне командовал Тихоокеанским флотом США. Подписал акт о капитуляции Японии

NIMRO(U)D [ˈnɪmrəd] Ни́мрод /Ни́мврод/, в Ветхом Завете богатырь, легендарный основатель Вавилона * умелый охотник

A *Nimrod* by instinct, his home was in the range of woods, his beau ideal the chase and forests full of buffaloes, bear and deer. (*J. Filson*)

Он был прирождённым *охотником*: его дом стоял в чаще, а его идеалом была охота с преследованием в лесах, изобилующих бизонами, медведями и оленями.

NIMUE [ˈnɪmjuː] /**NIMIANE** [ˈnɪmɪeɪn], **VIVIAN, VIVIEN** [ˈvɪvɪən]/, *the Lady of the Lake* Нине́ва /Нимиа́на, Вивиа́на/, Влады́чица Озера, в «артуровских легендах» озёрная дева, хранительница меча Экскалибур. Иногда отождествляется с Морганой

NIOBE [ˈnaɪəbi(ː)] Нио́ба /Ниобе́я/, в греч. мифологии многодетная дочь Тантала. Оскорбив богиню Лето /Латону/, потеряла всех своих детей и от горя истекла слезами * женщина, безутешная от потери близких // **Niobean** [ˌnaɪəuˈbiːən] *a*

NIRENBERG [ˈnɪərənbɜːg], **Marshall Warren** (р. 1927) Ма́ршалл Уо́ррен Ни́ренберг, амер. генетик. Лауреат Нобелевской премии (1968)

NIXON [ˈnɪks(ə)n], **Richard Milhous** (р. 1913) Ри́чард Ми́лхаус Ни́ксон, 37-й през. США (1969—74), от респ. партии. Вышел в отставку в связи с угрозой импичмента по «Уотергейтскому делу» {the Watergate affair}

NOAH [ˈnəuə] Ной, в Ветхом Завете праведник. Во время всемирного потопа спасся на ковчеге /корабле/ вместе с семьёй и земными животными и птицами (к-рых было «каждой твари по паре»)

Noah's ark ноев ковчег

□ Noah's Ark «Ноев ковчег», фильм М. Кертиза (1929)

NOBEL [nəuˈbel] Но́бель, семейство шв. изобретателей и промышленников, в т. ч.: **Alfred Bernhard** (1833—96) Алфре́д Бе́рнхард, химик

Nobel prizes [ˈnəubel-] Нобелевские премии, наиболее авторитетные международные премии за достижения в науке, литературе и миротворческой деятельности (присуждаются из фонда, учреждённого А. Б. Нобелем, с 1901)

NOBILE [ˈnɔbi(ː)leɪ], **Umberto** (1885—1978) Умбе́рто Но́биле, ит. дирижаблестроитель. В 1928 руководил экспедицией к Сев. Полюсу на дирижабле «Италия»

NOD *см.* WYNKEN, BLYNKEN and NOD

NOFRETETE [nɔfrrˈtiːtɪ, -fre-] /**NEFERTITI** [nefəˈtiːtɪ]/ (14 в. до н. э.) Неферти́ти, егип. царица, супруга Аменхотепа IV

NORMA [ˈnɔːmə] Но́рма, в одноим. опере В. Беллини (1831) друидская жрица, соблазнённая и покинутая рим. воином

NORRIS [ˈnɔrɪs], **Frank /Benjamin Franklin/** (1870—1902) Фрэнк /Бе́нджамин Фра́нклин/ Но́ррис, амер. писатель

⊙ McTeague (1899) «Мактиг», The Octopus (1901) «Спрут», The Pit (1903) «Омут», романы

NORRISH [ˈnɔrɪʃ], **Ronald George Wreyford** (1897—1978) Ро́налд Джордж Ре́йфорд Но́рриш, англ. химик. Лауреат Нобелевской премии (1967)

NORTH [nɔːθ], **Frederick** (1732—92) Фре́дерик Норт, премьер-мин. Великобритании (1770—82)

NORTH, Thomas (1535?—1601?) То́мас Норт, англ. переводчик. Его переводы, в т. ч. «Жизнеописаний» Плутарха, оказали влияние на литературу елизаветинской эпохи

NORTHCLIFFE [ˈnɔːθklɪf], Viscount /Alfred Charles William HARMSWORTH/ (1865—1922) виконт Но́ртклифф /А́лфред Чарлз Уи́льям Ха́рмсуорт/, англ. издатель, новатор журналистики. Основал газеты «Дейли мейл» (1896) и «Дейли миррор» (1903)

NORTHROP [ˈnɔːθrəp], **John Howard** (1891—1987) Джон Хáуард Нóртроп, амер. биохимик. Лауреат Нобелевской премии (1946)

NORTON [ˈnɔːtn], **Charles Eliot** (1827—1908) Чарлз Элиот Нóртон, амер. просветитель, один из редакторов журнала «Норт Американ ревю» (1864—68)

NOSFERATU [ˌnɔsfəˈraːtuː] Носферáту, в нем. легендах и фильмах ужасов человек-вампир

NOSTRADAMUS [ˌnɔstrəˈdeiməs, -ˈdaːməs] /Michel de NOTRE-DAME/ (1503—66) Нострадáм(ус) /Мишéль де Нотрдáм/, фр. врач и астролог. Автор аллегорических стихотворных пророчеств
⊙ Centuries (1555) «Столетия», книга предсказаний

O

OAKLEY [ˈəuklı], **Annie** /Phoebe Anne OAKLEY MOZEE/ (1860—1926) (Фúби) Áнни Óукли /Óукли-Мóзи/, амер. цирковая артистка, снайпер. Простреливала на лету игральную карту в нескольких местах, точно выбивая изображения масти * билет или талон (особ. пробиваемые компостером); контрамарка
□ Annie Get Your Gun «Анни, готовь пистолет», мюзикл И. Берлина (1946)

I was wordy, trying to talk him into waiting until the others came up. 'I'm no *Annie Oakley*, but if I can't pop your kneecaps with two shots at this distance, you're welcome to me. And if you think smashed kneecaps are a lot of fun, give it a whirl.' (*D. Hammett*)

Пришлось пуститься в разговоры, чтобы выиграть время, пока не подойдут остальные: «Я, конечно, не *снайпер*, но если с такого расстояния не пробью тебе коленные чашечки, тогда твоя взяла! И если ты думаешь, что с простреленными коленками очень весело, то — вперёд!»

OATES [əuts], **Joyce Carol** (р. 1938) Джойс Кэрол Óутс, амер. писательница
⊙ A Garden of Earthly Delights (1967) «Сад радостей земных», Expensive People (1968) «Дорогостоящие люди», Them (1969) «Их жизни», Do With Me What You Will (1973) «Делай со мной, что захочешь», Solstice (1985) «Солнцестояние», романы

OATES, Titus (1649—1705) Тáйтус Óутс, организатор неудавшегося папистского заговора в Англии с целью свержения Карла II (1678)

OBADIAH [ˌəubəˈdaiə] Áвдий, в Ветхом Завете имя ряда персонажей, в т. ч. пророк, именем к-рого названа одна из книг Библии

O'BEDLAM [ə(u)ˈbedləm], **Bess** сумасшедшая или нищенка, притворяющаяся душевнобольной

OBERON [ˈəubər(ə)n, -rən] Оберóн, в комедии У. Шекспира «Сон в летнюю ночь» (1596) царь фей и эльфов. Повздорившую с ним жену Титанию он заставляет влюбиться в ремесленника Основу, голова к-рого превращена в ослиную

O'CASEY [ə(u)ˈkeisı], **Sean** [ʃɔːn] (1880—1964) Шон О'Кéйси, ирл. драматург (с 1926 в Англии), коммунист
⊙ The Shadow of a Gunman (1925) «Тень стрелка», Juno and the Paycock (1925) «Юнона и павлин», The Plough and the Stars (1926) «Плуг и звёзды», трагедии; Cock-a-Doodle Dandy (1949) «Петух-денди», The Bishop's Bonfire (1955) «Костёр епископа», комедии

OCCAM /OCKHAM/ [ˈɔkəm], **William** (1285—1349) Уи́льям О́ккам, англ. философ-схоласт, представитель номинализма//**Occamistic, Ockhamistic** [ˌɔkəˈmɪstɪk] *a*

Occam's razor «бритва Оккама», принцип, согласно к-рому для объяснения явлений должна избираться наиболее простая гипотеза, сводимая к опытному знанию

OCHOA [ə(u)ˈtʃəuə], **Severo** (р. 1905) Севе́ро Очо́а, амер. биохимик (род. в Испании, в США с 1941). Лауреат Нобелевской премии (1959)

OCKHAM *см.* OCCAM

O'CONNELL [ə(u)ˈkɔn(ə)l], **Daniel** /*the Liberator*/ (1775—1847) Да́ниэл О'Ко́ннелл /Освободитель/, ирл. полит. деятель. Возглавил движение в защиту прав католического населения после акта об унии 1800

O'CONNOR [ə(u)ˈkɔnə], **Flannery** (1925—64) Фланнери О'Ко́ннор, амер. писательница, католичка. Автор рассказов и романов об амер. Юге

⊙ Wise Blood (1952) «Голос крови», роман; A Good Man Is Hard To Find (1955) «Хорошего человека найти нелегко», сб. рассказов

OCTAVIANUS *см.* AUGUSTUS

ODETS [ˈəudets], **Clifford** (1906—63) Кли́ффорд О́детс, амер. драматург

⊙ Waiting for Lefty (1935) «В ожидании Лефти», Awake and Sing (1935) «Проснись и пой», Golden Boy (1937) «Золотой мальчик», пьесы

ODIN [ˈəudɪn] О́дин, в сканд. мифологии верховный бог, создатель мира, отец Тора и Бальдра

ODYSSEUS [əˈdɪsjuːs, -sɪəs, -ʃəs] Одиссе́й, в греч. мифологии царь Итаки {Ithaca}, побывавший в многолетних, полных приключений странствиях. Гл. персонаж эпической поэмы Гомера «Одиссея». Ему соответствует рим. Улисс // **Odyssean** [əˈdɪsɪən, ˌɔdɪˈsiːən] *a*; **Odyssey** [ˈɔdɪsɪ] *n* одиссея

OEDIPUS [ˈiːdɪpəs] Эди́п, в греч. мифологии сын царя Фив {Thebes}, разгадавший загадку Сфинкса. Не зная о своём происхождении, убил отца и женился на матери. Узнав истину, ослепил себя

Oedipus complex «эдипов комплекс», в психоанализе привязанность мальчика к матери в сочетании с враждебностью к отцу

OFFENBACH [ˈɔf(ə)nbɑːk, -bɑːx], **Jacques** (1819—80) Жак Оффенба́х, фр. композитор (род. в Германии). Автор свыше 90 оперетт

⊙ Orpheus in the Underworld (1858) «Орфей в аду», оперетта; The Tales of Hoffmann (1881) «Сказки Гофмана», опера

OGLETHORPE [ˈəuglθɔːp], **James Edward** (1696—1785) Джеймс Эдуард О́глторп, англ. генерал, основатель амер. штата Джорджия (1733)

O'HARA [ə(u)ˈhɑːrə, *амер.* -ˈhærə], **John Henry** (1905—70) Джон Ге́нри О'Ха́ра, амер. писатель, журналист

⊙ Appointment in Samarra (1934) «Свидание в Самарре», Butterfield 8 (1935) «Баттерфилд, 8», A Rage to Live (1949) «Жажда жить», Ten North Frederick (1955) «Северная Фредерик, 10», From the Terrace (1958) «С террасы», романы; The Doctor's Son (1935) «Сын врача», сб. рассказов

O'HARA, Scarlett Ска́рлетт О'Ха́ра, в романе М. Митчелл «Унесённые ветром» (1936) и поставленном по нему одноим. фильме (1939) одна из трёх сестёр в семье южан-плантаторов. Стяжательство и эгоизм приводят её к жизненному краху // **Scarlettism** [ˈskɑːlətɪzm] *n*

O. HENRY *см.* HENRY O.

OHM [əum], **Georg Simon** (1787—1854) Гео́рг Си́мон Ом, нем. физик. В его честь названа единица электрического сопротивления

OISIN см. OSSIAN

O'KEEFFE [ə(u)ˈkiːf], **Georgia** (1887—1986) Джо́рджия О'Ки́фф, амер. художница

O'KELLY [ə(u)ˈkelɪ], **Seán Thomas** (1883—1966) Шон То́мас О'Ке́лли, през. Ирландии (1945—59)

OLAF [ˈəuləf] Улаф /Ола́ф/, имя ряда норв. королей

OLDCASTLE [ˈəuldˌkaːsl], **John** (1377?—1417) Джон О́лдкастл, англ. помещик, лидер восстания ло́ллардов {Lollards} 1414; казнён

O'LEARY [ə(u)ˈlɪərɪ], **Mrs.** миссис О'Ли́ри, в амер. фольклоре хозяйка коровы, к-рая лягнула ногой лампу и так вызвала великий пожар в Чикаго 1871

OLIVER [ˈɔlɪvə] **Stephen** (р. 1950) Сти́вен О́ливер, англ. композитор
⊙ Tom Jones (1976) «Том Джонс», опера

OLIVIA [ɔˈlɪvɪə] Оли́вия, в комедии У. Шекспира «Двенадцатая ночь» (1600) знатная девушка, к к-рой сватается герцог Орсино

OLIVIER [əuˈlɪvɪeɪ], **Laurence Kerr** (1907—89) Ло́ренс Керр Оливье́, англ. актёр и режиссёр театра и кино. Прославился в шекспировских ролях

Brustein knows the theatre from cradle to grave... He has talked to everyone from the most ignorant freshman at the drama school to *Laurence Olivier. (International Herald Tribune, 1975)*

Брустин знает театр от «а» до «я»... С кем только он не беседовал — от самого несведущего новичка в театральном училище до *Лоренса Оливье.*

OMAR KHAYYÁM [ˈəumɑːˌkaɪˈɑːm] (1048?—1123?) Ома́р Хайя́м, перс. поэт, математик и философ. Автор философских четверостиший рубаи {rubais, Rubaiyat}

ONASSIS [əuˈnæsɪs] Она́ссис: **1. Aristotle Socrates** (1906—75) Аристо́тель Сокра́т, греч. судовладелец, миллиардер

2. Christina (1951—88) Кристи́на, его дочь. Умерла при невыясненных обстоятельствах

3. Jacqueline /Jackie/ (р. 1929) Жакли́н /Дже́ки/, его жена с 1968 (ранее жена през. Дж. Кеннеди), амер. журналистка

O'NEILL [ə(u)ˈniːl], **Eugene Gladstone** (1888—1953) Ю́джин Гла́дстон О'Ни́л, амер. драматург. Автор психологических трагедий и пьес с элементами гротеска, экспрессионизма, «потока сознания». «Отец» современной амер. драмы. Лауреат Нобелевской премии (1936)
⊙ Beyond the Horizon (1920) «За горизонтом», The Hairy Ape (1922) «Косматая обезьяна», Desire Under the Elms (1924) «Страсти под вязами», Lazarus Laughed (1927) «Лазарь смеялся», Marco Millions (1927) «Марко-миллионщик», Mourning Becomes Electra (1931) «Траур — участь Электры», Long Day's Journey into Night (1941) «Долгий день уходит в ночь», The Iceman Cometh (1946) «Разносчик льда грядёт», пьесы

ONO [ˈəunəu], **Yoko** (р. 1933) Йо́ко О́но, яп. художница-авангардистка (с 1973 в США). Жена Дж. Леннона

ONSAGER [ˈɔnsɑːɡə], **Lars** (1903—76) Ларс Онса́гер, амер. физик и химик (род. в Норвегии, в США с 1928). Лауреат Нобелевской премии (1968)

OPHELIA [ɔˈfiːljə] Офе́лия, в трагедии У. Шекспира «Гамлет» (1601) дочь Полония и возлюбленная Гамлета. После гибели отца лишилась рассудка и утопилась

I thought this of her: that she resembled gentle *Ophelia* in Hamlet, who became fey and lyrical when life was too cruel to bear... Ruth, one of millions of Europe's *Ophelias* after the Second World War, fainted in my motorcar. (*K. Vonnegut*)

Я думал о ней вот что: она напоминала мне *Офелию* из «Гамлета» — когда жизнь обошлась с ней слишком жестоко, в этом хрупком существе обнаружилась какая-то мелодраматическая слабонервность... Руфь, одна из миллионов послевоенных *Офелий* Европы, упала в обморок в моей машине.

OPPENHEIMER [ˈɔp(ə)nhaɪmə] **(Julius) Robert** (1904—67) (Джу́лиус) Ро́берт О́ппенгеймер, амер. физик. Руководил разработкой амер. атомной бомбы; выступил против создания водородной бомбы

ORESTES [ɔˈresti:z] Оре́ст, в греч. мифологии сын Агамемнона. Убил свою мать Клитемнестру и Эгисфа, отомстив им за смерть отца

ORFF [ɔːf], **Carl** (1895—1982) Карл Орф, нем. композитор
⊙ Carmina Burana (1937) «Кармина Бурана», оратория

ORIGEN [ˈɔrɪdʒən] (185?—253?) Ориге́н, христ. философ в Александрии. В 543 осуждён церковью как еретик

ORION [əˈraɪən] Орио́н, в греч. мифологии великан-охотник. Превращён в созвездие

ORLANDO *см.* ROLAND

ORLANDO [ɔːˈlændəu] Орла́ндо, в одноим. романе В. Вулф (1928) молодой англичанин елизаветинской эпохи. Не старея, он живёт веками, но в 20 в. превращается в женщину

ORMAZD, ORMUZD *см.* AHURA MAZDA

ORPHEUS [ˈɔːfju:s] Орфе́й, в греч. мифологии певец и музыкант. В поисках умершей жены Эвридики отправился в царство мёртвых. Аид согласился отпустить её при условии, что до возвращения в дом Орфей не взглянет на неё. Оглянувшись, Орфей снова потерял Эвридику
☐ Orpheus in the Underworld «Орфей в аду», оперетта Ж. Оффенбаха (1858); Orpheus Descending «Орфей спускается в ад», пьеса Т. Уильямса (1955)

ORSINO [ɔːˈsi:nəu] Орси́но, в комедии У. Шекспира «Двенадцатая ночь» (1600) герцог Иллирийский. *См.* VIOLA

ORTEGA Y GASSET [ɔːˈteɪgəˌiːgɑːˈset], **José** (1883—1955) Хосе́ Орте́га-и-Гасе́т, исп. философ и публицист, представитель философской антропологии

ORTON [ˈɔːtn], **Joe /John Kingsley/** (1933—67) Джо /Джон Ки́нгсли/ О́ртон, англ. драматург. Автор комедий, драм абсурда
⊙ Entertaining Mr. Sloane (1964) «Развлекая мистера Слоуна», Funeral Games (1967) «Похоронные игры»

ORWELL [ˈɔːw(ə)l, -wel], **George** /*наст. имя* Eric BLAIR [bleə]/ (1903—50) Джордж О́руэлл /Э́рик Блэр/, англ. писатель и публицист. В своих произведениях дал обличительную картину тоталитарного общества // **Orwellian** [ɔːˈweljən] *a*
⊙ Animal Farm (1945) «Скотный двор», сказка-аллегория; «1984» (1949), роман-антиутопия

South African censorship has always had an *Orwellian* quality. For example, the National Key Points Act of 1980 forbids one from photographing a 'key point.' What is a key point? Nobody knows, because the government says that if it told us, the 'enemy' would know where to plant bombs. (*Newsweek, 1988*)

В южно-африканской цензуре всегда было что-то от *зловещей системы, описанной Оруэллом*. Взять хотя бы национальный закон «о ключевых точках» 1980 года, в котором запрещается фотографировать «ключевые точки». А что это такое — никто понятия не имеет: правительство утверждает, что, если бы оно нам это разъяснило, «противник» узнал бы, куда ему следует подкладывать бомбы.

OSBORNE [ˈɔzbən, -bɔːn], **John James** (р. 1929) Джон Джеймс О́сборн, англ. драматург. Представитель лит. течения «рассерженные молодые люди» {angry young men}

⊙ Look Back in Anger (1956) «Оглянись во гневе», The Entertainer (1957) «Комедиант», Inadmissible Evidence (1964) «Неподсудное дело», пьесы

OSCEOLA [ˌɔsɪˈəʊlə] (1804?—38) Оцео́ла, вождь индейского племени семинолов {Seminoles}. Противодействовал колонизации Флориды

OSIRIS [ə(u)ˈsaɪərɪs] Оси́рис /Ози́рис/, в егип. мифологии бог-просветитель, царь загробного мира. Убитый богом зла Сетом {Set}, был воскрешён и отомщён женой Исидой и сыном Гором. Олицетворяет умирающую и воскресающую природу

OSMAN [əusˈmɑːn, ɔs-, ɔz-] /**OTHMAN** [əuθˈmɑːn, ɔθ-] Осма́н /Оттома́н/, династическое имя тур. султанов (1299—1922), к-рым называлась и их империя

OSSIAN [ˈɔsɪən] /**OISIN** [ˈɔɪzɪn]/ (3 в. ?) Оссиа́н /Ойсин/, легендарный кельт. бард. Дж. Макферсон издал под его именем собственные сочинения в духе кельт. эпоса // **Ossianic** [ˌɔsɪˈænɪk] *a*

OTHELLO [ə(u)ˈθeləu] Оте́лло, в одноим. трагедии У. Шекспира (1604) венецианский военачальник-мавр. Козни Яго возбуждают в нём недоверие к Кассио и Дездемоне, к-рую он душит в приступе ревности * чрезмерно ревнивый мужчина

□ опера Дж. Верди (1886)

OTHMAN *см.* OSMAN

OTHO *см.* OTTO

OTIS [ˈəutɪs], **James** (1725—83) Джеймс О́тис, амер. полит. деятель и публицист. Один из лидеров движения за независимость, пред. Бостонского корреспондентского комитета (с 1772)

O'TOOLE [əuˈtuːl], **Peter Seamus** (р. 1932) Пи́тер Шеймус О'Ту́л, ирл. киноактёр

OTTO [ˈɔtəu] /**OTHO** [ˈəuθəu]/ Отто́н, имя ряда императоров «Священной Рим. империи», в т. ч.: **I** (912—973), герм. король с 936, основатель империи (962)

□ Otho the Great «Оттон Великий», трагедия Дж. Китса (1819)

OTWAY [ˈɔtweɪ], **Thomas** (1652—85) То́мас О́туэй, англ. драматург. Автор пьес в стихах на ист. темы, комедий, переложений французских авторов

□ Don Carlos (1676) «Дон Карлос», The Orphan (1680) «Сирота», Venice Preserv'd (1682) «Венеция спасённая», трагедии

OVID [ˈɔvɪd] /Publius Ovidius NASO/ (43 до н. э.— 18? н. э.) (Пу́блий) Ови́дий (Назо́н), рим. поэт // **Ovidian** [ɔˈvɪdɪən] *a*

⊙ Metamorphoses «Метаморфозы», мифологический эпос

OWEN [ˈəuɪn], **Robert** (1771—1858) Ро́берт О́уэн, англ. социалист-утопист. Основал опытные коммунистические колонии в Великобритании и США // **Owenite** [ˈəuɪnaɪt] *n*

OWEN, Wilfred (1893—1918) Уи́лфред О́уэн, англ. поэт. Погиб в 1-й мир. войне

OZICK [ˈəuzɪk], **Cynthia** (р. 1928) Си́нтия О́зик, амер. писательница

P

PACINO [pə'tʃi:nəu], **Al /Alberto/** (p. 1940) Аль /Альбéрто/ Пачи́но, амер. актёр театра и кино

PADEREWSKI [ˌpædə'refskɪ,-'rev-], **Ignace Jan** (1860—1941) Игна́цы Ян Падерéвский, польск. пианист, композитор и гос. деятель, премьер-мин. (1919—20)

PAGANINI [ˌpægə'ni:ni(:)], **Niccolò** (1782—1840) Никколó Пагани́ни, ит. скрипач-виртуоз и композитор романтического направления

Attlee is a charming and intelligent man, but as a public speaker he is, compared to *Winston* ⟨*Churchill*⟩, like a village fiddler after *Paganini*. (*H. Nicolson*)

Эттли — очаровательный человек и умница, но как оратор он, в сравнении с *Уинстоном* ⟨*Черчиллем*⟩, — всё равно что деревенский скрипач в сравнении с *Паганини*.

PAINE [peɪn], **Thomas** (1737—1809) Тóмас Пейн /Пэн/, амер. просветитель (род. в Англии, в 1774—87 и с 1802 в Америке). Участник Войны за независимость в Сев. Америке 1775—83 и Великой фр. революции 1789

⊙ The Rights of Man (1791—92) «Права человека», The Age of Reason (1793) «Век разума», публицистические памфлеты

PALAEOLOGUS [ˌpælɪ'ɔlǝgǝs] (*pl* PALAEOLOGI) Палеолóг, династическое имя византийских императоров (1261—1453), в т. ч.: **Michael VIII** (1224—82) Михаил VIII, основатель династии

PALESTRINA [ˌpæləs'tri:nə], **Giovanni Pierluigi da** (1525?—94) Джовáнни Пьерлуи́джи да Палестри́на, ит. композитор. Автор хоровой полифонической церковной музыки. По легенде, одна из его хоровых месс, созданная по небесному вдохновению, побудила Трентский собор (1545—63) отказаться от запрета на хоровое многоголосие

PALEY [ˈpeɪlɪ], **Grace** (p. 1922) Грейс Пéйли, амер. писательница и педагог. Активистка антивоенного и феминистского движения

⊙ Enormous Changes at the Last Minute (1974) «Гигантские перемены в последнюю минуту», Later the Same Day (1984) «Вечером того же дня», романы

PALEY, William (1743—1805) Уи́льям Пéйли, англ. теолог-утилитарист

PALLADIO [pə'la:dɪəu], **Andrea** (1508—80) Андрéа Паллáдио, ит. архитектор позднего Возрождения // **Palladian** [pə'leɪdɪən, -'la:-, -'djən] *a* палладианский; **Palladianism** [pə'leɪdɪənɪzm, -'la:-] *n* палладианство, ветвь классицизма в европ. архитектуре 18 в.

PALLAS [ˈpæləs, -əs] Паллáда, в греч. мифологии эпитет богини Афины

PALMER [ˈpɑ:mə], **(Edward) Vance** (1885—1959) (Эдуард) Вэнс /Ванс/ Пáлмер, австрал. писатель, драматург и журналист

⊙ The Outpost (1924) «Аванпост», The Man Hamilton (1928) «Человек по имени Гамильтон», The Passage (1930) «Пролив», The Swayne Family (1934) «Семья Суэйн», Legend for Sanderson (1937) «Легенда о Сандерсоне», романы; Let the Birds Fly (1955) «Отпустите птиц на волю», Rainbow Bird (1957) «Птица радуги», сб. рассказов

PALMER, Geoffrey (p. 1942) Джéффри Пáлмер, премьер-мин. Новой Зеландии (1989—90)

PALMER, Samuel (1805—81) Сэмюэл Пáлмер, англ. график, акварелист и иллюстратор

PALMERSTON ['pɑ:məst(ə)n], Viscount /Henry John TEMPLE/ (1784—1865) виконт Пáльмерстон /Гéнри Джон Темпл/, мин. ин. дел (1830—51, с перерывами), премьер-мин. Великобритании (1855—58 и с 1859), от партии вигов // **Palmerstonian** [ˌpɑ:məˈstəunɪən] *a*

PAMELA ['pæmɪlə] Памéла, в одноим. романе С. Ричардсона (1740—41) девушка из низов, чья добродетель вознаграждается браком с богатым молодым человеком

PAN [pæn] Пан, в греч. мифологии бог лесов, пастбищ, животных (и выразитель их инстинктов). Изображался с козлиными рогами, копытами и бородой. Ему соответствует рим. Фавн

I was once told of a man who on hearing *Delius's* more sensuous music was seized by an almost uncontrollable urge to remove all his clothing and engage in *Pan-like* diversions quite unsuited to his profession — which was that of a solicitor's clerk. (*A. Robertson*)

Однажды мне рассказали о человеке, который, наслушавшись наиболее чувственных сочинений *Дéлиуса*, испытал почти неодолимое желание сбросить с себя всю одежду и предаться неким *животным* удовольствиям, отнюдь не подобающим человеку его профессии — а служил он в адвокатской конторе.

PAN, Peter Пúтер Пэн, в одноим. пьесе-сказке Дж. Барри (1904) и основанной на ней повести «Питер и Венди» (1911) мальчик, к-рый никогда не станет взрослым. Вместе с друзьями он путешествует на остров Гдетотам {the Never-Never Land} * человек, к-рый молодо выглядит

Peter Pan collar круглый отложной воротничок

I shall always think of him as the most lovable child I ever met... Like *Peter Pan*, he never grew up, and he lived his own stories with such intensity that he ended by believing them himself. (*R. O'Connor*)

Я всегда буду думать о нём как о самом очаровательном ребёнке, какого я знал... Словно *Пúтер Пэн*, он так и не стал взрослым и так сильно переживал сочинённые им истории, что в конце концов и сам в них поверил.

PANDORA [pænˈdɔ:rə] Пандóра, в греч. мифологии женщина, созданная богами в отместку Прометею за похищенный для людей огонь. Из любопытства она открыла сосуд (по др. версиям — ящик), где хранились все несчастья и болезни людского рода, и выпустила их на волю

the Pandora box ящик Пандоры, источник несчастий

PANGLOSS ['pæŋglɔs] Панглóс, в повести Вольтера «Кандид» (1759) учитель Кандида, философ и оптимист. Ему принадлежит высказывание: «Всё к лучшему в этом лучшем из миров» {All is for the best in this best of possible worlds} // **Panglossian** [pænˈglɔsɪən] *a* оптимистический, радужный

PANKHURST ['pæŋkhɜ:st], **Emmeline** (1858—1928) Эммелúна Пáнкхерст, англ. суффражистка. В 1898 основала Женский социально-политический союз {Women's Social and Political Union}. Неоднократно подвергалась заключению за организацию беспорядков

PANTAGRUEL [ˌpæntəˈgru:əl, pənˈtægruəl] Пантагрюэ́ль, в романе-гротеске Ф. Рабле «Гаргантюа и Пантагрюэль» (1532—34) великан, сын Гаргантюа. Отличается большим аппетитом, а тж. жизнелюбием и умом // **Pantagruelian** [ˌpæntəgru:ˈelɪən] *a*; **Pantagruelism** [ˌpæntəˈgru:əlɪzm] *n* пантагрюэлизм

PANTALOON [ˌpæntəˈluːn] /**PANTALONE** [ˌpæntəˈləʊnɪ]/ Панталóне, в ит. нар. комедии масок ворчливый старик в очках, к-рого обычно разыгрывают другие маски

PANZA [ˈpænzə], **Sancho** Сáнчо Пáнса, в романе М. Сервантеса «Дон-Кихот» (1605—15) верный оруженосец {squire} Дон-Кихота, к-рый обещает сделать его губернатором острова в случае успеха их «рыцарского» похода * верный слуга и помощник

PARACELSUS [ˌpærəˈselsəs], **Philippus Aureolus** /*наст. имя* Theophrastus Bombastus von HOHENHEIM/ (1493?—1541) Фили́пп Аурео́л Парацéльс /Теофрáст Бомбáст фон Гóгенгейм/, швейц. врач и химик. Способствовал внедрению химических препаратов в медицине

PARIS [ˈpærɪs] Пари́с, в греч. мифологии сын Приама, олицетворение мужской красоты. В споре между Герóй, Афиной и Афроди́той о том, кто из них самая красивая, отдал предпочтение последней, присудив ей «яблоко раздора» {the apple of discord}. Афродита помогла ему похитить Прекрасную Елену, что послужило поводом к Троянской войне * хорошо сложённый, красивый мужчина

PARIS, Matthew (1200?—59) Мэ́тью Пэ́рис, англ. монах, историк и летописец

☉ Chronica Majora «Большая хроника»; Historia Anglorum «История англов»

PARKER [ˈpɑːkə], **Dorothy** (1893—1967) Дóроти Пáркер, амер. писательница. Автор рассказов, стихов, киносценариев

PARKINSON [ˈpɑːkɪns(ə)n], **Cyril Northcote** (р. 1909) Си́рил Нóрткот Пáркинсон, англ. писатель. Автор памфлетов, высмеивающих бюрократизм * бюрократическая волокита и косность

Parkinson's law «закон Паркинсона» (вывод о том, что численность чиновников растёт независимо от объёма работы)

☉ Parkinson's Law, or The Path of Progress (1957) «Закон Паркинсона, или Дорогой прогресса», памфлет

I have taken certain actions which ensure that *Professor Parkinson* is removed from the building. (*A. Sampson*)

Я принял меры к тому, чтобы изгнать *бюрократизм* из нашего учреждения.

PARMENIDES [pɑːˈmenɪdiːz] (540?—470? до н. э.) Пармени́д, греч. философ

PARNELL [pɑːˈnel, ˈpɑːn(ə)l], **Charles Stewart** (1846—91) Чарлз Стю́арт Пáрнелл, ирл. полит. деятель, лидер движения за гомруль {home rule} (1877—90), «некоронованный король Ирландии»

PARRY [ˈpærɪ], **(Charles) Hubert Hastings** (1848—1918) (Чарлз) Хью́берт Хéйстингс Пáрри, англ. композитор и музыковед

PARSIFAL [ˈpɑːsɪf(ə)l, -fɑːl] /**PARZIVAL** [ˈpɑːtsɪf(ə)l, -fɑːl]/ Парсифáль /Парцифáль/, в нем. ср.-век. эпосе рыцарь. Соответствует Персевалю в «артуровских легендах»

☐ опера Р. Вагнера (1882)

PASCAL [pæsˈkæl], **Blaise** (1623—62) Блез Паскáль, фр. философ, математик и физик

PASOLINI [ˌpɑːzəʊˈliːnɪ], **Pier Paolo** (1922—75) Пьер Паóло Пазоли́ни, ит. кинорежиссёр

☉ The Gospel according to St. Matthew (1964) «Евангелие от Матфея», Oedipus Rex (1967) «Царь Эдип», Decameron (1970) «Декамерон»

PASTEUR [pæsˈtɜː], **Louis** (1822—95) Луи́ Пастéр, фр. биолог и химик, основоположник микробиологии. Разработал методы вакцинации и антисептики // **pasteurize** [ˈpæstəraɪz] *v* пастеризовать; **pasteurization** [ˌpæstər(a)ɪˈzeɪʃ(ə)n] *n* пастеризация

PATER [ˈpeɪtə], **Walter Horatio** (1839—94) Уо́лтер Хоре́йшо Пе́йтер, англ. критик, искусствовед, историк

He would die of shame if anyone were to call him 'cultured' and he would be as unlikely to quote *Shakespeare* as *Pater* would have been to talk cockney. (*J. Krutch*)

Он сгорел бы со стыда, назови его кто-нибудь культурным человеком. В его устах цитата из *Шекспира* была бы столь же невероятна, как в устах *высоколобого критика*—уличный жаргон.

PATRICK [ˈpætrɪk], St. (385?—461) св. Па́трик, проповедник, обративший Ирландию в христианство. Считается покровителем Ирландии

PATTI [ˈpætɪ, ˈpɑ:-], **Adelina** (1843—1919) Адели́на Па́тти, ит. певица (род. в Испании). Обладала редким колоратурным сопрано

PAUL [pɔ:l] Па́вел, в Новом Завете один из апостолов Иисуса Христа и автор 14 посланий {Epistles}

PAUL Па́вел, имя 6 рим. пап, в т. ч.: VI /*светское имя* Giovanni Batista MONTINI/ (1897—1978) /Джова́нни Бати́ста Монти́ни/, на престоле с 1963

PAULI [ˈpaulɪ], **Wolfgang** (1900—58) Во́льфганг Па́ули, швейц. физик (жил в США). Один из создателей квантовой механики. Лауреат Нобелевской премии (1945)

PAULING [ˈpɔ:lɪŋ], **Linus Carl** (р. 1901) Ла́йнус Карл По́линг, амер. физик, химик и обществ. деятель. Лауреат Нобелевской премии (1954, 1962)

PEARS [pɪəz], **Peter** (р. 1910) Пи́тер Пирс, англ. оперный певец (тенор) и музыковед. Б. Бриттен писал для него многие партии

PEARSON [ˈpɪəs(ə)n], **Lester Bowles** (1897—1972) Ле́стер Бо́улс /Ба́улс/ Пи́рсон, премьер-мин. Канады (1963—68). Лауреат Нобелевской премии мира (1957)

PEARY [ˈpɪərɪ], **Robert Edwin** (1856—1920) Ро́берт Э́двин Пи́ри, амер. адмирал. В 1909 на собачьих упряжках первым достиг Сев. полюса

PECK [pek], **(Eldred) Gregory** (р. 1916) (Э́лдред) Гре́гори Пек, амер. киноактёр. Лауреат премии «Оскар» (1962)

PECKSNIFF [ˈpeksnɪf] Пе́ксниф, в романе Ч. Диккенса «Мартин Чезлвит» (1844) корыстолюбивый, коварный и лицемерный кузен молодого Мартина // **Pecksniffian** [pekˈsnɪfɪən] *a*

PEEL [pi:l], **Robert** (1788—1850) Ро́берт Пиль, премьер-мин. Великобритании (1834—35, 1841—46). В 1835 основал конс. партию. Реформировал уголовный кодекс, создал полицию

PENELOPE [pɪˈneləpɪ] Пенело́па, в «Одиссее» Гомера жена Одиссея, 20 лет ожидавшая его возвращения. Отвергая домогательства женихов, заявила, что выберет нового мужа не раньше, чем закончит ткать покрывало, а по ночам распускала сотканное за день * женщина, способная преданно и терпеливо ждать, верная жена

'There is always about you,' he said, 'a sort of waiting. Whatever I see you doing, you are not really there: you are waiting—like *Penelope* when she did her weaving... I'll call you *Penelope*,' he said. (*D. H. Lawrence*)

«Ты живёшь,— сказал он,— в каком-то постоянном ожидании. Вот я смотрю на тебя— что бы ты ни делала, ты где-то далеко; ты в ожидании, как *Пенелопа*, когда она ткала своё покрывало... Я буду звать тебя *Пенелопой*».

PENN [pen], **Arthur** (р. 1922) А́ртур Пенн, амер. кинорежиссёр
⊙ Bonnie and Clyde (1967) «Бонни и Клайд», Little Big Man (1970) «Маленький большой человек», Target (1985) «Цель»

PENN, William (1644—1718) Уи́льям Пенн, амер. квакер (род. в Англии). Основатель штата Пенсильвания

PEPYS [pi:ps, ˈpepɪs], **Samuel** (1633—1703) Сэ́мюэл Пипс /Пе́пис/, англ. чиновник адмиралтейства. В 1660—69 вёл дневник — важный источник сведений о жизни и быте того времени (опубл. в 19 в.)

PERCEVAL /PERCIVAL/ [ˈpɜ:sɪv(ə)l] Персева́ль /Персива́ль/, в «артуровских легендах» рыцарь Круглого стола, занятый поисками Священного Грааля {the Holy Grail}. Соответствует нем. Парсифалю

PERCY [ˈpɜːsɪ], **Walker** (1916—90) Уо́кер Пе́рси, амер. писатель
⊙ The Moviegoer (1961) «Кинозритель», The Second Coming (1980) «Второе пришествие», романы

PERDITA [ˈpɜːdɪtə] Утра́та /Перди́та/, в пьесе У. Шекспира «Зимняя сказка» (1611) дочь короля Леонта, брошенная на острове и воспитанная пастухом, возлюбленная принца Флоризеля

PEREZ DE CUELLAR [ˈpeɪresdəˈkweljɑː], **Javier** (р. 1920) Хавье́р Пе́рес де Куэ́льяр, перуанский дипломат, ген. секр. ООН (с 1982)

PERGOLESE /PERGOLESI/ [ˌpɜːgə(u)ˈleɪzɪ], **Giovanni Battista** (1710—36) Джова́нни Батти́ста Перголе́зи /Перголе́зе/, ит. композитор
⊙ The Maid as Mistress (1733) «Служанка-госпожа», опера

PERICLES [ˈperɪkli:z] (490?—429 до н. э.) Пери́кл, афин. полководец и гос. деятель. Способствовал расцвету рабовладельческой демократии, строительству Парфенона и Пропилей // **Periclean** [ˌperɪˈkli:ən] a

PERON [исп. peˈrɔn], **Juan Domingo** (1895—1974) Хуа́н Доми́нго Перо́н, през. Аргентины (1946—55 и с 1973, между этими датами в эмиграции), основатель Перонистской партии. Выдвинул идею «справедливого государства» // **Peronism** [peɪˈrəunɪzm] n перонизм; **Peronist** [peɪˈrəunɪst] n перонист

PERRAULT [ˈperəu], **Charles** (1628—1703) Шарль Перро́, фр. писатель. Автор сказок
⊙ Little Red Riding-Hood «Красная Шапочка», Cinderella «Золушка»; Puss in Boots «Кот в сапогах», Bluebeard «Синяя Борода»

PERRY [ˈperɪ], **Matthew Calbraith** (1794—1858) Мэ́тью Кэ́лбрейт Пе́рри, амер. офицер флота. В 1853 провёл переговоры в Японии, открывшие доступ амер. кораблям в яп. порты

PERSEPHONE [pɜːˈsefənɪ] **/PROSERPINA** [prəˈsɜːpɪnə], **PROSERPINE** [ˈprɔsəpaɪn]/ Персефо́на /Прозерпи́на/, в антич. мифологии богиня подземного царства, жена Аида /Плутона/. Две трети года она проводит на земле у своей матери Деметры /Цереры/ (символ прорастания зерна и пробуждения природы). Фигурирует в поэмах Дж. Мильтона, А. Теннисона, А. Суинберна, П. Б. Шелли

PERSEUS [ˈpɜːsju:s] Персе́й, в греч. мифологии герой, сын Зевса и Данаи. Победил горгону Медузу; спас от дракона Андромеду

PERSHING [ˈpɜːʃɪŋ], **John Joseph** (1860—1948) Джон Джо́зеф Пе́ршинг, амер. генерал, командующий армиями США и союзников в 1-й мир. войне. В 1916—17 руководил интервенцией в Мексике

PERUGINO [ˌperu(:)ˈdʒi:nəu] /наст. имя Pietro VANNUCCI/ (1446—1523) Перуджи́но /Пье́тро Вану́ччи/, ит. художник Возрождения. Учитель Рафаэля

PERUTZ [pəˈruts], **Max Ferdinand** (р. 1914) Макс Фердина́нд Пе́руц, англ. биохимик (род. в Австрии). Лауреат Нобелевской премии (1962)

PESTALOZZI [ˌpestəˈlɔtsɪ], **Johann Heinrich** (1746—1827) Иога́нн Ге́нрих Песталоцци, швейц. педагог. Разработал теорию развивающего обучения

PET

PÉTAIN [peɪˈtɛ̃], **Henri Philippe** (1856—1951) Анри́ Фили́пп Пете́н, фр. маршал, глава коллаборационистского правительства Виши {Vichy} (1940—44)

PETER [ˈpiːtə] Пётр, в христ. вероучении апостол Иисуса, первым провозгласивший его мессией /Христом/. Считается основателем папского престола, а тж. хранителем ключей от врат рая

PETRARCH [ˈpetrɑːk] /um. Francesco PETRARCA/ (1304—74) Франче́ско Петра́рка, ит. поэт, родоначальник поэзии Возрождения. Автор любовно-лирических стихов, обращённых к Лауре // **Petrarchan** [pɪˈtrɑːkən] *a*

Petrarchan sonnet сонет Петрарки, ит. сонет (состоит из восьмистишия и шестистишия с особыми рифмовками)

PETRIE [ˈpiːtrɪ], **(William Matthew) Flinders** (1853—1942) (Уи́льям Мэ́тью) Фли́ндерс Пи́три, англ. археолог и египтолог. Разработал научную систему археологических раскопок

PETRONIUS [pɪˈtrəʊnɪəs] *Arbiter*, **Gaius** (?—66) Гай Петро́ний Арби́тр, рим. сатирик. По преданию, покончил с собой, чтобы избежать смерти от Нерона

☉ Satyricon «Сатирикон», роман

PETRUCHIO [pɪˈtruːkɪəʊ] Петру́ччо, в комедии У. Шекспира «Укрощение строптивой» (1593) жених Катарины. Грубостью и издевательствами добивается от неё покорности

PHAEDRA [ˈfiːdrə] Фе́дра, в греч. мифологии вторая жена Тесея. Влюбилась в пасынка Ипполита, но была им отвергнута. Оклеветав Ипполита перед Тесеем, покончила с собой. Фигурирует в трагедиях Еврипида, Сенеки, Ж. Расина

PHAEDRUS [ˈfiːdrəs] (15? до н. э.— 50 н. э.) Федр, рим. баснописец

PHAET(H)ON [ˈfeɪ(ə)θən, -tn] Фаэто́н, в греч. мифологии сын бога солнца Гелиоса. Управляя солнечной колесницей, не справился с ней и едва не испепелил Землю, а сам погиб

PHAO [ˈfeɪəʊ] Фао́н, в греч. мифологии лодочник. Не взял денег за переправу с Афродиты, явившейся к нему в образе старухи, за что она вернула ему молодость и красоту. По преданию, отверг любовь Сафо

PHIDIAS [ˈfɪdɪæs] (5 в. до н. э.) Фи́дий, греч. скульптор

PHILEMON [fɪˈliːmɔn, -ən] **1.** Филемо́н, в греч. мифологии муж Бавкиды {Baucis}. В награду за доброту и гостеприимство боги превратили хижину супругов в храм, а их сделали его жрецами. Прожив долгий век, они умерли в один и тот же час

☐ Baucis and Philemon «Бавкида и Филемон», поэма Дж. Свифта (1709)

2. Филимо́н, в Новом Завете сподвижник апостола Павла, к-рому обращено одно из его посланий {Epistle}

PHILIDOR [ˈfɪlɪdɔː], **François André Danican** (1726—95) Франсуа́ Андре́ Даника́н Филидо́р, фр. композитор и шахматист. Автор комических опер, трудов по теории шахмат

PHILIP [ˈfɪlɪp] Фили́пп, имя 6 фр. и 5 исп. королей, в т. ч.: **1. II /PHILIP AUGUSTUS/** (1165—1223) Фили́пп II А́вгуст, фр. король (с 1180). Отвоевал англ. владения во Франции у Иоанна Безземельного; один из предводителей 3-го крестового похода (1189—91)

2. IV *the Fair* (1268—1314) IV Красивый, фр. король (с 1285)

PHILIP, Prince /Duke of EDINBURGH/ (р. 1921) принц Фили́пп /герцог Эдинбу́ргский/, муж англ. королевы Елизаветы II

PHILIP II of Macedon (382?—336 до н. э.) Фили́пп II, царь Македонии, отец Александра Македонского. Объект обличительных речей /филиппик/ Демосфена

PHINTIAS [ˈfɪntɪæs] Фи́нтий, в антич. легенде друг Дамона (*см.* DAMON)

PHYFE [faɪf], **Duncan** (1768—1854) Да́нкан Файф, амер. мебельщик (род. в Шотландии). Создал стиль мебели, характеризуемый изящностью, пропорциональностью, использованием кривых линий и орнамента

PICASSO [prˈkæsəu], **Pablo Ruiz** (1881—1973) Па́бло Руи́с Пика́ссо, исп. живописец и керамист (жил во Франции). Основоположник кубизма. В ранние годы его творчества выделяются «голубой» и «розовый» периоды (по характеру колорита)

PICCARD [prˈkɑ:(d)], **Auguste** (1884—1962) Огю́ст Пикка́р, швейц. физик, конструктор стратостатов и батискафов, на к-рых достиг рекордных высот в стратосфере и глубин в океане

PICKFORD [ˈpɪkfəd], **Mary** /*наст. имя* Gladys Mary SMITH/ (1893—1979) Мэ́ри Пи́кфорд /Глэ́дис Мэ́ри Смит/, амер. киноактриса, жена Д. Фэрбенкса Старшего. В 1910—20-х гг. снималась в ролях скромных сентиментальных девушек. Лауреат премии «Оскар» (1929, 1975)

PICKLE [ˈpɪkl], **Peregrine** Пе́ригрин Пикль, в одноим. романе Т. Смоллетта (1751) гл. герой, воплощение распущенности, жестокости и тщеславного эгоизма

PICKWICK [ˈpɪkwɪk], **Samuel** Сэ́мюэл Пи́квик, в романе Ч. Диккенса «Посмертные записки Пиквикского клуба» (1837) наивный и доверчивый пред. основанного им клуба, путешествующий по Англии // **Pickwickian** [pɪkˈwɪkɪən] *a*

in the Pickwickian sense не имея в виду ничего плохого, «любя» (*употребляется, чтобы смягчить обидную формулировку*)

PIED PIPER [ˈpaɪdˈpaɪpə], **the** Крысоло́в /*букв.* «дудочник в разноцветной одежде»/, в нем. нар. сказке обладатель волшебной дудочки, пообещавший горожанам Гамельна избавить их от крыс. Услышав его игру, все крысы последовали за ним в реку и утонули. Когда же городские власти отказались выплатить вознаграждение, Крысолов вновь заиграл на дудочке, и вслед за ним город покинули все дети * человек (особ. полит. деятель), к-рый даёт соблазнительные, но нереальные обещания

□ The Pied Piper of Hamelin «Гамельнский крысолов», поэма Р. Браунинга (1845)

PIERCE [pɪəs], **Franklin** (1804—69) Фра́нклин Пирс, 14-й през. США (1853-57), от дем. партии

PIERO della FRANCESCA *см.* FRANCESCA

PIERROT [ˈpɪərəu] Пьеро́, во фр. нар. комедии масок несчастливый соперник Арлекина. Он в белом гриме и свободном белом костюме

PIERS [pɪəz] *Plowman* Пётр Пахарь, в поэме У. Ленгленда «Видение о Петре Пахаре» (1362?) труженик-землепашец. Аллегорические персонажи Совесть {Conscience} и Здравый Смысл {Reason} открывают ему путь к жилищу Правды {St. Truth}

PILATE [ˈpaɪlət], **Pontius** (I в. н. э.) По́нтий Пила́т, рим. наместник Иудеи (26—36). Согласно Новому Завету, приговорил к распятию Иисуса Христа. «Умыв руки», продемонстрировал, что не несёт ответственности за его смерть, к-рой требовала толпа

Pilate's question вопрос Пилата: по Евангелию от Иоанна, Пилат спросил Христа: «Что есть истина?» {What is truth?}

PINCKNEY [ˈpɪŋknɪ], **Charles** (1746—1825) Чарлз Пи́нкни, амер. полит. деятель, один из «отцов-основателей» США

PINDAR ['pɪndə, -dɑ:] (518?—440? до н. э.) Пиндáр, греч. поэт-лирик

PINERO [pɪ'nɪərəu], **Arthur Wing** (1855—1934) Áртур Уúнг Пинéро, англ. драматург

⊙ The Second Mrs. Tanqueray (1893) «Вторая миссис Тенкерей», The Notorious Mrs. Ebbsmith (1895) «Знаменитая миссис Эббсмит», пьесы

PINKERTON ['pɪŋkət(ə)n], **Allan** (1819—84) Áллан Пúнкертон, амер. детектив (род. в Шотландии). В 1850 открыл в Чикаго сыскное агентство, в 1861 организовал службу безопасности на шахтах и фабриках

PINOCCHIO [pɪ'nɔkɪəu] Пинóккио, в одноим. сказке К. Коллоди {Carlo Collodi} (1881) ожившая кукла с длинным носом, к-рый становится ещё длиннее каждый раз, когда Пиноккио лжёт

PINOCHET (UGARTE) [ˌpɪnəu'tʃetuˈgɑ:teɪ, ˈpi:nəˌʃeɪ-], **Augusto** (р. 1915) Аугýсто Пиночéт (Угáрте), през. Чили (1974—90), генерал. Захватил власть в 1973, свергнув правительство С. Альенде

PINTER ['pɪntə], **Harold** (р. 1930) Хáролд Пúнтер, англ. драматург и киносценарист

⊙ The Birthday Party (1958) «День рождения», The Caretaker (1960) «Сторож», The Homecoming (1965) «Возвращение домой», пьесы

PIRANDELLO [ˌpɪrən'deləu], **Luigi** (1867—1936) Луúджи Пирандéлло, ит. писатель, драматург. Лауреат Нобелевской премии (1934) // **Pirandellian** [ˌpɪrən'delɪən] *a*

⊙ Six Characters in Search of an Author (1921) «Шесть персонажей в поисках автора», пьеса → PRIESTLEY John

PISANELLO [ˌpɪzə'neləu] /Antonio di PUCCIO di CERRETO/ (1395—1455) Пизанéлло /Антóнио ди Пýччо ди Черрéто/, ит. живописец и медальер

PISANO [pɪ'sɑ:nəu, -'zɑ:] Пизáно, ит. скульпторы, сын и отец: **1. Giovanni** (1245?—1314?) Джовáнни

2. Nicola (1220?—84?) Никколó

PISSARRO [pɪ'sɑ:rəu], **Camille** (1830—1903) Камúль Писсаррó, фр. живописец-импрессионист

PISTON ['pɪstən], **Walter Hamor** (1894—1976) Уóлтер Хэ́мор Пúстон, амер. композитор и педагог

⊙ The Incredible Flutist (1938) «Чародей-флейтист», балет

PITT [pɪt], **William** Уúльям Питт, англ. гос. деятели, отец и сын: **1. the Elder** /lst Earl of CHATHAM/ (1708—78) Старший /1-й граф Чатам/, мин. ин. дел (1756—61, с перерывами), премьер-мин. (1766—68). Способствовал расширению Брит. империи

2. the Younger (1759—1806) Младший, премьер-мин. (1783—1801, 1804—06)

PIUS ['paɪəs] Пий, имя 12 рим. пап, в т. ч.: **II** /светское имя Enea SILVIO de PICCOLOMINI/ (1405—64) /Энéа Сúльвио Пикколомúни/, на престоле с 1458; гуманист, поэт

PLANCK [plɑ:ŋk], **Max Karl Ernst Ludwig** (1858—1947) Макс Карл Эрнст Лю́двиг Планк, нем. физик. Один из основоположников квантовой теории. Лауреат Нобелевской премии (1918)

PLANTAGENET [plæn'tædʒ(ɪ)nɪt] Плантагенéт, династическое имя англ. королей 1154—1399

PLATH [plæθ], **Sylvia** (1932—63) Сúльвия Плат, амер. поэтесса (с 1956 в Англии), жена англ. поэта Т. Хьюза {Ted Hughes}. Покончила с собой

⊙ The Colossus (1960) «Колосс», Ariel (опубл. 1965) «Ариэль», сб. стихов

PLATO ['pleɪtəu] (428?—348? до н. э.) Платóн, греч. философ, ученик Сократа. Автор первой теории объективного идеализма // **Platonism**

[ˈpleɪtə(u)nɪzm] *n* платонизм, учение Платона; **Platonic** [pləˈtɔnɪk] *a* платонический (т. е. отвлечённый, не осуществляемый на практике)
Platonic love платоническая любовь

PLAUTUS [ˈplɔːtəs], **Titus Maccius** (254?—184? до н. э.) Тит Ма́кций Плавт, рим. комедиограф

PLINY [ˈplɪnɪ], **Gaius** Гай Пли́ний: **1.** *the Elder* (23?—79) Старший, рим. учёный. Погиб, наблюдая извержение Везувия
2. *the Younger* (61?—114?) Младший, рим. писатель, его племянник. Одним из первых упоминает о христ. сектах

PLUTARCH [ˈpluːtɑːk] (45?—127?) Плута́рх, греч. историк. Автор жизнеописаний выдающихся греков и римлян
⊙ Moralia «Мора́лии», этико-философский трактат

PLUTO [ˈpluːtəu] Плуто́н, в антич. мифологии бог подземного царства (в греч. мифологии одно из имён Аида) // **Plutonian** [pluːˈtəunɪən], **Plutonic** [pluːˈtɔnɪk] *a*

POCAHONTAS [ˌpəukəˈhɔntəs] (1595?—1617) Покахо́нтас, дочь индейского вождя Паухатана, спасшая якобы от казни Джона Смита (*см.* SMITH, John) и приехавшая с ним в Англию. Воплощает образ дикарки, нарушившей долг перед своим народом во имя любви → COLUMBUS

POE [pəu], **Edgar Allan** (1809—49) Э́дгар А́ллан По, амер. писатель-романтик, поэт и критик. Классик «страшной» и детективной новеллы
⊙ Tales of the Grotesque and Arabesque (1840) «Гротески и арабески», сб. рассказов; The Murders in the Rue Morgue (1841) «Убийство на улице Морг», A Descent into the Maelstrom (1941) «Низвержение в Ма́льстрем», The Fall of the House of Usher (1839) «Падение дома Аше́ров /Эшеров/», The Gold Bug (1843) «Золотой жук», повести и рассказы; The Raven (1845) «Ворон», Ulalume (1847) «Уля́люм», Annabel Lee (1849) «Э́ннабел /Анна́бель/ Ли», поэмы и стихотворения → COLUMBUS

POINCARÉ [ˌpwãkɑːˈreɪ] Пуанкаре́:**1. Jules Henri** (1854—1912) Жюль Анри́, фр. математик и физик. Основатель философского конвенционализма
2. Raymond (1860—1934) Раймо́н, премьер-мин. (1912—13, 1922—24, 1926—29), през. (1913—20) Франции, его двоюродный брат

POIROT [pwaˈrəu], **Hercule** Эркю́ль Пуаро́, в романах и рассказах А. Кристи (с 1920) сыщик-бельгиец, раскрывающий запутанные преступления

POLANSKY [pə(u)ˈlænskɪ], **Roman** (р. 1933) Рома́н Пола́нски(й), амер. кинорежиссёр (род. во Франции). Постановщик триллеров и фильмов в жанре «чёрного кино»
⊙ Rosemary's Baby (1968) «Ребёнок Розмари», Chinatown (1974) «Китайский квартал», Tess (1979) «Тэсс», Frantic (1988) «Неистовый»

POLK [pəuk], **James Knox** (1795—1849) Джеймс Нокс Полк, 11-й през. США (1845—49), от дем. партии. Его пр-во захватило св. половины территории Мексики

POLLOCK [ˈpɔlək], **Jackson** (1912—56) Дже́ксон По́ллок, амер. художник-абстракционист

POLLUX *см.* CASTOR

POLLYANNA [ˌpɔlɪˈænə] Поллиа́нна, в одноим. детской книге (1913) Э. Портер {Eleanor H. Porter} девочка-сирота, к-рая старается не терять весёлости * несгибаемая оптимистка; человек, напускающий на себя весёлость

POLO [ˈpəuləu], **Marco** (1254?—1324) Ма́рко По́ло, ит. путешествен-

ник, знаток Востока, где разбогател, получив в Италии прозвище «Марко-миллионщик» {Marco Millions}. В 1271—75 совершил путешествие в Китай, где жил до 1292 и служил при дворе Хубилая
⊙ Book of Marco Polo (1299?) «Книга Марко Поло»
□ Marco Millions «Марко-миллионщик», пьеса Ю. О'Нила (1927)

POLONIUS [pə'ləunjəs] Поло́ний, в трагедии У. Шекспира «Гамлет» (1601) вельможа {lord chamberlain} дат. двора, отец Офелии. Когда он подслушивает за ковром разговор Гамлета с Гертрудой, Гамлет закалывает его, приняв за Клавдия

POLYCLETUS [ˌpɔlɪˈkliːtəs] /**POLYCL(E)ITUS** [ˌpɔlɪˈklaɪtəs]/ (5 в. до н. э.) Поликле́т, греч. скульптор

POLYCRATES [pɔˈlɪkrətiːz] (?—522? до н. э.) Поликра́т, правитель о. Самос {Samos}. По преданию, кольцо, брошенное им в море во искупление былых грехов, вернулось к нему в животе поданной ему рыбы

POLYPHEMUS [ˌpɔlɪˈfiːməs] Полифе́м, в «Одиссее» Гомера циклоп, к к-рому Одиссей со спутниками попал в плен

POMPADOUR [ˈpɔmpəduə], Marquise de /Jeanne Antoinette POISSON/ (1721—64) маркиза де Помпаду́р /Жа́нна Антуане́тта Пуассо́н/, фаворитка фр. короля Людовика XV. Оказывала влияние на гос. дела. Ей приписывается изречение: «После нас хоть потоп» {After us the deluge, фр. Après nous le déluge}

POMPEY [ˈpɔmpɪ] *the Great* /лат. Gnaeus POMPEIUS/ (106—48 до н. э.) Гней Помпе́й Великий, рим. полководец. Входил в 1-й триумвират вместе с Цезарем и Крассом. В позднейшей войне с Цезарем был убит

POMPIDOU [ˈpɔmpɪduː], **Georges Jean Raymond** (1911—74) Жорж Жан Реймо́н Помпиду́, премьер-мин. (1962—68), през. (с 1969) Франции

PONCE de LEÓN [ˈpɔnsdəˈliːən], **Juan** (1460?—1521) Хуа́н По́нсе де Лео́н, исп. конкистадор. В 1508 завоевал Пуэрто-Рико, в 1513 открыл побережье Флориды

POOH-BAH [ˈpuːˈbɑː] Пу-Ба́, в опере У. Гилберта и А. Салливана «Микадо» (1885) чиновник, занимающий множество постов одновременно * бюрократ

POOLE [puːl], **John** (1786?—1872) Джон Пул, англ. драматург. Автор комедий-фарсов
⊙ Paul Pry (1825) «Пол Прай», Lodgings for Single Gentlemen (1829) «Комнаты для одиноких мужчин»

POPE [pəup], **Alexander** (1688—1744) Алекса́ндр Поп /По́уп/, англ. поэт-классицист, критик, переводчик антич. авторов. Автор сатирических, лирических и философско-дидактич. стихов // **Popean, Popian** [ˈpəupɪən] *a*
⊙ Pastorals (1709) «Пасторали», сб. стихов; Eloïsa to Abélard (1717) «Элоиза Абеляру», лирическая поэма; An Essay on Criticism (1711) «Опыт о критике»; The Rape of the Lock (1712) «Похищение локона», The Dunciad (1728) «Дунсиада», сатирические поэмы

POPPINS [ˈpɔpɪnz], **Mary** Мэ́ри По́ппинс, в одноим. повести-сказке П. Трэверс (1934) и основанном на ней фильме-мюзикле У. Диснея (1964) воспитательница, вместе с к-рой дети переживают чудесные приключения, невозможные в обыденном мире взрослых
'Dozens of girls would have been delighted to take your place.' ... 'He was a bully and a... a... pervert.' ... 'My God! It's a little late to play *Mary Poppins.*' (*C. Baehr*)
«Десятки девушек с удовольствием заняли бы твоё место».— «Он

был грубиян и... и... извращенец».— «Ну знаешь! Поздновато тебе строить из себя *благовоспитанную наставницу!*»

PORGY and BESS [ˈpɔːgɪənˈbes] Порги и Бесс, в одноим. опере Дж. Гершвина (1935) негр-калека и его возлюбленная

PORTER [ˈpɔːtə], **Cole Albert** (1893—1964) Ко́ул /Кол/ А́лберт По́ртер, амер. композитор. Автор мюзиклов, музыки к театральным постановкам, песен (в т. ч. на собственные стихи)

⊙ Gay Divorcee (1932) «Весёлый разведённый», Anything Goes (1934) «Всё проходит», Dubarry Was a Lady (1939) «Дюбарри была леди», Kiss Me Kate (1948) «Целуй меня, Кэт», Can Can (1953) «Канкан», Silk Stockings (1957) «Шёлковые чулки», мюзиклы

Then she put on the gramophone. She did not play classical records this time, but tunes of the nineteen thirties, *Cole Porter, Astaire* and *Rodgers'* songs. (*P. H. Johnson*)

Потом она включила граммофон. На сей раз она поставила не классическую музыку, а мелодии тридцатых годов — песенки *Кола Портера, Астэра* и *Роджерса.*

PORTER, George (р. 1920) Джордж По́ртер, англ. физик и химик. Лауреат Нобелевской премии (1967)

PORTER, Katherine Anne (1890—1980) Кэ́трин Анн /Энн/ По́ртер, амер. писательница

⊙ Flowering Judas (1930) «Цветущий багряник», Pale Horse, Pale Rider (1939) «Бледный конь, бледный всадник», The Leaning Tower (1944) «Падающая башня», сб. рассказов; The Ship of Fools (1962) «Корабль дураков», роман

PORTER, Rodney Robert (1917—85) Ро́дни Ро́берт По́ртер, англ. биохимик. Лауреат Нобелевской премии (1972)

PORTIA [ˈpɔːʃjə, -ɪə] По́рция, в пьесах У. Шекспира: **1.** «Венецианский купец» (1596) богатая и умная невеста Бассанио {Bassanio}. Переодевшись адвокатом, спасает его друга Антонио {Antonio} на суде по иску Шейлока

2. «Юлий Цезарь» (1599) жена Брута

POSEIDON [pɔˈsaɪd(ə)n] Посейдо́н, в греч. мифологии бог морей. Ему соответствует рим. Нептун

POST [pəust], **Emily** (1872—1960) Э́мили Пост, амер. журналистка. Автор книги, газетных рубрик и радиопередач о правилах хорошего тона

⊙ Etiquette (1922) «Этикет»

What I want to know is — does he take me home afterward. I'm not *Emily Posted.* (*F. Scott Fitzgerald*)

Я желаю знать, отвезёт ли он меня потом домой. Я *этикету не обучалась.*

POTTER [ˈpɔtə], **Beatrix** (1866—1943) Беатри́кс По́ттер, англ. детская писательница и иллюстратор своих книг. Автор сказок о кролике Питере {Peter Rabbit} (с 1902)

POULENC [ˈpuːlæŋk], **Francis** (1899—1963) Франси́с Пуле́нк, фр. композитор

POUND [paund], **Ezra Loomis** (1885—1972) Э́зра Лу́мис Па́унд, амер. поэт и теоретик искусства (в 1908—45 и с 1958 жил в Европе), глава имажизма. Сотрудничал с режимом Муссолини, работая на радио. В 1945 судим по обвинению в гос. измене, признан душевнобольным и помещён в психиатрическую лечебницу

⊙ Hugh Selwyn Mauberley (1920) «Хью Селвин Моберли», поэма; Cathay (1915) «Китай», Cantos (1917—68), сб. стихов

POUSSIN [puːˈsɛ̃], **Nicolas** (1594—1665) Никола́ Пуссе́н, фр. художник-классицист

POWELL [ˈpəuəl, ˈpauəl], **Anthony Dymoke** (р. 1905) А́нтони Ди́мок По́уэлл, англ. писатель
⊙ A Dance to the Music of Time (1951—75) «Музыка времени», цикл романов

POWELL, Cecil Frank (1903—69) Се́сил Франк Па́уэлл /По́уэлл/, англ. физик. Лауреат Нобелевской премии (1950)

POWHATAN [ˌpauəˈtæn, pauˈhætən] (1550?—1618) Пауха́та́н, индейский вождь, отец Покахонтас

POWYS [ˈpəuɪs] По́уис, англ. писатели, братья: **1. John Cowper** (1872—1963) Джон Ку́пер
2. Llewelyn (1884—1939) Ллуэ́лин
3. Theodore Francis (1875—1953) Теодо́р Фра́нсис. Их произведения во многом опираются на религиозно-философские аллегории

PRATT [præt], **Edwin John** (1883—1964) Э́двин Джон Прэтт, канад. поэт
⊙ The Roosevelt and the Antinoe (1930) «Рузвельт» и «Антиной», The Titanic (1935) «Титаник», поэмы

PRAXITELES [prækˈsɪtəliːz, -tɪ-] (390?—330? до н. э.) Пракси́тель, греч. скульптор // **Praxitelean** [prækˌsɪtəˈliːən, -tɪ-] a

PRESCOTT [ˈpreskət, -kɔt], **William Hickling** (1796—1859) Уи́льям Хи́клинг Пре́скотт, амер. историк. Автор трудов о завоевании Мексики и Перу

PRESLY [ˈpreslɪ, -z-], **Elvis** (1935—77) Э́лвис Пре́сли, амер. эстрадный певец. «Король» рок-н-ролла, кумир молодёжи 50-х гг. В последние годы страдал ожирением; умер от сердечного приступа и применения наркотиков

PRESTER JOHN [ˈprestəˈdʒɔn] пресвитер Иоа́нн, в ср.-век. европ. легендах христ. король-священник одной из вост. стран (в нек-рых версиях легенды — слепой негр), хранитель сокровищ и сказочных чудес. Фигурирует в поэме Л. Ариосто «Неистовый Роланд» (1516)
▢ роман Дж. Бьюкена {John Buchan} (1910)

PRESTON [ˈprest(ə)n], **Thomas** (1537—98) То́мас Пре́стон, англ. драматург
⊙ King Cambyses (1569) «Царь Камбиз», трагедия

PRETORIUS [prɪˈtɔːrɪəs] Прето́риус: **1. Andries Wilhelmus Jacobus** (1799—1853) Андрие́с Вильге́льмус Я́кобус, лидер бурских колонизаторов Юж. Африки. Добился признания независимости бурских территорий (Трансвааля) от Англии. В его честь назван г. Претория
2. Marthinus Wessels (1819—1901) Ма́ртинус Ве́ссельс, создатель и през. ЮАР /Трансвааля/ (1857—60, 1864—71), през. Оранжевой республики (1860—63), его сын

PRÉVOST (D'EXILES) [preˈvəuˌdegˈziːl], **Antoine François** (1697—1763) Антуа́н Франсуа́ Прево́ д'Экзи́ль, фр. аббат, писатель
⊙ The Story of Chevalier Des Grieux and Manon Lescaut (1731) «История кавалера Де Грие́ и Манон Леско́», роман

PRIAM [ˈpraɪəm] Приа́м, в греч. мифологии последний царь Трои. Погиб в Троянской войне
▢ King Priam «Царь Приам», опера М. Типпетта (1961)

PRICE [praɪs], **(Mary) Leontyne** (р. 1927) (Мэ́ри) Леонти́на Прайс, амер. негр. оперная певица

PRICHARD [ˈprɪtʃəd], **Katharine Susannah** (1883—1969) Катари́на Суса́нна При́чард, австрал. писательница (в 1908—17 жила в Англии), коммунистка

⊙ The Pioneers (1915) «Пионеры», Black Opal (1921) «Чёрный опал», Coonardoo (1929) «Кунарду», The Roaring Nineties (1946) «Девяностые годы», Golden Miles (1948) «Золотые мили», Winged Seeds (1950) «Крылатые семена», Subtle Flame (1967) «Негасимое пламя», романы

PRIESTLEY [ˈpriːstlɪ], **John Boynton** (1894—1984) Джон Бо́йнтон При́стли, англ. писатель и критик. Автор соц. романов, остросюжетных пьес // **Priestleyish** [ˈpriːstlɪʃ] *a*

⊙ Angel Pavement (1930) «Улица Ангела», роман; Dangerous Corner (1932) «Опасный поворот», Time and the Conways (1937) «Время и семья Конвей», пьесы

After that, I had written others: a play called 'Jackson,' a somewhat *Priestleyish* affair about an average man...; a *Pirandello-like* drama... in which the characters created by a reprehensible dramatist come to life. (*P. Ustinov*)

После этого я написал и другие пьесы: «Джексон», историю маленького человека, нечто *в духе Пристли*...; драму *в стиле Пиранделло*... о том, как оживают герои одного достойного порицания драматурга.

PRIESTLEY, Joseph (1733—1804) Джо́зеф При́стли, англ. химик, богослов и философ-материалист (с 1794 в США). Открыл кислород и выявил роль растений в насыщении им воздуха

PRIMROSE [ˈprɪmrəuz] При́мроз, в романе О. Голдсмита «Векфильдский священник» (1766) бескорыстный и простодушный пастор

PRINCE [prɪns] /*наст. имя* Prince Rogers NELSON/ (р. 1958) Принс (Ро́джерс Не́лсон), амер. эстрадный певец

PRIOR [ˈpraɪə], **Matthew** (1664—1721) Мэ́тью Пра́йор, англ. поэт и дипломат. Автор эпиграмм, баллад, стихотворных пародий

PRISCIAN [ˈprɪʃ(ɪ)ən] (4—5 вв.) Присциа́н, рим. грамматист. Преподавал в Константинополе

to break Priscian's head сделать грубую грамматическую ошибку

PROCRUSTES [prə(u)ˈkrʌstiːz] Прокру́ст, в греч. мифологии разбойник в Аттике {Attica}. Ловил путников и, укладывая их на своё ложе, растягивал их до его размера, либо обрубал им ноги // **Procrustean** [prə(u)ˈkrʌstɪən] *a*: **Procrustean bed** прокрустово ложе, искусственный критерий, не подходящий для оценки или суждения о чём-либо

PROMETHEUS [prəˈmiːθjuːs, -θɪəs] Промете́й, в греч. мифологии сын титана, даровавший людям огонь, похищенный с Олимпа. За это Зевс приковал его к скале Кавказа, где орёл терзал его печень. Освобождён Гераклом // **Promethean** [prəˈmiːθjən] *a*

Promethean fire прометеев огонь

☐ Prometheus Unbound «Освобождённый Прометей», поэма П. Б. Шелли (1820); Frankenstein, or the Modern Prometheus «Франкенштейн, или Современный Прометей», повесть М. Шелли (1818)

Barnum was not simply the *Prometheus* of the Pleasure Principle, as his admirers portrayed him... He began his career... as an act of criticism; he ended it as a yea-sayer (*N. Harris*)

Барнум был не только *Прометеем* развлечений, как его рисовали поклонники... Он начал свою карьеру ... с критики, а закончил безоговорочным конформистом.

Bacon's task, it may be said, was to prove that natural science was *Promethean*, and not *Mephistophelean*. (*B. Willey*)

Задача *Бэкона* заключалась, можно сказать, в том, чтобы доказать: естествознание есть дар *Прометея*, а не порождение *Мефистофеля*.

Man has split the atom, cracked the genetic code and, in a *Promethean* step unimaginable less than a quarter-century ago, leaped from his own terrestrial home to the moon. (*Time, 1974*)

PRO

Человек расщепил атом, расшифровал генетический код и, совершив *титанический* рывок вперёд, о котором и мечтать не могли ещё каких-нибудь четверть века назад, перелетел из своего земного дома на Луну.

PROSERPINA, PROSERPINE *см.* PERSEPHONE

PROSPERO [ˈprɔspərəu] Просперо, в романтической драме У. Шекспира «Буря» (1612) герцог миланский, волшебник и маг. Изгнанный, он поселяется на острове, где подчиняет себе стихию, добрых и злых духов → ARIEL

PROTAGORAS [prə(u)ˈtægəræs, -əs] (490?—420? до н. э.) Протагор, греч. философ-софист. Автор тезиса: «Человек есть мера всех вещей» {Man is the measure of all things} // **Protagorean** [prəuˌtægəˈriːən] *a*

PROTEUS [ˈprəutjuːs] Протей, в комедии У. Шекспира «Два веронца» (1594) дворянин из Вероны. Отличается непостоянством в любви и дружбе

PROUDHON [pruːˈdɔ̃], **Pierre Joseph** (1809—65) Пьер Жозеф Прудон, фр. социалист, теоретик анархизма

PROUST [pruːst], **Marcel** (1871—1922) Марсель Пруст, фр. писатель. Мастер литературы «потока сознания»
⊙ Remembrance of Things Past (1913—27) «В поисках утраченного времени», цикл романов

PRY [praɪ], **Paul** Пол Прай, в одноим. комедии Дж. Пула (1825) любопытный, сующий нос в чужие дела

PRYOR [ˈpraɪə], **Richard** (р. 1940) Ричард Прайор, амер. киноактёр. Исполнитель роли Супермена в фильмах 80-х гг.

PTOLEMY [ˈtɔlɪmɪ] Птолемей, династическое имя царей в эллинистическом Египте (305—30 до н. э.) // **Ptolemaic** [ˌtɔlɪˈmeɪk] *a*

PTOLEMY /Claudius PTOLEMAEUS/ (90?—160?) Клавдий Птолемей, греч. астроном. Автор докоперниковой геоцентрической теории устройства мира

PUCCINI [puːˈtʃiːnɪ], **Giacomo** (1858—1924) Джакомо Пуччини, ит. композитор. Основоположник «веризма»
⊙ Manon Lescaut (1893) «Манон Леско», La Boheme (1896) «Богема», Tosca (1900) «Тоска», Madam Butterfly (1904) «Мадам Баттерфляй», оперы

PUCK [pʌk] /**Robin *Goodfellow*/** Пэк /Добрый Малый Робин/, в англ. фольклоре и комедии У. Шекспира «Сон в летнюю ночь» (1596) озорной эльф. Он выжимает в глаза спящим волшебный нектар, и они влюбляются в первого, кого увидят по пробуждении

PULITZER [ˈp(j)ulɪtsə], **Joseph** (1847—1911) Джозеф Пулитцер, амер. журналист и издатель (род. в Венгрии, в США с 1865)
Pulitzer prize пулитцеровская премия: учреждена по его завещанию с 1917 и присуждается за лучшие произведения в области журналистики, литературы и критики (с 1943 — тж. музыки)

PULLMAN [ˈpulmən], **George Mortimer** (1831—97) Джордж Мортимер Пульман, амер. инженер
Pullman car /coach/ пульмановский вагон (спальный вагон I класса)
Pullman case большой багажный чемодан

PUNCH [pʌn(t)ʃ] Панч, в англ. нар. театре кукол (с кон. 17 в.) хитрый крючконосый горбун, воюющий со своей женой Джуди {Judy}

PURCELL [pɜːˈsel], **Edward Mills** (р. 1912) Эдуард Миллс Перселл, англ. физик. Лауреат Нобелевской премии (1952)

PURCELL [ˈpɜːˈs(e)l], **Henry** (1659?—95) Генри Перселл, англ. композитор. Один из создателей нац. муз. стиля. Автор театральной, вокальной, хоровой и инструментальной музыки

⊙ Dido and Aeneas (1689) «Дидона и Эней», опера

PURE [pjuə], **Simon** Сáймон Пьюр, в комедии С. Сентливр {S. Centlivre} «Смелая вылазка за женой» (1718) человек, за к-рого выдаёт себя полковник Фейнолл {Fainall} во время сватовства. Его планы рушатся с появлением настоящего Саймона Пьюра * 1) лицемер, ханжа 2) наивный, простодушный человек, святая простота

the real Simon Pure некто или нечто подлинное, настоящее

PUZO [ˈpjuːzəu], **Mario** (р. 1920) Мáрио Пью́зо, амер. писатель. Автор приключенческих романов и сценариев. Лауреат премии «Оскар» (1972, 1974)

⊙ The Godfather «Крёстный отец», роман (1969) и сценарий фильма (1972); The Godfather II (1974) «Крёстный отец II», Superman (1978) «Супермен», сценарии фильмов

PYGMALION [pɪɡˈmeɪljən] Пигмалиóн, в греч. мифологии царь Кипра, скульптор. Влюбился в изваянную им статую Галатеи
□ пьеса Дж. Б. Шоу (1912)

PYLE [paɪl], **Gomer** Гóмер Пайл, в амер. телесериалах «Шоу Энди Гриффита» и «Гомер Пайл» (1963—70) глуповатый парнишка из провинции. Часто упоминается как символ бездарных передач

PYM [pɪm], **Barbara** /наст. имя Mary CRAMPTON/ (1913—80) Бáрбара Пим /Мэ́ри Крэ́мптон/, англ. писательница. Автор романов—комедий нравов

⊙ Excellent Women in Autumn (1977) «Превосходные женщины осенью», A Few Green Leaves (1980) «Несколько зелёных листьев»

PYRAMUS and THISBE [ˈpɪrəməsənˈθɪzbɪ] Пúрáм и Фúсба, в антич. мифологии вавилонский юноша и его возлюбленная. Убивает себя, ошибочно решив, что Фисба погибла; после его смерти Фисба кончает с собой. Фигурируют в «Метаморфозах» Овидия; историю Пирама и Фисбы репетируют ремесленники в комедии У. Шекспира «Сон в летнюю ночь» (1596)

PYRRHA [ˈpɪrə] Пúрра, см. DEUCALION

PYRRHO [ˈpɪrəu] **of Elis** (360?—270? до н. э.) Пиррóн из Элúды, греч. философ-стоик // **Pyrrhonian** [pɪˈrəunɪən] a

PYRRHUS [ˈpɪrəs] (319—273 до н. э.) Пирр, военачальник и царь Эпира {Epirus} (307—302 и с 296). Воюя с Римом, в 279 с огромными потерями одержал победу при Аускулуме {Ausculum}, после к-рой заявил: «Ещё одна такая победа, и мы погибли!» {One more such victory and we are lost} // **Pyrrhic** [ˈpɪrɪk] a: **Pyrrhic victory** пиррова победа (т. е. одержанная ценой чрезмерных жертв)

PYTHAGORAS [p(a)ɪˈθægəræs, -əs] (6 в. до н. э.) Пифагóр, греч. мыслитель и математик. Автор этико-философского учения о гармонии сфер // **Pythagorean** [p(a)ɪˌθægəˈriːən] a пифагоров; пифагорейский; n пифагореец, последователь пифагореизма

PYTHIAS см. DAMON

Q

QUASIMODO [ˌkwɑːzɪˈməudəu] Квазимóдо, в романе В. Гюго «Собор Парижской богоматери» (1831) звонарь собора, безобразный горбун, влюблённый в красавицу Эсмеральду {Esmeralda}

QUATERMAIN [ˈkwɔːtəmeɪn], **Allan** Áллан Куóтермейн, в романах Г. Р. Хаггарда «Копи царя Соломона» (1885) и «Аллан Куотермейн»

(1887) путешественник, исследователь Африки, попадающий в драматические приключения

QUEEN [kwi:n], **Ellery** Эллери Куйн, псевдоним амер. писателей-соавторов, двоюродных братьев: **Frederic DANNAY** (1905—82) Фредерик Дánней и **Manfred LEE** (1905—71) Мáнфред Ли. Авторы детективных романов и рассказов

QUEEN OF HEARTS [′kwi:nəv′hɑ:ts] Червóнная Дáма, в повести-сказке Л. Кэрролла «Приключения Алисы в Стране Чудес» (1865) королева Страны Чудес. Она на всех кричит и поминутно велит отрубить кому-либо голову. Во время суда требует, чтобы приговор вынесли раньше решения о виновности

QUEENSBERRY [′kwi:nz‚berɪ, -b(ə)rɪ], Marquis of /John Sholto DOUGLAS/ (1844—1900) маркиз Куйнсберри /Джон Шóлто Дýглас/, шотл. аристократ, спортсмен, энтузиаст бокса

Queensberry rules разработанные им правила соревнований по боксу

Yes, that's the little woman's family. You know Mummy and Daddy, of course. And don't let the *Marquess of Queensberry* manner fool you. They'll kick you in the groin while you're handing your hat to the maid. (*J. Osborne*)

Такова семейка этой милой женщины. С папашей и мамашей вы уже познакомились. Только пусть их *великосветские* манеры не обманывают вас. Эти люди нанесут вам удар ниже пояса в ту самую минуту, когда вы отдаёте служанке шляпу. (*Пер. Д. Урнова*)

QUICKLY [′kwɪklɪ], Mistress мистрис Куйкли, в пьесах У. Шекспира «Король Генри(х) IV» (ч. II, 1598) и «Король Генри(х) V» (1598) вдова, бойкая хозяйка постоялого двора. В комедии «Виндзорские насмешницы» (1598) экономка и сваха

QUINCE, SNUG, FLUTE, SNOUT and STARVELING [′kwɪns′snʌg-′flu:t′snautən′stɑ:vlɪŋ] Пúгва, Милягa, Дýдка, Рыло и Замóрыш, в комедии У. Шекспира «Сон в летнюю ночь» (1596) ремесленники (плотник, столяр, починщик кузнечных мехов, медник и портной), к-рые репетируют в лесу пьесу ко дню свадьбы Тезея

QUINTILIAN [kwɪn′tɪljən] /*лат.* Marcus Fabius QUINTILIANUS/ (35?—96?) Марк Фáбий Квинтилиáн, рим. оратор. Автор курса антич. риторики

QUISLING [′kwɪzlɪŋ], **Vidkun** (1887—1945) Вúдкун Квúслинг, премьер-мин. Норвегии (с 1942), сотрудничавший с герм. оккупантами. Казнён как воен. преступник * предатель своего народа

QUIXOTE *см.* DON QUIXOTE

R

RABELAIS [′ræbəleɪ], **François** (1494—1553) Франсуá Рабле́, фр. писатель-гуманист

☉ Gargantua and Pantagruel (1532—34) «Гаргантюа и Пантагрюэль», роман-гротеск

RACHEL [′reɪtʃ(ə)l] Рахúль, в Ветхом Завете жена Иакова и мать Иосифа (*см.* JOSEPH)

RACINE [ræ′si:n], **Jean Baptiste** (1639—99) Жан Батúст Расúн, фр. драматург-классицист. Автор трагедий в стихах на ист., библейские и мифологические сюжеты

⊙ Phaedra (1677) «Федра», Athaliah (1690) «Гофолия»

RADCLIFFE [ˈrædklɪf], **Anne** (1764—1823) А́нна Ра́дклифф /Рэ́дклифф/, англ. писательница. Автор «готических романов»
⊙ The Misteries of Udolfo (1794) «Удольфские тайны»

RAEBURN [ˈreɪbɜːn], **Henry** (1756—1823) Ге́нри Ре́йберн, шотл. живописец-портретист

RALEIGH /RALEGH/ [ˈrɔːlɪ, ˈrɑː-, ˈræ-], **Walter** (1552?—1618) Уо́лтер Ро́ли /Ра́ли, Рэ́ли/, англ. мореплаватель, организатор пиратских экспедиций, писатель, историк. Один из руководителей разгрома «Непобедимой Армады». В 80-е гг. фаворит Елизаветы I, в 1603—16 в заключении в Тауэре. По В. Скотту, когда карета королевы остановилась в грязи, расстелил перед Елизаветой свой плащ.

Sir *Walter Raleigh* is more safely enshrined in the memory of mankind because he set his cloak for the Virgin Queen to walk on than because he carried the English name to undiscovered colonies. (*W. S. Maugham*)

... человечество благоговейно хранит память о сэре *Уолтере Рали*, водрузившем английский флаг в до того неведомых землях, не за этот подвиг, а за то, что он бросил свой плащ под ноги королевы-девственницы. (*Пер. Н. Ман*)

RAMA [ˈrɑːmə] Ра́ма, в индуист. религии обожествлённый (как одно из земных воплощений Вишну) гл. герой эпосов «Рамаяна {Ramayana} и «Махабхарата» {Mahabharata}, мудрый царь-герой

RAMAKRISHNA [ˌrɑːməˈkrɪʃnə] /*наст. имя* Gadadhar CHATTERJI/ (1836—86) Рамакри́шна /Гададха́р Ча́ттерджи/, инд. религиозный деятель и мыслитель. Считал равноценными все вероисповедания

RAMBO [ˈræmbəu] Рэ́мбо, в серии амер. фильмов-боевиков (1982—88) с участием С. Сталлоне мускулистый боец-супермен

RAMESES [ˈræmɪsiːz] /**RAMSES** [ˈræmsiːz] / Рамсе́с /Рамзе́с/, имя 12 егип. фараонов

RANDOM [ˈrændəm], **Roderick** Ро́дрик Рэ́ндом, в одноим. романе Т. Смоллетта (1748) эгоистичный и беспринципный, но не лишённый обаяния авантюрист

RANJIT SINGH [ˈrʌndʒɪtˈsɪn] (1780—1839) Ранджи́т Сингх, сикхский правитель Пенджаба {Punjab}

RAPHAEL [ˈræfe(ɪ)əl] Рафаи́л, в христ. вероучении один из архангелов; в иудаист. преданиях ангел-целитель

RAPHAEL /*um.* Raffaello SANTI, SANZIO/ (1483—1520) Рафаэ́ль Са́нти, ит. живописец Возрождения // **Raphaelesque** [ˌræfɪəˈlesk] *a*

RASPE [ˈrɑːspə], **Rudolf Erich** (1737—94) Рудо́льф Эрих Ра́спе /Ра́спэ/, нем. писатель
⊙ Narrative of the Marvellous Travels of Baron von Munchhausen (1786) «Повествование о чудесных путешествиях барона Мюнхгаузена», роман

RAVEL [ræˈvel], **(Joseph) Maurice** (1875—1937) (Жозе́ф) Мори́с Раве́ль, фр. композитор-импрессионист
⊙ Bolero (1928) «Болеро», оркестровая пьеса

RAY [reɪ], **John** (1627—1705) Джон Рей, англ. ботаник. Автор первого научного описания флоры Англии (1670)

REAGAN [ˈreɪgən], **Ronald Wilson** (р. 1911) Ро́нальд Уи́лсон Ре́йган, 40-й през. США (1981—89), от респ. партии. В 1937—60 киноактёр

RÉAUMUR [ˌreɪəuˈmjuə, reɪˈəumə], **René Antoine Ferchault** (1683—1757) Рене́ Антуа́н Фершо́ Реомю́р, фр. естествоиспытатель. Предложил температурную шкалу, к-рая была названа его именем

REBECCA [rɪˈbekə] **1.** *см.* REBEKAH

2. Ребе́кка, в романе В. Скотта «Айвенго» (1820) девушка, спасённая Айвенго. Воплощает женственность и благородство

3. Ребе́кка, в одноим. романе Д. Дюморье (1938) покойная жена де Винтера {de Winter}, напоминания о к-рой преследуют его новую семью

REBEKAH /REBECCA/ [rɪ′bekə] Реве́кка, в Ветхом Завете жена Исаака, мать Исава и Иакова (*см.* JACOB)

REDFORD [′redfəd], **Robert** (p. 1937) Ро́берт Ре́дфорд, амер. киноактёр и режиссёр. Лауреат премии «Оскар» (1980)

⊙ Ordinary People (1980) «Обыкновенные люди», постановка фильма

REDGRAVE [′redgreɪv], **Vanessa** (p. 1937) Ване́сса Ре́дгрейв, англ. актриса театра и кино. Лауреат премии «Оскар» (1977)

RED RIDING-HOOD, Little *см.* LITTLE RED RIDING-HOOD

REED [ri:d], **John** (1887—1920) Джон Рид, амер. журналист и писатель. Один из организаторов Компартии США. Свидетель Октябрьской революции в России и автор книги о ней

⊙ Ten Days That Shook the World (1919) «Десять дней, которые потрясли мир», документальная повесть

REGAN [′ri:gən] Рега́на, в трагедии У. Шекспира «Король Лир» (1605) средняя дочь Лира. Выгнала отца из своего дома. Отравлена Гонерильей

REGULUS [′regjuləs], **Marcus Atilius** (?—248? до н. э.) Марк Ати́лий Ре́гул, рим. полководец. В 255 до н. э. из карфагенского плена был направлен с миссией в Рим при условии, что он вернётся, если предложения Карфагена не будут приняты. Настояв на отказе Рима, вернулся в Карфаген и был казнён. Воплощает самоотверженность, стойкость и верность своему слову

REID [ri:d], **Thomas** (1710—96) То́мас Рид, англ. философ-идеалист. Основатель шотл. школы «здравого смысла»

REID, Thomas Mayne (1818—83) То́мас Майн Рид, англ. писатель, автор приключенческих романов

⊙ The Headless Horseman (1866) «Всадник без головы»

REMARQUE [rɪ′mɑ:k], **Erich Maria** (1898—1970) Э́рих Мари́я Рема́рк, нем. писатель (с 1939 в США)

⊙ All Quiet on the Western Front (1929) «На Западном фронте без перемен», The Road Back (1931) «Возвращение», романы

REMBRANDT (van RIJN) [′rembrænt(ˌvɑ:n′raɪn), -rənt-] (1606—69) Ре́мбрандт (ван Рейн), голл. живописец и график. Автор психологически глубоких работ, мастер светотени // **Rembrandtesque** [ˌrembrən′tesk] *a* → GOLDMAN

REMUS [′ri:məs] Рем, в рим. мифологии брат-близнец Ромула, вместе с к-рым хотел основать Рим. Убит Ромулом в драке

REMUS, Uncle дядюшка Ри́мус, в книгах Дж. Харриса (опубл. 1880—1910) пожилой негр, рассказывающий мальчику сказки о животных

RENOIR [′renwɑ:], **(Pierre) Auguste** (1841—1919) (Пьер) Огю́ст Ренуа́р, фр. живописец-импрессионист

RENWICK [′renwɪk], **James** (1818—95) Джеймс Ре́нвик, амер. архитектор

RETZ [rets], **Gilles de** (1404—40) Жиль де Ретц, фр. маршал. Похищал и убивал детей, отправляя культ Сатаны, за что был судим и казнён. Считается прототипом Синей Бороды → SAMUEL

REUBEN [′ru:bɪn] Руви́м, в Ветхом Завете старший сын Иакова, один из 12 родоначальников израильтян

REUTER [ˈrɔɪtə], **Paul Julius von** (1816—99) Пауль Юлиус фон Рейтер, англ. журналист (род. в Германии). В 1851 основал информационное агентство «Рейтер»

REVERE [rɪˈvɪə], **Paul** (1735—1818) Пол Ревир, амер. серебряных дел мастер, участник Войны за независимость. В ночь на 18 апреля 1775 верхом на лошади оповестил жителей городов в районе Бостона о выступлении англ. солдат

□ Paul Revere's Ride «Скачка Пола Ревира», поэма Г. Лонгфелло (1863)

'Mrs. Neely is sick,' he said. 'She has a high fever, and I have to ask you to get up quick and ride into town for the doctor. Will you?' Would I? '*Paul Revere*,' I thought, and I was up and dressing. (*L. Steffens*)

«Миссис Нили заболела,— сказал он.— Она в лихорадке, так что я прошу тебя быстро собраться и поскакать в город за доктором. Поедешь?» Что за вопрос! Одеваясь, я думал о *Поле Ревире*.

REYNOLDS [ˈren(ə)ldz], **Joshua** (1723—92) Джошуа Рейнолдс, англ. живописец-портретист. Первый през. Королевской академии художеств (1769)

RHODES [rəudz], **Cecil John** (1853—1902) Сесил Джон Родс, англ. колониальный деятель, премьер-мин. Капской колонии (1890—96). Основатель Родезии. Учредил стипендиальный фонд в Оксфорде

RICARDO [rɪˈkɑːdəu], **David** (1772—1823) Давид Рикардо, англ. экономист, представитель классической политэкономии // **Ricardian** [rɪˈkɑːdɪən] *a*

RICE [raɪs] /*наст. имя* REIZENSTEIN/, **Elmer** (1892—1967) Элмер Райс /Райзенстайн/, амер. драматург-экспрессионист. Лауреат Пулитцеровской премии (1929)

⊙ The Adding Machine (1923) «Счетная машина», Street Scene (1929) «Уличная сценка», пьесы

RICHARD [ˈrɪtʃəd] Ричард, имя 3 англ. королей: **1. I** /*Cœur de Lion*/ (1157—99) /Львиное Сердце/, правил с 1189. Участник 3-го крестового похода; убит в войне с Францией. Фигурирует в романах В. Скотта **2. II** (1367—1400), правил в 1377—99. Низложен знатью

□ King Richard II «Король Ричард II», трагедия У. Шекспира (1595) **3. III** (1452—85), правил с 1483

□ King Richard III «Король Ричард III», трагедия У. Шекспира (1593)

RICHARD, *Little* (р. 1935) «Малыш» Ричард, амер. негр. эстрадный певец 60-х гг.

RICHARD ROE [ˈrɪtʃədˈrəu] Ричард Роу, в англ. юстиции до 1852 условное именование ответчика

RICHARDS [ˈrɪtʃədz], **Dickinson Woodruff** (1895—1973) Дикинсон Вудрафф Ричардс, амер. хирург. Лауреат Нобелевской премии (1956)

RICHARDS, Theodore William (1868—1928) Теодор Уильям Ричардс, амер. химик. Лауреат Нобелевской премии (1914)

RICHARDSON [ˈrɪtʃədsn], **Owen Willans** (1879—1959) Оуэн Уилланс Ричардсон, англ. физик. Лауреат Нобелевской премии (1928)

RICHARDSON, Samuel (1689—1761) Сэмюэл Ричардсон, англ. писатель-сентименталист

⊙ Pamela, or Virtue Rewarded (1740—41) «Памела, или Вознаграждённая добродетель»; Clarissa Harlowe (1748) «Кларисса Харлоу»; The History of Sir Charles Grandison (1754) «История сэра Чарльза Грандисона»

RICHELEU [ˈrɪʃ(ə)ljuː, -jɜː], Duc de /Armand Jean du PLESSIS/ (1585—1642) герцог Ришельё /Арман Жан дю Плесси/, фр. кардинал,

фактический правитель Франции с 1624. Фигурирует в романе А. Дюма «Три мушкетёра» (1844) как хитрый и коварный политик
'Mr. Marlowe has a rather curious story,' the Chief said, cunning, like *Richelieu* behind the arras. (*R. Chandler*)
«У мистера Марло прелюбопытная история»,— сказал шеф с хитрым видом *кардинала Ришелье*, подслушивающего за драпировкой.

RICHTER [ˈrɪktə, ˈrɪx-], **Burton** (р. 1931) Бёртон Рихтер, амер. физик. Лауреат Нобелевской премии (1976)

RIDLEY [ˈrɪdlɪ], **Nicholas** (1500?—55) Николас Ридли, англ. епископ, деятель Реформации. При Марии Тюдор сожжён на костре вместе с Латимером → LATIMER

RIEMANN [ˈriːmɑːn], **Georg Friedrich Bernhard** (1826—66) Георг Фридрих Бёрнхард Риман, нем. математик // **Riemannian** [rɪˈmænɪən] *a*: **Riemannian geometry** риманова геометрия

RIENZI [rɪˈenzɪ] /**RIENZO** [rɪˈenzəu]/, **Cola di** (1313—54) Кола ди Риенцо /Риенци/, ит. вождь антифеодального восстания 1347 в Риме
□ роман Э. Булвер-Литтона (1835)

RIGOLETTO [ˌrɪɡəˈletəu] Риголетто, в одноим. опере Дж. Верди (1851) пожилой шут на службе у герцога. Его попытка отомстить герцогу за обольщение дочери Джильды {Gilda} приводит к её гибели

RILEY [ˈraɪlɪ], **James Whitcomb** (1849—1916) Джеймс Уитком Райли, амер. поэт. Автор стихов о Среднем Западе

RILKE [ˈrɪlkə], **Rainer Maria** (1875—1926) Райнер Мария Рильке, австр. лирический поэт

RIMBAUD [ˈræmbəu, rɛ̃ˈbəu], **Arthur** (1854—91) Артюр Рембо, фр. поэт-символист

RIMINI *см*. FRANCESCA da RIMINI

RINALDO [rɪˈnældəu] /*фр*. RENAUD [reɪˈnəu]/ Ринальдо, один из героев ср.-век. европ. сказаний о Карле Великом
□ опера Г. Генделя (1711)

RIP VAN WINKLE *см*. VAN WINKLE

RIQUET [ˈrɪkeɪ] *with the Tuft* Рике с хохолком, в одноим. сказке Ш. Перро умный, но некрасивый принц, способный одарить умом того, кого полюбит. Он влюбился в глупую красавицу, к-рая наделила его красотой

ROBBINS [ˈrɔbɪnz], **Frederick Chapman** (р. 1916) Фредерик Чапмен Роббинс, амер. биолог. Участвовал в создании вакцины против полиомиелита. Лауреат Нобелевской премии (1954)

ROBERTS [ˈrɔbəts], **Charles George Douglas** (1860—1943) Чарлз Джордж Дуглас Робертс, канад. поэт романтического направления
⊙ Orion (1880) «Орион», Songs of the Common Day (1893) «Песни будней», сб. стихов

ROBERT the BRUCE *см*. BRUCE

ROBESON [ˈrəubsn], **Paul** (1898—1976) Поль Робсон, амер. негр. певец, актёр и обществ. деятель

ROBESPIERRE [ˈrəubzpɪə, -pjeə, ˌrəubesˈpjeə], **Maximilien François Marie Isidore de** (1758—94) Максимильен Франсуа Мари Исидор де Робеспьер, один из якобинских лидеров и организаторов террора во время Великой фр. революции 1789. Казнён термидорианцами

ROBIN Goodfellow *см*. PUCK

ROBIN HOOD *см*. HOOD R.

ROBINSON [ˈrɔbɪnsn], **Edwin Arlington** (1869—1935) Эдвин Арлингтон Робинсон, амер. поэт. Лауреат Пулитцеровской премии (1922, 1925, 1928)
⊙ The Children of the Night (1897) «Дети ночи», The Town Down the

River (1910) «Городок вниз по реке», The Man Against the Sky (1916) «Человек на фоне неба», The Man Who Died Twice (1924) «Умерший дважды», сб. стихов; Merlin (1917) «Мерлин», Lancelot (1920) «Ланселот», Tristram (1927) «Тристан», поэтическая трилогия

ROBINSON, Jack: before you could say Jack Robinson не успеешь и слова сказать; и глазом не моргнёшь (как...)

ROBINSON, Jackie (1919—72) Джеки Робинсон, амер. негр. бейсболист. В 1947 первым среди негров был допущен к игре в Высшей лиге

ROBINSON, Robert (1886—1975) Роберт Робинсон, англ. химик. Лауреат Нобелевской премии (1947)

ROBINSON, (William) Heath (1872—1944) (Уильям) Хит Робинсон, англ. карикатурист. Изображал фантастически-нелепые по своей сложности механизмы и приспособления

ROCHESTER [ˈrɔtʃɪstə], Earl of /John WILMOT/ (1648—80) граф Рочестер /Джон Уилмот/, англ. поэт, фаворит Карла II. Отличался развращённостью, а тж. склонностью к злословию в стихах

⊙ A Satire against Mankind (1675) «Сатира против человечества»

ROCKEFELLER [ˈrɔkɪfelə] Рокфеллер, семья амер. нефтепромышленников и финансистов: **1. John Davison** (1839—1937) Джон Дэвисон. В 1870 основал компанию «Стандард ойл» {Standard Oil}; начиная с кон. 1890-х гг. учредил ряд филантропических и научно-исследовательских фондов

2. John Davison (1874—1960) Джон Дэвисон, его сын. Продолжил филантропическую деятельность отца

3. Nelson Aldrich (1908—79) Нельсон Олдрич, вице-през. США (1974—77), его сын * рокфеллер, миллионер

☐ Frescoes for Mr. Rockefeller's City «Фрески для Рокфеллер-Сити», сб. стихов А. Мак-Лиша (1933)

Holly asked me to come early and help trim the tree. I'm still not sure how they maneuvered that tree into the apartment... Moreover, it would have taken a *Rockefeller* to decorate it, for it soaked up baubles and tinsel like melting snow. (*T. Capote*)

Холли попросила меня прийти пораньше и помочь нарядить ёлку. До сих пор не понимаю, как они умудрились втащить эту ёлку в квартиру... И вообще такую махину мог позволить себе только *рокфеллер*, потому что игрушек и «дождя» на неё было не напастись: они пропадали в её ветвях, как тающие снежинки.

ROCKWELL [ˈrɔkwel, -wəl], **Norman** (1894—1978) Норман Рокуэлл, амер. художник. Автор сельских и провинциальных пейзажей

ROCKY [ˈrɔkɪ] Рокки, в серии амер. фильмов (1976—85) с участием С. Сталлоне сверхмужественный, всепобеждающий боксёр

RODGERS [ˈrɔdʒəz], **Richard** (1902—79) Ричард Роджерс, амер. композитор. Автор мюзиклов, песен

⊙ Oklahoma! (1955) «Оклахома!», Carousel (1956) «Карусель» The Sound of Music (1959) «Звуки музыки», мюзиклы → PORTER C.

RODIN [ˈrəudɛ̃], **(François) Auguste René** (1840—1917) (Франсуа) Огюст Рене Роден, фр. скульптор. Был близок к импрессионизму // **Rodinesque** [ˌrəudəˈnesk] *a*

She was about twenty-four—her face could have been described in terms of conventional prettiness, but the effect was that it had been made first on the heroic scale with strong structure and marking, as if the features and vividness of brow and colouring, everything we associate with temperament and character had been molded with a *Rodinesque* intention, and then chiseled away in the direction of prettiness to a point where a single slip would have irreparably diminished its force and quality. (*F. Scott Fitz-gerald*)

Розмэри решила, что ей, должно быть, года двадцать четыре; на первый взгляд казалось, что для неё вполне достаточно расхожего определения «красивая женщина», но если присмотреться к её лицу, возникало странное впечатление — будто это лицо задумано было сильным и значительным, с крупной *роденовской* лепкой черт, с той яркостью красок и выражения, которая неизбежно рождает мысль о темпераментном, волевом характере; но при отделке резец ваятеля стесал его до обыкновенной красивости — настолько, что ещё чуть-чуть — и оно стало бы непоправимо банальным. (*Пер. Евг. Калашниковой*)

ROE, Richard *см.* RICHARD ROE

ROENTGEN /RÖNTGEN/ [ˈrɔntjen, ˈrentgən], **Wilhelm Conrad** (1845—1923) Вильге́льм Ко́нрад Рентге́н, нем. физик. Открыл икс-лучи {X-rays}, названные позднее рентгеновскими

ROGERS [ˈrɔdʒəz], **Ginger** /*наст. имя* Virginia McMATH/ (р. 1911) Джи́нджер Ро́джерс /Вирджи́ния Мак-Ма́т/, амер. актриса эстрады, театра, кино и телевидения. Выступала в танцевальном дуэте с Ф. Астэром. Лауреат премии «Оскар» (1940)

ROGERS, Kenny (р. 1938) Ке́нни Ро́джерс, амер. эстрадный певец в стиле «кантри»

ROGERS, Samuel (1763—1855) Сэ́мюэл Ро́джерс, англ. поэт. В 1850 отказался от звания поэта-лауреата → WORDSWORTH

ROGERS, Will /William Penn Adair/ (1879—1935) Уилл /Уи́льям Пенн Адэ́р/ Ро́джерс, амер. актёр и юморист. Исполнитель сатирических монологов

ROGET [ˈrɔʒeɪ, ˈrəʊ-, rəʊˈʒeɪ], **Peter Mark** (1779—1869) Пи́тер Марк Роже́, англ. врач и лексикограф. Автор первого идеографического словаря англ. языка, к-рый переиздаётся по сей день

⊙ Thesaurus of English Words and Phrases (1852) «Тезаурус английских слов и выражений»

I marvel at the felicity of their style; but with all their copiousness (their vocabulary suggests that they fingered *Roget's* Thesaurus in their cradles) they say nothing to me: to my mind they know too much and feel too obviously... (*W. S. Maugham*)

Я восхищаюсь отточенностью их стиля; но несмотря на словесное богатство (а, судя по их лексике, они еще в колыбели перелистывали словарь *Роже*), их проза ничего не говорит мне — на мой взгляд, они знают слишком много, а чувствуют слишком поверхностно...

ROLAND [ˈrəʊlənd] /**ORLANDO** [ɔːˈlændəʊ] (?—778) Рола́нд, паладин Карла Великого. Фигурирует в ср.-век. европ. рыцарском эпосе (в т. ч. фр. «Песни о Роланде»)

□ Orlando Innamorato «Влюблённый Роланд», поэма М. Боярдо (1495); Orlando Furioso «Неистовый Роланд», поэма Л. Ариосто (1516)

ROLAND, Childe *см.* CHILDE ROLAND

ROLLAND [rəʊˈlɑ̃], **Romain** (1866—1944) Роме́н Ролла́н, фр. писатель. Лауреат Нобелевской премии (1915)

⊙ Jean Christophe (1905—12) «Жан Кристоф», цикл романов

ROLLS [rəʊlz], **Charles Stewart** (1877—1910) Чарлз Стю́арт Роллс, англ. автогонщик и лётчик. Один из основателей компании «Роллс-Ройс» (1907)

ROMEO [ˈrəʊmɪəu] Роме́о, в трагедии У. Шекспира «Ромео и Джульетта» (1595) возлюбленный Джульетты. Узнав о её мнимой смерти, принимает яд * пылкий влюблённый

Instead of settling in Sunnydale Acres, middle class but pleasantly predictable, she will end up elsewhere. Perhaps on Park Avenue with vastly altered dreams. Or maybe she, too, ends tragically. A modern 'Romeo and Juliet.' (C. Baehr)

Вряд ли она поселится в Саннидейл-Эйкерс — это район зажиточных семей, но по крайней мере без сюрпризов. Она найдёт себе место не там, а, может быть, на Парк-Авеню, радикально изменив свои устремления. А может, и её ждет трагический конец. «Ромео и Джульетта» в современном варианте.

→ MERCUTIO

ROMMEL [ˈrɔmǝl], **Erwin** (1891—1944) Эрвин Роммель, нем. генерал-фельдмаршал. Во 2-й мир. войне командовал войсками в Сев. Африке. В 1942 потерпел поражение от Монтгомери при Эль-Аламейне

ROMNEY [ˈrɔmnɪ], **George** (1734—1802) Джордж Ромни, англ. живописец-портретист

ROMOLA [ˈrɔmǝlǝ] Ромола, в одноим. романе Дж. Элиот (1863) жена авантюриста, страдающая от его низости и жестокости. После его смерти находит своё призвание в благотворительности

ROMULUS [ˈrɔmjulǝs] Ромул, в рим. мифологии сын Марса, основатель и первый царь Рима. Ребёнком вместе с братом Ремом был брошен в Тибр, но течение вынесло их на берег. Их выкормила волчица, а воспитали пастухи

RÖNTGEN см. ROENTGEN

ROOSEVELT [ˈrǝuzǝvelt, ˈruːs-, ˈruːz-] Рузвельт: **1. Franklin Delano /F.D.R./** (1882—1945) Франклин Делано, 32-й през. США (с 1933), от дем. партии (избирался 4 раза). Инициатор «Нового курса» {New Deal} в социально-экономической политике, программ ленд-лиза {Lend-Lease} — помощи странам антигитлеровской коалиции **2. (Anna) Eleanor** (1884—1962) (Анна) Элеанора, его жена, представитель США в ООН (1945—52). Способствовала принятию Всеобщей декларации прав человека (1948)

ROOSEVELT, Theodore /Teddy/ (1858—1919) Теодор /Тедди/ Рузвельт, 26-й през. США (1901—09), от респ. партии. На этом посту после убийства У. Маккинли. В 1898 сражался в кавалерии в испано-американской войне. Лауреат Нобелевской премии мира (1906), к-рой был награждён за посредничество в русско-японской войне. Автор изречения: «Говори тихо и носи с собой большую дубинку» {Speak softly and carry a big stick}

ROSA [ˈrǝuzǝ], **Salvator** (1615—73) Сальватор Роза, ит. живописец и поэт

ROSAMOND /ROSAMUND/ [ˈrɔzǝmǝnd], **Fair** /Rosamond CLIFFORD/ (?—1176?) Прекрасная Розамонда /Розамунда/ (Клиффорд), фаворитка англ. короля Генриха II. По легенде, король заключил её в дом, куда можно было пройти только через сад-лабиринт. Элеанора Аквитанская проникла туда, используя клубок ниток, и отравила соперницу

ROSCIUS [ˈrɔʃɪǝs], **Quintus** (130?—62? до н. э.) Квинт Росций, рим. комедийный актёр и декламатор * талантливый актёр с хорошей дикцией

ROSEMARY [ˈrǝuzmǝrɪ, -meǝrɪ] Розмари, в фильме Р. Полански «Ребёнок Розмари» (1968) молодая беременная женщина, к-рая с ужасом обнаруживает, что должна дать жизнь Антихристу и что её муж и все окружающие — агенты дьявола

ROSENCRANTZ and GUILDENSTERN [ˈrəuz(ə)nkræntsən-ˈgɪldənstɜ:n] Розенкра́нц и Гильденсте́рн, в трагедии У. Шекспира «Гамлет» (1601) друзья Гамлета. Они следят за ним, но не способны понять происходящее * люди, не ориентирующиеся в событиях; славные, но бестолковые парни

☐ Rosencrantz and Guildenstern Are Dead «Розенкранц и Гильденстерн мертвы», пьеса Т. Стоппарда (1967)

ROSE-RED [ˈrəuzred] Ро́зочка /Краснозо́рька/, см. SNOW-WHITE 2

ROSS [rɔs] Росс, шотл. полярные исследователи, организаторы экспедиций по отысканию Северо-Западного прохода (1818—33), племянник и дядя: **1. James Clark** (1800—62) Джеймс Кларк

2. John (1777—1856) Джон

ROSS, Betsy (1752—1836) Бе́тси Росс, женщина, к-рая, по легенде, в 1776 изготовила для Дж. Вашингтона первый амер. звёздно-полосатый флаг

ROSS, Diana (р. 1944) Дайа́на Росс, амер. эстрадная певица

ROSS, Ronald (1857—1932) Ро́налд Росс, англ. врач. Открыл возбудителя малярии. Лауреат Нобелевской премии (1902)

ROSSETTI [rə(u)ˈsetɪ, rɔ-] Россе́тти: **1. Christina Georgina** (1830—94) Кристи́на Джорджи́на, англ. поэтесса

2. Dante Gabriel (1828—82) Да́нте Га́бриел /Габриэ́ль/, англ. поэт и художник, её брат. Основатель «Братства прерафаэлитов» {Pre-Raphaelite Brotherhood}, взявших за образец искусство художников раннего Возрождения до Рафаэля

ROSSINI [rɔˈsi:ni(:)], **Gioacchino Antonio** (1792—1868) Джоакки́но Анто́нио Росси́ни, ит. композитор

⊙ The Barber of Seville (1816) «Севильский цирюльник», опера

ROSTAND [rɔsˈtɑ̃, ˈrɔstænd], **Edmond** (1868—1918) Эдмо́н Роста́н, фр. поэт и драматург

⊙ Cyrano de Bergerac (1897) «Сирано де Бержерак», пьеса

ROTH [rɔθ], **Philip** (р. 1933) Фи́лип Рот, амер. писатель

⊙ Goodbye, Columbus (1959) «Прощай, Коламбус», сб. повестей; Portnoy's Complaint (1969) «Жалоба Портноя», роман; The Ghost Writer (1977) «Автор-невидимка», Zuckerman Unbound (1981) «Цукерман на воле», The Anatomy Lesson (1983) «Урок анатомии», трилогия романов

ROTHKO [ˈrɔθkəu], **Mark** (1903—70) Марк Ро́тко, амер. живописец (род. в России). Представитель абстрактного экспрессионизма

ROTHSCHILD [ˈrɔθt∫aɪld] Ро́тшильд: **1. Meyer /Mayer/ Amschel** (1743—1812) Ме́йер А́мшель, нем. финансист, родоначальник финансовой группы

2. Nathan Meyer /Mayer/ (1777—1836) Ната́н Ме́йер, основатель банковского дома в Англии, его сын * ротшильд, богач → GLADSTONE

ROUAULT [ru:ˈəu], **Georges** (1871—1958) Жорж Руо́, фр. живописец-экспрессионист

ROUS [raus], **Francis Peyton** (1879—1970) Фрэ́нсис Пе́йтон Ра́ус /Ро́ус/, амер. патолог и вирусолог. Лауреат Нобелевской премии (1966)

ROUSSEAU [ˈru:səu], **Jean Jacques** (1712—78) Жан Жак Руссо́, фр. писатель и философ (род. в Швейцарии)

⊙ The Social Contract (1762) «Об общественном договоре», трактат;

Confessions (опубл. 1782—89) «Исповедь», автобиографический роман

ROWE [rəu], **Nicholas** (1674—1718) Ни́колас Ро́у, англ. драматург, поэт-лауреат (с 1715)

⊙ The Ambitious Stepmother (1700) «Честолюбивая мачеха», Tamerlane (1702) «Тамерлан», The Fair Penitent (1703) «Кающаяся красавица», трагедии

ROWENA [rəuˈiːnə] Рове́на: **1.** в легендах др. британцев дочь короля ютов Хенгиста {Hengist}. Её брак с Вортигерном был призван укрепить его союз с ютами против пиктов
2. в романе В. Скотта «Айвенго» (1820) возлюбленная Айвенго

ROWLANDSON [ˈrəuləndsn], **Thomas** (1756—1827) То́мас Ро́улендсон, англ. художник. Автор пейзажей, этюдов, карикатур и иллюстраций

ROWLEY [ˈrəulɪ], **Thomas** То́мас Ро́ули, вымышленный бристольский поэт 15 в., от имени к-рого писал свои сочинения Т. Чаттертон

ROWLEY [ˈrəulɪ, ˈrau-], **William** (1585?—1642?) Уи́льям Ро́ули, англ. актёр и драматург. Соавтор пьес Т. Мидлтона, Т. Хейвуда и др. авторов

⊙ All's Lost by Lust (опубл. 1633) «Всё погибло из-за желания», трагедия

ROY [rɔɪ], **Rob** (1671—1734) Роб Рой, вожак отряда шотл. горцев, не подчинившихся власти англ. короны
□ роман В. Скотта (1818)

ROYCE [rɔɪs], **(Frederick) Henry** (1863—1933) (Фре́дерик) Ге́нри Ройс, англ. инженер. Один из основателей автомобильной компании «Роллс-Ройс» (1907)

RUBENS [ˈruːbənz, -ɪnz], **Peter Paul** (1577—1640) Пи́тер Па́уэл /Па́уль/ Ру́бенс, фламандский живописец. Представитель барокко // **Rubenesque** [ˌruːbəˈnesk], **Rubensian** [ruːˈbenzɪən] *а* рубенсовский

RUBINSTEIN [ˈruːbɪnstaɪn], **Arthur** (1886—1982) Арту́р Рубинште́йн, польск. пианист-виртуоз (гражданин США с 1946)

RUDD [rʌd], **Steele** /*наст. имя* Arthur Hoey DAVIS/ (1868—1935) Стил Радд /А́ртур Хо́уи Де́йвис/, австрал. писатель. Автор рассказов о фермерах-пионерах

⊙ On Our Selection (1899) «На нашей ферме», Dad in Politics (1908) «Папа занялся политикой», We Kaytons (1921) «Мы, Кейтоны», сб. рассказов; The Romance of Runnibede (1927) «Любовь Раннибида», Green Grey Homestead (1934) «Серо-зелёная усадьба», романы

RUFTY-TUFTY *the* **Golliwog** [ˈrʌftɪˈtʌftɪðəˈgɒliwɒg] Ра́фти--Та́фти-Пу́гало, в сказках Р. Эйнсуорт {Ruth Ainsworth} (с 1952) игрушка-уродец, с к-рой происходят различные приключения

RUISDAEL *см.* RUYSDAEL

RUNCIE [ˈrʌnsɪ], **Robert Alexander Kennedy** (р. 1921) Ро́берт Алекса́ндер Ке́ннеди Ра́нси, архиепископ Кентерберийский (с 1980)

RUPERT [ˈruːpət] (1619—82) Ру́перт, нем. принц (с 1642 в Англии), англ. военачальник в кавалерии и на флоте, племянник Иакова I. Способствовал колонизации территорий в Канаде. В области искусства внедрил в Англии технику гравюры меццо-тинто {mezzotint}

RUSH [rʌʃ], **Benjamin** (1745?—1813) Бе́нджамин Раш, амер. врач, философ и просветитель. Один из деятелей, подписавших Декларацию независимости 1776

RUSHDIE [ˈruʃdɪ, ˈrʌʃ-], **Salman** (р. 1947) Са́л(ь)ман Ру́шди, англ. писатель (род. в Индии, в Англии с 1960). В 1989 его роман «Сатанин-

ские стихи» был расценён как оскорбление ислама иран. руководите-
лем Хомейни, к-рый призвал к убийству автора

⊙ The Satanic Verse (1988) «Сатанинские стихи», роман

RUSK [rʌsk], **(David) Dean** (p. 1909) (Дéйвид) Дин Раск, гос. секр.
США (1961—69)

RUSKIN [ˈrʌskɪn], **John** (1819—1900) Джон Рéскин, англ. писатель
и искусствовед. Проповедовал соц. и образовательные реформы, возрождение ремёсел, основал экспериментальную общину на принци-
пах «честного труда» // **Ruskinian** [rʌsˈkɪnjən] *a*

⊙ Modern Painters (1843—60) «Современные живописцы», Seven
Lamps of Architecture (1849) «Семь светочей архитектуры», Stones of
Venice (1851—53) «Венецианские камни», труды по искусству

RUSSELL [ˈrʌs(ə)l], **Bertrand Arthur** (1872—1970) Бéртран Áртур Рáсселл, англ. философ, логик и математик. Лауреат Нобелевской премии по литературе (1950)

RUSSELL, Charles Taze (1852—1916) Чарлз Тейз Рáсселл, амер. религиозный деятель, основатель секты «Свидетели Иеговы» {Jeho-
vah's Witnesses}

RUSSELL, John (1792—1878) Джон Рáсселл, премьер-мин. Англии
(1846—52, 1865—66), от партии вигов. Способствовал принятию закона о парламентской реформе (1832), поддерживал отмену хлебных
законов Р. Пилем (1846)

RUTH [ruːθ] Руфь, в Ветхом Завете центральный персонаж одноим.
книги

RUTH, Babe /George Herman/ (1895—1948) Малыш /Джордж Гé-
рман/ Рут, амер. бейсболист-рекордсмен 20-х гг.

RUTHERFORD [ˈrʌðəfəd], **Ernest** (1871—1937) Эрнéст Рéзерфóрд,
англ. физик. Создатель учения о радиоактивности. Лауреат Нобелевской премии (1908)

RUTLEDGE [ˈrʌtlɪdʒ], **Ann** (1816—35) Энн Рáтледж, невеста А. Линкольна, умершая в молодости. Фигурирует в амер. фольклоре

RUYSDAEL /RUISDAEL/ [ˈraɪzdɑːl, raɪs-], **van** ван Рéйсдал(ь), голл.
художники, мастера пейзажа: **1. Jacob** (1628?—82) Якоб
2. Salomon (1600?—70) Саломóн, его дядя

RYLE [raɪl], **Martin** (1918—84) Мáртин Райл, англ. радиоастроном.
Лауреат Нобелевской премии (1974)

S

SAARINEN [ˈsɑːrɪnən], **Eero** (1910—61) Э́ро Сáаринен, амер. архитектор (род. в Финляндии, в США с 1923)

SABAOTH [sæˈbeɪəθ, sə-] Саваóф, в иудаизме и христианстве одно из
имён Бога Яхве. Возникло из неверной интерпретации сочетания
Lord of Sabaoth в Ветхом Завете (*букв.* «господь воинств небесных»;
в новом переводе 1970 заменено выражением Lord of Hosts)

SABATINI [ˌsæbəˈtiːnɪ], **Rafael** (1875—1950) Рафаэ́ль Сабати́ни, англ.
писатель (ит. происхождения). Автор приключенческих романов

SACCO [ˈsækəu], **Nicola** (1891—1927) Никóла Сáкко, амер. рабочий
(ит. происхождения), активист рабочего движения. Вместе с Б. Ванцетти обвинён в убийстве и казнён

SADE [sɑːd, seɪd, sæd], Marquis /Count **Donatien Alphonse François**/ **de**
(1740—1814) маркиз /граф Донатьéн Альфóнс Франсуá/ де Сад, фр.

писатель. Описал извращение, состоящее в наслаждении жестокостью. Был судим; умер в сумасшедшем доме // **sadism** [ˈseɪdɪzm, ˈsæ-] *n* садизм; **sadist** [ˈseɪdɪst, ˈsæ-] *n* садист; *a* садистский; **sadistic** [sədɪstɪk] *a* садистский → HILL F., SAMUEL

SAGAN [ˈseɪɡən], **Carl** (р. 1934) Карл Се́йган /Сага́н/, амер. астроном и популяризатор науки. Ведущий цикла телепередач «Космос» {Cosmos}. Лауреат Пулитцеровской премии по литературе (1978)

SAGAN [saːˈɡɑ̃] /*наст. имя* QUOIREZ/, **Françoise** (р. 1935) Франсуа́за Сага́н /Куаре́/, фр. писательница

SAINT-GAUDENS [seɪntˈɡɔːdənz], **Augustus** (1848—1907) Ога́стес Сент-Го́денс, амер. скульптор (род. в Ирландии)

SAINT-JUST [sɛ̃ˈʒyst, seɪntˈdʒʌst], **Louis Antoine Léon de** (1767—94) Луи́ Антуа́н Лео́н де Сен-Жю́ст, деятель Великой фр. революции 1789. Казнён термидорианцами

SAINT-SAËNS [sæŋˈsɑːŋs], **(Charles) Camille** (1835—1921) (Шарль) Ками́ль Сен-Са́нс, фр. композитор

SAINT-SIMON [sɛ̃sɪˈmɔ̃], **Claude Henri de Rouvroy** (1760—1825) Клод Анри́ де Рувруа́ Сен-Симо́н, фр. мыслитель, социалист-утопист

SAKUNTALA [səˈkuntələ] /SHAKUNTALA [ʃəˈkuntələ]/ Шаку́нтала, в инд. легенде и одноим. драме Калидасы (5 в.) жена царя Душьянты {Dushyanta}. Царь забывает о ней, когда она теряет подаренное им кольцо

SALADIN [ˈsælədɪn] /SALA-ED-DIN, SALAH-AD-DIN/ (1138—93) Салади́н /Сала́х-ад-Ди́н/, егип. султан (с 1171). В 1187 захватил Иерусалим, что послужило поводом для 3-го крестового похода

SALAZAR [ˌsæləˈzɑː], **Antonio de Oliveira** (1889—1970) Анто́ниу ди Оливе́йра Салаза́р, порт. диктатор (1932—68)

SALIERI [saːˈljeriː], **Antonio** (1750—1825) Анто́нио Салье́ри, ит. композитор (жил и умер в Вене). *См. тж.* MOZART

SALINGER [ˈsælɪndʒə], **Jerome David** (р. 1919) Джеро́м Де́йвид Сэ́линджер, амер. писатель

⊙ A Perfect Day for Banana-Fish (1948) «Хорошо ловится рыбка-бананка», Uncle Wilggily in Connecticut (1948) «Лапа-растяпа», Raise High the Roof-Beams, Carpenters! (1959) «Выше стропила, плотники!», рассказы; The Catcher in the Rye (1951) «Над пропастью во ржи», повесть; Franny and Zooey (1961) «Фрэнни и Зуи», сб. рассказов

SALISBURY [ˈsɔːlzb(ə)rɪ], Marquis of /Robert Arthur Talbot CECIL/ (1830—1903) маркиз Со́лсбери /Ро́берт Арту́р То́лбот Се́сил/, премьер-мин. Великобритании (1885—86, 1886—92, 1895—1902). Его пр-во, проводившее политику «блестящей изоляции» {splendid isolation}, захватило колонии в Африке, Бирме; вело англо-бурскую войну 1899—1902

SALLUST [ˈsæləst] /*лат.* SALLUSTIUS CRISPUS/, **Gaius** (86—35? до н. э.) Гай Саллю́стий (Крисп), рим. историк, сторонник Цезаря // **Sallustian** [səˈlʌstɪən] *a*

SALLY [ˈsælɪ], Aunt тётушка Са́лли, мишень в виде женской фигуры или головы с трубкой (аттракцион англ. ярмарок в прошлом) * удобная мишень для нападок, лёгкая добыча для критиков

In times of peace, a large part of the Dictator's role would be a sort of national *Aunt Sally*, a symbol on which its citizens could vent their frustration. (*Punch, 1974*)

В мирное время роль диктатора в значительной мере сводилась бы к тому, чтобы стать *объектом* всеобщей *критики*, выпускным клапаном для негодования граждан.

SALOME [səˈləumɪ] Саломе́я, в апокрифических новозаветных ска-

заниях дочь Иродиады и падчерица Ирода Антипы (в самом Новом Завете по имени не названа). Очаровав Ирода танцем на пиру, по наущению матери попросила в награду голову Иоанна Крестителя. Иоанн был казнён, и его голову принесли Саломее на блюде
□ драма О. Уайльда (1893)

SAM [sæm], *Uncle* дядя Сэм, образное именование США

SAMSON [ˈsæmsn] Самсо́н, в Ветхом Завете богатырь, борец с филистимлянами {Philistines}. Среди его подвигов — победа над свирепым львом. Разрушил храм, где собрались филистимляне, одновременно погубив и себя. *См. тж.* DELILAH
□ опера Г. Генделя (1743); Samson Agonistes «Самсон-борец», поэма Дж. Мильтона (1671)

Killing, if it is to give us heroic emotions, must not be done for pleasure... When *Samson* slew the lion, he had every reason to feel convinced that if he did not, the lion would slay him. (*G. B. Shaw*)

Убийство, когда оно связано для нас с героизмом, совершается не ради удовольствия... Когда *Самсон* убил льва, у него были все основания считать, что если он этого не сделает, то лев убьёт его самого.

SAMUEL [ˈsæmjuəl] Самуи́л, в Ветхом Завете пророк и судья израильтян, отличавшийся с детства благочестием. В западно-европейских переводах Библии его именем названы две книги, соответствующие 1 и 2 книгам Царств в рус. тексте

... your father will always live among the kind pure-minded parents of Sunday school literature; your place is with the infant *Samuel*; and in the lowest mire of Malebolge I sit between *Gilles de Retz* and the *Marquis de Sade*. (*O. Wilde*)

... твой отец навсегда останется среди добрых и чистых помыслами родителей из книжек для воскресных школ; твоё место — рядом с младенцем *Самуилом*; в самой же нижней трясине Злой Щели дантова ада сижу я — между *Жилем де Ретцем* и *маркизом де Садом.*

SANCHO PANZA *см.* PANZA

SAND [sænd], **George** /*наст. имя* Amandine Aurore DUPIN, Baronne DUDEVANT/ (1804—76) Жорж Санд /Аманди́на Авро́ра Дюпе́н, баронесса Дюдева́н/, фр. писательница
⊙ Consuelo (1843) «Консуэло», роман

SANDBURG [ˈsændbɜ:g], **Carl** (1878—1967) Карл Сэ́ндберг, амер. поэт (из семьи иммигранта-шведа). Используя свободный стих, широко прибегал к просторечию. Автор биографии А. Линкольна. Лауреат Пулитцеровской премии (1951)
⊙ Chicago Poems (1916) «Стихи о Чика́го», Cornhuskers (1918) «Сборщики кукурузы», Smoke and Steel (1920) «Дым и сталь», Slabs of the Sunburnt West (1922) «Камни сожжённого солнцем Запада», Good Morning America (1928) «Доброе утро, Америка», Wind Song (1960) «Песня ветра», сб. стихов

SANGER [ˈsæŋ(g)ə], **Frederick** (р. 1918) Фре́дерик Се́нгер /Са́нгер/, англ. биохимик. Лауреат Нобелевской премии (1958, 1980)

SANTA CLAUS [ˌsæntəˈklɔ:z] Са́нта-Кла́ус, рождественский дед, приносящий детям подарки (вариант имени св. Николая). Он проникает в дома через трубу и летает в санях, запряжённых оленем

'If he could tide me over, I'd be able to pay him back eventually.' 'He'd want that. He's not being *Santa Claus.*' (*P. H. Johnson*)

«Если б он смог меня выручить, я бы потом с ним расплатился».— «А он и не откажется. Он же не *Санта-Клаус*, в самом деле». (*Пер. С. Митиной*)
→ BARABAS

SANTAYANA [ˌsæntəˈjɑːnə], **George** (1863—1952) Джордж Сантая́на, амер. философ и писатель (род. в Испании; с 1912 в Европе). Представитель критического реализма в философии. Автор очерков о нац. характере и традициях американцев и англичан

⊙ The Last Puritan (1935) «Последний пуританин», роман

SAPIR [səˈpɪə], **Edward** (1884—1939) Эдуард Сепи́р, амер. этнограф и лингвист (род. в Померании)

SAPPHO [ˈsæfəu] (7—6 вв. до н. э.) Сафо́ /Сапфо́/, греч. поэтесса. Автор любовной лирики (сохранившейся фрагментарно). Стояла во главе кружка знатных девушек на о. Лесбос и, по нек-рым легендам, воспевала лесбийскую любовь. По др. легенде, бросилась с утёса в море, будучи отвергнута Фаоном // **Sapphism** [ˈsæfɪzm] *n* сапфизм, лесбианство

▢ поэма Б. Кармана (1904); Sappho and Phao «Сафо и Фаон», пьеса Дж. Лили (1584)

SARA /SARAH/ [ˈseərə] Са́рра, в апокрифической ветхозаветной книге Товита иудейская девица, семерых мужей к-рой убил демон Асмодей. Спасённая от Асмодея ангелом Рафаилом, стала женой Товии

SARAH [ˈseərə] Са́рра, в Ветхом Завете: **1.** жена Авраама. После долгих лет бесплодия родила сына Исаака и изгнала наложницу мужа Агарь с её сыном Исмаилом

2. *см.* SARA

SARDANAPALUS [ˌsɑːdəˈnæpələs] (9 в. до н. э.) Сарданапа́л, последний царь др. Ассирии. По легенде, любил роскошь; при осаде дворца сжёг себя вместе с гаремом и царедворцами

▢ трагедия Дж. Байрона (1821)

SARGENT [ˈsɑːdʒ(ə)nt], **John Singer** (1856—1925) Джон Си́нгер Са́рджент, амер. живописец-портретист

SARNOFF [ˈsɑːnɔf], **David** (1891—1971) Дéйвид Са́рнофф, амер. предприниматель (род. в России). Основатель радиосети «Эн-Би-Си»

SAROYAN [səˈrɔɪən], **William** (1908—81) Уи́льям Сароя́н, амер. писатель армянского происхождения. Лауреат Пулитцеровской премии (1940)

⊙ The Daring Young Man on the Flying Trapeze (1934) «Отважный молодой человек на летающей трапеции», My Name is Aram (1940) «Меня зовут Арам», сб. рассказов; The Time of Your Life (1939) «Путь вашей жизни», пьеса; The Human Comedy (1943) «Человеческая комедия», The Adventures of Wesley Jackson (1946) «Приключения Весли Джексона», романы

SARRAUTE [sɑːˈrɔːt], **Natalie** (р. 1902) Натали́ Сарро́т, фр. писательница-модернистка (род. в России). Создательница «антиромана»

SARTRE [ˈsɑːtə], **Jean-Paul** (1905—80) Жан-Поль Сартр, фр. философ и писатель. Глава фр. экзистенциализма // **Sartrian** [ˈsɑːtrɪən] *a*

SASSOON [səˈsuːn], **Siegfried Lorraine** (1886—1967) Зи́гфрид Лорре́йн Сассу́н, англ. поэт-баталист, участник 1-й мир. войны

SATAN [ˈseɪt(ə)n] Сатана́, в иудаист. и христ. верованиях дьявол, противник Бога и человечества // **Satanic** [səˈtænɪk] *a* сатанинский

▢ The Satanic Verses «Сатанинские стихи», роман С. Рушди (1988)
→ COMUS, IEHOVAH

SATURN [ˈsætən] Сату́рн, в рим. мифологии бог земледелия. Позднее отождествлён с греч. Кроносом // **Saturnian** [sæˈtɜːnjən] *a*

SAUL [sɔːl] (11 в. до н. э.) Сау́л, основатель Израильско-Иудейского царства. В Ветхом Завете — правитель, ставший неугодным Богу.

Is Saul also among the prophets? «Неужели и Саул во пророках?», ци-

тата из Ветхого Завета; употребляется как указание на открывшиеся у кого-л. неожиданные способности
□ оратория Г. Генделя (1739)

SAUSSURE [sɔːˈsyr], **Ferdinand de** (1857—1913) Фердина́нд де Сос-сю́р, швейц. языковед. Основоположник современной лингвистики

SAVAGE [ˈsævɪdʒ], **Michael Joseph** (1872—1940) Майкл Джо́-зеф Сэ́видж, премьер-мин. Новой Зеландии (с 1935), от лейбор. партии

SAVAGE, Richard (1697?—1743) Ри́чард Сэ́видж, англ. поэт. Счи-тался незаконнорождённым сыном знатных родителей. Герой роман-тической биографии, написанной С. Джонсоном

SAVONAROLA [ˌsævənəˈrəʊlə, sə͵vɒnəˈrəʊlə], **Girolamo** (1452—98) Джирола́мо Савонаро́ла, настоятель доминиканского монастыря во Флоренции. Выступал против Лоренцо Медичи и папы Александра VI. Казнён как еретик

SAWYER [ˈsɔːjə], **Tom** Том Со́йер, в романах М. Твена «Приключе-ния Тома Сойера» (1876), «Приключения Гекльберри Финна» (1884) и двух повестях изобретательный на проделки, отважный и добрый паренёк, друг Гека Финна

SAYERS [ˈse(ɪ)əz], **Dorothy Leigh** (1893—1957) До́роти Ли Сейерс, англ. писательница, переводчик Данте. Автор детективных романов и новелл, пьес на религиозные темы

SCAEVOLA [ˈsiːvələ], **Gaius Mucius** Гай Му́ций Сце́вола, в антич. ле-генде рим. герой. Был схвачен этрусками, к-рые стали угрожать ему казнью. Желая показать презрение к боли и смерти, сам положил ру-ку на горящий алтарь

SCALIGER [ˈskælɪdʒə], **Julius Caesar** (1484—1558) Ю́лий Це́зарь /Жюль Сеза́р/ Ска́лигер, фр. филолог и поэт Возрождения

SCANDERBEG /SKANDERBEG/ [ˈskændəbəg] /тур. ISKENDER BEY, наст. имя Georg CASTRIOTA/ (1405?—68) Ска́ндербег /Искен-де́р-бей, Гео́рг Кастрио́ти/, албанский нац. герой. В 1443 освободил от османского господства часть территории страны

SCAPIN [ska:ˈpɛ̃] Скапе́н, в пьесе Мольера «Плутни Скапена» (1671) плутоватый слуга-обманщик → JUPITER

SCARAMOUCH [ˈskærə͵muː(t)ʃ, -͵mautʃ] Скараму́ш, в ит. нар. коме-дии масок глуповатый и трусливый хвастун, обычно в чёрном исп. костюме

SCARFACE [ˈskɑːfeɪs] Ска́рфейс /Человек со шрамом/, в одноим. фильме Г. Хоукса (1932) гангстер Ал Капоне (см. CAPONE)

SCARLATTI [skaːˈlætɪ] Скарла́тти, ит. композиторы, отец и сын:
1. Alessandro (1660—1725) Алесса́ндро; заложил основы современ-ной европ. оперы
2. (Giuseppe) Domenico (1685—1757) (Джузе́ппе) Домени́ко

SCHALLY [ˈʃælɪ], **Andrew Victor** (р. 1926) Э́ндрю Ви́ктор Ша́лли, амер. физиолог (род. в Польше). Лауреат Нобелевской премии (1977)

SCHEHERAZADE [ʃɪˌhɪərəˈzaːdə] /**SCHEHEREZADE; SHAHRA-ZAD** [ˈʃaːrəzəd]/ Шехереза́да /Шахраза́да/, в араб. сказках «Тысячи и одной ночи» жена царя Шахрияра, к-рый казнил своих жён наутро после свадьбы. Избежала этой участи, рассказывая ему по ночам сказки, к-рые прерывала с рассветом

'By the time dinner is served,' said Chalmers, 'have one of those men here. He will dine with me.' ... 'Good!' barked Plumer; 'going to be in courses, is it? All right, my jovial ruler of Bagdad. I'm your *Scheherezade* all the way to the toothpicks...' (*O. Henry*)

«Когда будете подавать обед, приведите одного из этих людей сю-да,— распорядился Чалмерс.— Он пообедает со мной...».—

«Неплохо,— буркнул мистер Пальмер.— Обед, надо полагать, будет из нескольких блюд? Ну что ж, любезный правитель Багдада, я готов быть вашей *Шехерезадой* от закуски до зубочистки...». (*Пер. Т. Озерской*)

Примечание. Соответствие *Plumer — Пальмер* объясняется игрой слов: в оригинале обыгрывается созвучие *Plumer* и *plumes*, а в переводе — *Пальмер* и *пальма*

SCHELLING [ˈʃelɪŋ], **Friedrich Wilhelm** (1775—1854) Фри́дрих Вильге́льм Ше́ллинг, нем. философ-идеалист // **Schellingian** [ʃeˈlɪŋɪən] *a*

SCHILLER [ˈʃɪlə], **Johann Christoph Friedrich von** (1759—1805) Иога́нн Кристо́ф Фри́дрих фон Ши́ллер, нем. поэт и драматург эпохи Просвещения. Один из основоположников нем. классической литературы ⊙ The Robbers (1781) «Разбо́йники», Wallenstein (1799) «Валленштейн», Mary Stuart (1800) «Мария Стюарт», The Maid of Orleans (1801) «Орлеанская девственница», Wilhelm Tell (1804) «Вильгельм Телль», драмы в стихах

SCHLEGEL [ˈʃleɪɡəl] Шле́гель: **1. August Wilhelm** (1767—1845) А́вгуст Вильге́льм, нем. филолог и поэт. Теоретик романтизма, один из основоположников сравнительного языкознания

2. Friedrich (1772—1829) Фри́дрих, нем. философ культуры, филолог и писатель, его брат. Теоретик романтизма

SCHLESINGER [ˈʃlesɪŋə], **John Richard** (р. 1925) Джон Ри́чард Шле́зингер, англ. и амер. кинорежиссёр. Лауреат премии «Оскар» (1969) ⊙ Billy Liar (1963) «Билли-лжец», Midnight Cowboy (1969) «Полуно́чный ковбой», Day of the Locust (1975) «День саранчи», Falcon and Snowman (1985) «Сокол и снеговик»

SCHLIEMANN [ˈʃliːmɑːn], **Heinrich** (1822—90) Ге́нрих Шли́ман, нем. археолог. В 1870—72 открыл местонахождение Трои и раскопал её

SCHMIDT [ʃmɪt], **Helmut** (р. 1918) Хе́льмут /Ге́льмут/ Шмидт, канцлер ФРГ (1974—82)

SCHOENBERG /SCHÖNBERG/ [ˈʃɜːnbɜːɡ], **Arnold** (1874—1951) А́рно́льд Шёнберг, австр. композитор (с 1933 в США). Основоположник атональной музыки и додекафонии ⊙ Moses and Aaron (1932) «Моисей и Аарон», опера

SCHOPENHAUER [ˈʃɔpənhauə, ˈʃəu-], **Arthur** (1788—1860) Арту́р Шопенга́уэр, нем. философ-иррационалист // **Schopenhauerian** [ʃəupənˈhauərɪən] *a* ⊙ The World as Will and Idea (1819) «Мир как воля и представление»

SCHRIEFFER [ˈʃriːfə], **John Robert** (р. 1931) Джон Ро́берт Шри́ффер, амер. физик. Лауреат Нобелевской премии (1972)

SCHUBERT [ˈʃuːbət, -bɜːt], **Franz Peter** (1797—1828) Франц Пе́тер Шу́берт, австр. композитор. Автор св. 600 песен и романсов.

SCHUMANN [ˈʃuːmən], **Robert Alexander** (1810—56) Ро́берт Алекса́ндер Шу́ман, нем. композитор и пианист романтического направления. Обогатил жанр сонаты

SCHWARTZ [ʃwɔːts], **Melvyn** (р. 1932) Ме́лвин Шварц, амер. физик, специалист по элементарным частицам. Лауреат Нобелевской премии (1988)

SCHWARZENEGGER [ˈʃwɑːts(ə)ˌnegə, ˈʃwɔː-], **Arnold** (р. 1947) Арно́льд Шварцене́ггер, амер. киноактёр-культурист (род. в Австрии)

SCHWEITZER [ˈʃwaɪtsə, ˈʃvaɪ-], **Albert** (1875—1965) А́льбе́рт Шве́йцер, фр. протестантский миссионер, теолог, философ, врач и музыковед. В 1913 основал больницу в Габоне. Лауреат Нобелевской премии мира (1952)

SCH

SCHWINGER [ˈʃwɪŋə], **Julian Seymour** (р. 1918) Джу́лиан Се́ймур Шви́нгер, амер. физик. Лауреат Нобелевской премии (1965)

SCIPIO AFRICANUS [ˈs(k)ɪpɪəuˌæfrɪˈkɑːnəs] Сципио́н Африка́нский, имя двух рим. полководцев: **1.** *the Elder* (235?—183? до н. э.) Старший. В 202 до н. э. разгромил Ганнибала при Заме {Zama}
2. *the Younger* (185?—129 до н. э.) Младший. В 146 до н. э. захватил и разрушил Карфаген {Carthage}

SCOFIELD [ˈskəufiːld], **(David) Paul** (р. 1922) (Дэ́йвид) Пол Ско́филд, англ. актёр

SCOPES [skəups], **John Thomas** (1900—70) Джон То́мас Ско́упс /Скопс/, амер. учитель. В 1925 за преподавание теории эволюции (вопреки законам штата Теннесси) был судим и приговорён к штрафу

SCORSESE [ˈskɔːsiːz, ˌskɔːˈseɪzɪ], **Martin** (р. 1942) Ма́ртин Скорсе́зе, амер. кинорежиссёр ит. происхождения. Постановщик комедий, мюзиклов, мелодрам
☉ Mean Streets (1973) «Злые улицы», Alice Doesn't Live Here Anymore (1974) «Алиса здесь больше не живёт», Taxi Driver (1976) «Таксист», New York, New York (1977) «Нью-Йорк, Нью-Йорк», King of Comedy (1982) «Король комедии», The Color of Money (1986) «Цвет денег», The Last Temptation of Christ (1988) «Последнее искушение Христа»

SCOTT [skɔt], **Dred** (1795?—1858) Дред Скотт, амер. негр-раб. В 1857 Верх. суд США постановил в решении по его делу, что рабы с Юга остаются таковыми и на территории свободных штатов

SCOTT, George Gilbert (1811—78) Джордж Ги́лберт Скотт, англ. архитектор. Представитель неоготического стиля

SCOTT, Robert Falcon (1868—1912) Ро́берт Фо́лкон Скотт, англ. исследователь Антарктики. В 1912 достиг Юж. полюса, но погиб на обратном пути

SCOTT, Walter (1771—1832) Ва́льтер Скотт, шотл. писатель. Автор романтических поэм, приключенческих романов на ист. темы
☉ Marmion (1808) «Мармион», The Lady of the Lake (1810) «Дева озера», поэмы; Waverley (1814) «Уэверли», Rob Roy (1818) «Роб Рой», The Heart of Midlothian (1818) «Эдинбургская темница», Ivanhoe (1820) «Айвенго», Kenilworth (1821) «Кенилуорт», Quentin Durward (1823) «Квентин Дорвард», ист. романы

SCOTUS, Duns *см.* DUNS SCOTUS

SCROOGE [skruːdʒ] Скрудж, в рассказе Ч. Диккенса «Рождественская песнь в прозе» (1843) бездушный и скаредный делец. Увидев себя во сне, перерождается * скряга
The smoke-filled pub rooms of London and Liverpool in the early sixties are as clear an image of England then as *Scrooge's* counting house or *Heathcliff's* craggy moors are of time past. (*Twenty-Five Years of Rock-Roll, 1979*)
Насквозь прокуренные пивные Лондона и Ливерпуля — столь же яркий образ Англии начала 60-х годов, сколь и контора *Скруджа* или вересковые холмы *Хитклифа* — образ былого.

SCYLLA [ˈsɪlə] Сци́лла /Ски́лла/, в антич. мифологии морское чудовище, поселившееся напротив Харибды на берегу Мессинского пролива и нападавшее на моряков

SEABORG [ˈsiːbɔːg], **Glenn Theodore** (р. 1912) Гленн Теодо́р Си́борг, амер. химик. Открыл и исследовал трансурановые элементы. Лауреат Нобелевской премии (1951)

SEARLE [sɜːl], **Humphrey** (1915—82) Ха́мфри Серл, англ. композитор
☉ Hamlet (1968) «Гамлет», опера

SEBASTIAN [sɪˈbæstjən] Себастьян, в комедии У. Шекспира «Двенадцатая ночь» (1600) брат-близнец Виолы, жених Оливии

SEBASTIAN, St. (?—288?) св. Себастьян, христ. мученик. Казнён при императоре Диоклетиане, пронзённый множеством стрел (распространённый сюжет в изобразительном искусстве)

SEEGER [ˈsiːgə], **Pete** (р. 1919) Пит Сигер, амер. эстрадный певец, исполнитель нар. песен

SEFERIS [seˈferiːz], **George** /наст. имя Giorgios Stylianou SEFERIADES/ (1900—71) Георгос Стилиану Сеферис /Сефериадис/, греч. поэт и дипломат. Лауреат Нобелевской премии (1963)

SEGRÈ [səˈgreɪ], **Emilio** (1905—89) Эмилио Сегре, амер. физик (род. в Италии, с 1938 в США). Лауреат Нобелевской премии (1959)

SEJANUS [sɪˈdʒeməs], **Lucius Aelius** (?—31) Луций Элий Сеян, царедворец императора Тиберия. Пользовался при нём огромной властью и едва не сместил его. Казнён. Олицетворение временщика, рвущегося к власти

□ Sejanus: His Fall «Падение Сеяна», драма Б. Джонсона (1603)

SELENE [sɪˈliːnɪ]/**SELENA** [sɪˈliːnə]/ Селена, в греч. мифологии богиня Луны. Отождествлялась с Артемидой и Гекатой

SELEUCUS [sɪˈl(j)uːkəs] **I** (358?— 280 до н. э.) Селевк I, основатель династии Селевкидов {Seleucids} (312—64 до н. э.) в Сирии

SELKIRK [ˈselkɜːk], **Alexander** (1676—1721) Александер Селькирк, шотл. моряк. Провёл 5 лет на необитаемом острове. Прототип Робинзона Крузо в романе Д. Дефо

SELZNICK [ˈselznɪk], **David** (1902—65) Дейвид Селзник, амер. кинорежиссёр и продюсер

⊙ Gone with the Wind (1939) «Унесённые ветром», фильм-эпопея (продюсер)

SEMIRAMIS [seˈmɪrəmɪs] (9 в. до н. э.) Семирамида, царица Ассирии. Построила Вавилон и висячие сады в нём — одно из семи чудес света древности

SENECA [ˈsenɪkə], **Lucius Annaeus** (4 до н. э.— 65 н. э.) Луций Анней Сенека, рим. политик, писатель и философ-стоик. Автор риторических трагедий. Воспитатель и советник Нерона. Заподозренный в заговоре, по приказу Нерона покончил с собой// **Senecan** [ˈsenɪkən] *a*

SENNETT [ˈsenɪt], **Mack** /наст. имя Michael SINNOTT/(1880—1960) Мак Сеннетт /Майкл Синнотт/, амер. кинорежиссёр. Родоначальник эксцентрической комедии

SERVETUS [səˈviːtəs], **Michael** /исп. Miguel SERVET(O)/(1511—53) Мигель Сервет, исп. врач, теолог, естествоиспытатель и мыслитель. Сожжён как еретик по приказу Ж. Кальвина

SERVICE [ˈsɜːvɪs], **Robert William** (1874—1958) Роберт Уильям Сервис, канад. поэт

⊙ The Shooting of Dan McGrew (1907) «Смерть Дэна Макгрю», баллада

SETON [ˈsiːt(ə)n], **Elizabeth Ann** (1774—1821) Элизабет Энн Сетон, амер. обществ. и религиозный деятель. Основала систему приходских школ. Первая американка, канонизированная как святая

SETON /наст. имя THOMPSON/, **Ernest** (1860—1946) Эрнест Сетон-Томпсон, канад. писатель и художник-анималист

SEURAT [səˈrɑː,ˈsɜːrɑː] **Georges** (1859—91) Жорж Сёра, фр. живописец. Основоположник пуантилизма

SEUSS [suːs], **Dr.** / наст. имя Theodor Seuss GEISEL/ (р. 1904) доктор Сюсс /Теодор Сюсс Гайзел/, амер. дет. писатель и иллюстратор своих книг. Автор забавных рассказов и стихов-бессмыслиц

SEW

SEWARD [′s(j)uəd], **William Henry** (1801—72) Уи́льям Ге́нри Сью́ард, гос. секр. США (1861—69). Активист движения за отмену рабства, соратник А. Линкольна. В 1867 добился покупки Аляски у России

SEYMOUR [′si:mɔ:], **Jane** (1509?—37) Джейн Се́ймур, третья жена англ. короля Генриха VIII, мать Эдуарда VI

SHACKLETON [′ʃækltən], **Ernest Henry** (1874—1922) Э́рнест Ге́нри Ше́клтон, англ. исследователь Антарктики

SHADRACH, MESHACH and ABEDNEGO [′ʃeɪdræk′mi:ʃækənd-′æbed′ni:gəu, -ə′bednɪgəu] Седра́х, Миса́х и Авдена́го, в Ветхом Завете иудейские отроки, к-рых вместе с Даниилом взял на воспитание Навуходоносор. За отказ поклоняться золотому истукану были брошены в огненную печь, но благодаря божественному заступничеству вышли из неё невредимыми

SHADWELL [′ʃædwel, -w(ə)l], **Thomas** (1642?—92) То́мас Ша́дуэлл, англ. поэт-лауреат (с 1688). Автор драм, сатирических поэм

SHAFFER [′ʃæfə], **Peter Levin** (р. 1926) Пи́тер Ле́вин Ше́ффер, англ. драматург «новой волны»
⊙ Five Finger Exercise (1958) «Упражнение для фортепиано», Black Comedy (1965) «Чёрная комедия», Equus (1973) «Эквус», Amadeus (1975) «Амадей», пьесы

SHAFTESBURY [′ʃɑ:ftsbərɪ], Earl of /ASHLEY COOPER [′æʃlɪ′ku:pə]/ граф Ше́фтсбери, титул англ. семейства Э́шли Ку́пер: **1. Anthony**, 1st Earl (1621—83) А́нтони, 1-й граф, роялист, один из лидеров оппозиции Кромвелю
2. Anthony, 3rd Earl (1671—1713) А́нтони, 3-й граф, философ, эстетик и моралист
3. Anthony, 7th Earl (1801—85) А́нтони, 7-й граф, филантроп. Выступал за улучшение условий труда на фабриках

SHAH JAHAN /JEHAN/ [′ʃɑ:dʒə′hɑ:n] (1592?—1666) Шах-Джаха́н, правитель Великих Моголов в Индии (1627—58). Взойдя на престол, приказал убить др. родственников, к-рые могли бы на него претендовать; смещён своим сыном. При нём построены Тадж-Махал {Taj Mahal} и Жемчужная мечеть {Pearl Mosque} в Агре

SHAHN [ʃɑ:n], **Ben** (1898—1969) Бен Шан, амер. живописец (род. в Литве). Автор работ на социально-политические темы

SHAHRAZAD см. SCHEHERAZADE

SHAHRIYAR [′ʃɑ:rɪjɑ:] Шахрия́р, см. SCHEHERAZADE

SHAKESPEARE [′ʃeɪk‚spɪə], **William** (1564—1616) Уи́льям Шекспи́р, англ. поэт и драматург-гуманист, классик мировой литературы и театра // **Shakespearean, Shakespearian** [ʃeɪk′spɪərɪən] а шекспировский
⊙ Venus and Adonis (1593) «Венера и Адонис», The Rape of Lucrece (1594) «Обесчещенная Лукреция» (в рус. пер. «Лукреция»), поэмы; Sonnets (между 1592 и 1600) «Сонеты»; King Henry VI (3 ч., 1590—92) «Король Генри(х)VI», King Richard III (1593) «Король Ричард III», King Richard II (1595) «Король Ричард II», King John (1596) «Король Иоанн /Джон/», King Henry IV (2 ч., 1597—98) «Король Генри(х) IV», King Henry V (1598) «Король Генри(х) V», King Henry VIII (1613) «Король Генри(х) VIII», ист. хроники; The Comedy of Errors (1592) «Комедия ошибок», The Taming of the Shrew (1593) «Укрощение строптивой», The Two Gentlemen of Verona (1594) «Два веронца», Love's Labour Lost (1594) «Бесплодные усилия любви», A Midsummer Night's Dream (1596) «Сон в летнюю ночь», The Merchant of Venice (1596) «Венецианский купец», The Merry Wives of Windsor (1598) «Виндзорские насмешницы», Much Ado About Nothing (1598) «Много

шума из ничего», As You Like It (1599) «Как вам это понравится», The Twelfth Night (1600) «Двенадцатая ночь», комедии; Titus Andronicus (1594) «Тит Андроник», Romeo and Juliet (1595) «Ромео и Джульетта», Julius Caesar (1599) «Юлий Цезарь», Hamlet (1601) «Гамлет», Othello (1604) «Отелло», King Lear (1605) «Король Лир», Macbeth (1606) «Макбет», Antony and Cleopatra (1607) «Антоний и Клеопатра», Coriolanus (1607) «Кориолан», Timon of Athens (1608) «Тимон Афинский», трагедии; Troilus and Cressida (1602) «Троил и Крессида», All's Well That Ends Well (1603) «Конец — делу венец», Measure for Measure (1604) «Мера за меру», драмы; Pericles (1609) «Перикл», Cymbeline (1610) «Цимбелин», The Winter's Tale (1611) «Зимняя сказка», The Tempest (1612) «Буря», романтические трагикомедии

□ Shakespeare in Harlem «Шекспир в Гарлеме», сб. стихов Л. Хьюза (1942)

'Yes,' Craig said. 'How is London?' 'The city of *Shakespeare* and *Marlowe*,' Wadleigh said, 'of *Queen Elizabeth* and *Dickens*, of *Twiggy* and Ian Wadleigh.' (*I. Shaw*)

«Да, — сказал Крейг. — Ну что Лондон?» — «Город *Шекспира* и *Марло, королевы Елизаветы* и *Диккенса, Твигги* и Иэна Уодли». (*Пер. К. Чугунова*)

Now he ⟨David Griffith⟩ was hailed as the *Shakespeare* of the screen. (*E. Bowser*)

Теперь его ⟨Гриффита⟩ величали кинематографическим *Шекспиром*.

→ BACON F., EMERSON, HOMER, PATER

SHAKUNTALA *см.* SAKUNTALA

SHANDY ['ʃændɪ] Шéнди, в романе Л. Стерна «Жизнь и мнения Тристрама Шенди» (1760—67) члены семьи заглавного героя, к-рому к концу повествования исполняется 5 лет, — чудаки, жизнь к-рых похожа на фарс: **1. Walter** Ва́льтер, его отец

2. Uncle **Toby** дядя Тóби // **Shandean** ['ʃændɪən] *a*; **Shandyism** ['ʃændɪɪzm] *n* шендизм

SHANKAR ['ʃɑːŋkɑː, 'ʃæŋ-], **Ravi** (р. 1920) Рави́ Шанка́р, инд. музыкант-ситарист и композитор

SHARIF [ʃɑːˈriːf], **Omar** /*наст. имя* Michael SHALHOUB/ (р. 1932) Ома́р Шари́ф /Мишéль Шальху́б/, егип. и англо-амер. киноактёр. Снимается в историко-приключенческих фильмах

SHARP [ʃɑːp], **Becky** /**Rebecca**/ Бéкки /Ребéкка/ Шарп, в романе У. Теккерея «Ярмарка тщеславия» (1847) решительная авантюристка. Её цель — любой ценой попасть в «высшее общество»

SHARP, Cecil James (1859—1924) Сéсил Джеймс Шарп, англ. музыкант и собиратель муз. фольклора

SHARP, Tom /Thomas Ridley/ (р. 1928) Том /То́мас Ри́дли/ Шарп, англ. писатель. Автор юмористических и сатирических романов
⊙ Porterhouse Blue (1974) «Кембриджский балаган», The Great Pursuit (1977) «Дальний умысел», The Throw Back (1978) «Беглец от прогресса», Ancestral Vices (1980) «За грехи отцов», The Wilt Alternative (1979) «Альтернатива Уилта», Wilt on High (1984) «Уилт на пределе», романы

SHAW [ʃɔː], **(George) Bernard** (1856—1950) (Джордж) Бéрнард Шóу, англ. драматург и критик, ирландец. Создатель «интеллектуальной драмы» социально-критического направления. Лауреат Нобелевской премии (1925) // **Shavian** ['ʃeɪvjən] *a*
⊙ Candida (1895) «Кандида», The Devil's Disciple (1897) «Ученик дьявола», Pygmalion (1912) «Пигмалион», Heartbreak House (опубл.

1919) «Дом, где разбиваются сердца», The Apple Cart (1929) «Тележка с яблоками», пьесы

SHAW, Irwin (1913—84) Ирвин Шоу, амер. писатель и драматург ⊙ Young Lions (1948) «Молодые львы», Evening in Byzantium (1973) «Вечер в Византии», Bread upon the Waters (1981) «Хлеб по водам», романы; Rich Man, Poor Man (1970) «Богач, бедняк», Beggarman, Thief (1977) «Нищий, вор», дилогия романов

SHEBA, Queen of см. BALKIS

SHELLEY [ˈʃelɪ] Шелли: **1. Mary Wollstonecraft** (1797—1851) Мэри Вуллстонкрафт, англ. писательница, дочь У. Годвина, 2-я жена П. Б. Шелли. Автор «готических» повестей ⊙ Frankenstein, or the Modern Prometheus (1818) «Франкенштейн, или Современный Прометей»

2. Percy Bysshe [bɪʃ] (1792—1822) Перси Биш /Биши/, англ. поэт-романтик и публицист // **Shelleyan** [ˈʃelɪən], **Shelleyesque** [ˌʃelɪˈesk] a ⊙ Queen Mab (1813) «Королева Маб», Prometheus Unbound (1820) «Освобождённый Прометей», Adonais (1821) «Адонаис», поэмы; The Cenci (1819) «Ченчи», трагедия

SHEM [ʃem] Сим, в Ветхом Завете один из сыновей Ноя, от к-рых «населилась вся земля» после всемирного потопа. Прикрыл наготу отца, когда над ним насмеялся Хам

SHEPARD [ˈʃepəd], **Alan Bartlett** (р. 1923) Алан Бартлетт Шепард, первый амер. космонавт. Совершил орбитальный полёт в мае 1961, полёт с высадкой на Луну в 1971

SHEPPARD [ˈʃepəd], **Jack** (1702—24) Джек Шеппард, англ. разбойник. Фигурирует в фольклоре

SHERATON [ˈʃerət(ə)n], **Thomas** (1751—1806) Томас Шератон, англ. художник-мебельщик. Создал утончённый, строгий классический стиль

I noticed that there was a new piece in it. A tall *Sheraton* break-front desk, in the place where the kidney desk had been. (*R. P. Warren*)

Я заметил новую мебель. Высокое *шератоновское* бюро сменило прежний письменный стол. (*Пер. В. Голышева*)

SHERIDAN [ˈʃerɪd(ə)n], **Philip Henry** (1831—88) Филип Генри Шеридан, амер. генерал. Герой Гражданской войны 1861—65 (сражался в кавалерии Севера)

SHERIDAN, Richard Brinsley (1751—1816) Ричард Бринсли Шеридан, англ. драматург и полит. деятель. Выступал в парламенте с речами против У. Хейстингса. Автор сатирических комедий нравов ⊙ The Rivals (1775) «Соперники»; The Duenna (1775) «Дуэнья»; A Trip to Scarborough (1777) «Поездка в Скарборо»; The School for Scandal (1777) «Школа злословия»

SHERMAN [ˈʃɜːmən], **William Tecumseh** (1820—91) Уильям Текумсе Шерман, амер. генерал. В Гражданской войне 1861—65 командовал армией Сев. штатов

SHERRINGTON [ˈʃerɪŋtən], **Charles Scott** (1857—1952) Чарлз Скотт Шеррингтон, англ. нейрофизиолог. Лауреат Нобелевской премии (1932)

SHERWOOD [ˈʃɜːwud, ˈʃeə-], **Robert** (1896—1955) Роберт Шервуд, амер. драматург. Лауреат Пулитцеровской премии (1936, 1939, 1941) ⊙ Reunion in Vienna (1931) «Встреча в Вене», Idiot's Delight (1935) «Мечта идиота», Abe Lincoln in Illinois (1938) «Линкольн в Иллинойсе»; There Shall Be No Night (1940) «Ночь не наступит», пьесы

SHIPTON [ˈʃɪptən], ***Mother*** мамаша Шиптон, в англ. фольклоре ведьма и пророчица 15 в., предсказавшая якобы Великий лондонский пожар 1666, появление автомобилей, радио, самолётов и т. д.

SHIVA *см.* SIVA

SHOCKLEY [ˈʃɔklɪ], **William Bradford** (1910—89) Уи́льям Брэ́дфорд Шо́кли, амер. физик. В 1948 изобрёл транзистор. Лауреат Нобелевской премии (1956)

SHRAPNEL [ˈʃræpn(ə)l], **Henry** (1761—1842) Ге́нри Шра́пнел, англ. изобретатель артиллерийского снаряда, названного его именем (шрапнель)

SHULTZ [ʃults], **George Pratt** (р. 1920) Джордж Прэтт Шульц, амер. полит. деятель респ. партии, мин. труда (1969—70), финансов (1972—73), гос. секр. США (1982—89)

SHYLOCK [ˈʃaɪlɔk] Ше́йлок, в комедии У. Шекспира «Венецианский купец» (1596) скупой и жестокий ростовщик. За неуплату долга потребовал от Антонио {Antonio} фунт его собственного мяса

SIBELIUS [sɪˈbeɪljəs, -ɪəs], **Jean** (1865—1957) Ян Сибе́лиус, фин. композитор. Глава нац. муз. школы

SICKERT [ˈsɪkət], **Walter Richard** (1860—1942) Уо́лтер Ри́чард Си́ккерт, англ. живописец-импрессионист

SIDDONS [ˈsɪd(ə)nz], **Sarah** (1755—1831) Са́ра Си́ддонс, англ. трагическая актриса из артистической семьи Кембл

SIDNEY [ˈsɪdnɪ], **Philip** (1554—86) Фи́лип Си́дни, англ. поэт. Автор сонетов, а тж. одного из первых романов в англ. литературе. По преданию, будучи ранен в морском бою с испанцами, передал кружку с водой другому раненому со словами: «Твоя нужда сильнее моей». {Thy necessity is yet greater than mine}

⊙ Arcadia (1581, опубл. 1590) «Аркадия», роман; Astrophel and Stella (1583) «Астрофил и Стелла», цикл сонетов

SIEGFRIED [ˈsiːɡfriːd] Зи́гфрид, в нем. эпосе принц-герой. Среди его подвигов — победа над драконом, овладение кладом нибелунгов. Соответствует сканд. Сигурду

☐ опера Р. Вагнера (1876)

SIEMENS [ˈsiːmənz] Си́менс: **1. (Ernst) Werner von** (1816—92) (Эрнст) Ве́рнер фон, нем. инженер, изобретатель телеграфа. В 1847 основал электротехническую фирму. Его именем названа единица электрической проводимости

2. William /Karl Wilhelm/ (1823—83) Уи́льям /Карл Вильге́льм/, англ. инженер, его брат (род. в Германии)

SIGISMUND [ˈsɪɡɪsmənd] I (1368—1437) Сигизму́нд I, император «Священной Рим. империи» (с 1410). Вместе с рим. папой возглавил борьбу против гуситов

SIGURD [ˈsɪɡuəd] Си́гурд, в сканд. эпосе принц-герой. Соответствует нем. Зигфриду (*см.* SIEGFRIED)

SIKES [saɪks], **Bill** Билл Сайкс, в романе Ч. Диккенса «Приключения Оливера Твиста» (1837—38) вор и убийца, не знающий угрызений совести

I've administered estate for nine years without a whisper against me, but let an estate involve the interests of just one little ba— —little fatherless child and you'd think from the Surrogate's attitude I was *Bill Sikes* himself. (*E. Queen*)

Я занимаюсь имущественными делами уже девять лет, и никто мне слова не сказал. Но стоит такому делу затронуть интересы какого-нибудь щен... сиротки — и судья по опеке ведёт себя так, будто я *Билл Сайкс*.

SILENUS [saɪˈliːnəs] Силе́н, в антич. мифологии воспитатель и спутник Диониса /Вакха/. Изображается как весёлый тучный старик-пьяница с венком на голове

SILLITOE [ˈsɪlɪtəu], **Alan** (р. 1928) Áлан Сѝллитоу, англ. писатель ⊙ Saturday Night and Sunday Morning (1958) «Субботний вечер, воскресное утро», роман; The Loneliness of the Long-Distance Runner (1962) «Одинокий бегун на дальнюю дистанцию», сб. рассказов

SILVER [ˈsɪlvə], **Long John** Долговязый Джон Сѝльвер, в романе Р. Л. Стивенсона «Остров сокровищ» (1883) хитрый и коварный одноногий пират * высокий, долговязый человек, ≅ каланча

I play the assistant villain. He's a cross between *Long John Silver* and *Captain Hook*, with a sword and a gold eyepatch. (*Times, 1981*)

Я играю роль второго злодея. Он представляет из себя нечто среднее между *Долговязым Джоном Сильвером* и *капитаном Крюком* — носит шпагу и золочёную повязку на глазу.

SILVIA [ˈsɪlvɪə] Сѝльвия, в комедии У. Шекспира «Два веронца» (1594) возлюбленная Валентина, руки к-рой добиваются также Протей и Турио {Thurio}

SIMENON [ˌsi:məˈnɔ̃], **Georges Joseph Christian** (1903—89) Жорж Жозéф Кристиáн Сименóн, фр. писатель. Автор детективных романов и рассказов о комиссаре Мегрэ

SIMMS [sɪmz], **William Gilmore** (1806—70) Уѝльям Гѝлмор Симмс, амер. писатель. Автор романов об индейцах

SIMON [ˈsaɪmən] в Новом Завете: **1.** Сѝмон, 1-е имя апостола Петра

2. *the Cyrenian* [saɪˈri:njən] Сѝмон из Кирены, человек, к-рый помог Христу нести крест на Голгофу

3. *Magus* [ˈmeɪgəs] Сѝмон маг /волхв/, самарийский чародей, противник апостола Петра. В нек-рых преданиях считается основателем христ. еретической секты симониан {Simonians}

4. *the Zealot* [ˈzelət] Сѝмон Зилóт, один из 12 апостолов Христа

SIMON, Paul (р. 1942) Пол Сáймон, англ. композитор, автор и исполнитель эстрадных песен. В кон. 50-х — нач. 70-х гг. работал в дуэте с А. Гарфункелем

SIMON, Simple Сáймон-простак, персонаж англ. детского стихотворения:

Simple Simon met a pieman going to the fair:
Says *Simple Simon* to the pieman,
'Let me taste your ware.'
Says the pieman to *Simple Simon*,
'Show me first your penny';
Says *Simple Simon* to the pieman,
'Indeed I have not any.'
Simple Simon went a-fishing, for to catch a whale;
All the water he had got was in his mother's pail.

Саймон, Саймон Простота побежал за ворота,
Попросил у купца пирога и леденца.
А купец-то: «Пирожки продаём за пятачки.
Если нету пятачка, не получишь пирожка».
Саймон, Саймон Простота захотел поймать кита
И забросил удочку в ведро и кружечку.

* простофиля, недотёпа

SIMON PURE *см.* PURE

SIMPSON [ˈsɪm(p)sn], **James Young** (1811—70) Джеймс Янг Сѝмпсон, шотл. анестезиолог и акушёр. Для выяснения возможностей обезболивания с помощью хлороформа проводил опыты на себе

SIMPSON, Louis (р. 1923) Лу́ис Си́мпсон, амер. поэт (род. в Брит. Вест-Индии, с 1940 в США). Участник 2-й мир. войны. Автор стихов о войне

SIMPSON, Norman Frederick (р. 1919) Но́рман Фре́дерик Си́мпсон, англ. драматург. Представитель «театра абсурда»

⊙ A Resounding Tinkle (1958) «Оглушительное бренчание», комедия

SINATRA [sɪˈnɑːtrə], **Frank** (р. 1915) Фрэнк Сина́тра, амер. эстрадный певец и киноактёр

SINBAD см. SINDBAD

SINCLAIR [ˈsɪŋkleə], **Upton Bill** (1878—1968) Э́птон Билл Си́нклер, амер. писатель. Автор романов о большом бизнесе. Лауреат Пулитцеровской премии (1943)

⊙ The Jungle (1905) «Джунгли», King Coal (1917) «Король Уголь», Oil! (1927) «Нефть!», Boston (1928) «Бостон», World's End (1940) «Крушение мира», Dragon's Teeth (1942) «Зубы дракона», романы

SINDBAD /SINBAD/ [ˈsɪnbæd] *the Sailor* Синдба́д-Морехо́д, персонаж араб. сказок «Тысячи и одной ночи». Совершил семь путешествий с волшебными приключениями

SINGER [ˈsɪŋə], **Isaac Merrit** (1811—75) А́йзек Ме́ррит Зи́нгер /Си́нгер/ амер. инженер. Усовершенствовал швейную машину, в 1863 основал компанию «Зингер»

SIQUEIROS [sɪˈkeɪrəus], **David Alfaro** (1896—1974) Дави́д Альфа́ро Сике́йрос, мекс. живописец-монументалист

SISLEY [ˈsɪzlɪ, ˈsɪs-], **Alfred** (1839—99) Альфре́д Сисле́й, фр. живописец-импрессионист (род. в Англии)

SISYPHUS [ˈsɪsɪfəs] Сизи́ф, в греч. мифологии коринфский царь. В аду был осуждён вкатывать на гору огромный камень, к-рый срывался вниз, едва достигнув вершины // **Sisyphean** [ˌsɪsɪˈfiːən] *a* сизифов, т. е изнурительный, но бесполезный (о труде)

□ The Myth of Sisyphus «Миф о Сизифе», философское эссе А. Камю (1942)

SITTING BULL [ˈsɪtɪŋˈbul] (1834—90) Сидя́чий Бык, амер. индейский вождь племени сиу {Sioux}

□ Buffalo Bill and the Indians, or Sitting Bull's History Lesson «Буффало Билл и индейцы, или Урок истории Сидячего Быка», фильм реж. Р. Олтмена (1976)

SIVA [ˈsiː(ː)və] /**SHIVA** [ˈʃiː(ː)və]/ Ши́ва, в брахманизме и индуизме один из трёх высших богов (наряду с Брахмой и Вишну), бог-разрушитель, муж богини Деви. Изображается многоликим, четырёхруким, танцующим

The moon made a pathway on the broad river for the light feet of *Siva's* bride, and on the further bank a row of palm trees was delicately silhouetted against the sky. (*W. S. Maugham*)

По речной глади месяц разостлал светлую дорожку для легконогой возлюбленной *бога Шивы*, тонко вычерчены в небе силуэты пальм, растущих на том берегу. (*Пер. Н. Галь*)

SKANDERBEG см. SCANDERBEG

SKELTON [ˈskelt(ə)n], **John** (1460?—1529) Джон Ске́лтон, англ. поэт-сатирик, наставник Генриха VIII //**Skeltonic** [skelˈtɔnɪk] *a*

SKELTON, Red /Richard/ (р. 1913) Ред /Ри́чард/ Ске́лтон, амер. киноактёр-комик

SKYWALKER [ˈskaɪwɔːkə], **Luke** Люк Скайуо́кер, в научно-фантастическом фильме Дж. Лукаса «Звёздные войны» (1977) и его продолжениях гл. герой. Вызволяет принцессу Органу {Organa} из плена Галактической империи

SLY [slaɪ], **Christopher** Кри́стофер Слай, в комедии У. Шекспира «Укрощение строптивой» (1593) медник, над к-рым решил посмея́ться лорд: пьяного, его приносят в дом лорда и по пробуждении оказывают ему почести, как вельможе

SMETANA [ˈsmetənə], **Bedřich** [ˈbedrʒɪx] (1824—84) Бе́држих Сме́тана, чеш. композитор. Глава нац. муз. школы. К 1874 потерял слух, но продолжал сочинять музыку

SMILEY [ˈsmaɪlɪ], **George** Джордж Сма́йли, в романе «Жестянщик, портной, солдат, шпион» (1974) и др. книгах Дж. Ле Карре глава Брит. секретной службы, разрабатывающий хитроумные планы шпионских операций

SMITH [smɪθ], **Adam** (1723—90) Ада́м Смит, шотл. экономист и философ. Один из гл. представителей классической политэкономии

SMITH, Bessie (1894—1937) Бе́сси Смит, амер. негр. певица, исполнительница блюзов

□ The Death of Bessie Smith «Смерть Бесси· Смит», пьеса Э. Олби (1960)

SMITH, George (1840—76) Джордж Смит, англ. археолог. Открыл текст поэмы о Гильгамеше, вёл раскопки г. Ниневии {Nineveh}

SMITH, Hamilton Othanel (р. 1931) Ха́милтон Ота́нел Смит, амер. микробиолог. Лауреат Нобелевской премии (1978)

SMITH, John (1580—1631) Джон Смит, англ. колонист в Вирджинии. Автор очерков, в к-рых описывает, как в 1607 он был захвачен в плен Паухатаном, но якобы спасён от казни влюбившейся в него Покахонтас

SMITH, Joseph (1805—44) Джо́зеф Смит, амер. религиозный деятель. В 1830 основал секту мормонов

SMITH, William (1769—1839) Уи́льям Смит, англ. инженер, «отец» геологии в Англии. В 1813—15 составил первую геологическую карту страны

SMITH, Winston Уи́нстон Смит, в романе Дж. Оруэлла «1984» (1949) служащий «министерства правды» тоталитарного гос-ва. За попытки обрести самостоятельность и личную жизнь его подвергают пыткам и убивают

SMITHSON [ˈsmɪθsn], **James** (1765—1829) Джеймс Сми́тсон, англ. естествоиспытатель и химик. На его средства и по его завещанию в 1846 был создан Смитсоновский институт {Smithsonian Institution} в Вашингтоне

SMOLLETT [ˈsmɔlɪt], **Tobias George** (1721—71) Тоба́йас Джордж Смо́ллетт, англ. писатель. Автор пикаресных романов

⊙ The Adventures of Roderick Random (1748) «Приключения Родрика Рэндома»; The Adventures of Peregrine Pickle (1751) «Приключения Перигрина Пикля»; The Expedition of Humphrey Clinker (1771) «Путешествие Хамфри Клинкера»

SMUTS [smʌts], **Jan Christiaan** (1870—1950) Ян Христиа́н Смэтс, премьер-мин. Южно-Афр. Союза (1919—24, 1939—48), философ. Один из основателей холизма

SMYTH [smɪθ, smaɪθ], **Ethel Mary** (1858—1944) Э́тель Мэ́ри Смит, англ. композитор и обществ. деятель. В 1911 была заключена в тюрьму за агитацию в защиту избирательных прав женщин; в 1922 награждена орденом Брит. империи

SNEERWELL [ˈsnɪəwell], Lady леди Сни́руэлл, в комедии Р. Шеридана «Школа злословия» (1777) светская клеветница и сплетница

SNORRI STURLUSON [ˈsnɔːrɪˈstɜːləs(ə)n] (1179—1241) Сно́рри Сту́рлусон, исландский поэт и исследователь сканд. мифологии

⊙ Younger Edda (1222?) «Младшая Эдда», трактат

SNOUT *см.* QUINCE

SNOW [snəu], **Charles Percy** (1905—80) Чарлз Пéрси Снóу, англ. писатель. Автор эпических соц. романов

⊙ Strangers and Brothers (1940) «Чужие и братья», Corridors of Power (1964) «Коридоры власти»

SNOW-WHITE [ˈsnəuwaɪt] **1.** Белоснéжка, в сказке братьев Гримм царевна-падчерица. Оставленная в лесу по приказу мачехи, Белоснежка поселяется в домике семи гномов, пока её не находит прекрасный принц

☐ Snow-White and the Seven Dwarfs «Белоснежка и семь гномов», мультфильм У. Диснея (1938)

2. Беляночка /Белоснéжка/, в сказке братьев Гримм «Беляночка и Розочка» /«Белоснежка и Краснозорька»/ одна из двух сестёр, подружившихся с медведем — заколдованным принцем

SNUG *см.* QUINCE

SOCRATES [ˈsɔkrəti:z] (470?—399 до н. э.) Сокрáт, греч. философ-диалектик, учитель Платона и Ксенофонта. Был обвинён в «развращении умов» и казнён посредством яда цикуты {hemlock} * *часто шутл.* мудрец, человек семи пядей во лбу // **Socratic** [səˈkrætɪk, səu-] *п* последователь Сократа; *а:* **Socratic method** /**irony**/ сократический метод, майевтика (метод выяснения истины путём постановки наводящих вопросов)

SODDY [ˈsɔdɪ], **Frederick** (1877—1956) Фрéдерик Сóдди, англ. химик, исследователь радиоактивности. Лауреат Нобелевской премии (1921)

SOLOMON [ˈsɔləmən] (10 в. до н. э.) Соломóн /у мусульман Сулеймáн/, царь Израильско-Иудейского царства (965—928 до н. э.), сын Давида. Согласно Ветхому Завету, славился мудростью. В споре двух женщин из-за младенца, к-рого одна украла у другой, приказал рассечь дитя надвое и тем самым выявил настоящую мать — она отказалась от ребёнка, чтобы не губить его. Считается автором ряда книг Ветхого Завета, в т. ч. «Песни песней» {The Song of Solomon}. *См. тж.* BALKIS * мудрец

☐ оратория Г. Генделя (1749); Solomon and Sheba «Соломон и царица Савская», фильм реж. К. Видора (1959); Song of Solomon «Песнь Соломона», роман Т. Моррисон (1977)

SOLON [ˈsəulɔn] (638?—559? до н. э.) Солóн, афин. законодатель. Причислялся к семи греч. мудрецам

SOPHOCLES [ˈsɔfəkli:z] (496?—406 до н. э.) Софóкл, греч. поэт-драматург. Один из трёх классиков антич. трагедии, наряду с Эсхилом (к-рого победил в поэтическом состязании 468 до н. э.) и Еврипидом // **Sophoclean** [ˌsɔfəˈkli:ən] *а* → AESCHYLUS

SOTHERN [ˈsʌðən], **Harry** (1884—1957) Гáрри Сáзерн, амер. драматический актёр

SOUSA [ˈsu:zə, -sə], **John Philip** (1854—1932) Джон Фúлип Сýса, амер. композитор и дирижёр воен. оркестра, «король маршей»

SOUTHEY [ˈsauðɪ], **Robert** (1774—1843) Рóберт Сáути, англ. поэт «озёрной школы». Автор поэм на мистико-фантастические сюжеты

SPARK [spɑ:k], **Muriel Sarah** (р. 1918) Мюриэл Сáра Спарк, англ. писательница и критик. Автор ироничных романов о современной жизни

⊙ The Prime of Miss Jean Brodie (1961) «Мисс Джин Броуди в расцвете лет», The Mandelbaum Gate (1965) «Мандельбаумские ворота», The Abbess of Crewe (1974) «Аббатиса Круская»

SPARTACUS [ˈspɑ:təkəs] (?—71 до н. э.) Спартáк, рим. гладиатор.

Вождь восстания рабов 73—71 до н. э., Погиб в бою
□ фильм С. Кубрика (1960)

SPEED [spi:d] Спид, в комедии У. Шекспира «Два веронца» (1594) слуга-шут Валентина

SPEKE [spi:k], **John Hanning** (1827—64) Джон Хе́ннинг Спик, англ. исследователь Африки. В 1860—63 вместе с Дж. Грантом открыл истоки Нила

SPENCER [′spensə], **Herbert** (1820—1903) Ге́рберт Спе́нсер, англ. философ-позитивист, социолог

SPENSER [′spensə], **Edmund** (1552?—99) Э́дмунд Спе́нсер, англ. поэт, новатор стихотворной формы // **Spenserian** [spen′sɪərɪən] *a*

Spenserian stanza спенсерова строфа, стихотворная форма поэмы «Королева фей»
⊙ Amoretti (1595) «Аморетти», цикл стихов; The Faerie Queen (1590—96) «Королева фей», поэма

SPHINX [sfɪŋks], **the** Сфинкс, в греч. мифологии чудовище с телом льва, лицом и грудью женщины и крыльями птицы, обитавшее в окрестностях Фив {Thebes}. Останавливая путников, задавало им загадку и, получив неверный ответ, пожирало их. Загадку Сфинкса (Кто ходит утром на четырёх ногах, в полдень на двух, вечером на трёх?; ответ: человек) разгадал Эдип, после чего чудовище бросилось со скалы

SPIELBERG [′spi:lbз:g], **Steven** (р. 1947) Сти́вен Спи́лберг, амер. кинорежиссёр. Постановщик зрелищных приключенческих и фантастических фильмов
⊙ The Sugarland Express (1974) «Шугерленд-экспресс», The Jaws (1975) «Челюсти», Close Encounters of the Third Kind (1977) «Близкие контакты третьего вида», E. T. /The Extra Terrestrial/ (1982) «Инопланетянин», Indiana Jones and the Temple of Doom (1984) «Индиана Джонс и храм Судьбы», Indiana Jones and the Last Crusade (1989) «Индиана Джонс и последний крестовый поход» → FEUILLADE

SPINOZA [spɪ′nəuzə], **Benedict /Baruch/ de** (1632—77) Бенеди́кт /Бару́х/ де Спино́за, голл. философ-материалист и пантеист // **Spinozistic** [ˌspɪnəu′zɪstɪk] *a*
⊙ Ethica (1677) «Этика», трактат

SPOCK [spɔk], **Benjamin McLane** (р. 1903) Бе́нджамин Макле́йн Спок, амер. врач-педиатр. Автор книг о воспитании детей

SPRAT [spræt], **Jack** Джек Спрэт, в англ. детском стихотворении человечек, к-рый не ел жирного:
Jack Sprat could eat no fat,
His wife could eat no lean,
And so between them both, you see,
They licked the platter clean.
Джек Спрэт любил мясное,
Жена любила жир.
Как сядут за жаркое —
Царит в их доме мир.
* коротышка, карлик

SPRINGSTEEN [′sprɪŋsti:n], **Bruce** (р. 1949) Брюс Спри́нгстин, амер. эстрадный певец и композитор

SRI *см.* LAKSHMI

STAËL [stɑ:l], **Anne Louise Germaine de** (1766—1817) А́нна Луи́за Жерме́на де Сталь, фр. писательница
⊙ Delphine (1802) «Дельфина», Corinne (1807) «Коринна», романы

STALLONE [stə'ləun], **Sylvester** (р. 1946) Сильве́стр Салло́не, амер. киноактёр и культурист. Исполнитель ролей суперменов-боевиков

STANDISH ['stændɪʃ], **Miles** (1584—1656) Майлс Стэ́ндиш, один из «отцов-пилигримов», прибывших на амер. континент в 1620 на корабле «Мейфлауэр» {Mayflower}, глава поселения в Нью-Плимуте {New Plymouth}. В поэме Г. Лонгфелло представлен как застенчивый жених Присциллы {Priscilla}

□ The Courtship of Miles Standish «Сватовство Майлса Стэндиша», поэма Г. Лонгфелло (1858)

STANFORD ['stænfəd], **Charles Villiers** (1852—1924) Чарлз Ви́лльерс Стэ́нфорд, ирл. композитор. Опирался на нац. традицию

STANLEY ['stænlɪ], **Henry Morton** /наст. имя John ROWLANDS/ (1841—1904) Ге́нри Мо́ртон Стэ́нли /Джон Ро́улендс/, исследователь Африки и журналист (род. в Англии, в США с 1856). Участвовал в поисках Д. Ливингстона

⊙ How I Found Livingstone (1872) «Как я нашёл Ливингстона»

STANLEY, Wendell Meredith (1904—71) Уэ́нделл Ме́редит Стэ́нли, амер. биохимик. Лауреат Нобелевской премии (1946)

STANTON ['stæntən], **Elizabeth Cady** (1815—1902) Эли́забет Ке́йди Стэ́нтон, амер. суффражистка, один из лидеров движения за права женщин

STARK [stɑːk], **Willie** Ви́лли Старк, в романе Р. П. Уоррена «Вся королевская рать» (1946) политикан-демагог

STARR [stɑː], **Ringo** /наст. имя Richard STARKEY/ (р. 1940) Ри́нго Старр /Ри́чард Ста́рки/, англ. эстрадный музыкант и певец. В 60-е гг. участник ансамбля «Битлз» {The Beatles}

STARVELING см. QUINCE

STEELE [stiːl], **Richard** (1672—1729) Ри́чард Стиль, англ. писатель и журналист (род. в Ирландии). Автор пьес, полит. памфлетов

STEFFENS ['stefənz], **(Joseph) Lincoln** (1866—1936) (Джо́зеф) Ли́нкольн Сте́ффенс, амер. журналист. Представитель группы «разгребателей грязи». С 1935 член компартии США

⊙ Autobiography (1931) «Автобиография» (рус. пер. «Мальчик на лошади»)

STEIN [staɪn], **Gertrude** (1874—1946) Гертру́да Стайн, амер. писательница и критик (с 1902 в Париже). Автор произведений в стиле «потока сознания»

⊙ Three Lives (1908) «Три жизни», повесть; The Making of Americans (1906—08) «Становление американцев», роман; The Autobiography of Alice B. Toklas (1933) «Автобиография Алисы Б. Токлас», автобиографическая книга

STEIN, William Howard (1911—80) Уи́льям Ха́уард Стайн, амер. биохимик. Лауреат Нобелевской премии (1972)

STEINBECK ['staɪnbek], **John Ernst** (1902—68) Джон Эрнст Сте́йнбек, амер. писатель. Лауреат Пулитцеровской (1940), Нобелевской премий (1962)

⊙ Tortilla Flat (1935) «Квартал Тортилья Флэт», Of Mice and Men (1937) «О мышах и людях», повести; The Grapes of Wrath (1939) «Гроздья гнева», Cannery Row (1945) «Консервный Ряд», The Wayward Bus (1947) «Заблудившийся автобус», East of Eden (1952) «К востоку от рая», The Winter of Our Discontent (1961) «Зима тревоги нашей», романы

STEINEM ['staɪnəm], **Gloria** (р. 1934) Гло́рия Ста́йнем, амер. журналистка. Один из лидеров так наз. «движения за освобождение женщин» {Women's Liberation Movement, women's lib} 60-х гг. Основательница феминистского журнала «Миз» {Ms.} (1971)

STENDHAL [sten′dɑːl] /*наст. имя* Henri Marie BEYLE/ (1783—1842) Стенда́ль /Анри́ Мари́ Бейль/, фр. писатель // **Stendhalian** [sten′dɑːlɪən] *a*

⊙ The Red and the Black (1831) «Красное и чёрное», The Charterhouse of Parma (1839) «Пармская обитель», романы

STEPHEN of BLOIS [′stiːvnəv′blwɑː] (1100?—54) Стефа́н Блуа́, англ. король (с 1135)

STEPHENS [′stiːvnz], **James** (1880—1950) Джеймс Сти́венс, ирл. писатель

⊙ The Crock of Gold (1912) «Черепок с золотом», роман

STEPHENSON [′stiːvnsn] Стефенсон /Сти́венсон/, англ. инженеры. Строители первых паровозов (с 1814), железной дороги Дармингтон — Стоктон (1825): **1. George** (1781—1848) Джордж

2. Robert (1803—59) Ро́берт, его сын

STERN [stɜːn], **Isaac** (р. 1920) Áйзек Стерн /Исаа́к Штерн/, амер. скрипач (род. в России)

STERNE [stɜːn], **Laurence** (1713—68) Ло́ренс Стерн, англ. писатель-сентименталист. Для его стиля характерны юмор и пародия

⊙ The Life and Opinions of Tristram Shandy (1760—67) «Жизнь и мнения Тристрама Шенди», A Sentimental Journey Through France and Italy (1768) «Сентиментальное путешествие по Франции и Италии», романы

STEVENS [′stiːvnz], **George** (1904—75) Джордж Сти́венс, амер. кинорежиссёр. Постановщик комедий, мюзиклов, вестернов, экранизаций. Лауреат премии «Оскар» (1951, 1956)

⊙ A Place in the Sun (1951) «Место под солнцем», Giant (1956) «Гигант», The Diary of Anne Frank (1959) «Дневник Анны Франк», The Greatest Story Ever Told (1964) «Величайшая из когда-либо рассказанных историй» → CHAPLIN Ch.

STEVENS, Thaddeus (1792—1868) Та́ддеус Сти́венс, амер. полит. деятель, лидер левого крыла респ. партии. Один из создателей комиссии по руководству воен. действиями в Гражданской войне 1861—65

STEVENS, Wallace (1879—1955) Уо́ллес Сти́венс, амер. поэт. Лауреат Пулитцеровской премии (1955)

⊙ Harmonium (1923) «Гармония», The Man with the Blue Guitar (1937) «Человек с голубой гитарой», Transport to Summer (1947) «По направлению к лету», сб. стихов

STEVENSON [′stiːvnsn], **Robert Louis Balfour** (1850—94) Ро́берт Лу́ис Ба́лфур Сти́венсон, шотл. писатель-романтик. Автор приключенческих романов и рассказов

⊙ Treasure Island (1883) «Остров сокровищ», Kidnapped (1886) «Похищенный», The Master of Ballantrae (1889) «Владетель Баллантрэ», Catriona (1893) «Катриона», романы; The Strange Case of Dr. Jekyll and Mr. Hyde (1886) «Странная история доктора Джекила и мистера Хайда», повесть-притча; New Arabian Nights (1882) «Новые арабские ночи», сб. рассказов

STEVENSON, Ronald (р. 1928) Ро́налд Сти́венсон, англ. композитор. Опирается на шотл. нац. традицию

STEWART *см.* STUART

STEWART [stjuət], **Desmond** (1924—81) Де́смонд Стю́арт, англ. писатель. Автор романов об освободительном движении на Ближнем Востоке

⊙ The Sequence of Roles (1965—68) «Смена ролей», трилогия романов

STEWART, Dugald (1753—1828) Ду́галд Стю́арт, шотл. философ и педагог. Исследовал философию морали

STEWART /*наст. имя* MAITLAND/, **James** (р. 1908) Джеймс Стю́арт /Мейтленд/, амер. киноактёр. Снимался в комедиях, вестернах, детективах. Лауреат премии «Оскар» (1940)

STEWART, Rod (р. 1945) Род Стю́арт, англ. эстрадный певец

STIEGLITZ [ˈstiːɡlɪts], **Alfred** (1864—1946) А́лфред Сти́глиц, амер. фотограф и теоретик художественной фотографии

STIGLER [ˈstɪɡlə], **George** (р. 1911) Джордж Сти́глер, амер. экономист. Лауреат Нобелевской премии (1982)

STILICHO [ˈstɪlɪkəu], **Flavius** (359?—408) Фла́вий Стилихо́н, рим. полководец. С 395 правил зап. частью Рим. империи как опекун Гонория; убит по приказу последнего

STILL [stɪl], **Andrew Taylor** (1828—1917) Э́ндрю Те́йлор Стилл, амер. врач. Основатель остеологии

St. LAURENT [sɛ̃lɔˈrɑ̃], **Louis Stephen** (1882—1973) Луи́ Стефа́н Сен-Лора́н, премьер-мин. Канады (1948—57), от либер. партии

STOCKTON [ˈstɔktən], **Frank /Francis/ Richard** (1834—1902) Фрэнк /Фрэ́нсис/ Ри́чард Сто́ктон, амер. писатель-юморист

STONE [stəun], **Edward Durell** (1902—78) Э́дуард Да́релл Сто́ун, амер. архитектор

STONE, Irving (1903—89) И́рвинг Сто́ун, амер. писатель. Автор беллетризованных биографий художников (В. Ван Гога, Микеланджело), писателей (Дж. Лондона), учёных (Ч. Дарвина)

STONE, Lucy (1818—93) Лю́си Сто́ун, амер. суффражистка

STONE, Richard (р. 1913) Ри́чард Сто́ун, амер. экономист. Лауреат Нобелевской премии (1984)

STONE, Robert (р. 1937) Ро́берт Сто́ун, амер. писатель и журналист
⊙ A Hall of Mirrors (1967) «В зеркалах», Dog Soldiers (1974) «Чернорабочие войны», A Flag for Sunrise (1981) «Флаг на заре», романы

STOPPARD [ˈstɔpɑːd, -pəd], **Tom** (р. 1937) Том Сто́ппард, англ. драматург «второй волны», киносценарист
⊙ Rosencrantz and Guildenstern Are Dead (1967) «Розенкранц и Гильденстерн мертвы», Travesties (1975) «Травести», пьесы

STOREY [ˈstɔːrɪ], **David Malcolm** (р. 1933) Де́йвид Ма́лколм Сто́ри, англ. писатель и драматург
⊙ This Sporting Life (1960) «Такова спортивная жизнь», роман

STOWE [stəu] /*урожд.* BEECHER/, **Harriet Elizabeth** (1811—96) Га́рриет Эли́забет Би́чер-Сто́у, амер. писательница. Активный сторонник отмены рабства. По легенде, А. Линкольн сказал, встретившись с ней: «Так вы — та самая хрупкая женщина, что начала эту грандиозную войну!» {So you are the little woman who started this big war!}
⊙ Uncle Tom's Cabin (1852) «Хижина дяди Тома», роман

STRABO [ˈstreɪbəu] (63? до н. э.— 24 н. э.) Страбо́н, греч. географ и историк

STRACHEY [ˈstreɪtʃɪ], **Lytton** (1880—1932) Ли́ттон Стрэ́чи, англ. литературовед. Автор жизнеописания королевы Виктории и известных людей её эпохи
⊙ Eminent Victorians (1918) «Выдающиеся викторианцы»

STRADIVARI [ˌstrædɪˈvɑːrɪ] /*лат.* STRADIVARIUS/, **Antonio** (1644—1737) Анто́нио Страдива́ри, ит. скрипичный мастер * скрипка его изготовления

STRANGELOVE [ˈstrendʒlʌv], **Dr.** доктор Стре́йнджлав, в фильме С. Кубрика «Доктор Стрейнджлав, или Как я научился не волноваться и полюбил бомбу» (1963) учёный с нацистскими и милитаристскими взглядами // **Strangelovian** [ˌstreɪndʒˈlʌvɪən] *a*

And if they could be reached by an outsider, imagine how much more susceptible such computers may be to someone inside the military establishment with a *Strangelovian* notion of national security. (*People's Daily World, 1990*)

Если бы постороннему оказался открытым доступ к таким компьютерам, можно себе представить, насколько более податливым орудием они могли бы стать в руках какого-нибудь представителя военного ведомства, имеющего *слишком агрессивные* понятия о национальной безопасности.

STRAUSS [straus, ʃtraus] Штра́ус, семья австр. композиторов, в т. ч.:

1. Johann (*the elder*) (1804—49) Иога́нн (Старший), тж. скрипач и дирижёр, автор вальсов, полек, маршей

2. Johann (*the younger*) (1825—99) Иога́нн (Младший), его сын. Автор вальсов и оперетт

⊙ The Blue Danube «Голубой Дунай», Tales from the Vienna Woods «Сказки Венского леса», вальсы; The Gipsy Baron (1885) «Цыганский барон», оперетта

STRAUSS, Richard Georg (1864—1949) Ри́хард Гео́рг Штра́ус, нем. композитор. Автор симфонических поэм, опер

⊙ The Cavalier of the Rose (1911) «Кавалер роз», опера

STREEP [striːp], **Meryl** (р. 1949) Ме́рил Стрип, амер. киноактриса. Мастер психологической роли. Лауреат премии «Оскар» (1979, 1982)

STREISAND [ˈstraɪzənd], **Barbra** (р. 1942) Ба́рбра Стре́йзанд, амер. певица и киноактриса комедии и мюзикла. Лауреат премии «Оскар» (1968, 1976)

STRINDBERG [ˈstrɪn(d)bɜːg], **August** (1849—1912) А́вгуст Стри́ндберг, швед. писатель и драматург. Автор натуралистических, экспрессионистических драм

⊙ The Father (1887) «Отец», Miss Julie (1888) «Фрёкен Юлия», пьесы

STUART /STEWART/ [st(j)uət] Стю́арт, королевская династия в Шотландии (1371—1714) и Англии (1603—49, 1660—1714). *См. тж.* MARY STUART

STUART, Gilbert (1755—1828) Ги́лберт Стю́арт, амер. художник-портретист

STUART, James Ewell Brown (1833—64) Джеймс Ю́элл Бра́ун Стю́арт, амер. генерал, командующий кавалерией Конфедерации юж. штатов

STUBBS [stʌbz], **George** (1724—1806) Джордж Стаббс, англ. живописец. Автор картин с изображением лошадей

STUDEBAKER [ˈstuːdəbeɪkə], **Clement** (1831—1901) Кле́мент Студебе́кер, амер. автопромышленник

STUYVESANT [ˈstaɪvəsənt], **Peter** (1592—1672) Пе́тер Сте́йвесант /Ста́йвезант/, губернатор голл. колонии в Сев. Америке. Увековечен в сатирической хронике В. Ирвинга «История Нью-Йорка» (1809)

STYRON [ˈstaɪrən], **William** (р. 1925) Уи́льям Ста́йрон, амер. писатель. Лауреат Пулитцеровской премии (1968)

⊙ Lie Down in Darkness (1951) «Сникаю во мгле», Set This House on Fire (1960) «И поджёг этот дом», The Confessions of Nat Turner (1967) «Признания Ната Тернера», Sophie's Choice (1979) «Софи делает выбор», романы

SUCKLING [ˈsʌklɪŋ], **John** (1609—42) Джон Са́клинг, англ. поэт и драматург (умер во Франции)

SUETONIUS [swiːˈtəʊnjəs, s(j)uə-] */лат.* Gaius SUETONIUS TRA-

NQUILLUS/ (70?—140?) Гай Свето́ний Транкви́лл, рим. историк и писатель

⊙ The Lives of Twelve Emperors «Жизнь двенадцати цезарей», биографический труд

SULEIMAN [ˈsuːl(e)ɪmɑːn] I /*the Magnificent*; **Kanuni**/ (1496?—1566) Сулейма́н I Кануни́ /Великолепный/, тур. султан (с 1520). Расширил границы Османской империи, к-рая при нём достигла наивысшего могущества

SULLA [ˈsʌlə], **Lucius Cornelius** (138—78 до н. э.) Лу́ций Корне́лий Су́лла, рим. полководец, консул. В период своей диктатуры 82—79 до н. э. издавал проскрипции — списки лиц, объявленных вне закона и подвергаемых репрессиям

SULLIVAN [ˈsʌlɪv(ə)n], **Arthur Seymour** (1842—1900) А́ртур Се́ймур Са́лливан, англ. композитор. Автор оперетт, написанных в содружестве с драматургом У. Гилбертом → GILBERT W. S.

SULLIVAN, Edward Vincent (1902—74) Эдуард Ви́нсент Са́лливан, амер. журналист и телеведущий. Во время 2-й мир. войны первым организовал в Нью-Йорке благотворительные концерты для раненых солдат

SULLY [ˈsʌlɪ, səˈliː], **Maximilien de Béthune de** (1560—1641) Максимилье́н де Бетю́н де Сюлли́, фр. герцог, мин. финансов (1599—1611) и гл. гос. деятель при Генрихе IV Наваррском {Henry IV of Navarre}. Реформировал финансовую систему страны

SULLY [ˈsʌlɪ], **Thomas** (1783—1872) То́мас Са́лли, амер. живописец-портретист

SUMNER [ˈsʌmnə], **James Batcheller** (1887—1955) Джеймс Ба́тчеллер Са́мнер, амер. биохимик. Лауреат Нобелевской премии (1946)

SUMNER, William Graham (1840—1910) Уи́льям Грэм Са́мнер, амер. социолог и экономист. Представитель соц. дарвинизма

SUN YATSEN [ˈsunˈjɑːtˈsen] (1866—1925) Сунь Ятсе́н, кит. революционер. Вождь революции 1911—13

SUPERMAN [ˈsuːpəmæn] Суперме́н, в амер. комиксах (с 1938) и серии амер. фильмов (с 1978) сверхсильный, неуязвимый и способный летать герой с другой планеты, защитник справедливости и амер. образа жизни

SURFACE [ˈsɜːfɪs], **Joseph and Charles** Джо́зеф и Чарльз Сэ́рфес, в комедии Р. Шеридана «Школа злословия» (1777) братья, племянники старого Оливера Сэрфеса. Внешне скромный и рассудительный Джозеф — злонамеренный ханжа, а повеса Чарльз на деле благороден и добр

SURREY [ˈsʌrɪ], **Henry Howard** (1517?—47) Ге́нри Ха́уард /Го́вард/ Са́рри /Се́ррей/, англ. поэт. Автор сонетов, перевода «Энеиды» Вергилия, в к-ром ввёл в англ. поэзию белый стих. Казнён по обвинению в измене

SUSANN [suːˈzæn], **Jacqueline** (1921—74) Жакли́н Суза́нн, амер. писательница. Автор романов, близких к «массовой литературе», о карьере и любовных похождениях энергичных современных американцев

SUSANNA [suˈzænə] Суса́нна, в апокрифическом библейском предании красивая и богобоязненная жена Иоакима {Joakim}, обвинённая старцами (к-рые её домогались) в супружеской неверности. Клевету разоблачил пророк Даниил

□ оратория Г. Генделя (1749)

SUTHERLAND [ˈsʌðələnd], **Donald** (р. 1934) До́налд Са́зерленд, амер. киноактёр. Снимается в комедийных и острохарактерных ролях

SUTHERLAND, Earl Wilbur (1915—74) Эрл Уи́лбур Са́зерленд, амер. биохимик. Лауреат Нобелевской премии (1971)

SUTHERLAND, Graham (1903—80) Гре́йам Са́зерленд, англ. художник-пейзажист и дизайнер неоромантического направления → BACON F.

SUTHERLAND, Joan (р. 1926) Джоа́н Са́зерленд, австрал. певица (колоратурное сопрано)

SVENGALI [sven´gɑːlɪ] Свенга́ли, в романе Дж. Дюморье «Трил(ь)-би» (1894) музыкант, обладающий магическим воздействием на людей. Натурщицу Трил(ь)би сделал знаменитой певицей, однако после его смерти она лишилась голоса * могущественный покровитель; человек, обладающий силой непреодолимого внушения

The cliché about a movie producer... is [that] he is a mysteriously gifted dark figure, a benevolent *Svengali*, half magician, half master politician, who strangely resembles *F. Scott Fitzgerald* himself, in his more attractive moments. (*I. Shaw*)

Некоторые... представляют себе его [кинопродюсера] как необыкновенно одарённую, таинственную личность, этакого великодушного *Свенгали*— полумага-полуполитика, удивительно напоминающего самого *Ф. Скотта Фицджеральда* в наиболее привлекательные моменты его жизни. (*Пер. К. Чугунова*)

SWEDENBORG [´swiːdnbɔːg], **Emanuel** (1688—1772) Эмануэ́ль Све́денборг, шв. философ. Автор теософско-мистического учения о «потусторонней жизни». В 1778 его последователи в Англии создали «Новую церковь» {the New Church} // **Swedenborgian** [ˌswiːdn´bɔːdʒən] *a, n*

SWEET [swiːt], **Henry** (1845—1912) Ге́нри Суи́т, англ. лингвист. Автор работ по фонетике и истории англ. языка

SWIFT [swɪft], **Gustavus Franklin** (1839—1903) Густе́йвус Фра́нклин Свифт, амер. предприниматель. Внедрил промышленную упаковку мяса и его перевозку в вагонах-рефрижераторах

SWIFT, Jonathan (1667—1745) Джо́ната́н Свифт, ирл. писатель-сатирик, мастер соц. аллегории // **Swiftian** [´swɪftɪən] *a*

⊙ A Tale of a Tub (1704) «Сказка бочки», повесть-памфлет; Gulliver's Travels (1726) «Путешествия Гулливера», роман

SWINBURNE [´swɪnbɜːn], **Algernon Charles** (1837—1909) А́лджернон Чарлз Суи́нберн, англ. поэт // **Swinburnian** [swɪn´bɜːnɪən] *a*

⊙ Atalanta in Calydon (1865) «Аталанта в Калидоне», драма в стихах; Poems and Ballads (1866—89) «Стихи и баллады», A Song of Italy (1867) «Песнь об Италии», Songs before Sunrise (1871) «Предрассветные песни», сб. стихов

'They ⟨women⟩ are no more adapted for business and politics,' says I, 'than *Algernon Charles Swinburne* to floor manager at one of Chuck Connor's annual balls.' (*O. Henry*)

«Вмешиваться в дела и политику,— говорю я,— женщинам идёт так же, как *Алджернону Чарлзу Суинберну* быть распорядителем на ежегодном балу союза швейников». (*Пер. К. Чуковского*)

SWITHIN [´swɪðɪn], St. (?—863) св. Суи́тин, англ. священник при короле Эгберте и епископ при его сыне Этельвульфе {Ethelwulf}. По поверью, дождь в его день (15 июля) предвещает осадки в течение 40 дней

SYNGE [sɪŋ], **John Millington** (1871—1909) Джон Ми́ллингтон Синг, ирл. поэт и драматург

⊙ Riders to the Sea (1904) «Скачущие к морю», The Well of the Saints (1905) «Источник святых», The Playboy of the Western World (1907)

«Герой-мужчина — гордость Запада», The Tinker's Wedding (1907) «Свадьба лудильщика», пьесы

SYNGE, Richard Laurence Millington (р. 1914) Ри́чард Ло́ренс Ми́ллингтон Синг, англ. биохимик. Лауреат Нобелевской премии (1952)

SZENT-GYÖRGYI [seɪntˈdʒɔːdʒ(ɪ)], **Albert** (1893—1986) Альбе́рт Сент-Дье́рди, амер. биохимик (род. в Венгрии). Один из основоположников биоэнергетики. Лауреат Нобелевской премии (1937)

SZILARD [ˈzɪlɑːd], **Leo** (1898—1964) Лéо Си́лард, венг. физик (с 1939 в США). В 1942 участвовал в создании первого ядерного реактора

Т

TABITHA *см.* DORCAS

TACITUS [ˈtæsɪtəs], **Publius Cornelius** (58?—117?) Пу́блий Корне́лий Та́цит, рим. историк. Зять Агриколы, к-рого идеализировал в своих трудах // **Tacitean** [ˌtæsɪˈtiːən] *a*

TAFT [tæft, tɑːft] Тафт: **1. Robert Alphonso** (1889—1953) Ро́берт Альфо́нсо, амер. юрист и полит. деятель, сын У. X. Тафта

Taft — Hartley Act закон Тафта — Хартли (1947; ограничил права рабочих на забастовки)

2. William Howard (1857—1930) Уи́льям Ха́уард /Хо́уард/, 27-й през. США (1909—13), от респ. партии; пред. Верх. суда (1921—30)

TAGORE [təˈgəuə, -ˈgɔː], **Rabindranath** (1861—1941) Рабиндрана́т Таго́р, инд. писатель и философ. Лауреат Нобелевской премии (1913)

TALIESIN [ˌtælɪˈesɪn] (6 в.) Талиéсин, полулегендарный уэльсский бард. Предполагаемый автор мн. ср.-век. поэм

TALLCHIEF [ˈtɔːltʃiːf], **Maria** (р. 1925) Мари́я То́ллчиф, амер. балерина

TALLEYRAND(-PÉRIGORD) [ˈtæliːˌræn(d)ˌperɪˈgɔː], **Charles Maurice** (1754—1838) Шарль Мори́с Талейра́н(-Периго́р), фр. дипломат, мин. ин. дел при Директории (1797—99), Наполеоне (1799—1807), Людовике XVIII (1814—15)

TAMERLANE [ˈtæmələɪn] / **TAMBURLAINE** [ˈtæmbələɪn], **TIM(O)UR (LENK)** [ˈtiːmuəˈleŋk)]/ (1336?—1405) Тиму́р /Тамерла́н/, среднеазиатский полководец, основатель и эмир (с 1370) гос-ва со столицей в Самарканде. Разгромил Золотую Орду, вёл завоевательные походы

□ Tamburlaine the Great «Тамерлан Великий», драма К. Марло (1587—88)

TANCRED [ˈtæŋkrɪd] (1078?—1112) Та́нкре́д, нормандский рыцарь, один из гл. участников 1-го крестового похода. В европ. литературе 14—18 вв. фигурирует как возлюбленный Сигизмунды

TANGUY [tɑ̃ˈgiː], **Yves** (1900—55) Ив Танги́, амер. художник-сюрреалист (род. во Франции)

TANTALUS [ˈtæntələs] Танта́л, в греч. мифологии царь Лидии {Lydia}. В наказание за гордыню боги обрекли его на вечные муки: стоя по горло в воде под веткой с плодами, он не мог утолить жажду и голод, т. к. вода уходила, а ветвь отстранялась от него

TARKINGTON [ˈtɑːkɪŋtən], **(Newton) Booth** (1869—1946) (Нью́отон) Бут Та́ркингтон, амер. писатель и драматург. Лауреат Пулитцеровской премии (1919, 1922)

⊙ The Gentleman from Indiana (1899) «Джентльмен из Индианы», Monsieur Beaucaire (1900) «Мосье Бокер», The Magnificent Ambersons

(1918) «Великолепные Эмберсоны», Alice Adams (1921) «Элис Адамс», романы

TARQUIN [ˈtɑːkwɪn] /*лат.* TARQUINIUS/: **1. Lucius Tarquinius *Priscus*** [tɑːˈkwɪnɪəsˈprɪskəs] (616—578 до н. э.) Лу́ций Таркви́ний Приск, 5-й царь Рима
2. Lucius Tarquinius *Superbus* [sjuːˈpɜːbəs] (534—510 до н. э.) Лу́ций Таркви́ний Го́рдый, 7-й царь Рима

TARTARIN [tɑːtɑːˈrɛ̃] Тартаре́н, в трилогии А. Доде «Тартарен из Тараскона» (1872—90) темпераментный искатель приключений, склонный к наивному хвастовству

TARTUFFE [tɑːˈtyf] Тартю́ф, в одноим. комедии Мольера (1664) обманщик, творящий подлости под маской набожности и добродетели

TARZAN [ˈtɑːz(æ)n] Тарза́н, в серии книг Э. Барроуза (с 1914), комиксах (с 1925) и кинофильмах (1918—1981) взращённый обезьянами человек-дикарь огромной силы и ловкости

TASMAN [ˈtæzmən], **Abel Janszoon** (1603—59) А́бел Я́нсзон Та́сман, голл. мореплаватель, исследователь Австралии и Океании. В его честь назван открытый им остров Тасма́ния

TASSO [ˈtæsəu], **Torquato** (1544—95) Торква́то Та́ссо, ит. поэт Возрождения
⊙ Jerusalem Delivered (1580) «Освобождённый Иерусалим», героическая поэма

TATE [teɪt], **Allen** (1899—1979) А́ллен Тейт, амер. поэт и литературовед

TATE, Henry (1819—99) Ге́нри Тейт /Тэйт/, англ. «сахарный» магнат и филантроп. В 1897 основал в Лондоне галерею «Тейт»

TATE, Nahum (1652—1715) Нау́м Тейт, англ. драматург, поэт-лауреат (с 1692). Автор обработок пьес др. авторов, либретто опер
⊙ Tate and Brady метризованная версия псалмов, сочинённая Тейтом совм. с Н. Брейди {Nicholas Brady} (1696)

TATUM [ˈteɪtəm], **Edward Lawrie** (1909—75) Эдуард Ло́ри Тейтем, амер. генетик. Лауреат Нобелевской премии (1958)

TAVERNER [ˈtævənə], **John** (1495?—1545) Джон Та́вернер, англ. композитор и органист. Был заключён в тюрьму как протестантский еретик

TAYLOR [ˈteɪlə], **Edward** (1645?—1729) Э́дуард Те́йлор, амер. священник и поэт (род. в Англии, с 1668 жил в Бостоне). Гл. представитель пуританской поэтической традиции

TAYLOR, Elizabeth (р. 1932) Эли́забет Те́йлор, амер. киноактриса (род. в Англии). Жена и партнёрша Р. Бартона. Лауреат премии «Оскар» (1960, 1966)

TAYLOR, (James) Bayard (1825—78) (Джеймс) Бе́йард Те́йлор, амер. поэт, переводчик «Фауста» И. В. Гёте

TAYLOR, Jeremy (1613—67) Дже́реми Те́йлор, англ. священник. Автор религиозных трактатов
⊙ Holy Living (1650) «Святая жизнь», Holy Dying (1651) «Святая смерть»

TAYLOR, Tom (1817—80) Том Те́йлор, англ. драматург. Автор пьес — переработок сюжетов др. авторов

TAYLOR, Zachary (1784—1850) За́кари /Заха́рия/ Те́йлор, 12-й през. США (с 1849), от партии вигов

TEASDALE [ˈtiːzˌdeɪl], **Sara** (1884—1933) Са́ра Ти́сдейл, амер. поэтесса. Представительница «новой» поэзии

TEAZLE [ˈtiːzl], **Sir Peter and Lady** сэр Пи́тер и леди Тизл, в комедии

Р. Шеридана «Школа злословия» (1777) старый муж и молодая своенравная жена, к-рые часто ссорятся

TECUMSEH [tə′kʌmsə, -si:] /**TECUMTHA** [tə′kʌmθə]/ (1768?—1813) Текумсе, вождь индейского племени шони {Shawnee}. Оказал вооружённое сопротивление амер. колонистам Среднего Запада (к сев. от р. Огайо). В англо-амер. войне 1812—15 сражался на стороне англичан и погиб в бою

TELEMACHUS [tɪ′leməkəs] Телемах, в «Одиссее» Гомера сын Одиссея и Пенелопы. Помог отцу в расправе с женихами матери, считавшими Одиссея погибшим

TELFORD [′telfəd], **Thomas** (1757—1834) Томас Телфорд, шотл. инженер. Строитель дорог, мостов и каналов

TELL [tel], **William** Вильгельм Телль, в швейц. легенде меткий стрелок из лука времён борьбы против австр. господства (14 в.). Наместник {bailiff} Гесслер {Gessler} принудил его сбить стрелой яблоко с головы сына. Сделав это, Телль застрелил Гесслера, что было сигналом к восстанию

TELLER [′telə], **Edward** (р. 1908) Эдуард Теллер, амер. физик (род. в Венгрии, в США с 1935). Один из гл. создателей амер. ядерной, термоядерной, нейтронной бомб

TENIERS [tə′nɪəz, ′tenjəz], **David** Давид Тенирс, имя двух фламандских живописцев, отца и сына: **1.** *the Elder* (1582—1649) Старший **2.** the *Younger* (1610—90) Младший

TENNIEL [′tenjəl], **John** (1820—1914) Джон Тенньел /Тенниел/, англ. художник. Его иллюстрации к сказкам Л. Кэрролла об Алисе воспроизводятся по сей день во всех англ. и амер. изданиях

TENNYSON [′tenɪs(ə)n], **Alfred** (1809—92) Альфред Теннисон, англ. поэт-лауреат (с 1850). Представитель сентиментализма // **Tennysonian** [ˌtenɪ′səunɪən] *a*
⊙ The May Queen (1842) «Королева мая», Enoch Arden (1864) «Енох Арден», Maud (1855) «Мод», The Princess (1847) «Принцесса», поэмы; The Idylls of the King (1859—89) «Королевские идиллии», цикл поэм на темы «артуровских легенд»

TERENCE [′terəns] /*лат.* Publius TERENTIUS/ (195?—159 до н. э.) (Публий) Теренций, рим. комедиограф

TERESA [tə′ri:zə], Mother /*мирское имя* Agnes Gonxha BOJAXHIU/ (р. 1910) мать Тереза /Агнес Гонджа Бояджиу/, албанская католическая монахиня и обществ. деятель. Основала орден милосердия в Калькутте (1950), приюты и школы в различных странах. Лауреат Нобелевской премии мира (1979)

TERESA /THERESA/ of Avila, St. (1515—82) св. Тереза /Тереса/ Авильская, исп. монахиня и религиозная писательница. Внедряла аскетические порядки в ордене кармелиток {Carmelites}

TERKEL [′tɜ:kl], **Studs** (р. 1912) Стадс Теркел, амер. журналист и радиокомментатор. Автор передач и книг об американцах разных профессий и соц. слоёв

TERMAGANT [′tɜ:məgənt] Термагант, в ср.-век. европ. мистериях свирепое божество, к-рому якобы поклоняются мусульмане * агрессивная, деспотичная женщина, бой-баба

TERPSICHORE [tɜ:p′sɪkərɪ] Терпсихора, в антич. мифологии муза танцев → VENUS

TERRY [′terɪ], **Ellen Alicia /Alice/** (1847—1928) Эллен Алисия /Алис/ Терри, англ. актриса театра. Играла в пьесах У. Шекспира

TERTIS [′tɜ:tɪs], **Lionel** (1876—1975) Лайонел Тертис, англ. альтист

TER

TERTULLIAN [tɜːˈtʌlɪən] (160?—после 220) Тертуллиа́н, христ. богослов и писатель

TESLA [ˈteslə], **Nikola** (1856—1943) Нико́ла Те́сла, амер. изобретатель, специалист по электро- и радиотехнике (серб, род. в Хорватии,
в США с 1884). Его именем названа единица магнитной индукции

TEYTE [teɪt], **Maggie /Margaret TATE/** (1888—1976) Мэ́гги /Ма́рга-
рет/ Тейт, англ. оперная певица (сопрано)

THACKERAY [ˈθækərɪ], **William Makepeace** (1811—63) Уи́льям
Ме́йкпис Те́ккерей, англ. писатель. Мастер соц. сатиры // **Thackerayan**
[ˌθækəˈriːən] *a*

⊙ Memoirs of Mr. C. J. Yellowplush (1840) «Записки Желтоплюша»,
повесть; The Book of Snobs (1847) «Книга снобов», сб. сатирических
эссе; Vanity Fair (1847) «Ярмарка тщеславия», The History of Henry
Esmond (1852) «История Генри Эсмонда», The Virginians (1857) «Вир-
гинцы», романы

THAÏS [ˈθeɪɪs] (4 в. до н. э.?) Та́ис /Таи́да/, афин. гетера. Сопровождая
Александра Македонского в азиатских походах, якобы побудила его
сжечь царский дворец в Персеполисе {Persepolis}

THALES [ˈθeɪliːz] (625?—547? до н. э.) Фале́с, греч. философ. Причислялся к «семи мудрецам» древности // **Thalesian** [θəˈliːzjan, -ʒən] *a*

THALIA [θəˈlaɪə] Та́лия, в антич. мифологии муза комедии

THANT [θænt, θɑːnt], **U** (1909—74) У Тан, бирманский полит. деятель, ген. секр. ООН (1962—71)

THATCHER [ˈθætʃə], **Margaret Hilda** (р. 1925) Ма́ргарет Хи́лда
Тэ́тчер, премьер-мин. Великобритании (1979—90), от конс. партии

THEILER [ˈtaɪlə], **Max** (1899—1972) Макс Те́йлер, южно-афр. микробиолог и специалист по тропической медицине (с 1922 в США).
Создал вакцину против жёлтой лихорадки. Лауреат Нобелевской
премии (1951)

THEMIS [ˈθiːmɪs] Феми́да, в антич. мифологии богиня правосудия

THEMISTOCLES [θɪˈmɪstəkliːz] (525?—460? до н. э.) Фемисто́кл,
афин. полководец. Добился превращения Афин в морскую державу

THEOCRITUS [θɪˈɒkrɪtəs] (4—3 вв. до н. э.) Феокри́т, греч. поэт. Основоположник жанра идиллии

THEODORE [ˈθɪədɔː] (602?—690) Теодо́р, архиепископ Кентерберийский. Распространил архиепископскую власть на всю Англию

THEODORIC [θɪˈɒdərɪk] *the Great* (454?—526) Тео́дорих Великий, король остготов (с 493). Завоевал Италию и основал своё королевство

THEODOSIUS [ˌθɪəˈdəʊsɪəs] **I** *the Great* (346?—395) Феодо́сий I Великий, рим. император (с 379). Утверждая господство христ. религии,
уничтожал языческие храмы

THEOPHRASTUS [θɪəˈfræstəs] (372—287 до н. э.) Теофра́ст, греч. философ и естествоиспытатель. Один из первых ботаников древности

THERESA см. TERESA of Avila

THESEUS 1. [ˈθiːsjuːs, -sjəs] Тесе́й /Тезе́й/, в греч. мифологии афин.
царь. Совершил мн. подвиги: победил Прокруста; убил Минотавра,
из лабиринта к-рого вышел с помощью нити Ариадны // **Thesean** [θɪ-
ˈsiːən] *a*

2. [ˈθiːsjəs] Тезе́й, в комедии У. Шекспира «Сон в летнюю ночь»
(1596) афин. «герцог», обручённый с царицей амазонок Ипполитой
{Hippolyta}

THISTLEWOOD [ˈθɪslwʊd], **Arthur** (1770—1820) А́ртур Ти́слвуд, организатор заговора Кейто-стрит {Cato Street Conspiracy} (1920) против кабинета лорда Ливерпула {Liverpool}. Казнён

THOMAS ['tɔməs] Фома́, в Новом Завете один из апостолов Иисуса Христа

Doubting Thomas Фома неверный /неверующий/: согласно Евангелию от Иоанна, Фома не поверил в воскресение распятого Христа * человек, упрямо сомневающийся в чём-л.

THOMAS [tɔ:'ma:], **(Charles Louis) Ambroise** (1811—96) (Шарль Луи́) Амбруа́з Тома́, фр. композитор

THOMAS ['tɔməs], **Dylan** (1914—53) Ди́лан То́мас, уэльсский поэт ⊙ The Map of Love (1939) «Карта любви», Deaths and Entrances (1946) «Смерти и выходы», сб. стихов; The Portrait of an Artist as a Young Dog (1940) «Портрет художника — молодого пса», автобиографическая книга

THOMAS of Erceldoune /*the Rhymer*/ (1220?—97?) То́мас Э́рселдун /Рифма́ч/, шотл. поэт. и прорицатель. По легенде, популяризованной В. Скоттом, провёл семь лет в царстве Королевы фей

THOMAS À BECKET см. BECKET

THOMAS À KEMPIS ['tɔməsə'kempɪs] (1380—1471) Фома́ Кемпи́йский, нем. религиозный писатель

THOMAS AQUINAS ['tɔməs'ækwɪnəs, -ə'kwaɪ-, -næs] (1225?—74) Фома́ Акви́нский, ит. философ и теолог-схоласт. Сформулировал 5 доказательств бытия Бога // **Thomism** ['təumɪzm] *n* томизм; **Thomist** ['təumɪst] *n, a* томист(ский); **Thomistic(al)** [təu'mɪstɪk(l)] *a* томистический

THOMSON ['tɔmsn] То́мсон, англ. физики: **1. George Paget** (1892—1975) Джордж Па́джет. Лауреат Нобелевской премии (1937) **2. Joseph John** (1856—1940) Джо́зеф Джон, его отец. В 1897 открыл электрон. Лауреат Нобелевской премии (1906)

THOMSON, Virgil Garnett (1896—1989) Ве́рджил Га́рнетт То́мсон, амер. композитор. Лауреат Пулитцеровской премии (1949) ⊙ Four Saints in Three Acts (1934) «Четверо святых в трёх актах», Louisiana Story (1948) «Луизианская история», оперы

THOMSON, William см. KELVIN

THOR [θɔ:] Тор, в сканд. мифологии бог-громовержец

THOREAU ['θɔ:rəu], **Henry David** (1817—62) Ге́нри Де́йвид То́ро, амер. писатель и публицист. Противник потребительства и конформизма. Два года прожил в лесном шалаше. В знак протеста против правительственной политики отказался платить налоги // **Thoreauvian** [θə'rəuvɪən] *a* ⊙ Civil Disobedience (1849) «Гражданское неповиновение», эссе; Walden, or Life in the Woods (1854) «Уолден, или Жизнь в лесу», повесть-дневник

THORNDIKE ['θɔ:ndaɪk], **Sybil** (1882—1976) Си́бил То́рндайк, англ. актриса театра

THORNDYKE ['θɔ:ndaɪk], **Dr.** доктор То́рндайк, в детективных рассказах Р. Фримана {Richard Freeman} юрист и судебный медик * искушённый следователь

'Think. Think. Think.' 'Oh, shut up,' said Nigel crossly. 'You talk like a *Thorndyke*.' 'Why not? I wish I could sleuth like one.' (*N. Marsh*)

«Думайте. Думайте. Думайте».— «А, да будет вам. Разговариваете, как *доктор Торндайк*».— «Ну и что? Мне бы так выслеживать преступников, как он!» → HOLMES S.

THOTH [θɔ:θ, θəuθ, təut] Тот, в егип. мифологии бог мудрости и науки. Изображался с головой птицы

THOTHMES см. THUTMOSE

THUCYDIDES [θ(j)u:'sɪdɪdi:z] (460?—400 до н. э.) Фукиди́д, греч.

историк. Автор труда о Пелопонесской войне // **Thucydidean** [θ(j)u-ˌsɪdə'di:ən] *a*

Logically and rhetorically, the work is his own. Like *Thucydides*, he composed speeches for his heroes, but unlike the Greek historian he did not have the privilege of participating in the events described. (*H. Wish*)

С точки зрения логики и риторики, это его собственная версия. Подобно *Фукидиду*, он сочинял речи за своих героев, но греческий историк имел перед ним то преимущество, что сам был участником описываемых событий.

THUMB, Tom *см.* TOM Thumb

THURBER ['θɜ:bə], **James Grover** (1894—1961) Джеймс Гро́увер Те́рбер, амер. журналист, писатель-юморист и карикатурист

☉ The Male Animal (1940) «Самец», пьеса (совм. с Э. Ньюджентом {Elliott Nugent}); The Thurber Carnival (1945) «Карнавал Тербера», сб. рассказов и очерков; The Secret Life of Walter Mitty (1939) «Тайная жизнь Уолтера Митти», рассказ; My Years with Ross (1959) «Годы, когда я работал с Россом», автобиографическая книга

THURSTON ['θɜ:st(ə)n], **Howard** (1869—1936) Ха́уард Те́рстон, амер. иллюзионист

As the master of sleight of hand who had paled *Thurston's* star, as the escape artist who had almost outshone *Houdini*, Raymond would not be inclined to underestimate himself. (*S. Ellin*)

Как мастер манипуляции, заставивший побледнеть звезду *Терстона*, и как эскепист, едва не затмивший *Гудини*, Реймонд не был склонен недооценивать себя.

THUTMOSE [θu:t'məusə] /**THOTHMES** ['θəuθməs] Ту́тмос, имя ряда егип. фараонов

TIBERIUS [taɪ'bɪərɪəs] (42 до н. э.— 37 н. э.) Тибе́рий, рим. император (с 14 н. э.)

TIBULLUS [tɪ'bʌləs], **Albius** (50?—19 до н. э.) А́льбий Тибу́лл, рим. поэт

TIDDLER *см.* TOM TIDDLER

TIEPOLO [tɪ'eɪpələu], **Giovanni Batista** (1696—1770) Джова́нни Бати́ста Тье́поло, ит. художник

TIFFANY ['tɪfənɪ], **Louis Comfort** (1848—1933) Лу́ис Ка́мфорт Ти́ффани, амер. художник и предприниматель, дизайнер светильников и др. изделий из стекла

TIGLATH-PILESER [ˌtɪɡlɑ:θpaɪ'li:zə, -læθ-] **III** (?—727 до н. э.) Тиглатпаласа́р III, царь Ассирии (с 745 до н. э.). Проводил завоевательную политику

TIMOTHY and TITUS ['tɪməθɪən'taɪtəs] Тимофе́й и Тит, в Новом Завете спутники апостола Павла, к-рым адресованы три его послания {Epistles}

TIM(O)UR (LENK) *см.* TAMERLANE

TING [tɪŋ], **Samuel** (р. 1936) Сэ́мюэл Тинг, амер. физик. Лауреат Нобелевской премии (1976)

TINKER BELL ['tɪŋkəbel] Динь-Ди́нь, в пьесе-сказке Дж. Барри «Питер Пэн» (1904) и основанной на ней повести «Питер и Венди» (1911) фея, сопровождавшая Питера Пэна

TINTORETTO [ˌtɪntə'retəu] /*наст. имя* ROBUSTI/, **Jacopo** (1518—94) Я́копо Тинторе́тто /Робу́сти/, ит. живописец Позднего Возрождения

TIPPETT ['tɪpɪt], **Michael Kemp** (р. 1905) Майкл Кемп Ти́ппетт, англ. композитор

⊙ The Midsummer Marriage (1952) «Летняя свадьба», King Priam (1961) «Царь Приам», оперы

TIPU /TIPPOO/ SAHIB [ˌtɪpuːˈsɑːhɪb] (1750—99) Типу́ Султан, правитель инд. княжества Майсур {Mysore}. Возглавлял борьбу с англичанами на юге Индии

TIRESIAS [taɪˈriːsɪæs] Тире́сий, в антич. мифологии слепой прорицатель из Фив {Thebes}. Фигурирует в стихах А. Теннисона, А. Суинберна

TIRSO DE MOLINA [ˌtɪə(ə)səʊdeɪməˈliːnə] /наст. имя Gabriel TÉLLEZ/ (1571?—1648) Ти́рсо де Моли́на /Габриэ́ль Те́льес/, исп. драматург Возрождения

TITANIA [tɪˈtɑːnjə] Тита́ния, в комедии У. Шекспира «Сон в летнюю ночь» (1596) царица фей и эльфов. Под воздействием волшебного напитка влюбилась в ремесленника Основу

There was a girl with a flowery face, dressed like *Titania* with braided sapphires in her hair. (*F. Scott Fitzgerald*)

Там была девочка с лицом, похожим на цветок, одетая как *Тита-ния*, с сапфирами в волосах. (*Пер. Н. Рахмановой*)

TITIAN [ˈtɪʃn] /um. Tiziano VECELLIO/ (1477?—1576) Тициа́н /Тициа́но Вече́ллио/, ит. живописец. Глава венецианской школы Возрождения // **Titianesque** [ˌtɪʃəˈnesk] a

TITO [ˈtiːtəʊ], **Josip Broz** (1892—1980) Ио́сип Броз Ти́то, лидер освободительного движения Югославии, през. (с 1953), глава пр-ва (1945—63) и компартии (с 1940). Один из основателей Движения неприсоединения

TITTLER см. TOM TIDDLER

TITUS см. TIMOTHY and TITUS

TITUS [ˈtaɪtəs] /лат. Titus Flavius Sabinus VESPASIANUS/ (39—81) Тит (Фла́вий Саби́н Веспасиа́н), рим. полководец и император (с 79). В 70 во время Иудейской войны разрушил Иерусалим

TITUS ANDRONICUS [ˈtaɪtəsænˈdrɒnɪkəs] Тит Андро́ник, в одноим. трагедии, приписываемой У. Шекспиру (1594), рим. военачальник, победитель готов. Пленники мстят ему, его дочери и сыновьям, а затем сами становятся жертвами его мести

TOBIAS [təˈbaɪəs] То́вия, в Ветхом Завете сын Товита. С помощью ангела Рафаила изгнал демона из Сарры и женился на ней, а тж. избавил от слепоты своего отца

TOBIT [ˈtəʊbɪt] Тови́т, в Ветхом Завете персонаж, от лица к-рого написана одноим. апокрифическая книга, отец Товии

TOBY, Uncle см. SHANDY

TOCQUEVILLE [ˈtəʊkvɪl, ˈtɔːk-], **Alexis de** (1805—59) Алекси́с де Токви́ль, фр. политолог. В 1831 после поездки по США дал положительный анализ состояния и перспектив амер. общества
⊙ Democracy in America (1835) «Демократия в Америке»

TODD [tɒd], **Alexander Robertus** (р. 1907) Алекса́ндер Робе́ртус Тодд, англ. химик. Лауреат Нобелевской премии (1957)

TODD, Mary (?—1882) М́эри Тодд, жена А. Линкольна. По нек-рым версиям, вовлекла мужа в политику и пыталась вмешиваться в его решения во время Гражданской войны 1861—65

TODD, Sweeney Суи́ни Тод, в англ. фольклоре безумный цирюльник, убивавший своих клиентов

TOLKIEN [ˈtɒlkiːn], **John Ronald Reuel** (1892—1973) Джон Ро́нальд Ру́эл То́лкин /То́лкиен/, англ. писатель. Автор романов-сказок
⊙ The Hobbit (1937) «Хоббит», The Lord of the Rings (1954—55) «Властелин колец»

TOM

TOM [tɔm]: **(every) Tom, Dick and Harry** каждый встречный; кто попало

One of *Samuel Goldwyn's* associates became a proud father, and *Goldwyn* asked, 'What did you name your son?' 'John.' 'Why? Every *Tom, Dick and Harry* is named John!' (*E. Smith*)

У одного из коллег *Сэмюэла Голдвина* родился сын, и *Голдвин* спросил его: «Как вы назвали малыша?» — «Джоном».— «Да вы что! *Каждого встречного-поперечного* зовут Джоном!»

TOM and JERRY [ˈtɔmənˈdʒerɪ] Том и Джерри, в рассказах П. Эгана {Pierce Egan} «Жизнь в Лондоне» (1820) два городских повесы

TOM Fool /*Noddy*/ простофиля; простак (театральное амплуа)

TOM, Peeping Любопытный Том, паренёк, подглядывавший в щёлку за леди Годивой (*см.* GODIVA) * вуаерист, любитель подсматривать за голыми

TOM Thumb Ма́льчик-с-па́льчик, в европ. сказках крохотный мальчик. В англ. варианте сказки с ним случаются различные приключения: его уносит ворон, глотает великан и т. д.

TOM, Uncle дядя Том, в романе Г. Э. Бичер-Стоу «Хижина дяди Тома» (1852) негр-невольник, забитый хозяином до смерти * 1) негр, стремящийся выслужиться у белых 2) пожилой негр

⟨Jimi Hendrix⟩ was uneasy with his fame and resented allegations that he was '*Uncle Tom-ing* it' by playing rock. (*Twenty-Five Years of Rock-and-Roll, 1979*)

Джими Хендриксу мешала его слава; он отвергал утверждения, что, играя рок, он *выслуживается у белой публики*.

The next morning at eleven o'clock... an *Uncle Tom* shuffled into the hotel and asked for the doctor to come and see Judge Banks. (*O. Henry*)

На следующее утро в одиннадцать... является ко мне какой-то *дядя Том* и просит, чтобы я пожаловал на квартиру к судье Бэнксу. (*Пер. К. Чуковского*)

TOMMY (ATKINS) [ˈtɔmɪˈætkɪnz] рядовой брит. армии, солдат

TOMMY TUCKER *см.* TOM TUCKER

TOM O'BEDLAM [ˈtɔmə(u)ˈbedləm] безумец, сумасшедший

TOM TIDDLER [ˈtɔmˈtɪdlə] /**TITTLER** [ˈtɪtlə]/: **Tom Tiddler's** /**Tittler's**/ **Ground 1.** детская игра, в к-рой водящий (Том Тиддлер /Титтлер/) должен ловить тех, кто переступал черту его «владений»
2. ничейная или спорная территория

TOM /TOMMY/ TUCKER [ˈtɔm(ɪ)ˈtʌkə] То́м(ми) Та́кер, персонаж англ. детского стихотворения:

Little *Tom Tucker*
Sings for his supper:
What shall he eat?
White bread and butter.
How shall he cut it without a knife?
How will he be married without a wife?

Томми Такер хочет кушать,
Никого не хочет слушать.
Что положит *Томми* в рот?
С белым маслом бутерброд.
Как его проглотишь за один присест?
Как ему жениться, если нет невест?
* голодный или обжора

TONE [təun], **(Theobald) Wolfe** (1763—98) (Ти́болд) Уо́лф Тон, ирл. деятель движения за независимость, лидер общества «Объединённые ирландцы» {The United Irishmen}. Арестованный англичанами и приговорённый к казни, покончил с собой

TORQUEMADA [ˌtɔːk(w)ɪˈmɑːdə], **Tomás de** (1420?—98) Тома́с де Торк(в)ема́да, исп. «великий инквизитор» (с 1483), духовник королевы Изабеллы и короля Фердинанда. Жестоко преследовал «неверных» и еретиков * тот, кто пытками добивается своих целей

TORRICELLI [ˌtɔrɪˈtʃelɪ], **Evangelista** (1608—47) Эванджели́ста Торриче́лли, ит. математик и физик. Изобрёл ртутный барометр, открыл существование атмосферного давления и вакуума

TOSCANINI [tɔskəˈniːnɪ], **Arturo** (1867—1957) Арту́ро Тоскани́ни, ит. дирижёр (с 1929 в США). В связи с близорукостью дирижировал по памяти * виртуозный, талантливый музыкант

TOULOUSE-LAUTREC [tuːˈluːzləuˈtrek], **Henri de** (1864—1901) Анри́ де Тулу́з-Лотре́к, фр. живописец и график

TOURNEUR [ˈtɜːnə], **Cyril** (1575?—1626) Си́рил Те́рнер, англ. драматург. Представитель маньеризма
⊙ The Revenger's Tragedy (1607) «Трагедия мстителя», The Atheist's Tragedy (1611) «Трагедия атеиста»

TOVEY [ˈtəuvɪ], **Donald Francis** (1875—1940) До́налд Фрэ́нсис То́уви, англ. композитор, пианист и музыковед

TOWNES [taunz], **Charles Hard** (р. 1915) Чарлз Хард Та́унс, амер. физик. Один из основателей квантовой электроники. Лауреат Нобелевской премии (1964)

TOWNSEND [ˈtaunzend], **Sue** (р. 1946) Сью Та́унсенд, англ. писательница. Автор юмористических романов, раскрывающих психологию современного подростка
⊙ The Secret Diary of Adrian Mole (1983) «Тайный дневник Адриана Моула», The Growing Pains of Adrian Mole (1984) «Тяжкое отрочество Адриана Моула»

TOWNSHEND [ˈtaunzend], **Charles** Чарлз Та́унзенд: **1.** /*Turnip* **Townshend**/ (1674—1738) /Реповый Та́унзенд/, англ. полит. деятель и реформатор сельского хозяйства, родственник Р. Уолпола. Разработал методы, повысившие урожайность корнеплодов
2. (1725—67), англ. гос. деятель, его внук
Townshend Acts акты Таунзенда (1767): предусматривали повышение пошлин на ряд товаров и вызвали оппозицию в амер. колониях

TOYNBEE [ˈtɔɪnbɪ] То́йнби: **1. Arnold** (1852—83) А́рнолд, англ. экономист и филантроп. В его честь назван Тойнби-Холл — основанное в 1884 общежитие для студентов, занимающихся благотворительностью
2. Arnold Joseph (1889—1975) А́рнолд Джо́зеф, англ. историк и социолог, его племянник. Автор концепции о причинах подъёма и кризиса цивилизаций

TRACY [ˈtreɪsɪ], **Dick** Дик Тре́йси, в амер. серии комиксов (с 1931) и кинофильмов (с 1937, особ. 1990) полицейский сыщик. В поисках преступников пользуется полуфантастическими изобретениями (видео-телефон в наручных часах и т. п.)

TRACY, Spencer (1900—67) Спе́нсер Тре́йси /Тре́си/, амер. киноактёр. Партнёр К. Хепберн. Лауреат премии «Оскар» (1937, 1938)

TRAJAN [ˈtreɪdʒən] /*лат.* Marcus Ulpius TRAJANUS/ (53—117) (Марк У́льпий) Трая́н, рим. император (с 98). При нём империя достигла максимальных границ
Trajan /architects'/ **lettering** «архитектурный шрифт» (по образцу надписей на колонне Траяна в Риме)

TRA

TRAVERS [ˈtrævəz], **Pamela Lyndon** (р. 1906) Паме́ла Ли́ндон Тра́верс, англ. детская писательница (род. в Австралии)
⊙ Mary Poppins (1934) «Мэри Поппинс», Mary Poppins Comes Back (1935) «Мэри Поппинс возвращается», сказочные повести

TRAVOLTA [trəˈvɒltə], **John** (р. 1954) Джон Траво́лта, амер. певец и киноактёр мюзикла

TREE [triː], **Herbert Beerbohm** (1853—1917) Ге́рберт Би́рбом Три, англ. актёр и режиссёр, постановщик шекспировских пьес. В 1904 основал Академию драматического искусства

TRELAWNY [trɪˈlɔːnɪ], **Johnathan** (1650—1721) Джо́натан Трело́ни, епископ Корнуолла, противник Якова II
And shall Trelawny die? «Погибнет ли Трелони?» — строка-рефрен из поэмы Р. С. Хокера {Robert Stephen Hawker} «Песнь жителей запада» (1869) на темы корнуоллского фольклора

TREVELYAN [trɪˈveljən, -ˈviːl-, -ˈvɪl-], **George Macauley** (1876—1962) Джордж Мако́лей Треве́льян, англ. историк, внук Т. Б. Маколея

TRILBY [ˈtrɪlbɪ] Три́лби /Три́льби/, героиня одноим. романа Дж. Дюморье (1894); см. SVENGALI

TRISMEGISTUS см. HERMES TRISMEGISTUS

TRISTRAM [ˈtrɪstrəm] /**TRISTAN** [ˈtrɪstæn, -ən]/ Триста́н, в ср.-век. европ. эпосе и «артуровских легендах» рыцарь, влюблённый в прекрасную Изольду. Их история — символ любви, к-рая сильнее смерти; её сюжет использовался М. Арнольдом, А. Суинберном, Р. Вагнером
So many if only's... It's so ironic. You read about *Tristan* and *Yseult* lying in the forest with a sword between them. Those dotty old medieval people. (*J. Fowles*)
Слишком много этих «если бы». Какая ирония. Читаешь о *Триста́не* и *Изольде*. Лежат в лесу, а между ними — меч. Полоумные средневековые люди. (*Пер. К. Чугунова*)

TROILUS [ˈtrɔ(u)ɪləs] Тро́ил, в греч. мифологии троянский царевич, к-рому изменила его возлюбленная Крессида
□ Troilus and Criseyde «Троил и Крессида», поэма Дж. Чосера (между 1372 и 1386); Troilus and Cressida «Троил и Крессида», драмы У. Шекспира (1602), Дж. Драйдена (1679); опера У. Уолтона (1954)

TROLLOPE [ˈtrɔləp], **Anthony** (1815—82) Э́нтони Тро́ллоп, англ. писатель. Автор нравоописательных романов // **Trollopian** [trəˈləʊpɪən] *a*
⊙ Barsetshire Chronicle (1855—67) «Барсетширские хроники», цикл романов

TRUDEAU [ˈtruːdəu], **Pierre Elliott** (р. 1919) Пьер Элио́т Трюдо́, премьер-мин. Канады (1968—79, 1980—84), от либер. партии

TRUFFAUT [tryˈfɔ], **François** (1932—84) Франсуа́ Трюффо́, фр. кинорежиссёр и киновед. Один из основателей направления «новая волна»

TRUMAN [ˈtruːmən], **Harry S.** (1884—1972) Га́рри С. Тру́мэн, 33-й през. США (1945—53), от дем. партии. В 1945 отдал приказ о ядерной бомбардировке яп. городов; в 1950 направил амер. войска в Корею
the Truman doctrine доктрина Трумэна (заключалась в оказании помощи Греции и Турции в условиях воен. противостояния с СССР)

TRUMP [trʌmp], **Donald** (р. 1946) До́налд Трамп, амер. магнат бизнеса в сфере недвижимости, владелец гостиниц и казино

TRUNNION [ˈtrʌnjən], **Hawser** [ˈhɔːzə] Га́узер Тра́ньон, в романе Т. Смоллетта «Приключения Перигрина Пикля» (1751) морской коммодор — гротескный образ добросердечного грубияна

TRUTH [truːθ], **Sojourner** /Isabella BAUMFREE [ˈbɔːmfriː]/ (1797—

1883) Соджо́рнер Трут /Изабе́лла Бо́мфри/, амер. негр. аболиционистка, беглая рабыня

TUBMAN [ˈtʌbmən], **Harriet** (1820?—1913) Га́рриет Та́бмен, амер. аболиционистка, беглая рабыня. Активная участница «подземной железной дороги» по переправке рабов в «свободные» штаты. Во время Гражданской войны 1861—65 сестра милосердия и разведчица

TUCKER [ˈtʌkə], **Andy** Э́нди Та́ккер, в сб. рассказов О. Генри «Благородный жулик» (1908) один из двух проходимцев-мошенников, партнёр Джеффа Питерса

TUCKER, Forrest (1919—86) Фо́ррест Та́к(к)ер, амер. киноактёр. Снимался в вестернах и фильмах на воен. тему

TUCKER, Tom(my) *см.* TOM TUCKER

TUDOR [ˈt(j)uːdə] Тюдо́р, англ. королевская династия в 1485—1603 → EDWARD

TURANDOT [ˈt(j)uərəndəu, -dɔt] Турандо́т, в одноим. пьесе-сказке К. Гоцци {Carlo Gozzi} (1762) и основанной на ней опере Дж. Пуччини (1926) кит. принцесса, загадывающая женихам загадки и предающая их казни в случае неправильного ответа

TURING [ˈtju(ə)rɪŋ], **Alan Mathison** (1912—54) А́лан Ма́тисон Тью́ринг, англ. математик. Один из основоположников разработок по созданию искусственного интеллекта

TURNER [ˈtɜːnə], **(Joseph Mallord) William** (1775—1851) (Джо́зеф Мэ́ллорд) Уи́льям Тёрнер, англ. живописец-маринист романтического направления

TURNER, Nat (1800—31) Нат Тёрнер, амер. негр, предводитель восстания ок. 200 рабов в Саутгемптоне, штат Вирджиния. Был схвачен и повешен

TURNER, Ted (р. 1938) Тед Тёрнер, амер. магнат средств массовой информации. Владелец ряда телекорпораций и кинокомпаний

TURNER, Tina (р. 1939) Тина Тёрнер, амер. негр. эстрадная певица

TURPIN [ˈtɜːpɪn], **Dick /Richard/** (1706—39) Дик /Ри́чард/ Тёрпин, англ. разбойник. Фигурирует в фольклоре

TUSSAUD [ˈt(j)uːsəu, təˈsɔːd], **Marie** (1760—1850) Мари́ Тюссо́, англ. скульптор (род. в Швейцарии). В 1802 основала в Лондоне музей восковых фигур

TUTANKHAMEN [ˌtuːtæŋˈkɑːmən] /**TUTENKHAMON** [ˌtuːteŋˈkɑːmən]/ (14 в до н. э.) Тутанхамо́н, егип. фараон (1351—42 до н. э.). Отменил реформы Аменхотепа IV /Эхнатона/

TWACHTMAN [ˈtwɑːk(t)mən], **John Henry** (1853—1902) Джон Ге́нри Туа́ктман, амер. художник-импрессионист

TWAIN [tweɪn], **Mark** /*наст. имя* Samuel Langhorne CLEMENS [ˈklemənz]/ (1835—1910) Марк Твен /Сэ́мюэл Ле́нгхорн Кле́менс/, амер. писатель и журналист. Автор юмористических, сатирических и социально-критических новелл и романов; его книги о Томе Сойере и Геке Финне — классика детской литературы

⊙ The Innocents Abroad (1869) «Простаки за границей», книга юмористических очерков; The Guilded Age (1873) «Позолоченный век» (совм. с Ч. Уорнером), The Prince and the Pauper (1882) «Принц и нищий», A Connecticut Yankee in King Arthur's Court (1889) «Янки из Коннектикута при дворе короля Артура», The Adventures of Tom Sawyer (1876) «Приключения Тома Сойера», The Adventures of Huckleberry Finn (1884) «Приключения Гекльберри Финна», романы; The Tragedy of Pudd'nhead Wilson (1894) «Простофиля Вильсон», The Man that Corrupted Hadleyburg (1899) «Человек, который совратил Гедлиберг», повести → CROCKETT

TWEEDLEDUM and TWEEDLEDEE [ˌtwiːdlˈdʌmənˌtwiːdlˈdiː] Твидл-ду́м и Тви́длди/Труляля́ и Траляля́/, человечки-близнецы в англ. детском стихотворении:

Tweedledum and Tweedledee agreed to have a battle,
For *Tweedledum* said *Tweedledee* had spoiled his nice new rattle.
Just then flew by a monstrous crow, as big as a tar-barrel,
Which frightened both the heroes so, they quite forgot their quarrel.

Шли *Твидлдум* и *Твидлди* войною друг на дружку.
У *Твидлдума Твидлди* испортил погремушку.
Но вдруг раздался страшный шум, ужасный крик ворон,
И *Твидлди*, и *Твидлдум* вдвоём удрали вон! (*Пер. С. Маршака*)

Фигурируют тж. в повести-сказке Л. Кэрролла «Алиса в Зазеркалье» (1872), в к-рой облачаются в комические «доспехи» * люди, не отличимые друг от друга

Weary looked like *Tweedledum or Tweedledee*, all bundled up for battle. He was short and thick. He had every piece of equipment he had ever been issued. (*K. Vonnegut*)

Уэри был похож на *Труляля* или *Траляля* в полной боевой готовности. Он был низенький и толстый. Всё когда-либо выданное ему снаряжение было при нём.

TWIGGY [ˈtwɪgɪ] /*наст. имя* Leslie HORNSBY/ (р. 1946) Тви́гги /Лесли Хо́рнсби/, англ. манекенщица и киноактриса

Every week the skirts seemed too long again until we had them so high they barely covered our behinds. With our legs... exposed to the air..., we had to diet maniacally. *Twiggy* was the standard. (*S. Davidson*)

С каждой неделей юбки всё укорачивались, покуда не стали едва прикрывать ягодицы. Обнажив ноги, нам пришлось держать себя на сумасшедшей диете. *Манекенщица Твигги* была взята за образец.
→ SHAKESPEARE

TWIST [twɪst], **Oliver** О́ливер Твист, в романе Ч. Диккенса «Приключения Оливера Твиста» (1837—38) мальчик, выросший в работном доме. Попросив за обедом добавки, навлекает на себя гнев надзирателей. В Лондоне попадает в шайку воришек
□ Oliver Twist «Оливер Твист», фильм Д. Лина (1947); Oliver! «Оливер!», фильм-мюзикл англ. реж. К. Рида {Carol Reed} (1968)

Like many children, *Daniel* was fussy about his food, and he didn't fancy the king's meat and drink. Accordingly he did an *Oliver Twist* in reverse. He... suggested that he and his friends should be given pulse to eat and water to drink. (*Guardian, 1986*)

Как многие дети, *Даниил* был привередлив в еде, и мясо и вино с царского стола не очень-то ему понравились. И если *Оливер Твист* просил у хозяев добавки, то этот поступил как раз наоборот: он... потребовал, чтобы ему и его друзьям давали в пищу овощи и воду для питья.

TYBALT [ˈtɪbəlt] Тиба́льт, в трагедии У. Шекспира «Ромео и Джульетта» (1595) родственник Джульетты, убивший Меркуцио

TYLER [ˈtaɪlə], **Anne** (р. 1941) Энн Та́йлер, амер. писательница. Лауреат Пулитцеровской премии (1989)
⊙ Dinner at the Homesick Restaurant (1982) «Обед в ресторане «Тоска по дому», The Accidental Tourist (1985) «Случайный путешественник», Breathing Lessons (1988) «Уроки дыхания», романы

TYLER, John (1790—1862) Джон Та́йлер, 10-й през. США (1841—45). Сторонник рабства

TYLER, Wat /Walter/ (?—1381) Уо́т /Уо́лтер/ Та́йлер, вождь крестьянского восстания 1381 в Англии. Убит во время переговоров с Ричардом II

TYNDALL [ˈtɪndl], **John** (1820—93) Джон Ти́ндаль, англ. физик и популяризатор науки

TYRWHITT-WILSON [ˈtɪrɪtˈwɪlsən], **Gerald Hugh** (1883—1950) Дже́ралд Хью Ти́ритт-Уи́лсон, англ. композитор и художник

U

UCCELLO [uːˈtʃeləu] /*наст. имя* di DONO/, **Paolo** (1397 1475) Па́оло Учче́лло /ди До́но/, ит. живописец

UDALL [ˈjuːdɔːl, -dəl] /**UVEDALE** [ˈjuːvdeɪl]/, **Nicholas** (1505—56) Ни́колас Ю́далл /Ю́вдейл/, англ. драматург. Автор первой известной англ. комедии

⊙ Ralph Roister Doister (опубл. 1537) «Ральф Ройстер Дойстер»

ULFILAS [ˈulfɪlɑːs, ˈʌl-, -ləs] /**ULFILA** [ˈulfɪlə], **WULFILA** [ˈwulfɪlə]/ (311?—381) Ульфи́ла /Вульфи́ла/, первый христ. миссионер среди герм. племён, «епископ го́тов» (с 341?)

ULPIAN [ˈʌlpɪən] /*лат.* ULPIANUS DOMITIUS/ (170?—228) Ульпиа́н (Доми́ций), рим. юрист

ULYSSES [juːˈlɪsiːz] Ули́сс, рим. именование Одиссея

☐ роман Дж. Джойса (1922)

J i m m y (quietly). Just to be with her was an adventure. Even to sit on the top of a bus with her was like setting out with *Ulysses*.

C l i f f. Wouldn't have said Webster was much like *Ulysses*. He's an ugly little devil. (*J. Osborne*)

Д ж и м м и (невозмутимо). С ней всё становилось приключением. Даже поездка в автобусе была целой *одиссеей*.

К л и ф ф. Я бы не сказал, что Вебстер напоминает *Одиссея*. Уродливый чертёнок. (*Пер. Д. Урнова*)

UPDIKE [ˈʌpdaɪk], **John Hoyer** (р. 1932) Джон Хо́йер А́пдайк, амер. писатель. Лауреат Пулитцеровской премии (1982)

⊙ The Poorhouse Fair (1959) «Ярмарка в богадельне», Rabbit, Run (1960) «Кролик, беги», The Centaur (1963) «Кентавр», Rabbit Redux (1971) «Кролик исцелившийся», Marry Me (1976) «Давай поженимся», Rabbit is Rich (1981) «Кролик разбогател», романы

URANIA [juəˈreɪnjə] Ура́ния, в греч. мифологии муза астрономии

URANUS [ˈjuərənəs, juəˈreɪnəs] Ура́н, в греч. мифологии бог неба. Свергнут сыном Кроносом

URBAN [ˈɜːbən] Урба́н, имя 8 рим. пап, в т. ч.: **II** (1042?—99), на престоле с 1088. В 1095 провозгласил 1-й крестовый поход

UREY [ˈjuərɪ], **Harold Clayton** (1893—1981) Га́рольд Кле́йтон Ю́ри, амер. физик и химик. Лауреат Нобелевской премии (1934)

URIAH [ju(e)ˈraɪə] (*the Hettite*) У́рия (Хеттеянин), в Ветхом Завете муж Вирсавии. Царь Давид послал его на заведомую смерть и взял Вирсавию в жёны

URQUHART [ˈɜːkət, -kɑːt], **Thomas** (1611—60) То́мас Э́ркарт, шотл. писатель, переводчик Рабле

URSULA [ˈɜːsjulə], St. св. Урсу́ла, в брит. легендах девственница — христ. мученица. Под Кёльном, по возвращении из паломничества в Рим была казнена гуннами вместе с тысячами дев, давших обет безбрачия

USHER [ˈʌʃə] Áшер /Э́шер/, в рассказе Э. По «Падение дома Ашеров /Эшеров/» (1839) фамилия владельцев таинственного дома, в к-ром брату является призрак недавно умершей сестры. Дом рушится и уходит под воду → FINN H.

USSHER [ˈʌʃə], **James** (1581—1656) Джеймс Áшер, ирл. историк и теолог
⊙ Annales Veteris et Novi Testamenti «История времён Ветхого и Нового Завета», ист. трактат

USTINOV [juːsˈtɪnɔf], **Peter Alexander** (р. 1921) Пи́тер Алекса́ндер Усти́нов, англ. писатель, драматург, киноактёр, режиссёр рус. происхождения. Лауреат премии «Оскар» (1960, 1964)
⊙ Krumnagel (1971) «Крамнэгел», роман; Billy Budd (1962) «Билли Бадд», постановка фильма

U THANT *см.* THANT

UTHER PENDRAGON [ˈjuːθəpenˈdrægən] У́тер Пендра́гон, в «артуровских легендах» король британцев, отец Артура

UTRILLO [juːˈtrɪləu], **Maurice** (1883—1955) Мори́с Утри́лло, фр. живописец

UVEDALE *см.* UDALL

V

VADER [ˈveɪdə], **Darth** Дарт Ве́йдер, в амер. фантастических фильмах серии «Звёздные войны» (с 1977) космический злодей, властелин Империи Зла {the Evil Empire} и строитель Звезды Смерти {the Death Star}. Вместо лица у него непроницаемая чёрная маска

VALENS [ˈveɪlənz] (328?—378) Вале́нт, император Вост. Рим. империи (с 364)

VALENTINE [ˈvæləntaɪn], **St.** св. Валенти́н, в христ. преданиях рим. мученик. Считается покровителем влюблённых; в его день (14 февраля) влюблённые обмениваются подарками и открытками

VALENTINIAN [ˌvælənˈtɪnɪən] /*лат.* VALENTINIANUS/ Валентиниа́н, имя 3 рим. императоров

VALENTINO [ˌvælənˈtiːnəu], **Rudolph** /**Rudy**; *наст. имя* Rodolpho GUGLIELMI di VALENTINO/ (1895—1926) Рудо́льф /Ру́ди; Родо́льфо Гулье́льми ди/ Валенти́но, амер. танцор и киноактёр ит. происхождения. Считался воплощением мужской красоты и получил прозвище «Великий любовник экрана» {the Great Lover of the Screen}

VALERA, Eamon de *см.* DE VALERA

VALERIAN [vəˈlɪərɪən] (193—260) Валериа́н, рим. император (с 253)

VANBRUGH [ˈvænbrə, vænˈbruː], **John** (1664—1726) Джон Ва́нбру́, англ. драматург и архитектор. Представитель барокко
⊙ The Relapse, or Virtue in Danger (1696) «Неисправимый, или Добродетель в опасности», комедия

VAN BUREN [vænˈbjuːrən], **Martin** (1782—1862) Ма́ртин Ван Бу́рен /Бю́рен/, 8-й през. США (1837—41), от дем. партии

VANCE [væns], **Philo** Фи́ло Вэнс, в детективных романах амер. писателя С. С. Ван Дайна {S. S. Van Dine} (с 1926) сыщик-любитель, британец

VANCOUVER [vænˈkuːvə], **George** (1757—98) Джордж Ванку́увер, англ. мореплаватель. Исследователь Австралии, Сев. Америки. Его именем названы остров и город в Канаде

VANDERBILT ['vændəbɪlt], **Amy** (1908—74) Эйми Вандербильт, амер. литератор (*ж.*) Автор руководств по этикету (издавались с 1952)

VANDERBILT, Cornelius (1794—1877) Корнелиус Вандербильт, амер. финансист и промышленник

VAN DE VELDE [ˌvændə'veldə], **William** Виллем ван де Велде, имя голл. художников-маринистов, отца и сына:

1. the Elder (1611—93) Старший

2. the Younger (1633—1707) Младший

VAN DONGEN [ˌvæn'dɔŋən], **Kees** /*наст. имя* Cornelius/ (1877—1968) Кес /Корнелиус/ Ван Донген, фр. художник (род. в Нидерландах)

VANDYKE /Van DYCK/ [ˌvæn'daɪk], **Anthony** (1599—1641) Антонис Ван Дейк, флам. живописец (в Англии в 1620—21 и с 1632). Мастер портрета

Vandyke beard бородка клином (как на портретах Ван Дейка)

The bartender, a young man with a *Vandyke* beard and a buttoned-down shirt, sat by the cash register reading the New York Daily News. (*P. Benchley*)

Бармен, молодой человек с *клиновидной* бородкой в застёгнутой на все пуговицы рубашке, сидел за кассой и читал «Нью-Йорк дейли ньюс».

VAN EYCK [ˌvæn'aɪk] Ван Эйк, голл. живописцы, братья: **1. Hubert /Huybrecht/** (1370?—1426) Хуберт

2. Jan (1390?—1441) Ян

VAN GOGH [ˌvæn'gəu, -'gɔ(:)k, -gɔf], **Vincent** (1853—90) Винсент Ван Гог, голл. живописец-постимпрессионист. Автор напряжённых по цвету и ритму полотен. Страдал душевной болезнью, в приступе к-рой отсёк себе ухо

The rumours and realities of his unregenerate life style, like his contempt for his homeland, became amusing... and even pleasingly authentic to the vulgar mind, with its propensity for confusing serious creation with colourful biography, for allowing *Van Gogh's* ear obscure any attempt to regard art as a supreme sanity instead of a chocolate-sucking melodrama. (*J. Fowles*)

Слухи о его греховном поведении и такие факты, как презрение к собственной родине, стали казаться забавными и даже... импонировали обывателям, склонным отождествлять серьёзное творчество художника с его красочной биографией, отвергать, ссылаясь на отрезанное ухо *Ван Гога*, всякую попытку рассматривать искусство как высшее проявление здравомыслия, а не как слащавую мелодраму. (*Пер. К. Чугуновой*)

VAN WINKLE ['væn'wɪŋkl], **Rip** Рип Ван Винкль, герой одноим. рассказа В. Ирвинга (1820): заснув в лесу, он просыпается через 20 лет и обнаруживает, что жизнь неузнаваемо изменилась

Well, I could go back to sleep now. Till my cash ran out, anyway. I could be *Rip Van Winkle*. Only I thought that the *Rip Van Winkle* story was all wrong. You went to sleep for a long time, and when you woke up nothing whatsoever had changed. (*R. P. Warren*)

Что ж, теперь я мог вернуться ко сну. Во всяком случае, пока не кончатся деньги. Я мог бы стать *Рипом Ван Винклем*. Только, на мой взгляд, про него рассказали неправду. Вы засыпаете на долгое время, а когда просыпаетесь, оказывается, что всё на свете идёт по-прежнему. (*Пер. В. Голышева*)

VANZETTI [væn'zetɪ], **Bartolomeo** (1888—1927) Бартоломео Ванцетти, амер. рабочий (ит. происхождения), активист рабочего движения. Вместе с Н. Сакко обвинён в убийстве и казнён

VARDEN [ˈvɑːdn], **Dolly** Дóлли Вáрден, в романе Ч. Диккенса «Барнаби Радж» (1841) кокетливая красавица * 1) молодая изящная девушка 2) цветное приталенное платье

VARÈSE [vəˈreɪz], **Edgard** (1883—1965) Эдгáр Варéз, амер. композитор-модернист (род. во Франции, в США с 1915)

VARRO [ˈværəʊ], **Marcus Terentius** (116—27 до н. э.) Марк Терéнций Варрóн, рим. учёный-энциклопедист

VAUGHAN WILLIAMS [ˈvɔːnˈwɪljəms], **Ralph** (1872—1958) Ралф Вóан-Уи́льямс, англ. композитор, собиратель и исследователь фольклора. Один из основоположников современной англ. композиторской школы

⊙ Hugh the Drover (1914) «Хью-гуртовщик», Sir John in Love (1929) «Влюблённый сэр Джон», The Pilgrim's Progress (1951) «Путь паломника», оперы; Job (1931) «Иов», балет

Perhaps there's a concert on. (Picks up Radio Times.)... Oh, yes. There's a *Vaughan Williams*. Well, that's something, anyway. Something strong, something simple, something English. (*J. Osborne*)

Хоть бы концерт какой-нибудь послушать. (Поднимает с полу радиопрограмму.) ... Ага, вот. *Воан-Уильямс*. Это уже почти удача. Сильное, простое, английское. (*Пер. Д. Урнова*)

VEGA (CARPIO) [ˈveɪɡəˈkɑːpɪəʊ] Lope Félix de (1562—1635) Лóпе Фéликс де Вéга (Кáрпьо), исп. драматург

VELÁSQUEZ /VELÁZQUEZ/ [vɪˈlæskəs, -skwɪz], **Diego Rodríguez de Silva y** (1599—1660) Диéго Родри́гес де Си́льва Велáскес, исп. живописец при дворе короля Филиппа IV

VENUS [ˈviːnəs] Венéра, в рим. мифологии богиня красоты и любви, родившаяся из морской пены. Соответствует греч. Афродите

Venus de Milo «Венера Милосская», скульптура, раскопанная в Милосе. Считается одним из эталонов пропорций женского тела

□ Venus and Adonis «Венера и Адонис», поэма У. Шекспира (1593); опера Дж. Блоу (1684); Venus Observed «Наблюдение Венеры», стихотворная драма К. Фрая (1950); The Eve of Saint Venus «Канун святой Венеры», роман А. Берджеса (1964)

For an actress to be a success she must have the face of *Venus*, the brains of *Minerva*, the grace of *Terpsichore*, the memory of *Macaulay*, the figure of *Juno*, and the hide of a rhinoceros. (*G. Nathan*)

Чтобы добиться успеха, актриса должна обладать лицом *Венеры*, умом *Минервы*, грацией *Терпсихоры*, памятью *Маколея*, статью *Юноны* и шкурой носорога.

VERCINGETORIX [ˌvɜːsɪnˈdʒetərɪks] (1 в. до н. э.) Верцингéториг, галльский вождь. Возглавлял сопротивление Цезарю; пленён и казнён в Риме

VERDI [ˈveədi(ː)], **Giuseppe Fortunino Francesco** (1813—1901) Джузéппе Фортуни́но Франчéско Вéрди, ит. композитор // **Verdian** [ˈveədɪən] *a*

⊙ Nabucco (1842) «Набукко» /«Навухо»/, Macbeth (1847) «Макбет», Rigoletto (1851) «Риголетто», Il Trovatore (1853) «Трубадур», La Traviata (1853) «Травиата», A Masked Ball (1859) «Бал-маскарад», Don Carlos (1867) «Дон Карлос», Aida (1870) «Аида», Othello (1886) «Отелло», Falstaff (1892) «Фальстаф», оперы

VERGIL *см.* VIRGIL

VERLAINE [veəˈleɪn], **Paul** (1844—96) Поль Верлéн, фр. поэт-символист

VERMEER [vǝˈmeǝ, -ˈmɪǝ] **of Delft, Jan** (1632—75) Ян Верме́(е)р Де́лфтский, голл. живописец

VERNE [veǝn, vɜ:n], **Jules** (1828—1905) Жюль Верн, фр. писатель. Автор приключенческих романов, один из основателей жанра научной фантастики

VERONESE [ˌverǝ(u)ˈneɪsi(:), -zi(:)], **Paolo** (1528—88) Пао́ло Вероне́зе, ит. живописец Возрождения

VERONICA [vɪˈrɔnɪkǝ] Верони́ка, в христ. верованиях женщина, обтёршая платком лицо Христа во время восхождения на Голгофу. На этом платке (так наз. плате Вероники {vernicle}) чудесным образом запечатлелся лик Христа

VERROCCHIO [vǝˈrɔkɪǝu, -ˈrǝu-] /*наст. имя* di MICHELE CIONI/, **Andrea del** (1435—88) Андре́а дель Верро́ккьо /ди Мике́ле Чо́ни/, ит. художник Раннего Возрождения

VERWOERD [fǝˈvuǝt], **Hendrik Frensch** (1901—66) Хе́ндрик Френс Фе́рвурд, южно-афр. гос. деятель, премьер-мин. (с 1958)

VESEY [ˈvi:zɪ], **Elizabeth** (1715?—91) Эли́забет Ви́зи, создательница англ. лит. салона 1850-х гг., получившего название «Синий чулок» {Blue Stocking}

VESPASIAN [veˈspeɪʒ(j)ǝn] (9—79) Веспасиа́н, рим. император (с 69). Основатель династии Флавиев {Flavius}

VESPUCCI [veˈspu:tʃɪ], **Amerigo** (1454?—1512) Аме́риго Веспу́ччи, ит. мореплаватель, участник исп. и порт. экспедиций к берегам Америки. Первым предположил, что это новая часть света, и в 1507 она была названа его именем

VESTA [ˈvestǝ] Ве́ста, в рим. мифологии богиня огня и домашнего очага // **Vestal** [ˈvestǝl] *a*
Vestal virgins весталки, девственные жрицы храма Весты

VICO [ˈvɪkǝu], **Giovanni Battista** (1668—1744) Джамбатти́ста Ви́ко, ит. философ. Исследовал закономерности ист. процесса

VICTOR EMMANUEL [ˈvɪktǝrɪˈmænjuǝl] Ви́ктор Эммануи́л: **1.** имя двух королей Сардинии
2. III (1869—1947), последний король Италии (1900—46)

VICTORIA [vɪkˈtɔ:rɪǝ] (1819—1901) Викто́рия, англ. королева (с 1837). Период её правления был временем роста и наивысшего могущества колониальной империи. Викторианская эпоха считается символом показной нравственной строгости и ортодоксальности // **Victorian** [vɪkˈtɔ:rɪǝn] *a* викторианский; *n* викторианец

VIDAL [ˈvaɪdǝl], **Gore** (р. 1925) Гор Ви́дал, амер. писатель. Автор историко-политических романов, пьес
⊙ Williwaw (1946) «Уилливо», Julian (1964) «Юлиан», Washington D. C. (1967) «Вашингтон, округ Колумбия», Burr (1974) «Бэрр», «1876» (1976), Creation (1981) «Сотворение мира», Lincoln (1984) «Линкольн», романы; The Best Man (1960) «Самый достойный», пьеса

VIDOR [ˈvaɪdǝ], **King** (1894—1982) Кинг Ви́дор, амер. режиссёр и продюсер. Постановщик экранизаций, зрелищных фильмов. Лауреат премии «Оскар» (1978)
⊙ The Big Parade (1923) «Большой парад», Hallelujah (1929) «Аллилуйя», Billy the Kid (1930) «Детка Билли», War and Peace (1956) «Война и мир»

VIGNY [vi:ˈnji:], **Alfred Victor de** (1797—1863) Альфре́д Викто́р де Виньи́, фр. писатель, поэт и драматург. Переводчик трагедий У. Шекспира

VILLA-LOBOS [ˈvi:lǝˈlǝubǝ(u)s], **Heitor** [ˈeɪtɔ:] (1887—1959) Э́йтор Ви́ла-Ло́бос, бразильский композитор, пианист и педагог

VILLON [vi:'jɔ̃], **François** (1431 — после 1462) Франсуа́ Вийо́н, фр. поэт Предвозрождения. Был судим за участие в убийствах и ограблениях

VINCI *см.* LEONARDO da VINCI

VIOLA ['v(a)ɪələ] Вио́ла, в комедии У. Шекспира «Двенадцатая ночь» (1600) сестра Себастьяна. Переодетая мужчиной, служит пажом у герцога Орсино, тайно влюблена в него

VIRCHOW ['vɜ:tʃəu, 'fɪəkəu, 'vɪə-], **Rudolf** (1821—1902) Рудо́льф Ви́рхов, нем. патолог. Один из основателей прогрессивной партии

VIRGIL /VERGIL/ ['vɜ:dʒɪl] /*лат.* Publius Vergilius MARO/ (70—19 до н. э.) (Пу́блий) Верги́лий (Маро́н), рим. поэт. Фигурирует в «Божественной комедии» Данте как проводник автора в чистилище и аду // **Virgilian, Vergilian** [və'dʒɪlɪən] *a*

⊙ Aeneid «Эне́ида», эпическая поэма

VISCONTI [vɪs'kɔntɪ], **Luchino** (1906—76) Луки́но Виско́нти, ит. кинорежиссёр. Один из гл. представителей неореализма

⊙ Senso: The Wanton Countess (1954) «Чувство», Rocco and His Brothers (1960) «Рокко и его братья», The Damned (1969) «Гибель богов»

VISHNU ['vɪʃnu:] Ви́шну, в брахманизме и индуизме один из трёх высших богов (наряду с Брахмой и Шивой), бог-хранитель. Олицетворяет энергию, благоустраивающую космос. Изображается четырёхруким, во всеоружии

VITRUVIUS (POLLIO) [vɪ'tru:vjəs'pɔlɪəu] (1 в. до н. э.) Витру́вий (Поллио́н), рим. архитектор и инженер. Автор трактата об архитектуре // **Vitruvian** [vɪ'tru:vjən] *a*

VIVALDI [vɪ'vɑ:ldɪ, -'væl-, -'vɔ:l-], **Antonio** (1678—1741) Анто́нио Вива́льди, ит. скрипач-виртуоз и композитор, священник (ум. в Вене). Автор св. 450 концертов

VIVIAN, VIVIEN *см.* NIMUE

VLAMINCK [vlə'mɛ̃k], **Maurice** (1876-1958) Мори́с Влами́нк, фр. живописец-фовист

VOIGHT [vɔɪt], **Jon** (р. 1938) Джон /Йон/ Войт, амер. киноактёр. Лауреат премии «Оскар» (1978)

VOLPONE [vɔl'pəunɪ] Вольпо́не, в одноим. пьесе Б. Джонсона (1606) венецианский вельможа. Притворившись умирающим, получает богатые подарки от соседей, к-рые надеются стать его наследниками

VOLTA ['vəultə, 'vɔl-], **Alessandro** (1745—1827) Алесса́ндро Во́льта, ит. физик. Основатель учения об электричестве. Его именем названа единица электрического напряжения — вольт

VOLTAIRE [vəul'teə, vɔl-] /*наст. имя.* François Marie AROUET/ (1694—1778) Вольте́р /Франсуа́ Мари́ Аруэ́/, фр. писатель, историк и философ-просветитель

⊙ La Henriade (1728) «Генриада», эпич. поэма; Zaire (1732) «Заира», трагедия; La Pucelle (1735) «Орлеанская девственница», комическая поэма; Candide (1759) «Кандид», повесть

I want to look like an American *Voltaire* or *Gibbon*, but I am slowly settling down to be a third-rate *Boswell* hunting for a *Dr. Johnson.* (*H. Adams*)

Хочется пользоваться репутацией американского *Вольтера* или *Гиббона*, но постепенно я утверждаюсь в роли третьесортного *Босуэлла*, который рыскает в поисках *доктора Джонсона*.

VONNEGUT ['vɔnɪgʌt], **Kurt** (р. 1922) Курт Во́ннегут, амер. писатель. Автор романов, сочетающих элементы сатирического гротеска и соц. фантастики

⊙ Cat's Cradle (1963) «Колыбель для кошки», Slaughterhouse Five (1969) «Бойня номер пять», Breakfast of Champions (1973) «Завтрак для чемпионов», Jailbird (1980) «Тюремная пташка», Deadeye Dick (1982) «Малый-Не-Промах», романы

VORSTER [ˈfɔːstə], **Balthazar Johannes** (1915—83) Балтазáр Йохáннес Фóрстер, премьер-мин. (1966—78), през. ЮАР (1978—79). Проводник политики апартеида

VORTIGERN [ˈvɔːtɪɡən] (5 в.?) Вóртигерн, легендарный король Британии. По преданию, пригласил в Англию ютов на помощь в борьбе против пиктов и женился на дочери их вождя Ровене

VULCAN [ˈvʌlkən] Вулкáн, в рим. мифологии бог огня. Соответствует греч. Гефесту

W

WACE [weɪs] **of Jersey** (1100? — после 1171) Вас Джерсúйский, фр. писатель в Англии

⊙ Roman de Brut (1154?) «Роман о Бруте», роман в стихах; Roman de Rou «Роман о Ру», эпическая поэма

WAGNER [ˈvɑːɡnə], **(Wilhelm) Richard** (1813—83) (Вильгéльм) Рúхард Вáгнер, нем. композитор и дирижёр. Автор опер на сюжеты из герм. мифологии. Стремился к созданию «симфонической» оперы, построенной на лейтмотивах {leading-motives}. Новатор муз. языка

⊙ The Flying Dutchman (1843) «Летучий голландец», Lohengrin (1848) «Лоэнгрин», Parsifal (1882) «Парсифаль», оперы; The Nibelung's Ring (1854—74) «Кольцо Нибелунга», оперная тетралогия

He had read of the keen critical rejection of failures such as *Wagner's* operas, *Lincoln's* Gettysburg Address, *Walt Whitman's* poems and *Christ's* Sermon on the Mount, and he was sensibly impressed. (*R. Taylor*)

Он читал о том, как критики сходу отметали такие, по их мнению, неудачные произведения, как оперы *Вагнера*, Геттисбергское воззвание *Линкольна*, стихи *Уолта Уитмена* или Нагорная проповедь *Христа*, и это произвело на него немалое впечатление.

WAIN [weɪn], **John** (р. 1925) Джон Уэйн, англ. писатель и критик. Автор книг соц. проблематики

⊙ Hurry On Down (1953) «Спеши вниз», The Smaller Sky (1967) «Меньшее небо», A Winter in the Hills (1970) «Зима в горах», романы

WAJDA [ˈvaɪdɑː], **Andrzej** (р. 1926) Áнджей Вáйда, польск. кинорежиссёр

⊙ Ashes and Diamonds (1958) «Пепел и алмаз»

WAKSMAN [ˈwɑːksmən, ˈwæk-], **Selman** (1888—1973) Зéльман Вáксман, амер. микробиолог (род. на Украине). Лауреат Нобелевской премии (1952)

WALD [wɔːld], **George** (р. 1906) Джордж Уóлд, амер. биохимик. Лауреат Нобелевской премии (1967)

WALDEMAR [ˈwɔːldəmɑː] Вáльдемáр, имя 4 дат. королей, в т. ч.: **I the Great** (1131—82) Великий, правил с 1157

WALDHEIM [ˈvɑːlthaɪm], **Kurt** (р.1918) Курт Вáльдхайм, австр. полит. деятель, ген. секр. ООН (1972—81), през. Австрии (с 1986)

WALESA [vɑːˈlensə], **Lech** (р. 1943) Лех Валéнса, польск. профсоюзный и полит. деятель, през. Польши (с 1990). Лидер объединения «Солидарность» {Solidarity}. Лауреат Нобелевской премии мира (1983)

WALKER [ˈwɔ:kə], **Alice** (р. 1944) Э́лис Уо́кер, амер. негр. писательница. Лауреат Пулитцеровской премии (1983)

⊙ The Color Purple (1982) «Лиловый цвет», роман

WALLACE [ˈwɔlɪs], **Henry Agard** (1888—1965) Ге́нри Э́гард Уо́ллес, вице-през. США (1941—45)

WALLACE, William (1270?—1305) Уи́льям Уо́ллес, нац. герой Шотландии. В 1927 разгромил армию Эдуарда I. Захвачен и казнён англичанами

WALLIS [ˈwɔlɪs], **John** (1616—1703) Джон Ва́ллис /Уо́ллис/ англ. математик. Один из основателей Лондонского королевского общества

WALPOLE [ˈwɔ:lpəul] Уо́лпол: **1. Horace** (1717—97) Хо́рас, англ. писатель, автор первого в англ. литературе «готического» романа

⊙ The Castle of Otranto (1764) «Замок Отранто»

2. Robert (1676—1745) Ро́берт, премьер-мин. Англии (1721—42), от партии вигов, его отец // **Walpolian** [wɔ:ˈpəulɪən] *a*

WALPURGIS [vælˈpuəgɪs], **St.** (710?—780?) св. Вальпу́ргия, англ. монахиня. По преданию, способствовала обращению в христианство др. германцев

Walpurgis Night Вальпургиева ночь (на 1 мая), по нем. поверьям, ночь шабаша ведьм в горах Гарца

WALSINGHAM [ˈwɔ:lsɪŋəm], **Francis** (1530?—90) Фрэ́нсис Уо́лсингем, англ. дипломат и гос. деятель. Создал эффективную службу безопасности, раскрывшую заговор Бабингтона

WALTON [ˈwɔ:ltən], **Ernest Thomas Sinton** (р. 1903) Э́рнест То́мас Си́нтон Уо́лтон, ирл. физик. В 1932 создал первый ускоритель протонов. Лауреат Нобелевской премии (1951)

WALTON, Izaak (1593—1683) Айзек Уо́лтон, англ. писатель. Автор биографий, трактата о рыбной ловле

WALTON, William Turner (1902—1983) Уи́льям Те́рнер Уо́лтон, англ. композитор

⊙ Troilus and Cressida (1954) «Троил и Крессида», The Bear (1967) «Медведь», роман

WARBEK [ˈwɔ:bek], **Perkin** (1474?—99) Пе́ркин Уо́рбек, самозванный претендент на англ. престол. Выдавал себя за сына Эдуарда VI; в 1497 высадился в Корнуолле и провозгласил себя королём Ричардом IV, но был схвачен и казнён

WARD [wɔ:d], **Lester Frank** (1841—1913) Ле́стер Франк Уо́рд, амер. социолог. Автор концепции «социократии», научно контролируемого преобразования общества

WARD, Mary Augusta (1851—1920) Мэ́ри Ога́ста Уо́рд, англ. писательница

⊙ Robert Elsmere (1888) «Роберт Элсмер», роман

WARHOL [ˈwɔ:hɔ:l, -həul], **Andy** (1930?—87) Э́нди Уо́рхол, амер. художник и кинорежиссёр. Один из мэтров поп-арта. Постановщик фильмов в жанре т. н. «подпольного» кино

WARREN [ˈwɔrɪn, -rən], **Earl** (1891—1974) Эрл Уо́ррен, пред. Верх. суда США (1953—69)

WARREN, Robert Penn (1905—89) Ро́берт Пенн Уо́ррен, амер. писатель. Лауреат Пулитцеровской премии (1947, 1958, 1979), первый амер. поэт-лауреат (1986—87)

⊙ All the King's Men (1946) «Вся королевская рать», роман

WARWICK [ˈwɔrɪk, *амер. тж.* ˈwɔ:wɪk], Earl of /*the Kingmaker*; Richard NEVILLE/ (1428—71) граф Уо́рик /Коронатор; Ри́чард Не́вилл/ англ. полит. и воен. деятель. В 1461 содействовал воцарению Эдуарда IV, в 1470 восстановил на престоле Генриха VI

WASHINGTON [ˈwɔ(ː)ʃɪŋtən], **George** (1732—99) Джордж Ва́шингтон, 1-й през. США (1789—97). В Войне за независимость 1775—83 командовал армией колонистов // **Washingtonian** [ˌwɔ(ː)ʃɪŋˈtəunɪən] *a*

Washington and the cherry tree рассказ о Вашингтоне и вишне (цитируется иронически как образчик нравоучительной прозы). В детстве Вашингтон срубил в саду любимую вишню отца. В ответ на расспросы сказал: «Я не умею лгать. Это я срубил её топориком» {I cannot tell a lie. I did cut it with my hatchet}

B i l l y (annoyed). What are you talking about? What would I want to make up a thing like that for?

A r t h u r. Oh, get *George Washington.* (In a mimicking falsetto). Please, sir, I cannot tell a lie. I chopped up Grandma.(*K. Waterhouse, W. Hall*)

Б и л л и (раздражённо). О чём ты говоришь? С какой стати мне выдумывать такое?

А р т у р. Ой, вы посмотрите на этого *правдолюбца.* (Наигранным фальцетом). Ах, сэр, я не умею лгать. Это я зарубил бабушку топором.

→ KIDD

WATEN [ˈwɔːtn], **Judah Leon** (1911—85) Джу́да Ле́он Уо́тен, австрал. писатель (род. в России, в Австралии с 1914). Член компартии Австралии

⊙ Alien Son (1952) «Чужой сын», сб. рассказов; The Unbending (1954) «Несгибаемая», Time of Conflict (1961) «Бурные годы», романы

WATERHOUSE [ˈwɔːtəhaus], **Keith** (p. 1929) Кит Уо́терхаус, англ. писатель

⊙ Billy Liar (1959) «Билли-враль», повесть; Office Life (1978) «Конторские будни», роман

WATSON [ˈwɔtsn], **Dr.** доктор Уо́тсон /Ва́тсон/, в детективных рассказах А. Конан Дойла врач, наивный, но преданный помощник и друг Шерлока Холмса

Elementary, my dear Watson «Элементарно, дорогой Уотсон», фраза, часто используемая Холмсом при разъяснении Уотсону того, как было распутано преступление

WATSON, James Dewey (p. 1928) Джеймс Дью́и Уо́тсон, амер. генетик и биохимик. Лауреат Нобелевской премии (1962)

WATT [wɔt], **James** (1736—1819) Джеймс Уа́тт, шотл. изобретатель. Усовершенствовал паровую машину. Его именем названа единица мощности — ватт

WATTEAU [wɑˈtəu, vɑː-], **(Jean) Antoine** (1684—1721) (Жан) Антуа́н Ватто́, фр. живописец

WATTS [wɔts], **George Frederic** (1817—1904) Джордж Фре́дерик Уо́ттс, англ. живописец, мастер портрета

WAUGH [wɔː], **Evelyn Arthur St. John** (1903—66) Ивлин А́ртур Сент-Джо́н Во́, англ. писатель. Автор произведений философско-сатирического характера

⊙ Vile Bodies (1930) «Мерзкая плоть», A Handful of Dust (1934) «Пригоршня праха», Put Out More Flags (1942) «Не жалейте флагов», романы; The Sword of Honour (1952—61) «Шпага чести», трилогия романов

WAVELL [ˈweɪv(ə)l], **Archibald Percival** (1883—1950) А́рчибалд Пе́рсивал Уэ́йвелл, англ. фельдмаршал, вице-король {Vice-Roy} Индии (1943—47). Во 2-й мир. войне руководил воен. действиями на Ближнем Востоке, Тихом океане

WAVERLEE [ˈweɪvəlɪ] Уэ́верли, в одноим. романе В. Скотта (1814)

англ. офицер, вовлечённый в борьбу шотл. якобитов против англ. короны

WAYLAND ['weɪlənd] **/WELAND** ['wiːlənd], *исл.* VOLUNDR, *нем.* WIELAND/ Вéланд /*исл.* Вёлунд, *нем.* Вúланд/, в германо-скандинавской мифологии и англ. фольклоре чудесный кузнец. Жестоко отомстил поработившему его королю Нидхаду /Нидуду/ {Nidhad, Nidud}; выковал волшебный меч, к-рый рубил противника надвое. Фигурирует в романе В. Скотта «Кенилуорт» (1821), сказках Р. Киплинга

☐ Wieland «Виланд», роман Ч. Б. Брауна (1798)

WAYNE [weɪn], **Anthony /Mad Anthony/** (1745—96) Áнтони Уэйн /Безумный Áнтони/, амер. генерал, участник Войны за независимость 1775—83. В 1779 повёл войска в атаку на брит. форт Стони-Пойнт {Stony Point}

WAYNE, John /*наст. имя* Marion Michael MORRISON/ (1907—79) Джон Уэйн /Мэ́рион Майкл Мóррисон/, амер. киноактёр. Снимался в вестернах и воен. фильмах. Лауреат премии «Оскар» (1970)

WEBB [web] Вебб /Уэ́бб/, англ. экономисты и историки, супруги:
1. Beatrice (1858—1943) Беатрúса
2. Sidney James (1859—1947) Сúдней Джеймс, один из организаторов «Фабианского общества»

WEBBER, Andrew Lloyd *см.* LLOYD WEBBER

WEBER ['veɪbə], **Karl Maria Friedrich Ernst von** (1786—1826) Карл Марúя Фрúдрих Эрнст фон Вéбер, нем. композитор и дирижёр. Автор романтических опер

WEBER, Max (1864—1920) Макс Вéбер, нем. социолог и историк // **Weberian** [veɪˈbɪərɪən] *a*

WEBER, Max (1881—1961) Макс Вéбер, амер. живописец (род. в России)

WEBERN ['veɪbɜːn], **Anton von** (1883—1945) Áнтон фон Вéберн, австр. композитор. Автор камерных произведений

WEBSTER ['webstə], **Daniel** (1782—1852) Дэ́ниел Уэ́бстер, амер. полит. деятель, оратор и дипломат. Сторонник нац. единства. Трижды безуспешно добивался выдвижения своей кандидатуры на президентский пост от партии вигов

☐ The Devil and Daniel Webster «Чёрт и Дэниел Уэбстер», фольклорная опера на либретто С. В. Бене (1943)

WEBSTER, John (1580?—1625?) Джон Уэ́бстер, англ. драматург. Представитель барокко

☉ The White Devil (1612) «Белый дьявол», The Duchess of Malfi (1614?) «Герцогиня Мальфи», трагедии; The Devil's Law Case (1620?) «Всем тяжбам тяжба», трагикомедия

WEBSTER, Noah (1758—1843) Ной Уэ́бстер, амер. лексикограф. Созданный им словарь считается самым авторитетным и полным словарём амер. варианта англ. языка. Под его именем издательской фирмой «Мерриам» {Merriam} выпускаются тж. разнообразные словари меньшего объёма

☉ American Dictionary of the English Language (1828) «Американский словарь английского языка»

WEDGWOOD ['wedʒwud], **Josiah** (1730—95) Джосáйя Уэ́джвуд / Вéджвуд/, англ. керамист. В 1759 основал мануфактуру по производству фарфора и фаянса

WEILL [weɪl, vaɪl], **Kurt** (1900—50) Курт Вайль /Вейль/, нем. композитор (с 1935 в США). Автор музыки к постановкам Б. Брехта, бродвейским мюзиклам

⊙ The Rise and Fall of the City of Mahagonny (1927) «Возвышение и падение города Махагонни», The Threepenny Opera (1928) «Трёхгрошовая опера», муз. спектакли

WELAND *см.* WAYLAND

WELBY ['welbɪ], **Marcus** Ма́ркус Уэ́лби, в одноим. амер. телесериале (1969—76) домашний врач. Олицетворяет лучшие качества этой профессии

WELDON ['weld(ə)n], **Fay** (р. 1933) Фэй Уэ́лдон, англ. писательница. Автор романов, пьес для телевидения

WELLER ['welə], **Thomas Huckle** (р. 1915) То́мас Хакл Уэ́ллер, амер. врач и вирусолог. Лауреат Нобелевской премии (1954)

WELLES [welz], **(George) Orson** (1915—85) (Джордж) О́рсон Уэ́ллс, амер. актёр и режиссёр театра и кино. Постановщик экранизаций, психологических фильмов. Новатор киноязыка. Лауреат премии «Оскар» (1941, 1970). Его фильм «Гражданин Кейн» неоднократно признавался лучшим из всех амер. фильмов

⊙ Citizen Kane (1941) «Гражданин Кейн», The Magnificent Ambersons (1942) «Великолепные Эмберсоны», The Lady from Shanghai (1947) «Леди из Шанхая», Macbeth (1948) «Макбет», Othello (1952) «Отелло», Touch of Evil (1958) «Печать зла»

WELLINGTON ['welɪŋtən], 1st Duke of /Arthur WELLESLEY ['welzlɪ]/ (1769—1852) 1-й герцог Ве́ллингтон /А́ртур Уэ́лсли/, англ. фельдмаршал и гос. деятель. В 1815 разбил Наполеона при Ватерлоо

WELLS [welz], **Herbert George** (1866—1946) Ге́рберт Джордж Уэ́ллс, англ. писатель-фантаст // **Wellsian** ['welzɪən] *a*

⊙ The Time Machine (1895) «Машина времени», The Island of Dr. Moreau (1896) «Остров доктора Моро», The Invisible Man (1897) «Человек-невидимка», The War of the Worlds (1898) «Война миров», The First Men in the Moon (1901) «Первые люди на Луне», Russia in the Shadows (1920) «Россия во мгле», You Can't Be Too Carefull (1941) «Необходима осторожность», романы

WELTY ['weltɪ], **Eudora** (р. 1909) Юдо́ра Уэ́лти, амер. писательница. Представительница «юж. школы». Лауреат Пулитцеровской премии (1973)

⊙ The Optimist's Daughter (1972) «Дочь оптимиста», роман

WENCESLAUS ['wensɪslɔ:s] /*нем.* WENZEL/ (1361—1419) Ва́цлав IV, император «Священной Рим. империи» (1378—1400) и король Чехии (с 1378). Поддерживал Я. Гуса. Канонизирован и считается покровителем Чехии

□ Good King Wenceslaus «Добрый король Вацлав», рождественская песня 19 в.

WENDY ['wendɪ] Ве́нди, в пьесе-сказке Дж. Барри «Питер Пэн» (1904) и основанной на ней повести «Питер и Венди» (1911) девочка, подружившаяся с Питером Пэном и путешествовавшая вместе с ним на остров Гдетотам {the Neverland}

WESKER ['weskə], **Arnold** (р. 1932) А́рнолд Уэ́скер, англ. драматург
⊙ Chicken Soup with Barley (1958) «Куриный суп с перловкой», Roots (1959) «Корни», I'm Talking about Jerusalem (1960) «Я говорю об Иерусалиме», драматическая трилогия

WESLEY ['weslɪ, 'wez-], **John** (1703—91) Джон Уэ́сли, англ. теолог. Один из основателей методистской церкви

WEST [west], **Mae** (1892—1980) Мей Уэ́ст, амер. киноактриса. Отличалась пышной фигурой * 1) надувной спасательный жилет 2) танк с двумя башнями

WEST, Nathanael /*наст. имя* Nathan WEINSTEIN/ (1903—40) Натáнаэл Уэ́ст /Натáн Уáйнстайн/, амер. писатель
⊙ Day of the Locust (1939) «День саранчи», роман

WHARTON [ˈwɔ:tn], **Edith Newbold** (1862—1937) Э́дит Нью́болд Уóртон, амер. писательница (с 1907 во Франции). Автор нравоописательных романов и новелл. Лауреат Пулитцеровской премии (1921)
⊙ The Valley of Decision (1902) «Долина решения», The House of Mirth (1905) «Дом радости», The Custom of the Country (1913) «Обычай страны», The Age of Innocence (1920) «Век наивности», романы; Ethan Frome (1911) «Итан Фром», повесть

WHIPPLE [ˈwɪpl], **George Hoyt** (1878—1976) Джордж Хойт Уи́пл, амер. врач и патолог. Лауреат Нобелевской премии (1934)

WHISTLER [ˈwɪslə], **James McNeill** (1834—1903) Джеймс Макни́л Уи́стлер, амер. живописец импрессионистического направления (с 1859 в Англии) // **Whistlerian** [wɪsˈlɪərɪən] *a*

WHITAKER [ˈwɪtɪkə], **Joseph** (1820—95) Джóзеф Уи́такер, англ. издатель. В 1868 начал издание ежегодного альманаха-справочника, к-рый выходит под его именем по сей день

WHITE [waɪt], **Patrick Victor Martindale** (1912—90) Пáтрик Ви́ктор Мáртиндейл Уáйт, австрал. писатель модернистского направления. Лауреат Нобелевской премии (1973)
⊙ The Ham Funeral (1947) «Похороны с окороком», пьеса; The Burnt Ones (1964) «Обожжённые», сб. рассказов; The Tree of Man (1955) «Древо человеческое», Voss (1957) «Фосс», Riders in the Chariot (1961) «Едущие в колеснице», Vivisector (1970) «Вивисектор», романы

WHITEFIELD [ˈwaɪtfi:ld], **George** (1714—70) Джордж Уáйтфилд, англ. проповедник (с 1738 вёл миссионерскую деятельность в Америке). Совм. с Ч. Уэсли основал методистскую церковь, но позднее возглавил противоборствующую группировку

WHITEHEAD [ˈwaɪthed], **Alfred North** (1861—1947) А́лфред Норт Уáйтхед, англ. философ и математик (с 1924 в США), представитель «неореализма»

WHITEHEAD, William (1715—85) Уи́льям Уáйтхед, англ. драматург, поэт-лауреат (с 1757)
⊙ The Roman Father (1750) «Отец-римлянин», Creusa (1754) «Креуса», трагедии; The School for Lovers (1762) «Школа для влюблённых», комедия

WHITE KNIGHT [ˈwaɪtˈnaɪt] Всáдник Бéлого Коня́ /Бéлый Ры́царь/ в повести-сказке Л. Кэрролла «Алиса в Зазеркалье» (1872) шахматная фигура. Постоянно падает со своего коня и очень грустен

WHITE QUEEN [ˈwaɪtˈkwi:n] Бéлая Королéва, в повести-сказке Л. Кэрролла «Алиса в Зазеркалье» (1872) шахматная фигура. Живёт во «встречном» времени

WHITLAM [ˈwɪtləm], **(Edward) Gough** (р. 1916) (Э́дуард) Гоф Уи́тлэм, премьер-мин. Австралии (1972—75), от лейбор. партии

WHITMAN [ˈwɪtmən], **Walt** (1819—92) Уóлт Уи́тмен, амер. поэт. Активный сторонник отмены рабства. Утвердил в поэзии свободный стих // **Whitmanesque** [ˌwɪtməˈnesk], **Whitmanian** [ˌwɪtˈmeɪnɪən] *a*
⊙ Leaves of Grass (1855, многократно переиздавался с новыми стихами) «Листья травы», поэтический сб.; Drum Taps (1865) «Барабанный бой», цикл стихов; When Lilacs Last in the Dooryard Bloom'd (1865) «Когда во дворе перед домом цвела этой весною сирень», поэма памяти А. Линкольна → COLUMBUS, WAGNER

WHITNEY [ˈwɪtnɪ], **Eli** (1765—1825) Э́лай /Э́ли/ Уи́тни, амер. изобретатель. В 1793 изобрёл хлопкоочистительную машину, конструировал металлообрабатывающие станки

WHITTIER ['wɪtɪə], **John Greenleaf** (1807—97) Джон Гри́нлиф Уи́тьер, амер. поэт-аболиционист
⊙ Snow-Bound (1866) «Занесённые снегом», поэма

WHITTINGTON ['wɪtɪŋtən], **Dick /Richard/** (1358 —1423) Дик /Ри́чард/ Уи́ттингтон, англ. купец, мэр Лондона. По легенде, в юности был бедняком, но разбогател с помощью своего кота (его за большие деньги купил король Баварии, страдавший от нашествия крыс и мышей)

WHO ['hu:], Dr. доктор Кто, в одноим. англ. научно-фантастическом телесериале (с 1963) учёный, путешествующий во времени с помощью сконструированного им космического корабля в форме будки-автомата для вызова полиции

WIELAND см. WAYLAND

WIENER ['wi:nə], **Norbert** (1894—1964) Но́рберт Ви́нер, амер. учёный. Основоположник кибернетики

WIGGLESWORTH ['wɪglzwɜ:θ], **Michael** (1631—1705) Майкл Уи́гглсворт, амер. колониальный священник, пуританский поэт
⊙ The Day of Doom (1662) «Судный день», поэма

WIGNER ['wɪgnə], **Eugene Paul** (р. 1902) Эуген /Ю́джин/ Пол Ви́гнер, амер. физик (род. в Венгрии). Лауреат Нобелевской премии (1963)

WILBERFORCE ['wɪlbəfɔ:s], **William** (1759—1833) Уи́льям Уи́лберфорс, англ. полит. деятель. Добился официальной отмены работорговли и рабства в брит. колониях законами 1807 и 1833

WILBUR ['wɪlbə], **Richard Purdy** (р. 1921) Ри́чард Пе́рди Уи́лбер, амер. поэт-лауреат (1987—88). Лауреат Пулитцеровской премии (1957, 1988)
⊙ The Beautiful Changes (1947) «Прекрасные превращения», Ceremony (1950) «Церемония», Things of the World (1956) «Вещи этого мира», сб. стихов

WILD [waɪld], **Jonathan** (1682?—1725) Джо́натан Уа́йлд, англ. преступник. Возглавлял воровскую шайку и одновременно бюро по розыску краденого в Лондоне. Казнён
☐ Jonathan Wild «Джонатан Уайлд», роман Г. Филдинга (1743)

WILDE [waɪld], **Oscar Fingal O'Flahertie Wills** (1854—1900) О́скар Фи́нгал О'Фла́эрти Уи́ллс Уа́йльд, англ. писатель (с 1897 за границей, умер во Франции). Гл. представитель лит. эстетизма. В 1895 на скандальном процессе был осуждён на два года тюрьмы за гомосексуализм
⊙ The Happy Prince (1888) «Счастливый принц», A House of Pomegranates (1891) «Гранатовый домик», сб. сказок; The Picture of Dorian Gray (1891) «Портрет Дориана Грея», роман; Lady Windermere's Fan (1892) «Веер леди Уиндермир», Salome (1893) «Саломея», An Ideal Husband (1895) «Идеальный муж», The Importance of Being Earnest (1895) «Как важно быть серьёзным», пьесы; De Profundis (1897) «Из бездны», автобиографическая исповедь; The Ballad of Reading Gaol (1898) «Баллада Редингской тюрьмы», поэма
☐ The Trials of Oscar Wilde «Процесс над Оскаром Уайльдом», фильм реж. К. Хьюза {Ken Hughes} (1961); The Last Testament of Oscar Wilde «Последняя воля Оскара Уайльда», роман П. Акройда (1983)

WILDER ['waɪldə], **Billy** (р. 1906) Би́лли Уа́йлдер, амер. кинорежиссёр и сценарист. Лауреат премии «Оскар» (1945, 1950, 1960)
⊙ The Lost Weekend (1945) «Потерянный уик-энд», Sunset Boulevard

(1950) «Сансет-бульвар», Some Like It Hot (1959) «В джазе только девушки», The Apartment (1960) «Квартира», Irma la Douce (1963) «Нежная Ирма» → CHAPLIN Ch.

WILDER, Thornton Niven (1897—1975) Тóрнтон Нúвен Уáйлдер, амер. писатель и драматург. Лауреат Пулитцеровской премии (1928, 1938, 1943)

⊙ The Bridge of San Luis Rey (1927) «Мост короля Людовика Святого», Ides of March (1948) «Мартовские иды», романы; Our Town (1938) «Наш городок», The Skin of Our Teeth (1942) «На волоске от гибели», пьесы

WILHELM см. WILLIAM

WILKES [wɪlks], **Charles** (1798—1877) Чарлз Уúлкс, амер. мореплаватель. В 1840 первым сделал вывод о наличии в Антарктике континента

WILKES, John (1727—97) Джон Уúлкс, англ. журналист и полит. деятель. Сторонник парламентских реформ, в борьбе за к-рые опирался на «поддержку толпы». Неоднократно исключался из палаты общин за публикацию клеветнических материалов

WILKINS [ˈwɪlkɪnz], **(George) Hubert** (1888—1958) (Джордж) Гýберт Уúлкинс, англ. лётчик и полярный исследователь

WILKINS, Maurice Hugh Frederick (р. 1916) Мóрис Хью Фрéдерик Уúлкинс, англ. биофизик. Лауреат Нобелевской премии (1962)

WILKINSON [ˈwɪlkɪnsən], **Geoffrey** (р. 1921) Джéффри Уúлкинсон, англ. химик. Лауреат Нобелевской премии (1973)

WILLIAM [ˈwɪljəm] Вильгéльм, имя 4 англ. королей: **1. I** *the Conqueror* (1027—87) Завоеватель, нормандский герцог. Высадившись в Англии в 1066, разбил войска Гарольда II при Гастингсе {Hastings} и занял англ. престол

2. II Rufus (1056?—1100) Рýфус, правил с 1087

3. III (1650—1702), правил с 1689

4. IV (1765—1837), правил с 1830

WILLIAM /*нем.* WILHELM/ Вильгéльм, имя 2 прусских королей и герм. императоров, в т. ч.: **1. I** (1797—1888), правил с 1861. Вместе с Бисмарком проводил курс на формирование Герм. империи

2. II /*the Kaiser*/ (1859—1941) /Кайзер/, правил в 1888—1918, в 1918 бежал в Нидерланды → CROMER

WILLIAM of Malmesbury [ˈmɑːmzbərɪ] (1090?—1143) Уúльям Мальмсберúйский, англ. монах, историк и писатель

⊙ Gesta Regum Anglorum «История английских королей», Historia Novella «Новая история»

WILLIAM of Orange-Nassau /*the Silent*/ (1533—84) Вильгéльм Орáнский и Нассáуский /Молчаливый/, принц, правитель Нидерландов

WILLIAMS [ˈwɪljəmz], **Caleb** Кáлеб Уúльямс, в одноим. романе У. Годвина (1794) секретарь помещика Фокленда {Falkland}. Узнав, что его хозяин — убийца, добивается суда над ним

WILLIAMS, Ralph Vaughan см. VAUGHAN WILLIAMS

WILLIAMS, Roger (1603?—83) Рóджер Уúльямс, англ. пуританский священник в Америке. Основал поселение Род-Айленд

WILLIAMS, Tennessee /**Thomas Lanier**/ (1911—83) Тéннесси /Тóмас Ланúр/ Уúльямс, амер. драматург и прозаик. Лауреат Пулитцеровской премии (1948, 1955)

⊙ The Glass Menagerie (1945) «Стеклянный зверинец», A Streetcar Named Desire (1947) «Трамвай «Желание», Cat on a Hot Tin Roof (1954) «Кошка на раскалённой крыше», Orpheus Descending (1955) «Орфей спускается в ад», пьесы

WILLIAMS, William Carlos (1883—1963) Уи́льям Ка́рлос Уи́льямс, амер. писатель и поэт-экспрессионист, врач. Лауреат Пулитцеровской премии (1963)
⊙ Paterson (1946—58) «Патерсон», поэма; Pictures from Breughel (1962) «Образы Брейгеля», сб. стихов

WILLOUGHBY [ˈwɪləbɪ], **Hugh** (?—1554) Хью Уи́ллоби, англ. полярный мореплаватель. Погиб в поисках Северо-восточного прохода к Китаю

WILSON [ˈwɪlsən] /наст. имя JOHNSTONE-WILSON/, **Angus Frank** (р. 1913) Э́нгус Фрэнк (Джо́нстон-)Уи́лсон, англ. писатель
⊙ Anglo-Saxon Attitudes (1956) «Англо-саксонские позы», The Old Men at the Zoo (1961) «Старики в зоопарке», Setting the World on Fire (1980) «Игра с огнём», романы

WILSON, Charles Thomson Rees (1869—1959) Чарлз То́мсон Рис Ви́льсон, шотл. физик. Лауреат Нобелевской премии (1927)

WILSON, Colin Henry (р. 1931) Ко́лин Ге́нри Уи́лсон, англ. писатель. Автор романов, близких к соц. фантастике и детективу
⊙ The Mind Parasites (1966) «Паразиты мозга», The Philosopher's Stone (1969) «Философский камень», романы; An Encyclopaedia of Murder (1969) «Энциклопедия убийства», художественное исследование

WILSON, (James) Harold (р. 1916) (Джеймс) Га́рольд Ви́льсон, премьер-мин. Великобритании (1964—70, 1974—76), от лейбор. партии // **Wilsonian** [wɪlˈsəunɪən] a

WILSON, Mitchell (1913—73) Ми́тчел Уи́лсон, амер. писатель
⊙ Live with Lightning (1949) «Живи с молнией», роман

WILSON, (Thomas) Woodrow (1856—1924) (То́мас) Ву́дро Ви́льсон, 28-й през. США (1913—21), от дем. партии. В 1918 выступил с инициативой мирного урегулирования после 1-й мир. войны на основе «14 пунктов», способствовал созданию Лиги наций. Лауреат Нобелевской премии мира (1920) // **Wilsonian** [wɪlˈsəunɪən] a

WILTON [ˈwɪltən], **Jack(e)** Джек Уи́лтон, в романе Т. Нэша «Злосчастный путешественник» (1594) остроумный и плутоватый паж при дворе Генриха VIII

WINCHELL [ˈwɪntʃəl], **Walter** (1897—1972) Уо́лтер Уи́нчелл, амер. журналист. Вёл разделы хроники личной жизни известных людей
Joe Bell stopped crunching on his Tums, his eyes narrowed. 'So how did you know?' 'Read it in *Winchell*.' Which I had, as a matter of fact. (*T. Capote*)
Джо Белл перестал жевать свои желудочные пилюли и сощурил глаза: «А ты откуда знаешь?» — «Прочёл в *светской хронике*».— Так оно и было, между прочим.

WINDSOR [ˈwɪnzə] Ви́ндзор, англ. королевская династия. Именование принято в 1917 Георгом V вместо фамильного имени нем. Саксен-Кобург-Готского рода {Saxe-Coburg-Gotha}, от к-рого она ведёт своё начало

WINFRID см. BONIFACE, St.

WINIFRED [ˈwɪnɪfrɪd], St. св. Уи́нифред, в англ. легенде христианка из Уэльса, обезглавленная вождём языческого племени. Язычника поглотила земля, а Уинифред воскресла

WINKLE, Rip Van см. VAN WINKLE

WINTERS [ˈwɪntəz], **Shell(e)y** /наст. имя Shirley SCHRIFT/ (р. 1922) Шелли Уи́нтерс /Ше́рли Шрифт/, амер. киноактриса. Лауреат премии «Оскар» (1959)

WINTHROP [ˈwɪnθrəp], **John** (1588—1649) Джон Уи́нтроп, англ. пуританский деятель, первый губернатор Массачусетса

WITTGENSTEIN [ˈvɪtgənstaɪn, -ʃtaɪn], **Ludwig** (1889—1951) Лю́двиг Ви́тгенштейн, австр. философ и логик (с 1929 в Англии). Представитель аналитической философии // **Wittgensteinian** [vɪtgənˈstaɪnɪən, -ˈʃtaɪn-] *a*

WODEHOUSE [ˈwudhaus], **Pelham Grenville** (1881—1975) Пе́лэм Гре́нвилл Ву́дхаус, амер. писатель (род. в Англии, в США с 1909). Автор юмористических романов и рассказов о Смите {Psmith} (с 1910) и Дживсе (с 1919)

WOFFINGTON [ˈwɔfɪŋtən], **Peg /Margaret/** (1714?—60) Пег /Ма́ргарет/ Уо́ффингтон, ирл. актриса. Во время спектакля в Ковент-Гардене заколола актрису, с к-рой была в ссоре. Фигурирует в пьесе Ч. Рида {Charles Reade} «Маски и лица» (1852)

WOLFE [wulf], **Thomas Clayton** (1900—38) То́мас Кле́йтон Вулф, амер. писатель. Автор эпического цикла романов об амер. жизни
⊙ Look Homeward, Angel (1929) «Взгляни на дом свой, Ангел», Of Time and the River (1935) «О Времени и о реке», романы

WOLFE, Tom (р. 1931) Том Вулф, амер. обозреватель-социолог. Создатель т. н. новой журналистики {New Journalism}

WOLFRAM von ESCHENBACH [ˈwulfrəmˌfɔnˈeʃənbɑːk] (1170?—1220?) Во́льфрам фон Э́шенбах, нем. поэт-миннезингер
⊙ Parzival /Percival/ «Парцифаль», роман в стихах

WOLLASTON [ˈwul(ə)stən], **William Hyde** (1766—1828) Уи́льям Хайд Во́лластон /Ву́лластон/, англ. химик и физик. По его имени назван минерал воллⷶстонит

WOLSEY [ˈwulzɪ], **Thomas** (1475?—1530) То́мас Ву́лси, англ. гос. деятель, кардинал, лорд-канцлер при Генрихе VIII. В 1511—29 фактический правитель Англии. В 1529 безуспешно пытался добиться санкции рим. папы на развод Генриха с Екатериной Арагонской, был обвинён в измене и скончался в ожидании суда

WONDER [ˈwʌndə], **Stevie** /*наст. имя* Stevland MORRIS/ (р. 1950) Сти́ви Уа́ндер /Сте́вланд Мо́ррис/, амер. негр. эстрадный певец

WOOD [wud], **Grant** (1892—1942) Грант Вуд, амер. художник. Его картина «Американская готика» (1930) — поясной портрет пожилых супругов с вилами в руках — послужила источником карикатурных пародий и рекламных сюжетов

WOOD, Henry Joseph (1869—1944) Ге́нри Джо́зеф Вуд, англ. дирижёр. В 1895 организовал т. н. променад-концерты классической музыки {Promenade Concerts, Proms}, проводимые ежегодно по сей день

WOODWARD [ˈwudwəd], **Robert Burns** (1917—79) Ро́берт Бернс Ву́дворд, амер. химик. Лауреат Нобелевской премии (1965)

WOOLF [wulf], **Virginia** (1882—1941) Вирджи́ния Вулф, англ. писательница модернистского направления. Автор романов, эссе
⊙ Mrs. Dalloway (1925) «Миссис Дэллоуэй», To the Lighthouse (1927) «На маяк», The Waves (1931) «Волны», романы
□ Who's Afraid of Virginia Woolf? «Кто боится Вирджинии Вулф?», пьеса Э. Олби (1962); фильм М. Николса {Mike Nichols} (1966)

WORDSWORTH [ˈwɜːdzwɜːθ], **William** (1770—1850) Уи́льям Во́рдсворт, англ. поэт-романтик «озёрной школы», поэт-лауреат (с 1843) // **Wordsworthian** [wɜːdzˈwɜːðɪən] *a*
⊙ Lyrical Ballads (1798, совм. с С. Колриджем) «Лирические баллады», Sonnets Dedicated to Liberty (1802—07) «Сонеты, посвящённые свободе», сб. стихов; Lucy Poems (1799) цикл стихов о Люси; The Excursion (1814) «Прогулка», поэма
I remember reading somewhere... a concetto of designating different living poets, by the cups *Apollo* gives them to drink out of. *Wordsworth* is

made to drink from a wooden bowl, and my melancholy self from a scull, chased with gold. Now, I would add the following cups: — to *Moore*, I would give a cup formed like a lotus flower, and set it in brilliants; to *Crabbe*, a scooped pumpkin; to *Rogers*, an antique vase, formed of agate; and to *Colman*, a champaigne glass. (*Ascribed to G. Byron*)

Помню, я вычитал где-то идею о том, что различных ныне здравствующих поэтов можно характеризовать той чашей, из которой им дал бы испить *Аполлон*. *Вордсворту* он поднёс бы деревянную кружку, а моей меланхолической натуре подошёл бы череп в золотой оправе. Я добавил бы к этому следующее: *Муру* я дал бы чашу в форме цветка лотоса, инкрустированную брильянтами; *Краббу* — выскобленную тыкву; *Роджерсу* — античную вазу из агата, а *Колману* — бокал для шампанского.

His blows were not undecided and ineffectual — lumbering like *Mr. Wordsworth's* epic poetry nor wavering like *Mr. Coleridge's* lyric prose, nor wide of the mark like *Mr. Canning's* wit. (*W. Hazlitt*)

Его удары не были ни робкими, ни безрезультатными; в них отсутствовали неуклюжесть эпической поэзии *Вордсворта*, нерешительность лирики *Колриджа*, беспредметность остроумия *Каннинга*.

WREN [ren], **Christopher** (1632—1723) Кри́стофер Рен, англ. архитектор-классицист

WRIGHT [rait] Райт, амер. авиаконструкторы и пионеры авиации, братья. Первыми совершили полёт на самолёте, к-рый сами построили: **1. Orville** (1871—1948) О́рвилл

2. Wilbur (1867—1912) Уи́лбер

WRIGHT, Frank Lloyd (1869—1959) Франк Ллойд Райт, амер. архитектор. Строил оригинальные здания современного стиля, добиваясь функциональности и связи с ландшафтом

WRIGHT, Richard (1908—60) Ри́чард Райт, амер. негр. писатель (с 1946 в Париже)

⊙ Native Son (1940) «Сын Америки», роман

WULFILA см. ULFILAS

WUNDT [vunt], **Wilhelm** (1832—1920) Вильге́льм Вундт, нем. психолог и философ. Предложил опыт этнопсихологии, психологического истолкования мифологии и искусства

WYATT ['waɪət], **Thomas** (1503—42) То́мас Уа́йет, англ. поэт. Ввёл в англ. поэзию жанр сонета

WYCHERLEY ['wɪtʃəlɪ], **William** (1640—1716) Уи́льям Уи́черли, англ. драматург-комедиограф

⊙ The Gentleman Dancing Master (1672) «Джентльмен — учитель танцев», The Country Wife (1675) «Жена из провинции», The Plain Dealer (1676?) «Прямодушный», пьесы

WYCLIF(FE) ['wɪklɪf], **John** (1324?—84) Джон Уи́клиф, англ. религиозный просветитель и философ, первый переводчик Библии на англ. язык. Проповедовал бедность духовенства. Его учение, официально осуждённое, было воспринято лоллардами {Lollards} и подготовило путь для Реформации в Англии

WYETH ['waɪəθ], **Andrew** (р. 1917) Эндрю Уа́йет, амер. художник-реалист

WYLER ['waɪlə], **William** (1902—81) Уи́льям Уа́йлер, амер. кинорежиссёр. Постановщик психологических драм, экранизаций, комедий. Лауреат премии «Оскар» (1942, 1946, 1959)

⊙ These Three (1936) «Эти трое», Mrs. Miniver (1942) «Миссис Минивер», The Best Years of Our Lives (1946) «Лучшие годы нашей жизни», Roman Holidays (1953) «Римские каникулы», Ben Hur (1959) «Бен

Гур», How to Steal a Million (1966) «Как украсть миллион», Funny Girl (1968) «Смешная девчонка» → CHAPLIN Ch.

WYLIE [ˈwaɪlɪ], **Elinor Morton Hoyt** (1885—1928) Элинор Мортон Хойт Уайли, амер. писательница и поэтесса. Автор стихов классической формы

WYNFRITH см. BONIFACE, St.

WYNKEN, BLYNKEN and NOD [ˈwɪŋkənˈblɪŋkənəndˈnɔd] Дрёма, Истома и Сон, персонажи стихотворения-колыбельной амер. писательницы и журналистки Юджин Филд {Eugene Field}:

Wynken, Blynken and Nod one night
Sailed off in a wooden shoe —
Sailed on a river of crystal light,
Into a sea of dew.

Вечером *Дрёма, Истома и Сон*
В деревянном большом башмаке
Отправились к морю хрустальной росы
По серебристой реке.

X

XANT(H)IPPE [zænˈtɪpi(ː), -ˈθɪpi(ː)] (5 в. до н. э.) Ксантиппа, жена Сократа. По преданию, отличалась сварливостью

XENOCRATES [zɪˈnɔkrəti:z] (396?—314 до н. э.) Ксенократ, греч. философ, ученик Платона

XENOPHANES [zɪˈnɔfəni:z] (570?—480? до н. э.) Ксенофан, греч. поэт и философ

XENOPHON [ˈzenəfən] (430?—355? до н. э.) Ксенофонт, греч. военачальник, писатель и историк. Автор истории похода Кира Младшего и отступления греков

⊙ Anabasis «Анабасис»

XERXES [ˈzɜːksiːz] **I** *the Great* (519?—465 до н. э.) Ксеркс I Великий, перс. царь. В 480—479 предпринял поход на Грецию, к-рый окончился поражением

☐ опера Г. Генделя (1738)

Y

YAHWEN см. JEHOVAH

YALE [jeɪl], **Elihu** (1649—1721) Элайху Йейл, англ. купец и филантроп (род. в Америке). На его средства был основан Йейлский /Йельский/ университет

YALOW [ˈjæləu], **Rosalyn Sussman** (р. 1921) Розалин Сассмен Ялоу, амер. физик и медик (*ж.*). Лауреат Нобелевской премии (1977)

YAMA [ˈjɑːmə] Яма, в индуист. мифологии владыка царства мёртвых

YANKEE DOODLE [ˈjæŋkɪˈduːdl] Янки Дудль, амер. солдат в песне кон. 18 в.:

Yankee Doodle came to town riding on a pony;
He stuck a feather in his hat and called it macaroni.

Yankee Doodle, keep it up, *Yankee Doodle* dandy;
Mind the music and the step, and with the girls be handy.
Янки Дудль сел на пони, едет не спеша;
В шляпу пёрышко воткнул, говорит — лапша!
Янки Дудль молодец, промах знает редко —
Ты пляши под музыку, держи девчонок крепко!
* *шутл.* прозвище американца
□ Yankee Doodle Dandy «Янки Дудль молодец», песня Дж. Кохана; фильм М. Кертиза (1942)

YEATS [jeɪts], **William Butler** (1865—1939) Уи́льям Ба́тлер Йейтс /Йитс, Ейтс/, ирл. поэт и драматург. Вдохновитель культурного движения «Ирл. возрождение» 1890-х гг. // **Yeatsian** [ˈjeɪtsɪən] *a*
⊙ The Land of Heart's Desire (1894) «Земля сердечных желаний», Deirdre (1907) «Дейрдре», пьесы; The Wanderings of Oisin (1889) «Странствия Ойсина», поэма; The Wind among the Reeds (1889) «Ветер в камышах», The Wild Swans at Coole (1917) «Дикие лебеди в Куле», A Full Moon in March (1935) «Полнолуние в марте», сб. стихов

YORICK [ˈjɔrɪk] Йо́рик: **1.** в трагедии У. Шекспира «Гамлет» (1601) королевский шут, череп к-рого откапывают могильщики во время разговора с Гамлетом. Крылатой стала реплика Гамлета: 'Alas, poor Yorick. I knew him, Horatio; a fellow of infinite jest, of most excellent fancy...' «Увы, бедный Йорик! Я знал его, Горацио; человек бесконечно остроумный, чуднейший выдумщик...» (*пер. М. Лозинского*)
2. в романах Л. Стерна «Жизнь и мнения Тристрама Шенди» (1760—67) и «Сентиментальное путешествие» (1768) пастор-путешественник

YORK [jɔːk] Йорк, англ. королевская династия (1461—85)
YOUNG [jʌŋ], **Brigham** (1801—77) Бри́гам Янг, лидер амер. секты мормонов, основатель г. Солт-Лейк-Сити
YOUNG, Edward (1683—1765) Э́дуард Юнг /Янг/, англ. поэт-сентименталист. Один из создателей «кладбищенской» поэзии
⊙ The Complaint, or Night Thoughts on Life, Death and Immortality (1745) «Жалоба, или Ночные размышления о жизни, смерти и бессмертии», поэма
YOUNG, Owen (1874—1962) О́уэн Юнг /Янг/, амер. банкир и юрист
the Young Plan план Юнга, репарационный план для Германии, разработанный под его руководством в 1929—30 взамен плана Дауэса (утратил силу в 1931)
YSEULT, YSOLDE, YSOUDE *см.* ISEULT

Z

ZARATHUSTRA *см.* ZOROASTER
ZECHARIAH [ˌzekəˈraɪə] Заха́рия, в Ветхом Завете пророк. Его именем названа одна из книг Библии
ZEFFIRELLI [ˌdzefrˈrelɪ], **Franco** (р. 1923) Фра́нко Дзеффире́лли, ит. кинорежиссёр. Лауреат премии «Оскар» (1968)
⊙ Romeo and Juliet (1968) «Ромео и Джульетта»
ZENO [ˈziːnəu] **of Citium** (334?—263? до н. э.) Зено́н из Китиона, греч. философ. Основатель школы стоиков в Афинах
ZENO of Elea (490?—430 до н. э.) Зено́н из Элеи, греч. философ-диалектик. Автор софизмов и логических парадоксов

ZEPHANIAH [ˌzefəˈnaɪə] Софо́ния, в Ветхом Завете пророк. Его именем названа одна из книг Библии

ZEPHYRUS [ˈzefərəs] Зефи́р, в греч. мифологии бог зап. ветра

ZEUS [ˈzuːs] Зевс, в греч. мифологии верховный бог-громовержец. Ему соответствует рим. Юпитер

ZIEGFELD [ˈzɪgfeld, ˈziːg-], **Florenz** (1869—1932) Фло́ренц Зи́гфелд, амер. театральный продюсер

Ziegfeld Follies «Фантазии Зигфелда», цикл экстравагантных ревю 1907—31

ŽIŽKA [ˈʒɪʃkə] /нем. ZISKA/, **Jan /Johann, John/** (1360?—1424) Ян Жи́жка, чеш. нац. герой, полководец, лидер гуситов

ZOILUS [ˈzɔɪləs] (4 в до н. э.) Зои́л, греч. философ и ритор, ученик Сократа. Критиковал поэмы Гомера * придирчивый, язвительный критик

ZOLA [ˈzəulə, zəuˈlɑː], **Émile** (1840—1902) Эми́ль Золя́, фр. писатель-натуралист

⊙ Les Rougon-Macquart (1871—93) «Ругон-Маккары», цикл романов; J'accuse (1898) «Я обвиняю», письмо в защиту Дрейфуса

ZONKER [ˈzɔŋkə] Зо́нкер, в амер. серии комиксов «Дунсбери» {Doonesbury} (с 1970) беззаботный длинноволосый хиппи

ZOROASTER [ˌzɔrəuˈæstə] /**ZARATHUSTRA** [ˌzærəˈθuːstrə, -ˈθʌstrə]/ (между 10 и 6 в. до н. э.) Зороа́стр /Зарату́штра, Зарату́стра/, иран. реформатор религии. Основатель зороастризма и автор древнейших священных книг «Авесты»

☐ Thus Spake Zarathustra «Так говорил Заратустра», трактат Ф. Ницше (1883—92)

ZURBARÁN [zuəbəˈrɑːn], **Francisco** (1598—1664?) Франси́ско Сурбара́н, исп. живописец

ZWEIG [zwaɪg], **Stefan** (1881—1942) Сте́фан Цвейг, австр. писатель. Автор беллетристических биографий, биографических эссе, новелл, романов

ZWINGLI [ˈzwɪŋliː], **Ulrich /Huldreich/** (1484—1531) У́льрих /Ху́льдрейх/ Цви́нгли, швейц. деятель Реформации // **Zwinglian** [ˈzwɪŋliən] *a* цвинглианский; *n* цвинглианец; **Zwinglianism** [ˈzwɪŋliənɪzm] *n* цвинглианство

РУССКИЙ УКАЗАТЕЛЬ

Указатель позволяет найти сведения о персоналиях, которые имеются у читателя только в русской передаче. Включены не только персоналии, представленные в Словаре отдельной статьей, но и те, что упоминаются в тексте других статей с указанием английского написания в фигурных скобках. В указатель не вошли подлинные имена лиц, известных под псевдонимами.

Приводится только основной компонент персоналии; омонимы не разграничены. Многоточие после имени означает, что эта единица является первой частью одной или нескольких многокомпонентных вокабул. Многоточие в скобках показывает, что данная единица может быть как самостоятельной вокабулой, так и первой частью более полного именования.

Указатель не следует рассматривать как русско-английский справочник — в нем не приведены все английские орфографические и другие варианты. Подробное описание персоналий можно найти только в основном корпусе Словаря.

Аарон Aaron
Абдул-Хамид Abdul(-)Hamid
Абеляр Abélard
Аберкромби Abercromby
Абзуг Abzug
Абрахамс Abrahams
Абу ибн Сина см. Ibn Sina
Аваддон Abaddon
Аввакум Habbakuk
Авгий Augeas
Август Augustus
Августин Augustine
Авденаго см. Shadrach
Авель Abel
Аверроэс Averr(h)oes
Авессалом Absalom
Авигея Abigail
Авиценна см. Ibn Sina
Авогадро Avogadro
Авраам Abraham
Аврелиан Aurelian
Аврелий см. Antoninus
Аврора Aurora
Автолик Autolycus
Агамемнон Agamemnon
Агарь Hagar
Агасфер Ahasuerus
Аггей Haggai
Аглая Aglaia
Агнесса Agnes
Агни Agni
Агравейн Agravain
Агрикола Agricola
Агриппина Agrippina
Адам Adam
Адамс Adams
Адан Adam
Аддамс Addams
Аддисон Addison
Аденауэр Adenauer
Адлер Adler

Адмет Admetus
Адонис Adonis
Адраст Adrastus
Адриан 1) Adrian 2) Hadrian
Азазель Azazel
Азимов Asimov
Азраил Azrael
Аид Hades
Аида Aida
Айвенго Ivanhoe
Айвз Ives
Айвс Ives
Айзекс Isaacs
Айртон Ireton
Академ Academus
Акбар Akbar
Акид Acis
Акразия Acrasia
Акрисий см. Danae
Акройд Ackroyd
Аксельрод Axelrod
Актеон Actaeon
Аладдин Aladdin
Аларих Alaric
Александр 1) Alexander 2) см. Borgia
Алексей... Alexius...
Али Ali
Али-Баба Ali Baba
Алиса Alice
Ал Капоне см. Capone
Алкестида Alcestis
Алкиной Alcinous
Алкмена Alcmene
Алкуин Alcuin
Аллах Allah
Аллен Allen
Алленби Allenby
Алма-Тадема Alma-Tadema
Алфей Alpheus
Альбан Alban
Альберт Albert
Альбин см. Alcuin

Альенде Allende
Альфред Alfred
Аль-Хорезми Khwarizmi
Амалтея, Амалфея Amalthea
Амати Amati
Амбросий, Амвросий Ambrose
Аменхотеп см. Ikhnaton
Аммон, Амон Ammon
Амос Amos
Ампер Ampère
Амундсен Amundsen
Амфион Amphion
Амфитрион Amphitryon
Анакреон(т) Anacreon
Анаксагор Anaxagoras
Ананд Anand
Анания 1) Ananias 2) Hananiah
Ангстрем Ångstrom
Андерс Anders
Андерсен Andersen
Андерсон Anderson
Анджелико Angelico
Анджело Angelo
Андре André
Андреа дель Сарто Andrea del Sarto
Андрей Andrew
Андрокл Androcles
Андромаха Andromache
Андромеда Andromeda
Анна Anne
Ансельм Anselm
Антей Antaeus
Антигона Antigone
Антиной Antinous
Антиох Antiochus
Антисфен Antisthenes
Антихрист Antichrist
Антоний 1) Anthony 2) Antony

313

Антонин Antoninus
Антониони Antonioni
Анубис Anubis
Ануй Anouilh
Анхис Anchises
Апдайк Updike
Апеллес Apelles
Апис Apis
Аполлинер Apollinaire
Аполлион Apollyon
Аполлон Apollo
Аполлоний Apollonius
Апулей Apuleius
Арахна Arachne
Арбетнот Arbuthnot
Арбэкль Arbuckle
Аргос, Аргус Argus
Арден Arden
Ардри *см.* Jones
Арес Ares
Аретино Aretino
Аретуса Arethusa
Ариадна Ariadne
Ариосто Ariosto
Аристарх Aristarchus
Аристид Aristides
Аристипп Aristippus
Аристотель Aristotle
Аристофан Aristophanes
Ариэль Ariel
Аркрайт Arkwright
Арлекин Harlequin
Арлисс Arliss
Арминий Arminius
Армор Armour
Армстронг(...) Armstrong(...)
Арн Arne
Арнольд Arnold
Арройо Arroyo
Артаксеркс Artaxerxes
Артевелде Arteveld
Артегал Artegal
Артемида Artemis
Арто Artaud
Артур Arthur
Архимаго Archimago
Архимед Archimedes
Арчер Archer
Асир Asher
Асквит Asquith
Асклепий *см.* Aesculapius
Асмодей Asmod(a)eus
Аспазия, Аспасия Aspasia
Астарте Astarte
Астианакт Astyanax
Астон Aston
Астор Astor

Астрея Astraea
Астэр Astaire
Ата Ate
Аталанта Atalanta
Ататюрк Ataturk
Ательстан Athelstan
Атертон Atherton
Атлант Atlas
Атли Atli
Атрей Atreus
Атропос Atropos
Аттакс Attucks
Аттенборо Attenborough
Аттила Attila
Аурангзеб Aurangzeb
Афанасий Athanasius
Афина Athene
Афродита Aphrodite
Ахав Ahab
Ахат Achates
Ахемениды *см.* Cyrus
Ахилл(ес) Achilles
Ахитофел Ahithophel
Ахриман Ahriman
Ахурамазда Ahura Mazda
Ацис Acis
Ашер 1) Asher 2) Usher
Ашмол Ashmole
Ашока Asoka
Ашшур Ashur
Ашшурбанипал Ashurbanipal
Аэдона Aedon
Аякс Ajax

Баал Baal
Бабингтон Babington
Бабур Babar
Бадд Budd
Баджот Bagehot
Базилио Bazilio
Байрон Byron
Байяр Bayard
Бак Buck
Бакеланд Baekeland
Балан, Балин *см.* Balin
Балкис Balkis
Баллантайн Ballantyne
Бал(л)иоль Baliol
Балтимор Baltimore
Балф Balfe
Бальдр Balder
Бальзак Balzac
Бальтазар Balthazar
Бальфур Balfour
Банбери Bunbury
Банкер Bunker

Банко Banquo
Банкрофт Bancroft
Бантер Bunter
Бантинг Banting
Банч Bunche
Баньян Bunyan
Бара Bara
Барбаросса *см.* Frederick I
Барбер Barber
Бардль Bardell
Баренбойм Barenboim
Баренц Barents
Баркла Barkla
Баркли Barkley
Бармакид Barmecide
Барнард Barnard
Барнардо Barnardo
Барнум Barnum
Барри Barrie
Барримор Barrymore
Барроуз Burroughs
Барт Barth
Бартлетт Bartlett
Барток Bartók
Бартон 1) Barton 2) Burton
Барух Baruch
Баскервилл Baskerville
Басс Bass
Батиста-и-Сальдивар Batista y Zaldivar
Батлер Butler
Бату Batu Khan
Батшеба Bathsheba
Батый Batu Khan
Баудлер Bowdler
Баум Baum
Баунтифул Bountiful
Баффин Baffin
Бах Bach
Бахус Bacchus
Баэз Baez
Беатриче Beatrice
Беван Bevan
Беверидж Beveridge
Бевин Bevin
Бевис Bevis
Бегин Begin
Беда Bede
Бедекер Baedeker
Бейден-Поуэлл Baden-Powell
Бейзи Basie
Бейкер Baker
Бейкланд Baekeland
Бейли Bailey
Бейси Basie
Бек Becke

Беккерель Becquerel
Беккет 1) Becket 2) Beckett
Бекфорд Beckford
Белафонте Belafonte
Белая Королева White Queen
Белинус Belinus
Белл Bell
Беллами Bellamy
Беллини Bellini
Беллок Belloc
Беллоу Bellow
Беллоуз Bellows
Белоснежка 1) Snowdrop 2) Snow-White
Белч Belch
Белый Рыцарь White Knight
Беляночка Snow-White
Бенбоу Benbow
Бене Benét
Бенедикт 1) Benedick 2) Benedict
Бенн Benn
Беннет Bennet
Беннетт Bennett
Бенни Benny
Бенсон Benson
Бентам Bentham
Бентинк Bentinck
Бентли Bentley
Бентон Benton
Бенчли Benchley
Беньян Bunyan
Беовульф Beowulf
Берг Berg
Берген Bergen
Бергман Bergman
Бергойн Burgoyne
Бергсон Bergson
Берд Byrd
Берджесс Burgess
Бердслей Beardsley
Беренсон Berenson
Бержерак Bergerac
Беринг 1) Behring 2) Bering
Берк Burke
Беркли Berkeley
Берлин Berlin
Берлиоз Berlioz
Бернадетта Bernadette
Бернар 1) Bernhardt 2) Bernard
Бернард Bernard
Берн-Джоунз Burne-Jones
Бернетт Burnett
Бернс Burns
Бернстайн Bernstein

Бернхардт см. Brummell
Берри Berry
Берриган Berrigan
Берстин Burstyn
Бертильон Bertillon
Бертон Burton
Бертрам Bertram
Берч Birch
Бесс 1) Bess 2) см. Porgy
Бессемер Bessemer
Бетховен Beethoven
Бетчеман Betjeman
Бешеный Конь Crazy Horse
Бжезинский Brzezinski
Бивербрук Beaverbrook
Биддл Biddle
Бизе Bizet
Билкис см. Balkis
Билл Bill
Билли-бандит, Билли-Кид Billy the Kid
Бингем Bingham
Бине Binet
Бирбом Beerbohm
Бирд Beard
Бирдсли Beardsley
Биррелл Birrell
Бирс Bierce
Бирстадт Bierstadt
Бисмарк Bismarck
Бисон см. Borden
Битти Beatty
Бичер-Стоу см. Stowe
Бишоп Bishop
Блай 1) Bligh 2) Bly
Блейк Blake
Блимп Blimp
Блисс Bliss
Блок Block
Блондель Blondel
Блондин, Блондэн Blondin
Блоу Blow
Блох Bloch
Блумер Bloomer
Блумфилд Bloomfield
Блэк Black
Блэквуд Blackwood
Блэкетт Blackett
Блэкмор Blackmore
Блэкстон Blackstone
Блюхер Blücher
Боадикея Boadicea
Бобадилл Bobadill
Бовуар Beauvoir
Богард Bogarde
Богарт Bogart
Бодлер Baudelaire

Бодли 1) Bodley 2) см. Gudrun
Бодуэн Baudouin
Бой Джордж Boy George
Бойд Opp Boyd Orr
Бойль Boyle
Бок 1) Boch 2) Bok
Боккаччо Boccaccio
Бокс Box
Болванщик Hatter
Болдуин Baldwin
Болейн Boleyn
Боливар Bolivar
Болингброк Bolingbroke
Болл Ball
Бом Baum
Бомарше Beaumarchais
Бомонт Beaumont
Бонапарт Bonaparte
Бонар Ло(у) Bonar Law
Бонд Bond
Бондука см. Boadicea
Бони Boney
Бонифаций Boniface
Боннар Bonnard
Бонни Bonnie
Бо-Пип Bo-Peep
Бор 1) Bohr 2) Bor
Бора Borah
Борглум Borglum
Борден Borden
Бордж(и)а Borgia
Борегар Beauregard
Борей Boreas
Борн Born
Борхес Borges
Босуэлл Boswell
Босх Bosch
Бота Botha
Ботон Boughton
Боттичелли Botticelli
Боуи Bowie
Боумонт Beaumont
Боун Bone
Боуфорт Beaufort
Бофорт Beaufort
Боэций Boethius
Боярдо Boiardo
Брагвейна Bragwaine
Браггадочио Braggadoc(ch)io
Браге Brahe
Брадаманта Bradamante
Брайан Bryan
Брайль Braille
Брак Braque
Браммелл Brummell

Брамс Brahms
Брангвейна *см.* Bragwaine
Брандо Brando
Брандт Brandt
Браун 1) Braun 2) Brown 3) Browne
Брауни Brownie
Браунинг Browning
Брахма Brahma
Брейгель Brueghel
Брейди 1) Brady 2) *см.* Tate
Брейн Braine
Брекенридж Brackenridge
Брендан, Бреннан Brandan
Бретон Breton
Брехт Brecht
Бриан *см.* Kellogg
Бриарей Briareus
Бригитта Bridget
Брин Brin
Бриннер Brynner
Бриттен Britten
Бродерик Broderick
Бронсон Bronson
Бронте Brontë
Броуди 1) Brodie 2) Brody
Брук 1) Brook 2) Brooke
Брукнер Bruckner
Брукс Brooks
Брум Brougham
Бруно Bruno
Брут 1) Brute 2) Brutus
Брэгг Bragg
Брэдбери Bradbury
Брэдли Bradley
Брэдман Bradman
Брэдстрит Bradstreet
Брэдшо Bradshaw
Брэкнелл Bracknell
Брюнель Brunel
Брюнхильд(а) Brynhild
Брюс Bruce
Будда Buddha
Бузони Busoni
Букман Buchman
Букстехуде Buxtehude
Булвер-Литтон Bulwer-Lytton
Булл Bull
Булль Bull
Буль 1) Boole 2) Bull
Бумпо Bumppo
Бун(ь)юэль Buñuel
Бурбон Bourbon
Буридан Buridan
Бурмен Boorman
Бурсико *см.* Boucicault

Бурстин Boorstin
Бусико Boucicault
Бусирид, Бусирис Busiris
Бут Booth
Буффало Билл *см.* Bill
Бухвальд Buchwald
Буш Bush
Бьюик Bewick
Бьюкенен Buchanan
Бэббит Babbitt
Бэдмен Badman
Бэкон Bacon
Бэнкс Banks
Бэнкхед Bankhead
Бэрд Baird
Бэринг Baring
Бэрнсфадер Bairnsfather
Бэрр Burr
Бэрроуз Burroughs
Бэтмен Batman
Бюнюэль Buñuel

Ваал Baal
Вагнер Wagner
Вайль Weill
Ваксман Waksman
Вакх Bacchus
Валаам Balaam
Валенса Walesa
Валент Valens
Валентин Valentine
Валентиниан Valentinian
Валентино Valentino
Валера *см.* De Valera
Валериан Valerian
Валлис Wallis
Валтасар 1) Balthazar 2) Belshazzar
Вальдемар Waldemar
Вальдхайм Waldheim
Вальпургия Walpurgis
Ванбру Vanbrugh
Ван Бурен, Ван Бюрен Van Buren
Ван Винкль Van Winkle
Ван Гог Van Gogh
Ван Дайн *см.* Vance
Ван де Вельде Van de Velde
Ван Дейк Vandyke
Вандербильт Vanderbilt
Ван дер Роэ *см.* Mies van der Rohe
Ван Донген Van Dongen
Ванкувер Vancouver
Ванцетти Vanzetti
Ван Эйк Van Eyck
Варавва Barabbas

Варвара Barbara
Варден Varden
Варез Varese
Варрон Varro
Варух Baruch
Варфоломей Bartholomew
Вас Wace
Василий Basil
Ватсон Watson
Ватто Watteau
Вацлав Wenceslaus
Вашингтон Washington
Вебб Webb
Вебер Weber
Веберн Webern
Вега Vega
Вейдер Vader
Вейль Weill
Веланд Wayland
Веласкес Velasquez
Велисарий Belisarius
Веллингтон Wellington
Вёлунд *см.* Wayland
Вельзевул Beelzebub
Венди Wendy
Венера Venus
Вениамин Benjamin
Вергилий Virgil
Верди Verdi
Верлен Verlaine
Верме(е)р Vermeer
Верн Verne
Верный Faithful
Веронезе Veronese
Вероника 1) Berenice 2) Veronica
Верроккьо Verrocchio
Верцингеториг Vercingetorix
Веспасиан Vespasian
Веспуччи Vespucci
Веста Vesta
Вечный Жид *см.* Ahasuerus
Вивальди Vivaldi
Вивиана *см.* Nimue
Вигнер Wigner
Видал Vidal
Видор Vidor
Визи Vesey
Вийон Villon
Виктория Victoria
Виктор Эммануил Victor Emmanuel
Вила-Лобос Villa-Lobos
Виланд *см.* Wayland
Вильгельм William
Вильсон Wilson
Виндзор Windsor

Винер Wiener
Винтер *см.* Rebecca
Винчи Vinci
Виньи Vigny
Виола Viola
Вирсавия Bathsheba
Вирхов Virchow
Висконти Visconti
Виттенштейн Wittgenstein
Витрувий Vitruvius
Вишну Vishnu
Вламинк Vlaminck
Во Waugh
Воан-Уильямс Vaughan Williams
Войт Voight
Волластон Wollaston
Вольпоне Volpone
Вольта Volta
Вольтер Voltaire
Воннегут Vonnegut
Вордсворт Wordsworth
Вортигерн Vortigern
Всадник Белого Коня White Knight
Вуд Wood
Вудворд Woodward
Вудхаус Wodehouse
Вулкан Vulcan
Вулластон Wollaston
Вулси Wolsey
Вулф 1) Wolfe 2) Woolf
Вульфила *см.* Ulfilas
Вундт Wundt
Вэнс Vance

Габор Gabor
Габсбург Habsburg
Гавейн Gawain
Гавриил Gabriel
Гадес Hades
Газали Ghaz(z)ali
Гай 1) Gaius 2) Guy
Гайавата Hiawatha
Гайдн Haydn
Гайдузек, Гайдушек Gajdusek
Галаад Galahad
Галатея Galatea
Галахад Galahad
Гален Galen
Галерий Galerius
Галилей Galilei
Галифакс Halifax
Галлей Halley
Галлиен Gallienus
Галли-Курчи Galli-Curci

Гальвани Galvani
Гальтон Galton
Гальфрид Geoffrey
Гама Gama
Гамелин Gamelyn
Гамилькар... Hamilcar...
Гамильтон Hamilton
Гамлет Hamlet
Гамсун Hamsun
Ганди Gandhi
Ганеман Hahnemann
Ганеша Ganesh(a)
Ганимед Ganymede(s)
Ганнибал Hannibal
Гарбо Garbo
Гарвард Harvard
Гарвей Harvey
Гаргантюа Gargantua
Гарди Hardy
Гардинг Harding
Гардинер Gardiner
Гарднер Gardner
Гарет Gareth
Гарибальди Garibaldi
Гарланд Garland
Гарленд Garland
Гармония Harmonia
Гарольд Harold
Гарри Harry
Гаррик Garrick
Гарриман Harriman
Гаррисон 1) Garrison 2) Harrison
Гарсиа... García...
Гарт Harte
Гарун аль-Рашид Haroun al-Raschid
Гарфанкел Garfunkel
Гарфилд Garfield
Гарфункель Garfunkel
Гасдрубал Hasdrubal
Гаскелл Gaskell
Гассенди Gassendi
Гассер Gasser
Гатри Guthrie
Гатто Hatto
Гауди Gaudi
Гаукинс Hawkins
Гаусс Gauss
Гауэр Gower
Гварнери Guarneri
Гвидо... Guido...
Гвин Gwyn(ne)
Гвиневера Guinever(e)
Геба Hebe
Геббельс Goebbels
Гебея Hebe

Гевара Guevara
Гегель Hegel
Геддес Geddes
Гедеон Gideon
Гей Gay
Гейбл Gable
Гей-Люссак Gay-Lussac
Гейне Heine
Гейнс Gaines
Гейнсборо Gainsborough
Гейтс Gates
Геката Hecate
Гексли Huxley
Гектор Hector
Гекуба Hecuba
Гелен Helenus
Гелиогабал Heliogabalus
Гелиос Helios
Гелл-Манн Gell-Mann
Гельвеций Helvetius
Гельмгольц Helmholtz
Гендель Handel
Гензель Hänsel
Генри 1) Henri 2) Henry
Генриетта... Henrietta...
Генрих Henry
Георг George
Георгий George
Гера Hera
Геракл *см.* Hercules
Гераклит Heraclitus
Геральд Gerald
Герблок *см.* Block
Гердер Herder
Геринг Goering
Герион Geryon
Геркулес Hercules
Германн *см.* Arminius
Гермафродит Hermaphroditus
Гермес(...) Hermes(...)
Гермиона Hermione
Геро Hero
Геродот Herodotus
Герострат Herostratus
Гертин Girtin
Герц Hertz
Герцог Hertzog
Гершвин Gershwin
Гершель Herschel
Гесиод Hesiod
Гесиона Hesione
Гесклэн Guesclin
Геспер Hesperus
Гесс Hess
Гессе Hesse
Гесслер *см.* Tell

317

Гестия Hestia
Гёте Goethe
Гетти Getty
Гефест Hephaestus
Гея Gaea
Гиакинф, Гиацинт Hyacinthus
Гиббон Gibbon
Гибсон Gibson
Гигиея Hygeia
Гидеон Gedeon
Гиджет Gidget
Гиймен Guillemin
Гики Geikie
Гил(ас) Hylas
Гилберт Gilbert
Гилгуд Gielgud
Гилдерой Gilderoy
Гиллиган Gilligan
Гилпин Gilpin
Гилрой Gilroy
Гильгамеш Gilgamesh
Гильдебранд *см.* Gregory VII
Гильденстерн *см.* Rosencrantz
Гименей Hymen
Гиммлер Himmler
Гиневра Guinevere
Гиннесс Guinness
Гип Heep
Гиперион Hyperion
Гипермнестра Hypermnestra
Гиппократ Hippocrates
Гирландайо Ghirlandajo
Гиссинг Gissing
Гитлер Hitler
Главк Glaucus
Главка Glauce
Гладстон Gladstone
Глазер, Глейзер Glaser
Глендауэр Glendower
Гленн Glenn
Глик Glick
Гловер Glover
Глостер Gloucester
Глюк Gluck
Гоббс Hobbes
Гобсек Gobseck
Гог Gog
Гоген Gauguin
Гогенцоллерн Hohenzollern
Гогенштауфен Hohenstaufen
Гогмагог Gogmagog
Годар Godard
Годвин Godwin
Годдард Goddard

Годива Godiva
Годфри Godfrey
Гойя Goya
Голдберг Goldberg
Голдвин Goldwyn
Голдинг Golding
Голдсмит Goldsmith
Голдуотер Goldwater
Голиаф Goliath
Голсуорси Galsworthy
Гольбейн Holbein
Гольдман Goldman
Гольдони Goldoni
Гомер Homer
Гонерилья Goneril
Гонкур Goncourt
Гонорий Honorius
Гор Horus
Гораций Horace
Горацио Horatio
Гордий Gordius
Гордон Gordon
Горки Gorky
Горовиц Horowitz
Гортон Gorton
Готорн Hawthorne
Готфрид Godfrey
Готье Gautier
Гофман 1) Hoffmann 2) Hofmann
Граинна, Грайне Grainne
Гракхи Gracchi
Гранди Grundy
Грандисон Grandison
Грант Grant
Грациан Gratian
Грей 1) Gray 2) Grey
Грейвс Graves
Грейнджер Grainger
Гренвиль Grenville
Грендель Grendel
Гретель *см.* Hänsel
Грешем Gresham
Григ Grieg
Григорий Gregory
Грили Greeley
Гримм Grimm
Грин Greene
Гринауэй Greenaway
Гриноу Greenough
Гринч Grinch
Грирсон Grierson
Гриффин Griffin
Гриффит Griffith
Гропиус Gropius
Гроппер Gropper
Гроув Grove

Гроут Grote
Гроций Grotius
Грэм 1) Graham 2) Grahame
Грэттен Grattan
Грэхем 1) Graham 2) Grahame
Грюневальд Grünewald
Гувер Hoover
Гугл Google
Гуго... Hugh...
Гуд Hood
Гудзон Hudson
Гудибрас Hudibras
Гудини Houdini
Гудман Goodman
Гудон Houdon
Гудрун Gudrun
Гулд Gould
Гулливер Gulliver
Гульд Gould
Гумберт Humbert
Гумбольдт Humboldt
Гунга Дин Gunga Din
Гуннар Gunnar
Гуно Gounod
Гунтер Gunther
Густав Gustavus
Гусыня Goose
Гутенберг Gutenberg
Гэлбрейт Galbraith
Гэллап Gallup
Гэнтри Gantry
Гэтри Guthrie
Гэтсби Gatsby
Гюго Hugo
Гюйгенс Huygens
Гюнт Gynt

Давенант Davenant
Давид David
Да Винчи *см.* Vinci
Дагерр Daguerre
Даглас Douglas
Дагласс Douglass
Даймлер Daimler
Даладье Daladier
Д'Аламбер D'Alembert
Дали Dali
Далила Delilah
Даллес Dulles
Д'Альбер D'Albert
Дальтон Dalton
Дамокл Damocles
Дамон Damon
Дампир Dampier
Данай Danaus
Даная Danae
Даниил Daniel

Данлоп Dunlop
Данте Dante
Дантес *см.* Monte-Cristo
Дантон Danton
Дану Danu
Дарби Darby
Дарвин Darwin
Дарий Darius
Дарнли Darnley
Даррелл Durrell
Д'Артаньян D'Artagnan
Дархем Durham
Дауэс Dawes
Дафнис Daphnis
Дворжак Dvorak
Дебс Debs
Дебюсси Debussy
Де Валера De Valera
Де Вет De Wet
Деви Devi
Де Винтер *см.* Rebecca
Девкалион Deucalion
Дега Degas
Де Голль De Gaulle
Де Грие *см.* Lescaut
Дедал Daedalus
Дездемона Desdemona
Дей Day
Дейвис 1) Davies 2) Davis 3) Davys
Дейвисон Davison
Дейвиссон Davisson
Дейл Dale
Дейли Daley
Дей-Льюис Day-Lewis
Декарт Descartes
Деккер Dekker
Де Куинси De Quincey
Делавэр De La Warr
Делакруа Delacroix
Де Ла Мар De La Mare
Делиб Delibes
Делиус Delius
Делло Джойо Dello Joio
Дель Монако Del Monaco
Дель Сарто *см.* Andrea del Sarto
Деметра Demeter
Де Милль De Mille
Демокрит Democritus
Демосфен Demosthenes
Де Ниро De Niro
Дерен Derain
Дефо Defoe
Джаганнатха *см.* Juggernaut
Джаггер Jagger
Джаггернаут Juggernaut

Джеггер Jagger
Джей Jay
Джеймс(...) James(...)
Джеймсон Jameson
Джейн Jane
Джек(...) Jack(...)
Джекилл, Джекиль Jekyll
Джексон Jackson
Джеллибай, Джеллиби Jellyby
Джеллико Jellicoe
Джемайма Jemima
Джемс James
Дженкинс Jenkins
Дженнер Jenner
Джерман German
Джером Jerome
Джерролд *см.* Caudle
Джефферс Jeffers
Джефферсон Jefferson
Джеффрис Jeffreys
Дживс Jeeves
Джиггс Jiggs
Джиллетт Gillette
Джильда *см.* Rigoletto
Джим Jim
Джингль Jingle
Джинна Jinnah
Джинс Jeans
Джо(...) Joe(...)
Джоан *см.* Darby
Джозефсон Josephson
Джойс Joyce
Джоконда Gioconda
Джон(...) John(...)
Джонни... Johnny...
Джонс Jones
Джонсон 1) Johnson 2) Jonson
Джоплин Joplin
Джорджоне Giorgione
Джотто Giotto
Джоуль Joule
Джоунз Jones
Джуисон Jewison
Джулия Julia
Джульетта Juliet
Джэксон Jackson
Ди Dee
Диана Diana
Диармаит, Диармайд Diarmait
Диаш Dias
Диддли Diddley
Дидона Dido
Дидро Diderot
Дизель Diesel

Диззи Dizzy
Дизраэли Disraeli
Дикинсон Dickinson
Диккенс Dickens
Дикс Dix
Дилан Dylan
Диллинджер Dillinger
Дин *см.* Gunga Din
Динь-Динь Tinker Bell
Диоген Diogenes
Диодор Diodorus
Диоклетиан Diocletian
Диомед Diomedes
Дионис Dionysus
Дионисий Dionysius
Диор Dior
Диоскуры *см.* Castor
Дирак Dirac
Дисней Disney
Дитрих Dietrich
Дифенбейкер Diefenbaker
Догберри Dogberry
Доде Daudet
Додсон Dodson
Доз Dawes
Дойзи Doisy
Дойл(ь) Doyle
Доктороу Doctorow
Домби Dombey
Доминго Domingo
Доминик Dominic
Домино Domino
Домициан Domitian
Домье Daumier
Дон *см.* Danu
Донателло Donatello
Дон-Жуан Don Juan
Доницетти Donizetti
Дон Карлос *см.* Carlos
Дон(-)Кихот Don Quixote
Донн Donne
Донован Donovan
Доп(п)лер Doppler
Дорати Dorati
Доре Doré
Доркада Dorcas
Дороти Dorothy
Дос Пассос Dos Passos
Доу Dow
Драйден Dryden
Драйзер Dreiser
Драйсдейл Drysdale
Дракон(т) Draco
Дракула Dracula
Драммонд Drummond
Дрейк Drake
Дрейпер Draper

Кабрини Cabrini
Кавендиш Cavendish
Кавердейл Coverdale
Кадильяк Cadillac
Кадм Cadmus
Казанова Casanova
Каиафа Caiaphas
Каин Cain
Кайзер Kaiser
Как(ус) Cacus
Калвин Calvin
Кали Kali
Калибан Caliban
Калигула Caligula
Калидаса Kalidasa
Калиостро Cagliostro
Калипсо Calypso
Калифано Califano
Каллагэн Callaghan
Каллас Callas
Каллимах Callimachus
Каллиопа Calliope
Каллисто Callisto
Каллистрат Callistratus
Каллисфен Callisthenes
Кальвин Calvin
Кальдерон Calderon
Кальман Kalman
Кама Kama
Камбер Camber
Камбиз Cambyses
Камерон Cameron
Камилла Camilla
Каммингс Cummings
Камоинш, Камоэнс Camoens
Кампанелла Campanella
Кампион Campion
Камю Camus
Каналетто Canaletto
Кандер Kander
Кандид Candide
Кандида Candida
Каннинг Canning
Каннингем Cunningham
Кант Kant
Капабланка Capablanca
Капет Capet
Капетинги см. Capet
Капоне Capone
Капоте Capote
Капра Capra
Капулетти Capulet
Караваджо Caravaggio
Карадок см. Caractacus
Каракалла Caracalla
Карактак Caractacus

Караян Karajan
Карвер Carver
Карл(...) 1) Charles(...) 2) см. Карл Великий
Карлайл Carlisle
Карл Великий Charlemagne
Карлейль 1) Carlisle 2) Carlyle
Карлофф Karloff
Карман Carman
Кармен Carmen
Карнеги Carnegie
Каролина Caroline
Каролинги Carolingians
Карре см. Le Carré
Каррель Carrell
Каррнер Currier
Карсон Carson
Картер Carter
Картрайт Cartwright
Картье Cartier
Карузо Caruso
Каслрей, Каслри Castlereagh
Кассандра Cassandra
Кассатт Cassatt
Кассивелавн Cassivelaunus
Кассий Лонгин Cassius Longinus
Кассио Cassio
Кассиодор Cassiodorus
Кассиопея Cassiope(i)a
Кастаньеда Castaneda
Кастер Custer
Кастор Castor
Кастро Castro
Катарина Katharina
Катилина Catiline
Катон Cato
Катулл Catullus
Кауард Coward
Каули Cowley
Кауfirst Cowperwood
Кафка Kafka
Кац Katz
Квазимодо Quasimodo
Квинтилиан Quintilian
Квислинг Quisling
Кедар Kedar
Кей 1) Kay 2) Kaye
Кейд Cade
Кейдж Cage
Кейли Cayley
Кейн Kane
Кейнс Keynes
Кей-Сенешаль Kay the Seneschal
Кейси Casey

Кейсмент Casement
Кейтель Keitel
Келлер Keller
Келли Kelly
Келлог Kellogg
Келпи Kelpie
Кельвин Kelvin
Кембл Kemble
Кемден Camden
Кемош Chemosh
Кендалл Kendall
Кендрю Kendrew
Кеннеди Kennedy
Кент Kent
Кенти Canty
Кеплер Kepler
Керзон Curzon
Керн Kern
Кертиз Curtiz
Кертин Curtin
Кертис Curtis
Кертиц Curtiz
Керуак Kerouac
Кёстлер Koestler
Кестльри Castlereagh
Кетт Kett
Кетч Ketch
Кефал Cephalus
Кефей см. Cassiope(i)a
Ки Key
Киартан см. Gudrun
Кибл Keble
Кид Kyd
Кидд Kidd
Кизил Dogberry
Килрой Kilroy
Кин Kean
Кинг King
Киннок Kinnock
Киплинг Kipling
Кир Cyrus
Кирико Chirico
Кирилл Cyril
Кирк Kirk
Кирка Circe
Киссинджер Kissinger
Китон Keaton
Китс Keats
Китченер Kitchener
Кихот см. Don Quixote
Клавдий Claudius
Клавдио Claudio
Клайберн Cliburn
Клайв Clive
Кларендон Clarendon
Кларисса см. Harlowe
Кларк 1) Clark 2) Clarke

Клаузевиц Clausewitz
Клее Klee
Клей Clay
Клейтон Clayton
Клемансо Clemenceau
Клементий... Clement...
Клеопатра Cleopatra
Клиберн Cliburn
Кливленд Cleveland
Клиланд Cleland
Климентий Clement
Клинтон Clinton
Клио Clio
Клитемнестра Clytemnestra
Клото Clotho
Клути Clootie
Книккербоккер Knickerboc-
ker
Кнуд Canute
Кнудсен Knudsen
Кнут Canute
Кобб Cobbe
Коббетт Cobbett
Когган Coggan
Кодл Caudle
Коккер Cocker
Кокрофт Cockroft
Кокс см. Box
Кокси Coxey
Кокто Cocteau
Колдер Calder
Колдуэлл Caldwell
Колет Colet
Коллинз Collins
Коломбина Colombine
Колридж Coleridge
Колумб Columbus
Колумба Columba
Колфилд Caulfield
Коль 1) Cole 2) Kohl
Кольбер Colbert
Кольридж Coleridge
Коменский Comenius
Комнин Comnenus
Комптон Compton
Комус Comus
Конан Дойл см. Doyle
Конгрив Congreve
Конде Condé
Конер см. Gidget
Конрад Conrad
Константин Constantine
Констебл Constable
Конфуций Confucius
Конхобар Conchobar
Кооннинг Cooning
Коперник Copernicus

Копленд Copland
Копли Copley
Копперфилд Copperfield
Коппола Coppola
Корбюзье см. Le Corbusier
Корде Corday
Корделия Cordelia
Кориней Corineus
Кориолан Coriolanus
Кормак см. Grainne
Корморан Cormoran
Корнберг Kornberg
Корнелл Cornell
Корнель Corneille
Корнуоллис Cornwallis
Коро Corot
Коронадо Coronado
Корреджо Corregio
Кортес Cortes
Корнфорт Cornforth
Косби Cosby
Косгрейв Cosgrave
Костелло Costello
Костюшко Kosciuszko
Котман Cotman
Коуард Coward
Коук Coke
Коул Cole
Коулман Colman
Кофетуа Cophetua
Кох Koch
Кохан Cohan
Коч Koch
Крайтон Crichton
Крамер Kramer
Кранах Cranach
Кранмер Cranmer
Красная Шапочка Little Red
Riding-Hood
Красс Crassus
Кребс Krebs
Крев(е)кёр Crevecoeur
Крёз Croesus
Крей Cray
Крейг Craig
Крейгавон Craigavon
Крейн Crane
Крейцер Kreutzer
Кренек Krenek
Креонт Creon
Крепелин Kraepelin
Крессида Cressid(a)
Кресфонт см. Merope
Кретьен де Труа Chretien de
Troyes
Креуса Creusa
Крик Crick

Крили Creeley
Кримхильда Kriemhild(e)
Крингл Kringle
Криппин Crippen
Криспин Crispin
Криспиниан см. Crispin
Кристи Christie
Кристофер Робин Christo-
pher Robin
Кришна Krishna
Крокетт Crockett
Кромвель Cromwell
Кромер Cromer
Кромптон Crompton
Крон Cronos
Кронин Cronin
Кронкайт Cronkite
Кронос Cronos
Кросби Crosby
Кроу Crow
Кроуфорд Crawford
Круден Cruden
Крузо Crusoe
Крукс Crookes
Крукшенк Cruikshank
Крупп Krupp
Крэбб Crabbe
Крэг Craig
Крюгер Kruger
Крюк Hook
Ксантиппа Xant(h)ippe
Ксенократ Xenocrates
Ксенофан Xenophanes
Ксенофонт Xenophon
Ксеркс Xerxes
Кто Who
Кубла Хан Kublai Khan
Кубрик Kubrik
Куикли Quickly
Куин Queen
Куинсберри Queensberry
Кук 1) Cook 2) Cooke
Куланн см. Cuchulain
Кулидж Coolidge
Кулон Coulomb
Кум Combe
Кунья Cunha
Куотермейн Quatermain
Купер 1) Cooper 2) Cowper
Купидон Cupid
Курбе Courbet
Кусто Cousteau
Кухулин Cuchulain
Кьеркегор Kierkegaard
Кьюкор Cukor
Кэвелл Cavell
Кэд Cade

Кэдмон Caedmon
Кэкстон Caxton
Кэлхун Calhoun
Кэмп Camp
Кэмпбелл(...) Campbell(...)
Кэндлер Candler
Кэндэр Candour
Кэпп Capp
Кэри Cary
Кэрролл Carroll
Кэсер Cather
Кэтлин Catlin
Кюневульф Cun(e)wulf
Кюри Curie

Лавиния Lavinia
Лавлейс Lovelace
Лаврентий Laurence
Лавуазье Lavoisier
Лагранж Lagrange
Лагуардиа La Guardia
Лазарь Lazarus
Лайонс Lyons
Лакшми Lakshmi
Ламарк Lamarck
Ламарр Lamarr
Ламия Lamia
Лампмен Lampman
Ландштейнер Landsteiner
Ланкастер Lancaster
Ланс Launce
Ланселот, Ланцелот Launce-
lot
Лант Lunt
Лаодамия Laodamia
Лаокоон(т) Laocoon
Лаомедонт см. Hesione
Лао Цзы Lao-Tse
Ларднер Lardner
Ларошфуко La Rochefou-
cault
Ларусс Larousse
Ла Салль La Salle
Ласки Laski
Лассаль Lassalle
Латимер Latimer
Латин Latinus
Латона Latona
Лаура Laura
Лаурел Laurel
Лаури Lowry
Лафайет La Fayette
Лафит Lafit(t)e
Лафоллет La Follette
Лафонтен La Fontaine
Лаэрт Laertes
Леандр Leander

Лев (...) Leo (...)
Левенгук Leeuwenhoek
Левеск Levesque
Легар Lehár
Легри Legree
Леда Leda
Ледерман Lederman
Леже Léger
Лейбниц Leibni(t)z
Лейтон Leighton
Ле Каппе Le Carré
Ле Корбюзье Le Corbusier
Лемасс Lemass
Ленгленд Langland
Ленгли Langley
Ленгмюр Langmuir
Леннон Lennon
Леонардо... Leonardo...
Леонид Leonidas
Леонкавалло Leoncavallo
Леонт Leontes
Леопольд Leopold
Лер Ler
Леско Lescaut
Лессепс Lesseps
Лестер Leicester
Лето Leto
Ли 1) Lee 2) Leigh 3) Lie
Ливий Livy
Ливингстон Livingstone
Лизандр Lysander
Ликаон Lycaon
Лики Leakey
Ликок Leacock
Ликург Lycurgus
Лили 1) Lely 2) Lyly
Лилит Lilith
Лилло Lillo
Лильберн Lilburne
Лин Lean
Линдберг Lindbergh
Линдзи Lindsay
Линдсей Lindsay
Линкей см. Danaus
Линкольн Lincoln
Линней Linnaeus
Линч Lynch
Лионесса Lyones(se)
Липман Lipmann
Липпманн Lippmann
Липтон Lipton
Лир Lear
Лисандр Lysander
Лисий Lysias
Лисимах Lysimachus
Лисипп Lysippus
Лист Liszt

Листер Lister
Литтон см. Bulwer-Lytton
Ллевеллин Llewellyn
Ллеу Lleu
Ллир Llyr
Ллойд(...) Lloyd(...)
Ллуд Llud
Ллуэллин Llewellyn
Лов(е)лас Lovelace
Лод Laud
Лодж Lodge
Лойола см. Ignatius
Локи Loki
Локк Lock(e)
Локкарт Lockhart
Лолита Lolita
Ломбард Lombard
Лонг Long
Лонги Lange
Лонгий, Лонгин Longinus
Лонгли Longley
Лонгфелло Longfellow
Лондон London
Лонлихартс Lonelyhearts
Лорел Laurel
Лоренс Lawrence
Лоренц Lorentz
Лоренцо Laurence
Лорка см. García Lorca
Лот Lot
Лотарио Lothario
Лотарь Lothair
Лотон Laughton
Лотрек см. Toulouse-Lautrec
Лоу 1) Loewe 2) Low
Лоуренс Lawrence
Лоусон Lawson
Лоутон Laughton
Лоуэлл Lowell
Лохинвар Lochinvar
Лоэнгрин Lohengrin
Луг Lug(h)
Луд Lud
Луи Филипп Louis-Philippe
Лука Luke
Лукас Lucas
Лукиан Lucian
Лукреций Lucretius
Лукреция Lucretia
Лукулл Lucullus
Луций Lucius
Льюис Lewis
Лэм Lamb
Лэмб Lamb
Лэмберт Lambert
Лэмпман Lampman
Лэнг Lang

Лэндсир Landseer
Людендорф Ludendorff
Людовик Louis
Лютер Luther
Люцифер Lucifer

Маб Mab
Магеллан Magellan
Магог *см.* Gog
Магомет *см.* Muhammad
Мадеруэлл Motherwell
Мадонна Madonna
Мажино Maginot
Мазарини Mazarin
Мазеруэлл Motherwell
Майкельсон Michelson
Майл Дун Maeldune
Майнот Minot
Майоль Maillol
Макартур MacArthur
Макбет Macbeth
Макгаффи McGuffey
Макги McGee
Макгрегор Macgregor
Макгрю McGrew
Макдауэлл MacDowell
Макдермид MacDiarmid
Макдональд 1) MacDonald
    2) Macdonald
Макдоуэлл MacDowell
Макдуф Macduff
Макиавелли Machiavelli
Маккавей *см.* Judas Macca-
    baeus
Мак-Каллерс, Маккаллерс
    McCullers
Маккарти McCarthey
Маккартни McCartney
Маккензи Mackenzie
Макким McKim
Мак-Кинли McKinley
Маккормак McCormack
Мак-Лейн MacLaine
Маклеод Macleod
Маклиш MacLeish
Мак-Люэн McLuhan
Мак-Магон McMahon
Макмиллан 1) Macmillan 2)
    McMillan
Макнамара McNamara
Маколей Macaulay
Максвелл Maxwell
Максим Maxim
Максимилиан Maximilian
Макферсон Macpherson
Макхит Macheath
Маламуд Malamud

Малан Malan
Малапроп Malaprop
Малахия Malachi
Малдун Muldoon
Малер Mahler
Малколм Экс Malcolm X
Маллер Muller
Малликен Mulliken
Малруни Mulroney
Мальборо, Мальбрук Marl-
    borough
Мальволио Malvolio
Мальтус Malthus
Мальчик с пальчик Tom
    Thumb
Маммон, Маммона Mam-
    mon
Ман Mun
Манавидан Manawyd(d)an
Мананнан Manannan
Манассия Manasseh
Мандела Mandela
Мане Manet
Манк(и)евич Mankiewicz
Манн Mann
Манро Munro
Мансур Mansur
Ману Manu
Манфред Manfred
Мао Цзэдун Mao Zedong
Мап Map
Марат Marat
Марбери Marbury
Маргарет-Роуз   Margaret
    Rose
Маргарита Margaret
Мардохей Mordecai
Мардстон Murdstone
Марианна Marian
Марин Marin
Мария(...) 1) Marie(...) 2) Ma-
    ry(...)
Марк(...) 1) Marcus(...) 2)
    Mark(...)
Маркова Markova
Маркони Marconi
Марко Поло *см.* Polo
Маркос Marcos
Маркс Marx
Маркуанд Marquand
Маркузе Marcuse
Марло Marlowe
Марнер Marner
Марпл Marple
Марри Murray
Марроу Murrow
Марс Mars

Марсий Marsyas
Мартин Martin
Марут *см.* Harut
Марфа Martha
Марциал Martial
Марчбэнкс Marchbanks
Марш Marsh
Маршалл Marshall
Массена Massena
Массне Massenet
Мастерс Masters
Матисс Matisse
Матфей Matthew
Маугли Mowgli
Маузер Mauser
Маунтбеттен Mountbatten
Мафусаил Methuselah
Маффет Muffet
Мах Mach
Махди Mahdi
Махунд Mahound
Мёбиус Möbius
Мегрэ Maigret
Медавар Medawar
Медея Medea
Медисон Madison
Медичи Medici
Медуза Medusa
Мейлер Mailer
Мейн Maine
Мейсон Mason
Мейсфилд Masefield
Меламп Melampus
Меланхтон Melanchthon
Мелвилл Melville
Мелеагр Meleager
Меллер Muller
Меллон Mellon
Мелхиседек Melchizedek
Мельба Melba
Мельес Méliès
Мельмот Melmoth
Мельпомена Melpomene
Мен Mun
Менандр Menander
Мендель Mendel
Мендельсон Mendelssohn
Менелай Menelaus
Мензис Menzies
Менкен Mencken
Менотти Menotti
Ментор Mentor
Менухин Menuhin
Мергенталер Mergenthaler
Мердок Murdoch
Мередит Meredith
Мериме Mérimée

Меркатор Mercator
Меркурий Mercury
Меркуцио Mercutio
Мерлин Merlin
Меровинги Merovingians
Меропа Merope
Меррик Merrick
Мерфи Murphy
Месмер Mesmer
Мессалина Messalina
Мессершмитт Messerschmitt
Мета Mehta
Метерлинк Maeterlinck
Меттерних Metternich
Мефистофель Mephistophe-
  les
Мехта Mehta
Мид Mead
Мидас Midas
Мидлтон Middleton
Мийо Milhaud
Микеланджело... Michelan-
  gelo...
Микобер Micawber
Милктост Milquetoast
Милле 1) Millais 2) Millet
Миллей Millay
Миллер Miller
Милликен Millikan
Милль Mill
Милн Milne
Мильтон Milton
Миляга см. Quince
Мимир Mimir
Мин Ming
Минерва Minerva
Мини Meany
Миннегага Minnehaha
Миннелли Minnelli
Минотавр Minotaur
Миро Miro
Мирон Myron
Мис ван дер Роэ Mies van der
  Rohe
Митра Mithras
Митридат Mithridates
Митти Mitty
Митчелл Mitchell
Мифра Mithras
Михаил Michael
Михей Micah
Мицкевич Mickiewicz
Миченер Michener
Миэн Meighen
Мнемозина, Мнемосина
  Mnemosyne
Мод Maud

Модильяни Modigliani
Модред см. Mordred
Мозес Moses
Моисей Moses
Молох Moloch
Мольер Molière
Мом Momus
Мона Лиза см. Gioconda
Монгольфье Montgolfier
Моне Monet
Монк Monck
Монро Monroe
Монтгомери Montgomery
Монтеверди Monteverdi
Монтегю Montagu
Монтекки Montague
Монте-Кристо Monte-Cristo
Монтень Montaigne
Монтескье Montesquieu
Монтеспан Montespan
Монтессори Montessori
Монтесума Montezuma
Мопассан Maupassant
Мор More
Моравиа Moravia
Морган Morgan
Моргана Morgan
Моргентау Morgenthau
Мордред Mordred
Морзе Morse
Мориак Mauriac
Мориц Maurice
Моррис Morris
Моррисон Morrison
Морс Morse
Мортон Morton
Моруа Maurois
Морфей Morpheus
Мотт Mott
Моусон Mawson
Моцарт Mozart
Моэм Maugham
Мумбо-Юмбо Mumbo Jum-
  bo
Муни Muni
Мунк Munck
Мунро Munro
Мур Moore
Мурильо Murillo
Мурнау см. Faust
Мусей Musaeus
Муссолини Mussolini
Мухаммед Muhammad
Мэгги см. Jiggs
Мэдер Mather
Мэкки-Нож Mack the Knife
Мэлори Malory.

Мэнн Mann
Мэнсфилд Mansfield
Мэн-Цзы Mencius
Мэри Mary
Мэссинджер Massinger
Мэтьюрин Maturin
Мюнх(г)аузен Münchhausen
Мюрат Murat
Мюссе Musset

Навзикая, Навсикая Nausi-
  caa
Навуфей Naboth
Навуходоносор Nebuchad-
  nezzar
Найтингейл Nightingale
Нансен Nansen
Наполеон Napoléon
Нарцисс Narcissus
Насер Nasser
Наст Nast
Наум Nahum
Невин Nevin
Невинс Nevins
Неемия Nehemiah
Нейдер Nader
Нейман Neumann
Нейпир Napier
Нейшн Nation
Нельсон Nelson
Немезида, Немесида Neme-
  sis
Немо Nemo
Непер Napier
Нептун Neptune
Нерон Nero
Неру Nehru
Неруда Neruda
Несбит Nesbit
Несмит Nasmyth
Несс Nessus
Нестор Nestor
Нефертити Nofretete
Нибелунг Nibelung
Нибур Niebuhr
Нидуд, Нидхад см. Wayland
Ника, Нике Nike
Никий Nicias
Никльби Nickleby
Николай Nicholas
Николсон Nicholson
Никсон Nixon
Нильсен Nielsen
Нимврод Nimro(u)d
Нимиана см. Nimue
Нимиц Nimitz
Нимрод Nimro(u)d

Нинева Nimue
Ниоба, Ниобея Niobe
Ниренберг Nirenberg
Ницше Nietzsche
Нобель Nobel
Нобиле Nobile
Ной Noah
Норма Norma
Норрис Norris
Норриш Norrish
Норт North
Нортклифф Northcliffe
Нортон Norton
Нортроп Northrop
Нострадам(ус) Nostradamus
Носферату Nosferatu
Ньюман Newman
Ньюмен Newman
Ньютон Newton
Нэш Nash

Оберон Oberon
Овидий Ovid
Оглторп Oglethorpe
Одетс Odets
Один Odin
Одинокие Сердца Lonely-hearts
Одинокий Ковбой Lone Ranger
Озик Ozick
Ойсин см. Ossian
О'Кейси O'Casey
О'Келли O'Kelly
О'Кифф O'Keeffe
Оккам Occam
О'Коннелл O'Connell
О'Коннор O'Connor
Октавиан см. Augustus
Олаф Olaf
Олдкастл Oldcastle
Оливер Oliver
Оливия Olivia
Оливье Olivier
О'Лири O'Leary
Олоферн Holofernes
Ом Ohm
Омар Хайям Omar Khayyam
Онассис Onassis
Онеггер Honegger
О'Нил O'Neill
Оно Ono
Онсагер Onsager
Оппенгеймер Oppenheimer
Органа см. Skywalker
Ориген Origen
Орландо Orlando

Орсино Orsino
Ортега-и-Гасет Ortega y Gasset
Оруэлл Orwell
Осборн Osborne
Осия Hosea
Осман Osman
Основа Bottom
Оссиан Ossian
Отис Otis
Оттоман см. Osman
Оттон Otto
О'Тул O'Toole
Отуэй Otway
Отчаяние Despair
Оукли Oakley
Оутс Oates
Оуэн Owen
Офелия Ophelia
Оффенбах Offenbach
О'Хара O'Hara
Оцеола Osceola
Очоа Ochoa

Павел Paul
Паганини Paganini
Падеревский Paderewski
Пайл Pyle
Палеолог Paleologus
Палестрина Palestrina
Паллада Pallas
Палладио Palladio
Палмер Palmer
Пальмерстон Palmerston
Памела Pamela
Пан Pan
Панглос Pangloss
Пандора Pandora
Панкхерст Pankhurst
Панса Panza
Пантагрюэль Pantagruel
Панталоне Pantaloon
Панч Punch
Парацельс Paracelsus
Парис Paris
Паркер Parker
Паркинсон Parkinson
Парменид Parmenides
Парнелл Parnell
Парри Parry
Парсифаль, Парцифаль Parsifal
Паскаль Pascal
Пастер Pasteur
Патрик Patrick
Патти Patti
Паули Pauli

Паунд Pound
Паухатан Powhatan
Пауэлл Powell
Пачино Pacino
Пейли Paley
Пейн Paine
Пейтер Pater
Пек Peck
Пексниф Pecksniff
Пенн Penn
Пепис Pepys
Перголези Pergolesi
Пердита Perdita
Перес де Куэльяр Perez de Cuellar
Перикл Pericles
Перон Peron
Перри Perry
Персеваль Perceval
Персей Perseus
Пёрселл Purcell
Перси Percy
Персиваль см. Perceval
Перуц Perutz
Першинг Pershing
Песталоцци Pestalozzi
Петен Petain
Пётр 1) Peter 2) Piers
Петрарка Petrarch
Петроний Petronius
Петруччо Petruchio
Пигва Quince
Пигмалион Pygmalion
Пизанелло Pisanello
Пизано Pisano
Пий Pius
Пикассо Picasso
Пиквик Pickwick
Пиккар Piccard
Пикль Pickle
Пикфорд Pickford
Пилат Pilate
Пиль Peel
Пим Pym
Пиндар Pindar
Пинеро Pinero
Пинкертон Pinkerton
Пинкни Pinckney
Пиноккио Pinocchio
Пиночет Pinochet
Пинтер Pinter
Пипс Pepys
Пирам Pyramus
Пиранделло Pirandello
Пири Peary
Пирр Pyrrhus
Пиррон Pyrrho

Пирс 1) Pears 2) Pierce
Пирсон Pearson
Писсарро Pissarro
Пистон Piston
Питри Petrie
Питт Pitt
Пифагор Pythagoras
Пифий Pythias
Плавт Plautus
Планк Planck
Плантагенет Plantagenet
Платон Plato
Плиний Pliny
Плутарх Plutarch
Плутон Pluto
По Poe
Покахонтас Pocahontas
Полански(й) Polanski
Поликлет Polycletus
Поликрат Polycrates
Полинг Pauling
Полифем Polyphemus
Полифонт см. Merope
Полк Polk
Поллианна Pollyanna
Поллок Pollock
Поллукс см. Castor
Поло Polo
Полоний Polonius
Помпадур Pompadour
Помпей Pompey
Помпея см. Caesar
Помпиду Pompidou
Понсе де Леон Ponce de Leon
Поп Pope
Поппинс Poppins
Пор см. Gog
Порги Porgy
Портер Porter
Порция Portia
Посейдон Poseidon
Пост Post
Поттер Potter
Поуис Powys
Поуп Pope
Поуэлл Powell
Правда см. Piers
Прай Pry
Прайор 1) Prior 2) Pryor
Прайс Price
Пракситель Praxiteles
Прево Prévost
Пресвитер Иоанн Prester John
Прескотт Prescott
Пресли Presley
Престон Preston

Преториус Pretorius
Приам Priam
Примроз Primrose
Принс Prince
Пристли Priestly
Присциан Priscian
Присцилла см. Standish
Причард Prichard
Прокруст Procrustes
Прометей Prometheus
Протагор Protagoras
Протей Proteus
Протесилай см. Laodamia
Прудон Proudhon
Пруст Proust
Прэтт Pratt
Птолемей Ptolemy
Пуанкаре Poincaré
Пуаро Poirot
Пу-Ба Pooh-Bah
Пул Poole
Пуленк Poulenc
Пулитцер Pulitzer
Пульман Pullman
Пуссен Poussin
Пуччини Puccini
Пьеро Pierrot
Пьюзо Puzo
Пьюр Pure
Пэк Puck
Пэн 1) Paine 2) Pan
Пятница Friday

Рабле Rabelais
Равель Ravel
Радд Rudd
Радклифф Radcliffe
Райл Ryle
Райли Riley
Райт Wright
Рали Raleigh
Рама Rama
Рамакришна Ramakrishna
Рамзес, Рамсес Rameses
Ранджит Сингх Ranjit Singh
Ранси Runcie
Расин Racine
Раск Rusk
Распе, Распэ Raspe
Расселл Russell
Ратледж Rutledge
Раус Rous
Рафаил Raphael
Рафаэль Raphael
Рафти-Тафти-Пугало Rufty-Tufty the Golliwog
Рахиль Rachel

Раш Rush
Ребекка Rebecca
Ревекка Rebekah
Ревир Revere
Регана Regan
Регул Regulus
Редгрейв Redgrave
Редфорд Redford
Резерфорд Rutherford
Рей Ray
Рейган Reagan
Рейнолдс Reynolds
Рейсдал(ь) Ruysdael
Рейтер Reuter
Рем Remus
Ремарк Remarque
Рембо Rimbaud
Рембрандт Rembrandt
Рен Wren
Ренвик Renwick
Рентген Roentgen
Ренуар Renoir
Реомюр Réaumur
Рескин Ruskin
Ретц Retz
Риголетто Rigoletto
Рид 1) Reed 2) Reid 3) см. Woffington
Ридли Ridley
Риенци, Риенцо Rienzi
Рикардо Ricardo
Рике Riquet
Рильке Rilke
Риман Riemann
Римини см. Francesca da Rimini
Римус Remus
Ринальдо Rinaldo
Рип ван Винкль см. Van Winkle
Рихтер Richter
Ричард Richard
Ричардс Richards
Ричардсон Richardson
Ришелье Richelieu
Роббинс Robbins
Робертс Roberts
Робеспьер Robespierre
Робин см. Puck
Робин Гуд см. Hood
Робинзон Крузо см. Crusoe
Робинсон Robinson
Робсон Robeson
Ровена Rowena
Роден Rodin
Роджерс 1) Rodgers 2) Rogers

Родс Rhodes
Роже Roget
Роза Rosa
Розамонда, Розамунда Rosamond
Розенкранц Rosencrantz
Розмари Rosemary
Розочка Rose-Red
Рой Roy
Рокки Rocky
Рокуэлл Rockwell
Рокфеллер Rockefeller
Роланд Roland
Роли Raleigh
Роллан Rolland
Ромео Romeo
Роммель Rommel
Ромни Romney
Ромола Romola
Ромул Romulus
Росс Ross
Россетти Rossetti
Россини Rossini
Ростан Rostand
Росций Roscius
Рот Roth
Ротко Rothko
Ротшильд Rothschild
Роу Rowe
Роулендсон Rowlandson
Роули Rowley
Роус Rous
Рочестер Rochester
Рубенс Rubens
Рубинштейн Rubinstein
Рувим Reuben
Рузвельт Roosevelt
Руо Rouault
Руперт Rupert
Руссо Rousseau
Рут Ruth
Руфь Ruth
Рушди Rushdie
Рыло см. Quince
Рэдклифф Radcliffe
Рэли Raleigh
Рэмбо Rambo
Рэндом Random

Саринен Saarinen
Сабатини Sabatini
Саваоф Sabaoth
Савонарола Savonarola
Савская царица см. Balkis
Саган Sagan
Сад Sade
Сазерленд Sutherland

Сазерн Sothern
Сайкс Sikes
Саймон Simon
Сакко Sacco
Саклинг Suckling
Саксен-Кобург-Гота см. Windsor
Саладин Saladin
Салазар Salazar
Салли 1) Sally 2) Sully
Салливан Sullivan
Саллюстий Sallust
Салмакида см. Hermaphroditus
Саломея Salome
Сальери Salieri
Самнер Sumner
Самсон Samson
Самуил Samuel
Сангер Sanger
Санд Sand
Санта-Клаус Santa Claus
Сантаяна Santayana
Санчо Панса см. Panza
Сапфо Sappho
Сарданапал Sardanapalus
Сарджент Sargent
Сарнофф Sarnoff
Сароян Saroyan
Сарра 1) Sara 2) Sarah
Сарри Surrey
Сартр Sartre
Сассун Sassoon
Сатана Satan
Сатурн Saturn
Саул Saul
Саути Southey
Сафо Sappho
Сведенборг Swedenborg
Свенгали Svengali
Светоний Suetonius
Свифт Swift
Себастьян Sebastian
Сегре Segrè
Седрах Shadrach
Сезанн Cézanne
Сейган Sagan
Сейерс Sayers
Сеймур Seymour
Селевк Seleucus
Селена Selene
Селзник Selznick
Селькирк Selkirk
Семирамида Semiramis
Сенгер Sanger
Сенека Seneca
Сен-Жюст Saint-Just

Сен-Лоран St. Laurent
Сеннетт Sennett
Сен-Санс Saint-Saëns
Сен-Симон Saint-Simon
Сент-Годенс Saint-Gaudens
Сент-Дьёрди Szent-Györgyi
Сепир Sapir
Сёра Seurat
Серая Сова Grey Owl
Сервантес Cervantes
Сервет Servetus
Сервис Service
Серл Searle
Серрей Surrey
Сесил Cecil
Сетевайо Cetewayo
Сетон(...) Seton(...)
Сеферис Seferis
Сеян Sejanus
Сиббер Cibber
Сибелиус Sibelius
Сиборг Seaborg
Сигел см. Harry
Сигер Seeger
Сигизмунд Sigismund
Сигурд Sigurd
Сид Cid
Сиддонс Siddons
Сидни Sidney
Сидячий Бык Sitting Bull
Сизиф Sisyphus
Сикейрос Siqueiros
Силард Szilard
Силен Silenus
Сильвер Silver
Сильвия Silvia
Сим Shem
Сименон Simenon
Сименс Siemens
Симмс Simms
Симон Simon
Симпсон Simpson
Синатра Sinatra
Синг Synge
Сингер Singer
Синдбад Sindbad
Синклер Sinclair
Сислей Sisley
Скайуокер Skywalker
Скалигер Scaliger
Скандербег Scanderbeg
Скапен Scapin
Скарамуш Scaramouch
Скарлатти Scarlatti
Скарфейс Scarface
Скелтон Skelton
Скилла Scylla

Тиглатпаласар Tiglath-Pileser
Тиддлер *см.* Tom Tiddler
Тизл Teazle
Тимофей Timothy
Тимур *см.* Tamerlane
Тинг Ting
Тиндаль Tyndall
Тинторетто Tintoretto
Типпетт Tippett
Типу... Tipu...
Тиресий Tiresias
Тиритт-Уилсон Tyrwhitt-Wilson
Тирсо де Молина Tirso de Molina
Тисдейл Teasdale
Тислвуд Thistlewood
Тит(...) Titus(...)
Титания Titania
Тито Tito
Титтлер *см.* Tom Tiddler
Тиффани Tiffany
Тициан Titian
Тоби *см.* Shandy
Товит Tobit
Товия Tobias
Тодд Todd
Тойнби Toynbee
Токвиль Tocqueville
Толки(е)н Tolkien
Толлчиф Tallchief
Том(...) Tom(...)
Тома Thomas
Томас Thomas
Томсон Thomson
Тон Tone
Тор Thor
Торк(в)емада Torquemada
Торндайк 1) Thorndike 2) Thorndyke
Торо Thoreau
Торричелли Torricelli
Тосканини Toscanini
Тот Thoth
Тоуви Tovey
Траволта Travolta
Траляля *см.* Tweedledum
Траньон Trunnion
Траян Trajan
Тревельян Trevelyan
Трейси Tracy
Трелони Trelawny
Треси Tracy
Три Tree
Трил(ь)би Trilby
Тристан Tristram

Троил Troilus
Троллоп Trollope
Труляля Tweedledum
Трумэн Truman
Трут Truth
Трэверс Travers
Трюдо Trudeau
Трюффо Truffaut
Туактман Twachtman
Тулуз-Лотрек Toulouse-Lautrec
Турандот Turandot
Тутанхамон Tutankhamen
Тутмос Thutmose
Тьеполо Tiepolo
Тьюринг Turing
Тэйт Tate
Тэтчер Thatcher
Тюдор Tudor
Тюссо Tussaud

Уайет 1) Wyatt 2) Wyeth
Уайлд Wild
Уайлдер Wilder
Уайлер Wyler
Уайли Wylie
Уайльд Wilde
Уайт White
Уайтфилд Whitefield
Уайтхед Whitehead
Уандер Wonder
Уатт Watt
Уигглсворт Wigglesworth
Уиклиф Wyclif(fe)
Уилбер Wilbur
Уилберфорс Wilberforce
Уилкинс Wilkins
Уилкинсон Wilkinson
Уилкс Wilkes
Уиллоби Willoughby
Уилсон Wilson
Уилтон Wilton
Уильям William
Уильямс Williams
Уинифред Winifred
Уинтерс Winters
Уинтроп Winthrop
Уинчелл Winchell
Уипл Whipple
Уистлер Whistler
Уитакер Whitaker
Уитлэм Whitlam
Уитмен Whitman
Уитни Whitney
Уиттингтон Whittington
Уитьер Whittier

Уицилопочтли Huitzilopochtli
Уичерли Wycherley
Улаф Olaf
Уленшпигель Eulenspiegel
Улисс Ulysses
Ульпиан Ulpian
Ульфила Ulfilas
Уолд Wald
Уоллес Wallace
Уоллис Wallis
Уолпол Walpole
Уолтон Walton
Уорбек Warbek
Уорд Ward
Уорик Warwick
Уоррен Warren
Уортон Wharton
Уорхол Warhol
Уотен Waten
Уотерхаус Waterhouse
Уотсон Watson
Уоттс Watts
Уоффингтон Woffington
Уран Uranus
Урания Urania
Урбан Urban
Урия Uriah
Урсула Ursula
У Тан *см.* Thant
Утер Пендрагон Uther Pendragon
Утрата Perdita
Утрилло Utrillo
Уччелло Uccello
Уэбб Webb
Уэббер *см.* Lloyd Webber
Уэбстер Webster
Уэверли Waverley
Уэйвелл Wavell
Уэйл *см.* Frankenstein
Уэйн 1) Wain 2) Wayne
Уэлби Welby
Уэллер Weller
Уэллс 1) Welles 2) Wells
Уэлти Welty
Уэскер Wesker
Уэсли Wesley
Уэст West

Фабий Fabius
Фавн Faunus
Файф Phyfe
Фалес Thales
Фальстаф Falstaff
Фаон Phao
Фарадей Faraday

Фаренгейт Fahrenheit
Фаркер Farquhar
Фармер Farmer
Фаулер Fowler
Фаулс Fowles
Фаунтлерой Fauntleroy
Фауст Faust
Фаэтон Phaet(h)on
Феджин Fagin
Федра Phaedra
Фёйад Feuillade
Фейгин Fagin
Фейербах Feuerbach
Фейнман Feynman
Фейнолл см. Pure
Фейхтвангер Feuchtwanger
Фелл Fell
Феллини Fellini
Фемида Themis
Фемистокл Themistocle
Феодосий Theodosius
Феокрит Theocritus
Фербенкс Fairbanks
Фервурд Verwoerd
Фердинанд Ferdinand
Ферма Fermat
Ферми Fermi
Фигаро Figaro
Фик Feke
Филд 1) Field 2) см. Wynken
Филдинг Fielding
Филдс Fields
Филемон Philemon
Филидор Philidor
Филимон Philemon
Филипп Philip
Филлмор Fillmore
Фингал Fingal
Финеес см. Ichabod
Финн Finn
Финнеган Finnegan
Финни Finney
Финтий Phintias
Фирдоуси Firdusi
Фисба см. Pyramus
Фихте Fichte
Фицджеральд Fitzgerald
Фишер 1) Fischer 2) Fisher
Фланнаган Flannagan
Флеминг Fleming
Флендерс Flanders
Флетчер Fletcher
Флинн Flynn
Флобер Flaubert
Флора Flora
Флори 1) Florey 2) Flory
Флоризель Florizel

Флэгг Flagg
Флэксман Flaxman
Фогг 1) см. Dodson 2) Fogg
Фокс 1) Fawkes 2) Fox 3) Foxe
Фолкнер Faulkner
Фолуэлл Falwell
Фома(...) Thomas(...)
Фонда Fonda
Фонтанн Fontanne
Фонтейн Fonteyn
Фонтлерой Fauntleroy
Форд Ford
Форе Faure
Форман Forman
Форрест Forrest
Форрестол Forrestal
Форсайт Forsyte
Форстер 1) Forster 2) Vorster
Фосетт Fawcett
Фосс Fosse
Фостер Foster
Фоули Foley
Фош Foch
Фрагонар Fragonard
Фрай Fry
Франк Franck
Франкенштейн Frankenstein
Франклин Franklin
Франко Franco
Франс France
Франц(...) Francis(...)
Франц
 иск Francis
Франческа Francesca
Фредерик Frederick
Фрейд Freud
Фрейзер Fraser
Фрейр Frey(r)
Фрейя 1) Frey(j)a 2) Frigg(a)
Френо Freneau
Френч French
Фригг Frigg(a)
Фридкин Friedkin
Фридрих(...) Frederick(...)
Фриман см. Thorndyke
Фриш Frisch
Фромм Fromm
Фрост Frost
Фрэзер Frazer
Фукидид Thucydides
Фуко Foucault
Фулбрайт Fulbright
Фуллер Fuller
Фурдринье Fourdrinier
Фуртвенглер Furtwangler
Фурье Fourier
Фэрбенкс Fairbanks

Фэррагут Farragut

Хаббард Hubbard
Хаггард Haggard
Хаггинс Huggins
Хадсон Hudson
Хайд Hyde
Хайдар Али Haidar Ali
Хайдеггер Heidegger
Хайям см. Omar Khayyam
Хаклут Hakluyt
Хаксли Huxley
Халле Halle
Хал(ь)с Hals
Хам Ham
Хаммаршельд Hammarsk-jöld
Хаммерстайн Hammerstein
Хаммурапи Hammurabi
Хампердинк Humperdinck
Ханеман Hahnemann
Хант Hunt
Хантер Hunter
Хань Han
Харальд Harold
Харви Harvey
Харгривс Hargreaves
Хардакнуд, Хардакнут Hardecanute
Харден Harden
Харди 1) Hardie 2) Hardy
Хардинг Harding
Хари Hari
Харибда Charybdis
Харли Harley
Харлоу Harlowe
Харон Charon
Харрис Harris
Харрисон Harrison
Харт Hart
Хартлайн Hartline
Хартмут см. Gudrun
Харун ар-Рашид Haroun al-Raschid
Харут Harut
Хатшепсут Hatshepsut
Хауард Howard
Хауорт Haworth
Хауэллс Howells
Хёд Hod(u)r
Хейворт Hayworth
Хейвуд Heywood
Хейг Haig
Хейердал Heyerdahl
Хейл Hale
Хейли 1) Hailey 2) Haley
Хеймдалль Heimdal(l)

Хейс 1) Hayes 2) Hays
Хейстингс Hastings
Хейуорт Hayworth
Хеллер Heller
Хел(л)ман Hellman
Хемингуэй Hemingway
Хенгист *см.* Rowena
Хендерсон Henderson
Хендрикс Hendrix
Хенч Hench
Хеопс Cheops
Хепберн Hepburn
Хепплуайт Hepplewhite
Херберт Herbert
Хервиг *см.* Gudrun
Хермод Hermod(r)
Херст Hearst
Херцберг Herzberg
Херцог Hertzog
Херши Hershey
Хессе Hesse
Хетель *см.* Gudrun
Хиггинс Higgins
Хикок Hickok
Хикс Hicks
Хили Healey
Хилл Hill
Хиллари Hillary
Хиллер Hiller
Хилтон Hilton
Хиндемит Hindemith
Хиншелвуд Hinshelwood
Хип Heep
Хирон Chiron
Хирохито Hirohito
Хисс Hiss
Хит Heath
Хитклиф Heathcliff
Хитчингс Hitchings
Хичкок Hitchcock
Хлодвиг Clovis
Хлоя Chloe
Хобсон Hobson
Хогарт Hogarth
Ходжкин Hodgkin
Хойл Hoyle
Хокер *см.* Trelawny
Хокинс Hawkins
Хокс Hawkes
Хоксмур Hawkesmoor
Хокусай Hokusai
Холдейн Haldane
Холзи Halsey
Холиншед Holinshed
Холиок Holyoake
Холл Hall
Холланд Holland

Холли 1) Holley 2) Holly
Холмс Holmes
Холси Halsey
Холст Holst
Холт Holt
Хольбейн Holbein
Хомейни Khomeini
Хомер Homer
Хопкинс Hopkins
Хоппер Hopper
Хор Horus
Хорезми Khwarizmi
Хорнер Horner
Хосров Khusrau
Хоторн Hawthorne
Хоук Hawke
Хоукс Hawkes
Хоуп Hope
Хоуэллс Howells
Хофман Hoffman
Хофстедтер Hofstadter
Хохи Haughey
Хо Ши Мин Ho Chi Minh
Хрдличка Hrdlička
Хризеида *см.* Cressida
Христиан Christian
Христос Christ
Христофор Christopher
Хронос Cronos
Хроттар *см.* Grendel
Хубилай Kublai Khan
Хук Hook
Хукер Hooker
Хумпердинк Humperdinck
Хуфу *см.* Cheops
Хьюз 1) Hughes 2) *см.* Wilde
Хьюиш Hewish
Хьюстон 1) Houston 2) Huston
Хэвлок Havelock
Хэзлитт Hazlitt
Хэллам Hallam
Хэммет Hammett
Хэмпден Hampden
Хэмфри Humphrey
Хэнкок Hancock
Хэнсард Hansard
Хэнсберри Hansberry
Хэрд Hurd
Хэссам, Хэссем Hassam
Хэтауэй Hathaway
Хэттон Hatton

Цвейг Zweig
Цвингли Zwingli
Цезарь Caesar
Цельсий Celsius

Церера Ceres
Цефал Cephalus
Цецилия Cecilia
Цзян Цин Jiang Qing
Цимбелин Cymbeline
Цирцея Circe
Цицерон Cicero

Чаевски Chayefsky
Чайлд Child
Чайльд... Childe...
Чандлер Chandler
Чан Кайши Chiang Kaishek
Чаннинг Channing
Чапек Čapek
Чаплин Chaplin
Чарлз(...) Charles(...)
Чаттертон Chatterton
Че Гевара *см.* Guevara
Чедвик, Чедуик Chadwick
Чезлвит Chuzzlewit
Чеймберс Chambers
Чекер Checker
Челлини Cellini
Чемберлен Chamberlain
Чендлер Chandler
Ченчи Cenci
Чепмен Chapman
Червонная Дама Queen of Hearts
Черни Czerny
Черчилль Churchill
Честертон Chesterton
Честерфилд Chesterfield
Честнатт Chestnutt
Чжань Chan
Чжоу Эньлай Chou Enlai
Чжу Си Chu Hsi
Чивер Cheever
Чизем Chisholm
Чимабуэ Cimabue
Чингисхан Genghis Khan
Чиппендейл Chippendale
Чисхолм Chisholm
Чифли Chifley
Чосер Chaucer
Чэн Chan

Шабрие Chabrier
Шадуэлл Shadwell
Шакунтала Sakuntala
Шалли Schally
Шалтай-Болтай Humpty-Dumpty
Шамплейн, Шамплэн Champlain
Шан Shahn.

Шанель Chanel
Шанкар Shankar
Шариф Sharif
Шарп Sharp
Шарпантье Charpentier
Шатобриан Chateaubriand
Шах-Джахан Shah Jahan
Шахразада Scheherazade
Шахрияр Shahriyar
Шварц Schwartz
Шварценеггер Schwarzeneg-
    ger
Швейцер Schweitzer
Швингер Schwinger
Шейлок Shylock
Шеклтон Shackleton
Шекспир Shakespeare
Шелли Shelley
Шеллинг Schelling
Шёнберг Schoenberg
Шенди Shandy
Шенье Chénier
Шепард Shepard
Шеппард Sheppard
Шератон Sheraton
Шервуд Sherwood
Шеридан Sheridan
Шерман Sherman
Шеррингтон Sherrington
Шефтсбери Shaftesbury
Шехерезада Scheherazade
Шива Siva
Шиллер Schiller
Шиптон Shipton
Шлегель Schlegel
Шлиман Schliemann
Шляпа, Шляпник Hatter
Шокли Shockley
Шопен Chopin
Шопенгауэр Schopenhauer
Шоу Shaw
Шри см. Lakshmi
Шриффер Schrieffer
Штерн Stern
Штраус Strauss
Шуберт Schubert
Шульберг см. Glick
Шульц Shultz
Шуман Schumann

Эванс Evans
Эверетт Everett
Эвклид Euclid
Эвмей Eumaeus
Эвридика Eurydice
Эврисфей Euristheus
Эвфуэс Euphues

Эган см. Tom and Jerry
Эгберт Egbert
Эгипт см. Danaus
Эдвин Edwin
Эдди Eddy
Эддингтон Eddington
Эдельман Edelman
Эджуорт Edgeworth
Эдисон Edison
Эдмер Eadmer
Эдмунд Edmund
Эдуард Edward
Эдуардс Edwards
Эйзенхауэр Eisenhower
Эйкинс Eakins
Эйленшпигель Eulenspigel
Эйлер Euler
Эйнштейн Einstein
Эйр Eyre
Эйрик Eric
Эйфель Eiffel
Эклс Eccles
Эко Eco
Экхарт Eckhart
Элайон Elion
Элгар Elgar
Элгин Elgin
Элеанора Eleanor
Электра Electra
Элидюр Elidure
Элион Elion
Элиот Eliot
Эллингтон Ellington
Эллис Ellis
Эллисон Ellison
Элоиза Eloïsa
Эль Греко El Greco
Эльм Elmo
Эмерсон Emerson
Эмпедокл Empedocles
Энгельс Engels
Энгр Ingres
Эндерс Enders
Эндимион Endymion
Эос Eos
Эпиктет Epictetus
Эпикур Epicurus
Эпиметей Epimetheus
Эпстайн Epstein
Эразм Erasmus
Эрехтей, Эрехфей Erech-
    theus
Эриксон Erikson
Эрикссон Eric(c)son
Эркарт Urquhart
Эрлангер Erlanger
Эрос, Эрот Eros

Эрп Earp
Эрхарт Earhart
Эсфирь Esther
Этельберт Ethelbert
Этельвульф см. Swithin
Этельред Ethelred
Этеокл Eteocles
Этцель Etzel
Эхидна Echidna
Эхнатон Ikhnaton
Эхо Echo
Эшер Usher

Ювдейл см. Udall
Ювенал Juvenal
Юдифь Judith
Юдолл Udall
Юлиан Julian
Юм Hume
Юнг 1) Jung 2) Young
Юнкерс Junkers
Юнона Juno
Юпитер Jupiter
Юри Urey
Юстиниан Justinian

Яго Iago
Язон Jason
Яков James
Якокка Iacocca
Ялоу Yalow
Яма Yama
Яначек Janáček
Янг Young
Янки Дудль Yankee Doodle
Янсений Jansen
Янус Janus
Ясон Jason
Яхве см. Jehovah

СПРАВОЧНОЕ ИЗДАНИЕ

ЕРМОЛОВИЧ
Дмитрий Иванович

АНГЛО-РУССКИЙ
СЛОВАРЬ
ПЕРСОНАЛИЙ

Зав. редакцией
Л. П. ПОПОВА
Ведущий редактор
Л. К. ГЕНИНА
Младшие редакторы
О. А. КАШКАРОВА
Л. С. РОБАТЕНЬ
Художественный редактор
Ю. А. ЦВЕТАЕВ
Технический редактор
И. В. БОГАЧЕВА
Корректор
Г. Н. КУЗЬМИНА

ИБ № 6211

Сдано в набор 11.06.90. Подписано в печать
24.12.92. Формат 84x108/32. Бумага офсетн.
№ 1. Гарнитура таймс. Печать офсетная.
Усл. печ. л. 17,64. Усл. кр.-отт. 17,64.
Уч.-изд. л. 27,11. Тираж 8130 экз. Заказ № 74.
С 017.

Издательство „Русский язык" Министерства
печати и информации Российской Федерации.
103012 Москва, Старопанский пер., 1/5.

Можайский полиграфкомбинат Министерства печати и информации Российской Федерации. 143200 Можайск, ул. Мира, 93.

ДЛЯ ЗАМЕТОК

ДЛЯ ЗАМЕТОК